奈良国立文化財研究所シンポジウム報告

埋もれた中近世の住まい

浅川滋男・箱崎和久 編

同成社

序にかえて

奈良国立文化財研究所長・町田　章

昭和四〇年代から五〇年代にかけてさかんにおこなわれた近世民家の調査によって、各都道府県の近世民家の特質が次第にあきらかになってきました。奈良国立文化財研究所でも、当時、各地の民家調査を精力的におこないましたが、これらの民家はせいぜいさかのぼっても一七世紀の遺構であり、それ以前の民家については、なかなか実態を探ることができませんでした。ところが、近年、各地で中近世の考古学がさかんになり、発掘された住居遺構からその時代の民家の平面や構造を復原することが可能になりはじめています。

一九九八年と九九年におこなったシンポジウム「掘立柱建物はいつまで残ったか」は、そのような中近世の民家をテーマとして、当研究所の建築史研究員が主体となり、各地で活躍されている第一線の考古学者や建築史学者をお招きして開催したものです。これは民家建築史と中近世考古学をつなぐ学際的な研究集会であり、今後の発展が期待できるたいへん興味深い学問分野ではないかと思います。

本書の刊行にあたり、執筆いただいた皆様をはじめ、シンポジウムに参加された方がた、出版の労をお執りいただいた同成社に厚く御礼申し上げます。そして、本書が新世紀の門出にふさわしく、未来へ受け継がれる研究となることを期待しております。

最後になりましたが、当研究所は二〇〇一年四月より、独立行政法人文化財研究所として再出発いたします。奈良国立文化財研究所時代のご協力に感謝いたしますとともに、今後の調査・研究活動に対しましても、これまで以上のご理解とご協力をいただけますよう、心よりお願い申し上げます。

（二〇〇一年三月三一日）

シンポジウムの開催にあたって

奈良国立文化財研究所前所長・田中　琢

今回のシンポジウムは「掘立柱建物はいつまで残ったか」がテーマです。私も飛鳥地方の遺跡や平城宮跡で掘立柱の建物を発掘し、掘立柱そのものにも関心をもつようになりました。建物の掘立柱を最初にみつけたのは、どこのだれか、そんなことも知りたくなっていました。

一九世紀から二〇世紀にかけてドイツ考古学界の重鎮だったカルル＝シュフハルトが一九八〇年代にヴェストファーレン地方にある古代ローマのハルテノン軍団駐留地跡でみつけたのがどうやら古そうだということだけはわかりました。日本では、一九三四年に法隆寺東院の下層で浅野清先生が掘立柱をみつけたのが最初だ、といわれていました。先輩や建築史学の先生がたからそのようにうかがっていたので、『平城京』という本のなかで、そのように書いたのです。ところが、それを先生におとどけしたところ、先生から、法隆寺で掘立柱の建物をみつけたのは私ではない、とお手紙をいただきました。では、いったい誰なのか、わかりません。服部勝吉さんか、とみる意見もありますし、岸熊吉さんかもしれない、と私は思っています。いずれにしても、掘方を掘って中に柱を立てた建物の遺構を法隆寺で最初にみつけたのはほぼ間違いないようです。その後、法華寺の昭和大修理に従事していた技師のかたが平城宮跡の中の道路工事のときに掘立柱を発見し、今では遺跡の発掘調査で掘立柱の建物を検出するのはごく普通のこととなっています。この掘立柱の建物が、いつまで、どんなふうに存続するのか。掘立柱の小屋程度のものは今でもたくさんありますが、本格的な住居としていつまで残るのか。土間で掘立柱の民家がかなり後まで残っている、という民家研究の成果を聞いて、面白い問題だと思っていました。

今回計画したこのシンポジウムでこの問題を皆さんがたにご討論いただき、そのひろがった視野のなかで掘立柱建物の研究が次のステップへ進む一つの手掛かりが得られれば、と願っています。

シンポジウムの主旨と概要

浅川滋男

一九九七年の三月一八日から四月七日にかけて、奈良国立文化財研究所は、ドイツのニーダーザクセン州歴史文化調査研究所の副所長（現所長）、ハイオ・ツィンマーマン（Haio Zimmermann）博士を招聘した。ツィンマーマン氏は、おもに古代～中世を専門とする歴史考古者であるが、北ヨーロッパの民家研究を視野におさめながら、エルベ河口でみつかった新石器時代以降の掘立柱建物跡の変遷過程を研究し続けており、さらには日本における同様の建物にも強い関心を示している。そのツィンマーマン氏が奈良国立文化財研究所でおこなった講演「北欧における新石器時代以来の建物様式とその変遷」は、同僚の考古学者だけなく、わたしたち建築研究者にも大きな衝撃をもたらした。

まずかれは、土壌リン酸分析によるロングハウスの内部空間構造の復原を披露してみせた。人間を含む動物の体内にはリンが含まれており、地面と身体の接触頻度が多ければ多いほど、土壌に残るリンの濃度が高くなる。この原理にもとづき、歴史時代（一～六世紀）の低湿地遺跡から出土した建物跡床面におけるリンの濃度分布を調べたところ、ロングハウスとよばれる建物は、たんなる居室の集合体ではなく、居住者が集合する「広間」的な領域と複数の「部屋」に分かれ、その両者をつなぐ動線においても、非常に高い濃度でリンを検出したのである。また、ロングハウスの一部には家畜舎と思われる領域もあり、軒先の一部にリンが集中する事実からみて、人間もしくは家畜がそこで放尿していた可能性が高いこともあきらかになったという。

ツィンマーマン氏が分析したロングハウスは、地上に穴を掘って柱を立てる「掘立柱建物」の遺構である。日本の場合、後世の掘削や整地により、地上にたつ「掘立柱建物」の床面が往時の姿をとどめることはほとんどない。わたしたちが日々発掘し、遺構解釈をしている平城京においても、ほぼすべての掘立柱建物跡は、二〇～五〇センチほど床面を削りとられている。業界の難しい用語を使うならば、検出された遺構面が「死んでいる」から、建物跡に生活の匂いがしないのである。このため、建物の用途が何であり、その内部で人間がどのように行動したのかをあきらかにすることは容易でない。はっきりわかるのは柱の位置と建物の平面規模ぐらいであって、建物の用途については、周辺で出土した遺物や建物群全体の配置関係から推定するほかないのである。

だからというわけでもないのだけれど、わたし個人は、どちらかといえば、床面の死んだ「掘立柱建物」よりも、生きた床面を残す竪穴住居に魅力を覚え、焼失遺構からの復原研究にとりくんできた。ところが、ツィンマーマン氏の分析するロングハウスでは、低湿地という好条件により、床面が「生きている」ばかりか、豊富なバックデータを有する土壌リン酸分析によって、建物内部における人間の行動パターンまでもが復原できるという。たしかに、スクリーンに映し出されたリンの濃淡はきわめて鮮明であり、それが人間の行動足跡の残像であるとする方法論には説得力があった。

つぎにツィンマーマン氏は、北ヨーロッパにおける「掘立柱建物」と「礎石建物」の消長と増減の関係についても詳しく言及した。アルプス以北の西ヨーロッパ地域では、早くも紀元前三千年以前の新石器時代から「礎石建物」が出現し、非常に長い期間「掘立柱建物」と「礎石建物」が併存しつつ、一一世紀から一四世紀にかけての時代に両者の生産比率が逆転して「礎石建物」が多くなり、「掘立柱建物」は二〇世紀まで存続する。こういう興味深い展開を示しながら、日本の研究者に対しては、「礎石建物はいつからはじまったのか」「掘立柱建物はいつまで残ったのか」などの質問を、矢継ぎ早に呈示されたのである。

もちろん日本側の研究者が、これに答えなかったわけではない。「礎石建物はいつからはじまったのか」という質問に対しては、埋蔵文化財センターの山中敏史氏が「飛鳥寺など六世紀末の寺院建築に先行する例として、滋賀県穴太《あのう》遺跡の渡来系建築に礎石がみられる」ことを示し、「掘立柱建物はいつまで残ったのか」という質問に対しては、わたしが「大阪の日本民家集落博物館に移築されている秋山郷の旧山田家住宅に掘立柱が二本だけ残っているので、遅くとも一八世紀までは下るだろう」とそのとき答えている。しかし、わたし自身の回答に関するかぎり、じつに心許なく、会が終わってからも自らの無知を恥じるばかりであって、そのころからツィンマーマン氏の問いが頭の片隅にとどまってなかなか離れなくなった。

これが、本書のもとになる一九九七〜九八年度のシンポジウム「掘立柱建物はいつまで残ったか」を企画するきっかけとなった出来事である。このシンポジウムはまた、一九九五〜九六年度におこなった「日本の住まいの起源と系譜に関するシンポジウム」の続編でもあり、結果的に両者は対をなす議論の場ともなった。後者が日本の住まいの原初性を周辺地域との比較から論じようとしたものであるのに対し、前者は原初性を残す住まいの展開と終焉を論ずる機会となったからである。本書は、その「掘立柱建物はいつまで残ったか」シンポジウムの成果報告書であり、「日本の住まいの起源と系譜に関するシンポジウム」の成果として、同成社から一九九八年に出版された『先史日本の住居とその周辺』の姉妹編ともいうべき論文集である。

この二つの報告書において、わたしたちが追い求めたのは、あくまで「庶民」階層レベルの住まいである。とりわけ本書において狙いを定めたのは、中近世の住居史であった。もちろん貴族・皇族の邸宅や宮殿、あるいは神社仏閣も、本書の内容に含まれないわけではないが、それらはあくまで参照すべき対比例として位置づけている。

ところで、日本の中近世住居は、わかっているようで全然わかっていない。といってしまえば、そんなことはないだろう、中世はさておき近世の住居ならば、昭和四〇年代から果てしないほどの民家調査がくりかえされ、だいたいのことはあきらかになっているではないか、というお叱りを頂戴するかもしれない。

しかし、そのような考えかたは、必ずしも正しくない。なぜならば、これまでの近世住居史研究は、戦後まで残った一部の民家遺構を頼りにして再構成したものだからである。それらの多くは地主クラスの最高級農家か、でなければ、幕末以降に建造された小作農の住居であって、その九九パーセント以上は礎石にたつ建物である。とりわけ前者は、重要文化財の住宅に代表されるとおり、書院造といってよいほど規模が大きくて格式が高く、一般庶民の住居とはあまりにもかけ離れている。こういう地主民家とは別次元の素朴な住まいの世界が存在した。それは中世以来、おそらく一八世紀末から一九世紀前半まで、小作農たちが生活を営んだ住居である。これらの素朴な住まいは、掘立柱を用いた小規模の建物であり、幕末前後を境にして、ほとんどが礎石建の住居に建て替えられ、座敷を中心に書院造の要素も徐々にとりいれられて、戦後の民家調査にみられるような建物に置き換えられてきたものと推定される。

　こういう意識をもって日本の中近世住居をとらえなおそうとしたのは、地上に現存する民家ばかりに目を奪われてきた建築史研究者ではなく、埋もれた地下の建物跡を日々発掘する考古学者たちであった。その先駆となったのが渋江芳浩氏の論文「近世農家のイメージ」（『貝塚』四〇、物質文化研究会、一九八七）である。この論文から十年を経て、わたしたちは「掘立柱建物はいつまで残ったか」というシンポジウムを開催した。初年度は東日本、第二年度は西日本を対象にして、各地の発掘遺構が報告され、あわせて注目すべき多くの文献史料も紹介された。その結果、「近世農家のイメージ」は全国的なレベルで再検討されることになり、本書に示すような成果をもたらすことになったのである。

　なお、第二年度のシンポジウムでは、神社建築における掘立柱の問題にも関心がひろがり、伊勢神宮の建物と祭祀について、牟禮仁氏（皇學館大学）、宇津野金彦氏（宮司庁）、丸山茂氏（跡見学園短期大学）の三氏によるセッションを設けた。そこでは神社建築の本質にかかわる非常に質の高い議論がなされたが、逆に、本書が狙いとする中近世の庶民住居とはあまりにかけ離れた「心柱」の意味と起源などに議論が収斂していったため、本書に収録することを断念した。ただ、宇津野金彦氏には、特別寄稿というかたちで、神宮の建築の建て方にかかわる論文を執筆していただくことにした。シンポジウム当日に、すばらしいご講演をいただいた牟禮仁氏と、それに対する先鋭なコメントを頂戴した丸山茂氏には、この場を借りて再度感謝申し上げるとともに、本書にその内容を掲載できなかったことを深くお詫びしたい。

また、ハイオ・ツィンマーマン氏には、最近発表された大作『掘立柱・礎石建・土台建　掘立柱から礎石建への変遷―住居建築における革新と持続に関する研究―』（一九九八）*のエッセンスを要約した玉稿を本書のためにまとめていただいた。氏の大作には日本滞在時の研究成果がふんだんに盛り込まれており、本書とあわせれば「掘立柱建物」と「礎石建物」に関する日欧の相違と普遍性がより鮮明にみえてくるだろう。

＊原題は以下の通り。

"Pfosten Ständer und Schwelle und der Übergang vom Pfosten-zum Ständerbau - Eine Studie zu Innovation und Beharrung im Hausbau. Zu Konstruktion und Haltbarkeit prähistorischer bis neuzeitlicher Holzbauten von den Nord- und Ostseeländern bis zu den Alpen" (*PROBLEME DER KÜSTENFORSCHUNG IM SÜDLICHEN NORDSEEGEBIET* Band 25, 1998)

目次

箱デザイン：吉永聖児

埋もれた中近世の住まい

第一章　東日本の中近世掘立柱建物

第一節　南関東地域における中近世建物遺構の変遷

服部実喜

古代から近世に至る庶民の住まいは、竪穴建物から掘立柱建物、そして礎石建物へと移り変わってきた。しかし、その移行がいつ頃、どのような形でなされたのかは、地域的な格差や資料的な欠落があり、十分あきらかになっているわけではない。

村落における竪穴建物から掘立柱建物への転換は畿内がもっとも早く、七世紀代には掘立柱建物の住居が一般化する。これに対して、南関東地域では掘立柱建物の導入以後も、竪穴建物が竈屋や納屋、ないしは住居として長らく残り、少なくとも一〇世紀後半までは掘立柱建物と併存していたことが確認できる。だが、竪穴建物が村落からいつ姿を消すのかは、一一世紀以降の遺跡が少なく、現状では発掘資料からあきらかにすることができない。

一方、庶民住宅における礎石建物の普及は地域的な格差に加えて、都市と村落でも時期差があったようで、たとえば戦国大名朝倉氏の本拠地であった越前一乗谷の町屋を見ると、その大部分が礎石建物で占められている。これに対して、南関東地域の村落では戦国期にさかのぼる礎石建物はわずかで、本格的な普及は近世であった可能性が高い。しかし、その具体的な時期については、建築史学と考古学の間で研究対象のちがいもあり、必ずしも共通した理解が得られているわけではない。

今回のシンポジウムでは、掘立柱建物から礎石建物への移行が主なテーマとなったが、筆者の力量では、この問題に対して正面から取り組むことはできない。このため、本稿では掘立柱建物を中心として、中世から近世に至る住居の変遷を素描することにしたい。

なお、時期区分については、一二世紀中頃から一四世紀代を中世前期、一五世紀から一六世紀代を中世後期、一七世紀以降を近世としたい。また、柱の配置型式については、屋内柱または床束柱を一間置きに配置したものを総柱建物（これには中柱を省略したものも含む）、身舎の外周だけに柱を建てたものは側柱建物とよびたい。

一、中世前期における都市鎌倉

ここでは、中世前期の代表的な都市である鎌倉とその周辺地域に区分し、都市と村落の住まいをそれぞれ見ていくことにしたい。

正応二年（一二八九）三月、最盛期の鎌倉を訪れた尼二条は、化粧坂から見た風景をその日記『問わず語り』に「階などのやうに重々に、袋の中に物を入れたるやうにすまひたる」と記している。当時の町並みを描写した数少ない文字記録としてよく引用される一節であるが、そこには谷の奥まで人家が建ち並ぶ鎌倉のようすが的確に表現されている。

この町の内部には、将軍の御所をはじめ幕府関連施設、寺院・神社、武家屋敷、町屋、市、倉庫などさまざまな屋敷や施設が存在したが、ここでは周辺地域と比較する上で主に武家屋敷の建物について見てみたい。

鎌倉時代前期の建物群

鎌倉の武家屋敷は、有力御家人が源頼朝の御所（以下、幕府とする）へ出仕する際の拠点として幕府近傍に構えた宿館がその起点であり、若宮大路の東側北半部や源氏三代の幕府が所在した大倉を中心に、この時期の屋敷と思われる建物群がいくつか発見されている。

〈大倉幕府周辺遺跡群〉

大倉幕府の東隣に位置し、源頼朝の妻北条政子の居宅であった東御所と推定されている。敷地の規模は不明であるが、幕府との間は堀と道路で隔てられ、南側には二階堂大路に接して塀ないし築地が築かれている。(1) 敷地の南西部に集中する形で一二棟の建物が発見されたが、礎石建物はなく、すべて総柱の掘立柱建物で構成される。これらは主軸方位から二時期に区分される可能性をもつが、いずれも桁行五〜八間、梁間三〜五間、面積八〇〜一二〇平方メートルの大型建物を主体としており、最大の建物は桁行八間以上、梁間五間以上、面積二〇〇平方メートル以上に及ぶ。

〈杉本寺周辺遺跡群〉

大倉幕府東側の六浦道沿いに位置し、幕府の有力御家人であった和田氏一門の屋敷地と推定されている（**図1**）。敷地の全容は不明であるが、南北方向に走る東西の堀と道路に接して塀を巡らし、南側に溝を配した南北二一メートル、東西二〇メートルほどの区画内から、八棟以上の掘立柱建物が発見された。(2) それ

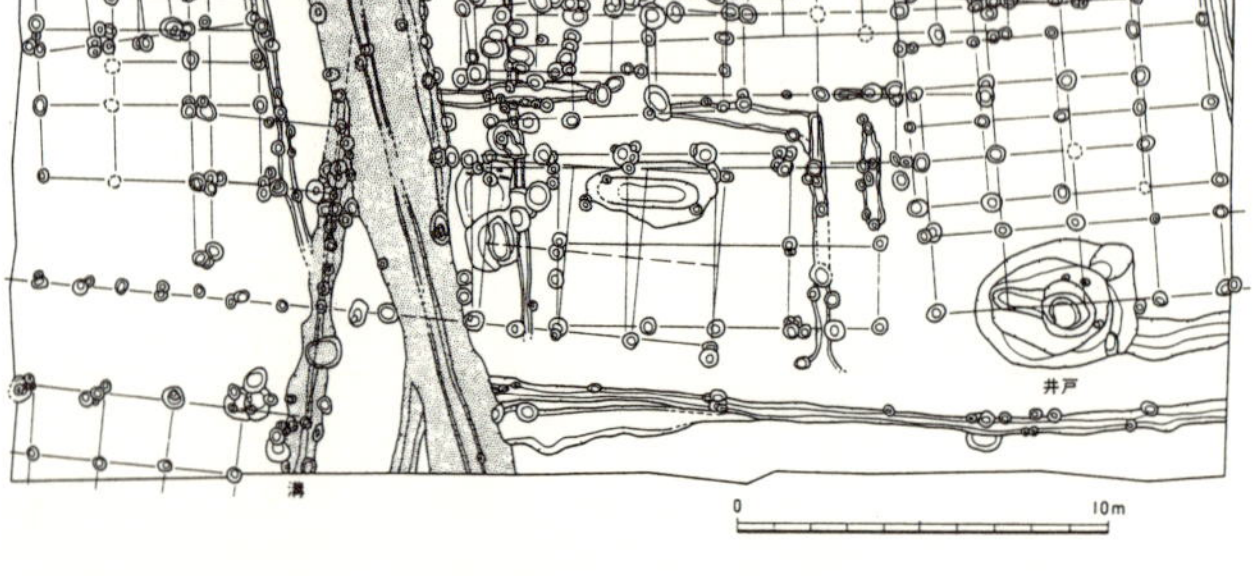

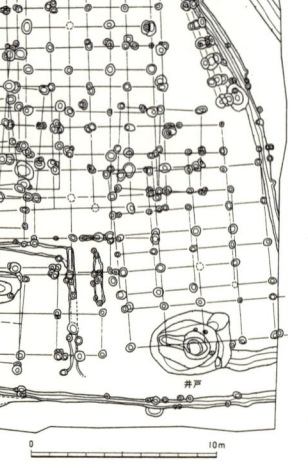

図1　杉本寺周辺遺跡群の建物群（註2より）

らはすべて総柱建物で構成されており、このうちの四棟は桁行五〜六間の大型建物である。

〈向荏柄遺跡〉

大倉幕府の東側に位置する。調査範囲内に敷地の区画施設は認められず、かなり広い面積をもつ屋敷地と推定される。(3) 当該期に比定される建物は八棟あるが、礎石建物はなく、規模の判明する建物は桁行四〜六間、梁間三〜四間の総柱建物で構成される。

〈宇津宮辻子幕府跡〉

若宮大路の東側に位置する。西側と南側を溝、北側を塀で囲まれた東西約三〇メートル、南北約二〇メートルの範囲から、柱筋を揃えた九棟の掘立柱建物が発見された。(4) 一時期の建物数や配置状況は不明であるが、桁行四〜六間、梁間三〜五間の大型の総柱建物が主体をなす。

以上が各遺跡の概要であるが、そこで発見された建物群には、次のような共通点が認められる。

①敷地内に礎石建物は認められず、掘立柱建物のみで構成される。

②桁行六〜八間×梁間三〜五間、面積一〇〇平方メートル以上の大型建物を核とする建物群が、柱筋を揃え、近接して配置される。

③廊で連結された建物はなく、庇を付設した建物もほとんど見られない。

④柱間寸法に二・一〜二・三メートルと七尺以上のものが多く見られる。

この四カ所の遺跡は敷地の全容がいずれもあきらかでなく、これらの建物群が必ずしも屋敷の中心的な施設であったと確定できないが、礎石建物が一棟も見られないことは注目すべき点である。この時期の礎石建物は、今のところ文治五年（一一八九）創建と伝えられる永福寺跡(5)以外に例がなく、また後述する今小路西遺跡の大規模な武家屋敷(6)（屋敷B）においても、一三世紀中葉以降に六間×三間の掘立柱建物から五間×四間の礎石建物に建替えられたことから見て、鎌倉の武家住宅における礎石建物の本格的な普及は、鎌倉時代後期であった可能性が高い。

一方、大型の建物群を敷地内に近接して配置するあり方は、政所(7)などの幕府関係機関を除くと、鎌倉時代後期の武家屋敷にはほとんど認められず、この時期の特徴として捉えることができる。それらの用途や機能は判然としないが、床張りの建物を想定すれば、当該期の武家屋敷は主屋の他に、収容能力の高い施設を複数必要としたことが推察される。

このように、当該期の武家住宅は大型の総柱建物から構成されるが、庇付の建物はごくわずかで、それらを結ぶ廊も現状では見ることができない。さらに、建物の配置状況や敷地内に明確な庭をもたない点を含めて、この時期の武家屋敷には貴族住宅の様式を導入した形跡がなく、後述する周辺地域の武家住宅とも異なる独自の様式をもっていたことがうかがえる。

鎌倉時代後期における今小路西遺跡の建物群

鎌倉では、嘉禄元年（一二二五）の宇津宮辻子への幕府移転を契機として、若宮大路を基軸とした都市整備が本格化する。そして、都市化が進む一三世紀中葉以降になると有力御家人の屋敷だけでなく、一般御家人や幕府関係職員、被官・給人などの中小規模の武家住宅も増加し、敷地や建物の規模、建築様式などに顕著な格差が見られるようになる。

この時期の遺跡としては、今小路西遺跡[8]（御成小学校内）がよく知られている。大規模な武家屋敷を中心として、門前の小規模な屋敷や道路に沿った町屋などが発見され、河野眞知郎氏によって鎌倉の都市景観の一部が復元されている。ここでは、この遺跡で発見された五カ所の屋敷および住宅をとりあげ（便宜上、すべて屋敷とする）、住人の階層がどのような形で建物の構成や規模、建築様式などに反映されるのかを見てみたい（**図2**[9]）。

〈屋敷A〉

敷地の全容は不明であるが、東西約七〇メートル、南北五〇メートル以上の規模をもち、南側の屋敷Bとの境

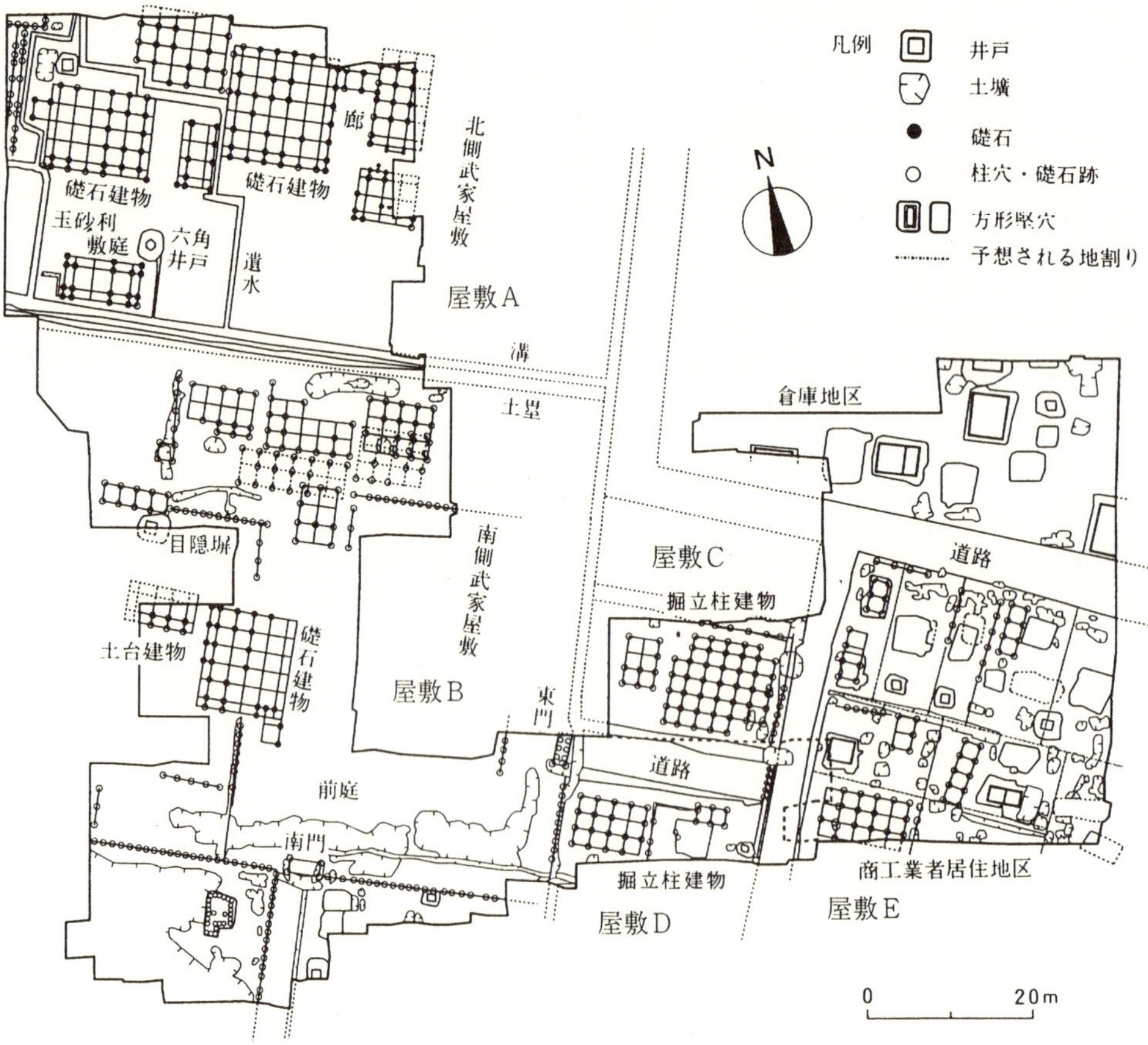

図2　今小路西遺跡（御成小学校内）の建物群（註9を一部改変）

界には築地が築かれている。調査範囲内の建物は、五棟の礎石建物と土台建物一棟から構成され、主要な建物は基壇の上に建つ。その中心は五間×五間の身舎（約一一〇平方メートル）に四面庇を付設し、大棟に瓦を並べた桧皮葺と推定される建物で、東側の四間以上×三間以上の建物と一間幅の廊で連結されている。このほか、奥座敷や対屋などの機能が推定される大型建物が西側に配置される。また、これらの建物群を縫う形で遣水状の溝が配され、南側の庭には玉砂利や海砂が敷かれている。

〈屋敷B〉

東西約六～七〇メートル、南北約六〇メートル、面積約三六〇〇～三九〇〇平方メートルの敷地を板塀で囲い、東と南に門を開く。敷地内は目隠し塀で南北に区画され、北側には従者の住宅と見られる掘立柱建物が密集して建てられている。南側の中央には五間×四間の身舎（約九〇平方メートル）に三面庇を付設した礎石建物の主屋があり、その東側には広い前庭をもつ。また、主屋の裏側には、倉と見られる土台建物が配される。

〈屋敷C〉

東西約二四メートル、南北約一五メートル、面積約三六〇平方メートルの敷地を板塀と柵で囲い、その外周には溝が巡る。敷地内の建物は二棟の掘立柱建物で構成され、北西隅に井戸を設ける。主屋は五間×四間（約八〇平方メートル）の総柱建物で、三面に庇を付設する。その裏側には、倉庫と見られる三間×二間（約二四平方メートル）の総柱建物が配置される。

〈屋敷D〉

敷地の区画施設はなく、東西約一〇メートル、南北九メートルほどの敷地内に掘立柱建物が一棟建つ。四間×三間（面積約五〇平方メートル）の総柱建物であるが、敷地には余地がほとんどなく、倉庫などの付属施設をともなわない単独の住宅と見られる。

〈屋敷E〉

敷地の区画施設はなく、掘立柱建物が一棟建つ。五間×三間（約六〇平方メートル）の総柱建物で、屋敷Dと同様に単独の住宅と考えられる。

以上が各屋敷の概要である。それぞれの性格は、Aが北条得宗家一門、Bが鎌倉に常住し、かつ幕府政治にかかわる上級御家人、C・DがBの被官・給人、Eは図の右下に広がる商工業者居住区の差配者の屋敷と推定されており、当然住人の階層は記載順で下位となる。

表1は、これらの屋敷の敷地やそれを区画する施設、建物の構成や規模を整理したものである。まず、敷地の規模や外構施設を比較すると、そこには明瞭な階層差が見て取れる。一般御家人が幕府から鎌倉で給付された土地は一戸主（約四五〇平方メートル）程度とされる(10)が、

表1　各屋敷の規模と建物

	敷地		外構施設		建物構成		主屋		
	面積(㎡)	戸主	区画	門	主屋	付属建物	柱間	庇	面積(㎡)
A	3,500以上	8以上	築地	?	礎石建物	礎石建物	5×5	4	110
B	3,600以上	8.0	塀	2	礎石建物	土台建物	5×4	3	90
C	360	0.8	塀、柵		掘立柱建物	掘立柱建物	5×4	3	80
D	90	0.2			掘立柱建物	なし	4×3		50
E	60	0.1			掘立柱建物	なし	5×3		60

その八倍ないしそれ以上の敷地を築地や塀で囲い、門を構えるA・Bと、一般御家人の五〜一〇分の一程度の敷地で明確な屋敷構えをもたないD・Eでは、敷地の規模だけ見ても四〇〜六〇倍ほどのちがいがあり、その間には隔絶した格差が存在する。また、屋敷Cについても、一般御家人に準じた敷地を塀や柵で囲うが、門構えはなく、屋敷A・Bのもつ品格や規模に比べて数段劣ることはあきらかである。

次に、主屋の柱礎形式や規模を比べてみよう。主屋の柱礎形式では、A・Bが礎石建物、C〜Eは掘立柱建物であり、おおむね階層差を反映した格差が認められる。同様に、主屋の規模を見ると、AとB・C、さらにD・Eといった三段階の格差が一応存在する。だが、最上位のAと最下位のEでは、床面積に二倍程度の開きしかない。また、BとCの主屋がほぼ同じ広さであり、DとEでは柱間規模や床面積が逆転していることも分かる。もとよりAからEの主屋には、礎石建物と掘立柱建物という柱礎形式のちがいだけでなく、柱・壁・床・屋根などの形状や建築部材の材質、建具の有無など、さまざまな格差が存在したはずである。しかし、少なくとも主屋の平面規模には、敷地や外構施設に現れた顕著な階層差は見出すことができない。

ここで視点を変えて、A〜Eの建物構成を検討してみよう。建物の構成は敷地との関係もあり単純な比較はできないが、A〜Cは主屋と付属建物、D・Eは主屋だけであり、ここでも格差が一応認められる。だが、A〜Cの屋敷内に配置された建物の機能分担を見ると、Aは最低でも六棟の建物が個々に機能を分担している。これに対して、BとCは収納（倉庫）以外の生活機能がすべて主屋一棟の中に集約されており、AとBの間にはかなりの格差が存在する。とはいえ、屋敷Bは推測される主人の階層や敷地規模から見て、わずか九〇平方メートルの主屋一棟で儀式や接客を含む生活機能が充足されたとは思えない。これに加えて、鎌倉に常住したとすれば所領の管理機能（施設）も邸内に必要不可欠であろう。河野氏は、屋敷B北側の建物群を従者の住宅と推定するが、この点を考慮すれば主屋を表向きの施設として捉え、北側の建物群を家政機関を含む「奥」の施設と見ることも可能であろう。

なお、ここで留意すべき点は礎石建物の問題である。この遺跡において礎石建物を主屋とするのは屋敷A・Bだけであるが、**表2**(11)に示したように、敷地規模がA・Bより格段に劣る武家屋敷や寺院の僧坊でも礎石建物が存在し、かつA・Bと同じ桁行柱間をもつ。この点では、礎石建物に居住することが必ずしも住人のステイタスではなかったと考えられる。鎌倉では、このほかに規模の

表2　桁行4間以上の礎石建物

遺跡名	敷地	柱間	面積	備考
向荏柄遺跡	規模不明	5×4	92㎡	武家屋敷
北条氏常磐亭跡	規模不明	5×3以上	70㎡以上	執権北条政村別邸
永福寺跡	約　600㎡	5×3	54㎡	永福寺の僧坊
長勝寺遺跡	約1,500㎡	5×2以上	40㎡以上	武家屋敷
北条時房・顕時邸跡	規模不明	4×3以上	50㎡以上	武家屋敷

確定できない礎石建物の検出事例が少なからずあり、礎石建の住宅が一定の階層に、ある程度普及していた可能性を考慮する必要もあるだろう。

以上を整理すると、今小路西遺跡の事例を見る限り、都市住民の階層性は敷地の広さやそれに規制される建物構成、そして屋敷の品格を示す外構施設に顕著な格差として現れている。しかし、その敷地内に配置された建物の規模や柱礎形式のちがいは、居住者の階層差の指標にはならないと考える。つまり、最盛期の鎌倉では、桁行五間の総柱建物に居住する人間が武士とは限らないのである。

最後に、屋敷Aと将軍御所との類似性について触れておきたい。屋敷Aの施設や建物の特徴は先に示したとおりであるが、『吾妻鏡』に散見される宇津宮辻子および若宮大路幕府内の将軍御所との共通点(12)として、①敷地の外周に築地を築く、②邸内に多数の建物を配置する、③寝殿が廊で連結される、④寝殿が五間四面で、屋根に棟上瓦を乗せる、⑥寝殿の南に庭を持つことなどがあげられる。この点において、屋敷Aの住人を北条得宗家一門と推定する河野氏の見解はおそらく妥当なものであろう。幕府の実権を握る北条得宗家は、この狭い都市の内部で一般御家人の住宅とは隔絶した規模の屋敷で暮らしたのである。

二、中世前期における鎌倉周辺地域

中世前期において、南関東は鎌倉幕府を成立させた原動力である東国武士団の本貫の地として、きわめて重要な位置を占めていた地域である。この時期の村落は、幕府の成立に先行する形で一二世紀中頃から姿を現すが、溝や柵または段切りなどで区画した敷地内に、大型建物を核とする建物群を配置した規模の大きい屋敷がめだつ。おそらく、それらは武士や有力名主など、村落でも上位に位置する階層の住まいであろう。

これらの建物群はいずれも掘立柱建物で構成され、桁行四～七間の総柱建物を主屋とすることが多い。また、身舎の外周に半間程度の庇を付設したものが多く見られる点も、この時期の特徴としてあげられる。柱穴は建物の規模に比べ総じて小型であり、長軸五〇センチ以下が主体である。また、身舎と庇の柱穴は、同規模のものがほとんどである。

これに対して、古代の掘立柱建物は一般村落や富豪層の居宅においても、側柱建物が主体である。総柱建物の多くは倉庫として使用された可能性が高く、居住施設と見られるものは少ない。柱穴は長軸一メートル前後のものが中心であり、大型建物では布掘りや隅柱部分をL字形とするものもめだつ。一般村落では庇を付設するものは稀であるが、富豪層の居宅などに見られる庇付の大型建物では、庇の出が一・五〜二メートルと広く、その柱穴は身舎より小型のものが多いことなど、中世に見られる掘立柱建物とはかなり異なる特徴[13]が認められる。

それでは、どのような過程を経て中世の掘立柱建物が出現したのだろうか。結論から先にいえば、今のところ資料的な欠落により発掘遺構からその出現過程をあきらかにすることはできない。だが、わずかながらも資料が増加しつつあり、その手がかりを求めて、一一世紀の数少ない調査事例である東京都落川遺跡[14]の建物群から見ていくことにしたい。

落川遺跡

遺跡は東京都日野市に所在し、多摩川中流域の沖積微高地に立地する。村落は四世紀末に成立し、一一世紀後半に衰退するが、**図3**はその最終段階の建物群を示したものである。東西八〇メートル、南北七〇メートルほどの範囲に二二棟の掘立柱建物が所在する。このほかに竈屋的な小竪穴、鍛冶工房、畑なども付属するが、敷地の外周を区画する施設は見られない。

これらの建物群に関しては、一時期の建物数や配置状況があきらかでないが、建物の主軸方位や重複カ所の分布から見て、四面庇付きの総柱建物を核としたまとまりが数カ所存在すると考えられる。最大の建物は五間×三間、面積約九〇平方メートルの規模をもつが、平均的な建物は三間×二間、面積二五〜四〇平方メートルの総柱建物であり、その半数以上は四面に半間前後の庇を付設する。柱穴は、長軸四〇センチ以下の小型のものが大半を占める。しかし、柱間寸法の平均値は桁行が二・四五メートル、梁間は二・二メートルと比較的大きく、古代の大型建物に近い数値を示す。

このように、本遺跡の建物群は総柱建物を主体とし、その多くに庇が付設されること、小型の柱穴をもつ点など、先にあげた中世の掘立柱建物の特徴がほぼ出揃っている。遺跡の性格は北宋代の中国製磁器や武具を含む出土遺物の様相から半農半武士的な集団の屋敷と推定され、中世前期の武家居館の原型とも評価されている[15]。しかし、敷地に明確な区画施設をもたないことや、建物が相対的に小さく、柱間も古代村落の掘立柱建物に一般的な三間×二間が主体をなす点

図3　落川遺跡の建物群（註14より）

など過渡的な要素もあり、中世の掘立柱建物の出現過程をあきらかにするためには、もう少し資料の蓄積を待たなければならないようである。

次に、中世前期の大規模な武家屋敷（以下、居館とする）の建物を埼玉県大久保山遺跡群[16]、村落の建物を東京都南広間地遺跡[17]と神奈川県新戸遺跡[18]を例にあげて見ていきたい。

大久保山遺跡群

埼玉県本庄市の本庄台地中央部にある浅見丘陵の南側斜面に立地する遺跡で、一二世紀中頃に成立し、一四世紀前半を境に衰退する。谷津（低地）に面した丘陵裾部に、溝や堀で区画された居館群が寺院をともなって展開しており、武蔵七党の一つである児玉党の本拠と推定されている。居館群は大きく三地区に分かれるが、それらの変遷過程は荒川正夫氏によって五時期に整理されている。ここでは、一三世紀後葉（第Ⅳ期）に位置づけられているⅢC地区館跡の建物群を取り上げたい（**図4**）。

ⅢC地区館跡は東西八〇メートル、南北九〇メートル以上の敷地の外周に幅三〜四メートルの薬研堀を巡らせた台形の居館で、西側に溝で囲まれた小規模な屋敷が二口付属する。居館内部の建物群は敷地の南側に集中し、大小六棟の掘立柱建物から構成される。主屋は五間×二間（約五一平方メートル）の身舎に四尺の庇を四面に付設した総柱建物で、ほぼ同規模（約五二平方メートル、四面庇）の総柱建物が西側に配置され、この二棟がL字形の配列をなす。また、主屋の東側には、やや距離を置いて二面に庇を付設した五間×二間（約四八平方メートル）の総柱建物が位置し、この三棟が居館の中心的な施設と見られる。この他、付属施設と想定される三間×二間および四間×二間の総柱建物、四間×一間の側柱建物が中心施設の周辺に配されている。

館跡の西側に位置する二区画の屋敷は、館主の分家ないし従者の住宅と推定されている。北側の屋敷は敷地も狭く、三間×三間（約三三平方メートル）の側柱建物が井戸をともなわずに単独で存在する。これに対して、南側の屋敷は東西約四〇メートルの敷地を溝で囲い、井戸を備えるなど独立した屋敷構えを見せる。主屋は五間×二間（約三五平方メートル）の身舎に四面庇を付設した側柱建物と想定されるが、敷地は未調査範囲に延びており、付属建物の有無などは確認できない。

本遺跡は中世村落の中でも最上位に位置する在地領主層の居館であり、当該期の居館としてよく知られる神奈川県宮久保遺跡[19]

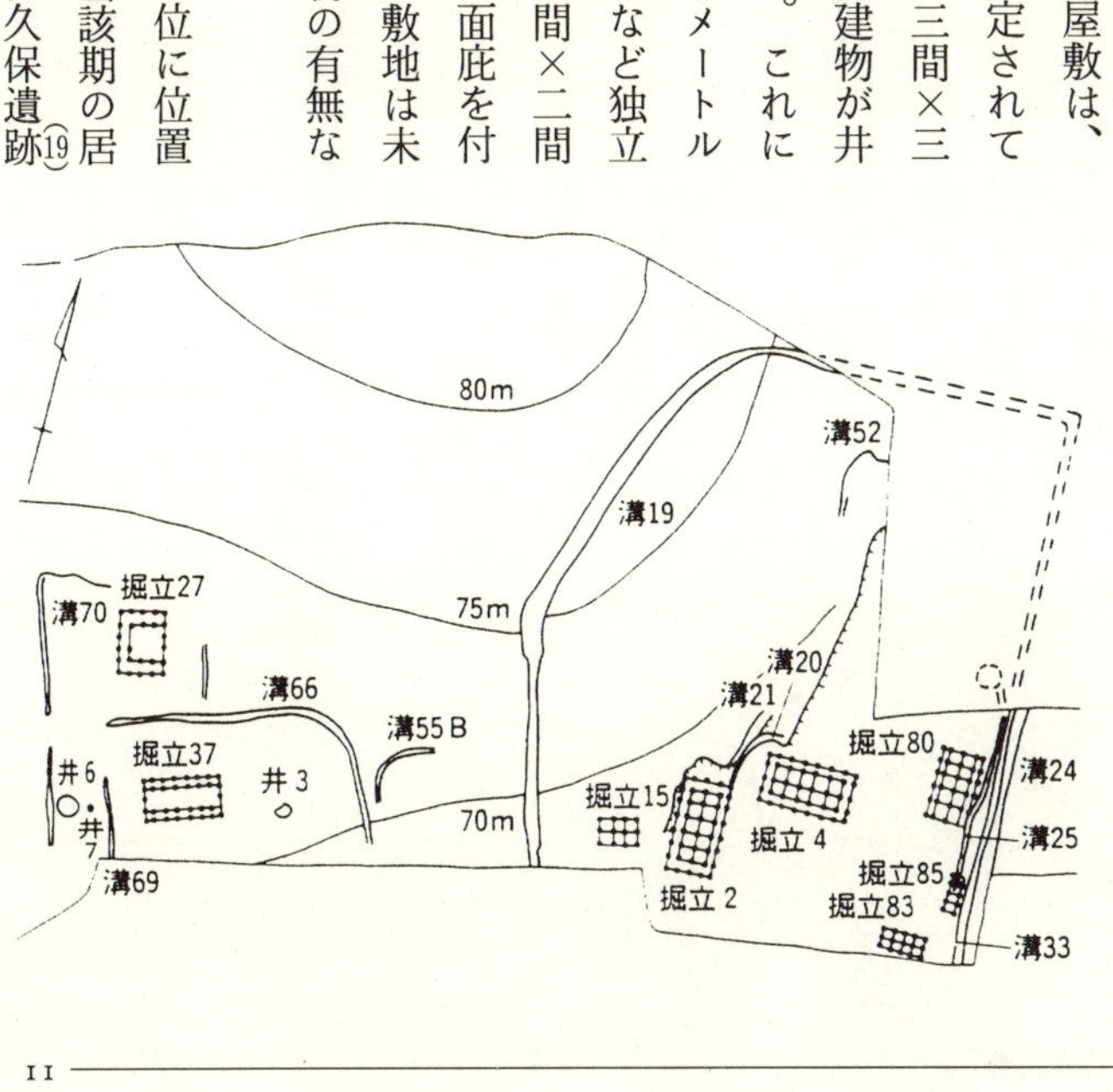

図4　大久保山遺跡ⅢC地区館跡の建物群（註16より）

を上回る規模をもつ。居館内部の建物群は付属建物を含めて総柱建物が主体をなし、大小六棟の建物が各機能を分担する。その中心部分は、庇を付設した桁行五間の大型建物が柱筋を揃えて整然と配置されており、この居館に居住した在地領主の階層性を示唆する。

一方、居館の西側に付属する屋敷は、独立した屋敷構えをもつ南側の屋敷と、井戸がなく生活機能が敷地内で完結しない北側の屋敷があり、両者に明瞭な階層差が見られる。しかし、南側の屋敷も主屋の構造や規模において、居館内部の建物群と比べてあきらかに劣っている。

このように、本遺跡では居館とそれに従属する二口の屋敷の間で、敷地の規模や屋敷構えに重層的な格差が存在する。同時に、建物の構成や主屋の構造・規模においても厳然たる格差があり、鎌倉とは異なる様相が見てとれる。

南広間地遺跡

東京都日野市に所在し、多摩川中流域の沖積地に立地する。先に見た落川遺跡は、多摩川支流の浅川を挟んだ対岸に位置する。一二世紀中頃に成立し、一四世紀前半まで続く村落で、東西約一キロ、南北七〇〇メートルの範囲から一〇カ所ほどの屋敷が発見されている。この遺跡では東西に延びる自然堤防上に占地する規模の大きな屋敷（A１地点、伝田村氏館跡）を中心として、間に水田や空閑地を挟みながら中小規模の屋敷が点在する、中世前期の典型ともいえる散村的な景観が森達也氏によって復元されている。ここでは、次の三地点の建物群を見てみたい（**図5上段**）。

A１地点では、二二棟の掘立柱建物が発見されている。それらは構造や規模から五種類ほどに区分できるが、四～五間×二間（面積約五〇平方メートル）の身舎に庇を付設した総柱建物がもっとも大きく、ほぼ同一位置に建替えられていることから、これが主屋と見られる。また、三間×二間（二〇～三五平方メートル）の総柱建物のうち、庇を付設したものは主屋に対してL字、ないしは対面する形で配置されており、副屋的な居住施設と考えられる。この他の三間×二間や二間×二間の総柱建物、三間×一間の側柱建物、一～二間×一間の側柱建物は配置に一定の規則性が認められず、倉庫や作業小屋などの付属施設と想定される。なお、三棟の主屋はいずれも屋内柱が一～二本省略されており、建物の内部は土間と一ないし二室の居室で構成されていたと考えられる。

C地点では、四棟の掘立柱建物が発見されている。このうち、三間×二間（三〇平方メートル）の身舎に四面庇を付設した総柱建物が主屋と見られ、二×二間の総柱および側柱建物は倉庫や作業小屋などの付属建物と想定される。

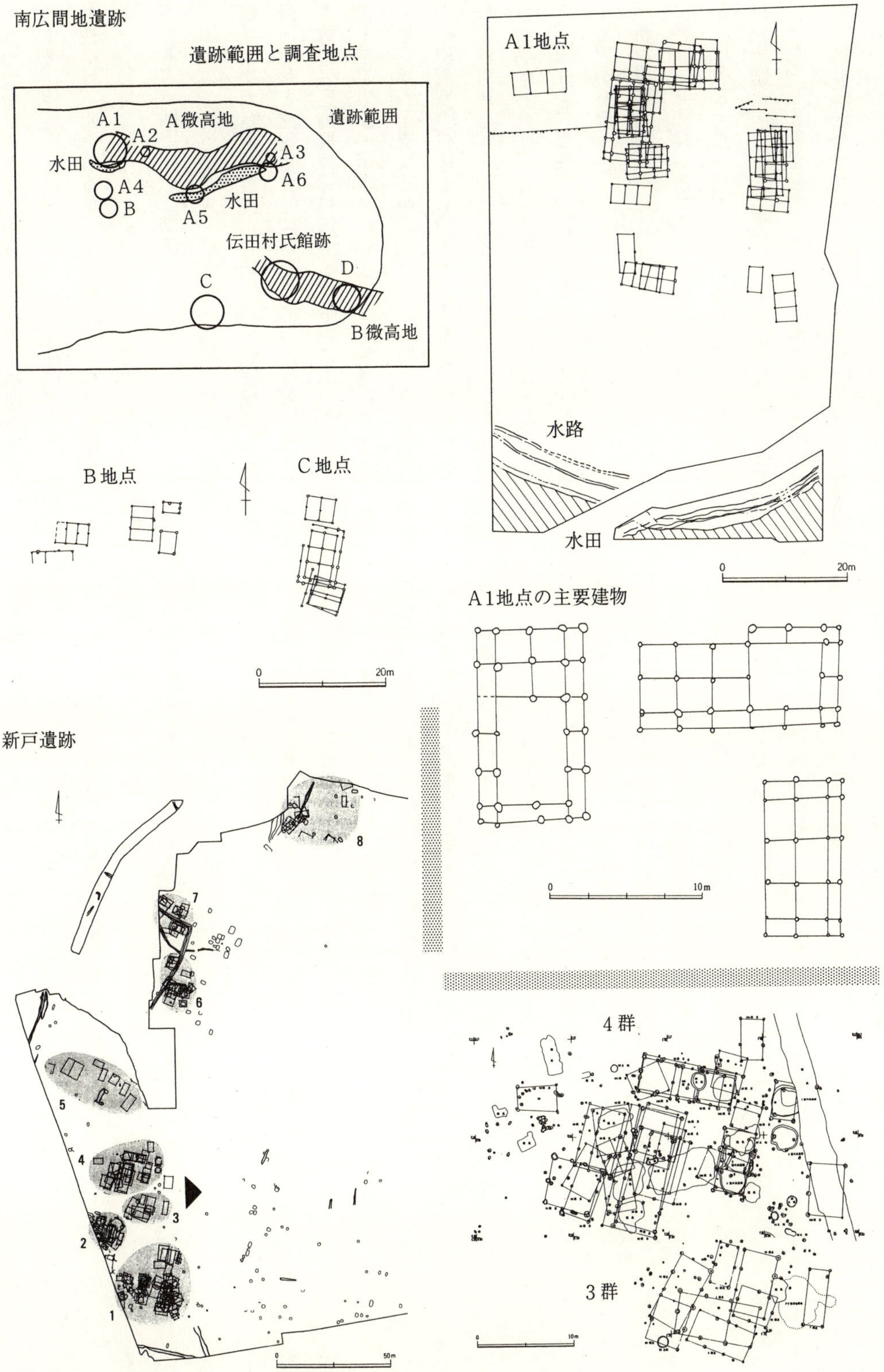

図５　南広間地遺跡（註17ほか）・新戸遺跡（註18）の建物群

Ｂ地点には、六棟の掘立柱建物が二単位に分かれて所在する。総柱建物はなく、すべて側柱建物である。建物群の性格は不明であるが、居住施設とすれば桁行三間×梁間一～二間（一五平方メートル）の建物が主屋、一間四方のものは納屋ないし物置と考えられる。

以上の三地点は、Ａ1地点が在地領主層、Ｃ地点が下層武士または上層農民、Ｂ地点は一般農民ないし下層農民の屋敷と推定されている。その当否は置くとしても、本遺跡の建物群は、村落内部の階層によって建物の構成や主屋の規模・構造が異なることを示唆している。階層の比定は若干異なるが、ほぼ同様な格差の構造が千葉県小糸川流域の村落でも抽出されており[20]、中世村落の一つのあり方を示すものといえよう。また、Ｃ地点の居住者の階層性が問題となるが、村落内のある程度の階層まで、総柱型式の住宅が普及していた可能性も今後検討する必要があろう。

新戸遺跡

神奈川県相模原市に所在し、相模川支流の鳩川に面した河岸段丘上に立地する。南広間地遺跡より遅れて一三世紀中頃に成立する村落で、一四世紀後半まで存続する。段丘の縁辺部を中心に一五九棟の掘立柱建物が発見されている（**図5**下段）。このうち、総柱建物は倉庫と見られる二間×二間程度の小規模な建物が中心であり、その大部分は桁行三間・面積二〇平方メートル以下の側柱建物で占められている。

これらの建物群を区画する施設は見られないが、建物の集中範囲から八カ所の屋敷として理解されている。挿図の右下に3群と4群の遺構配置を示したが、4群では四～五間×一間（四〇～五五平方メートル）の建物がほぼ同一位置で重複しており、これが主屋と見られる。その北側に直交する形で配置された三間×二間（約二〇平方メートル）の建物は、これにともなう副屋かある時期の主屋と考えられる。また、それらの周辺に散在する小型建物の多くは納屋や作業小屋と想定されるが、その中には厩と見られる内部に不整形の浅い掘り込みをもつ建物が数棟含まれている。

一方、南側の3群には八棟の建物が所在する。これらは三間×二間（約三〇平方メートル）の総柱建物と、三間×一間（約二五平方メートル）および二間×一間（約一五平方メートル）の側柱建物からなるが、規模から見て前二者が主屋、後者は付属建物と想定される。また、それらの主軸方位は南北と東西の二方向に分かれており、主屋と付属建物がL字形に配置されていたと思われる。

このように本遺跡の建物群は、規模の異なる側柱建物を主屋と付属建物に使い分ける点に特徴があり、柱間規模は異なるものの、南広間地遺跡Ｂ地点の様相に近似する。また、総柱建物や庇を付設した建物がごく限られる点も、村落全体の階層性を示唆する。遺跡の性格については、遺構の規模や出土遺物の寡少さなどから一般農民層の村落と推定されている。しかし、それぞれの屋敷は必ずしも均質なあり方を示しているわけではない。屋敷の占地面積（二六〇〜一〇五〇平方メートル）や存続期間を示す建物の重複の度合、主屋の規模において格差が見られ、村落内部に何らかの階層差が存在していたと推察される。

ところで、6群から7群にかけてL字状に屈曲する溝が存在するが、その規模（幅約二メートル、深さ約一・二メートル、断面薬研ないし箱薬研）と出土遺物（瀬戸窯瓶子・香炉、備前窯擂鉢）に着目すると、西側の未調査範囲に、この村落の核となった大型の屋敷地（居館）が所在していた可能性が高い。推測を重ねることになるが、その場合、新戸遺跡は溝に囲まれた居館の周辺に中小規模の屋敷が集中する、南広間地遺跡とは景観の異なる村落であった可能性も十分考えられる。

三、中世後期の村落

中世後期の都市としては、戦国大名北条氏の城下町であった小田原がよく知られている。本来であれば中世前期と同様に都市と村落の建物を比較すべきであるが、小田原における当該期の建物遺構はほとんど不明に近い状態にある。この点については今後の調査の進展に期待することとし、ここでは村落の建物を埼玉県堂山下遺跡(21)、武家居館の建物を東京都多摩ニュータウンNo.四五七遺跡(22)、神奈川県宮ヶ瀬遺跡群(23)を例にあげて見ていきたい。

堂山下遺跡

埼玉県毛呂町に所在する。入間川支流の越辺川を臨む段丘上に立地する村落で、存続時期は一四世紀後半〜一六世紀初頭と推定される。調査範囲の東側に鎌倉街道上道と伝承される道路が走り、南西約五〇メートルには一四世紀代の創建と推測される伝崇福寺跡(24)が所在する。本遺跡では遺構の変遷が三時期に区分されているが、ここでは

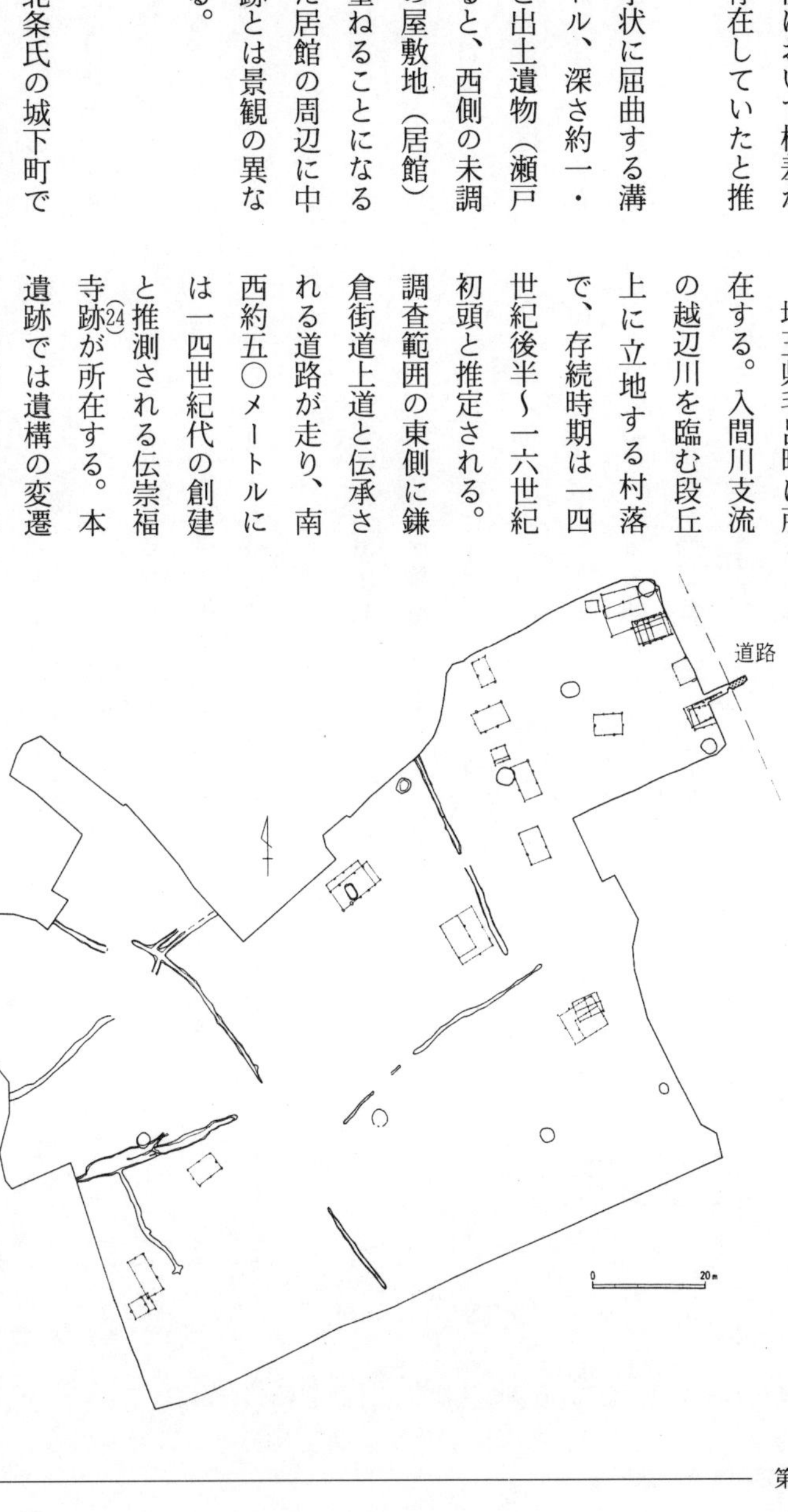

図6　堂山下遺跡の建物群（註21を一部改変）

一五世紀に位置づけられているⅡ期とⅢ期の建物群をとりあげたい（**図6**）。

村落全体は溝による一辺五〇メートル前後の方形区画が集合する形をとるが、その東側と西側では様相が大きく異なり、当該期に帰属する一七棟の掘立柱建物のうち、一〇棟が道路沿いの一区画に集中する。この西側の区画では、道路に面して二〜三間×二間（一五〜二五平方メートル）の小型建物が各時期二〜三棟ずつ並び、その裏側には空閑地を挟んで同規模の側柱建物が一〜三棟配置されている。井戸は各時期三基前後が区画内に見られるが、各戸ごとには配置されておらず、おそらく共同使用であったと思われる。また、これらの建物を区画する明確な施設は認められないが、道路側の建物はいずれも間口を道路に向けており、短冊型の敷地であったと推察される。

一方、東側の方形区画内には、二〜四間×一〜二間の側柱建物が井戸をともなって、各時期一棟ずつ配置されている。これらの建物は一般の在家と推定されているが、村落の存続時期に比べて建物数が少なく、倉庫や作業小屋などの付属建物をともなわないことなど、一般的な住宅と捉えるには問題点が少なくない。この方形区画内には、二五〇基を越える土坑墓や火葬施設が建物と併存する形で構築されており、佐久間貴士氏が指摘するように[25]、この遺跡に隣接する崇福寺の墓所にかかわる施設と見るほうが妥当であろう。

なお、本遺跡の性格は史料に見える「苦林宿」と推定されている。その当否は置くが、ここで見られるように小型の建物が街道に面して並び、その背後に墓域が広がる村落景観は千葉県荒久遺跡[26]（袖ヶ浦市）や仁井宿東遺跡[27]（佐原市）でも抽出されており[28]、中世後期における集村化の一類型として捉えることができる。

多摩ニュータウンNo.四五七遺跡

東京都多摩市に所在する。多摩丘陵北部の尾根上に立地する遺跡で、存続時期は一五世紀後半〜一六世紀後半と推定される。尾根

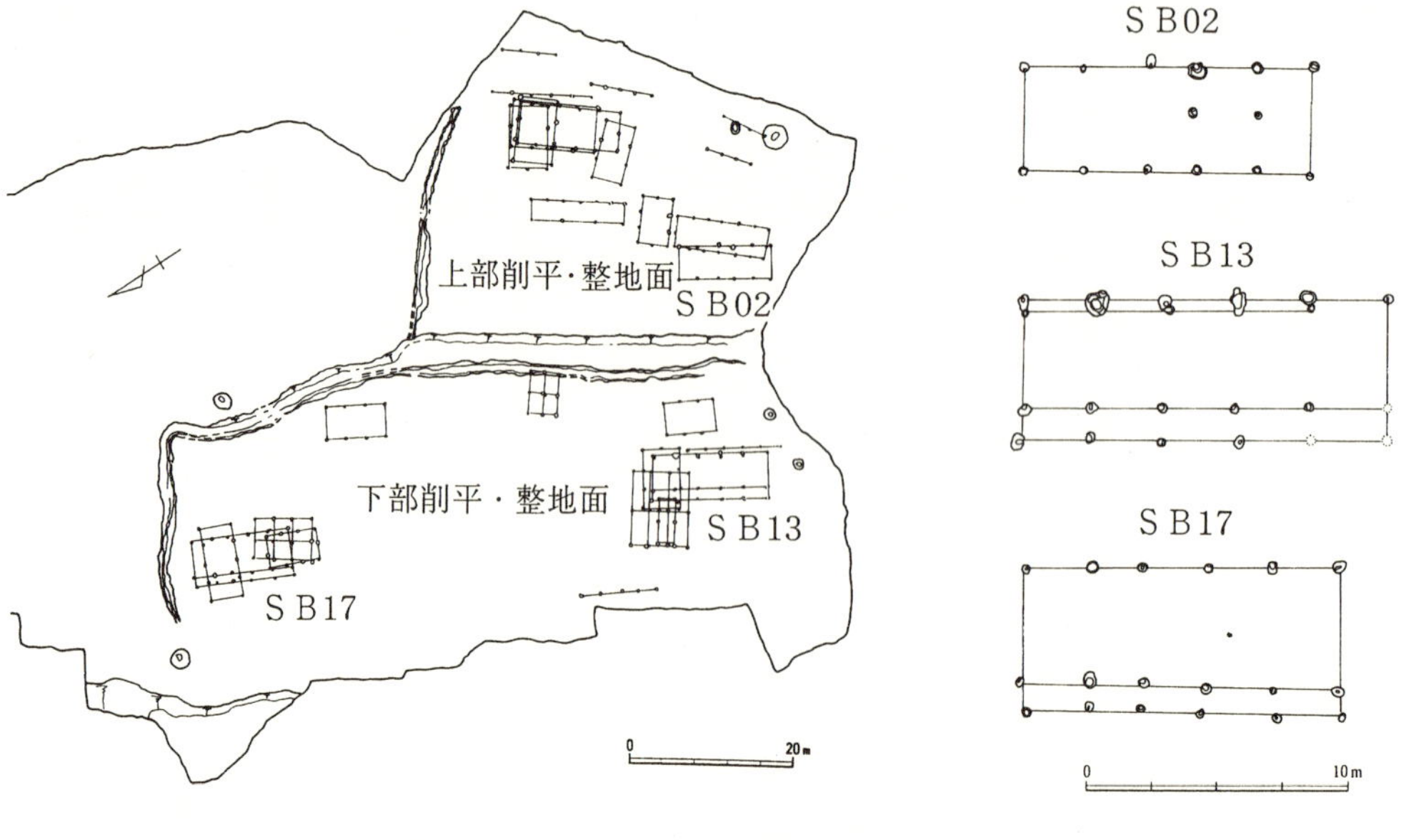

図7　多摩ニュータウンNo.457遺跡の建物群（註22をもとに作成）

の緩斜面を造成した上下二段の整地面から、二〇棟の掘立柱建物が発見されている（**図7**）。建物の構成は倉庫と見られる総柱建物が二棟あるほかは、すべて側柱建物である。一時期の建物数や配置状況は明確でないが、上段面と下段面の北側および南側の計三カ所に建物のまとまりがあり、それぞれ井戸をともなうことから独立した居住単位と見られる。ただし、建物の主軸方位はいずれも上段面と下段面を区画する段切りの方向にほぼ平行、ないしは直行しており、屋敷地全体に一定の規則性を認めることができる。

　上段面では南北約四五メートル、東西約三五メートルの敷地内に九棟の建物が所在する。敷地の北東側と南西側の二カ所に比較的大型の建物が重複しているが、北東側は五間×二間（約五〇平方メートル）、南西側は五～六間×一～二間（約四〇平方メートル）と面積に格差があり、同時期のものとすれば前者を主屋、後者は副屋と見ることも可能である。主屋の間取りは不明であるが、副屋は間仕切柱が一～二本見られ、土間と一、二室の居室で構成されていたと考えられる。なお、敷地の中央に位置する六間×一間の細長い建物は厩と想定されているが、内部に掘り込みは認められない。

　一方、下段面では、外周に溝を巡らした南北約八〇メートル、東西約四五メートルの敷地内に一一棟の建物が所在する。南側の主屋は五間×一間（約五〇平方メートル）の身舎の西側に庇を付設したＳＢ一三と見られ、その西側に配置された小型建物は倉庫や作業小屋などの付属施設と考えられる。北側の主屋は五間×一間（約五五平方メートル）の身舎の西側に庇を付設したＳＢ一七と見られるが、付属する建物はあきらかでない。

　以上が本遺跡から発見された建物の概要である。まず、倉庫以外の総柱建物は存在しないことが確認できる。主屋と副屋については、梁間に対して桁行が五～六間と細長い側柱建物であること、そして間仕切柱をもつことがその特徴として指摘できる。このほか、**図7**の右側に示したＳＢ一三とＳＢ一七は二間幅の梁間（四・二、四・六メートル）をもつが、いずれも妻柱は認められず、宮本長二郎氏のいう「梁間一間型」[29]に該当する可能性が高い。

　なお、遺跡の性格については、上下二段の郭から構成された在地領主層の居館として理解されている。その場合、防御性の高い上段面が優位となるが、建物構成から見ても、主屋と副屋からなる上段面に優位性を認めることができる。

宮ヶ瀬遺跡群表の屋敷・馬場№七遺跡

　遺跡は神奈川県清川村に所在し、東丹沢の山間部、相模川支流の中津川が形成した河岸段丘上に占地する。方

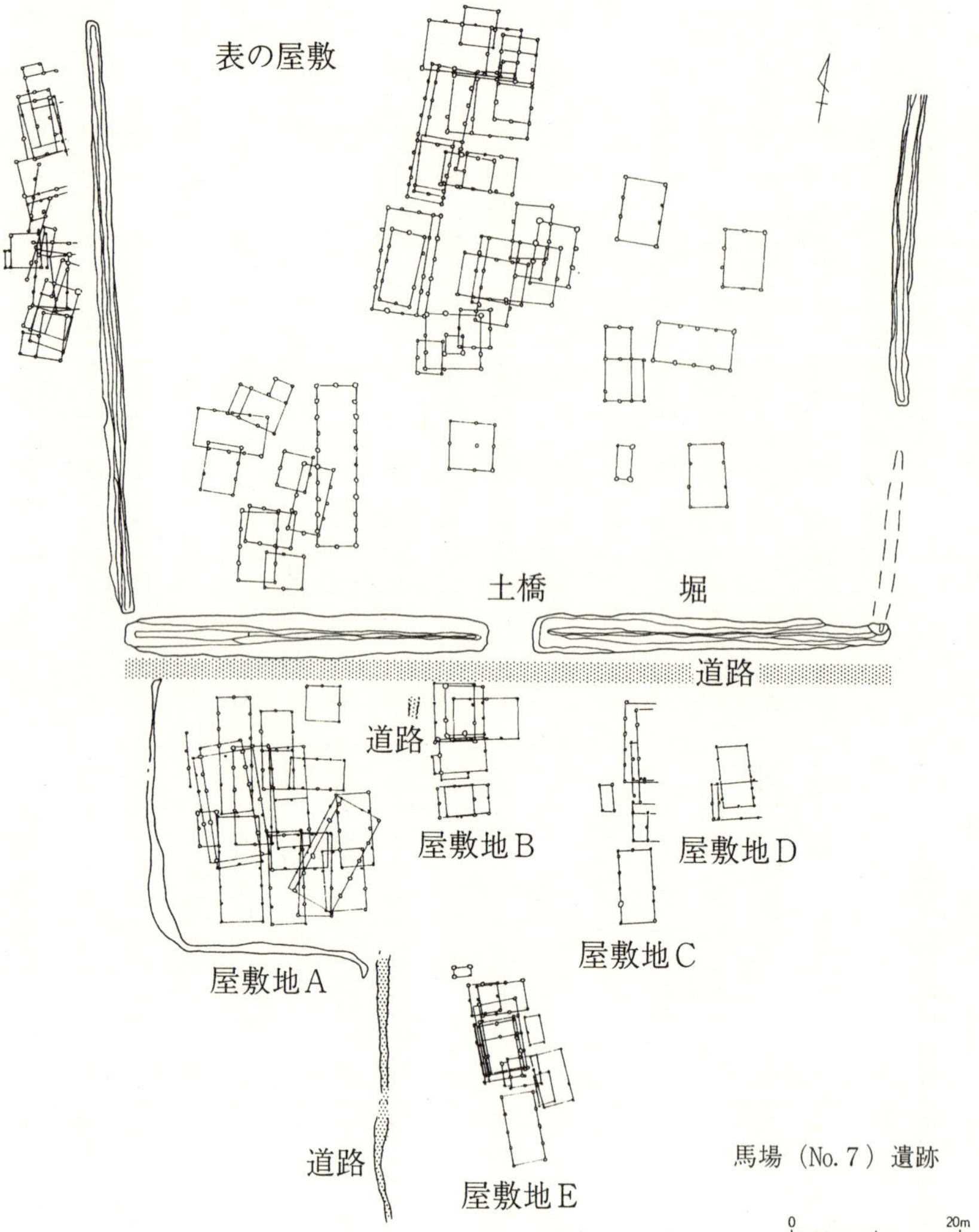

馬場（No.７）遺跡の16世紀代の掘立柱建物

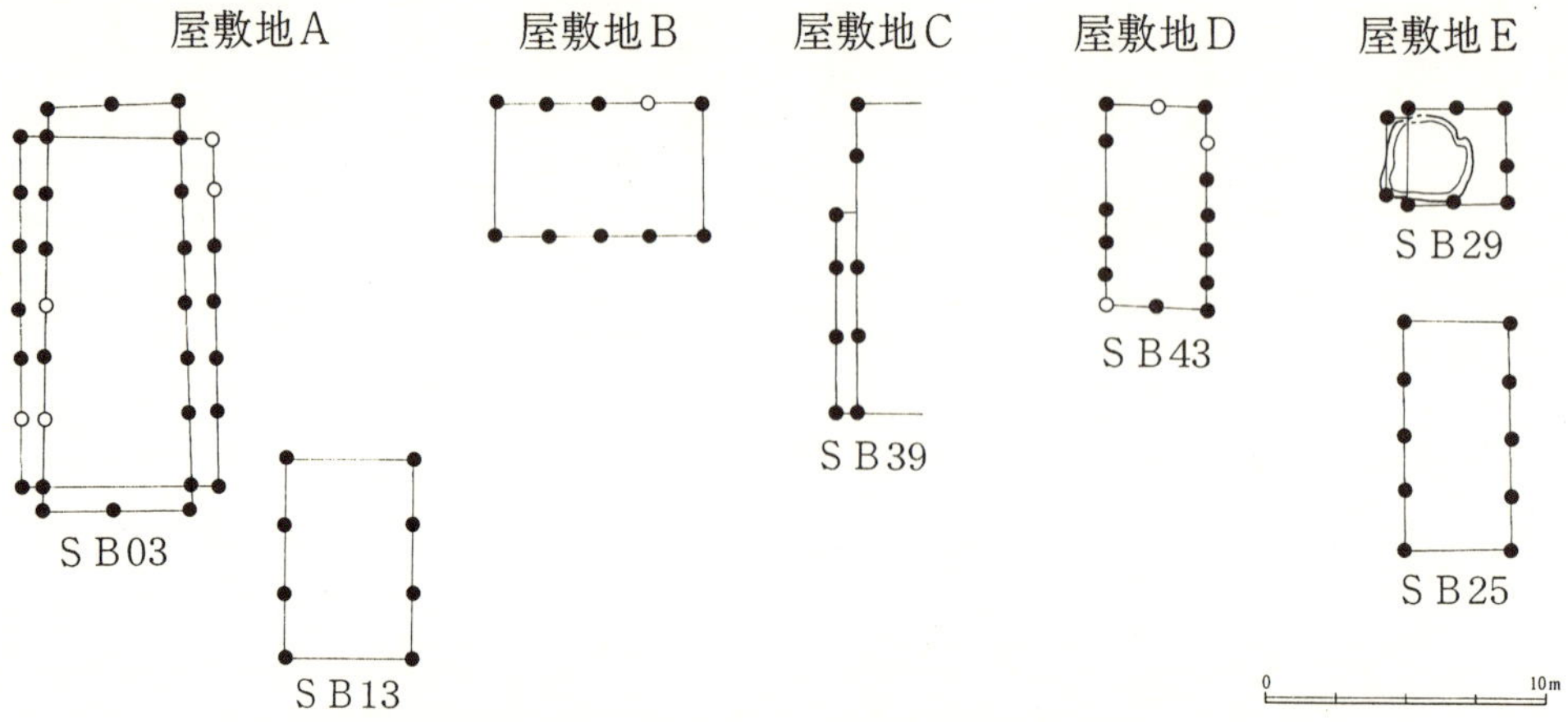

図８　宮ヶ瀬遺跡群表の屋敷・馬場（No.７）遺跡の建物群（註23をもとに作成）

形居館を核とした屋敷群で（図8）、一五世紀後半に成立し、一八世紀前半まで存続する。

居館は東西約九二メートル、南北約八三メートルの敷地規模をもつ。その外周に土塁と幅約四メートルの薬研堀を巡らし、南側中央と東側に出入口となる土橋を設ける。居館内部には三〇棟前後の掘立柱建物が所在するが、近世に帰属するものが含まれており、詳細はあきらかでない。しかし、少なくとも居住施設と見られる総柱建物は存在せず、規模の大きい建物が側柱建物で構成されること、また梁間一間型の建物がいくつか見られることは確認できる。

一方、居館の南側には、堀の外側を東西に走る道路（幅約二・五〜三メートル）に面して四カ所の屋敷（A〜D）が配置され、さらに東西道路から南に延びる道路に接して屋敷（E）が所在する。成立時期はそれぞれ異なるが、一六世紀代にはすべての屋敷が成立したと推測される。挿図の下段は、屋敷内に配置された建物を示したものであるが、建物の主軸方位には居館前面の東西道路と一致するものと逸れるものが見られる。

屋敷Aでは、西側と南側を段切りで区画した一辺約三〇メートルの方形の敷地内に、主屋と付属建物の二棟が配置される。主屋は六間×二間（約六〇平方メートル）の身舎に庇を四面付設した細長い建物であるが、身舎の妻柱は認められず、梁間一間型の建物であった可能性が高い。また、付属建物も同様である。

屋敷Bでは、東西約二〇メートル、南北約三〇メートルの敷地内に、居館の出入口をふさぐ形で東西棟（四間×一間、約三〇平方メートル）が一棟配置される。この建物も、屋敷Aと同様に梁間一間型と見られる。

屋敷Cと屋敷Dは、東西約一二メートル、南北約三〇メートルの短冊型の敷地内に、南北棟の主屋を各一棟配置する。屋敷Dの主屋（約二五平方メートル）は桁行六間であるが、柱間寸法は一・二メートルと短く、数本は補助柱であったと考えられる。

屋敷Eでは、東西約二〇メートル、南北約三〇メートルの敷地内に、四間×二間（約三〇平方メートル）の主屋と建物内部に掘り込みをもつ厩の二棟を配置する。

以上が本遺跡における建物の概要である。倉庫以外の総柱建物が存在しないこと、梁間に対して桁行が長い主屋が見られること、梁間一間型の建物が主体をなす点など、先に見た多摩ニュータウンNo.四五七遺跡の建物とほぼ共通した特徴が認められる。

なお、居館の南側に配置された建物群の性格については、館主の一族とそれに従属する階層の屋敷と推定されるが、近世以降もその敷地を踏襲する形で一八世紀前半まで継続して営まれている。本遺跡の建物群は、中世から近世に至る住居の時間的な変化を知る上で貴重な調査事例といえよう。

四、近世における村落

ここでは、地域的にきわめて限定された形となるが、神奈川県内の宮久保遺跡[30]と宮ヶ瀬遺跡群[31]で発見された掘立柱建物について見てみたい。

宮久保遺跡

遺跡は神奈川県綾瀬市に所在し、座間丘陵の南端、目久尻川右岸の河岸段丘上に立地する。本遺跡の周辺では段丘面から丘陵裾部にかけて、近世の屋敷跡が一五カ所ほど所在するが、そのうちの九カ所が発掘調査され、一七世紀中頃から一八世紀後半の主屋一四棟、付属建物七棟、計二一棟の掘立柱建物が発見されている。これらの建物群については市川正史氏が詳細な検討を加えており、その成果をもとに主屋の規模や間取りの変遷を見てみたい（**図9**）。

調査された九カ所の屋敷跡（以下、遺構群とする）は調査範囲外を含めて大きく三群に分かれて展開するが、ここでは調査範囲の南側中央に位置する遺構群を取り上げたい。

この遺構群は敷地の切り合いや出土遺物の年代から、6号→5号→2〜4号遺構群と変遷することが確認されている。また、4号遺構群のSB〇七と〇八、3号遺構群のSB〇四、〇五、〇六は同一場所での建替えであり、柱穴の切合いから新旧関係が明確に把握されている。

まず、建物規模の変化から見てみよう。最初期の6号遺構群は後世の削平により建物が発見されず、変化を追えるのは次の5号遺構群からとなる。5号遺構群の主屋（SB一一）の規模は四間×二間（約三八平方メートル）であるが、一七世紀後半に丘陵側へ移転した2〜4号遺構群の主屋は五間×二〜三間（約四二〜五一平方メートル）となり、いずれも桁行の柱間が一間増えている。そして、一八世紀前半に主屋を建替えた3号遺構群では五間×三間（約五三平方メートル）と梁間を一間分広げ、最終的には五・五間×三間（約七七平方メートル）まで拡大している。また、正確な建替え時期はあきらかでないが、4号遺構群の主屋も一八世紀後半には六間×三間（約七〇平方メートル）となっており、当初の規模に比べると、一五〇年あまりの間に面積がほぼ倍増したことが分かる。

次に、間取りの変化を見てみたい。挿図の左下に示した類型は、市川氏が復元・分類した平面型式を一部変更したものである。Ⅰ類としたものは二室型の間取で、土間と床上の二室からなる。Ⅱ類は土間と床上部分の三室からなる、いわゆる広間型三間取。Ⅲ類は土間と床上の

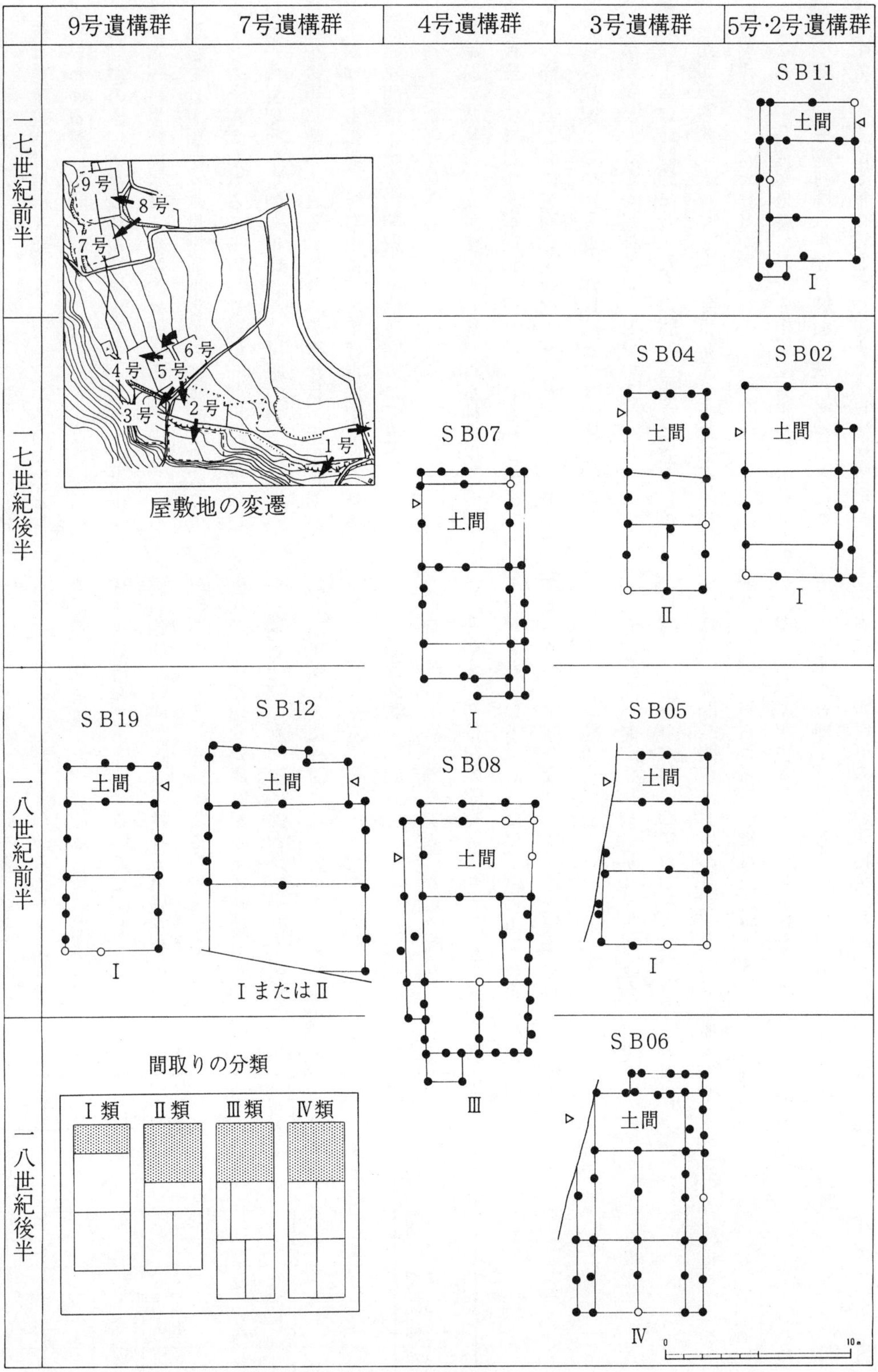

図9　宮久保遺跡における掘立柱建物の変遷（註30をもとに作成）

四室からなるが、「オク」と「ザシキ」の間仕切りの位置が異なる喰違四間取。Ⅳ類は床上の四室が田の字形となる、いわゆる整形四間取である。

　各類型の出現・存続時期を見ると、Ⅰ類が一七世紀中頃から一八世紀前半まで継続的に認められ、少なくとも本遺跡ではⅠ類が一八世紀前半までの主体的な間取りであったことが知られる。一方、Ⅱ類は一七世紀後半ないしは一八世紀前半まで、Ⅲ類が一八世紀中頃、Ⅳ類は一八世紀後半に認められる。これらの変化は、出現時期が若干異なるものの、神奈川県内の現存古民家に見られる広間型三間取→喰違四間取→整形四間取の変遷過程(32)とほぼ共通することが分かる。

　本遺跡の建物は、文献史料(33)から知られる神奈川県内の近世民家の中では中小規模に位置づけられるが（**表3**）、年代の経過とともに建物が大型化すること、そして掘立柱構造の民家においても礎石建民家とほぼ同様な間取りの発展があったことを具体的に示している。だが、この遺跡の主屋は最終的に五・五〜六間×三間まで拡大したにもかかわらず、少なくとも一九世紀前半まで礎石建物に建替えられることはなかった。

　ところで、宮久保遺跡は近世の相模国高座郡早川村に帰属するが、その村高は現在の綾瀬市域に所在する八カ村の中で一、二位を争うほど高く、また3号遺構群に居住した当主は隣接する家墓の墓石銘や記録から名主を勤めていたことが知られる。民家史の常識に従えば、とうぜん礎石建の主屋に居住すべき階層であろう。この点に関しては、礎石建農家の成立と本百姓身分の確立を不可分の関係として一律に捉えるのではなく(34)、近世村落の中で農家が礎石建とする意味や背景を、礎石建物のもつ耐久性とはいったん切り離し、地域ごとに検討する必要があるように思われる。

宮ヶ瀬遺跡群

　神奈川県清川村に所在する宮ヶ瀬遺跡群では、一七〜一八世紀の建物群が九カ所の遺跡で発見されている。ここでは、帰属時期がある程度判明する四八棟の主屋を取り上げ、建物規模の時間的な変化を見てみたい（**図10**）。

　一七世紀代と推定される主屋は二四棟ある。柱間規模は三間×一間から六間×二間まであるが、桁行三〜四間が一八棟、梁間二間が一七棟あり、平均的な規模は三〜四間×二間と見られる。面積は三〇平方メートル未満が一二棟、三〇〜四〇平方メートルが五棟、四〇〜五〇平方メートルが五棟、五〇平方メートル以上が一棟で、四〇平方メートル以下の小型建物がめだつ。間仕切柱は一

表3　元禄4年（1691）相模国木葉村の主屋規模

		梁間							計
		2.0	2.5	3.0	3.5	4.0	4.5	5.0	
桁行	3.0	3							3
	4.0	3	1	2					6
	4.5			1					1
	5.0	2							2
	5.5	19		1	1				21
	6.0			6	1	2			9
	6.5				1	3			4
	7.0					9			9
	8.0						1	2	3
計		27	1	10	3	14	1	2	58

本が多く、間取りは土間と居室一、二室程度と見られる。

一八世紀代と推定される主屋は二四棟ある。柱間規模は二間×二間から五間×二間まで見られるが、桁行三～四間が二一棟、梁間二間が一七棟あり、一七世紀と同様に平均的な規模は三～四間×二間と考えられる。面積は三〇平方メートル未満が一三棟、三〇～四〇平方メートルが七棟、四〇～五〇平方メートルが三棟、五〇平方メートル以上が一棟で、やはり四〇平方メートル以下の小型建物が中心である。間仕切柱は一本が多く、間取りは一七世紀代と同様に、土間と居室一～二室程度と見られる。

このように、宮ヶ瀬遺跡群では先に見た宮久保遺跡と大きく異なり、ほぼ同規模の主屋が一八世紀末まで継続する。間取りも中世後期と大きな変化はなく、二室程度の居室から発展することはなかった。しかし、宮ヶ瀬村の明治二年（一八六九）の「消失絵図面」によれば、規模が判明する九棟の主屋は桁行六～八間、梁間二・五～四間と大きく拡大しており、一九世紀前半に大きな画期、おそらく礎石建物への転換があったと推測される。

五、まとめ

以上、中世から近世の建物について概観してきた。最

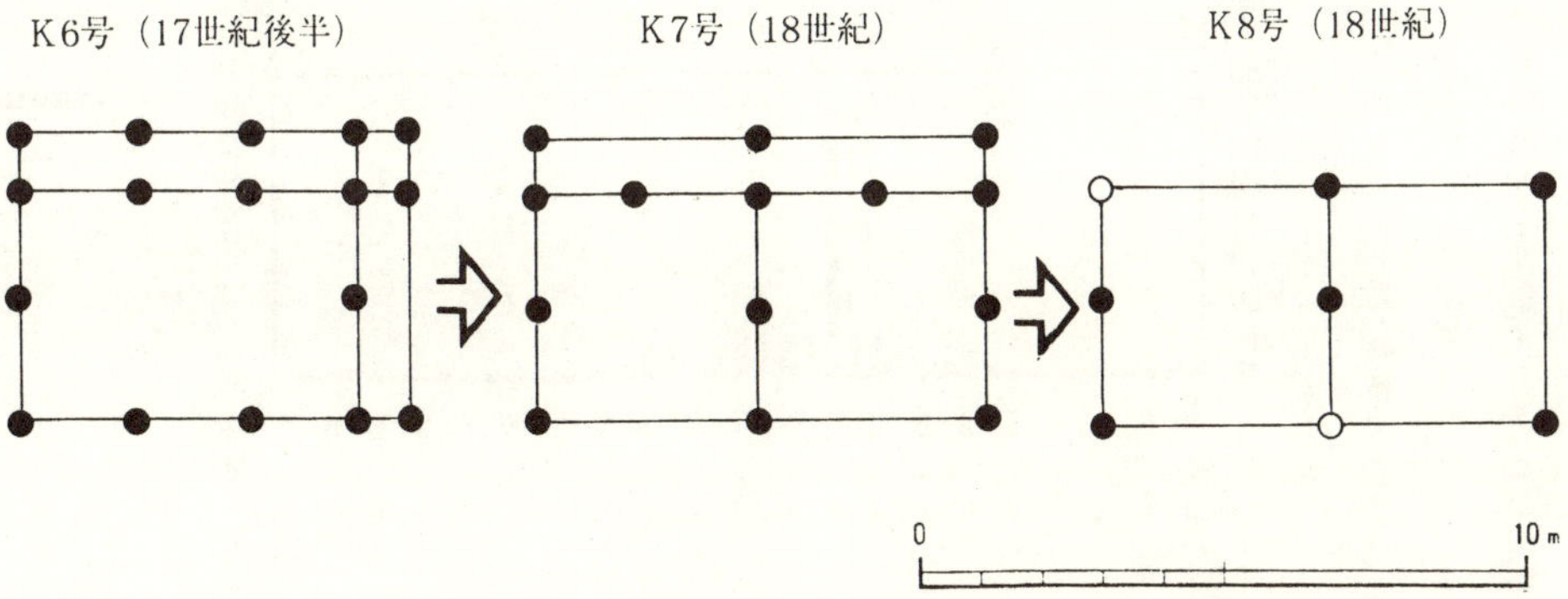

図10　宮ヶ瀬遺跡群北原（No.9）遺跡の主屋

表4　鎌倉における総柱建物の柱間規模

		梁間 2間	梁間 3間	梁間 4間	梁間 5間	計	比率
桁行	2間	21				21	11%
	3間	43	27			70	35%
	4間	21	28	9	0	58	29%
	5間	12	8	8	3	31	16%
	6間	4	5		5	14	7%
	7間		2	1		3	
	8間				1	1	
	9間		1			1	
	10間		1			1	
計		101	72	18	9	200	
比率		51%	36%	9%	5%		

表5　鎌倉における側柱建物の柱間規模

		梁間 1間	比率
桁行	1間	7	9%
	2間	35	47%
	3間	23	31%
	4間	7	9%
	5間	1	1%
	6間	1	1%
計		74	

後に、今回収集したデータをもとに中世の掘立柱建物の特徴を整理し、まとめとしたい。なお、データの収集範囲は埼玉県、東京都、千葉県、神奈川県で、中世前期には静岡県御所之内遺跡のデータを加えてある。(35)

中世前期の鎌倉

鎌倉では、六三地点から三三一棟の掘立柱建物が検出されている。このうち規模が判明する二七四棟の構成を見ると、総柱建物二〇〇棟、側柱建物七四棟で、総柱建物が全体の約七割を占める。側柱建物はすべて梁間一間で、桁行三間以下、面積一〇平方メートル前後の小型建物が主体である。

総柱建物の規模は**表4**のとおりであるが、桁行四～五間と桁行二～三間が、四五パーセント前後でほぼ同じ比率を示しており、おおむね前者を主屋、後者は倉庫などの付属建物と見ることができる。また、桁行六間以上の大型建物の多くは前述した鎌倉時代前期のものであり、これらを含めて総柱建物の大半は身舎のみで構成される。庇付建物はわずか八棟であり、四面庇は一棟も見られない。

一方、柱間寸法は総柱・側柱建物ともに、桁行と梁間を等間とするものが半数近くを占める。鎌倉時代前期は二・一メートル、後期は礎石建物が二・一メートル、掘立柱建物は二・〇メートルに集中する傾向があり（**図11**）、そこには高い規格性が認められる。その背景には建築技術や大工の系統性だけでなく、幕府の統制による規格材の流通(36)を想定することが可能である。

なお、**図12**は掘立柱建物の大きさをグラフ化したもの

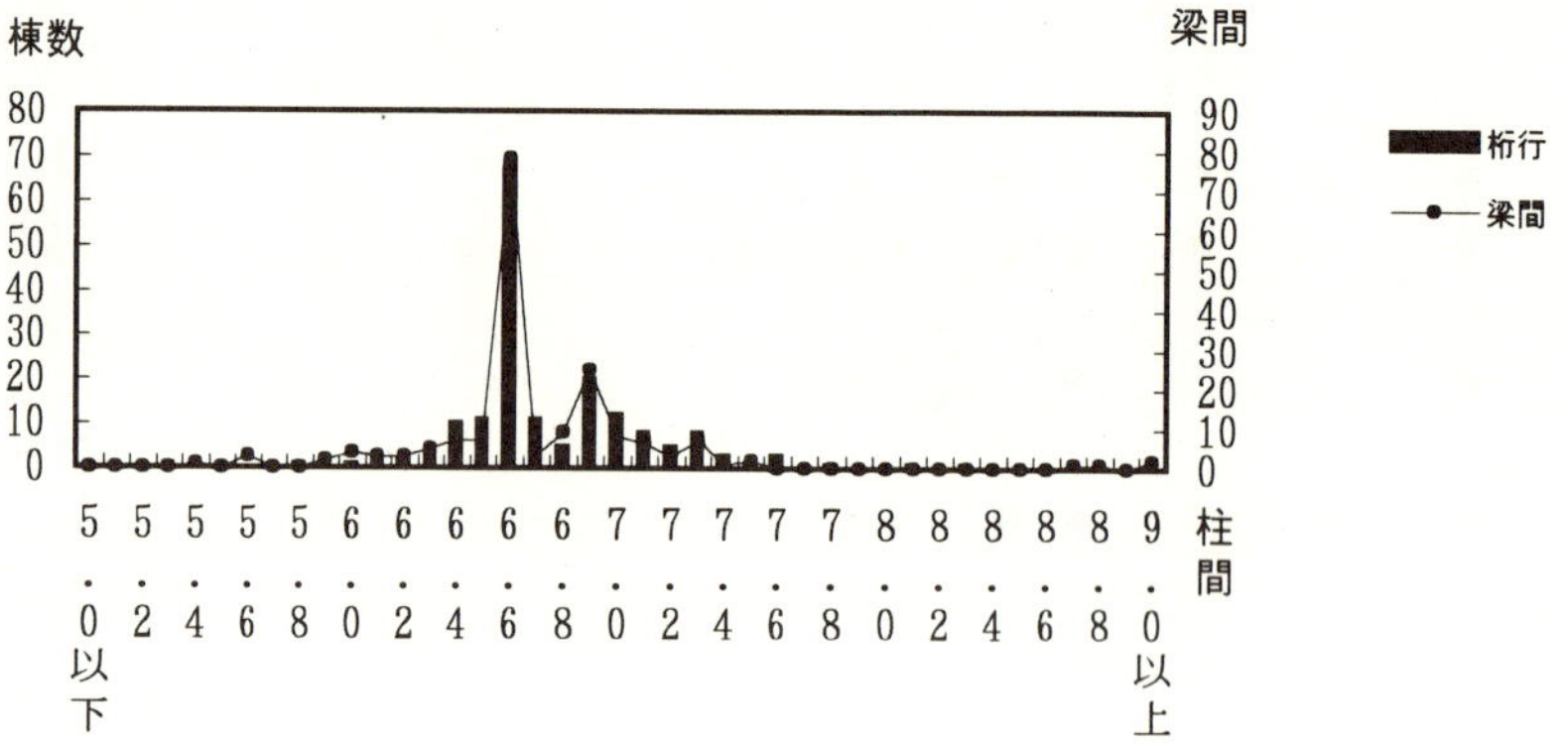

図11　鎌倉における総柱建物の柱間寸法

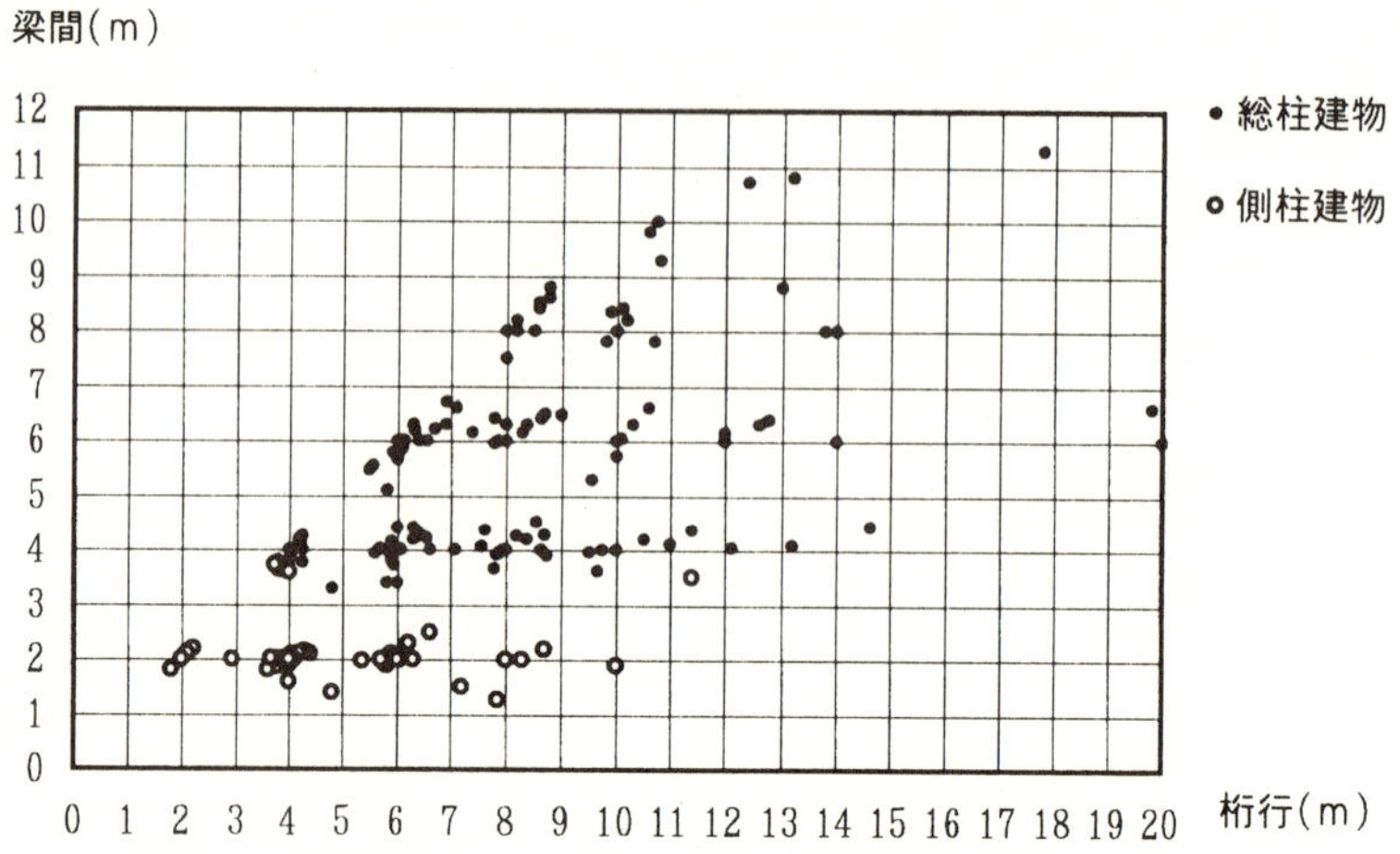

図12　鎌倉における掘立柱建物の大きさ

であるが、鎌倉では総柱建物を大型化する場合、梁間を二間（約四メートル）で固定したまま桁行を広げる方法と、桁行と梁間の双方を拡大する方法の二種類を併用したことが見てとれる。

中世前期の鎌倉周辺地域

鎌倉の周辺地域では寺院以外の礎石建物が皆無に近く、武家居館を含めて掘立柱構造の住居が主体である。データ化した五三遺跡、五一九棟の内訳を見ると、総柱建物一二五棟（約二一パーセント）、側柱建物三九四棟（約七九パーセント）で、総柱建物の比率が鎌倉に比べてかなり低いことが分かる。

建物の構成は、居館など階層の高い屋敷の場合、主屋や副屋を総柱建物、付属建物を側柱建物とする事例が一般的である。ただし、先に見た大久保山遺跡群のような大規模な居館では、付属建物を含めて総柱建物で構成される事例も見られる。これに対して、一般農民層の屋敷では、規模の異なる側柱建物を主屋と付属施設に使い分けることが多い。

一方、総柱建物の規模を見ると、桁行は九間まであるが、梁間は二間が九割近くを占めており、最大五間の梁間をもつ鎌倉の建物と大きく異なる。しかし、鎌倉とは逆に総柱建物の四割以上が庇を付設しており、梁間方向の拡大が庇の付設によってなされたことがうかがわれる。とすれば、この時期の庇は階層性の表象以外に、建築技術上の要因によって付設された可能性も十分想定できる。

このほか、鎌倉では皆無に近い屋内柱の省略事例が一三棟あり、すでに一二世紀中葉から生じることが東京都

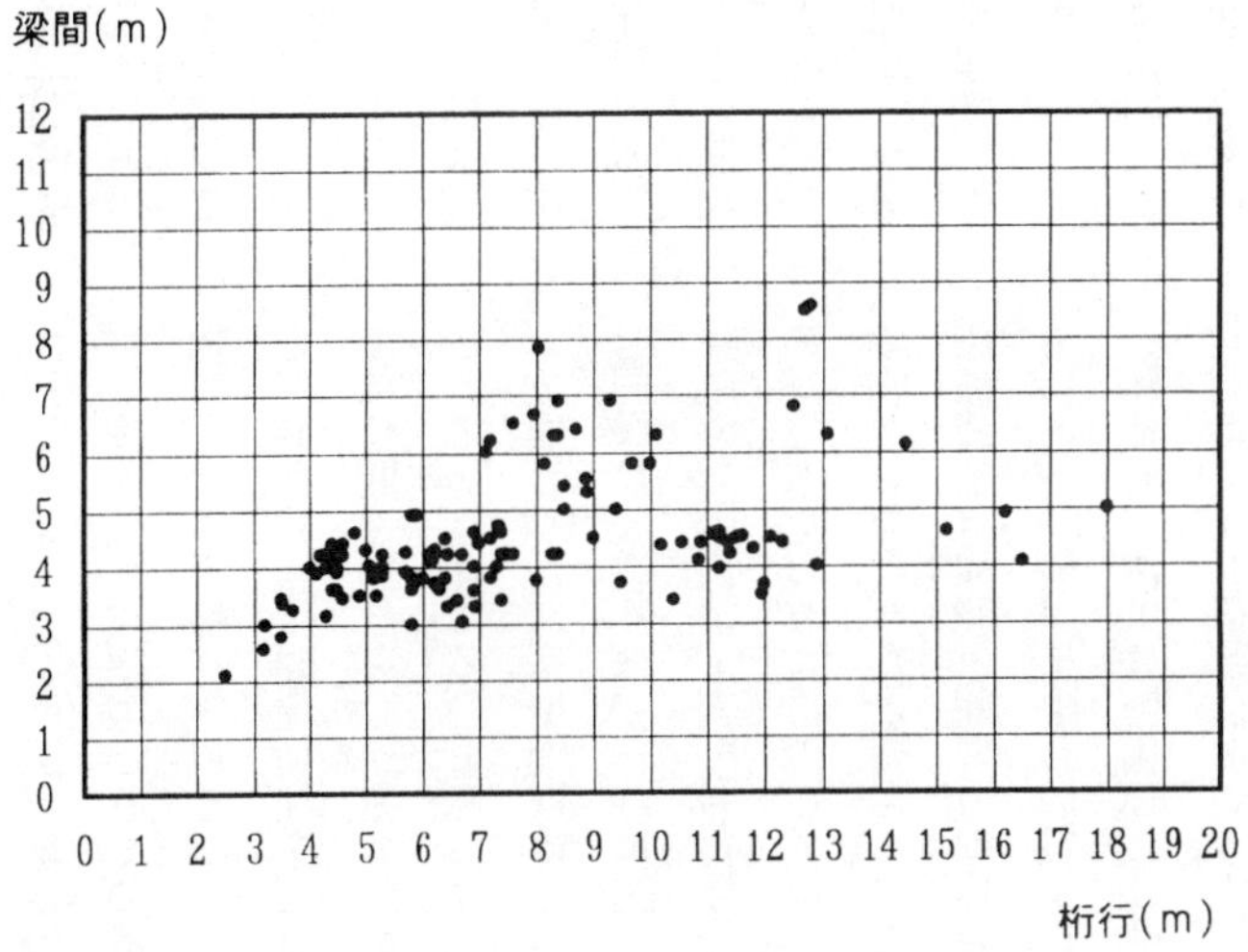

図13　中世前期における総柱建物の大きさ

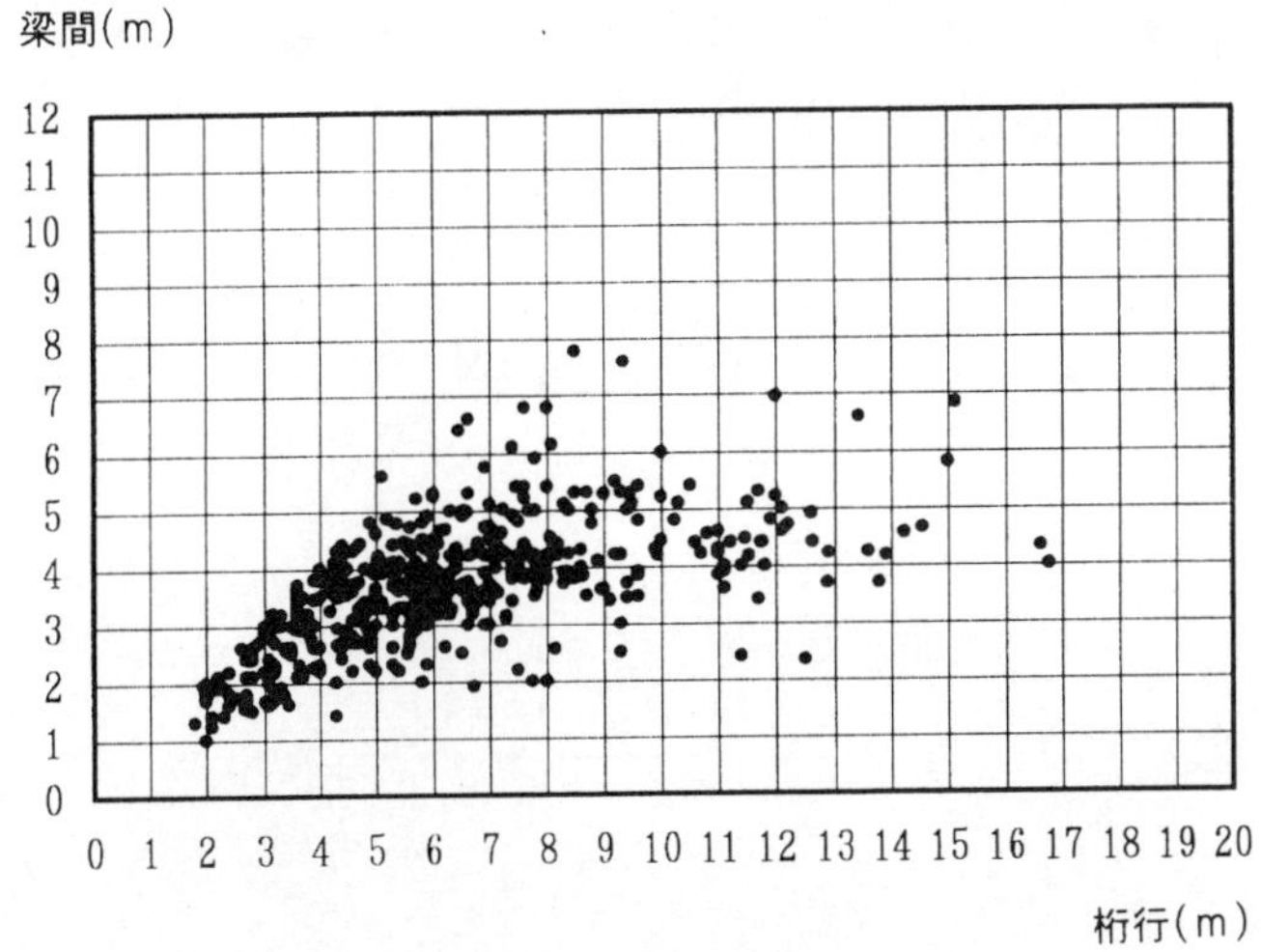

図14　中世後期における側柱建物の大きさ

多摩ニュータウンNo.六九二遺跡(37)の調査事例から知られる。また、柱間寸法は二メートル前後が比較的多いものの、ばらつきが大きく、鎌倉のような集中傾向は見ることができない。

中世後期の村落

中世後期に入ると、地域支配の拠点となる大規模な城郭を中心に礎石建物が認められるが、中小規模の城館跡や村落では依然として掘立柱構造の住居が主体である。データ化した七四遺跡、五二九棟の構成を見ると、総柱建物四三棟(約八パーセント)、側柱建物四八六棟(約九二パーセント)で、総柱建物が急激に減少したことが分かる。総柱建物の約六割は桁行二～三間の小型建物であり、倉庫など付属的な用途が中心であったと思われる。

一方、側柱建物の規模を見ると、中世前期には約九割が桁行三間以下の小型建物であったが、当該期には桁行四間以上が一三三棟(約二七パーセント)、面積四〇平方メートル以上の建物が七五棟(約一五パーセント)と全体に大型化しており(**図14**)、居住施設としての機能が側柱建物に移行したことを示している。梁間は二間以下が四六五棟と約九六パーセントを占めており、梁間に対して桁行の長い建物が主体となる。また、間仕切柱は三四棟で見られ、桁行方向を縦に分割した、土間と一ないし二室の居室からなる間取りが中心である。

以上のように、南関東地域の掘立柱建物は一四世紀後半前後を境に、住宅としての機能が総柱建物から側柱建物へと大きく移り変わる。そして、この変化と併行する形で側柱建物に間仕切柱を設けるものが現れ、中世後期には土間と一ないし二室の居室からなる間取りが広く見られるようになる。おそらく、それは近世の宮久保遺跡でI類とした二室型間取の原型をなすものであろう。

同様な間取りは、一八世紀初頭の建築とされる川崎市伊藤家住宅の地下から発見された前身建物(38)(掘立柱建物)でも見られ、この点では近世民家が中世後期の側柱建物から発展したと捉えることも可能である。当該期の側柱建物は梁間一間型の細長い建物が主体であるが、近世に入り、梁間を中心に規模を拡大する過程の中で、礎石建と掘立柱に分極化したと推察される。そして、その画期は宮久保遺跡において広間型の平面型式を取り入れた段階、おそらく一七世紀後半代にあったと考えたい。

註

(1) 馬淵和雄「大倉幕府周辺遺跡群」『鎌倉市埋蔵文化財緊急調査報告書9』鎌倉市教育委員会、一九九三。
(2) 清水菜穂「杉本寺周辺遺跡群の調査」『第一回鎌倉市遺跡調査・研究発表会発表要旨』鎌倉考古学研究所・中世都市研究会、一九九一。
(3) 馬淵和雄、他『向荏柄遺跡発掘調査報告書』鎌倉市教育委員会、一九八五。

(4) 継実「宇津宮辻子幕府跡遺跡の調査」『第三回鎌倉市遺跡調査・研究発表会発表要旨』鎌倉考古学研究所・中世都市研究会、一九九三。

(5) 福田誠、他『史跡永福寺跡』鎌倉市教育委員会、一九八九。

(6) 河野眞知郎、他『今小路西遺跡（御成小学校内）発掘調査報告書』鎌倉市教育委員会、一九九〇。

(7) a宮田真、他『政所跡』政所跡発掘調査団、一九九一。
b手塚直樹、他「政所跡」『鎌倉市埋蔵文化財緊急調査報告書9』、一九九三。

(8) 本遺跡については、前掲註（6）のほか、次の文献を参照した。
a河野眞知郎「武家屋敷の構造」『よみがえる中世3　鎌倉』平凡社、一九八九。

b河野眞知郎『今小路西遺跡（御成小学校内）第5次発掘調査概報』鎌倉市教育委員会、一九九三。

c河野眞知郎『中世都市鎌倉』講談社、一九九五。

(9) 挿図は次の文献による。玉井哲雄「絵巻物の住宅を考古学発掘史料から見る」『絵巻物の建築を読む』東京大学出版会、一九九六。

(10) a石井進「鎌倉武士たちの屋敷」『よみがえる中世3　鎌倉』平凡社、一九八九。
b五味文彦「武家の屋敷と庶民の家」『神奈川地域史研究第10号』神奈川地域史研究会、一九九一。

(11) 表に記載した遺跡は次の文献による。
a前掲註（3）。

b松尾宣方、他「北条氏常磐亭跡」『鎌倉市埋蔵文化財発掘調査年報Ⅰ』鎌倉市教育委員会、一九八三。

c福田誠、他「永福寺跡」『鎌倉市埋蔵文化財緊急調査報告書10』鎌倉市教育委員会、一九九四。

d大三輪龍彦、他『長勝寺遺跡』鎌倉春秋社、一九七八。

e宗臺秀明、他『北条時房・顕時邸跡』東国歴史考古学研究所調査研究報告第二四集、一九九九。

(12) 『吾妻鏡』嘉禄元年一二月二〇日条「南庭」、「二棟廊」、嘉禎元年四月七日条「棟上瓦」、同二年六月六日条「築地」、同八月四日条「寝殿五間四面」、「西廊」、「二棟御所」。

(13) ここにあげた特徴は主に神奈川県内の掘立柱建物に認められるものであり、必ずしも南関東地域全体に適合するわけではない。

(14) 福田健司「日野市落川遺跡出土の磁器」『貿易陶磁研究No.8』貿易陶磁研究会、一九八八。

(15) 橋口定志「中世東国の居館とその周辺」『日本史研究　三三〇号』、日本史研究会、一九九〇。

(16) 荒川正夫『大久保山Ⅵ』早稲田大学本庄校地文化財調査報告6、早稲田大学、一九九八。

(17) 森達也「多摩川中流域の低地の開発と中世村落」『あるく中世No.2』あるく中世の会、一九九二。

(18) 御堂島正、他『新戸遺跡』神奈川県立埋蔵文化財センター調査報告17、一九八八。

(19) 國平健三、他『宮久保遺跡Ⅱ』神奈川県立埋蔵文化財センター調査報告15、一九八八。

(20) 笹生衛「東国中世村落の景観変化と画期」『千葉県史研究第七号』一九九九。

(21) 宮瀧交二『堂山下遺跡』埼玉県埋蔵文化財調査事業団報告書第九九集、一九九一。

(22) 川嶋雅人、他『多摩ニュータウン遺跡　No.四五七遺跡』東京都埋蔵文化財センター調査報告第三五集、一九九六。

(23) a近野正幸、他「清川村宮ヶ瀬遺跡群表の屋敷遺跡の調査」『第17回神奈川県遺跡調査・研究発表会発表要旨』神奈川県考古学会、一九九三。
b市川正史、他『宮ヶ瀬遺跡群XI』かながわ考古学財団調査報告17、一九九七。

(24) 梅沢太久夫「崇徳寺跡の調査」埼玉県立歴史資料館研究紀要第13号、一九九一。

(25) 佐久間貴士「発掘された中世の村と町」『日本通史　第九巻』岩波書店、一九九四。

(26) 小林清隆『袖ヶ浦市荒久（2）遺跡』千葉県文化財センター、一九九八。

(27) 宮重行、他『佐原市仁井宿東遺跡・牧野谷中田遺跡』千葉県文化財センター、一九九〇。

(28) 前掲註（20）。

(29) 宮本長二郎「日本中世住居の形成と発展」『建築史の空間　関口欣也先生退官記念論文集』中央公論美術出版、一九九九。

(30) 市川正史「近世編」『宮久保遺跡Ⅱ』神奈川県立埋蔵文化財センター調査報告15、一九八八。

(31) a市川正史、他『宮ヶ瀬遺跡群Ⅲ』神奈川県立埋蔵文化財センター調査報告21、一九九三。
b近野正幸、他『宮ヶ瀬遺跡群Ⅴ』かながわ考古学財団調査報告4、一九九五。
c富永樹之『宮ヶ瀬遺跡群Ⅷ』かながわ考古学財団調査報告9、一九九六。
d市川正史、他『宮ヶ瀬遺跡群Ⅸ』かながわ考古学財団調査報告15、一九九七。
e前掲註（23）b。

(32) 関口欣也「神奈川県の民家の概観」『神奈川県における近世民家の変遷Ⅱ』神奈川県教育委員会、一九六三。

(33) 『葉山町史料』67、葉山町、一九五八。

(34) 具体例を示すと、文献史学の深谷克己氏は『体系日本の歴史9士農工商の世』（小学館、一九八八）の中で、宮澤智士氏の論考（「近世農家の地域的特色」『講座・日本技術の社会史　第七巻建築』日本評論社、一九八三）を援用する形で、「この（一七）世紀のうちに、大半の民家は、礎石をすえた上に柱を組みたてた、長年の耐久力をもつ住まいになった」と記述している。神奈川県内の近世史料に見える「大半の民家」は、宮久保遺跡の主屋とほぼ共通する桁行五間以下の中小規模のものであるが、深谷氏のいう「大半の民家」とは一体何を指すのだろうか。

(35) データの収集にあたっては、浅野晴樹・池谷初恵・小林康幸・笹生衛・田代郁夫・舘野孝・森達也・渡辺一の各氏から種々のご配慮を賜った。記して感謝の意を表したい。

(36) 『吾妻鏡』の建長五年（一二五三）一〇月一一日条によれば、幕府は鎌倉の和賀江津に入荷される材木の寸法（榑長）を八寸または七寸と定め、これに不足すれば差し押えると規定している。

(37) 斉藤進、他『多摩ニュータウン遺跡　昭和61年度（第2分冊）』東京都埋蔵文化財センター調査報告第9集、一九八八。

(38) 川崎市教育委員会『重要文化財伊藤家住宅移築修理工事報告書』一九六六。

第二節　多摩地域における近世の掘立柱建物

梶原　勝

一、近世の多摩地域

現在、掘立柱建物の姿は皆無といっていいほどみられない。[1]それればかりでなく、数十年前まではあちこちでみられたいわゆる「石場建て」民家も数少ない存在となっている。[2]本稿では、近世の多摩地域における居住形態解明の一環として、発掘調査で検出した掘立柱建物に着目し、民家の変遷という視点から、建物の様相とその消長について「石場建て」民家との関係を視野に入れながら考察していきたい。

東京都の西部に位置する多摩地域は、近世における武蔵国多摩郡がその母体である。地勢を概観すると、西部には関東山地が連なり、その山地から流れ出る多摩川が郡のほぼ中央を東流している。その北部には広大な武蔵野台地が広がり、台地の中には狭山丘陵が存在する。一方、南部には多摩川の沖積地と、起伏の著しい多摩丘陵が展開しており、全体的に地形の変化に富んだ地域といえる。

これまでの発掘調査で検出された前近代の居住痕跡は、丘陵地・台地縁辺部・沖積地などにおける竪穴住居はもちろん、掘立柱建物も多数みられ、近世の遺構に限ってみても、稲城市・多摩市・八王子市・町田市に跨る多摩ニュータウン（以下、TNTと略す）遺跡群に代表される丘陵地の谷戸集落、清瀬市下宿内山遺跡に代表される沖積低地の集落などがあり、資料も次第に蓄積されてきた。また近世の多摩では、それまでほとんど居住の場として利用されなかった武蔵野台地の内部にも新田村が開かれ、短冊形地割をもつ計画的な村落景観が出現する。[3]しかし、残念ながらこの新田村についての考古学的な調査はまだ皆無に等しく、同じく山間部における調査事例もほとんどない。ただし、新田村に関しては、多摩地域でも代表的な新田村である小川村（現小平市）に、後述するような史料が残されており、ここから一七世紀中葉における新田村落民の建物のようすを、わずかながら読み取ることができる。さらに、同じような新田村である砂川村・砂川新田・殿ヶ谷新田・中里新田・宮沢新田（現立川市）では、近年になって現存民家についての建築学的な調査がおこなわれているので(4)、考古学的な資料の欠落する部分は、文献史学や建築史学の成果を参照しながら、多摩の近世民家像に迫ってみたい。

二、近年の研究動向

一九八〇年代までの動向

まず、多摩地域における近世の掘立柱建物研究について概観し、問題点の整理をしておきたい。

本地域における近世の掘立柱建物に関する考古学的研究は、学会全体がもともと近世を正面から対象としてこなかったことも原因で、そう盛んとはいえない。そのなかで、甲野勇をはじめ(5)、加藤晋平・宇田川洋らによる近世を対象とし地域史の視点に立った優れた研究も(6)一九五〇年代後半から七〇年代前半にかけてみられた(7)。しかし、当該期に関する多くの資料の蓄積がなされたのは、一九六〇年代後半から増大するTNT地区をはじめ、下宿内山遺跡などのような大規模発掘調査の実施と、その成果が刊行された一九八〇年代からといってよい。一方、建築史学の立場からは、一九七四年に狛江市下小足立北遺跡で検出された近世の掘立柱建物について、稲葉和也が復原を試みている(8)。ところが、これ以降は、資料の少なさも手伝って、継続した総合研究の流れが生まれなかった。

渋江芳浩による「近世農家のイメージ」

このような動向の中で、下宿内山遺跡(9)と八王子市宇津木台遺跡群D地区(10)の報告書があいついで刊行された。ここでは掘立柱建物を単独の遺構として扱うのではなく、井戸や墓地など、他の遺構とともにその有機的な関係を時間軸の上に展開させ、土地利用の変遷の中に位置づけている。いわば村落景観の一環として掘立柱建物をみたのである。渋江芳浩は、このような考古学的成果をふまえ、さらに建築史学や文献史学の成果に学びつつ、多摩地域における掘立柱建物から「石場建て」農家への「一般的成立」時期を一八世紀後葉～一九世紀前葉とした(11)。この研究は、単に時期的な問題だけでなく、「石場建て」農家の成立が「長い封建的拘束から脱するための第一歩を象徴する」という社会的な意味を付加した点で重要な問題提起であった。そしてこのような研究を可能にしたのは、この地区における掘立柱建物の痕跡が、後世のごみ穴によって多くを破壊され、その構造的復原が困難であったにもかかわらず、周囲の状況を的確に押さえたという発掘担当者・渋江の注意深い観察があったからにほかならない。

増加する調査例

一方、ＴＮＴ地区では年々調査例が増加し、多くの報告がなされたが、とくにＴＮＴ№五一一遺跡[12]・№四三三遺跡[13]・№七九九遺跡[14]・№四二六遺跡[15]などで建物の分析がなされている。また、方法はやや渋江と異なるものの、福田敏一も№四一九・№四二〇遺跡、№五遺跡において意欲的に掘立柱建物を含めた近世村落の空間分析を進めている。[16]さらに加藤修はこの一連の資料をまとめ、多摩丘陵における中世から近世の村落を掘立柱建物や塚から考察した。[17]この中で加藤は一七世紀から一八世紀前半と一八世紀後半から一九世紀の掘立柱建物の規模に触れ、[18]「ここに認められる特徴をあげれば、一般型とでもよぶ居住形態は、二〇〜四〇平方メートル規模の単独家屋であり、大形の居住形態は五〇〜七〇平方メートルの主屋と約二〇平方メートルの副屋の構成をとる」とし、居住形態のちがいによる階層分化のあり方を指摘した。なお、ＴＮＴ地区では、九〇年代に入っても資料は増えつづけ、№四〇五遺跡[19]・№九一九遺跡[20]などで興味深い分析がみられる。

このように、一九八〇年代後半における多摩地域の掘立柱建物研究は、個別的な建物分析による資料の増加によって、これを近世村落の景観や空間分析の中に位置づけるという潮流をつくりつつあった。しかし、掘立柱建物そのものの構造的な問題、とくに類型化や時間軸上での形態変化については、いまだに解決が先送りされているといわざるをえない状態であり、このため近世村落民の階層性や地域性まで言及できずにいた。一方で、この問題は、単に掘立柱建物のみにとどまらず、「石場建て」民家などを含めた民家研究全般につながる課題でもあったのである。

市川正史の論考

これに答えるかのように、神奈川県綾瀬市宮久保遺跡を中心に、多摩地域の資料も含めて近世民家について考察した市川正史は、考古資料と文献史料の整合性を求めながら、多くの問題提起をおこなった。[21]この中で、市川は宮久保遺跡の掘立柱建物について、「石場建て」民家にみられる「ヒロマ型」→「食い違い四つ間取り型式」→「整形四つ間取り型式」という変遷は、掘立柱建物にも当てはまるという見解を示した。また、柱間寸法に二・三メートル（七・五尺）、二・〇メートル（六・五尺）、一・八メートル（六尺）、一・六五メートル（五・五尺）前後がみられ、しかも同じ建物跡でも桁行・梁行の一間の長さが異なるといった発掘調査の結果から、柱間寸法および文献史料にみられる「一間」の大きさについては、より細かい検討が必要だとした。そして間尺に年代観を付与し、年代ごとの寸法で建物の面積を算出すべきであると提言したのである。さらに「掘立柱建物」と「石ずえ」・「石場建て」の問題に触れ、「『掘立柱』から『石ずえ』への転換は、最上層から上層へ、さらに中層へ、そして下層へと長い年月をかけて徐々に転換していったのではないだろうか」と推察した。なお、市川の提言した柱間寸法の検討については、筆者が調べた限り、おおむね時期が新しくなるに従って柱間も短くなる傾向にあるが、なかには一七世紀代にも六尺柱間のものも存在し、年代ごとの寸法を導き出すのは難しいようである。

近年の動向

多摩地域においては建物の復原と間取りの問題はどうしても克服が困難なようである。それは、発掘調査段階における資料的限界性、すなわち調査区の設定によって遺構の全体がつかめなかったり、後世の土地利用によって遺構が部分的に破壊されていたりすることなどが大きな原因だが、やはり掘立柱建物の分析方法が未成熟であった点も重要な原因としてあげられるだろう。

このような流れの中で、分析方法に関しては一九九七年に、西股総生が三鷹市島屋敷遺跡の報告の中でまとまった見解を示している。[22] 西股の掘立柱建物調査に対する方法は、従来から経験的・観念的には意識されてはいたが、具体的な調査の指針が明示されたところに意義があり、本稿での分析にも、大いに参考とさせていただいた。現時点における研究は、八〇年代に比べやや停滞していた感が否めないが、東日本という広い範囲でみれば、岩手県内を対象とした羽柴直人による一連の研究がめだつ。[23] こういった研究動向をふまえて、冒頭で述べた課題にとりかかろう。

三、史料にみる近世民家

一七世紀の新田開発農家

まず、史料から近世多摩地方の民家についてみてみたい。先述した近世の小川村（現小平市）の開発は、明暦二年（一六五六）に岸村（現武蔵村山市）の郷士・小川九朗兵衛が新田開発の願い出を代官所に提出し、翌三年から始まった。次の史料はその頃代官所に提出した開発の請書の一種で、入村百姓の建物のようすがよくわかる。[24]

（前欠）
之通家数相建申候
　家作建方
弐人宅ニ而は
間口　三間半ニ
奥行　二間　外ニ　三尺之下屋
四人宅ニ而五人宅ニ而は
間口　四間半

奥行　二間半　外ニ　三尺之下屋
六人宅ニ而ハ
間口　五間
奥行　三間　外に　三尺之下屋
右者田舎小屋□作ニ勝手宜敷御座候間、間口広奥行狭相建申候、小屋建方之儀何連も丸柱ニ而　掘建ニ仕、藁又は萱麦藁等ニ而屋根を葺、細竹を編床ニ仕、或者籾糠藁屑等敷、其上江筵等敷候積り、木品之儀桁梁等ハ松木ヲ置、柱は栗木相用候積りニ御座候、廻り囲之儀、当時之間は萱麦藁等ニ而仕候積ニ御座候、尤入百姓共出精次第存付茂有之、小屋建方、間口奥行之間数延縮、普請仕方等少々之相違も可有之候得共先大凡処奉申上候（後略）

建物の状態をみると、いずれも丸柱を用いた掘立柱建物で、二人宅、四人・五人宅、六人宅と人数によって建物の大きさが異なる。この大きさのちがいは、階層差が直接あらわれたものとはいえないのだが[25]、おそらくこの程度の大きさの建物が、一七世紀中葉の新田村における本百姓クラスの建物であろう。それぞれの建物の面積については、柱間寸法、すなわち一間の実長がどのくらいかが問題だが、この地域の発掘調査事例をみると、柱間寸法は多くはまちまちで、厳密にはわからない。しかし、大まかにみると約一・九メートルから約二・一メートル、すなわち六尺三寸から七尺とする事例が多いように思われる。仮に一間を平均六尺五寸（約二メートル）とすると、下屋部分も含めて二人宅は約三五平方メートル、四人・五人宅は約五四平方メートル、六人宅は約七〇平方メートルとなる。

一八世紀の農家

このような掘立柱建物の存在する一七世紀の小川村であったが、次の史料によると年代はやや不明確なところもあるが、享保頃、すなわち一八世紀第2四半期には土台建てで、床も板張りの建物が存在していたことがわかる[26]。

一、立梁長四間末口六寸五分　木品松
一、横梁長弐間半末口五寸五分　木品松
一、惣柱六寸角　木品松
一、土台六寸角　石たて　木品松
一、縁がわ長四間幅弐尺但三寸官ニ而
一、上間の三坪　むきよし天井
一、総敷板六分松板　惣貫通し三寸貫
一、屋根八寸刈相済し

以上二つの史料から、多摩における新田村では、一七世紀中葉には掘立柱建物が存在し、一八世紀第2四半期頃には「石場建て」民家が存在するということが読み取れる。ただこのような建物が、どの程度一般化していたのか、またどのような変遷をたどって掘立柱建物から「石場建て」建物に転換していくのかなどは、これらの史料からはわからない。次項以下、この点について考古資料からあきらかにしていこう。

四、宇津木台Ｄ地区の掘立柱建物と「石場建て」建物

掘立柱建物ＳＢ〇四・〇五

考古学的な成果を中心として、掘立柱建物から「石場建て」建物への変遷を具体的に示した渋江の論考[27]は、宇津木台Ｄ地区の事例を基礎にしている。ここではその事例から、変遷のあり方を確認しておきたい。なお、この地区の報告書が刊行されたのは一九八七年であり、当時に比べると現在の近世に関する考古学研究は進展が著しい。とくに遺物の編年研究は目を見張るものがある。よって、報告当時の遺構や遺物の年代観とは若干のずれが生じており、この点を含めて検討しておく。

図1は宇津木台Ｄ地区Ⅳテラスの近世以降の遺構分布図である。掘立柱建物はＳＢ〇三・〇四・〇五であり、そのうちＳＢ〇三は柱穴内の覆土も新しく、発見も容易であったことから近代以降の納屋的な小建物とされている。ＳＢ〇四・〇五は少なくとも二〜三回の建て替えがうかがえ、しかも柱穴は直径一メートルほどもあり、中

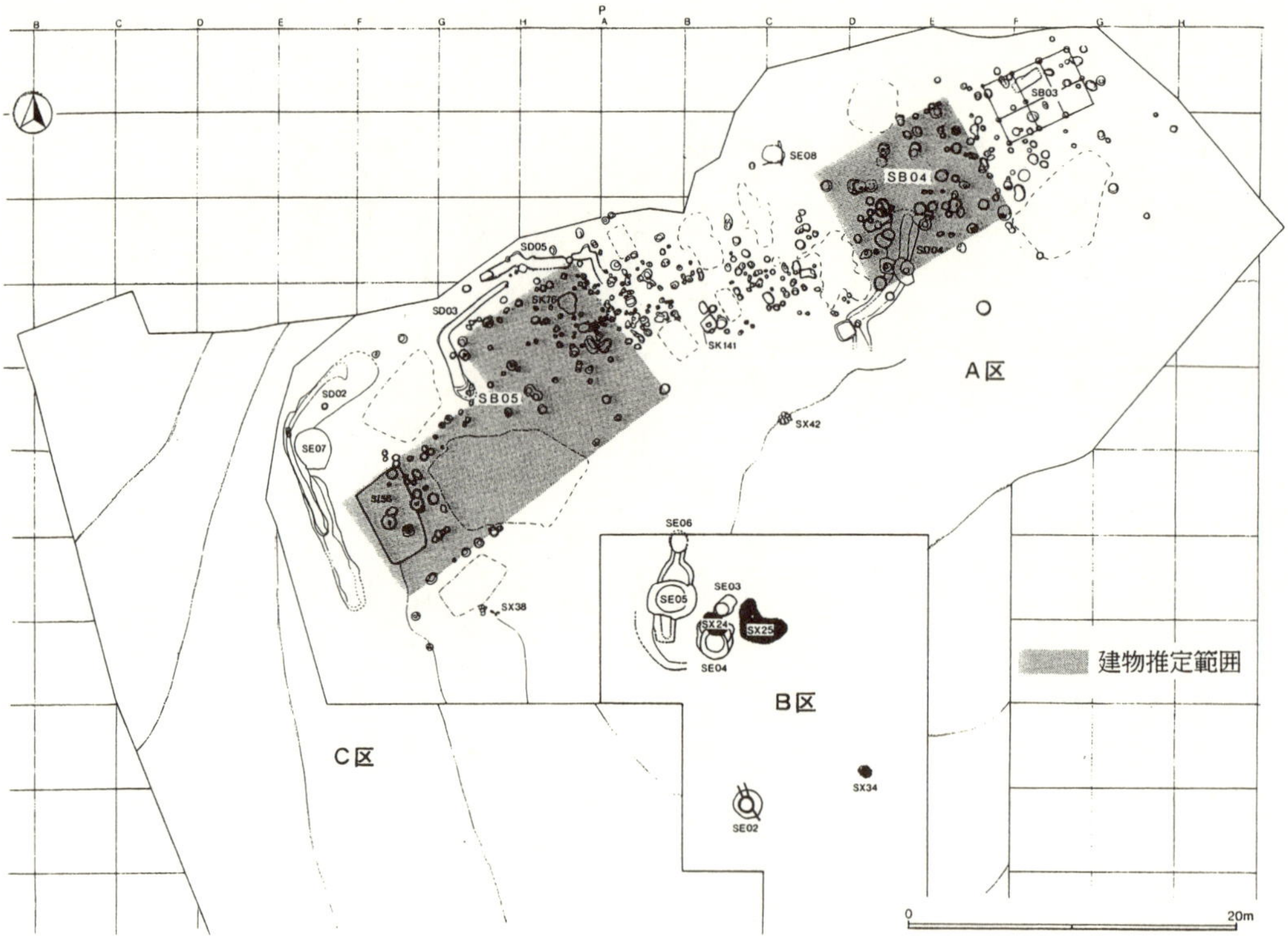

図1　宇津木台Ｄ地区Ⅳテラスの掘立柱建物推定範囲

には根石をともなうものもあって、大型の建物が想定されている。

一方、SB〇四・〇五に関係すると思われる遺物は、集石SX二五周辺と井戸SE〇七のなかから出土しており、前者は瀬戸・美濃陶器天目茶碗・志野皿・志野織部皿・折縁蘭竹文皿・灰釉稜皿・灰釉丸皿・香炉、肥前磁器初期伊万里碗・高台無釉碗、在地産と考えられる瓦質土器平底焙烙などが多く、石製品で茶臼も出土している。組成からみると一六世紀末葉ないしは一七世紀初頭から一六五〇年代までの遺物群と推定される。後者は肥前磁器厚手碗（染付二重網目文碗・染付梅樹文碗）・筒茶碗・腰張碗（小丸碗）・染付輪禿皿、瀬戸・美濃陶器斑掛け碗・せんじ碗・長の碗・柳茶碗・摺絵皿・輪禿皿・灰釉二合半徳利をはじめ、さまざまな遺物が出土している。これらはこのような組成と、一七八〇年代以降出現する広東碗や一八〇〇年代以降出現する瀬戸・美濃磁器が含まれないことから、下限を一七六〇年代〜一七七〇年代と位置づけることができる。

井戸SE〇七は丘陵の斜面を段切りしてできた平場の隅に穿たれており、その前面にはSB〇五が位置することから、両者は同時存在の可能性がきわめて高い。また、SX二五や隣接する遺構およびその周囲の遺物は、SE〇七を掘削した際に排出されたと考えられる土（このあたりの地山である灰褐色ローム）で埋められていることから、SB〇五は一六五〇年代以降のある時期から、一七七〇年代までの間に存在していたことがわかる。また、SB〇五は建物の平面形と規模、墓地の調査成果、地元住民からの聞き取りなどによって、宇津木台D地区に住んでいた谷合一族の本家であると推察された。この本家は没落か転進かは別として、ともかく近代まで継続してこない。おそらく遺物の年代が示す一七七〇年代頃に途絶えたのだろう。

となると、SB〇五が井戸SE〇七とともに、集石SX二五周囲の遺物を埋めた後に構築されたとすれば、埋められた遺物はSB〇四と関係が深いと推察される。したがってSB〇四は出土遺物から一六世紀末葉ないしは一七世紀初頭から一六五〇年代前後まで存続し、後述するようにほぼ正方形といった平面形から、農家の主屋のような建物ではなく、香炉や天目茶碗・茶臼のほか、大量の出土遺物と合わせて、寺院や村堂のような建物だったことが想定されたのである。

「石場建て」建物SB〇一

図2上段に示したのは、D地区Ⅶテラスの「石場建て」建物SB〇一である。この建物はSB〇五の存在したⅣテラスよりも高い位置に、斜面を段切りして建てられたもので、Ⅶテラス唯一の主屋である。またSB〇一は解

体後、地下の調査も実施したが前身建物の痕跡はなく、増築などはあっても段切りがおこなわれた当初からこの位置に建てられていた。

　ここでSB○一の創建年代を考えてみたい。前述したように、Ⅶテラスにおける居住痕跡はSB○一のみであるから、ここから出土した遺物はほとんどSB○一の住人が使用し、廃棄したものといえる。よってこれらの遺物の初現期を知ることがヒントになる。**図3**に示した遺物がⅦテラスで出土した遺物群のうち、古手に位置づけられる一群である。とくに注目すべきは、左上の瀬戸・美濃磁器端反碗（54・58〜60）・端反碗蓋（193）・湯呑み碗（72・74・76）で、推定生産年代が一八二〇年代〜一八三〇年代（54・60）をはじめ、一八二〇年代〜一八六〇年代のものがまとまっている。もちろん小破片では一八世紀以前の遺物もまったくないわけではない。しかし決定的なのは一八世紀代において大量に流通した肥前磁器厚手碗（染付二重網目文碗・染付梅樹文碗）や一七八〇年代以降出現する広東碗、一九世紀になると出現する瀬戸・美濃磁器のうち、初現期（一八〇〇年代〜一八一〇年代）の端反碗など、その頃生活が成り立っていたら当然使用しているような製品が出土していない。したがって、遺物からみるとSB○一の創建は一八二〇年代以降と推察される。

　ちなみに、このSB○一に類似し、同時期と考えられ

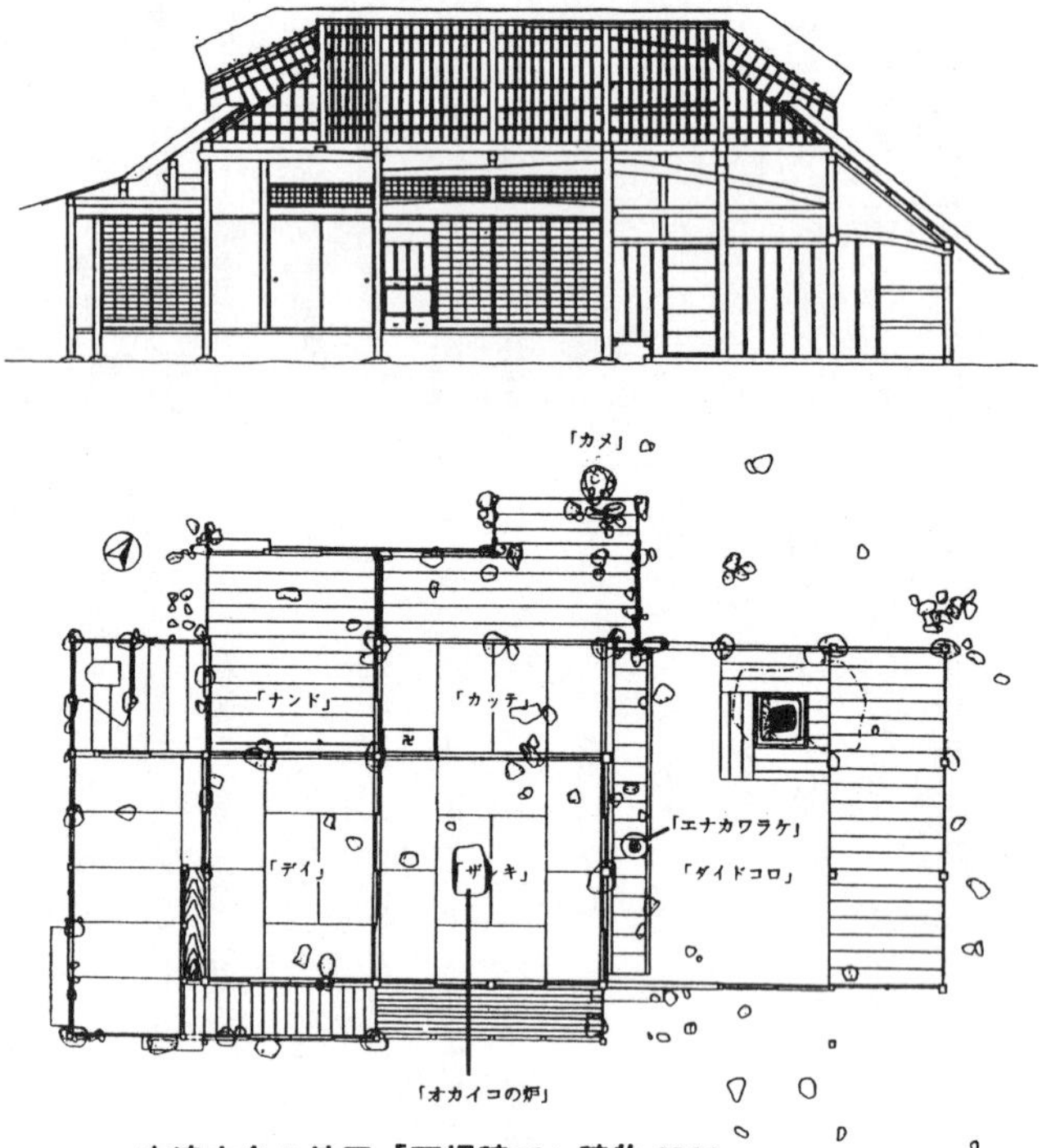

宇津木台D地区「石場建て」建物SB01

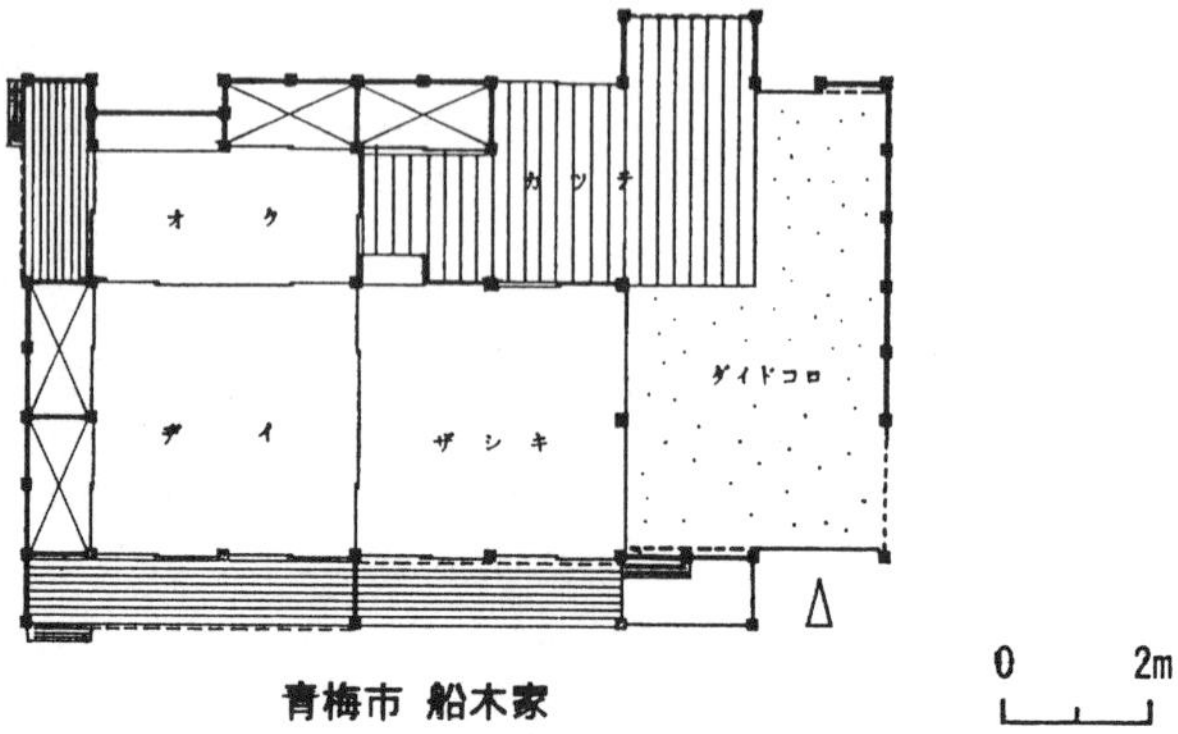

青梅市　船木家

図2　19世紀前葉の「石場建て」民家

る民家例を図2下段に一例挙げた。この民家は青梅市の舟木与三郎氏住宅で、調査報告によれば文政期（一八二〇年頃）～幕末期（一八六〇年頃）の中に位置づけられている。(28)

以上のような年代観は、SB〇五の年代の下限がやや古くなったものの、大勢では渋江が示した年代と矛盾はない。要するに宇津木台D地区では本家と推察される大型の建物も一七七〇年代頃まで掘立柱建物で、その頃存在した分家の建物（二軒存在した）もおそらく掘立柱建物だったであろう。そして一九世紀になると家数の増加がみられ、「石場建て」建物SB〇一の出現をみるのである。

こういったあり方が、多摩地域において一般的なのかどうかを、他遺跡の資料を整理しながら次にみてみたい。

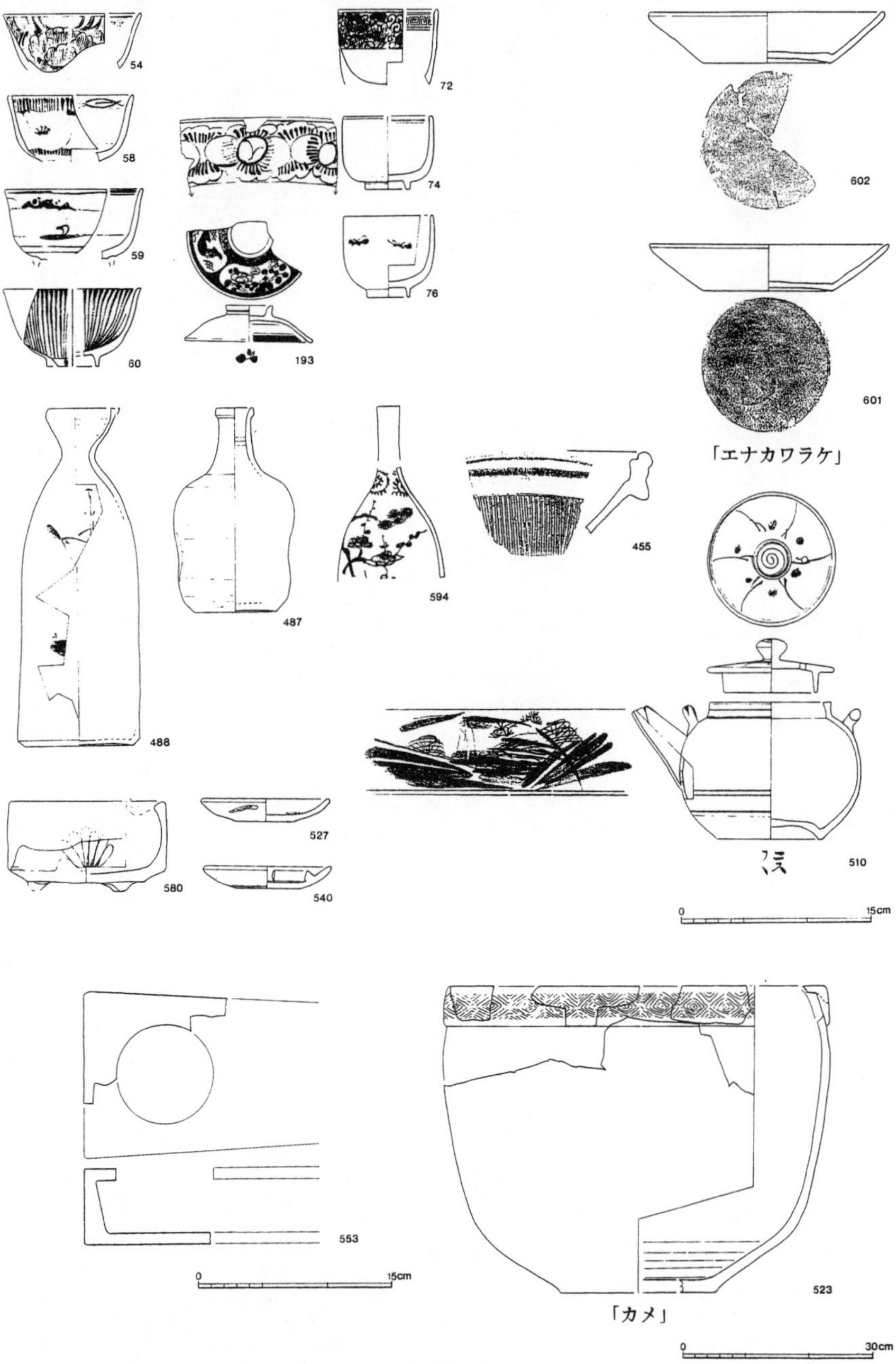

図3　宇津木台D地区「石場建て」建物SB01付近出土の主な遺物

五、掘立柱建物跡の類型化とその実態

類型化の手法

発掘調査で検出される掘立柱建物跡は、単純な形のものから、下屋や張出しをともなうような複雑な形のものまでさまざまである。しかし、基本形は側柱の平面形と内部の柱のあり方によって規定されており、この点から以下のように分類してみた。

管見に触れた多摩地域における一五七棟の掘立柱建物跡[29]を、平面形から下屋などを考慮に入れないで大まかに分類すると、ほぼ正方形を基調とするもの（Ⅰ）、長方形を基調とするもの（Ⅱ）、L字形を基調とするもの（Ⅲ）の三種に大別できる。さらにⅠ・Ⅱ類は、側柱だけのもの（A）と、内柱の存在するもの（B）に細分される。Ⅲ類は内柱の存在するもののみである。さらに内柱の存在するものについては、一間ごとに規則的に並ぶ総柱的なもの（1）と、一見不規則に並ぶもの（2）とに分けられる。これらについて具体的な遺構をみてみたい。

ⅠA類

下宿内山遺跡（七棟）、TNT No.四五一A・No.四五二遺跡（一棟）、同No.四〇五遺跡（三棟）、島屋敷遺跡（三棟）などでみられる（**図4、5**）。規模は比較的小型で、一・八×一・六メートルから四・一×四・二メートル（二・九平方メートル～一七・五平方メートル）程度である。多くは三・七メートル四方前後（約一四平方メートル）で、柱間は一間四方、一間×二間、二間四方があり、もっ

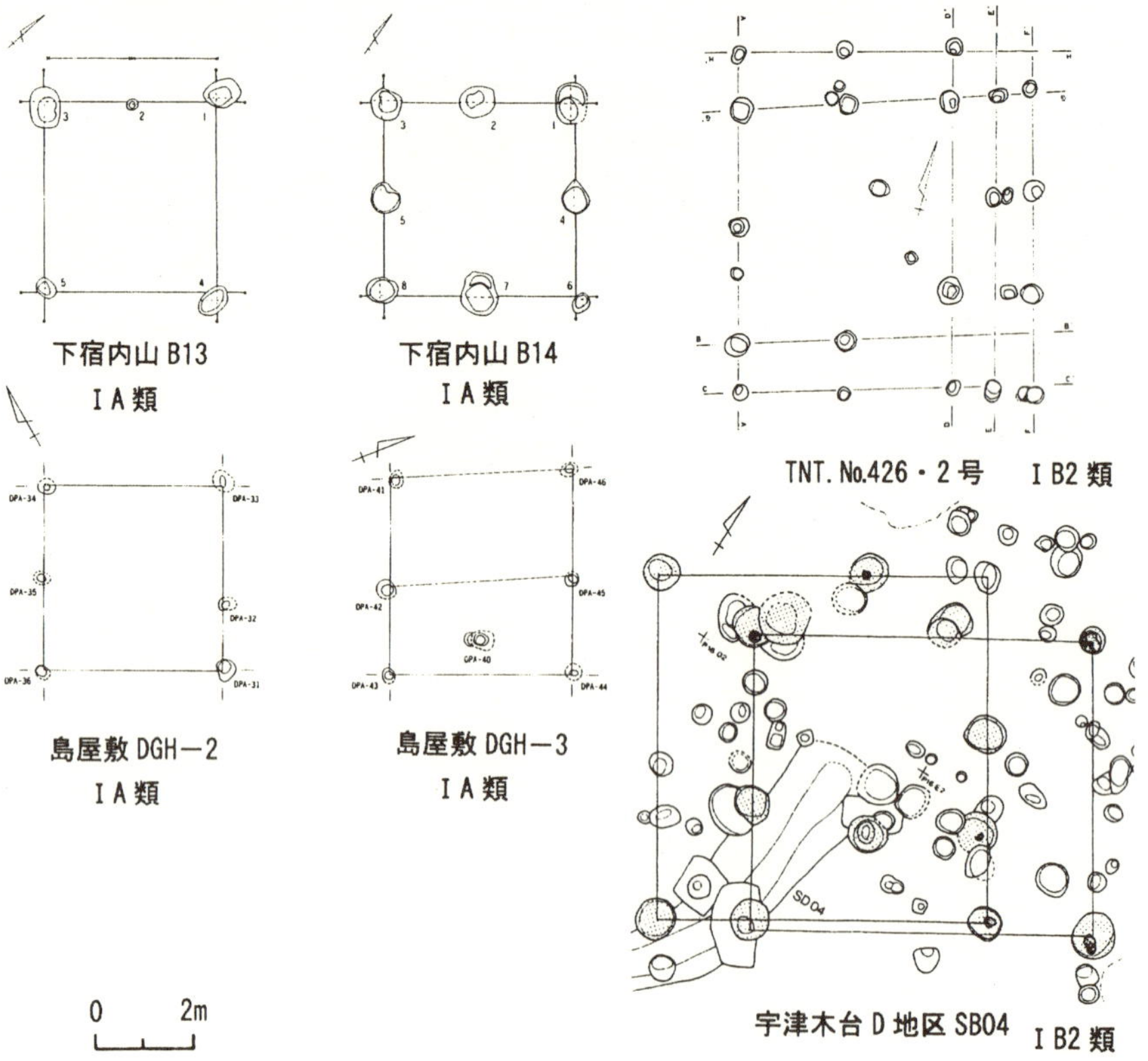

図4　ⅠA類・ⅠB類

とも多く検出されている下宿内山遺跡の報告によれば、同一地区で多く検出されている「竪穴状遺構」と規模を同じくするので、作業小屋的な建物と考えられている。[30]また『新編武蔵風土記稿』などに記載されている「教福寺」の跡地であるNo.四〇五遺跡[31]では、「倉庫的建物」として報告されている。[32]いずれにせよ主屋としては考えられていない。筆者は規模や側柱の共通性から、次のＩＢ１類と同じように、仏堂のような小堂社の可能性もあることを指摘しておく。[33]存続年代としては、年代の推定が可能な建物跡五棟（下宿内山遺跡）はすべて一七世紀代である。

ＩＢ１類

ほぼ正方形の平面形を呈し、総柱的といっても柱間二間四方で、中心に一本の柱穴があるものがほとんどである（**図４、５**）。規模も小さく、ＩＡ類とほとんど変わらない。下宿内山遺跡などでみられるが、なかにはＴＮＴ No.四〇五遺跡Ａ－五号建物跡のように内柱が二本のものもある。この建物跡の規模は五二・五平方メートル、縁を含めると六四・六平方メートルになり、かなり大型の建物といえる。報告では教福寺の「本堂的要素の強い」建物と推定している。[34]大きさはともかく、内柱の規則的な存在は、仮にこの柱が上屋柱であったとするならば、きわめて狭い空間となり、居住空間としても作業空間としてもすこぶる使い勝手の悪いものとなろう。したがって、このような柱配置は、束柱による床の存在を想定しなければならず、山口の述べたような本堂など、床をもつ寺社や仏堂を想定すべきだ

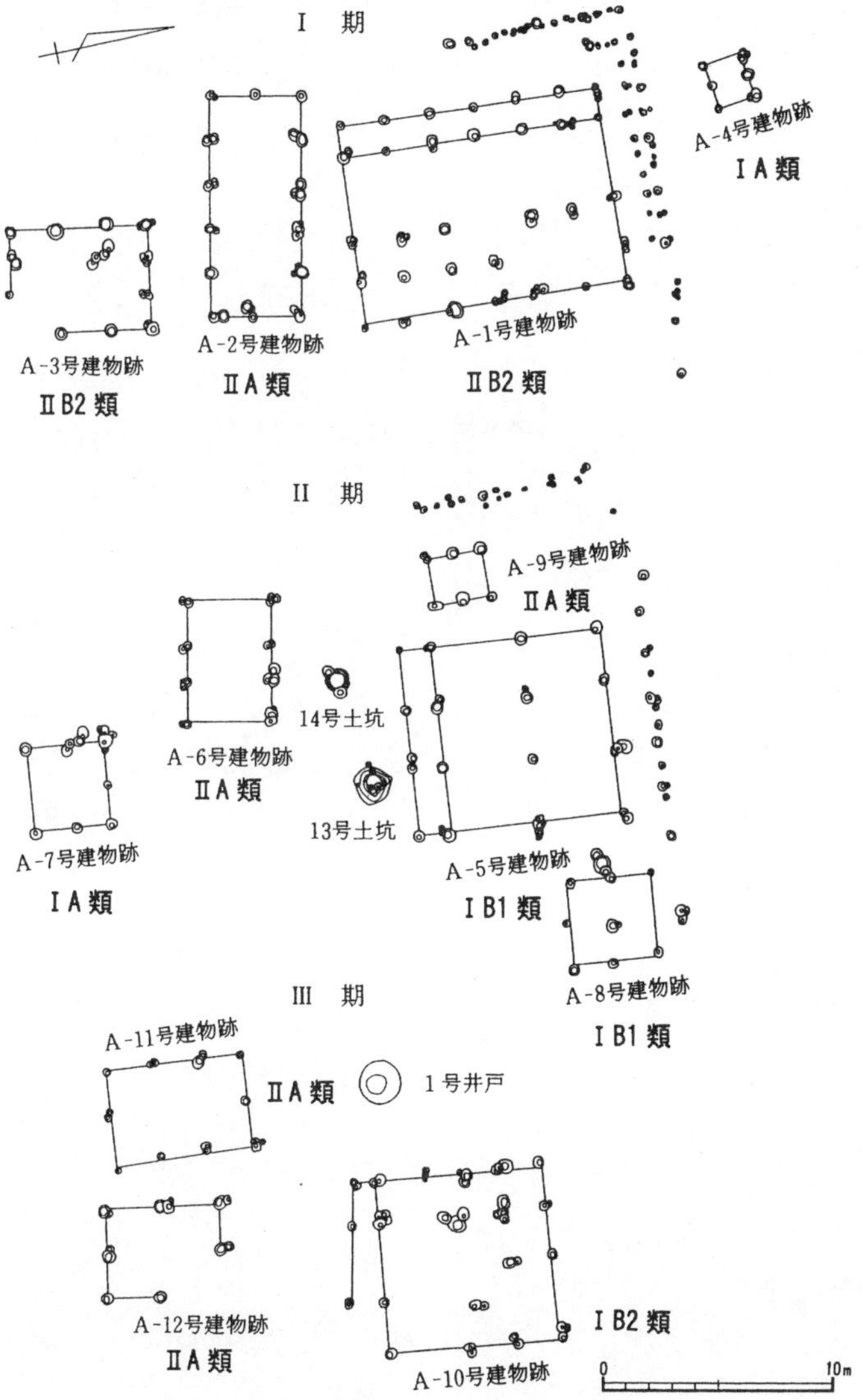

図５　TNT. NO. 405の掘立柱建物跡変遷図

ろう。存続年代に関しては、やはり下宿内山遺跡で一七世紀代に多くみられる。

ⅠB2類

一見不規則な配置にもみえるが、桁行・梁行どちらかの柱筋に柱穴が存在するもので、正方形の平面形をもつ掘立柱建物跡のうち、大型のものにみられる（図4、5）。TNT№四〇五遺跡A－一〇号建物跡、同№四二六遺跡二号建物跡、先述の宇津木台D地区SB〇四などがある。規模はA－一〇号が四一・六平方メートル、二号が四〇・二平方メートル、SB〇四が四三・五平方メートルとほぼ等しい。

建物の性格はA－一〇号がA－五号建物跡の後身建物で教福寺の本堂的建物、二号が建物の向きと伝承から阿弥陀堂[35]、SB〇四も寺院あるいは村堂が想定される。存続年代としては、二号が文献から寛永年間（一六二四～一六四四）、SB〇四が出土遺物からほぼ一七世紀前半

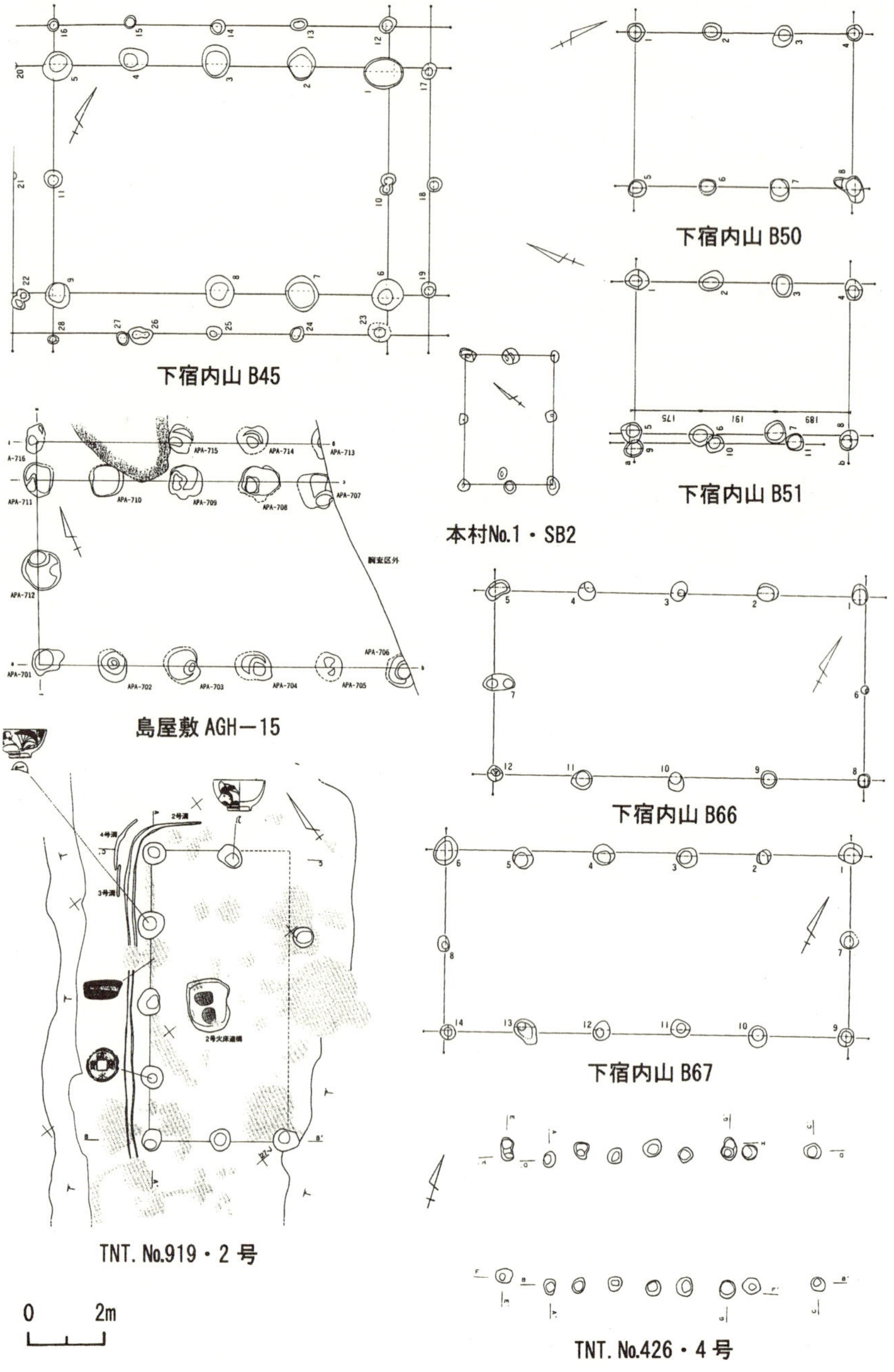

図6　ⅡA類

であると推定される。

ⅡＡ類

下屋や一部の張り出しにより平面形が複雑な形をとっていても、上屋部分の基本形が長方形を呈すものをⅡ類とし、このうち、側柱のみで内柱の存在しないものをⅡＡ類とした（**図６**）。規模は四・三平方メートルや四・九平方メートルといった小型のものから、五三・八平方メートルや五七・九平方メートルといったやや大型のもの、さらに八〇・六平方メートル（下宿内山遺跡Ｂ四五）という大型のものまで存在する。平均では二〇平方メートル代がもっとも多く、次いで一〇平方メートル代と三〇平方メートル代が多い。梁行の柱間は、一間もしくは二間のものが大部分で、柱間寸法は最短一・七メートル、最長五・六メートルであり、もっとも多いのは柱の本数に関係なく三・八メートルと四・五メートルのものである。つまり面積のちがいは、桁行の長さに規定されているといえるだろう。

存続年代は、年代の推定が可能な下宿内山遺跡とＴＮＴ№四二六遺跡、同№九一九遺跡、島屋敷遺跡の三五例からすると、一七世紀代が一六棟でもっとも多く、以下一八世紀代一四棟、一九世紀前葉～中葉三棟、一九世紀後葉以降（近代）二棟となっている。

建物の性格は、一七世紀代の下宿内山遺跡Ｂ四五が陣屋の主屋、Ｂ五〇・五一が陣屋の付属屋[36]、Ｂ六六・六七が陣屋の副屋と考えられる。また、Ｂ四五と同様の性格と規模のものに島屋敷遺跡ＡＧＨ－一五[37]がある。島屋敷遺跡は中世の小在地領主の屋敷と、元和元（一六一五）年頃から元禄一一（一六九八）年頃までの「柴田陣屋」に比定とされている地区で、ＡＧＨ－一五は「柴田陣屋」に属する建物とされている。ＴＮＴ№四二六遺跡四号建物は、前出の阿弥陀堂と想定した二号建物に付属する庫裏の可能性が指摘されている。また一八世紀代のＴＮＴ№九一九遺跡二号建物跡には、「火床」が存在し、居住施設の可能性が高い。しかし、下宿内山遺跡Ｂ三九は納屋と想定されている[38]。一九世紀初頭以降では多摩市本村遺跡群№一遺跡ＳＢ二をはじめ、五棟すべてが納屋や主屋の付属建物である。

ⅡＢ１類

平面形が長方形を呈し、柱穴が総柱的に並ぶ掘立柱建物跡は、近世の多摩地域ではあまりみられない（**図４**）。管見に触れたのはあきる野市門口遺跡網代母子寮地区掘立柱建物跡ＳＢ〇一で、柱間が六尺間隔、桁行三間、梁行二間と規則的である。面積は約二一平方メートルを有する。柱穴は柱痕が残り、周りはきわめて頑強な土で充填されている[39]。

建物の性格について報告では述べられていないが、主屋と思われるＳＢ○三に直行するように配されており、現在でもよく農家でみかける主屋と納屋の配置に似ていることから、このような付属屋と思われる。また、総柱的であり、柱穴の覆土が互層をなし「固くしまった土層」であったらしいから、基礎を頑強にしなければならない建物を想定しなければならない。とすると、蔵のような建物と考えるべきであろうか。建物の存続年代も報告では明言を避けているが、出土遺物は一七世紀代から一八世紀前半までのものが主体で、一八世紀後半～一九世紀前半の遺物がみられないとしている。

ⅡＢ２類

このⅡＢ２類が近世の掘立柱建物の中で、もっとも多数を占める（**図7**）。内部の柱配置が一見不規則にみえても、桁行か梁行かどちらか一方の柱筋に揃う柱穴があれば、これを同一建物の柱穴と認定する。検出された建物

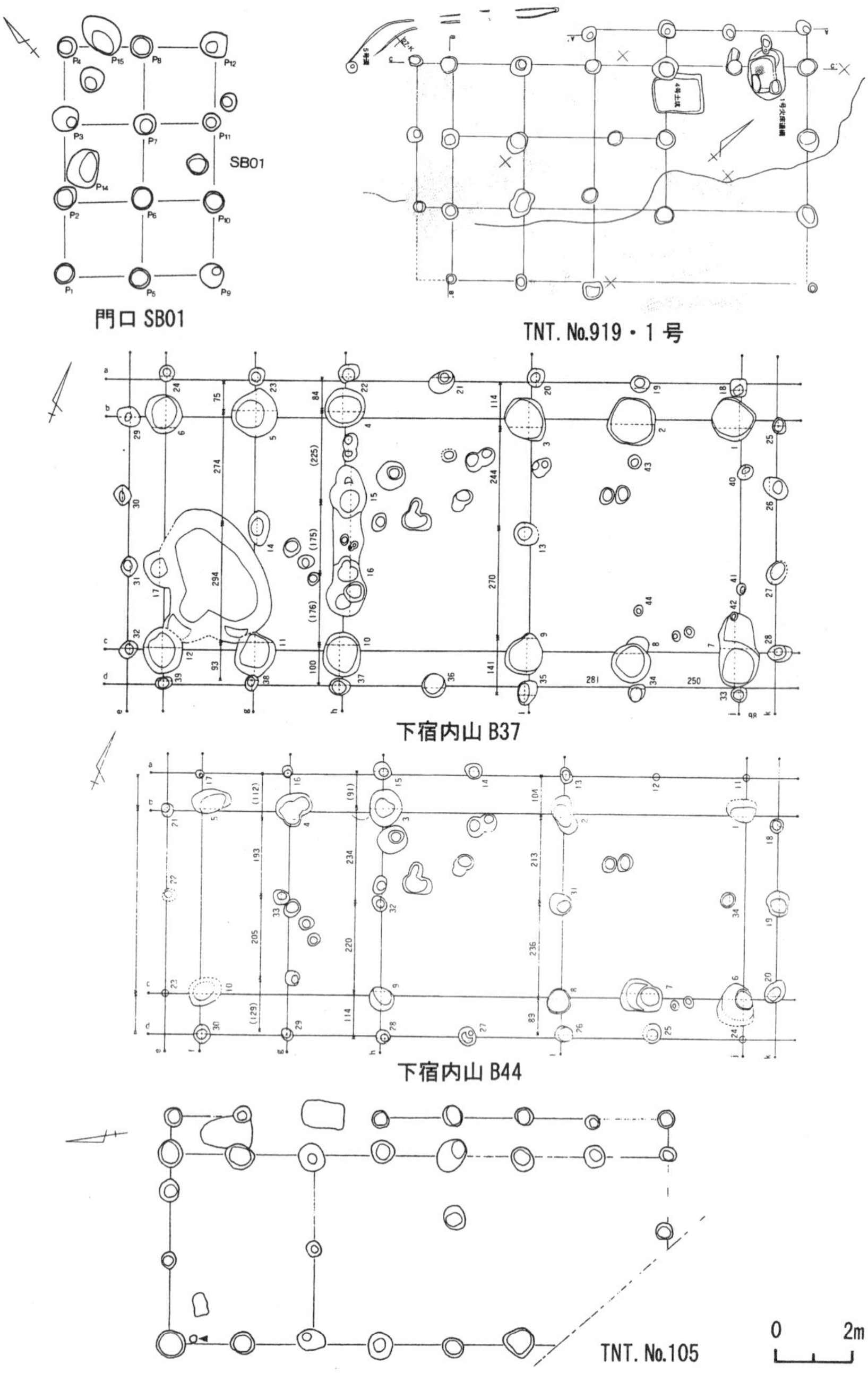

図7　ⅡＢ１類・ⅡＢ２類

をみると、柱が内部に満遍なく配されるのではなく、桁行方向のどちらかの端部に偏る傾向がみられる。「石場建て」民家の平面と比較すると、柱穴の希薄な部分は土間と推定される。そして、この土間と推定される空間と、柱穴の多く配される空間との間には、おおむね柱が一本あるいは二本存在し、現存民家の大黒柱を想起させる。柱穴の多く配される空間は、間取りの柱となる上屋柱と、床を支える束柱の存在が想定できるが、その判別は難しい。「石場建て」民家の間取りを念頭において柱穴をみると、比較的理解しやすいものもあるが、すべての柱穴の所属が確定できるとは限らない。

　規模は一二・一平方メートルから一〇〇平方メートルを超えるものまで多様で、下宿内山遺跡で陣屋の主屋とされているB三七・四四は、それぞれ一二四・五平方メートル、一〇〇・六平方メートル、副屋とされているB五二は六八・六平方メートルを測る。ただし、一〇〇平方メートルを超える本類の建物は、一七世紀代にみられ、一八世紀に継続しない。建物の性格に関しては、陣屋の建物や農家の主屋、納屋的な付属屋、また寺院などと報告されている。存続年代も近世を通じてみられるが、本類は規模や間取りから、さらに細分が可能と思われる。したがってその細分ごとの存続年代をみれば、より詳細な消長がみられるだろうが、本稿ではその答えを用意できなかった。

Ⅲ類

多摩地域では特殊な形状で類例は少ないが、島屋敷遺

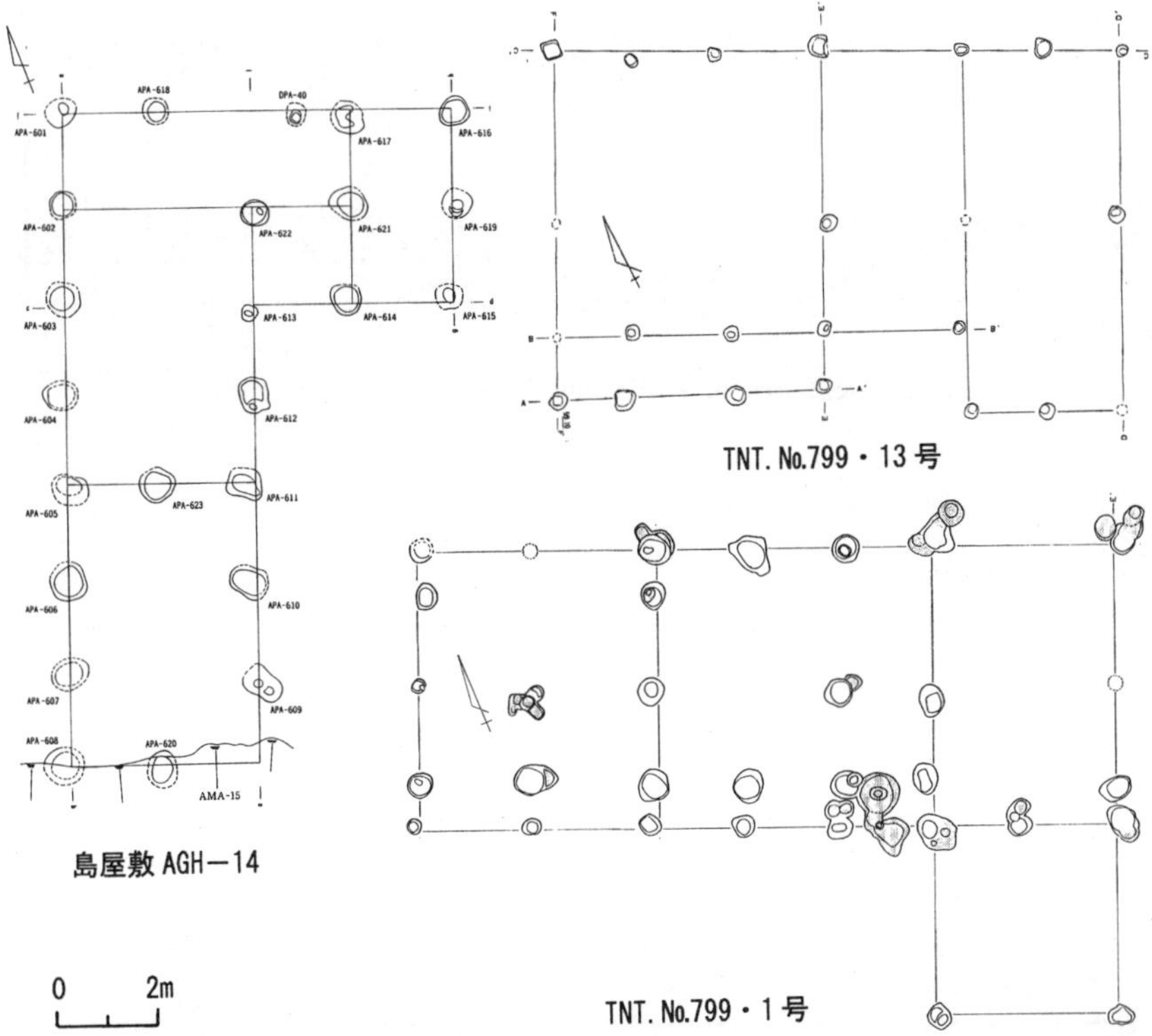

図8　Ⅲ類

跡AGH－一四とTNT№七九九遺跡一号建物跡・同一三号建物跡がこれに類する[40]（**図8**）。AGH－一四では南北に長い「母屋」と北東側の「角屋」から構成されているという。面積は約六二平方メートルである。また、№七九九遺跡一号建物跡は面積八八・七平方メートルで、東側に張り出しのある空間と、その西側に下屋と「ザシキ」や「イマ」と思われる二空間がみられる。一八世紀代の新寛永銭[41]が柱穴より出土していることから、存続年代もこの年代と考えられる。同一三号建物跡は面積約七三・五平方メートルで、東側に張り出しのある空間と西側に「ザシキ」と思われる一空間がある。これらの建物を、いわゆる「分棟型」と認めてよいかどうかが、今後の課題となろう。

六、掘立柱建物の変遷

前章では管見に触れた多摩地域における掘立柱建物跡を、大きく七類型に分類した。次にこれらの掘立柱建物が、どのような変遷を経て消滅してゆくのかを「石場建て」民家の平面と対比させながらみてみよう。

表1～4は、分類した掘立柱建物のうち、数の少ないⅡB1類とⅢ類を除いた五類型から、存続年代の推定できる建物八三棟を抽出し、さらに多摩地域で調査された「石場建て」民家五七棟を時期と面積によって分類した表である。年代幅がやや広いのは、掘立柱建物の年代推定が困難であることから、ある程度の年代幅を設定しないと、まとまった資料数が得られないためである。一方、

表1　Ⅰ類

年代＼㎡	16未満	16～25	25～50	50～75	75～100	100以上	計
17世紀	4	2	2				8
18世紀	1		1				2
19世紀前葉～中葉			1				1
19世紀後葉(近代)							
計	5	2	4				11

表2　ⅡA類

年代＼㎡	16未満	16～25	25～50	50～75	75～100	100以上	計
17世紀	1	7	8				16
18世紀		8	6				14
19世紀前葉～中葉	1	1	1				3
19世紀後葉(近代)	1		1				2
計	3	16	16				35

表3　ⅡB2類

年代＼㎡	16未満	16～25	25～50	50～75	75～100	100以上	計
17世紀	2		8	5	2	4	21
18世紀		1	5	3	1		10
19世紀前葉～中葉				5		1	6
19世紀後葉(近代)							
計	2	1	13	13	3	5	37

表4　「石場建て」民家

年代＼㎡	16未満	16～25	25～50	50～75	75～100	100以上	計
17世紀			1		1	2	4
18世紀					3	3	6
19世紀前葉～中葉			1	3	3	20	27
19世紀後葉(近代)					3	17	20
計			2	3	10	42	57

面積については、一七世紀の一〇〇平方メートル以上の掘立柱建物が武士階級の建物であったことから、一般的な農民の建物は一〇〇平方メートル以下と考え、これを便宜的に二五平方メートルごとの四段階に区分してみた。ただし二五平方メートル以下の掘立柱建物は、桁行二間×梁行二間＝面積一六平方メートルほどの正方形をなす小建物が多くみられることから、この建物を際だたせるために二五平方メートル以下をさらに二分した。

一七世紀の様相

寺院・村堂・小堂社・作業小屋といったⅠ類はA種もB種も存在し、一六平方メートル未満がもっとも多く、五〇平方メートルを超えるものはない。ⅡA類は二〇平方メートル前後から五〇平方メートル未満の建物が多く存在する。しかし、四方に下屋あるいは縁をもち、面積も八〇平方メートルを超える下宿内山遺跡B四五のほか、全体の正確な面積は不明だが、おそらく同規模と思われる島屋敷遺跡AGH－一五など「陣屋」の建物も存在する。ⅡB1類は管見に触れた限りでは、あきる野市の例を知るのみで、年代としては出土遺物から十七世紀にさかのぼる可能性もあるが、今のところ不明としておく。ⅡB2類は二五平方メートル～五〇平方メートル未満が八棟ともっとも多いが、ⅡB1類で注目すべき点は一〇〇平方メートルを超える建物が存在するということである。これは下宿内山遺跡B三七・四四といった陣屋の建物である。また、三つ間取りか四つ間取りかは不明だが、TNT№九一九遺跡一号建物跡のような何らかの間取りを想起させる建物も存在する。(42) Ⅲ類はこの時期、島屋敷遺跡AGH－一四が存在する。この建物跡もやはり陣屋とされており、面積も六一・八平方メートルとやや大型である。

以上のような掘立柱建物の様相に対し、多摩地域においても創建が一七世紀代と推定される「石場建て」民家が若干知られている。青梅市の市川亀作家住宅と金田近造家住宅である（図9）。市川家は五七・六平方メートル、金田家は五七・四平方メートルとほとんど同規模で、間取りも広間と土間の二間であるが、(43) ⅡA類やⅡB2類の平均的な建物（約二〇平方メートル～五〇平方メートル）よりも面積は広い。また、多摩地域ではないが、近隣の民家には九〇平方メートル代や一三〇平方メートル代の民家が知られている。(44) なお市川家住宅と金田家住宅は、かつて稲葉和也が復原し、一七世紀中頃創建と推定した狛江市下小足立北遺跡1号建物址に規模や柱配置においても近似している(45)（図9）。

要するに一七世紀代の建物は、ほぼ正方形のプランをもつ寺院・小堂社・作業小屋と、約一六平方メートル～五〇平方メートル程度の側柱のみ、あるいはそれに下屋の付いた建物、二五平方メートル～七五平方メートル程度の内柱が存在し土間が想定される建物（主屋や付属屋）、一〇〇平方メートルを超える規模の武家の建物、およびそれに準ずる規模で旧土豪クラスと推定される上層農民の主屋などが、掘立柱建物として存在した。また「石場建て」民家も一七世紀代に散見されるが、一七世紀の段階では掘立柱建物が主体であることは確かであろう。

一八世紀の様相

この時期、Ⅰ類とⅡA類やⅡB2類の七五平方メートル以上の掘立柱建物が減少する。主体となるのは、一六平方メートル～五〇平方メートルのⅡA類と二五平方メートル～七五平方メートルのⅡB2類で、現存する「石場建て」民家は七五平方メートル以上の建物で占められる。もちろんTNT No.七九九遺跡一号建物跡（八八・七平方メートル）のよう

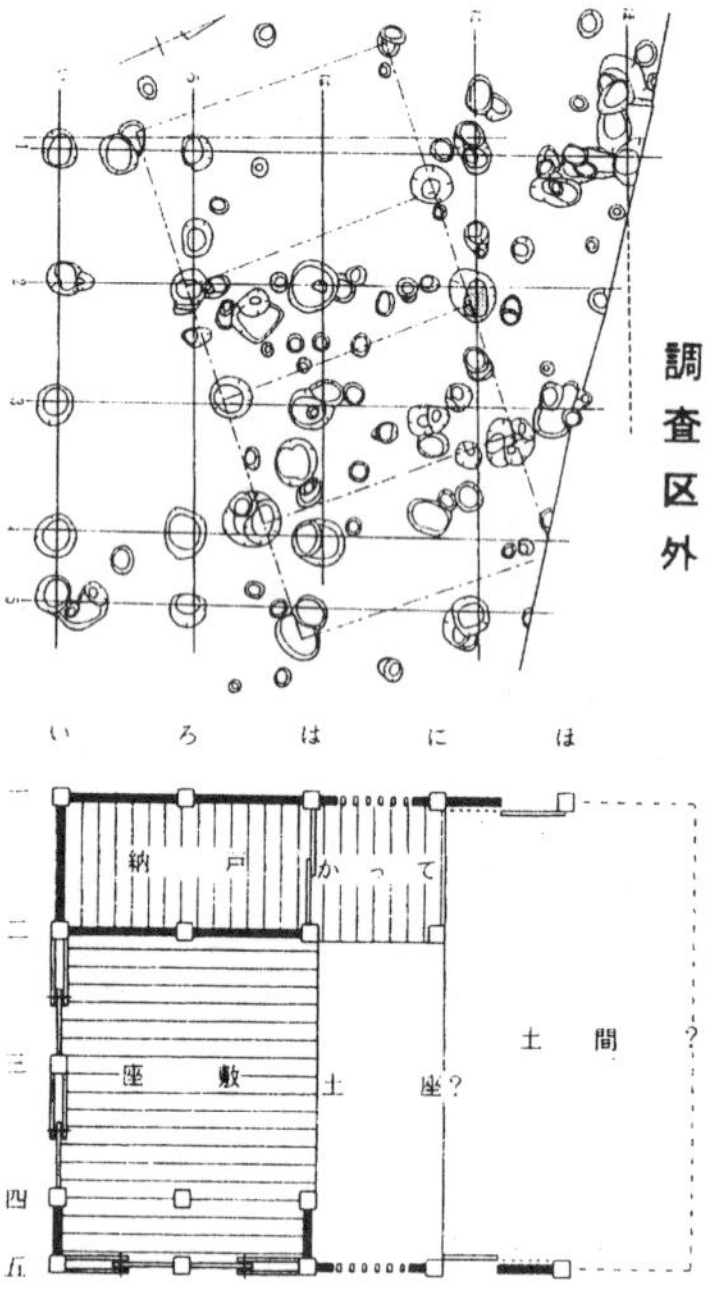

下小足立北１号
（上段一点破線は２号建物址）
（下段は稲葉による復元図）

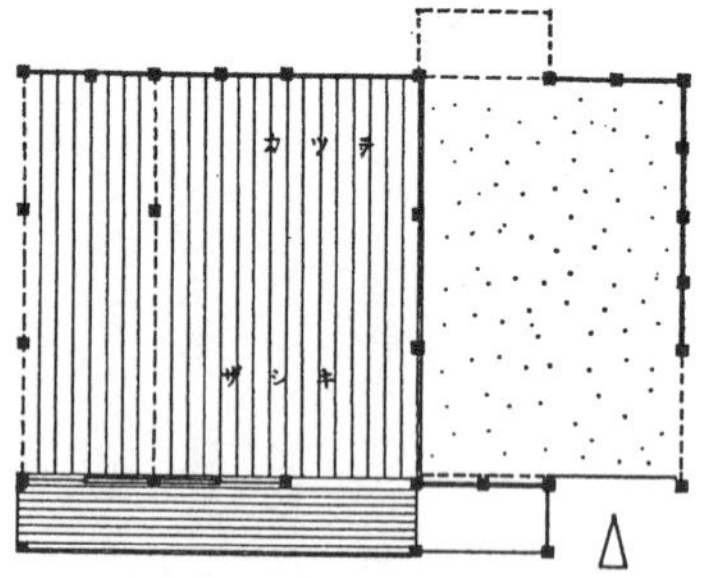

青梅市 市川家

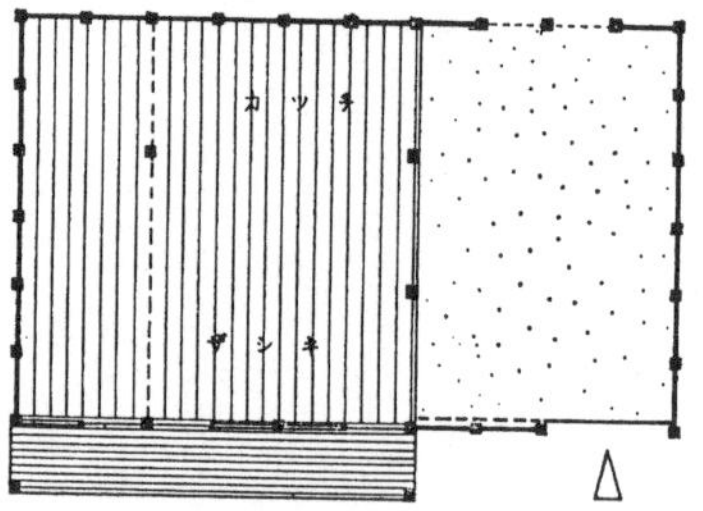

青梅市 金田家

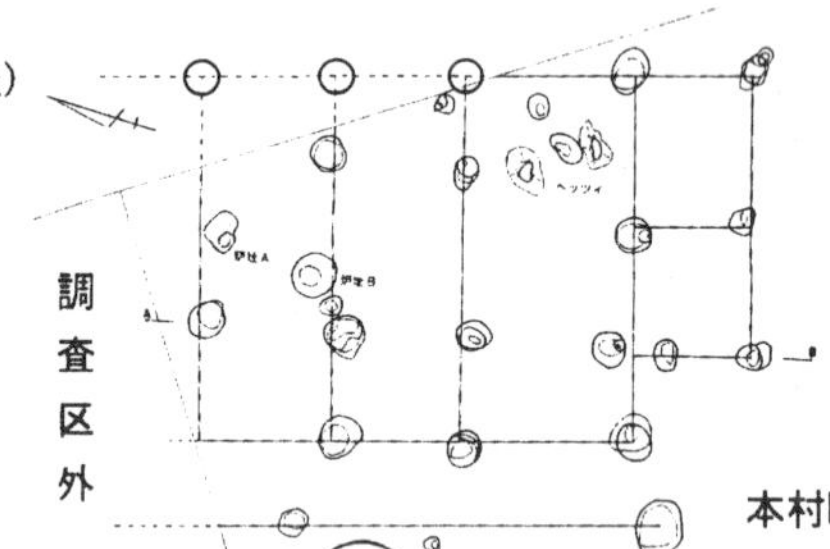

本村No.1・SB1

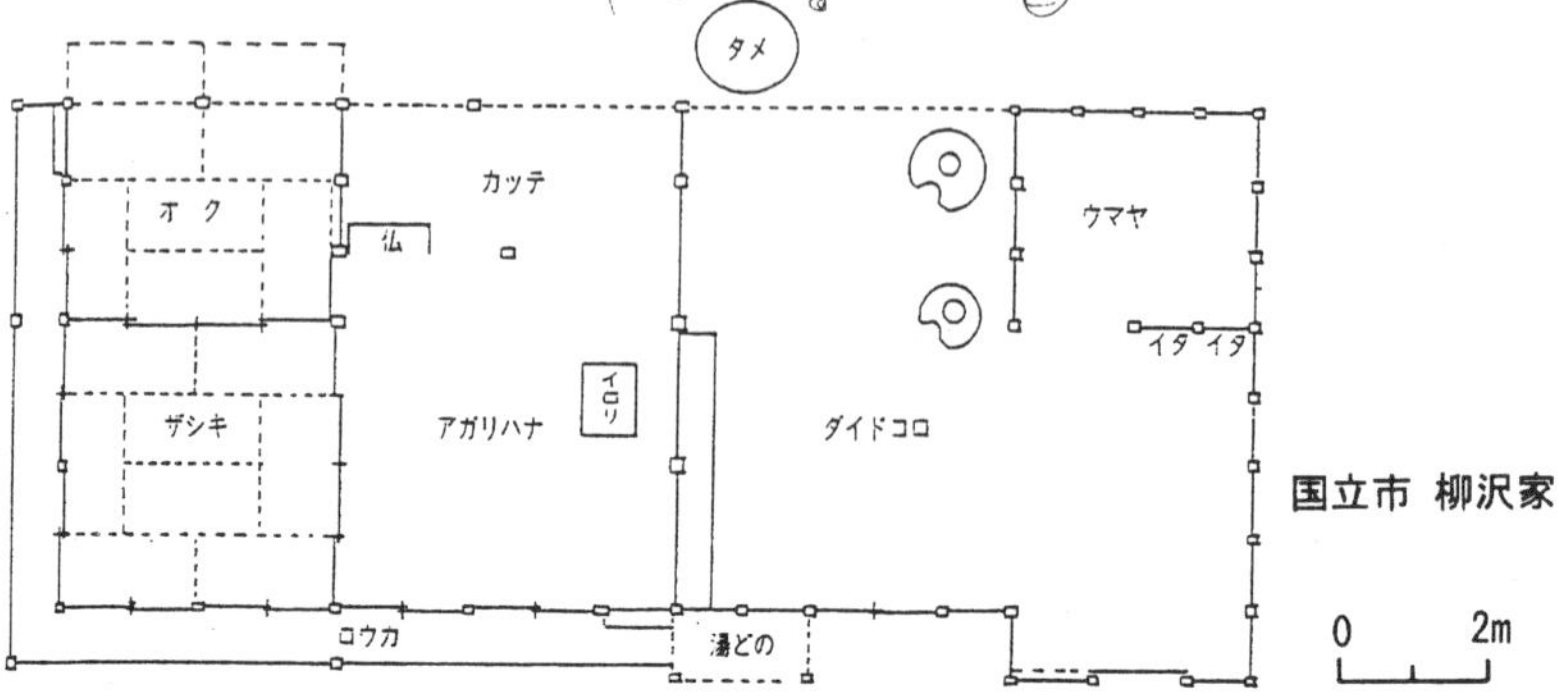

国立市 柳沢家

な大型のⅢ類も一棟確認されているが、この時期になると多摩の村々に武家屋敷は存在しておらず、あたかも上層農民の主屋が武家の建物にとって変わるように大型化し、「石場建て」民家へと変わっていくようにみえる。ただし、先述した小川村の史料でみた享保頃の「石たて」建物は、「立梁長四間」「横梁長弐間半」「縁がわ長四間幅弐尺」の規模で、一間六尺と考えれば約三八・二平方メートル、一間六尺五寸と考えれば約四五平方メートルである。この規模はこの時期の掘立柱建物の中でもっとも多いランクに入り、このような「石場建て」民家も中には存在していたものと考えられる。したがって一概に上層農民から「石場建て」民家へ転換したといえない面もある。

Ⅰ類の減少については、この頃から寺院・小堂社が礎石建てに転換していく様相を示すものと思われる。ただし、ここでも八王子市の松山廃寺のように一八世紀でも掘立柱建物の寺院が残存しており(46)、やはり一概にはいえない。以上から、一八世紀の多摩地域は、掘立柱建物と「石場建て」建物とが混在していた状況といえるだろう。

一九世紀前葉～中葉

この時期になると掘立柱建物全体の数が激減する。Ⅰ類・ⅡA類はほとんど納屋的な付属屋で、主屋と考えられるのはⅡB2類である。一方、「石場建て」民家はこの時期に激増し、面積も五〇平方メートル以上で一〇〇平方メートルを超えるものが大部分である。中には二〇〇平方メートルを超えるものも存在する。

また、ⅡB2類の面積が五〇平方メートル～七五平方メートルに集中することから、「石場建て」民家とほぼ同じ規模のものや、近似する間取りをもつものも存在する。たとえば多摩市本村№一遺跡の掘立柱建物SB一(47)は、建物の一部が調査区外にあるために全体の面積や間取りは不明であるが、ヘッツイ跡一基とヒジロと考えられる炉址二基が検出されており、その炉跡の配置と大黒柱の位置が、国立市で調査された同時期創建の「石場建て」民家である柳沢勇一郎家住宅の配置とほぼ一致する（**図9**）。柳沢家住宅の間取りは広間型三つ間取りであるが、SB一も同様の可能性がある。このようにこの時期、前代までの掘立柱建物の多くが「石場建て」民家に変わっていく中で、残存した掘立柱建物も周辺の「石場建て」民家と近似した平面形をとるようである。

なお、この時期といっても幕末から明治初頭頃であるが、ⅡB2類で約一一〇平方メートルという面積をもつ掘立柱建物がTNT№一〇五A遺跡で検出されている。この建物跡は、絹商売で成功した「〝小川大人〟の屋敷」(48)だといわれており、大戸口とみられる位置からは、幕末～明治期と考えられる胞衣収納容器が出土している（**図**

7▲印)。管見に触れた限りでは、この建物が多摩地域の主屋として、もっとも新しい掘立柱建物である。

一九世紀後葉(近代)

この時期は、前代から引き続いてTNT№一〇五A遺跡の掘立柱建物がある時点まで存続するが、主屋としての掘立柱建物の創建はみられない。要するに「石場建て」民家が完全に村落民の居住形式となるのである。

以上のような状況をみると、多摩地域では一七世紀中葉における武士階級の領地離れが契機としてか、それ以後、村落における上層農民から徐々に「石場建て」民家に変化していくようである。しかし、一七世紀はむろんのこと、一八世紀代までもかなりの掘立柱建物が村落の中に存在していた。そして「石場建て」民家がほとんどすべてとなるのは、一九世紀前葉を待たねばならなかった。ところが一部において、大型の掘立柱建物も明治期まで残存していたのである。

この大型掘立柱建物の存在は、掘立柱建物と「石場建て」民家のちがいを、単純に階層差によるものと解釈することに再考を促すといえるだろう。享保頃の小川村にみた「石たて」と称する建物が、本稿で取り上げた「石場建て」民家であったとすれば、この「石たて」民家より大きな掘立柱建物の存在は何を意味するのであろうか。新田村の入村百姓は「農村の二・三男が多く、無一文で出てきたものがほとんど」[49]であることから、入村当時、彼らは上・中層農民ではありえない。さらに先述のように、幕末・明治期において、かなりの経済力をもっていた商人が掘立柱建物を主屋としていたという事実からも、小川村の例を含めて掘立柱建物に対する当時の人びとの認識を考えなおす必要があろう。すなわち村落内において家屋敷に表れる階層差とは、掘立柱建物や「石場建て」といった問題ではなく、建物の規模や門・玄関・床の間の有無などを含めた「構え」の様相が差を表すのではないだろうか。今のところ、この点は論証に乏しく推測の域を出ないが、今後の課題としておきたい。

七、おわりに

近世の掘立柱建物に関して、多摩地域を中心としてきわめて大雑把な分類とその消長について述べてきた。分類基準や建物構造の記述に関しては、識者がみれば疑問と思うこともあるかもしれない。とくに、今回の分類基準に間取りを盛り込むことができなかった点は、先述した市川や羽柴の見解に対して何ら答えていない結果となってしまった。しかし、いくつかの報告書で述べられているように、膨大な数の柱穴を検出した場合、なかなか現地調査の段階で建物を認識することは難しく、ほとんどの資料が整理調査段階に机上でその平面を復原したものである。かろうじて何棟かの建物が復原できたとしても、まだ多数の柱穴が所属不明のまま残ってしまうことも多い。すなわち、一棟の建物を完全な形で復原することはきわめて困難で、恣意的にならないよう心掛けなければならない。そこで本稿では、間取りなどの構造的な問題には立ち入らず、掘立柱建物の消長をおもな目的として、できるだけ認識しやすい建物跡の形式を抽出・分類し、それを時間軸上に載せてみたのである。本稿が、これまでの掘立柱建物を含めた近世民家研究の課題に答えるための布石になれば本望である。

註

（1）本稿で用いる「掘立柱建物」は、建物全体をイメージしたときの用語で、「掘立柱建物跡」とした場合は、発掘調査で検出された柱穴の組み合わせから、建物が想定される遺構のことをいう。

（2）本稿で用いる「石場建て」とは、建築史などで用いられる「礎石建て」のことであるが、渋江芳浩が「近世農家のイメージ」（『貝塚』四〇、物質文化研究会、一九八七）で述べているように、「礎石建て」といった場合、古代以来の寺院建築なども含まれてしまうので、それらと区別するために用いた民家の呼称である。なお、考古学的に検出された「石場建て」建物の礎石をみた場合、礎石の上に直接柱を立てる「石場建て」と、礎石の上に土台木を渡し、そこから柱を立てる「土台作り」とは区別が困難なため、本稿では双方を含む呼称とする。

（3）木村礎『近世の新田村』吉川弘文館、一九六四。

（4）中川武・白井裕泰他『東京都立川市　砂川の民家』立川市教育委員会、一九八三。

（5）甲野は八王子市の下原鍛冶とよばれる山本氏（a）、鋳物師加藤氏（b）、国立市の鋳物師関氏（c）の工房址を調査している。参考文献はそれぞれ、

a甲野勇「北条氏関係の遺址を掘る」『岩波講座日本歴史月報3』岩波書店、一九六二。

b甲野勇・中村威「八王子市横川町鋳物師工房跡発掘略報」『中央高速道路八王子地区遺跡調査概報―元八王子・深大寺―』、一九六六。

c甲野勇・中村威「鋳物師関氏とその作業場―第一編発掘の概況―」『武蔵野』第四四巻第二・三号、武蔵野文化協会、一九六五。

（6）加藤晋平・宇田川洋『松山廃寺』八王子市寺田遺跡調査会、一九七三。

（7）多摩地域における近世を対象とする初期の考古学研究については、土井義夫が「多摩における『近世考古学』事始」（『季刊考古学』第一三号、雄山閣、一九八五）でまとめている。

（8）稲葉和也「Ⅲ．建物址の分析」『東京都狛江市　下小足立北遺跡』狛江市下小足立北遺跡調査会、一九七四。

（9）内田祐治「第Ⅲ章　第3節　2．江戸時代以降」『東京都清瀬市　下宿内山遺跡』下宿内山遺跡調査会、一九八六。

（10）渋江芳浩他『宇津木台遺跡群Ⅸ』八王子市宇津木台地区遺跡調査会、一九八七。

（11）前掲註（2）渋江論文。

(12) 今井恵昭「No.五一一遺跡 Ⅲ 5近世以降」『多摩ニュータウン遺跡 昭和五七年度（第一分冊）』（財）東京都教育文化財団・東京都埋蔵文化財センター、一九八三。

(13) 比田井克仁「No.四三三遺跡」『多摩ニュータウン遺跡 昭和五九年度（第一分冊）』前同、一九八六。

(14) 小坂井孝修・小島正裕・竹田均他「No.七九九遺跡」『多摩ニュータウン遺跡 昭和五九年度（第三分冊）』前同、一九八六。

(15) 今井恵昭「No.四二六遺跡Ⅲ 5近世以降」『多摩ニュータウン遺跡 昭和六二年度（第五分冊）』前同、一九八九。

(16) a福田敏一「No.四一九・四二〇遺跡Ⅲ 6近世以降」『多摩ニュータウン遺跡 昭和五七年度（第二分冊）』前同、一九八三。

b福田敏一「No.五遺跡Ⅲ 6近世以降」『多摩ニュータウン遺跡 昭和六〇年度（第二分冊）』前同、一九八七。

(17) 加藤修「多摩丘陵の村と塚」『江戸遺跡研究会会報』No.一八、江戸遺跡研究会、一九八九。

(18) 蛇足だが、加藤が取り上げたTNTNo.五一一遺跡の掘立柱建物群は、その存続期間を「一七世紀から一八世紀前半代」としているが、これは報告者の今井恵昭が、出土遺物の様相からこの年代を導き出したことによるものだろう。前掲註（12）参照。しかし、報告された実測図や写真で観察した限り、今井が一八世紀前半代とした遺物は、あきらかに一七世紀代となる丹波産の擂鉢である。したがってほかに根拠があるのなら別だが、報告されている遺物だけから判断すると、掘立柱建物の年代も一七世紀代とせざるをえない。報告書が刊行された一九八三年当時、丹波の擂鉢についての研究はほとんどされていない状況であった。したがって、今井や加藤の見解もこの時点では仕方のなかったことであるが、その後の近世陶磁器研究の進展によって年代観は修正されてきている。

(19) 山口慶一「No.四〇五遺跡 5近世」『多摩ニュータウン遺跡 平成三年度（第一分冊）』（財）東京都教育文化財団・東京都埋蔵文化財センター、一九九三。

(20) 長佐古真也「No.九一九遺跡」『多摩ニュータウン遺跡』前同、一九九七。

(21) 市川正史「近世民家について―文献史料と考古学的資料の接点を求めて―」『神奈川考古』第二五号、神奈川考古同人会、一九八九。

(22) 西股総生「掘立て建築址」『島屋敷遺跡Ⅰ 第Ⅱ分冊 歴史時代編1』三鷹市教育委員会・三鷹市遺跡調査会、一九九七。

(23) 羽柴は岩手県でも掘立柱建物の中に「広間型三間取」と「その真中の部屋を二分割した間取り」（四間取りのことか〈筆者註〉）の存在を想定しているが、本稿では紙数の関係で詳しく紹介できない。羽柴の論考は以下を参照。

a羽柴直人「西和賀地方の近世民家」『（財）岩手県埋蔵文化財センター紀要ⅩⅢ』（財）岩手県埋蔵文化財センター、一九九三。

b羽柴直人「岩手県平泉町における近世掘立柱民家について」『（財）岩手県埋蔵文化財センター紀要ⅩⅦ』前同、一九九七。

c羽柴直人「岩手県湯田町における近世掘立柱民家について」（『館研究』第一号、岩手の館研究会、一九九八。

(24) 小平町誌編纂委員会『小平町史』小平町、一九五九。

(25) この大きさのちがいが階層差を直接反映しないとする根

拠は、小川村における入村百姓の大多数が、旧村（狭山丘陵や青梅付近の村々）の零細下層農民であったにもかかわらず、この村においては開発を請負った小川家など数家の有力百姓を除き、多少の屋敷地や耕地の面積に差はあるものの、大多数が自立した農家となったためである。したがって小川村の検地帳には、分付記載がほとんどない。

(26) 前掲註（24）『小平町史』では、これも新田開発にともなう入村百姓の住宅建築届という性格の史料といわれている。すると、この史料の年代は、小川新田の開発許可が下りた享保九年（一七二四）以降ということになる。

(27) 前掲註（10）。

(28) 青梅市教育委員会『青梅市の民家』一九七六。

(29) 実際にはもっと多くの掘立柱建物跡が検出されているが、本稿では、建物跡全体が検出されず、平面形状の推測ができないものは除外した。

(30) 下宿内山遺跡では、聞き取り調査によって「竪穴状遺構」が、皮革職人の作業小屋であったことが確認されている。前掲註（9）参照。

(31) 第2図は教福寺と推定される建物跡の変遷図で、三時期に区分されているが、残念ながら報告書―前掲註（19）―ではそれぞれの年代観について述べられていない。

(32) 前掲註（19）。

(33) この根拠は、教福寺と推定される建物群の見解である。このほか参考として、寛保二年（一七四二）の出羽国村山郡山口組の「堂社書上帳」があり（木村礎『村の語る日本の歴史　近世編①』株式会社そしえて、一九八三）、これには計五三社の堂社が記載されているが、「二尺四方」から「二間四方」・「二間三間」まで、ほとんど正方形の建物となっている。

(34) 前掲註（19）。

(35) 前掲註（15）。

(36) 下宿内山遺跡では、「陣屋」という小名が残されており、B四四・六五・五〇、B三七・五二・四七・五一、B四五・六六・六七がそれぞれ一群をなして、三時期にわたり「陣屋」を形成していたという。この三時期には、文献などから大田甚九朗・大田次郎右衛門・石川播磨守の三人が知行したことが知られていることから、それぞれの旗本の在任期間と想定され、天正一九年（一五九一）から慶安四年（一六五一）頃までの期間であるという。内田祐治『戦乱の終焉から幕政下の村々―清瀬の中世末・近世―』清瀬市郷土博物館、一九九二。

(37) 前掲註（23）。

(38) 梶原喜世子「Ⅱ．遺構」『東京都多摩市　本村遺跡群』多摩市遺跡調査会、一九九六。

(39) 宇佐美哲也「Ⅱ．近世以降の土地利用痕跡」『網代門口』東京都網代母子寮遺跡調査会、一九九七。

(40) 前掲註（14）。

(41) 報告書の写真と拓影からであるが、この寛永通宝は初鋳年代が享保期末といわれている「江戸猿江銭」（小川吉儀『新寛永銭鑑識と手引き』万国貨幣洋行、一九五七）であろう。

(42) 前掲註（20）の報告書によれば、本建物跡が確認された面は、宝永の火山灰の堆積層よりも下位であることから、建物の下限も宝永四（一七〇七）年を下らない。本稿では本建物跡の創建を、存続期間の長さを考慮に入れて一七世紀代に位置づけた。

(43) 両民家の年代推定の根拠は史料や伝承からではなく、民家構造の型式学的な相対年代からのものである。前掲註(28)参照。

(44) 貞享四年(一六八七)創建とされる神奈川県秦野市北村家が約一三三平方メートル、一七世紀前半創建とされる同県清宮家が約九三平方メートル(白井裕泰「名主の家と庶民の家―多摩の民家史のあらまし―」『多摩のあゆみ』第八九号、(財)たましん地域文化財団、一九九八)、一七世紀後半創建とされる埼玉県入間郡日高町高麗家が約一三五平方メートル(田村善次郎他『旧宮鍋作造家住宅解体調査報告書』東大和市教育委員会、一九八七)である。

(45) 前掲註(8)。

(46) 松山廃寺は一六世紀後半から一七世紀前半の創建で、廃寺となるのは安永年間(一七七二~一七八一)以降、まもない頃であるという。前掲註(6)参照。

(47) SB一は報告書において別の柱穴の並びであったが―前掲註(40)―、今回の検討によって図のような並びが妥当と考えるに至った。ただ、SB一の創建時期を周囲の出土遺物から一九世紀前半としたことは変更がない。

(48) 伊藤敏行「胞衣習俗と胞衣容器―東京都内出土の考古諸例を中心として―」『学芸研究紀要』第八集、東京都教育委員会、一九九一。

(49) 前掲註(24)。

第三節　文献にみる近世信濃の民家

箱崎和久

一、信濃の民家研究

長野県は、本棟造とよばれる板葺・切妻・妻入の民家のほか、茅葺の大型民家、さらには古い町並みなど、数が豊富なだけでなく多様な形態が存在することから民家の宝庫といわれている。掘立柱の住居についても、佐久市取出町に二棟残存していたことが一九五四年に報告されており[1]、また、一九五九年におこなわれた秋山（現下水内郡栄村）の民家調査では、現存する唯一の掘立柱民家である山田家住宅（大阪府の日本民家集落博物館に移築、コラム①参照）が発見されている。その後も県内の民家調査はすすみ、現存する民家の一部については、『長野県史　美術建築資料編　建築』（長野県史刊行会、一九九〇）にまとめられた。一方、文献を用いた民家の研究では、佐久地方に残る江戸時代前期の家別人別帳のほか、江戸時代に編まれた佐久地方についての記録や、秋山へ旅した紀行文などをもとに、建築史学の分野からも考察がすすめられてきた[2]。本稿ではこのような研究成果に導かれながら、おもに『長野県史　近世史料編』（全八巻　一六冊）をもちいて、長野県内における茅葺民家の発展形態からみた掘立柱住居の存続下限について考察してみたい。

二、家帳からの考察

長野県内には、家別人別帳、家改帳、家帳などとよばれる、住居の規模や家族構成、田畑について書き上げた文書が残っている。また、宗門人別帳や災害・騒動による被害書き上げ帳にも住居について記すものがある。**表1**は江戸時代における住居の規模が判明する史資料を集成し、その記載内容について一覧表にしたものである。本稿ではこれらを便宜的に家帳とよぶ。家帳の中には、屋根材や柱礎形式、板敷部分の規模などについて記すものもあり、とくに佐久郡（現南佐久郡・佐久市）における承応三年（一六五四）および寛文三年（一六六三）の

本屋		添屋	座敷	蔵屋	門屋	雪隠	寺	その他	屋根材	柱礎形式	人数	牛馬数	屋敷規模	田畑規模	持高	宗門
棟数	平均坪数															
31	14.9	×	×	11	3	×	×	×	×	×	216	×	×	○	×	×
3	30.7	1	1	0	4	3	2	×	○	○	40	7	×	×	×	×
8	22.1	9	0	6	1	10	×	×	○	○	79	15	○	○	×	×
22	18.9	26	0	5	3	37	1	1	○	○	261	60	○	○	×	×
47	21.0	45	3	9	12	69	2	×	○	○	531	64	○	○	×	×
19	14.8	12	1	1	13	18	×	1	○	○	232	33	○	○	×	×
32	19.5	15	1	6	2	31	2	3	○	○	328	59	○	○	×	×
15	22.6	13	0	4	7	14	1	2	○	○	187	39	○	○	×	×
96	—	—	—	—	—	—	—	—	○	○	453	105	○	○	×	×
28	18.5	13	5	3	20	27	1	×	○	○	281	34	○	○	×	×
11	26.5	7	0	3	3	11	×	1	○	×	90	11	○	○	×	×
9	22.7	11	1	1	×	9	×	0	○	○	91	18	○	○	×	×
58	14.9	×	1	5	×	×	1	6	×	×	×	×	×	×	×	×
12	—	×	1	1	17	×	×	3	○	×	124	24	×	×	×	×
38	18.6	×	×	×	15	×	×	×	○	×	171	47	×	×	○	○
56	22.8	×	×	×	23	×	1	2	×	×	420	84	×	○	×	×
147	26.7	×	×	×	68	×	×	6	×	×	1333	206	×	×	×	×
4	21.8	×	×	×	×	×	×	1	×	×	34	15	×	○	○	×
25	12.4	×	×	×	3	×	1	1	×	×	159	53	×	○	○	×
4	14.0	×	×	×	×	×	×	×	×	×	27	4	×	○	○	×
50	23.8	×	×	×	26	×	1	4	○	×	393	82	×	×	○	○
33	18.2	×	×	×	7	×	×	×	×	×	213	49	×	×	○	○
31	19.7	×	×	×	16	×	1	1	×	×	243	49	×	×	○	○
65	15.0	×	×	×	15	×	×	×	×	×	421	97	×	×	○	○
43	14.4	×	×	×	3	×	×	×	×	×	221	49	×	×	○	○
23	12.4	×	×	×	×	×	×	×	×	×	148	44	×	×	○	○
14	19.2	×	×	×	3	×	×	×	×	×	107	18	×	×	×	○
6	14.0	×	×	×	×	×	×	×	○	×	39	4	×	×	○	○
9	9.3	×	×	×	×	×	×	×	○	×	55	9	×	×	○	○
12	14.3	×	×	×	14	×	1	1	○	×	87	15	×	×	○	○
29	17.7	×	×	×	12	×	1	1	×	×	227	41	×	×	○	○
33	26.3	×	1	×	25	×	1	4	×	×	306	42	×	×	○	×
54	22.7	2	×	1	16	×	5	×	○	×	347	31	×	×	○	×
21	13.6	×	×	3	×	×	×	2	×	×	139	9	×	×	○	×
16	16.8	×	×	3	×	×	×	1	×	×	111	10	×	×	○	×

○：記載あり　×：記載なし　—：不明

寺社関係は○件として数え、そこに所属する雪隠などは当該建物の棟数からは除いた。

ただし、人数・牛馬数には寺社関係のものも含めた。

「蔵屋」には「物置」を含む。

表1-① 17世紀　家帳一覧

地方	年		村名	現市町村名	出典
	元号	西暦			
東信	寛永21	1644	下海瀬村	南佐久郡佐久町海瀬・下海瀬	註(2) f、大石論文
	承応 3	1654	松原村	南佐久郡小海町豊里・松原	県史近世史料編 2-1
	〃		八那池村	南佐久郡小海町豊里	〃
	〃		上畑村	南佐久郡八千穂村上畑ほか	佐久教育会所蔵家帳写
	〃		臼田村	南佐久郡臼田町臼田	県史美術建築資料編
	〃		下桜井村	佐久市桜井	〃
	〃		取手町村	佐久市取手町	佐久教育会所蔵家帳写
	〃		本新町村	佐久市本新町	〃
	〃		大沢村	佐久市大沢	続大沢村の歴史
	〃		原　村	佐久市原	県史近世史料編 2-1
	寛文 3	1663	海尻村	南佐久郡南牧村海尻	佐久教育会所蔵家帳写
	〃		本間村	南佐久郡小海町千代里	〃
	天和元	1681	町屋村	上田市富士山町屋	県史近世史料編 1-1
中信	寛永19	1642	水汲村	松本市水汲	県史近世史料編 5-1
	正保 2	1645	下波田村	東筑摩郡波田町下波田	〃
	慶安 2	1649	千国村	北安曇郡小谷村千国	小谷村誌　歴史編
	〃		大町村	大町市大町	県史近世史料編 5-1
	〃		青木村	大町市平・青木	大町市史 3　近世資料
	〃		海之口村	大町市平・海ノ口	〃
	〃		中綱村	大町市平・中綱	〃
	慶安 3	1650	千国村	北安曇郡小谷村千国	県史近世史料編 5-1
	〃		石坂村	北安曇郡小谷村中小谷・石坂	小谷村誌　歴史編
	〃		中谷村	北安曇郡小谷村中土・中谷	〃
	〃		土屋村	北安曇郡小谷村中土・土谷	〃
	〃		来馬村	北安曇郡小谷村北小谷・来馬	〃
	〃		深原村	北安曇郡小谷村北小谷・深原	〃
	〃		松崎村	大町市社・松崎	県史近世史料編 5-1
	〃		常光寺村	大町市社・山下・常光寺	大町市史 3　近世
	〃		木舟村	大町市社・山下・木舟	〃
	〃		曽根原村	大町市社・曽根原	県史近世史料編 5-1
	〃		宮本村	大町市社・宮本	〃
南信	正保 2	1645	小河村	下伊那郡喬木村小川ほか	県史近世史料編 4-2
	天和 2	1682	伊久間村	下伊那郡喬木村伊久間	〃
北信	天和 3	1683	平柴村	長野市安茂里・平柴	県史近世史料編 7-1
	〃		箱清水村	長野市箱清水	〃

二階	板敷	畳	天井	蔵	雪隠	屋根材	柱礎形式	人数	牛馬数	屋敷規模	田畑規模	持高	宗門	備　考
—	—	—	—	1	—	—	—	—	—	—	—	—	—	水損家屋書上
×	×	×	×	×	×	×	×	210	×	×	×	○	×	町家の書上　人数は和田宿のみ
×	×	×	×	×	×	×	×	365	×	×	×	○	×	町家の書上
×	×	×	×	×	×	×	×	56	×	×	×	○	×	旅籠屋家数・人別書上
×	○	○	○	×	3	×	×	×	×	×	×	×	×	家改
×	○	○	○	×	3	×	×	×	×	×	×	×	×	〃
×	○	○	○	×	1	×	×	×	×	×	×	×	×	〃
○	○	×	×	×	×	×	×	×	×	×	×	×	×	家数書上
○	○	×	×	×	×	×	×	×	×	×	×	×	×	〃
○	○	×	○	8	7	×	×	×	×	×	×	×	×	騒動打壊留
○	×	×	×	○	○	○	×	×	×	×	×	○	×	地震被害書留
×	△	×	×	26	×	×	×	×	×	○	×	○	×	武家屋敷、蔵には土蔵を含む
—	—	—	—	—	—	—	—	171	—	—	—	—	—	宗門改
×	×	×	×	×	×	×	×	167	×	×	×	○	○	宗門改　県史は以下161戸ぶん省略
×	×	×	×	7	72	×	×	102	×	×	×	×	×	水害見分願　人数は死者
×	×	×	×	16	24	×	○	×	×	×	×	×	×	水損家屋書上
×	○	○	×	25	57	×	×	285	×	×	×	×	×	立家物置改帳
×	○	○	×	19	78	○	×	354	×	×	×	×	×	家並帳
×	○	○	×	41	115	○	×	432	×	×	×	×	×	〃
×	×	×	×	16	28	×	×	×	×	×	×	○	×	焼失人別書上
×	×	×	×	30	44	×	×	×	×	×	×	○	×	震災倒潰人別書上
×	×	×	×	26	38	×	×	369	×	×	×	○	×	震災倒壊家屋書上

○：記載あり　×：記載なし　△：部分的にあり　—：不明

家帳には、柱礎形式（「ほりたて」・「石すへ」の別）と、屋根材（「かやふき」・「板ふき」の別）について記されている。また、文化元年（一八〇四）高井郡草間村（現中野市草間）の水害記録にも「礎」・「堀建《ママ》」の別が記され、住居の柱礎形式が判明する。これら柱礎形式が判明する家帳をもとに、その他の家帳が記す住居規模や床形式に着目して、近世民家の展開についてみてみよう。(3)

近世前期における佐久地方の民家

佐久郡の村々は、中山道の岩村田宿から甲州道中の韮崎宿を結ぶ佐久甲州街道に接しており、現在のJR小海線沿いに散在する（**図1**）。鎌倉時代に作られた『一遍上人絵伝』によれば、善光寺を参詣した一遍は下野国小野寺へ向かう途中に当地を訪れており、同絵伝には佐久郡の伴野市と、大井太郎という武士の屋敷（いずれも現佐久市野沢に比定）の描写がある。伴野市では又木を使った掘立柱・切妻造・草葺の建物が数棟描かれ、一方の大井太郎邸には、板敷のある礎石

表1－② 18・19世紀 家帳一覧 ※元禄2年（1689）高遠城下の家帳は18・19世紀に含めた。

地方	年		村名	現市町村名	出典	主屋	
	元号	西暦				棟数	平均坪数
東信	寛保 2	1742	大沢村	佐久市大沢	続大沢村の歴史	68	15.9
	天保13	1842	和田宿	小県郡和田村上和田	県史近世史料編 1-2	47	69.9
	〃		岩村田宿	佐久市岩村田	県史近世史料編 2-2	76	41.1
	〃		小田井宿	北佐久郡御代田町小田井	〃	8	117.0
中信	正徳 4	1714	明科村	東筑摩郡明科町中川手・明科	東筑摩郡・松本市・塩尻市誌 2 下	24	28.3
	〃		塔原村	東筑摩郡明科町中川手・塔ノ原	〃	10	41.6
	〃		潮 村	東筑摩郡明科町中川手・潮	〃	19	24.4
	享保18	1733	福沢村	茅野市豊平・福沢	県史近世史料編 3	31	21.7
	〃		神ノ原村	茅野市玉川・神之原	〃	41	22.1
	文政 5	1822	洗馬村	塩尻市宗賀	県史近世史料編 4-1	14	37.8
	弘化 4	1847	麻績村	東筑摩郡麻績村麻績	県史近世史料編 5-3	11	23.5
南信	元禄 2	1689	高遠城下	上伊那郡高遠町	県史近世史料編 4-1	131	23.6
	元治 2	1838	河内村	下伊那郡阿智村伍和	阿智村誌 下巻	38	17.8
	天保14	1843	大草村	上伊那郡中川村大草・四徳ほか	県史近世史料編 4-1	31	16.1
北信	寛保 2	1742	御幣川村	長野市篠ノ井御幣川	県史近世史料編 7-3	60	15.2
	文化元	1804	草間村	中野市草間	県史近世史料編 8-2	16	25.0
	文政 7	1824	妻科村	長野市南長野・妻科	長野市史考	65	25.9
	文政10	1827	上平村	埴科郡坂城町村上・上平	更級埴科地方誌 3	85	23.0
	〃		網掛村	埴科郡坂城町村上・網掛	〃	110	20.4
	天保 8	1837	竹生村	上水内郡小川村高府・夏和ほか	県史近世史料編 7-3	29	23.0
	弘化 4	1847	竹生村	〃	〃	45	33.1
	〃		下駒沢村	長野市下駒沢	〃	71	24.0

建・入母屋造・草葺の主屋のほか、切妻造・板葺でつくられた数棟の付属屋を密集させて描いている。この大井太郎邸では、付属屋にも礎石の描写があり、鎌倉時代でも佐久地方の有力武士は礎石建物を構えていたらしい。

　先述したように、佐久郡に残る一二カ村の家帳には、住居規模だけでなく柱礎形式を記すものがある。そのうち、柱礎

表2 佐久9カ村建物別棟数表

	本屋	添屋	座敷	蔵屋	門屋	雪隠	寺	合計
石据板葺	19	4	11	12	2	2	1	51
石据茅葺	5	4	1				5	15
掘立板葺	7	7		10		10		34
掘立茅葺	152	130		13	60	206	1	562
合計	183	145	12	35	62	218	7	662

寺の項にはその寺院の本堂クラスの建物のみを計上した。

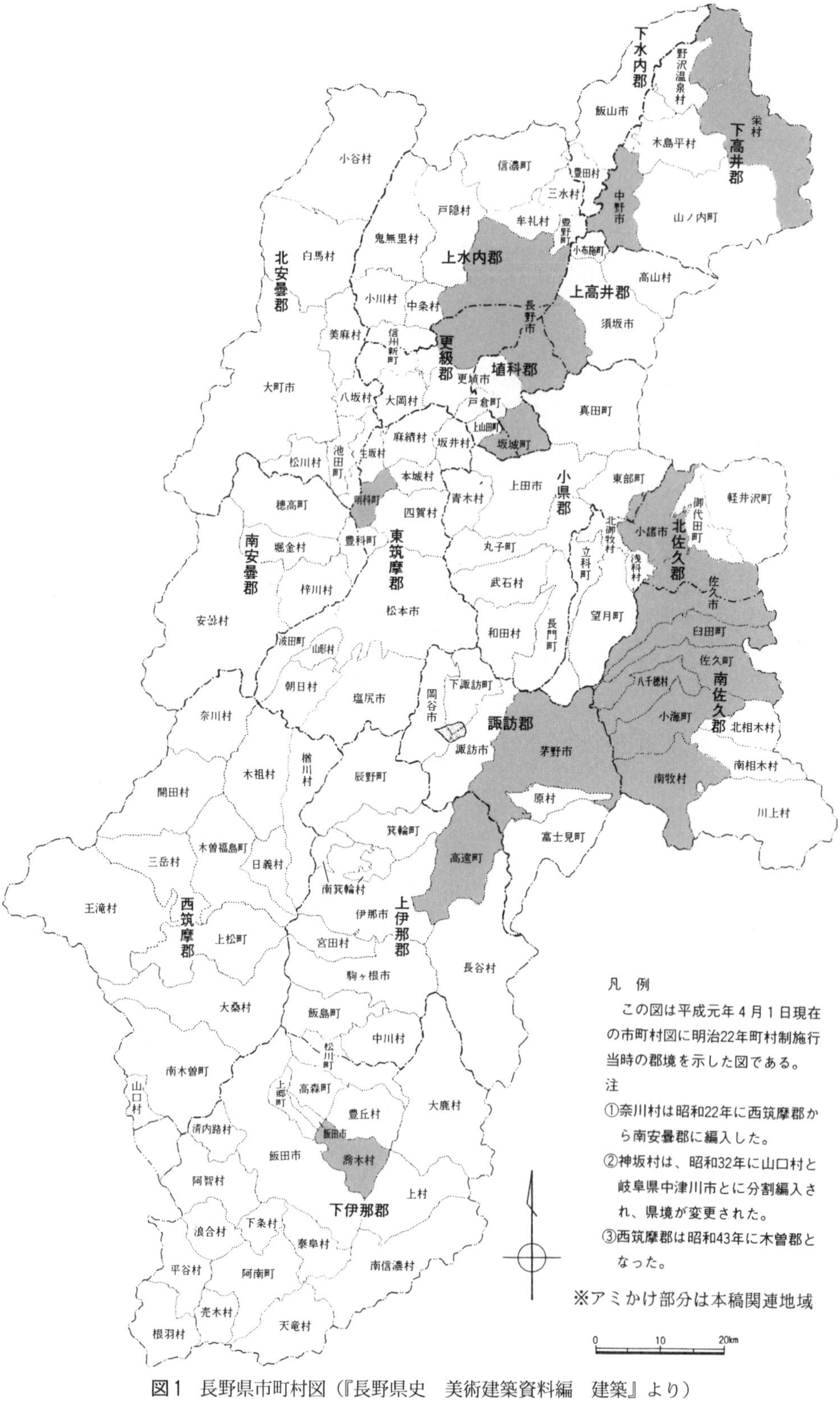

図１　長野県市町村図（『長野県史　美術建築資料編　建築』より）

形式の記載がない下海瀬村・海尻村と、資料とした文献からは建物規模がわからない大沢村を除く九カ村について、建物種類と屋根材・柱礎形式を集計したのが**表2**であり、そのうち本屋一八三棟と座敷一二棟の建物規模分布を示したのが**表3・4**である。この規模分布表では、家帳に記載のある長辺の寸法を桁行として横軸に、短辺の寸法を梁行として縦軸にとり(4)、住居の平面規模とその大きさの住居数を理解しやすいようにした。**表2**をみると、本屋、添屋、門屋、雪隠(5)のいずれも掘立が大多数を占め、石据の住居はごく少ないことがわかる。さらに**表3**をみると、本屋では掘立の建物よりも石据の建物のほうが規模が大きく、また、規模の大きい石据の建物は板葺であることがわかる。この表から標準的な本屋は、桁行五～六間程度、梁行三間ほどで掘立茅葺の構造をもっていたことが知られる。一方、蔵屋では全体の約三分の一が石据であって、さらに座敷をみると、数としては少ないが、規模が小さいにもかかわらず大部分が石据板葺である。詳述できないものの、座敷をもつ一二戸のうち七戸の本屋は掘立茅葺であって、座敷が石据板葺でもそれをもつ戸口の本屋が石据板葺とは限らない。また、座敷をもつ戸口はおおむね規模の大きい本屋をもつが、桁行五間×梁行三間という座敷とまったく同規模となる掘立茅葺の本屋をもつ戸口もあって、座敷の有無は本屋の規模に大きく関係しているわけではない。一方、原村の家帳をみると、座敷をもつ五戸はすべて本百姓で庄屋の五郎右衛門を含み、田畑や屋敷の規模、持高、一戸の人数などから、原村の上層クラスに属する戸口と考えられる。この傾向は確認できる限り他の村々にも共通している。したがって、ある程度富裕な農家において、本屋より先に座敷を石据で建てる必要性が生じてきた傾向をよみとることができる。ところでこの座敷とは、本屋や添屋、雪隠といった他の建物と同様に規模が書き上げられることから、独立した別棟座敷を指すものとみてまちがいない。

その後、この村々がどのような変遷をたどって、掘立柱住居がなくなっていったのかを直接知る史料はない。ただ、寛保二年（一七四二）に佐久郡大沢村（現佐久市）をおそった洪水による被害家屋の書き上げ帳がある(6)ので、その主屋規模から考察してみたい。**表5**は書き上げ帳に記された主屋の規模分布表で、これをみると、平均的な主屋は桁行が五間～六間、梁行が二間半～三間程度であることがわかる。前述した佐久郡九カ村とくらべると、規模が若干小さいようにみえるが、水害に遭わなかった主屋は書き上げられなかったはずであり、比較的規模の大きい主屋が流失を免れたため書き上げられなかったとすれば(7)、佐久郡九カ村の傾向とおおむね合うだ

表 3　佐久郡 9 カ村の本屋規模分布表

梁行（短辺）［単位：間］

7																										
6														– 2 1 1				– 2 – –						– 1 – –		– 5 1 1
5												– 2 – –		1 1 1 2				3 4 1 –								4 7 2 2
														– 1 – –												– 1 – –
4										– – 5 –		– 3 1 1		– 1 3 1				– 1 4 –								– 5 13 2
												– – 1 –		1 – 1 –				– – 1 –								1 – 3 –
3								– – 3 –		– – 16 –		– 1 25 –		– – 16 1				– – 2 –								– 1 62 1
						– – 3 –		– – 5 –		– – 6 –		– – 10 –		– – 10 –				– – 6 –								– – 40 –
2						– – 7 –	– – 1 –	– – 10 1		– – 10 –		– – 1 –														– – 29 1
						– – 2 –																				– – 2 –
1																										
間		1		2		3		4		5		6		7		8		9		10		11		12		合計
合計						– – 12 –	– – 1 –	– – 18 1		– – 37 –		– 6 38 1		2 5 32 5				3 7 14 –								5 19 152 7

桁行（長辺）［単位：間］

表 4　佐久郡 9 カ村の座敷規模分布表

梁行（短辺）［単位：間］

5												
4										– 2 – –		– 2 – –
3								1 1 – –		– 6 – –		1 7 – –
								– 1 – –				– 1 – –
2								– 1 – –				– 1 – –
1												
間		1		2		3		4		5		合計
合計								1 3 – –		– 8 – –		1 11 – –

桁行（長辺）［単位：間］

凡例

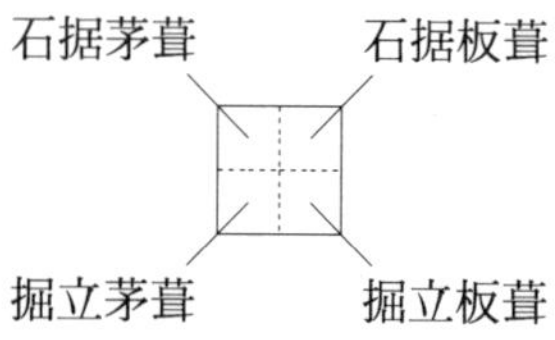

破線枠内の数字はある規模における上記のような構造型式別の棟数を示す

表5　寛保2年（1742）の水害による大沢村の主屋規模分布表（表1-②参照）

梁行（短辺）［単位：間］

7																									
6																									
5																1									1
														2			1		1						4
4												1		1											2
											2			1	1	1	1								6
3								2		3	3	4	3	1			1								17
						2	1	3	3	8	6	1	1	1											26
2						5		3	1	1															11
					1																				1
1																									
間		1		2		3		4		5		6		7		8		9		10		11		12	合計
合計					2	7	1	8	4	12	11	6	4	6	1	2	3		1						68

桁行（長辺）［単位：間］

ろう。佐久郡九カ村で大多数が掘立茅葺であった梁行三間程度までの主屋は、大沢村にも多数みえるのであり、寛保二年当時もまだ掘立柱の主屋は、規模の小さいものを中心に相当数存在していたと推察される。

掘立柱住居の構造

それではこれらの掘立茅葺の本屋はどのような構造だったのだろうか。原村をはじめ、取出町村・本新町村の家帳には、馬をもつ家に「馬屋本屋之内ニ有」などと注記がある。また、桁行三間程度の本屋をもつ家では馬を飼っておらず、注記のあるうち最低規模の本屋は四間×二間である。馬屋を本屋の内にもつという注記は正保二年（一六四五）伊那郡小河村（現下伊那郡喬木村）の家帳にもあり（**表1―①**参照）、ここでは三間×三間と規模の小さい家でも馬を「家」の中に入れていた。したがって、最低規模の本屋をもつ戸口では馬を飼えなかったとしても、かなり規模の小さな本屋でも、馬（一頭）を飼うために馬屋を設けていたことがわかる。

つぎに**表6**は掘立茅葺住居の新築にともなう用材の伐採願（以下、家作願とよぶ）に記された建築部材の一覧表である。ただし柱をはじめ部材数が若干足りず、住居規模と梁の材長が合わない部分もある。足りない部材についてはそのときすでに手元にあったか、もしくは別手段で調達できることがわかっていたために書き上げなかったと解釈し、材長の齟齬については、ここに記された部材寸法は建設による加工を見越した寸法のためと考えておく。これらから復原できる住居は、藤島博士も指摘するように(8)、柱を一間ごとにたてて梁をおき、梁の両端に人字型に組んだ叉首をたてて棟木を支える寄棟造の構造をもち、外観はおそらく、われわれがイメージできる素朴な民家にちかいだろう（**図2**）。ただし、材料の形状や寸法、材種に注意しなければならない。構造材となる柱・梁・叉首はいずれも角材であって、とくに梁を角材とする点は、はじめに記した掘立柱を残す山田家住宅のほか、全国でもっとも古い民家といわれる箱木家（兵庫県神戸市、一一〇頁、図5）や古井家（兵庫県宍粟郡

表6　木材伐採願（家作願）

明暦元年（1655）　木材伐採願（註(1)藤島論文より）				
八はた村　六右衛門				
	2間×4間	ほり立	かやふき	
はり	5丁	長2間	2寸×3寸かく	ひの木
柱	拾本	長1丈	4寸かく	つか木
さす	6丁	長9尺	3寸かく	ひの木
すき	4本	長2間	3寸かく	ひの木
ほそ木	2駄	4束付		ひの木
たる木	4駄	4束付		雑木
くい木	2駄	4束付		雑木
明暦2年（1656）　木材伐採願（『大沢村の歴史』）				
大沢新田　市郎右衛門				
	2間×3間	堀立	かや葺	
柱	6本組	長さ1丈2尺	3寸角	つがの木
杭木	4駄組	10本結		ひの木
ほぞ木	40本組	長さ2間半	1寸×2寸角	ひの木
はり	4本組	長さ2間半	2寸×2寸角	ひの木
棹	6本組	長さ8尺	2寸×3寸角	ひの木
たる木	2駄組	10本結	4平付	ひの木
呂切	4丁組	長さ6尺	横1尺	ひの木
同年（同上）				
同所　五左衛門				
	2間×2間	掘立	かや葺	
柱	4本組	長さ1丈2尺	3寸角	つがの木
はり	2本組	長さ2間	2寸×3寸角	ひの木

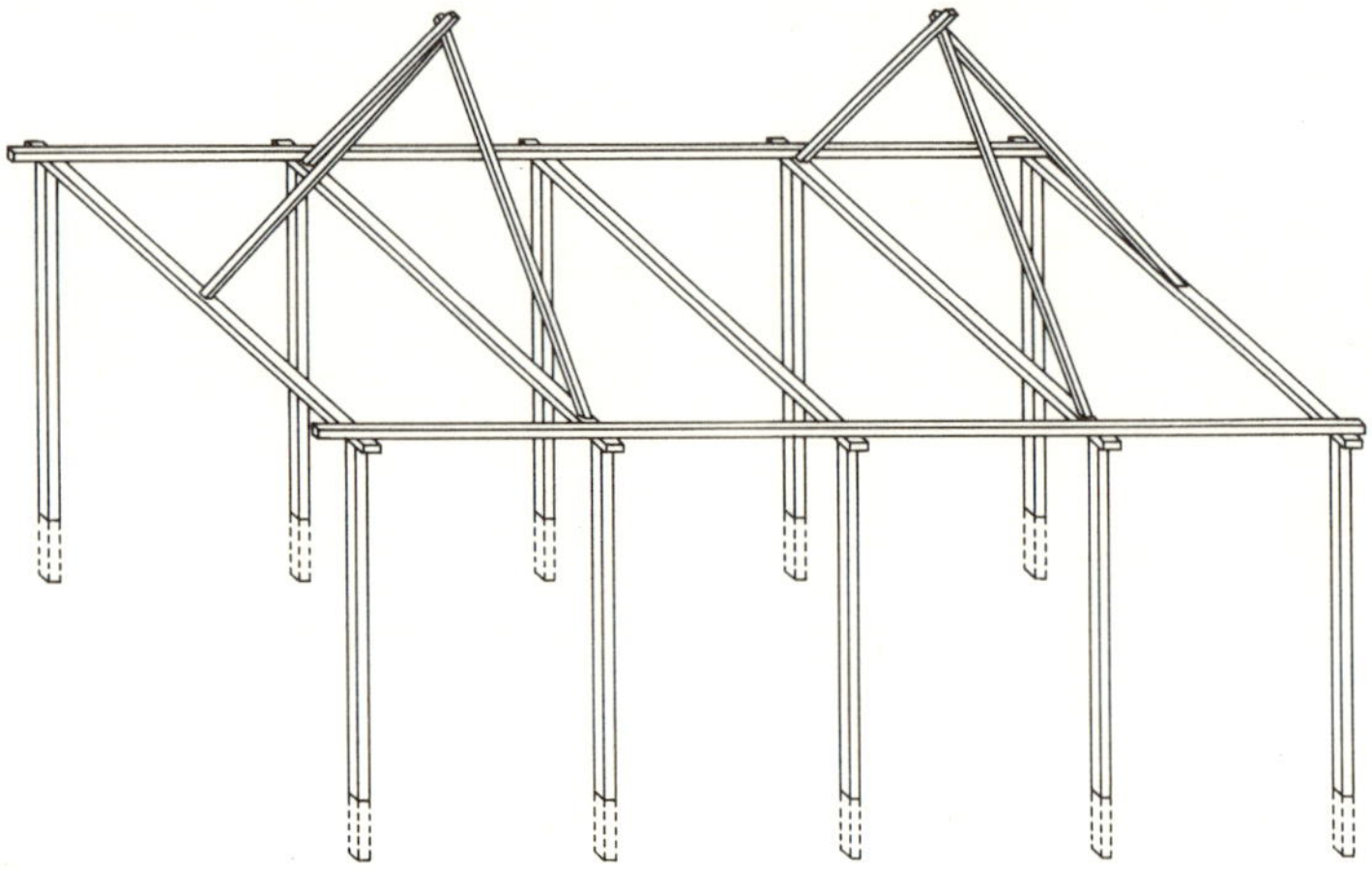

図2　木材伐採願（家作願）にみえる民家の構造模式図

安富町、三一一頁、図23）などにみられ、現存する近世民家に特徴的な曲がった梁組とは様相を異にする。また、断面寸法は、住居規模からみれば適当なのかもしれないが、決して太くはない。(9) 梁が叉首と同程度の部材寸法で細いのは、掘立柱によって足元が固定されているため柱どうしをつないで固定する必要がなく、叉首を載せたとき柱の頂部が開かないようにする、いわゆる引っ張り材の役割しか担っていないためであろう。さらに材種をみると、山林資源に豊富な佐久地方の地域性によるのかもしれないが、柱には栂材、梁・叉首のほか垂木にも桧材と、寺院や神社の建築によく使われる材料を用いており、直材を得やすい材種を選んでいることがわかる。これらから、掘立柱住居では材種のよい細い木材を用い、建設も比較的容易だったのではないかと推察される。私も経験があるのだが、発掘調査で中近世頃と推定される掘立柱の細い角柱の痕跡もしくは柱根を検出することがあり、この文書に記される材寸はまさにそれと合致するのである。

近世後期の水害記録からみた草間村の民家

こんどは、長野市に隣接する中野市草間地区における文化元年（一八〇四）の水害で被災した建物の書き上げ帳をみてみたい（**表1―①**参照）。これには、主屋と雪隠の規模のほか柱礎形式が記されている（**表7、8**）。**表7**をみると、主屋のすべてが礎石建物で、わずかに小規模の雪隠三棟だけに掘立柱が使われていたことがわかる。書き上げ帳には、「小痛」、「中痛」、「大痛」、「潰」の区別があり、掘立柱の雪隠三棟は「潰」一棟、「大痛」二棟である。これは、先述した大沢村の洪水被害による主屋の書き上げと同様、被災しなかった建物は記載されていないと考えられるから、文化元年（一八〇四）当時すでに掘立柱から礎石建に転換していたとは断言できない。しかし、礎石建の建物だけが「小痛」以上の被害を受け、掘立柱の建物が被害を受けなかったとは考えにくいので、おおむね当時の住居の状況を示すものとしてよいだろう。つまり、一九世紀はじめ頃には礎石建の主屋が大勢を占めていたと考えられる。

近世における長野市周辺の民家

民家群の柱礎形式を示す直接的な史料は、今のところこれ以外にみつからないが、こんどは住居規模に着目して長野市周辺に所在する村の家帳をみてみたい。**表9**は文政一〇年（一八二七）に調べられた更級郡上平村・網掛村（現埴科郡坂城町）の書き上げ帳から作成した主屋(10)の規模分布表である。標準的な規模の主屋は桁行が五間半～七間半、梁行が二間半～四間ほどであったことがわかる。つぎに**表10**は寛保二年（一七四二）の更級郡御幣川村（現長野市）の水害にあった主屋の規模分布表であ

表７　文化元年（1804）高井郡草間村水損家屋書上帳（表１－②参照）

人　名	居	家				雑	蔵				雪	隠				備　考
	行間	横	柱礎	坪数	被害	行間	横	柱礎	坪数	被害	行間	横	柱礎	坪数	被害	
文七											2.5	2	礎	5	潰	
勘右衛門	8	3.5	礎	28	小痛	4	2.5	礎	10	小痛	3	2	礎	6	中痛	
まん	4	2.5	礎	10	大痛						2	1.5	礎	3	潰	武兵衛姉
弥五郎	8	3.5	礎	28	大痛	4	2.5	礎	10	大痛	2.5	2	礎	5	大痛	
弥吉	5.5	2.5	礎	13.75	潰						1.5	1	堀建	1.5	潰	
久蔵	8.5	4	礎	34	大痛	4.5	2.5	礎	11.25	小痛	3	1.5	礎	4.5	潰	
宗八						5	2.5	礎	12.5	中痛	3	2	礎	6	中痛	
善八											2.5	2	礎	5	潰	
円蔵											2	1.5	礎	3	大痛	
勘左衛門	7.5	3.5	礎	26.25	大痛	4	2.5	礎	10	潰	2	1.5	礎	3	潰	
伝兵衛	8	3.5	礎	28	潰	4	2	礎	8	潰	2	1.5	礎	3	潰	
徳兵衛	5.5	2.5	礎	13.75	大痛						2	1.5	礎	3	潰	
りん	8.5	4	礎	34	大痛						2	1.5	礎	3	潰	藤蔵後家
治助	10.5	4.5	礎	47.25	中痛	4	2.5	礎	10	大痛	3.5	2	礎	7	大痛	
						3	2	礎	6	潰						
十兵衛						8	2.5	礎	20	大痛	10	3	礎	30	中痛	酒蔵24×４礎、小痛
						6	3	礎	18	中痛						糞水溜家10×1.5礎、
						６×３は土蔵										潰
清吉	9	3.5	礎	3.15	中痛		2.5	礎	2.5	中痛	3	2	礎	6	中痛	
清兵衛	4.5	2.5	礎	11.25	中痛						2	1	堀建	2	大痛	
半七	7.5	3.5	礎	26.25	中痛	4	2.5	礎	10	中痛	3	2	礎	6	中痛	
利助	8.5	3.5	礎	29.75	中痛	4	2	礎	8	中痛	3	2	礎	6		蔵は土蔵
小右衛門	7.5	3.5	礎	26.25	中痛	4	2.5	礎	10	中痛	2.5	2	礎	5	中痛	
源助	4.5	2.5	礎	11.25	中痛						1.5	1	堀建	1.5	大痛	
忠七						4.5	2.5	礎	11.25	中痛	3	2	礎	6	中痛	
加兵衛											3	2	礎	6	小痛	
いさ											2.5	2	礎	5	中痛	
伊八						6	2.5	礎	15	大痛						
合計件数				16					16					24		
平均坪数				24.95					10.78					5.48		

表８　文化元年（1804）高井郡草間村水損家屋書上帳による主屋規模分布表（表１－②参照）

梁行（短辺）［単位：間］

7																									
6																									
5																									
																									1
4																	2				1				2
														3	3	1	1								8
3																									
							1	2		2															5
2																									
1																									
間		1		2		3		4		5		6		7		8		9		10		11		12	合計
合計							1	2		2				3	3	3	1			1					16

桁行（長辺）［単位：間］

表9　文化10年（1827）更級郡上平村・網掛村家並帳による主屋規模分布表（表 1 -② 参照）

梁行（短辺）[単位：間]

7											1												1
6																						1	1
5																			1		1		2
												1			1								2
4								2	1	1	4	4	3	2	2	3	1						23
				1	1	1		3	5	8	11	12	2	3	5			1					53
3			1		1	2	2	7	22	21	5	6	6										73
			1	1	3	5	4	2	6	2	1	1											26
2	1		4		5	1	2		1		1												15
1																							
間	2		3		4		5		6		7		8		9		10		11		12	15	合計
合計	1		6	2	10	9	8	14	35	32	23	24	11	5	8	3	1	1	1		1	1	196

桁行（長辺）[単位：間]

表10　寛保2年（1742）更級郡御幣川村水害御見分願による主屋規模分布表（表 1 -② 参照）

梁行（短辺）[単位：間]

7																								
6																								
5																								
4																								
													1	1	1	2			1		1			7
3									2	3	3		6	2	2				1					19
							1		6		1		1	1		1								11
2					10	1	5		3		1													20
				1	2																			3
1																								
間	1		2		3		4		5		6		7		8		9		10		11		12	合計
合計				1	12	1	6		11	3	5		8	4	3	3			2		1			60

桁行（長辺）[単位：間]

表11　天和3年(1683)水内郡平柴村および箱清水村名寄帳による主屋規模分布表（表1－①参照）

梁行(短辺)［単位：間］

7													
6													
5													
4													
3									1				1
					1	6	4	1	6				18
2					2	11	3						18
1													
間	1	2	3	4	5	6	7	8	9	10	11	12	合計
合計					12	10	7	1	7				37

桁行（長辺）［単位：間］

る。桁行の寸法にややばらつきがあるものの、梁行二間～三間が標準的な規模といえるだろう。さらに**表11**は、天和三年（一六八三）の水内郡平柴村・箱清水村（現長野市）における、各戸の人数・持高などの書き上げ帳から、主屋の規模分布について示した表である。やや棟数が少ないが、桁行が五間～七間、梁行が二間もしくは二間半程度の住居が一般的だったことがわかる。これらから、桁行寸法はともかく、梁行寸法は時代が降るにつれ大きくなる傾向にあることを指摘できる。ところで、寛保二年御幣川村の史料は、前述した大沢村と同年同月の洪水による被災書き上げ帳であるから、**表5**と比較してみると、よく似た分布を示すことがわかる。したがって、佐久郡九カ村の規模分布から、年代のもっとも近い天和三年の平柴村・箱清水村における主屋の柱礎状況を推し量れば、両村とも掘立茅葺の主屋が大勢を占めていたとみてよいのではないだろうか。

家帳にみえる主屋と座敷

佐久郡の家帳には別棟座敷が記され、これは石据板葺が多く、上層クラスの家に建てられていることは前述した。このような別棟座敷は、**表1**をみてもわかるように佐久郡以外の家帳でもわずかに記載があり、農家だけでなく武家屋敷でも建てられている。[11] 高遠城下（現上伊那郡高遠町）の武家屋敷には、元禄二年（一六八九）当時、主屋をもつ九八戸のうち、別棟座敷が三六戸にみえ、また、主屋にとりこまれている座敷は二一戸に見出せる。一つの戸口で別棟座敷と主屋内座敷の両方をもつのは一戸のみで、両者はほぼ共存しないと考えてよいので、全体の半数以上が何らかの座敷とよばれる空間を有していたことになる。別棟座敷の規模については、やや大きいものがみえるものの、佐久郡でみた分布に類似すると考えてよい。武士と農民の住居を同視点で論じることはできないが、傾向としてみれば、主屋の中に座敷がとりこまれてくる前は、やはり主屋とは別に座敷が独立して建てられていたといえるだろう。

ところが、座敷が主屋にとりこまれていく経過を直接知る史料はないので、家帳からその傍証を見出してみたい。正徳四年（一七一四）筑摩郡明科村・塔原村・潮村（現東筑摩郡明科町）の家帳（**表1—②参照**）には、主屋の規模のほか板敷の規模が、たとえば「上六畳敷、下拾畳敷」のように畳数で記されている。[12]このような記載は、本陣と寺を除く全五三戸のうち二三戸にみえ、いずれも上・下もしくは上・中・下と二室以上書き上げられている。ただし、これが座敷二室以上を示すのかどうかはなお検討を要する。規模は、板敷のない主屋が桁行七間×梁行三間が標準的なのに対し、板敷座敷をもつ主屋は規模が大きく、梁行規模では三間半以上が大半となる。このように全戸数の約半数が板敷をもち、板敷のない主屋よりも板敷のある主屋の規模が大きいという傾向は、享保一八年（一七三三）の諏訪郡福沢村・神之原村（現茅野市豊平・福沢・玉川・神之原）の家帳（**表1—②参照**）からもうかがうことができる。[13]板敷の規模からみて当然座敷に相当する部屋があったと考えられ、これらの例は、農家においても一八世紀にはいると座敷が主屋の中にとりこまれてきたことを示すものであろう。

史料にみえる家作規制

信濃国では、近世においていくつかの家作に関する法令が出されているが、そのなかに東北地方で見られるような柱礎形式に関する規制はない。[14]二間梁〜二間半梁の規制は、高島藩において、寛文八年（一六六八）と元禄八年（一六九五）の法令に見える。[15]このほか身分に応じて家作を軽くせよ、といった法令は各所で江戸時代を通じて幕末まで出されており、それほど執行力がなかったようだ。岩村田藩では、元禄一六年（一七〇三）に、名主であっても「美麗普請」や「いらさる座鋪を講（構）える」ことを禁じ、「家之大小者分限ニ随ふへき事」と定めていて、[16]このころ座敷が普及してきたことをうかがわせる。これとは別に、幕末には現小諸〜上田地方でえた身分への家作規制が出されている。文政二年（一八一九）には、板敷を禁止しており、元治元年（一八六四）には六間×

三間半以上の家作を禁じている。[17] 当地方では、家作だけでなく、えた身分への規制はこのころ増えているので、その一環であろう。

三、記録・紀行文からの考察

信濃国に関する文献史料は、『新編　信濃史料叢書』全二四巻にまとめられており、このうち『四鄰譚藪』、『きりもくさ』、『秋山記行』には、近世の住居について記載がある。『四鄰譚藪』は、大井郷（現佐久市岩村田）出身の吉澤好謙が、郷土の沿革・地誌などについて元文元年（一七三六）に記した文献で、寛永の頃に建てた家は茅葺であり、寛文の頃になっても板葺の家は一村に一、二軒のみと述べ、また寛文の頃には「窓役」や「家居鋪板の役」があったと記す。しかし、住居についての子細な描写はなく、ここでは『きりもくさ』と『秋山記行』について検討してみたい。

『きりもくさ』

『きりもくさ』は佐久郡八満村（現小諸市八満）出身の小林四郎左衛門（葛古）（一七九三〜一八八〇）が、文化〜安政年間に見聞した郷土の習俗について、「すまゐ」など全四項にまとめた記録で、安政四年（一八五七）に編まれた。「すまゐ」の項には住居の柱礎形式や変遷過程に関する記事がみられ、佐久地方の民家研究にはよく引用されている。ここでは、「往古の家」と「本家彦左衛門の旧宅」についての描写をみてみたい。

まず、「往古の家」は、「間口四間に奥行弐間半又は五間に三間くらゐ」の規模で、「ほつたてといふて、柱の根元を火にて焼、壱尺五六寸も土中へ堀こみ、土際より桁迄の高さ七尺あまり」と記し、さらに「屋根は萱か小麦殻にて、親類隣家の手伝ひ葺ゆえ無造作なり、板を敷たる住居なく囲炉裏ひとつ」で、「居間ハ藁をしたゝかしき込、上にねこだを敷」くという家であった。はじめの記事は、掘立柱の構造が知れる貴重な資料で[18]、柱の根元を火で焼くというのは、地中部分の腐朽を防ぐためと考えられる。

つぎに、「本家彦左衛門の旧宅」は、「いつの頃建しや、てまへ免許かは知らねど、布引のお寺を建し大工を頼み、石のうへに初めて柱を立たる故、珍敷とて大佐久辺よりも見に来りしよしを言伝ひし」といい、規模は「間口九間、奥行四間」、「萱屋根」の家であった。「柱ハ栂にて九尺もあ」ったが、「中頃台処住居になり狭くて裏通りへ庇をおろせし事か、裏通りハ屋根へ天辺つかへ、首を縮めて出はひり」することになってしまい、さらに、「をり曲りに八畳と拾畳の離坐敷」を増築した。ところが、「文化四五年頃」、「本宅は古くて目出度けれと、坐敷向見苦しとて八畳と拾弐畳の坐敷入側付に建替」えたという。

時代は若干ずれるが、これらの記事を家帳からの考察と比較してみると、「往古の家」は佐久郡の家帳にみえる標準的な規模の本屋よりも小さく、一方の「本家彦左衛門の旧宅」は、石据茅葺としてはほぼ標準的な規模といえる。また、家作願に書かれた部材と比べてみると、「往古の家」の柱長さは地中部分を含めると八尺〜九尺ほどになり、家作願に書き上げられた柱長より短いが、「本家彦左衛門の旧宅」で使う栂材の柱は、家作願に載せる材種と一致している。[19] このように『きりもくさ』にのせる住居の描写は、若干の相違もあるが、おおむね家帳および家作願から想定される本屋の様相に一致するとしてよい。なお、筆者・小林四郎左衛門は、「往古の家」に似た住居をもつ数人の名前を記憶しており、一九世紀前半頃まで掘立柱の住居が残っていたことが知れる。

さらに「本家彦左衛門の旧宅」の改造過程に注目してみたい。この「本家彦左衛門の旧宅」をはじめて復原したのは藤島博士だが、近年、吉澤博士が佐久地方の民家の実例を参照しながら再考した[20]（後掲、**図3－④**）。もういちど当該記事をみると、当初、主屋の内に八畳と六畳の座敷があったが、折れ曲がりとなるように離座敷を増築した。ところが、この座敷も見苦しいといって文化四〜五年（一八〇七、八）に改築したのである。最初の増築は本家にとって、当初の八畳と六畳の座敷では不足だったことを示し、筆者・小林四郎左衛門が記憶していないので、一八世紀代のことと考えられる。文化年間の改築は、本家にとって折れ曲がりとなる離座敷の形態が不満だったことを示すから、改築した八畳と十二畳の座敷は主屋内にとりこまれた可能性が大きい（後掲、**図3－⑤**）。このように、接客空間としての座敷の体裁は彼らにとって非常に重要な問題であり、最終的には二室続きの座敷を主屋内にとりこむことが目標にされたと考えられる。一方、裏通りの庇の増築は、首を縮めて出入りするほど不便さをかまわずなされており、生活空間の増改築には座敷ほど気を配らなかったとみることができる。

『秋山記行』

『秋山記行』は、越後国魚沼郡塩沢（現新潟県南魚沼郡塩沢町）出身の鈴木牧之（一七七〇〜一八四二）が、文政一一年（一八二八）に秋山（現新潟県中魚沼郡津南町〜長野県下水内郡栄村）を探訪した際の見聞を書き記した紀行文で、当時の秋山における住居をはじめ、人びとの服装や食物、自然風景などについて記されている。この地に古い習俗が残るということは、鈴木牧之が別の著作『北越雪譜』[21] のなかで、「此秋山には古の風俗おのづから残れりと聞しゆゑ一度は尋ばや」と記すように、当時も広く世に知られていたらしい。冒頭に述べた、一九五九年の民家調査によって掘立柱二本を残す山田家住宅が発見されたのは、まさにこの地である。

ところが『秋山記行』には、茅壁や土座などについて牧之が実見した民家の様子をくわしく記すものの、肝心の掘立柱住居については古老の話を載せるにすぎない。そのうち、大赤沢村（全九軒）に住む八〇歳あまりの藤左衛門と、小赤沢村（全二八軒）に住む七五歳の市右衛門の話を総合すると、以下のようになる。近年は「驕が増長して」「里の様に」する家がふえ、「地幅も居《す》」え「柱には貫穴も彫」り、茅壁をやめて土壁を附けるようになったが、「四・五十年以前迄ハ堀《（ママ）》立家」であって、大赤沢村・小赤沢村とも、村の半分はまだ「昔の姿にほつ立家」だという。また上結東村に住む七九歳の太右衛門は、「家作ハ、三・四十年以前迄ハ残らす柱に貫穴抔は猶さらなく、又木の丸柱に、細き横木を縄にて結附、況壁なとハ猶付す」といっている。さらに『北越雪譜』には、三倉村の掘立柱住居について次のような描写がある。(22)

住居を見るに、礎もすえず掘立たる柱に貫をば藤蔓にて縛りつけ、萱をあみかけて壁とし小き窓あり、戸口は大木の皮の一枚なるをひらめて横木をわたし、藤蔓にてくゝしとめ閾もなくて扉とす。茅葺のいかにも矮屋也。たゞかりそめに作りたる草屋なれど、里地より雪はふかゝらんとおもへば力は強く作りたるなるべし

以上から判明する掘立柱住居は、又木の丸柱による掘立柱で比較的部材が太く、柱を貫通させる貫材を用いず、縄で縛り付けた細い横木で柱どうしをつないで、茅壁をもつ構造である。「地幅を居《す》」える家(23)との構造的なちがいは、貫を使って柱どうしを固定し、土壁とすることのようである。すなわち、掘立柱では柱は自立するが、礎石建の場合は貫で柱どうしを緊結させる必要があることがうかがえるのである。

このような掘立柱住居はまだ村の半数ほどあり、先述した小赤沢村・市右衛門の住居でも、近年まで「堀立なれとも、造り替る折」、礎石建・土壁にしたという。そしてそれには、「壁を塗にハ下地から金の入、柱に穴彫る手間やら」がかかったと市右衛門自身が述べている。ここから、礎石建住居が生まれてくるのは、「里の様に」したいという施主の願望と、それを満たす経済的・社会的背景の成熟時期が、掘立柱住居の建て替え時期と合致したときと考えられる。秋山地方ではその契機が、おそらく「四十六年以前、卯の凶年に飢死し」たという天明三年（一七八三）の飢饉以後の復興期なのではないだろうか。そして、大赤坂村の藤左衛門が「拙若い時分とハ、天と地と、白いと黒いと云程違ひました」というように、それは劇的な変化だったと思われる。

次に鈴木牧之自身が観察した住居の様子についてみてみたい。一夜の宿をかりた小赤沢村・市右衛門の「新宅」は、「六間・四間位の、此村に稀なる壁塗たる茅擔」で、内部は「土間住居なから」、「座敷」は「手製の畳」を敷く「揚床」であって、戸をたてていた。この夜、牧之はこの「座敷」で就寝させてもらっている。また上結東村の太右衛門宅も土間・むしろ敷きだが、板敷の座敷があるようだ。小赤沢に住む山田の総本家という山田助三郎(24)の住居は、「旧家と見へ、扉なしと云とも、地仏堂も見へ」、「位牌は数々あり」というつくりだが、規模は「三間・四間位」で、「家の隅に六尺四方位に囲」った部分があるものの、座敷についての描写はない。住居規模からみて座敷はなかったと考えられる。はっきりした記述はないが、板敷の座敷が造られるようになったのは「自然に村里の風俗行届きて」、「新しき家は大小に限らす地幅を居へ」るという礎石建・土壁の住居に建て替えられるようになってからではないだろうか。すなわち、座敷と礎石建の関係がここでもうかがえるのである。なお、『秋山記行』には、別棟座敷の記述はまったくない。

最後に『秋山記行』からよみとれる鈴木牧之の視点について考えてみたい。先述したように、牧之はこの地が古風を残す場所と知って訪れ、土間に藁や筵を敷いた土座や茅壁などを見出している。一方、掘立柱住居については「大黒の柱も見へぬほっ立て家　ひんほう神の住居とや見る」と詠むが、これはわれわれが掘立小屋というとき、掘立柱住居をいうのではなく、みすぼらしい家のことを指すのと同義で用いていると考えられる。したがって、牧之の生まれ育った環境では、掘立柱住居は過去の産物となっていたと解される。しかし、『秋山記行』には、牧之の故郷に近い魚沼郡雲洞村（現新潟県南魚沼郡塩沢町雲洞）の医師・恭庵の話として、「雲洞村に若年の頃迄掘立作り八軒あり、昔の檜は丈夫と見へ、此寛政に及迄二軒ありと云」と載せ、これは先述した大赤沢村・藤左衛門の話と「符合せしと思ふ」と牧之も述べている。ここから、掘立柱住居は牧之の故郷である越後国魚沼郡においても、一八世紀末期まで存続していたことが判明し、おそらく一八世紀中期までさかのぼればそれほど珍しくなかったと推察される。

四、文献からみた茅葺民家の発展モデル

これまでの検討によって、一七世紀には掘立柱住居が大半を占めていたが時代が降るにつれ主屋の梁行規模が大きくなり、一九世紀にはいると、秋山のような古風を残す地域はあるものの、礎石建住居が大半を占めることが判明した。一方で、一七世紀には礎石建の別棟座敷が存在していたが、一八世紀には主屋のなかに板敷がふ

え、座敷が主屋にとりこまれていく状況をうかがうことができた。ここでは座敷の主屋とりこみ過程を中心にして、長野県内の民家遺構を含めながら、茅葺民家の発展形態を平面形・断面形にわけてモデル化してみた（**図3、4**）。もちろん身分的・年代的な異差はあり、現存遺構を中心としてまだまだ検討の余地があるが、全体的な趨勢を示した一案として理解されたい。

平面形

佐久郡における家帳にみえる掘立柱の本屋のうち、最低規模である三間×二間程度の住居は、内部が一室の土座住居だったと推定される（**図3**―①）。また、標準規模である桁行五～六間×梁行三間程度の家では、屋内に馬屋をもち、桁行の半分程度を土間、もう半分を土座とするような内部の分化がみられたであろう（同②）。一方、このころ石据板葺で建てられていた別棟座敷については、文献からその様相をうかがうことはできないが、さいわい南佐久郡臼田町には建築遺構がある。井出家座敷[25]（同③）は、桁行六間×梁行五間の規模をもつ別棟座敷で、一八世紀前期の建築と推定されている。二辺に畳敷の廊下をまわした八畳間と、一六畳のつぎの間を中心にして、式台玄関のほか便所とそれをつなぐ廊下などが付属しており、代官の宿泊所にあてられたらしい。家帳にみられる座敷は、前述のようにおよそ桁行五間×梁行三間程度の規模であって、井出家座敷より若干小さいが、二室で構成されていたとみてほぼ間違いあるまい。また、高遠城下の武家屋敷では、規模からみて一室座敷と考えられるものもあるが、二室座敷が多かったとみられる。

このような別棟座敷と主屋は、当初は完全に別個の建物だったかもしれないが、井出家座敷がそうであるように、主屋と廊下などで結ばれていたものもあったにちがいない。このことは、社会的に許されたかどうかの問題はあるにせよ、使い勝手からみれば別棟座敷を主屋にできるだけ近い位置に建てる方向へ進んだことを想定させる。そして、『きりもくさ』の「本家彦左衛門の旧宅」にみられるように「をり曲りに」主屋と二室座敷が接続されることになった（同④）。そのさい注意しておかなければならないのは、座敷の桁行方向が主屋の桁行方向と直角になるよう、すなわち二室座敷の長辺方向を主屋の短辺方向と合わせるように座敷が接続されることである。しかし、この状態は『きりもくさ』にも見えるように「見苦し」い状態であって、しだいに二室座敷を主屋内部へとりこんでいったと考えられる（同⑤）。現存遺構では、北安曇郡美麻村にある中村家住宅（元禄一一年＝一六九八、同⑤）が、入側つきの別棟座敷を主屋にそのまま接続させたような形式をもつ。[26] ところが、主屋の梁行長さ

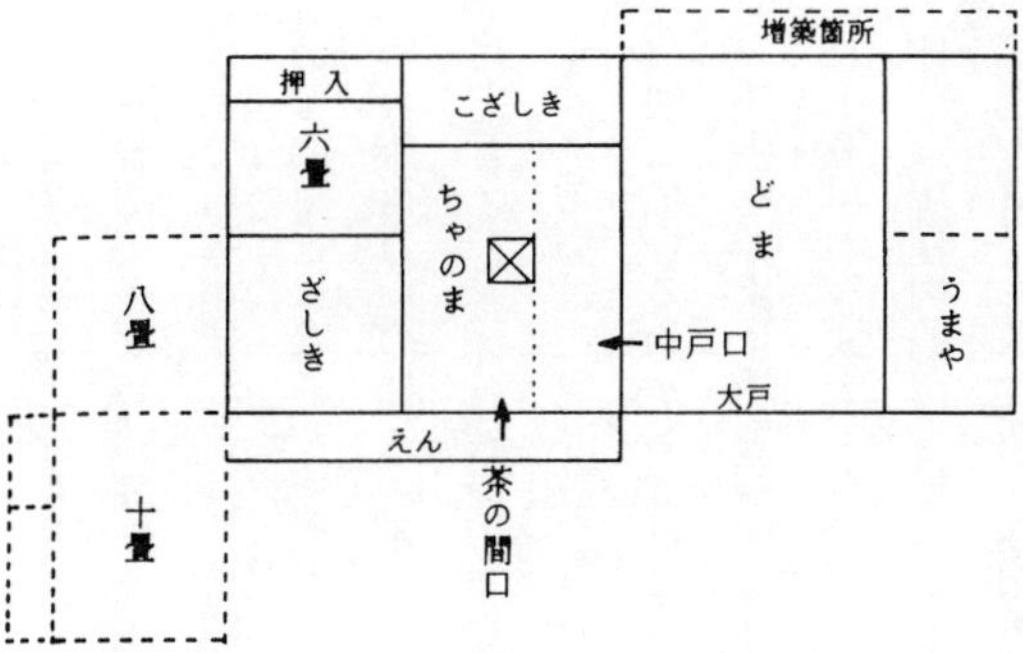

④座敷と主屋を接続（『きりもくさ』の記載より吉澤復原、註２Cより）

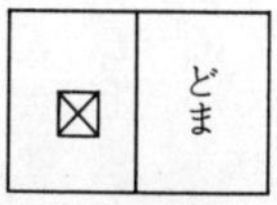

①一室住居

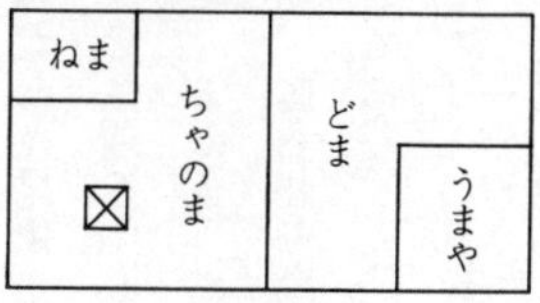

②内部分化

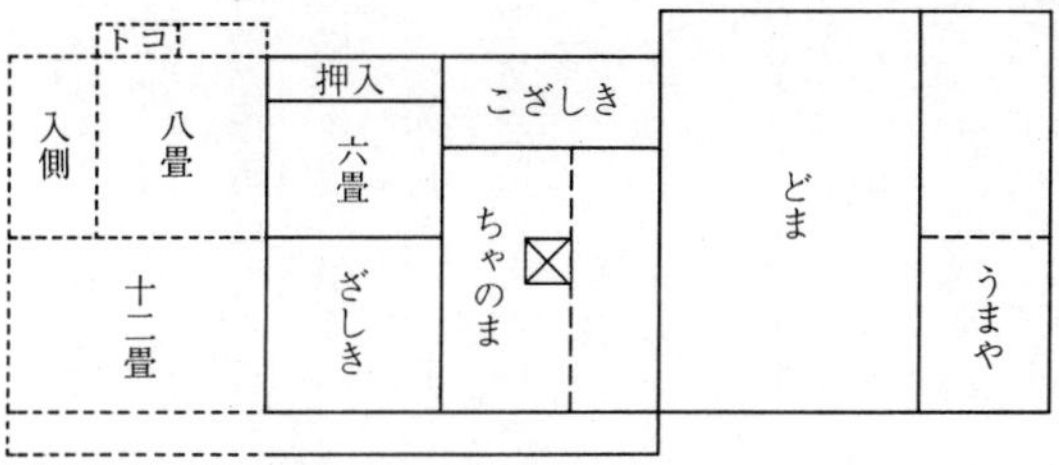

⑤座敷主屋内取り込みＡ（『きりもくさ』の記載より筆者復原）

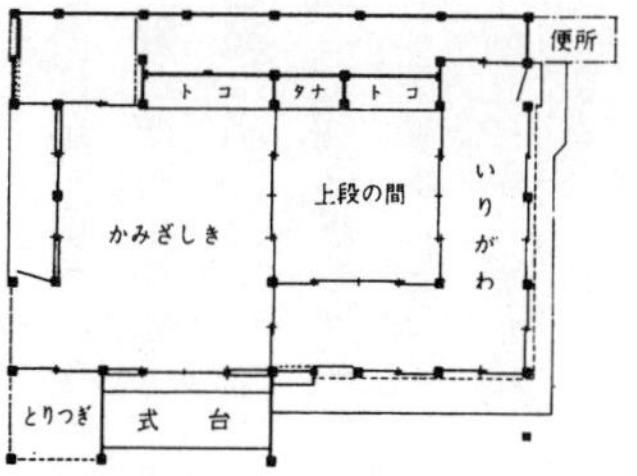

③別棟座敷
（井出家座敷『長野県史　美術建築資料編　建築』より）

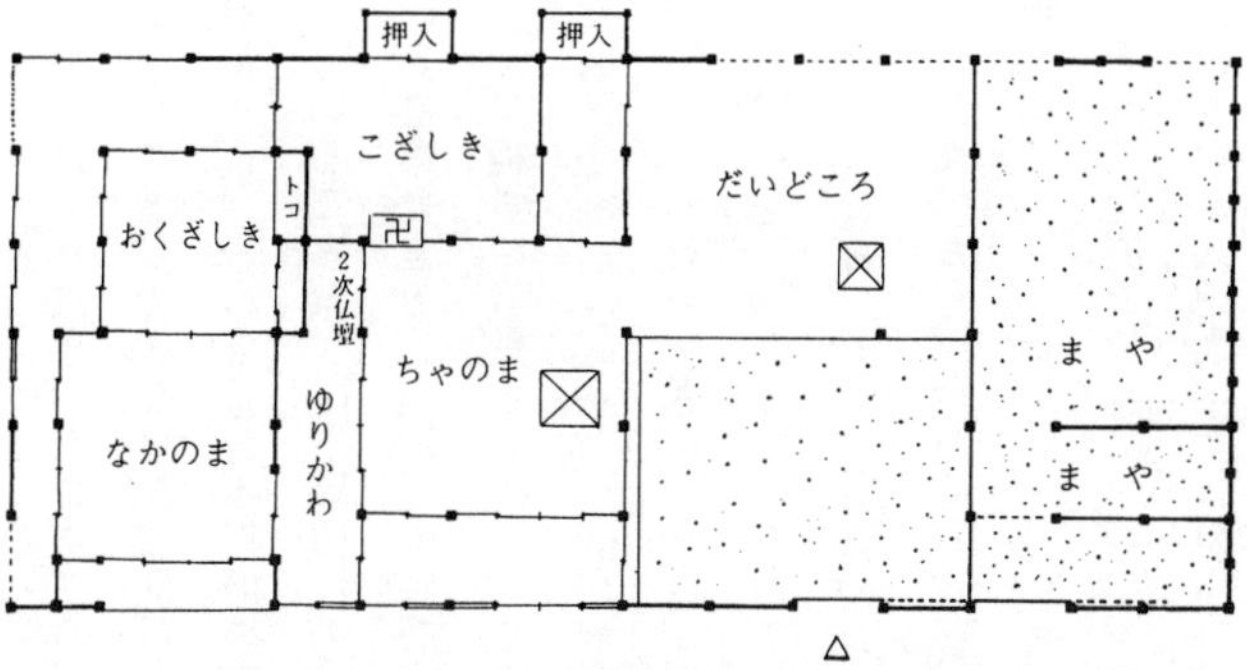

⑤′座敷主屋内取り込みＢ（中村家住宅『長野県史　美術建築資料編　建築』より）

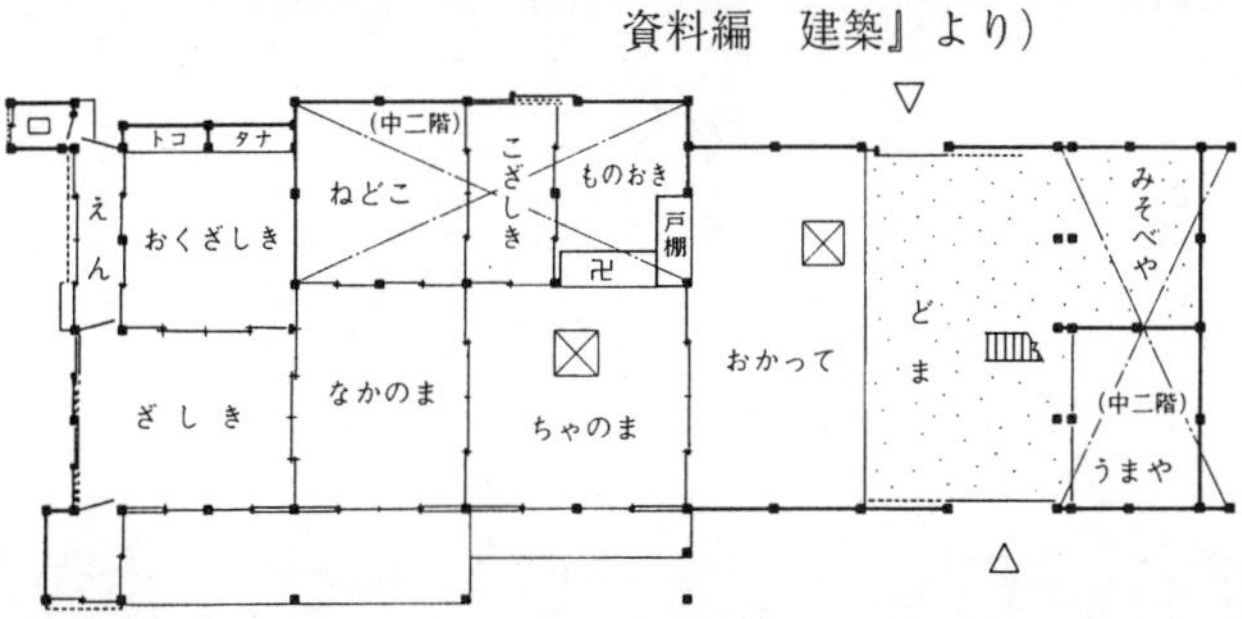

⑥発展形（旧佐々木家住宅『長野県史　美術建築資料編　建築』より）

図３　茅葺民家発展モデル　平面形

が二室座敷の桁行長さとほぼ同じくならないと、平面がT字型もしくはL字型をなしてしまい、「見苦し」い状態から脱却できない。つまり主屋の梁行方向への拡大がなされていない状況では、単純に二室座敷を主屋にとりこめないことになる。家帳からの検討では、年代が降るにつれ梁行方向の拡大がみられたから、二室座敷を主屋内にとりこむ条件は時代とともに成熟してきているといえ、あるいは二室座敷がとりこまれてきたことが家帳に反映しているのかもしれない。

座敷を非常に重要視する傾向は、『きりもくさ』の記事にもみられ、また、佐久郡八千穂村にあった旧佐々木家住宅（現在川崎市立日本民家園に移築、同⑥）の座敷増築過程(27)は、一八世紀中期頃の上層農家において二室座敷が必要になってきた結果と考えられている(28)。さらに、佐久地方に現存する上層農家にみえる、チャノマの裏側に寝間を二室おくという特異な平面は、そもそも二室座敷への要求がうみだした結果という(29)。このほか、現存民家でも上層クラスの主屋を中心に二室座敷が増築されてゆく例が見られる(30)。このように、上層農家に必要だった二室座敷は、当初、礎石建の別棟座敷として佐久郡の家帳に現れているのであり、先述したような主屋内にとりこまれてゆく過程において、主屋自体も掘立柱から礎石建へと柱礎形式も変化を遂げたと考えられる。

このような上層農家における変化は、中下層農家にも影響を与えずにおかなかったであろう。文献や遺構から直接うかがうことはできないが、江戸中期の家帳に板敷の規模が記され、一方で身分不相応の家作を禁じる法令が出されていることは、中下層農民の住居への向上心を表すものと推察できる。当初、上層農家で使われていた座敷もしくは板敷や畳敷といった、やや格の高い構造で造られた日常生活とは離れた空間が、中下層農家の主屋内に部分的にであれ吸収されるとき、やはり主屋自体も掘立柱から礎石建に転換してゆくのではないだろうか。『秋山記行』にみられた小赤沢村の市右衛門の住居は、まさにこの状況だったと思われる。

断面形

つぎに断面の発展モデルについてみてみたい（**図4**）。茅葺民家は太い丸太を人字型に組んだ叉首（合掌）を梁の上にならべて屋根の形をつくり、棟木を支える上屋の部分と、その前後につくられた下屋からなることが多い。家作願にみられた規模の小さな掘立茅葺住居は、先述したように比較的細い角材を用いた叉首構造であった。一方、『秋山記行』の上結束村・太右衛門の話にみえる、又のある木を柱として、横材をその又の上にのせて縄で縛るという原始的な方法もあっただろう（**図4—Ⓐ**）。これらの場合、上屋だけからなる構造で、梁行寸法は柱の形態と梁の材長を考えると三間までが限界と思われる。ちょうど佐久郡の家帳でみられる梁行三間程度の本屋はこのような上屋だけの構造であったろう。次の段階として、『きりもくさ』の「本家彦左衛門の旧宅」に見られたような、簡易的な平面拡大の方法があげられる（同Ⓑ）。「首を縮めて出入りする」ほどであったのだから、茅葺屋根をそのまま葺き下ろすか、茅葺屋根はそのままにして庇程度の別屋根を設けて、下屋としたのであろう。ただし、この方法ではどうしても軒先が低くなり、あまり大きな下屋をつくることはできない。上屋の両側に同様の下屋を付属させても、梁行全体で一間程度しか大きくならないだろう。

　次の段階として想定されるのは、上屋の規模はそのままで、半間から一間程度の比較的大きな下屋をつくる方法である[31]（同Ⓒ）。この方法だと、もっとも太く長い部材である梁の長さは前段階のままで、梁行全体で二間程度の規模拡大をはかることができる。しかし、どうしても軒先が低くなるから、軒高を確保するために屋根全体を高くする、すなわち上屋の柱を長くしなければならず、同時に桁行規模を大きくすれば、長い柱を多量に必要とする。ただし、長い柱とそれに付属する材料の問題さえ解決すれば、前段階とほぼ同じ技術レベルで建設することが可能な段階と考えられる。ここまでの段階では、上屋梁の長さはほぼ一定だが、さらなる梁行規模拡大の要求には、上屋自体を大きくすることで対応したであろう（同Ⓓ）。この段階では、柱の長さは短くてすむものの、大断面の長い梁が必要になり、それにともなって叉首も長くならなくてはならない。さらに、材料とともに大き

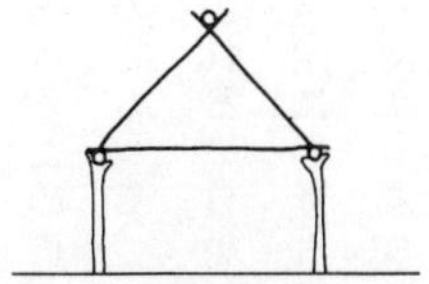

Ⓐ単純な叉首構造
（『秋山記行』にみえる掘立屋）

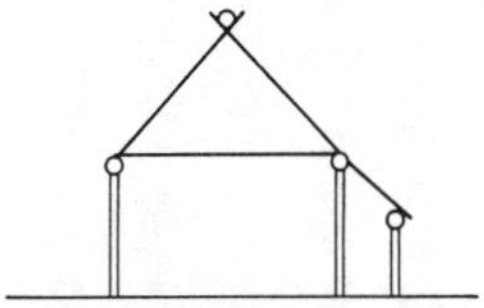

Ⓑ庇葺きおろし

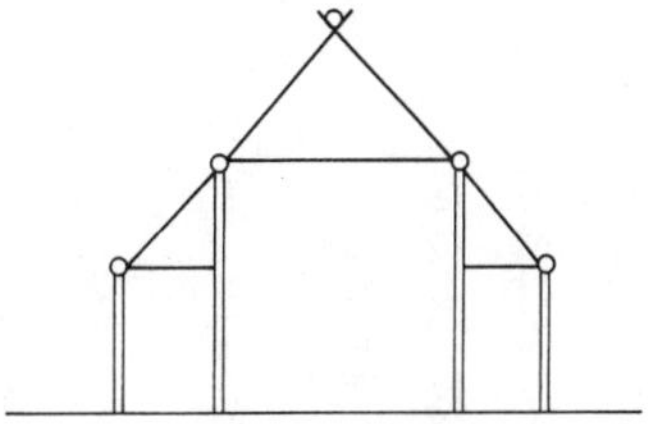

Ⓒ大きな下屋

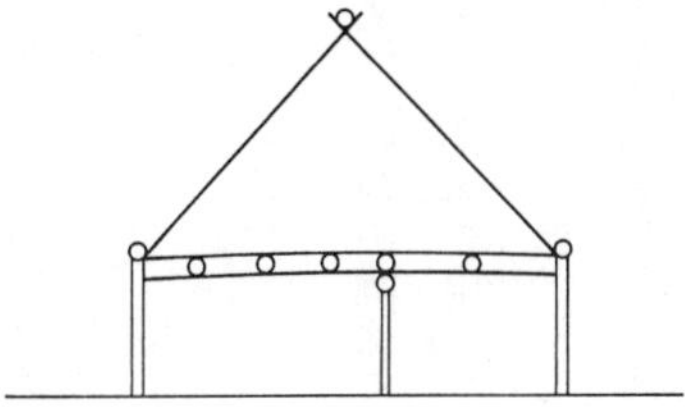

Ⓓ大きな上屋

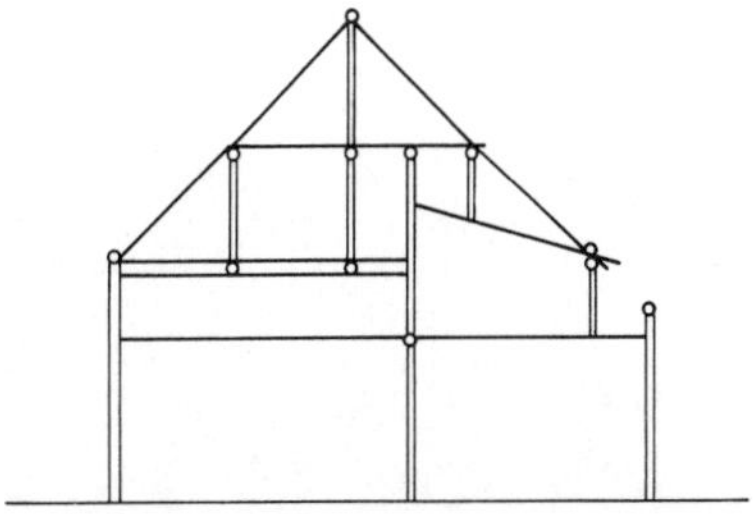

Ⓔ上屋柱を省略（旧佐々木家住宅）

図4　茅葺民家発展モデル　断面形

くなった上屋の屋根荷重を支えるために、柱を太くする必要がある。この段階では、大材どうしを安定して組みあげるために、おそらくⒸ段階からの技術的発展が不可欠であって、一方で経済的な負担も大きくなったと推定される。しかし、上屋が広くなったことで大きな部屋を室内にとり入れることが可能になり、また、屋根裏を広く使えるようになったのである。これ以上の平面拡大の要求には、軒高を確保するために半間程度の下屋をつけるか、上屋規模をもっと大きくすることで対処したであろう。そして最終段階として、旧佐々木家住宅のように上屋柱を省略するという、主屋内の間取りを優先させた構造法が生み出されるに至ったと考えられる（同Ⓔ）。

それでは、どの段階で掘立柱から礎石建に変わっていったのであろうか。長野県内では、上屋が比較的小さく下屋を広くとるⒸの構造が、江戸中期頃までの民家遺構にみられる。もちろんこれらは礎石建であるから、転換点はⒸの段階といえるかもしれないが、掘立柱を残す旧山田家住宅は、Ⓓに下屋のついた段階である。したがって地域差もあって一概にはいえないだろうが、『きりもくさ』にみえる「本家彦左衛門の旧宅」は、「石のうへに初めて柱を立」てるのに、「布引のお寺を建し大工を頼」んでおり、礎石建にするには専門技術が必要だったことがうかがえるから、趨勢としては技術的発展が必要なⒹの段階で、大幅に掘立柱から礎石建に変わっていったと考えたい。

五、まとめ

これまで文献にみえる主屋と座敷の関係に焦点をあてながら、長野県内における茅葺住居の規模や構造について検討してきた。家帳からの検討では、一七世紀には掘立柱の主屋と礎石建の別棟座敷がそれぞれ独立しているが、一八世紀には主屋内に板敷があることがうかがえ、また、時代が降るにつれ主屋の梁行規模が拡大する傾向を読みとることができた。そして、大きな流れとして考えれば、礎石建の別棟座敷が掘立柱の主屋内にとりこまれてゆく過程において、主屋にも構造的な技術の発展が必要となり、しだいに礎石建に転換してゆくと結論づけた。年代的には、家帳の検討から一七世紀には掘立柱の主屋がほとんどだが、一九世紀には礎石建が大勢を占めるといえ、一方で『秋山記行』にみえるような古風を残す地域では、一九世紀前期でも掘立柱の主屋が多いことがわかる。したがって地域差はあるだろうが、礎石建の主屋数が過半数となるのは、主屋規模の検討から、おおむね一八世紀後半以降とみて大きな誤りはないと考える。もちろん、掘立柱から礎石建へと主屋が転換してゆくには、ここで想定したような座敷の主屋とりこみ以外にもさまざまな要因があったはずである。それを解明するには、現存民家にみられる変化を綿密に分析するだけでなく、その変化をもたらした社会的背景を理解してゆくことが求められるにちがいない。本稿がそのような研究への一視点となれば幸いである。

最後になったが、掘立柱住居に関する史料を一つ紹介したい。文化九年（一八一二）七月、佐久郡菱野村（現小諸市菱野）の甚五兵衛後家・うのは次のような悲痛な家作願を名主に提出している。(32)

私是迄之居家、柱ねくさり屋ね等破れ雨風之節しのき兼候ニ付、作替仕度候得共、御存知之通ニ候間届兼候（中略）何とぞ御林ニ而御慈悲ニ何程之悪木成共寄（喜捨）謝御払頂戴仕、ほり立ニ成共家作仕、御百姓取つゝき相勤度奉存候（以下略）

現在の主屋が柱も腐って風雨をしのぎがたいので家を建て替えたいが、何らかの理由で家作願の届け出をすることができず（年貢滞納によるものであろう）、どんな悪い木でもよいからお慈悲にて頂戴し、百姓を続けるために掘立でもいいから家を建てたいと懇願しているのである。文言からもうかがえるように、文化九年にもなれば、礎石建の主屋がかなり普及していたと考えられるなかで、場合によっては掘立柱の主屋も建てられることがあったのだろう。掘立柱から礎石建への転換を追究する裏側には、この例のような社会生活と深く結びついた哀れな側面も少なからずあったのではないだろうか。この甚五兵衛後家・うのは家を建てることができたのか。それを知る史料も見つからない。

註

（1）藤島亥治郎「江戸時代民家の文献的研究―特に信濃佐久の民家について―」『建築史研究』一四、一九五四。なお藤島博士は、佐久地方の民家・寺社建築を、一九五二〜一九五七年にかけて調査されており、その写真帳および図面は、佐久教育会事務所に保管されている。

（2）建築史研究者の論文では、前掲註（1）のほか、
a伊藤鄭爾『中世住居史』東京大学出版会、一九五八。

b吉田靖『日本における近世民家（農家）の系統的発展』奈良国立文化財研究所学報第四三冊、一九八五。

c吉澤政己「信濃における江戸時代中期の民家―佐久地方の草葺民家を事例として―」『建築史の鉱脈』中央公論美術出版、一九九五。

などがある。このほか、文献を用いた近世民家についての論考に、
d『佐久の民家の歴史』佐久教育会郡志郷土研究会、一九六五改訂。

e菊池清人『佐久の住居の歴史』櫟、一九八二。

f大石慎三郎「近世初期における農民家屋について」『近世村落の構造と家制度』増補版、御茶の水書房、一九七六。

などがある。

（3）家帳の史料的な精度についての研究には、吉田靖・宮沢

智士・鈴木俊夫「信州伊那大草の民家―遺構と宗門帳記載との比較―」（『日本建築学会近畿支部研究報告』一九六五）があり、その結果をふまえて、吉澤博士は、前掲註（2）c論文において、集計の上で平均をとったり、小規模の民家について考察しない限り、ある程度当時の民家の規模が資料からわかるとしている。本稿でもそれに従いたい。

（4）吉澤博士は前掲註（2）c論文において、「四間九間」や「九間三間」のように長辺と短辺の家帳の記載順序が統一されていないのを、構造的に梁を短辺方向にかけた建物の妻入か平入かという意味に考えられるとしている。これに従って、長辺を桁行、短辺を梁行として表を作成した。

（5）家帳をみると、本屋とは戸主本人およびその直系家族が住んでおり、いわゆる主屋である。添屋とは、戸主の弟など分家しても独立できない血縁者や、戸主に従属しながら半独立の農業を営んでいる者の住居らしい。門屋とは、戸主に従属する百姓で血縁関係にない者が住む住居らしく、雪隠は便所のほか物置などを兼ねた建物である。座敷とは本屋とは別棟で建てられた接客用建物を指すようだ。

（6）『続大沢村の歴史』（大沢地区文化財保存会　一九九三）より。なお、主屋は「本家」と記されている。

（7）佐久郡八千穂村（現南佐久郡八千穂村）にあって、この洪水にも遭った佐々木家（現在川崎市立日本民家園に移築）は、当時、桁行一〇間半×梁行四間の規模をもっており、村内の流失家屋一四〇軒、流死二四八人という中で流失を免れている（『長野県史　美術建築資料編　建築』より）。

（8）前掲註（1）藤島論文。

（9）秋山郷の山田家住宅に残っていた掘立柱やその他の部材は、豪雪地帯に建てられたためかなり太くて比較できないが、参考までに材寸をあげておく。掘立柱は地下部分を丸のままとするものの、地上部分は約八寸五分の角柱で、梁は約七寸×七寸の角材、叉首は直径が約五寸五分である（太田博太郎編『信濃秋山の民家』日本民家集落博物館彙報Ｉ、一九六三）。

（10）上平村では「本家」、網掛村では「居宅」と記す。

（11）大河直躬「信州民家における客間の成立」（『信濃の歴史と文化の研究』〈二〉黒坂周平先生喜寿記念論文集、一九九〇）では、長野県内の床の間や仏壇の成立について述べ、客間（本稿でいう座敷）にも言及している。

（12）畳数で規模が記されているだけで、畳の有無は別に記されている。また、この家帳には天井の有無も記される。さらに、板敷をもたない家には「土座敷」もしくは「土座」との記載がある。

（13）享保一八年（一七三三）福沢村と神之原村の家帳では板敷の大きさは坪数で示されており、主屋規模の記載のある四一戸のうち、二四戸に板敷がある（表1―②参照）。その規模は三坪～二一坪で、なかには主屋の半分を板敷にする戸口もあり、さらに板敷の二階をもつ戸口さえある。この板敷の規模からみて、座敷に相当する部屋だけでなく、その他の部屋も板敷としていた可能性が高い。主屋規模は、板敷のない建物が桁行六間×梁行三間以内にほぼおさまるのに対し、板敷のある建物は桁行五間～八間で、梁行は三間～五間ほどと規模が大きく、正徳四年の明科村・塔原村・潮村の傾向と類似する。また、福沢村では主屋規模を記さない「うだつ屋」・「有立屋」が二二戸あり、福沢村全五三戸のうち板敷をもつのは二一戸であって、板敷をもつ戸数の割合は約二〇年前の明科村などとほとんど変わらない。

(14) 小倉強『東北の民家』(相模書房、増補版一九七二)では、東北地方の家作に関する法令を収集している。そのなかには家作の柱礎形式に関して、新庄藩で出された文化二年(一八〇五)の法令があるので掲げておく。

一 都而百姓家ニ不似合手厚普請不致候様相心得可申候前々より小百姓家堀立《ママ》土間に限り候処近頃ハ猥りニ相聞候併致石場候方家持ハよろしく相聞候間以来石場ニ致し儀は不苦候板敷ハ一ト間ニ限り其外勝手廻り板敷堅停止之事

(15)『長野県史　近世史料編』第三巻、二六号・四四号。

(16)『長野県史　近世史料編』第二巻―一、一三五号。

(17)『長野県史　近世史料編』第一巻―一、五一七号・五三一号。

(18) 山田家の掘立柱は地上部分が九・二尺ほど、地中部分が四尺ほどあって、地中部分の長さがこの記載よりだいぶ大きい。前掲註(9)のように、部材断面も山田家のほうが大きいことからみて、地域差があったとみられる。

(19)『四鄰譚薮』には、「昔当郡に、松林なしといへり、古き家材に、桧なと用たる、多かりしと云」とみえ、家作願に書き上げられた梁・叉首等の部材が桧の点もこれと合致する。

(20) 前掲註(1)藤島論文、前掲註(2)c吉澤論文。

(21)「秋山の古風」『北越雪譜』岩波文庫、一九七八改版。

(22) ただし、記事の内容を『秋山記行』とつきあわせてみると、他の村と混同していると思われる箇所もあり、秋山における掘立柱住居全体の印象を述べていると考えた方がよい。

(23) ほんらい「地幅」＝地覆とは、柱を先にたて、その下部どうしをつないで固定すると同時に、柱間に壁をつくるための横材である。一般に、民家では外回りに土台を用いてその上に柱をたて壁をつくる。地幅を用いるのは古い民家に類例がある(長野県内では春原家・小松家など)が、ここでいう「地幅」が本当に地覆のことか、土台をさすのかは不明とせざるをえない。

(24) 宮栄二校注の東洋文庫『秋山記行・夜職草』(平凡社、一九七一)の注によれば、山田助三郎は阿部助三郎の誤りのようだが、葬儀の引導や病気の祈禱をつかさどった旧家であり、過去帳によれば、助三郎は天保九年(一八三八)没という。

(25)『長野県史　美術建築資料編　建築』より。このほか松本市にも出川家座敷という二室座敷がある。

(26) 大河直躬博士は、前掲註(11)論文のなかで、中村家住宅について別棟座敷と主屋を廊下を介して接合したような間取りであり、客間成立の過渡期を表す例と考えておられる。本稿でもそれに従いたい。

(27) 享保一八年(一七三三)頃建立され、寛保二年(一七四二)の洪水のため翌年移築されるが、さらにその四年後の延享四年には、二室座敷が増築された。

(28) 宮沢智士「民家における書院的座敷の成立時期の一例」『日本建築学会論文報告集』第九五号、一九六四。

(29) 吉澤政己「佐久地方の民家」『佐久市志　美術・建築編』一九九五。

(30) 塩尻市片丘にある小松家住宅は、一七世紀後半の建設当初は、座敷をもっていなかったが、一八世紀前期頃二室座敷を増築している（『長野県史　美術建築資料編　建築』より）。また、南佐久郡八千穂村にある小清水家住宅では、当初、桁行四間×梁行三間半の住居だったが、その後まず馬屋を増築し、その後二室座敷を増築している（『信濃の民家』〈長野県文化財保護協会、一九七六〉所収「八千穂村の民家」より）。ただし小松家の場合、二室座敷を主屋の梁行方向にならべず桁行方向にならべているが、これはこの地方にみられる本棟造の影響と考えられる。

（31）『長野県史　美術建築資料編　建築』の「民家」の項（執筆は大河直躬博士）では、県内民家における小屋組、とくに茅葺民家の小屋組についての解説があり、これ以降の段階についてはこの解説によるところが大きい。

（32）『長野県史　近世史料編』第二巻―一、五八八号。

〈附記〉

本稿をなすにあたり、佐久教育会事務所の山口正義氏、そして佐久市立図書館の皆様には、資料収集の便宜をはかっていただきました。記して謝意を表します。

コメント　南部曲屋《まがりや》の成立

玉井哲雄

建築史の立場から、近世において掘立柱建物がいつまで残ったか、そしてそこからどのような問題が考えられるかについて述べてみたい。そして、この問題を考える手がかりとして、掘立柱から礎石建への転換と、民家形式の成立とが、密接不可分の関係にあると考えられる南部の曲屋《まがりや》とよばれている民家形式についても取り上げてみる。

一、建築史学における掘立柱建物と礎石建物

原の辻遺跡と建築技術の系譜

まず建築史学の視点から、大きく掘立柱建物と礎石建物について考えてみよう。従来、日本列島の礎石建物は、仏教建築が伝来した六世紀以降に普及すると考えられてきた。しかし最近、宮本長二郎氏は、壱岐にある弥生時代の原の辻遺跡で発見された建築部材（一〇〇頁、図1）から、礎石建物の起源は、定説より七〇〇年もさかのぼるという見解を示した。原の辻遺跡では礎石自体が発掘で確認されているわけではなく、込栓という礎石建物にしか使わないであろう部材が確認されているだけである。宮本氏は、壱岐という場所が中国大陸ないし朝鮮半島と密接な関係をもつということを前提に、込栓を状況証拠として解釈しており、本当に礎石建物なのかどうかは、今のところ確実にいえるわけではない。

ただ、礎石建物の可能性は十分にあると私も考えている。宮本氏は、込栓穴のある床の大引材について、掘立柱建物にこのような高度な技術は必要ないのであるから、礎石建物にちがいないという論理を組み立てている。これはじつは重要な論点であろうと思われる。つまり、建築史の立場からみると、掘立柱建物と礎石建物とでは上部構造が当然ちがっていなければならないと考えるからである。

日本建築史全体の流れからみて、日本列島の木造建築が、掘立柱から礎石建に変わっていく傾向にあることは間違いない。その場合、どのような種類の建物がいつ掘立から礎石に変わったのか、そしてその契機は何であったのかということが、これから先の議論の重要なポイントになってくると思われる。そのときに、やはり上部構造の考えかた、そしてそれにともなう技術や技術者の系

譜がまずは問題になってくるにちがいない。

礎石建と掘立柱の併存

原の辻遺跡の建築部材が礎石建物のものであったと認めるならば、弥生時代においてすでに礎石建物が存在し、日本列島の人びとは礎石建の技術をもっていたことになる。そうでなくても、六世紀後半の飛鳥時代に朝鮮半島経由で中国大陸から寺院建築が入った時点では、確実に礎石建物を建てていたと考えられている。一方で、掘立柱建物がそれよりはるか以前から存在していたことは確かなのであるから、掘立柱建物と礎石建物は少なくとも飛鳥時代以降には併存していることになる。構造原理の異なる建物が併存しているからには併存しているだけの理由があるはずである。

寺院建築は、最初に中国大陸から入ってきた時点ですでに礎石建だとしても、それ以外の宮殿や住宅系の建物は掘立で建てられていたものが礎石建に転換したと考えられる。たとえば、平城宮では、掘立柱建物と礎石建物が建物の種類によって併存しており、平城宮以降のある時期に主流が入れ替わってくる。寝殿造系統の貴族の住宅でも、おそらく平安時代のある時期に、掘立から礎石に転換しているのは発掘調査例からかなりはっきりしてきた。武家屋敷関係の建物、城館関係の建物などは、地域によって時期の違いはあるものの、中世のある時期に、掘立柱が主流のものから、礎石が主流のものに転換していると考えられる。つまり建物の種類によって、その併存と転換のあり方は異なっているのである。

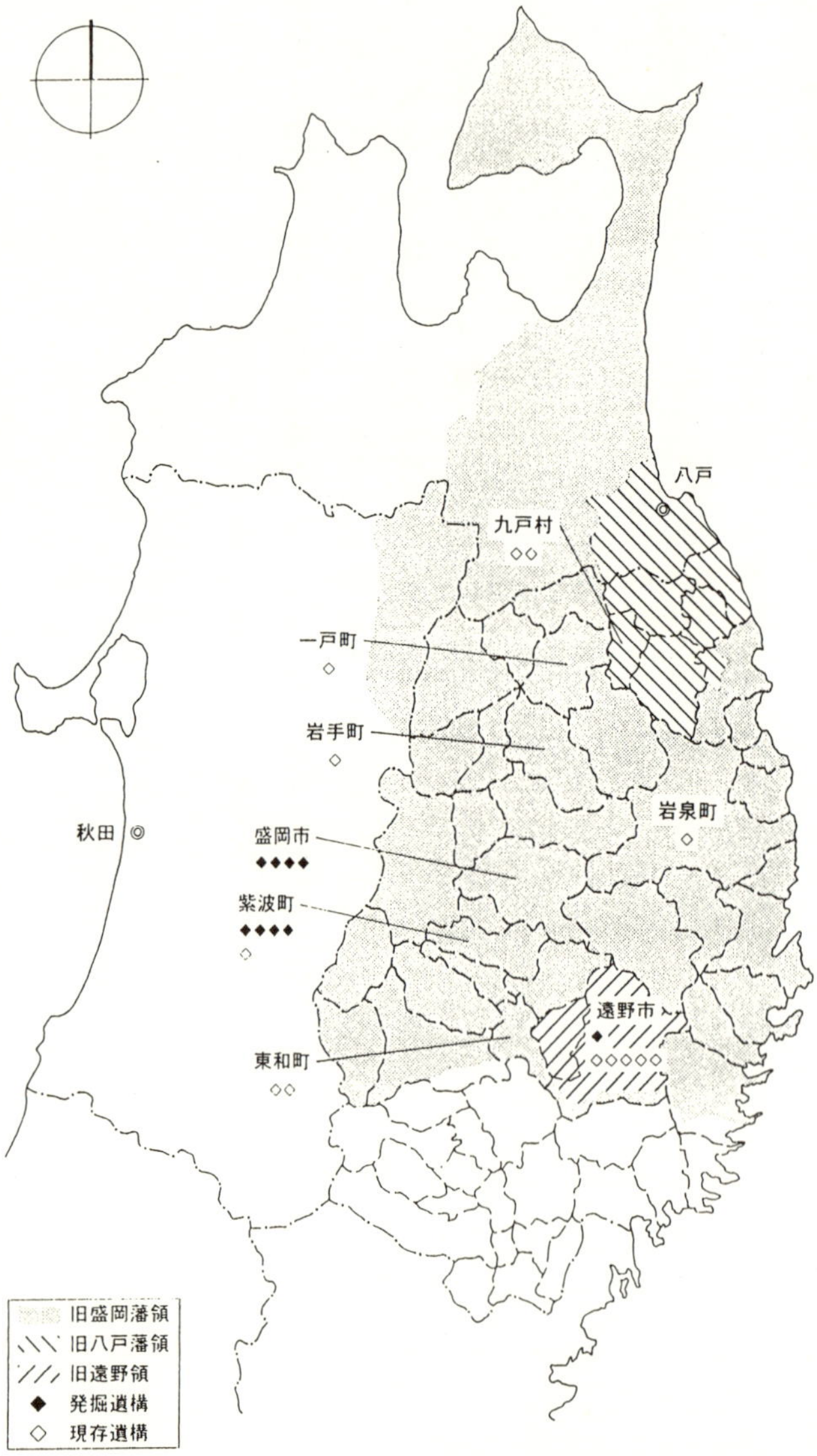

図1　曲屋形式の発掘遺構・現存遺構の分布（参考文献3より）

ここで取り上げようとしている近世民家においても、たとえば関東地方では一八世紀後半から一九世紀にかけての時期に、掘立から礎石にその主流の建物が転換しているという議論は従来からおこなわれてきた。

二、南部曲屋の成立と掘立柱

建築史の立場

ここで民家でよく知られている南部の曲屋をとり上げたい。南部の曲屋とは、岩手県北部にある南部藩の支配領域の中にあって、屋根の棟がL字型をなす民家形式のことである。通常は南部地方独特の馬飼育と関連させて、馬屋が突出部にあることを重要な特色とする。考古学的な発掘遺構ではなく、あくまで現存遺構から議論を組み立ててきた建築史の立場からは、南部の曲屋が完成する時期を一九世紀に入ってからと考えてきた。これは、居室部分とよんでいる主屋と、突出部である馬屋部分が完全に一体となる構造が、一九世紀以降に建てられた曲屋で確認されるためである。それ以前、すなわち一九世紀前半もしくは一八世紀にまでさかのぼるような曲屋がないわけではないが、その遺構は主屋と突出部が構造的に一体化していない。つまり現存遺構を痕跡などから復元的に考察すると、主屋と突出部が本来は構造的に別々のものであったと考えるほうがよい。すなわち、曲屋の重要な特徴である主屋と突出部が構造的に一体化するのは一九世紀になってからであり、その前段階として構造的に一体化していない、つまり主屋と馬屋が別棟で建っていた状態が想定できるのである。このように、現存遺構の範囲内で曲屋の形成過程が把握できることから、曲屋の成立段階が解釈され、南部の曲屋はそれほど古くなく、せいぜい一九世紀になって成立したというのが建築史での定説だと理解している。

考古学の立場

ところが、発掘遺構から曲屋の成立過程をみると事情は変わってくる。発掘遺構から曲屋に類するものは、現在、曲屋の現存遺構が分布している地域とほぼ同じ地域にかなりの数が確認できる（**図1・表1**）。平面形態をみても、確かに現存遺構の曲屋にちかいといってよい。この場合重要なのは、発掘遺構から判断される曲屋建物の年代は一七世紀にま

表1　曲屋形式の発掘遺構の実例（参考文献3より）

No.	遺跡名	遺構名	所在地	配置	年代	上段本屋，下段突出部 桁行	梁行	面積	合計面積	面積比※	柱間寸法	柱配置分類	出典
1	稲荷町	RB801	盛岡市	┐	18世紀 後半～	9.52m 4.8	5.37m 3.92	51.1m² 18.8	69.9m²	36.5%	6.3 尺	A	c13
2	寒風	A・10	遠野市	┌	17世紀代	10 5.3	6 4	60.0 21.2	81.2	35.3	6.6 尺	A	c03
3	柿木平	RB801	盛岡市	┐	17世紀 後半？	7.4 4.2	3.3 2.6	24.4 10.9	35.3	44.7	8.5 尺 7.5，11尺も	A	c12
4	下猿田Ⅱ	2号	盛岡市	┌	18世紀 前半？	13.3 6	6.8 5.4	90.4 32.4	122.8	35.8	桁行 6.8尺 梁行 6.5尺	B	c12
5	下猿田Ⅲ	3号	盛岡市	┌	18世紀 後半～	10.5 (不明)	6.6 3.9	69.3 —	—	—	6.3 尺	B	c12
6	栗田Ⅲ	第二群第3号	紫波郡 紫波町	┌	17世紀代	14.5 6.8	5.9 5.8	85.6 39.4	125.0	46.0	6.4 尺 一部 6.5尺	C	c02
7		第二群第4号		┌	18世紀 後半	17.4 10.3	7.6 7	132.2 71.8	204.0	54.3	本屋のみ 6.3~4尺	C	
8		第二群第5号		┌	18世紀 前半	11.8 10.3	5.9 6.5	69.6 66.6	136.2	95.7	6.5 尺	A(C)	
9	栗田Ⅰ・Ⅱ	第2	紫波郡 紫波町	┌	(不明)	8 3.8	4.3 3.1	34.4 11.8	46.2	34.3	(不明)	—	c02
				平均		11.4 6.4	5.8 4.8	68.6 34.1	102.6	47.8	※面積比＝突出部面積／本屋面積×100(%)		

でさかのぼるものがあり、少なくとも一八世紀前半には、このような曲屋が普通にあったと考えられることである。つまり、残っている建物だけで判断すると、曲屋の成立は、構造的な発展からみて一九世紀ぐらいまで降るのに対して、発掘遺構まで含めると、曲屋のような建物はもっと前からあったということになってしまう。つまり、発掘遺構と現存遺構の間で、南部曲屋の成立期の解釈にかなり大きな相違が生じることになるのである。

曲屋成立過程の解釈

結論からいえば、柱配置図（**図2**）で示したように、発掘遺構として検出した曲屋は、柱の位置関係からみると、主屋と突出部が構造的に一体化したものではないと考えた方がよい。つまり、一七世紀の掘立柱建物の遺構は、平面的には曲屋に見えるかもしれないけれども、屋根まで含めて構造的に一体化した、建築史で理解している曲屋ではないのである。発掘で確認された早い時期の曲屋は、むしろ民家類型の中では分棟型とよばれる形式に似た、主屋と馬屋部分が分離し、屋根もおそらく構造的には現在の曲屋とちがった形態であったと想定できる。

　すると、上部構造まで一体化した曲屋形式が成立したのは、掘立柱から礎石建に移行する時期とほぼ重なってくることになるのではないだろうか。すなわち、掘立柱から礎石建へという基礎構造の転換と、屋根の一体化という上部構造の転換の年代がほぼ重なると考えられるのである。ここにおいて、発掘遺構と建築遺構を全体的に解釈した新しい仮説が提示できるのではないかということになる。

三、近世民家における掘立柱から石場建への転換

発掘遺構からみた平面の発展

考古学の立場からみた近世農家に関する考察のなかで、渋江芳浩「近世農家のイメージ」（『貝塚40』一九八七）には注目すべき貴重な指摘がある。すなわち、一八世紀の農村では掘立住居が主流であったのに対して、一九世紀以後に「石場建て」すなわち礎石建に順次転換していったのであって、「石場建て」への転換は一八世紀後葉から一九世紀にかけての生活変化のひとつの要素として、いやむしろ変化の象徴としてとらえることができるという。さらに発掘調査で検出した掘立柱建物を整理すると、広間型から田

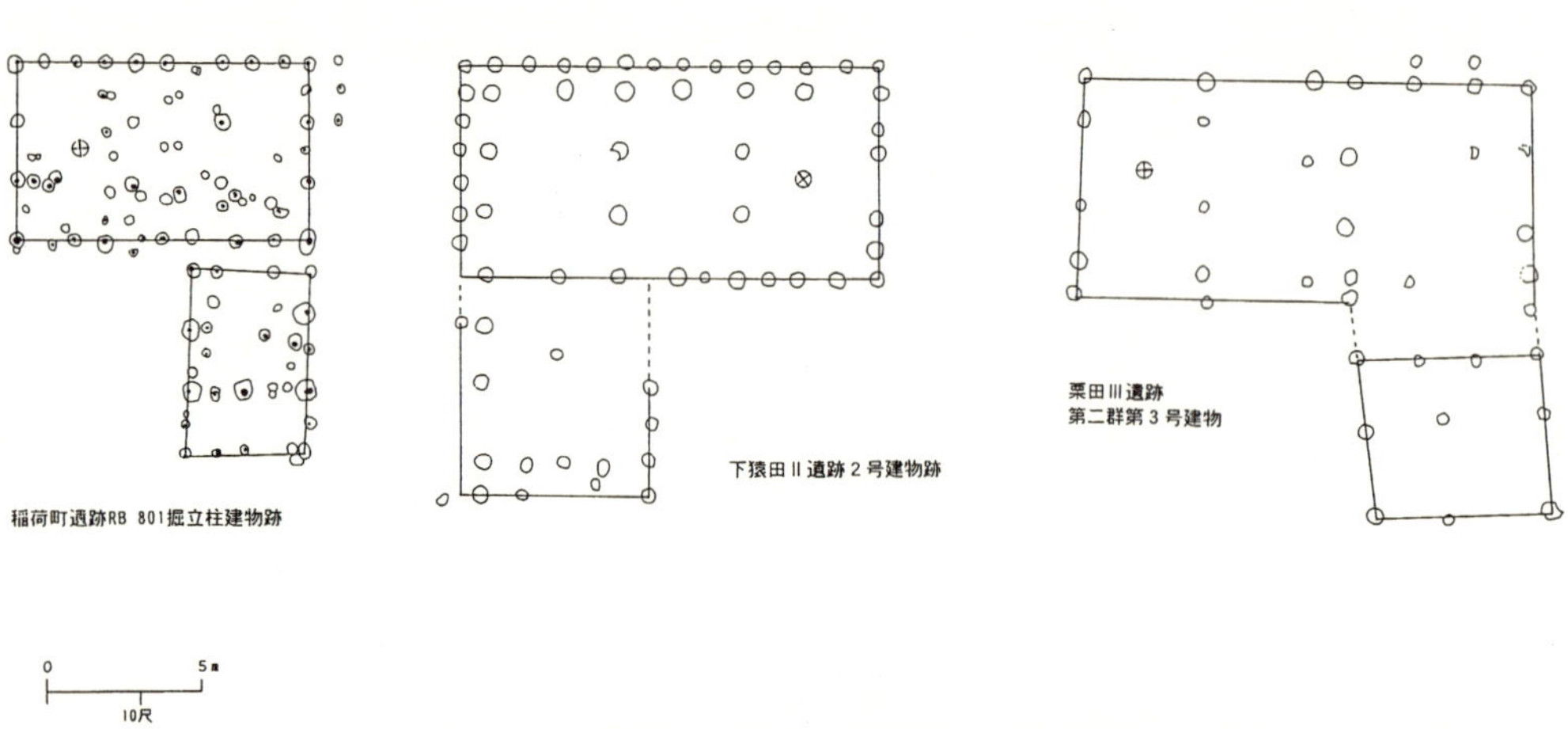

図2　発掘遺構の柱配置（参考文献3より）

の字型平面へと発展したと解釈できるものがあるというのである。

一方、建築史による民家発展の解釈では、近畿地方を除く東北地方・関東地方から西日本・南日本を含めて、民家の間取りは、広間型から田の字型に大きく変化するということが通説になっている。建築史の場合は、礎石建である現存建築遺構の範囲で考えているのだが、発掘遺構を含めて考えると、掘立柱建物の段階で、すでに広間型から田の字型へと発展している例を見出すことができることがわかってきたのである。

構造と技術の転換

これは、ちょうど南部の曲屋の話と重なってくるのではないだろうか。つまり、民家の形式が大きく変化する背景には、その基礎構造の変化がある。すなわち掘立柱から礎石建への変化の過程に注目すると、ある民家形式の成立過程について説明できるかもしれない。つまり、上部構造が変化するということは、当然それを支えている柱の据え方も変化するであろうし、逆にいうと、礎石建にすることによって建築構造を変えることができるのであろう。

さらに飛躍した言い方をするなら、掘立柱の構造では柱が自立するので、規模の小さい建物であれば、上部構造をそれほどに強固につながなくても建築としては成りたってしまう。ところが、礎石建だと、かなりしっかりとした上部構造にしないと建物として成りたたないのであるから、その間に技術の断絶とはいわないまでも、かなり大きな転換があると考えられる。それはやはり建物の規模につながっていくのであろうし、建物形式の変化にもつながっていくはずである。そのような変化の時期が、関東から東北で考えると一八世紀～一九世紀という時期にあたるということになるだろう。

以上の考察から、ある種の民家形式のなかで、現在われわれが常識的な特徴と考えているかなりの部分が、掘立柱から礎石建への転換の時期に成立ないしは再編成されているので、その特徴の意味を考古資料と結び付けて理解すれば、民家形式の成立過程についての新たな解釈ができるかもしれない。つまり、掘立柱から礎石建（石場建）への変換は、民家形式を解釈するうえでかなり大きな意味をもってくるのではないだろうか。

四、建築史学の課題

おもに民家の話に終始したが、建築史全体で考えるならば、冒頭に述べた弥生時代の建物、平城京の建物、寝殿造における変化や中世の城館ないし居館における変化にもこのような議論はあてはまるであろう。そして、それぞれが掘立柱から礎石建に転換する際に、建築の上部構造にも大きな変化があったのであり、そこにこそ重要な意味があったと考えなければならない。
建築史の立場では、これまで現存遺構からのみ議論を組み立ててきたわけであるが、今後は発掘遺構を含めて考えないと、建築の大きな流れを説明する、より説得力のある仮説の提示もできないのではないだろうか。

参考文献

1　宮沢智士「近世民家の地域的特色」『講座・日本技術の社会史7　建築』日本評論社、一九八三。
2　渋江芳浩「近世農家のイメージ」『貝塚』四〇号、物質文化研究会、一九八七。
3　高杉諭吏「「南部の曲屋」の成立過程に関する研究―発掘遺構と現存遺構の比較による再検討―」千葉大学修士論文、一九九八。
4　高杉諭吏「「南部の曲屋」の成立過程について　発掘遺構と現存遺構の比較による再検討」『日本建築学会大会学術講演梗概集』一九九八年九月。

コメント 江戸大名屋敷の建物跡

武藤康弘

近世江戸の大部分を占める武家屋敷は、大名や旗本の屋敷と各種の組屋敷などからなる。大名屋敷には公邸としての上屋敷、私邸ないしは別邸として下屋敷や中屋敷が存在する。広大な敷地を有する大名屋敷が御府内各所に配置されている様子は、江戸切絵図などからみてとることができる。

一九八〇年代以降、東京都内では近世遺跡の発掘調査が盛んにおこなわれるようになり、大名屋敷も古絵図や文献などの史料だけではなく、考古学的調査によってもその内部の様子があきらかになってきている。そこで本論では、まず近世遺跡の発掘調査の成果から大名屋敷の建物の基礎構造を分析し、つぎに近世江戸の多様な建物基礎構造について検討してみたい。

一、江戸大名屋敷の建物の基礎構造

加賀藩上屋敷本郷邸

東京大学の本郷キャンパスには、江戸時代には赤門に代表される加賀藩上屋敷が存在した。本郷邸は元和年間（一六〇二〜〇三）に加賀藩前田家の下屋敷として初めて史料に現れる。その後、天和三年（一六八三）に上屋敷となって藩邸全体が整備され、以後明治元年（一八六八）まで存続した。

江戸時代の前期から幕末までの長期間にわたって継続的に大規模な建物遺構群が建設されているのは、東京大学御殿下記念館地点である。(1)

大名屋敷における建物の基礎工法の変遷を検討するにあたって、発掘調査で検出した建築遺構のなかで、最も古い時期に位置づけられる資料から分析してみたい。下屋敷時代の藩邸内の様子は、古絵図が発見されていないこともあって明確ではない。最古の藩邸の絵図が存在するのは、すでに上屋敷になった後の元禄年間である。御殿下記念館地点のⅢ期の遺構群は、元禄元年（一六八八）の「武州本郷第図」に詳細に描かれた建物群であるが、建物はすべて礎石建になっている。そのうち、五七三号遺構は、身分の高い武士の屋敷地として、絵図に「頭分一」と記された建物跡であり、雨落溝で囲まれた礎石群と、建物内部の床下に掘削された地下式坑群から構成されている。また北側には瓦片

で区画された園地が付設する。建物跡は南北二〇メートル、東西一二メートルの規模を有し、周辺には瓦溜りが存在することから、屋根は瓦葺と考えられる（**図1**）。

この元禄期の建物群は、六代将軍・徳川綱吉の御成（元禄一五年＝一七〇二）にあわせて、藩邸内が大規模に整備された時期のものである。御殿下記念館地点も、旧地形では藩邸の中心に位置する育徳園の心字池にむかって大きくひらく谷が存在していたが、そこに平均で二メートルほどの盛土を施し、平坦地を造成したうえで建物を建てている。なお、Ⅲ期に先行するⅡ期の遺構群は天和年間（一六八一～八四）に年代づけられるが、この時期の建物跡（五七二号遺構）も礎石建である。

綱吉御成の翌年におきた大火によってⅢ期の建物群は焼失し、梅園となるが、その後、一八世紀中頃から御殿下記念館地点は厩および飼料所、馬場として利用されるようになる。飼料所跡（一〇一号遺構）は二〇センチほどの盛土の上に礎石が配列された瓦葺の建物である。厩は約二メートル間隔で配置された主柱四本を一単位として、横並びに連結した長屋状の長大な建物で、彦根城に現存する江戸時代の厩とほぼ同一の構造を有するが、その基礎構造は特殊である。すなわち、平面七〇センチ四方、深さ約一メートルの掘形底部に、直径二〇～三〇センチの礎石を据え、六寸角の角材を用いて上屋の架構としている。のちに増設された厩では、最初から礎石が据えられていない部分もあり、掘立柱と礎石建の折衷形式ともいえる構造を有している（**図2**）。また、この北側にも東西方向にのびる長大な厩の一部が発掘されているが、ここでは基礎の一部に漆喰で覆われた箇所を検出している。礎石建の基礎と複合する形で、漆喰による土台

図1　東京大学構内遺跡御殿下記念館地点537号遺構（註1より）

図2　東京大学御殿下記念館地点厩遺構（註1より）

を用いた工法も併用されていたと考えられる。

　また、加賀藩上屋敷の外郭を構成する長屋の発掘調査でも、堅牢な構造の建物基礎が検出された。天保年間（一八四〇頃）の「江戸御上屋敷絵図」には、柱配置だけでなく、室内諸施設の配置や広さ、床面の状態が詳細に記載されているが、それによると、本郷福利施設地点で検出されたこの長屋は「東御長屋上壇」の遺構であることが判明した。長屋は幕末の火災による焼失を免れ、明治時代以降は東京帝国大学の宿舎として利用されており、明治四〇年代に撮影された写真も現存している。その後、関東大震災による焼失も免れ、昭和初期に解体されて家屋延焼実験の材料とされるまで、百年以上にわたって利用された。発掘調査では、撹乱のため絵図に描かれたような長屋の内部構造はあきらかにできなかったが、礎石列、石組みの排水溝群、長屋の前庭部分に掘削された地下式土坑群および厠の遺構など、江戸時代前期から四時期にわたって変遷する遺構群が検出されている。長屋は礎石建で、たび重なる火災で焼失したものの、前段階の建物位置を大きく変更せずに、元の礎石を再利用しながら再建されている。礎石のなかには、火災によって上面に柱の痕跡が焼き付いたものが確認された。このうち、礎石の上面に横位に木材の痕跡が残っているものは、土台と判断

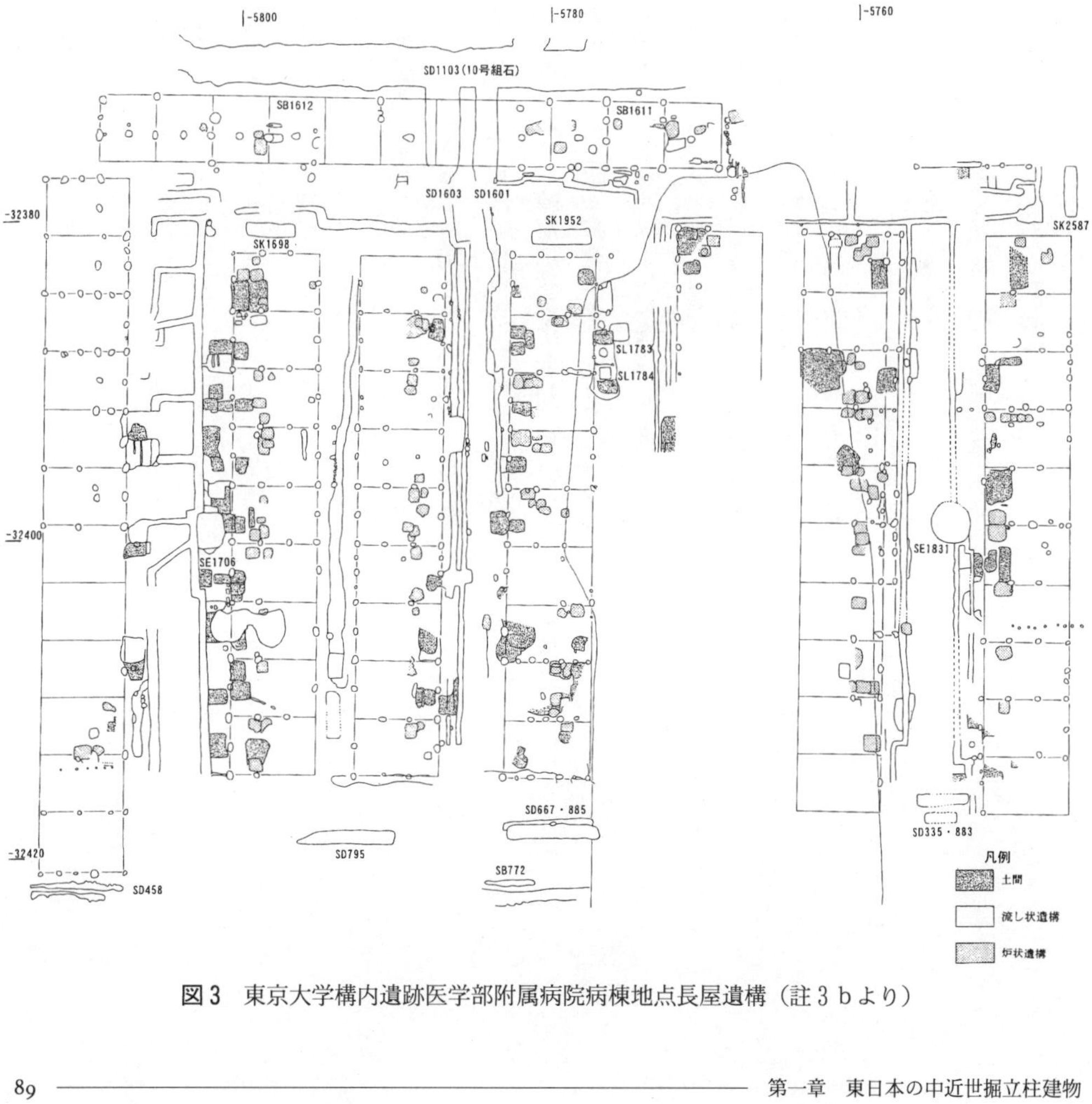

図3　東京大学構内遺跡医学部附属病院病棟地点長屋遺構（註３ｂより）

される。(2)

一方、加賀藩の支藩である大聖寺藩邸の発掘調査でも、他に類例のない江戸時代前期の武家屋敷群が発掘されている（図3）。大聖寺藩邸は、現在の東京大学附属病院地区に位置する。病棟地点の発掘調査によって江戸時代前期の寛文五年（一六六五）〜天和二年（一六八二）頃の聞番・足軽の居住した長屋群が発掘された。(3)

長屋群は東西に延びる一棟、南北に延びる七棟と、路地および井戸・厠・流し場などの共同施設から構成される。長屋の基本的間取りは、間口二間×奥行二間半〜三間で、間口から一間は土間である。仕切りの壁際には、調理施設である炉状遺構が配置されている。長屋群は天和二年と考えられる焼土層で覆われており、長屋の焼失年代がほぼ判明する。遺構面は壁土が焼けて形成された焼土層で密封されていたため遺物の保存状態がよく、炭化した畳や陶磁器などの生活用具および古銭や碁石などが出土し、下級武士の生活の一端がうかがえる好資料となっている。

長屋は礎石建で、礎石表面の煤痕から柱材は二寸角のものが使用され、瓦が出土していないことから、屋根は瓦葺ではなく板葺であろうと報告者は推定している。また、礎石の上面には、礎石ないしは柱配置を示すと考えられる「三ノ五」「三ノ七」などの墨書（番付）や墨壷で「トンボ」をきっているもの（墨付）が確認されている。

これらの長屋群は江戸時代前期における下級武士の住居遺構として貴重なものといえる。また、板葺のような簡素な建物ながら、基礎工法としては礎石建を採用している点で、中世以来の掘立柱建物とは大きく異なっているといえる。

尾張藩市谷邸

つぎに加賀藩上屋敷を離れて他の大名屋敷の状況をみてみたい。新宿区では近世遺跡の発掘調査が高密度で実施されており、特定地域の土地利用の状況を詳細に分析することが可能である。とくに市ヶ谷台付近には、江戸時代に尾張藩徳川家上屋敷をはじめ多く武家屋敷が集中していたことがわかってきている。

図4は尾張藩上屋敷跡第三・四地点周辺における一八世紀前半頃の空間利用状況である。調査地点には、尾張藩邸御殿空間・詰人空間・御先手組大縄地と広瀬藩邸宅が存在していたが、建物基礎の構造は屋敷地によって異なることが発掘によってあきらかになった。尾張藩邸の御殿空間では礎石建の建物が発掘されているが、藩邸の外縁部に位置する長屋も一応礎石建の構造であると報告者は推定している。ところが、藩邸内を

区画する塀の基礎は掘立柱であって、さらに尾張藩邸外側の御先手組大縄地にある建物と広瀬藩邸の外縁部に位置する建物は掘立柱である。[4] このように、屋敷地の特性ないしは建物の藩邸内における位置づけによる特性が、基礎構造にも反映されている可能性が高いと考えられる。

新宿区加賀町二丁目遺跡

つぎに大名屋敷以外の武家屋敷を見てみたい。新宿区の市ヶ谷台に位置する市谷加賀町二丁目遺跡では、旗本の屋敷跡が発掘されている。

図5は市ヶ谷加賀町二丁目遺跡における一七世紀跡葉から一八世紀前葉の武家屋敷の復原図である。北側が小林平右衛門邸（小林家は禄高四〇〇石を有する旗本である）、西側が多田三左衛門邸（多田家は禄高五〇〇

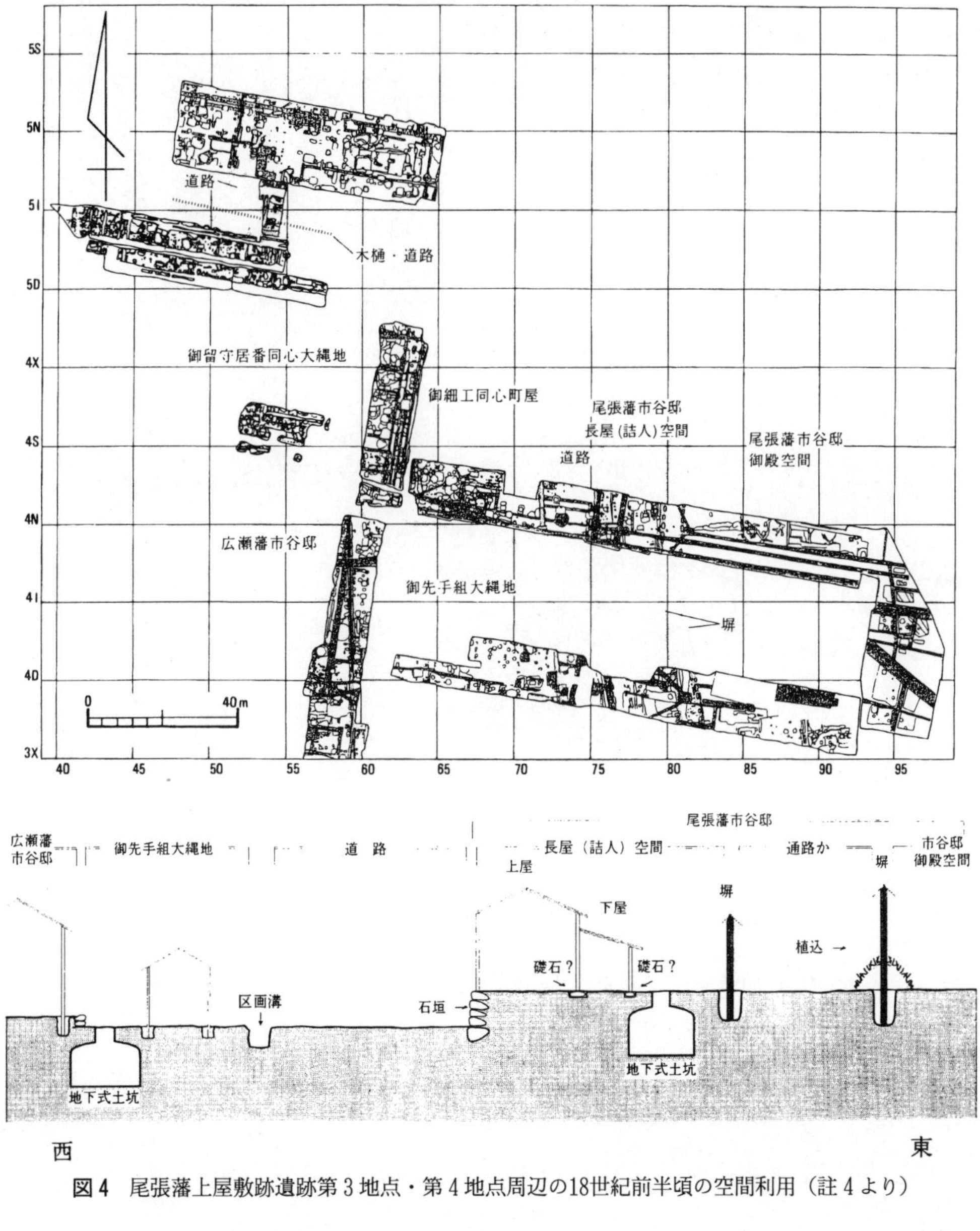

図4　尾張藩上屋敷跡遺跡第3地点・第4地点周辺の18世紀前半頃の空間利用（註4より）

石を有する旗本である）で、それぞれ掘立柱建物跡が検出されている。多田邸の建物は、規模が小さいため母屋に附属する建物、小林邸の建物は規模が大きいため母屋の遺構であると報告者は推定している。小林邸の建物跡は径五〇センチ、深さ六〇～七〇センチの柱穴から構成され、東西方向に十二・六四メートル以上、南北方向に一三・〇四メートル以上の規模を有する。周辺から瓦片がほとんど検出されていないことから、報告者は屋根が瓦葺ではなかったと判断している(5)。

近世遺跡の発掘調査では、遺跡上部が近代以降の整地作業や建物基礎によって破壊されている場合が大部分で、建物の礎石などの基礎遺構が明確に確認される場合は少ないが、大名屋敷の建物の大部分は礎石建といってよい。とくに、各藩の公邸といえる上屋敷や、そのなかでも中心的な建物である御守殿や御殿と称されるような大型の建物、あるいは、櫓状の高層構造物(6)はすべて礎石建である。しかし、前述のように藩邸内において主要な建物に附属する建物や、藩邸外縁部の建物、塀などの構造物では掘立柱の基礎構造を有する場合のあることが発掘調査で確認されている。

それでは、大名屋敷などの武家屋敷の主要な建物に掘立柱の基礎工法が採用されない要因には、どのようなことが考えられるであろうか。筆者は以下の二つを想定し

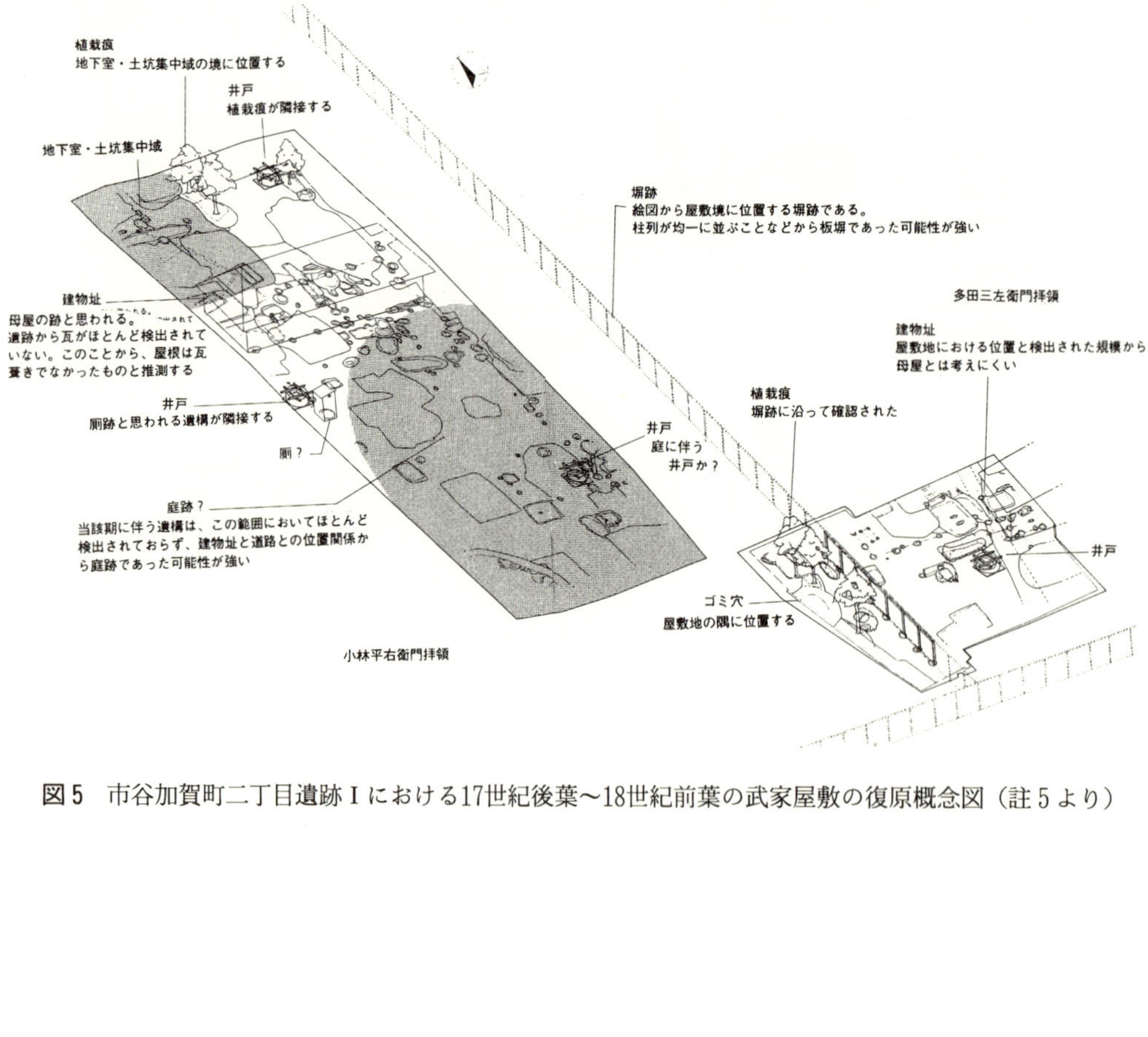

図5　市谷加賀町二丁目遺跡Ⅰにおける17世紀後葉～18世紀前葉の武家屋敷の復原概念図（註5より）

ている。

第一の要因は、武家屋敷の建築構造の特性である。先代の織豊期の豪放な建築様式の影響をうけて、近世の武家屋敷も本瓦葺の豪放な建物であったことが、現存する建築物や発掘調査によって検出された建築遺構、金箔瓦などの存在からあきらかになっている。このような豪放な建築物は上屋の重量も大きく、掘立柱の基礎工法では建物重量を支えきれず、礎石建が発達したものと考えられる。

第二の要因は、大都市・江戸の地盤の特性である。中世までの江戸は、武蔵野台地の先端が東京湾に張り出した平坦面の少ない地形であった。一方、沖積面は砂洲状に突き出した江戸先島と大小の河川に挟まれた日比谷入江によって構成される低湿地帯であった。江戸開府後、一六世紀初頭から中頃にかけて、神田川の開削と周辺台地の掘削によって排出された土砂で日比谷入江が埋め立てられ、次いで浅草から八丁堀にかけての一帯の湿地が埋め立てられ、現在の下町地域が形成されたのである。したがって、近世の江戸は河川堆積物である砂州および埋め立て地の上に都市が形成されたといえるのである。このような軟弱な地盤の上に大型建築物を建てるためには、礎石建の基礎工法しか取りえないといえる。

また、山の手の状況も下町とそれほど変わりはない。江戸の後背地である武蔵野台地の上にも多くの大名屋敷が配置されているが、これらの建物も決して安定した地盤の上に建っているわけではないことが、近年の大規模な発掘調査によってあきらかになってきた。先述のように、東京大学構内遺跡の御殿下記念館地区や西隣の附属病院地区では、建物群が位置する段丘の先端部は平坦面が少なく小さな谷が入り組んだ地形となっている。このため、前者では最大三メートル、後者では最大七メートルもの盛土によって平坦面を造成している。新宿区市ヶ谷台上に位置する尾張藩邸でも同じような埋没谷が検出されている。このような大規模な造成は、中世後期以降の築城技術の発達にともなう土木技術の急速な発展によってもたらされたものと考えられる。武家屋敷、なかでも大名屋敷のような広大な敷地を有する邸宅では、建物は谷を埋め立てた造成地に建設される場合が多いため、礎石建の基礎工法が発達したものと考えられる。また、東京大学構内遺跡の御殿下記念館地点では、建物が火災で焼失すると、敷地全体に盛土を施したうえで次の建物を建設することが繰り返しおこなわれている。このような盛土の上に大型建物を建設する場合にも、安定度の高い礎石建の工法が採用されることになったのであろう。

二、近世江戸の多様な建物基礎工法

近世江戸では、地盤の支持力による建物基礎工法のちがいのほかに、建物の性格や、基礎に用いる素材のちがいによって、非常に多様な基礎工法が存在した。そこで、はじめに建物基礎に礎石建が採用されない理由を検討し、次に軟弱な地盤に対応した特殊な基礎工法がとられた事例を分析してみたい。

掘立柱建物および非礎石系統による基礎工法の存在

先に大名屋敷などの建物では礎石建の基礎工法が採用されているとしたが、逆に礎石建を採用していない建物も存在している。これはいかなる理由によるのであろうか。

この理由としては、いくつかの要因が考えられるが、第一にあげられるのは、江戸および周辺地域における石材供給という地域的な問題である。すなわち、礎石に適した石材が近隣地域で容易に調達できるかどうかである。礎石に適した円礫が採取できるのは、江戸周辺では多摩川ないしは相模川といった大河川の流域に限られる。とくに、地質の脆い水成岩を主体的な石材とする三浦半島地域や、大河川がない房総半島地域では、礎石に適する大型礫が近接地で調達できない。この地域の近世の建物跡の調査例としては、幕末期（一八二二〜一八六八）の海防陣屋である千葉県富津市の富津陣屋跡が重要である。

海防陣屋とは、江戸時代後期から幕末の海外情勢の緊迫化によって急遽建設された要塞である。陣屋が位置する房総半島南部は三浦半島と同じ地質で、礎石に適した石材が調達しにくい地域である。台場の石材は伊豆石がおもに用いられたが、不足ぎみであったため安価な在地産石材（凝灰質砂岩）が利用された。このような在地産石材は割栗石に利用される場合が多い。陣屋の建設にあたっても石材供給は十分ではなかったらしく、史料にも千葉県館山市の波左間陣屋から富津に陣屋を移転する際に、礎石などの建材を運んだことが記されている。このため、発掘調査では建物跡の一部で礎石が確認されているものの貧弱で、大部分の礎石は失われており、礎石下部の根石のみを検出している。そして根石には瓦片や貝殻片をも充塡していた。

また、建物の外壁と一部重複する長屋塀の基礎には、「ロウソク立て地業」を施している。その構造は、**図6**に示したように、砂地の湧水層をほりこんで丸太材を枕木として配列し、胴木

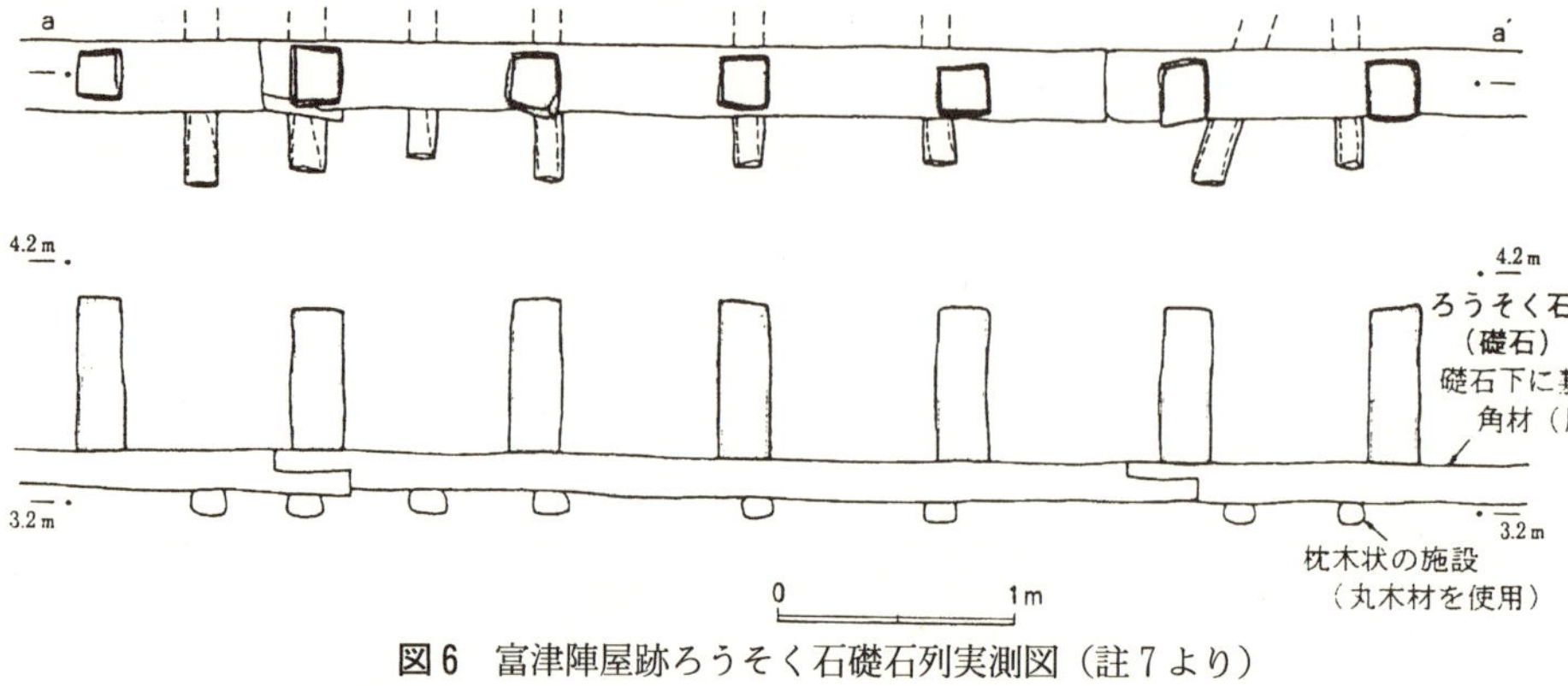

図6　富津陣屋跡ろうそく石礎石列実測図（註7より）

（土台）となる全長三・九四メートルの角材を、継手を施しながら配列し、その上部に平面二五センチ角・高さ六五センチの凝灰質砂岩（房州石）のロウソク石を一定の間隔で配列したものである。このような基礎工法は、「富津陣屋の敷地が海砂堆積層で地盤が緩いうえに塀の自重が重いものであれば、荷重を広い面で支える必要が生じ、胴木＋石柱という技法を駆使したと考えられる」と報告者が指摘しているように、砂洲の先端という立地の特性、とくに軟弱な地盤に対応した基礎工法と考えられる(7)。

次にあげられるのが、江戸における庶民住宅である町屋の建築構造の特性である。東京都心部における近世遺跡の発掘調査では、地下室などの地下構造物は検出されるが、建物が検出されることは決して多くない。とくに町屋に関しては、大規模な行政発掘調査の対象となりにくいため、検出事例は比較的少ない。このなかで、一八世紀中葉から一九世紀中葉の二棟の長屋（掘立柱建物跡）と、周囲に配置された土坑（廃棄土坑）、および井戸跡が検出された東京都新宿区の四谷三丁目遺跡は、文献や古絵図などの史料調査によって建物の性格が裏付けられた貴重な調査例といえる(8)。しかし、江戸の調査では、このように町屋の基礎構造が発掘調査によって確認されることはむしろまれである。古絵図との対比によって、建築物があってしかるべき場所で、まったく基礎遺構が検出されない場合も多い。これは、礎石などの基礎構造物が近代以降の削平によって失われたためとも考えられるが、筆者は、町屋の基礎工法として、掘立柱に加えてより簡便な木材を利用した土台工法が発達していた可能性を想定している。超過密都市でたび重なる大火にみまわれながら、短期間で復興をとげている点を考えると、このような簡易的な基礎工法が採用されていた可能性が高いものと考えられる。また、屋根も瓦葺き以外に、軽量で簡便な板葺きや耐火性に優れた蠣殻葺きなどが併用されていたことが、史料および発掘調査であきらかになっている。

軟弱な地盤に対応した特殊な基礎工法

東京都江戸川区にある昇覚寺は、旧江戸川・中川デルタ先端部の砂洲上に位置する。標高は〇・八メートルで、下町の中でも最も低地に位置している。寺の創建は寛永一五年（一六三八）で、周辺は新田として一六世紀末に開墾された地帯であった。この寺の鐘楼は天明年間（一七八一～一七八九）に建立されたもので、昭和五九～六〇年におこなわれた解体修理によって、きわめて複雑な基礎構造をもつことがあきらかになった。

基礎構造は**図7**に示したように、鐘楼の礎石を上下二段、計十二本のロウソク石で支え、その下部はソロバン

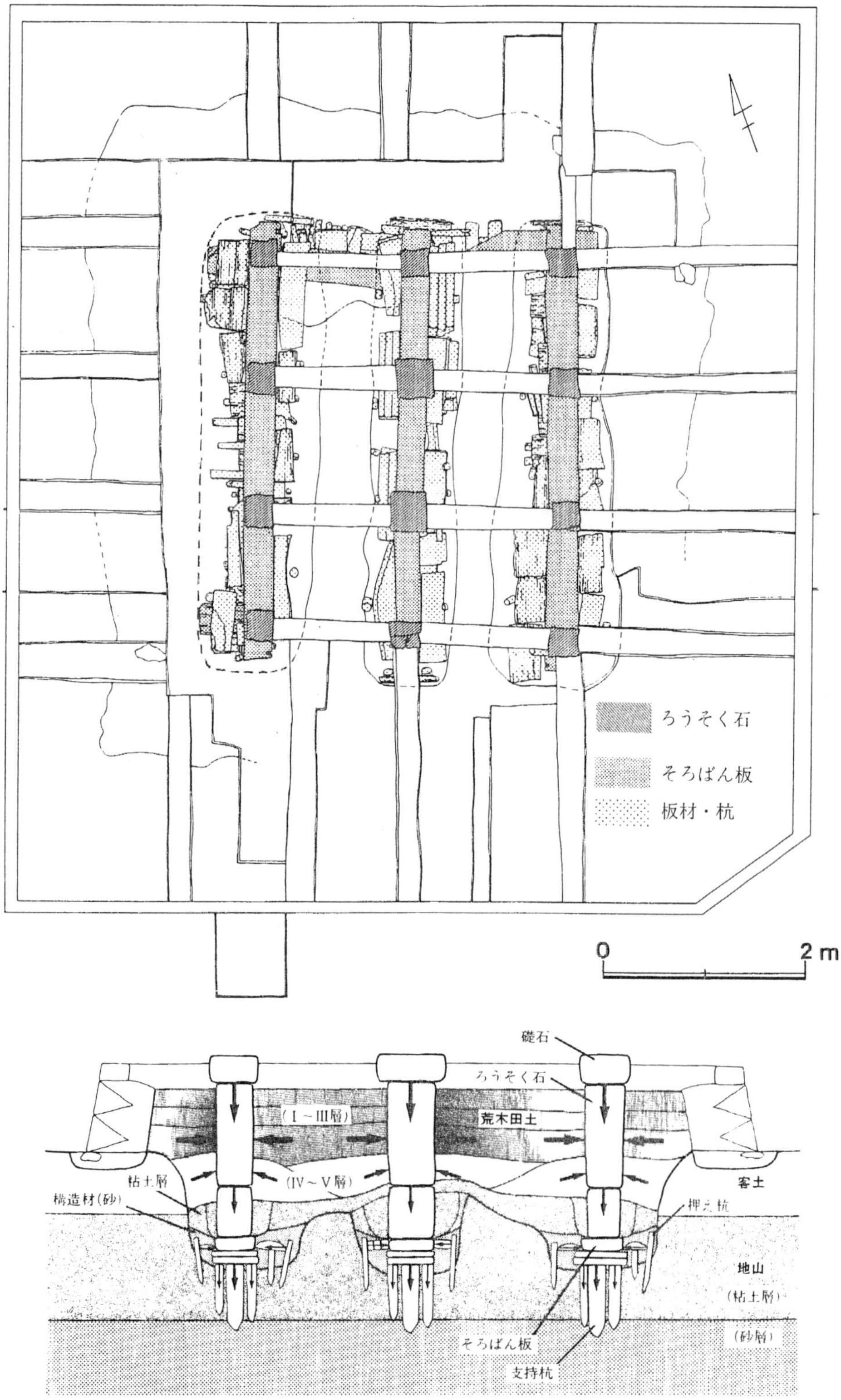

図7　昇覚寺鐘楼基壇地下遺構および構造模式図（註9より）

板の上に据えている。上段のロウソク石は基壇を構成する荒木田土によって水平方向に固定され、下段のロウソク石は礎石の荷重を下部のソロバン板に伝える役割をしている。一方、下部のソロバン地業の構造は、上下二段からなるソロバン板とその下部の支持杭から構成される。ソロバン板は砂層で水平方向に固定され、支持杭の先端は粘土層をへてソロバン板の下、約六〇センチの砂層に達している。全体の構造は、礎石にかかる建物荷重を二段のロウソク石をへて、一・三メートル下面の基礎底板であるソロバン板と支持杭で支え、周囲を荒木田土、客土、粘土層、砂層で水平方向に固定しているのである。このような基礎構造は軟弱な地盤に効果的で、耐震性にもきわめてすぐれ、この鐘楼は安政大地震（一八五五年）、関東大震災（一九二三年）にも倒壊を免れている。(9)

また、同じ下町の台東区池之端七軒町遺跡（慶安寺跡）の発掘調査でも、低地の軟弱な地盤に対応した建物基礎跡が検出された。七軒町遺跡は、藍染川によって形成された根津谷の西側、不忍池に隣接した低湿地に立地している。

ここでは三基の寺の建物が検出された。報告者は基礎工法について、杭を使用したもの、枕木状部材と胴木状部材を重ねて使用したもの、石材を使用したもの、の大きく三種類に分類している。このうち、杭は支持杭で、枕木は根太をさし、胴木は打ち込みの支持杭の上に、角材が設置される構造で、このような木材が発掘によって大量に出土した。しかし、基礎工法を単純にこの三種類に分類してしまうことは不可能で、ひとつの遺構がいくつかの複合的工法をとる場合があるとその特殊性を指摘している。また、礎石建の建物跡も検出されているが、礎石には墓石が転用されている。(10)

三、まとめ

大名屋敷を中心として、近世江戸の特殊な基礎構造を有する建物の発掘調査事例を検討してきたが、それでは中世から近世への建物基礎構造の転換はどのように捉えられるのであろうか。問題点を提示し今後の検討課題としたい。

近世江戸とその周辺地域における「掘立柱」と「礎石建」建物の関係は、両者の単なる時間的転換とは捉えられないことは、先に見てきた考古資料からもあきらかである。そこには、建物の基礎工法の問題だけにとどまらず、個別の建物にかかわる特性や機能、地盤の強度や、建築資材の調達の問題など、さまざまな社会経済的要因が介在しているものと考えられる。一方、近世江戸の大名屋敷を考える場合に、礎石建か掘立柱かといった建物の基礎構造の問題だけでなく、広大な武家屋敷を建設するための敷地の造成技術の存在が最も注目される。さらに、昇覚寺の鐘楼や富津陣屋に見られるような特殊な基礎工法は、軟弱な地盤に対応しているだけでなく、免震工法としても重要である。このような人口地盤の造成技術と特殊な基礎工法の発達過程の解明が今後の研究課題といえるだろう。

註

(1) 東京大学埋蔵文化財調査室『山上会館・御殿下記念館地点』一九九〇。

(2) 武藤康弘「本郷福利施設新営に伴う埋蔵文化財発掘調査略報」『東京大学構内遺跡調査研究年報』一、東京大学埋蔵文化財調査室、一九九七。

(3) a大成可乃「天和二年の火災で焼失した長屋に伴う炉状遺構について」『東京考古』一五号、東京考古学会、一九九七。
　b成瀬晃司「医学部附属病院病棟建設地点発掘調査略報」『東京大学構内遺跡調査研究年報』二、東京大学埋蔵文化財調査室、一九九九。

(4) 東京都埋蔵文化財センター『尾張藩上屋敷跡遺跡Ⅱ』一九九七。

(5) 池田悦夫編『東京都新宿区市谷加賀町二丁目遺跡Ⅰ』新宿歴史博物館、一九九七。

(6) 波多野　純「建築学からみた第三八七号遺構の上部架構の可能性」(池田悦夫編『市谷本村町遺跡　尾張藩徳川家上屋敷跡』新宿区市谷本村町遺跡調査団、一九九五)。

(7) 松本　勝『富津陣屋跡発掘調査報告書　幕末海防陣屋の調査』君津郡市考古資料刊行会、一九九七。

(8) 大八木謙司「四谷三丁目遺跡における景観の再構成」『四谷三丁目遺跡』新宿区四谷三丁目遺跡調査団、一九九一。

(9) 古谷　毅「低地の寺　東京都江戸川区昇覚寺鐘楼の地下遺構」『國學院雜誌』九三巻十二号、國學院大學、一九九二。

(10) 香取祐一「近世以降—遺構」『池之端七軒町遺跡(慶安寺跡)』台東区池之端七軒町遺跡調査会、一九九七。

原の辻遺跡の礎石建物

浅川（司会）　建築の専門家としては、やはり玉井さんのコメントが非常に気になります。上部構造の変化と掘立柱から礎石建に変わるということの相関性について、原の辻遺跡を例に出しておられましたが、今日は当事者の宮本長二郎さんも参加されておられますので、ちょっと時代がちがいますけれども、原の辻遺跡のなまなましい話題から宮本さんにお話しいただければと思います。

宮本長二郎　原の辻遺跡ですけれども、私が礎石建と判断した理由は、枘に込栓穴があるからです（図1）。掘立柱なら、枘だけでも余計な仕事だと思うのですが、それを丁寧に込栓までする必要はまったくない、というのが根拠の一つです。

もう一つは考古学的な遺物による状況証拠です。込栓のある大引は、原の辻遺跡の北の環濠から出土しました。その層はちょうど、今から二千年くらい前の弥生時代中期にあたります。当時、朝鮮半島は中国の支配下にあったのですが、楽浪郡が設置された紀元前一〇八年を境にして、北九州の銅製品や銅の原料が、朝鮮半島製から中国の北方産にかわるという研究を東京国立文化財研究所の平尾良光さんがしています。つまり、二千年前ころを境にして、それ以前の日本で出てくる銅製品はぜんぶ朝鮮半島製だったのが、そのあとは、中国華北地方産の銅の原料が朝鮮半島を通じてストレートに日本に入り、日本で銅製品がつくられているということなのです。原の辻遺跡から出た大引材の時期は、このように中国の北方から銅製品が直接流れこんだという事実を背景としているわけで、そのころ中国では礎石建物を建てていますし、組物や瓦も使っているのですから、そのような文化がストレートに入ってくる可能性があるといえます。

以上の二つの理由から、私は礎石建が中国からもたらされたのではないかと考えています。ただし、壱岐という場所は朝鮮半島と本土との間ですが、それこそ「いきどまり」といいますか、壱岐でストップして本土に及んだかどうかは礎石が出てこないとわかりません。壱岐の島の中でもまだ発掘面積もそれほど多くなく、これから礎石自身が出土する可能性は十分にあります。

浅川　込栓を使うような枘穴があって構造が安定しているから礎石建物だろうということですね。

宮本　そういうことです。それとともに技術が伝播するだけの背景があるということです。

浅川　掘立柱では込栓を使うことはないのでしょうか。

宮本　まずないでしょうね。足元は固定されていますし、柱頭部分は桁・梁で固定されていますから、その途中で込栓まで使って固定する必要がないと思います。全国的にみても貫穴、あるいは枘穴のある柱材は比較的たくさん出土しているものの、枘穴にともなって込栓を用いたような例は、私もまだみたことがありません。そういうものが出てくれば掘立柱でも込栓を使っていたといえるのでしょうが。

浅川　今後、発掘で確かめられるのではないかと思います。

主柱穴のない竪穴住居

浅川　構造の安定性と礎石建の問題は、私も気になっているのですが、佐藤浩司さん（国立民族学博物館）から、「竪穴住居の中に主柱穴のないものがありますが、礎石建もしくは、根つき柱の可能性はないのか」という質問がきています。今の原の辻遺跡の話題とも関係していますね。

佐藤浩司　私の質問は玉井さんと似ているのですが、石場建の建物はお寺が入ってからと日本では考えられていますけれども、それ以前に石場建の建物があってもおかしくないと思います。それは、たとえば東南アジアの高床住居をみると、石場建と掘立柱はそれほど構造的にちがいはないので、無理しなくても容易に石場建にできるわけです。柱が自立してればいいと考え

全景

実測図Ｂ方向

実測図Ａ方向

実測図Ｃ方向

図1―①　原の辻遺跡出土の込栓建築部材　出土写真（『原の辻ニュースレター』創刊号、長崎県教育庁原の辻遺跡調査事務所、1998より）

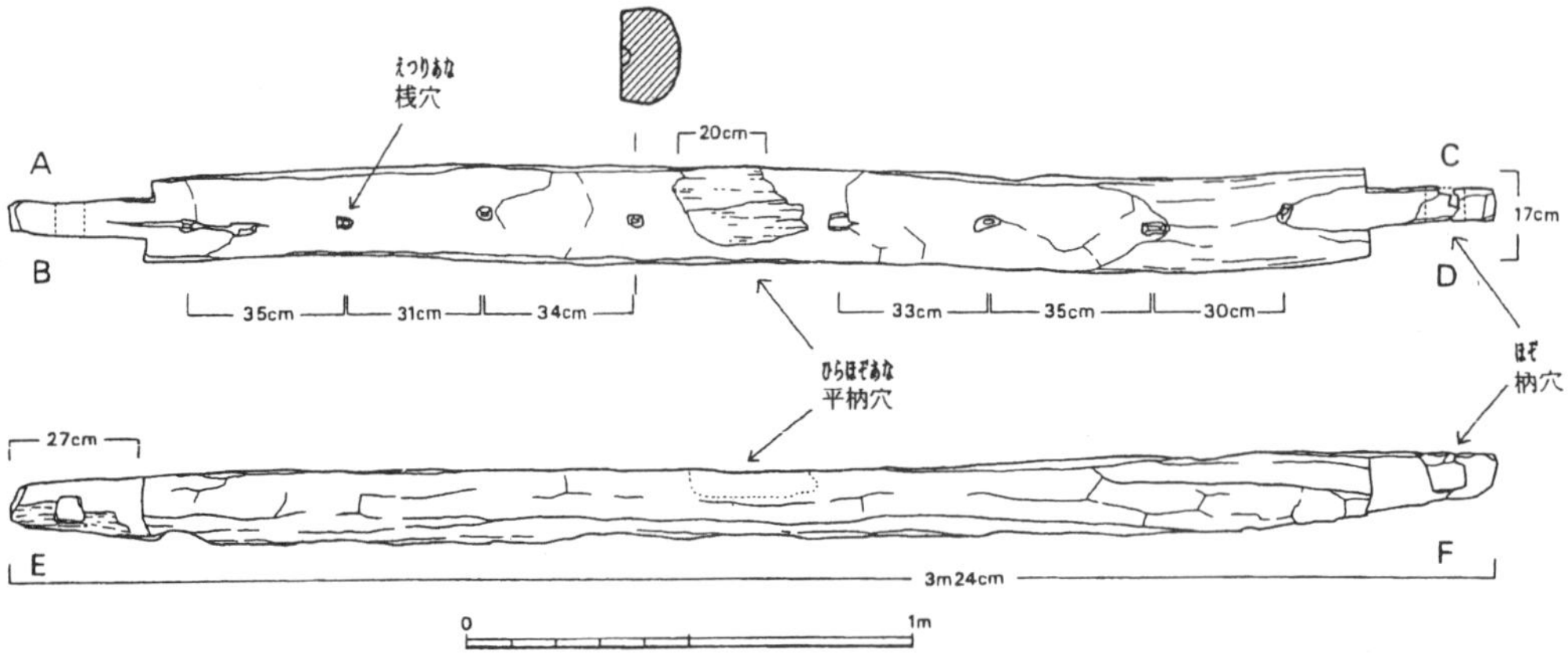

図1―②　原の辻遺跡出土の込栓建築部材　実測図（『原の辻遺跡』長崎県教育委員会、1998より）

るとルソン島の山地民のように根っこのついた柱をそのまま建てればいいし、あるいは太い柱があったらそれだけでも自立します。掘立よりも石場建のほうが技術的には難しいというのは

われわれが考えていることで、たぶん掘立には掘立の理念があったと思っています。先史時代の住宅の復原について、主柱穴がないものと主柱穴があるものを建築構造のちがいとみています

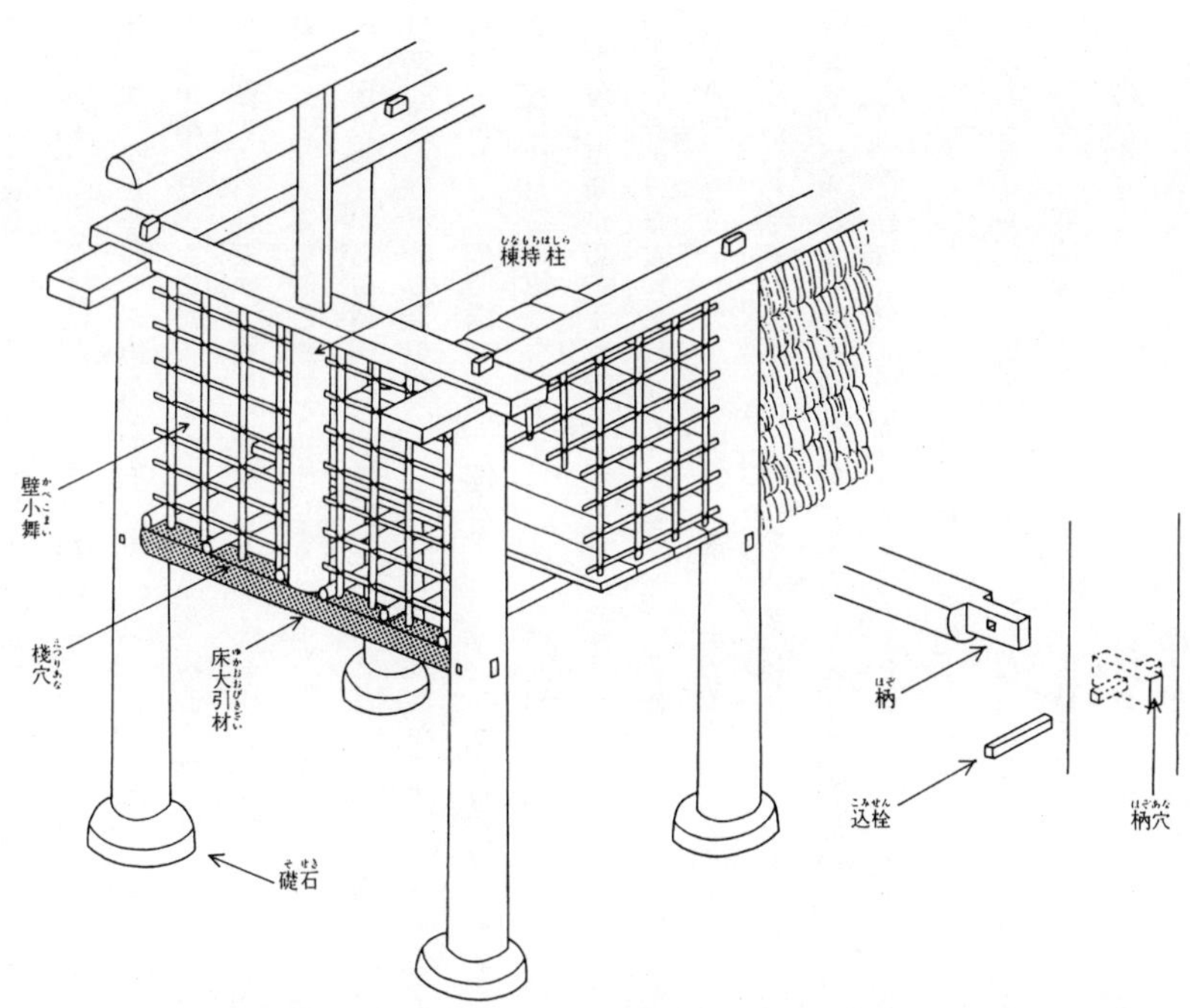

図 1—③　原の辻遺跡から出土した込栓建築部材からの建物復原図（宮本長二郎氏作成、前出『原の辻ニュースレター』創刊号より）

が、主柱穴がないものについて掘立ではなく、石場建であった可能性は考えられないかということです。

武藤　縄文に関しては、もともと柱穴が検出されないものがときどきありますけれども、柱が自立していた可能性はまずないと思います。また、平安時代前半ぐらいの竪穴住居は、小さくて、しかも壁の部分に板材の跡があったりして、真中には柱がないのですが、そのようなものに関しても明確な復原案はでていません。もしかしたら壁でなんとか屋根を支えるような構造になっていたのかもしれません。その辺、服部さんはどのようにお考えですか。平安前半ぐらいの小型の竪穴住居ではあまり柱穴が検出されていないと思いますが。

服部　神奈川県では奈良時代でも主柱穴をもたない大型の竪穴住居跡がありまして、どうやって上屋を建てたか疑問に思っていてよくわからないのです。

浅川　『先史日本の住居とその周辺』（浅川滋男編、同成社、一九九八）のなかで、大貫静夫さん（東京大学）が紹介した極東新石器時代の竪穴住居にもその種の例があるようです。非常に堅い土の上に柱を立てているとしか思えないものがあるらしいです。

主柱穴のない竪穴住居があってもおかしくないのです。なぜかというと、竪穴住居は別に柱がなくても建つんですね、アイヌのケツンニ（三脚）構造を応用すれば（**図2**）。それは叉首構造とはちょっとちがっていて、ケツンニを二つたててその上に棟木をのせればいい。これなら柱がなくても小屋が組めます。竪穴住居の主柱とは、そういう三脚構造を補助する構造物として出発した可能性があるのではないでしょうか。最近、各地で話題になっている縄文の巨大掘立柱についても、地面についている三脚構造の支点が切り上げられたために、掘立柱を太くして桁の部分で支えないといけなくなるから、平地建物の柱が太くなったものと理解できます。必ずしも柱が太いから高床であるというわけではないと思っています。

佐藤浩司　質問の仕方がちょっとまずかったんですけれども、礎石建かそ

うでないかといわれたら、同じ時期の遺構で柱穴のあるものとないものがあって、ふつう柱穴のない遺構は、柱がない構造だったのだろうとわれわれは想像するわけです。逆に柱穴のあるものは柱がある構造の建物を想像します。現実に柱がある遺構とない遺構で明確なちがいがあるのかという、これはタイポロジーの問題ですが、聞かせていただけたらと思ったのです。

武藤　関東地方の平安時代前半の住居というのはほとんど柱穴がない遺構ばかりで、そういった小型の竪穴と掘立が組み合わされた集落というのはあります。ですから、われわれが掘っている時、床面も貼床をはがして精査しますが、とくに荷重がかかって柱あたりのある痕跡や、ある部分が堅くなっているという痕跡は今のところみたことがありません。

ヌキヤは礎石建の建物か

浅川　上部構造の変化について、佐藤正彦さん（九州産業大学）から「近世史料の中にヌキヤという言葉がみられるが、これは礎石建の建物とみてよいか」という質問がきています。ヌキヤと礎石建とが関係あるかどうかという質問ですね。

佐藤正彦　その通りでして、近世史料の中にヌキヤという言葉がたくさん出てきます。箱崎さんが発表されたように法規制の中には基礎のことまではなかなかでてこない。そうするとヌキヤというのは掘立柱形式ではなくて、礎石建の建物としていいのかどうかという質問です。

箱崎　ヌキヤという文献記載はあるようですが、それが実際に掘立柱か礎石建かということはまったくわかりません。南西諸島の民家ではアナヤとヌキヤがあって、ヌキヤは礎石建物を指すようです。しかし、それがどれくらい普遍性をもつのかはわかりません。

佐藤正彦　たとえば、箱崎さんが紹介された『秋山記行』のなかにも「貫穴」というのが出てきますね。これはあきらかに礎石建のものですね。ですから、貫穴を用いた建物や、あるいは九州のほうでは近世史料にヌキヤというものがでてくるので、貫穴を掘ったと思うのですが、それを礎石建物とみていいのかどうかという問題です。

箱崎　確かに『秋山記行』では、礎石建の建物の場合は貫穴を必ず掘っていて、さらに茅壁から土壁に変えるということが書かれています。ですから、ヌキヤとよばれるものが礎石建であったかどうかはわかりませんけれども、貫を通す建物が礎石建であった可

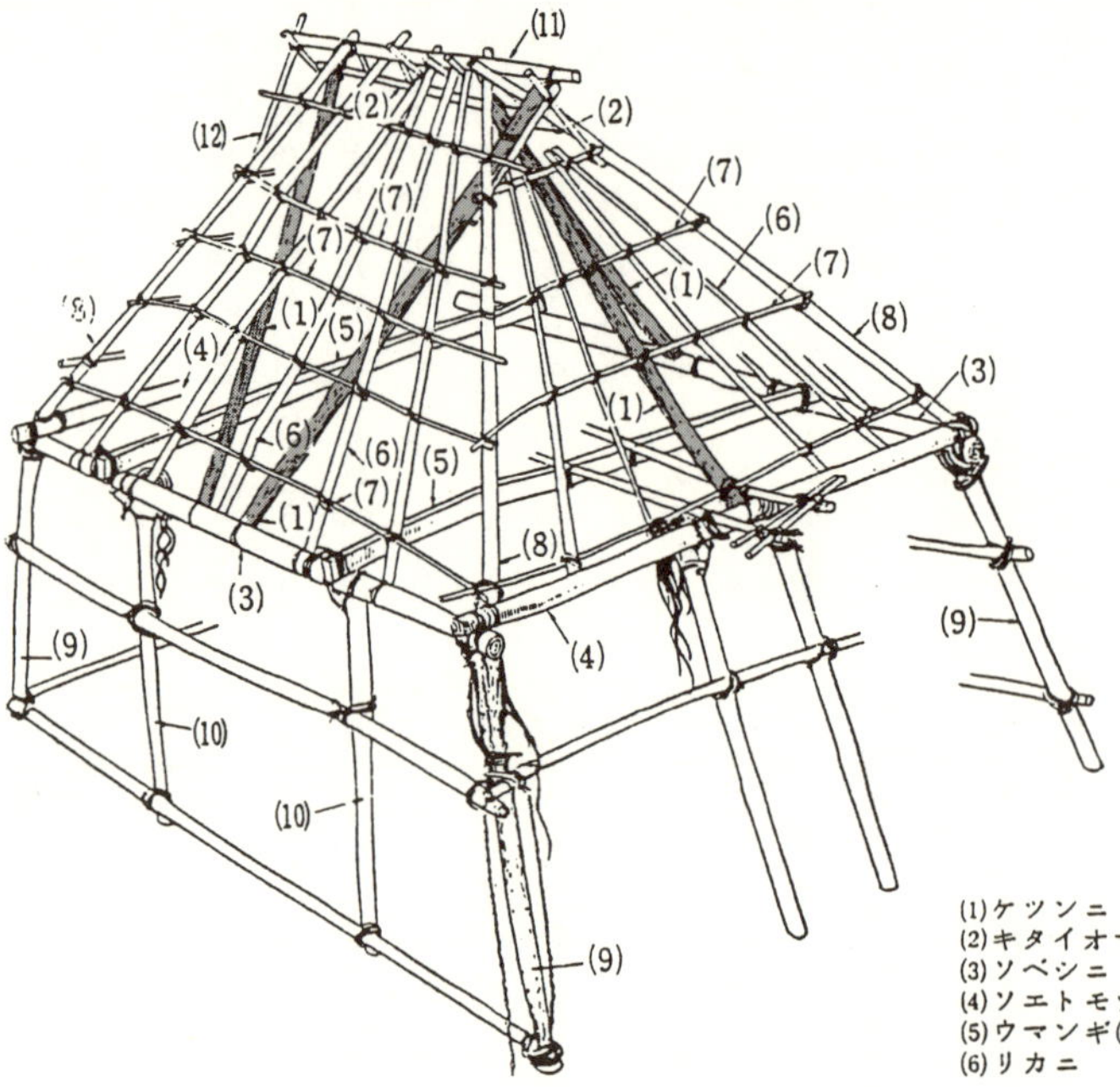

図2　アイヌ住居のケツンニ構造（アイヌ文化保存対策協議会編『アイヌ民族誌』第一法規、1970より）

能性は、この『秋山記行』の記載から考えるとありえると思います。

浅川　要するに、貫を多用する小屋組になって構造が安定すれば、礎石建を採用できる背景にはなるということですか。

箱崎　そうだと思います。

建物規模と上部構造

大場修　先ほど玉井さんから、掘立柱から礎石建への転換は上部構造の変化と一体になって、規模も大きくなったとのご指摘があったと思います。また、修理工事の際に前身掘立柱建物が発見された秋田県の鈴木家や神奈川県の伊藤家（**図3**）は、前身掘立柱建物が竪穴式のような規模の小さいものから飛躍的にかなり大型の民家へと建てかわっています。こうみますと規模と上部構造の関係はかなり対応しているようにも思うわけです。

　しかし、おもしろいのは、一七世紀の佐久地方の本屋の規模分布表をみてみますと、ほとんど近世後期以降のいわゆる近世民家、礎石建の民家と規模がほとんど変わらない、つまり、規模の大きなものもたくさん含まれていることです。この中にはもちろん礎石建のものもあるわけですけれども、掘立柱のものもいくつかあるんですね。そうすると玉井先生のお話に水をさす資料のような気がするのですが。掘立柱の本屋で近世民家と同等あるいはそれ以上の規模のものが、多数建ち並んでいたという資料とみれますので、そのあたりについてはどのように考えておられるのでしょうか。

箱崎　六〇頁表3の本屋規模をみると、大きな建物、つまり梁行（短辺）が六間もあるような非常に大きなものもあります。ところが、大きな建物はほとんど板葺です。これは上部構造にかなりかかわってくる問題で、茅葺というのはおそらく現存民家にみられるような叉首構造だと思うのですが、板葺の場合は、具体的によくわかりませんけれども、叉首構造ではなくて屋根勾配も非常に緩いものだと考えられます。したがって、梁行方向に拡大することができると解釈しています。ところが、規模分布表では、梁行六間の掘立柱建物が二棟あるうち、一棟は茅葺でして、どういう構造だったのか僕もわかりません。

　実はこういう家規模だけから判断しますと、長野県内の他地方の家帳をみると、現在茅葺民家が多い地方で柱間がかなり大きなものがたくさんあります。たとえば、家帳一覧表五四頁表1—①をもう一度みていただくと、現在の大町市と北安曇郡にわたる地域には、慶安二年と慶安三年の家帳が集中して残っていることがわかると思いますが、それらをみると、建物規模がものすごく大きくて近世前期とは思えないような民家があります（**表1**）。このうち、梁行が最大規模となる桁行九間×梁行八間の家は、「板や」と注記がしてありまして、板葺だったことがわかっています。それ以外は屋根材の記載がある村を含めても、ほとんどが茅葺だろうと考えています。それにしても、現存民家と同じかそれ以上の規模をもつものもたくさんあるわけで、ここでは柱礎形式が書いてありませんから、大きな民家が礎石建だった可能性ももちろんあるでしょうけれども、佐久地方の規模分布表とあわせて考えると、掘立柱の民家もあったはずです。このような、大規模な民家の構造をど

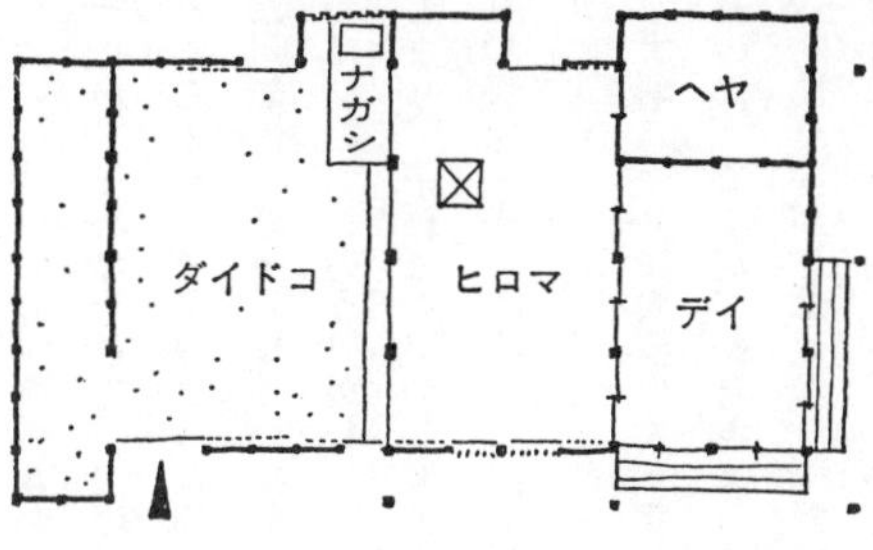

図3　神奈川県伊藤家（18c初）の平面図（上）と前身建物遺構（下）（宮沢智士「近世民家の地域的特色」『講座・日本技術の社会史　建築』1983より）

表1　慶安2年(1649)および同3年における長野県大町地区12カ村の主屋規模分布表

梁行(短辺)[単位：間]

9																															
8																		1*													1
7																															
6																				1		1*									2
5												1		4*		2				1*		3*				1				1*	13
												2								2*											4
4										28*		16		15*		3		2		3				1							68
										1																					1
3						3		57		72*		17		9		3		8													169
						1		2		6		1		2		1															13
2				6		56		13		3		1																			79
				1						1																					2
1			1	1																											2
間		1		2		3		4		5		6		7		8		9		10		11		12		13		14		15	合計
合計			1	8		60		72		111		38		30		9		11		7		4		1		1				1	354

桁行(長辺)[単位：間]

*印は1軒ずつ庄屋。7間×4間のみ2軒。計11軒。9間×8間の庄屋の家(千国村)は「板や」

54頁表1—①の慶安2年および同3年の家帳のうち慶安2年の大町村と慶安3年の千国村を除く

う考えればいいのか僕もわからないのですが、それはそれで、現存民家にはみることができないような構造であった可能性も考慮しなければならないのではないかという気がしております。つまり、茅葺でも単純な叉首構造ではない民家もあったのではないでしょうか。

大場　とくに規模の大きなものが板葺のようですが、板葺と叉首構造が具体的につながりませんし、板葺の上部構造がわかりません。この板葺と茅葺とではちがう質をもった民家なのではないかと思います。

箱崎　僕もそのように考えております。ですので、今回は具体的な資料として、現在、主に茅葺が残っている地方について取り上げてみたのですが、長野県でも南の木曽地方や伊那地方のような静岡県・岐阜県に近い地域ですと、板葺が一般的な地域もみられます(**図4**)。そのような地方では、いつまでさかのぼると掘立だということがはっきりしないものですから、掘立板葺と上部構造の関係についてはよくわからないということになります。

玉井　今の箱崎さんの話が重要な点だと思います。つまり、板葺から茅葺に変わっていくこと自体にむしろ意味があると考えたいですね。

それから、曲屋の例でいいますと、発掘遺構と現存遺構との間で、つまり、掘立から礎石に変わる時点で少なくとも本屋の規模がかなり大きくなっています。馬屋の部分は変わらないようなのですが、本屋に関してははっきり変わっています。これだけ変わっているということは建築の表現の形式といいますか、上部の屋根の形が変わるということにつながります。南部地方は貧しいというイメージで捉えられがちなのですが、南部の曲屋という形式自体は、この地域が馬の生産が進んで経済的に安定した時代の豊かさを象徴する上層部の民家形式ですから、この曲屋形式がでてくること自体がかなり大きな転機を示しているのではないかと考えています。

浅川　ここで私から玉井さんに質問させて下さい。さきほど一九世紀の最初ぐらいにそういう構造的な転換があって、それは上部構造の変化とかか

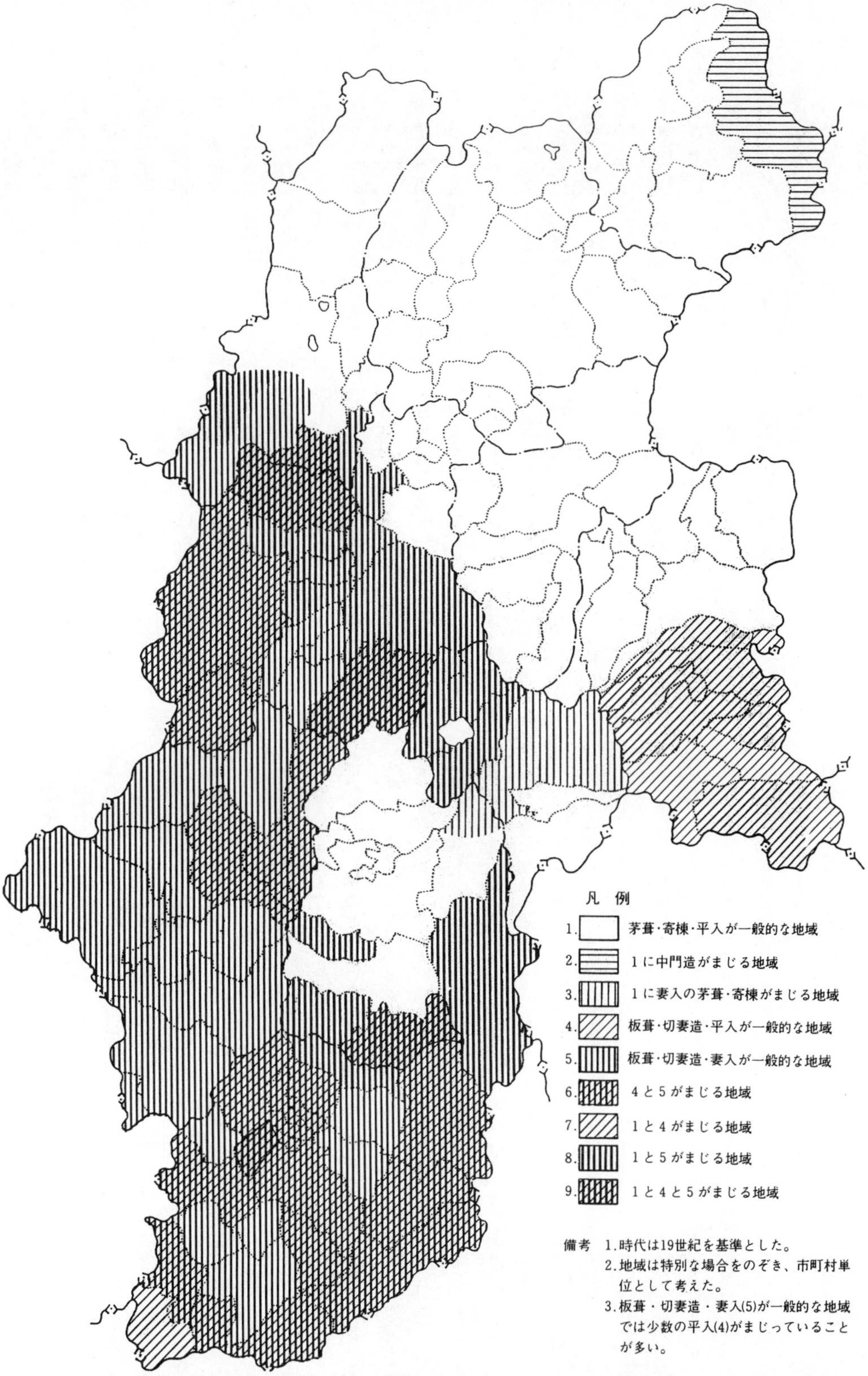

図4　長野県民家の屋根材・屋根形式分布図（『長野県史　美術建築資料編　建築』長野県史刊行会、1990より）

わっていた可能性が大きいのではないかというご指摘をされたのですが、それはどちらを先に考えたらいいのでしょうか。たとえば、屋根がかなりしっかりした構造に変わってしまっていたために礎石建にしたという、構造先行による変化なのか、それとも、礎石建にしたために上屋も変えることができるという柱礎形式先行なのか、民家史の観点からすると、これはどちらの考え方をするのがいいのですか。

玉井　どちらも考えられると思うのですが、屋根の構造ないし表現を変えたいことのほうが先ではないかと考えています。

話はちょっとずれるかもしれませんが、掘立と礎石建の中間形態のようなものもありましたね。武藤さんの話もそうだったかもしれませんが、掘立だけれども地中に礎石があるものをどう解釈するのかということも重要ではないかと思います。

山岸常人　『きりもくさ』にある「中頃台処住居になり狭くて裏通りへ庇をおろせし事か」の解釈ですが、茅葺民家発展モデルの断面形と対比しながらみると、箱崎さんは②以下のいわゆる上屋・下屋構造の下屋の部分が、『きりもくさ』で庇といわれている部分で、それがさらに展開して両側に下屋がついて構造ができあがっていったと考えておられると思います。そういうストーリー自体がよいのかどうかという問題がありますが、そもそも『きりもくさ』という史料で庇を下ろしたというのが、下屋と考えるよりは、一般の茅葺民家でみられるような、周囲にめぐる別構造でつくられた瓦葺の庇と理解できるのではないかと思います。関東の方はよく知りませんが、近畿あたりの民家を調べていますと、軒先を切って庇を別に付ける構法が一九世紀初めぐらいにずいぶんあらわれてくるので、そういうものとして理解できるのではないかと思います。

箱崎　この『きりもくさ』の記載だけでは、どういう形態の庇なのかはっきりしません。また、長野県で茅葺民家が中心に残っている地域において、軒切りをして別構造の庇をつけるという手法がいつ頃でてきてどのように発展していったのかについて、じつは不勉強で知らないもので、この記載をどう評価してよいのかわかりません。私の解釈は、台所を広くしたのに、きちんとした開口部を設けずに、屋根に天辺がつかえ、首を縮めて出入りしなければならなかったというのですから、少なくとも軒切りをするような仕事はしていない、茅葺屋根をそのまま葺き下ろしてその平面を少しだけ広くしたと考えたわけです。発展モデルの図は、とくに増築のときというわけではなく、単純に建物の内部を広くしようという動きがあったとき、構造的に直接関係のない、屋根の庇部分を広くして室内に取り込んで下屋とする動きがあってもしかるべきだろうと、短絡的かもしれませんが、そういう解釈をしたのです。ですが、屋根葺の手順を考えてみると、平面を増築で拡大しても、その部分の屋根を葺き下ろすのはむずかしいでしょうね。屋根は下の方から葺きますから。ですから『きりもくさ』の記載のような増築のときは、軒切りはしないまでも、葺き下ろす形態ではなく、別構造の庇をつけたが、上屋自身の屋根も低かったため、庇の屋根も低くなって首を縮めて出入りしなければならなかった、と解釈した方がよいかもしれません。

浅川　箱崎さんの発展モデルは、掘立から礎石への転換とはあまり関係ないと思っていたのですが、別棟座敷の礎石建物が民家に取り入れられることによって、全体が礎石建物に変わっていくと考えたということでいいのですか。

箱崎　大筋、そう考えていますが、その過程にもいろいろ複雑なことが当然あると思います。

玉井　別棟座敷にこだわる必要はなく、もっと一般的な変化ではないかと思います。近世民家というのはもちろん何回か画期があると思うのですが、西の方ではもう少し前の一七世紀頃に大きな画期があって、おそらく近畿地方の民家はもっと早い時点で掘立から礎石に転換しているはずです。それから関東から東北においても、上層と中下層にはかなりちがいがあって、上層のほうはもう少し早い段階で礎石になっていいし、事実、そういう例もあると思うのですが、一般的な、いわゆ

表2　民家の柱用材一覧表（『彦部家住宅主屋保存修理工事報告書』1999より）

名　称	所在地	建築年代	柱（土間）	柱（座敷）	大黒柱
箱木家	兵庫県	16c以前	マツ	マツ	
高林家	大阪府	1583	マツ		
吉村家	大阪府	17c初頭	マツ	マツ	
降井家書院	大阪府	江戸初期		スギ・マツ	
高橋家	大阪府	17c中期以前	ツガ	ツガ	
石田家	京都府	1650	クリ	マツ	
西田家	奈良県	17c中期	カヤ	カヤ	
山本家	大阪府	17c中期	クリ	クリ・ヒノキ	
中家	奈良県	1659	ヒノキ・ツガ	ヒノキ・ツガ	
渡邉家	京都府	元禄年間	クリ・マツ	クリ・スギ	
伊佐家	京都府	1734	マツ	ツガ・スギ	ケヤキ
北田家	大阪府	18c前半	ツガ	ツガ	マツ
左近家	大阪府	18c中期	クリ	ケヤキ	
瀧澤家	京都府	1760	スギ	ヒノキ	
中家（明和）	奈良県	18c中期	ツガ		ケヤキ
高林家客室部	大阪府	1790		ツガ	
北田家（寛政）	大阪府	18c末	ツガ・スギ	ツガ・スギ	
左近家（後補）	大阪府	19c中頃	スギ・ヒノキ	スギ・ヒノキ	
伊佐家（幕末）	京都府	19c中頃	ヒノキ	ヒノキ	
大角家隠居所	滋賀県	元禄初年	ツガ	ツガ	
宮地家	滋賀県	1745	ケヤキ・クリ	ヒノキ・スギ・ツガ	
小笠原家	長野県	寛永初期		ヒノキ	
曽根原家	長野県	17c中頃	ツガ・ネズコ カラマツ・サワラ	サワラ・スギ	
旧平田家	山梨県	17c後半	クリ・ツガ	ツガ	
旧岩澤家	神奈川県	17c後半	ケヤキ・クリ スギ・ツガ	ツガ	
旧清宮家	神奈川県	17c末	スギ・ツガ・クリ	スギ・ツガ	
春原家	長野県	18c初頭	クリ・マツ・イチイ ツガ	クリ・マツ	
島崎家	長野県	享保年間	クリ	カラマツ	ケヤキ
宮田宿本陣 旧新井家	長野県	宝暦年間	サワラ	ツガ・ケヤキ サワラ	
御子神家	千葉県	1780	シイ・スギ	シイ・スギ	
友田家	静岡県	18c前半	クリ	クリ・スギ	
入野家	栃木県	1837	スギ・クリ	スギ	
旧進藤家	千葉県	1849	スギ	スギ	ケヤキ
大鐘家	静岡県	江戸末期	マツ・ケヤキ	ケヤキ・スギ・マツ	
彦部家	群馬県	17c初頭	ケヤキ・オニグルミ・クリ	ケヤキ・マツ	
茂木家	群馬県	慶安～寛文	ケヤキ・クリ カシ・シオジ	スギ・マツ・クリ ケヤキ	
高麗家	埼玉県	17c後半	スギ	スギ	
阿久沢家	群馬県	17c末	スギ・マツ	スギ	
小野家	埼玉県	18c初頭	クリ	クリ・スギ	
三森家	栃木県	18c初頭	クリ・ケヤキ	スギ・クリ	
荒井家	栃木県	18c後半	クリ	スギ	
御子神家	千葉県	1780	シイ・スギ	シイ・スギ	
富沢家	群馬県	1792	クリ	クリ・スギ	

る本百姓階層が掘立柱から礎石建に変わるのが、一八世紀の後半から一九世紀だと思っています。日本列島全体をみるとそういう変化が近畿地方を除いた全域に広がっていきます。大きくみれば、間取りが広間型から田の字型に変わるのもその時期だし、掘立から礎石に変わるのもその時期だと思います。もちろん、まったく一致するわけではなく、大きな趨勢として、そのような変化があるわけで、座敷の問題もその中に含まれるのではないかと思います。

建築用材の問題

玉井　ちょっと話はそれますが、民家に使われている建築用材の話も、掘立柱から礎石建へという変化と無関係ではないと思います。現存する遺構で、最近、解体修理によって建立年代が近世の初頭までさかのぼることが判明して、建築史でも話題になっている彦部家という非常に重要な民家が群馬県にあります（三二四頁、図25）。その民家では構造材に栗を使っています（**表2**）。もちろん礎石建の民家しか残っていませんから掘立の場合はよくわかりませんが、礎石建のものでもわりと早い時期のものは栗をよく使っています。それがある時期以降になると檜や杉という、わりと柔らかい、それこそ貫をほりやすい、それはちょっと関係ないかもしれませんが、そういう材料を使っています。つまり、栗を使うということは掘立柱であった時期の名残といいますか掘立柱を使っていた時期の名残のような意味をもっているのではないかと、これもまだじゅうぶん用例が集まりませんが、そういうことを考えています。使う材料のちがいというのはやはり、柱の太さや使い方、棟の架構などという建築技術のちがいにつながりますから、そういうことを含めて考えなければいけないと思います。

金子裕之（奈文研）　それに関して、以前に『普請研究』二七号（一九八八）で、用材について特集が組んであるのを建築研究者にみせてもらったことがあります。そこで松を使っている建物があって、なぜ、そんな格の高い建物に松を使うのか聞きましたら、要するに規制の問題で檜のような高級材は天皇や幕府などの主要な人しか使わせない、あとはいわゆる質素倹約令で使わせなかったのだと教えてくれました。先ほどの民家の場合、用材の問題とそういう規制の問題とは関係がないのでしょうか。

玉井　用材の問題については私より詳しい方がいらっしゃると思うのですが、私自身用材に対する規制が決定的であったとは考えていません。むしろ、それぞれの地域の状況に応じた材を最初の段階では使っていたものが杉なり檜なり松なりといった建築用材に徐々に変わっていくと理解しています。そこに規制のようなものが絡んでいるとは考えていないのですが、どうでしょうか、山岸さん。

山岸　そういう規制が古い時期に史料上残っているのをみたことはないので、少なくとも古い時期に規制があったかはわかりません。近世になったらあると思うのですが、その地域の材料や経済力などが関係してくるのでしょう。

宇津木台D地区の石場建民家の年代

浅川　つぎに梶原さんと服部さんに対する質問に移ります。まず梶原さんに対して宇津木台D地区のSB〇一が一八世紀に建てられた可能性があるのではないか、という質問がきています。

山岸　これは、現物をみていませんから、判断しがたいのですが、SB〇一の断面図（三六頁、図2）をみると新しそうな部分もあるものの、平面図だけで形式的にみると、座敷の二面に一間ごとに柱が立っているのが注目できます。関東で一間ごとに柱が立つ形式がいつまで残るのかはよく知らないのですが、近畿地方の民家をみている印象でいうと、この形式は一八世紀にあってもおかしくはないという気がします。この問題から派生することは、出てくる遺物と、建物の建立時期をどうつなげていくかということです。それから、この建物との直接的なかかわりだと、確かに一九世紀に建ったとしても、前身建物の平面形式をかなり踏襲している可能性もあるのではないかと建築史の側から推定できるのですが、その辺りについてどうお考えですか。

梶原　年代決定の根拠は先ほど申しましたように、遺物からです（三七頁、図3参照）。ここでは一八世紀の遺物は、ほとんど見あたりません。一八世紀に初現を求めるような生産年代の遺物があることはあります。たとえば、487のぺこかん徳利などは一七六〇年代あたりからつくられいてますし、それから594の御神酒徳利も、文様を考慮すると一八世紀にさかのぼってもよさそうなものなのですが、生活のセットとしてすべて揃うのが一八二〇〜三〇年代ぐらいなのです。また、もう一つの根拠も、先ほど申しましたような状況証拠です。つまり、本家と思われる建物が一七七〇年代に廃絶していまして、それ以前はこの地域では新屋は上に出さないという習慣があるので、本家より上の方に家は出ていないだろうと考えられることから、建物自体の形式についてはわかりませんけれども、この建物の成立は一九世紀が妥当だろうと思っているのです。遺物からみた遺構の年代決定については、おっしゃるとおりむずかしいのですが、それぞれのつたない状況証拠を積み重ねて年代が導かれてきたということをご理解いただいて、私の答えとさせていただきたいと思います。

山岸　この建物は写真などは残っていないのですか。

梶原　報告書には写真が載っています。

山岸　現物をみれば建築としての年代はある程度推定できると思いますが、建築史の方にみてもらっているのですか。

梶原　建築史の方にはみてもらってはいません。

浅川　関東地方の民家からみたときにどう考えますか。

玉井　現物をみないとわからないですが、先ほど山岸さんがいわれた座敷の前の柱があるのをみると、一八世紀にいくと思いたいですね。これだけでは判断できませんけれども、関東地方で調べているなかでは古い部類に入るかもしれないと思います。

山岸　ここでいつ建ったかという問題のほかに、どこかに建っていたものを一九世紀に移築してきたという可能性も含めて考える必要があると思います。

浅川　重要な問題だと思います。

立地地盤の問題

金子裕之　関東では、山手と下町ではまったく地形がちがうわけですが、武藤さんがあげた四谷三丁目遺跡というのは、ローム層台地なのかそうでないのでしょうか。

武藤　四谷三丁目はいちおう台地の上です。

金子　台地の上ならば別に掘立柱でも構わないのでしょうか。先ほど、武藤さんがおっしゃられたのは盛土をして下町の軟弱な地盤だから掘立にはしにくいといわれたと思うのですが。

武藤　それは、大名屋敷などの大型武家屋敷の場合です。

金子　四谷三丁目の場合にはローム層の上なので、掘立柱だということをさっきおっしゃられましたね。

武藤　あれは、町屋の遺構です。

金子　梶原さんがおっしゃっておられた染井遺跡は台地の上ではないのですか。

梶原　台地の上です。東大と同じ本郷台で、ローム層の上にあります。

金子　そうすると掘立であるか礎石であるかは、ひとつの理由として地盤の問題があるのかということが聞きたいのです。

武藤　当然、地盤の問題もありますけれども、藤堂家の屋敷は下屋敷ないし抱屋敷の一部でして、上屋敷、下屋敷、抱屋敷ではそれぞれ格がちがいますので、そういった点で、別の要因が働いて掘立になっているのかもしれないと考えています。

梶原　わたしの見解は、やはり武藤さんのおっしゃるような要因もあると思いますが、もう一つ、国元の伝統も反映しているのではないかと思うのです。藤堂家はご存知のように津藩で、伊賀上野の城なども抱えております。国元の状況はよくわかりませんが、下屋敷の発掘で江戸でもめずらしい国元の伊賀焼が出土していることや、史料によると大工は国元から呼び寄せたこと（貞享三年〈一六八八〉『永保記事略』）などから、そういった影響もあるのではないでしょうか。

中世の掘立柱建物と礎石建物

宮本　服部さんが配られた資料はほとんど掘立の例だと理解しますが、別の鎌倉の遺跡では、礎石建の遺構があるのかどうか教えていただきたい。礎石と掘立で平面が同じ建物の場合どういうふうに使い分けしているのか、格式の差だと思うのですがどうでしょうか。

服部　今日のシンポジウムの主旨から、礎石建の建物をほとんど抜いてしまっているのですが、今小路西遺跡のなかで、アミが掛かっているものはすべて礎石建物です。これは、玉井先生が『絵巻物の建築を読む』（東京大学出版会、一九九六）の中で「絵巻物の住宅を考古学発掘史料から見る」という論文を書かれていますが、鎌倉の場合には基本的には寺社と、このような大型の武家屋敷を中心に礎石建の建物が採用されています。もう一つ、鎌倉時代後期になると、中小規模の御家人も主屋と付属建物からなる、ある程度規模の屋敷地をもつようになると申しましたが、その中でも主屋は礎石建の建物が多いようです。ですから雑な話でいえば、武家屋敷の中では礎石建物が比較的多く使われて、庶民の住まいでは掘立が主流であった、ということがいえると思います。

宮本　じつは私、鎌倉時代を中心とした掘立柱建物の事例を全国的に集めています。その中でたとえば、桁行が五間〜一〇、一一間という民家は畿内からその周辺にかけて、たくさん分布しているようです。一般の農家でも掘立柱で梁間五間くらいのものがかなりたくさんでています。そして、地方では礎石建物がほとんどみつかりません。ですから、礎石建民家は当時の中心地であった鎌倉と京都を中心として発達した建物であるといえるのではないかと考えております。それが畿内から近畿にかけて、あるいはもっと普及していたと思っています。それでひとつ問題なのは、礎石と掘立でプランが同じで、礎石は格式が高くて高級な武家屋敷の主屋でしか使わないとすると、両者の構造的なちがいはどうだったのかということです。箱木千年家は総柱というタイプで、土間の一本と前座敷の一本だけ柱がぬかれているほかは、基本的に部屋の中にも柱が林立するという民家です（図5）。そういう構造のプランをみると、古い時期には柱をぜんぶ建てるのが、室町時代以降は柱をぬくようになって、近世につながるという一つの発展図式を考えることができます。掘立柱の場合は柱を地面に固定しますので、途中に貫はつくらなくてよく、柱頭に梁をかけ、前後に側桁を通して中央に束をたてる構造を想定できます。じつは、箱木家がそういう構造をもっているのですが、礎石建なので軸部の梁行を一間おきに腰貫と飛貫を入れています。掘立と礎石のちがいはその貫があるかないかだと思います。もちろん礎石の場合は、材料はいいものを使っていると思いますし、一般の集落にある掘立柱の建物は柱は自分で立ってますから、貫を使わず、柱頭は又木かもしれません。ただ規模をみると中央と地方の構造的な区別はないと思います。

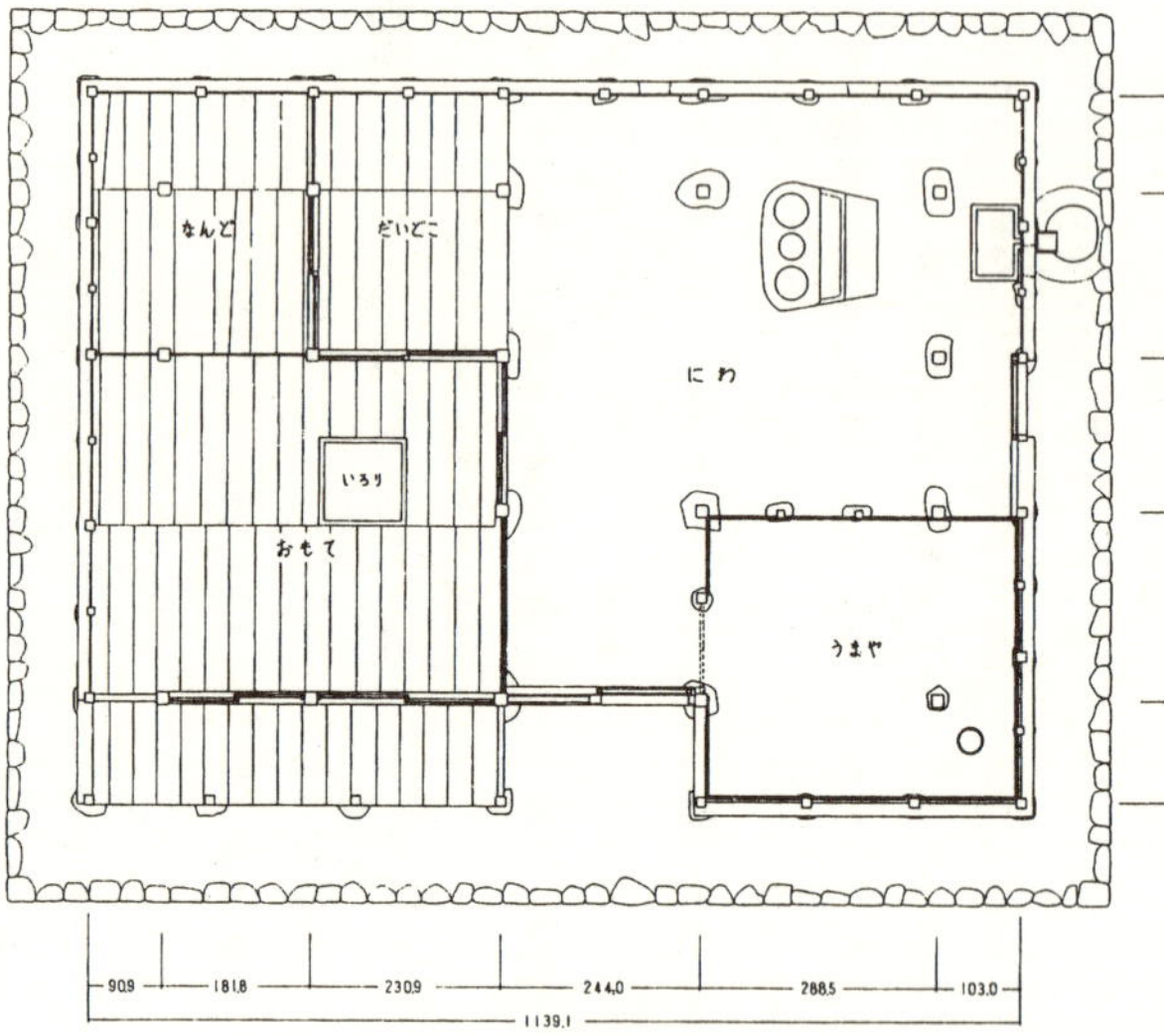

平面図

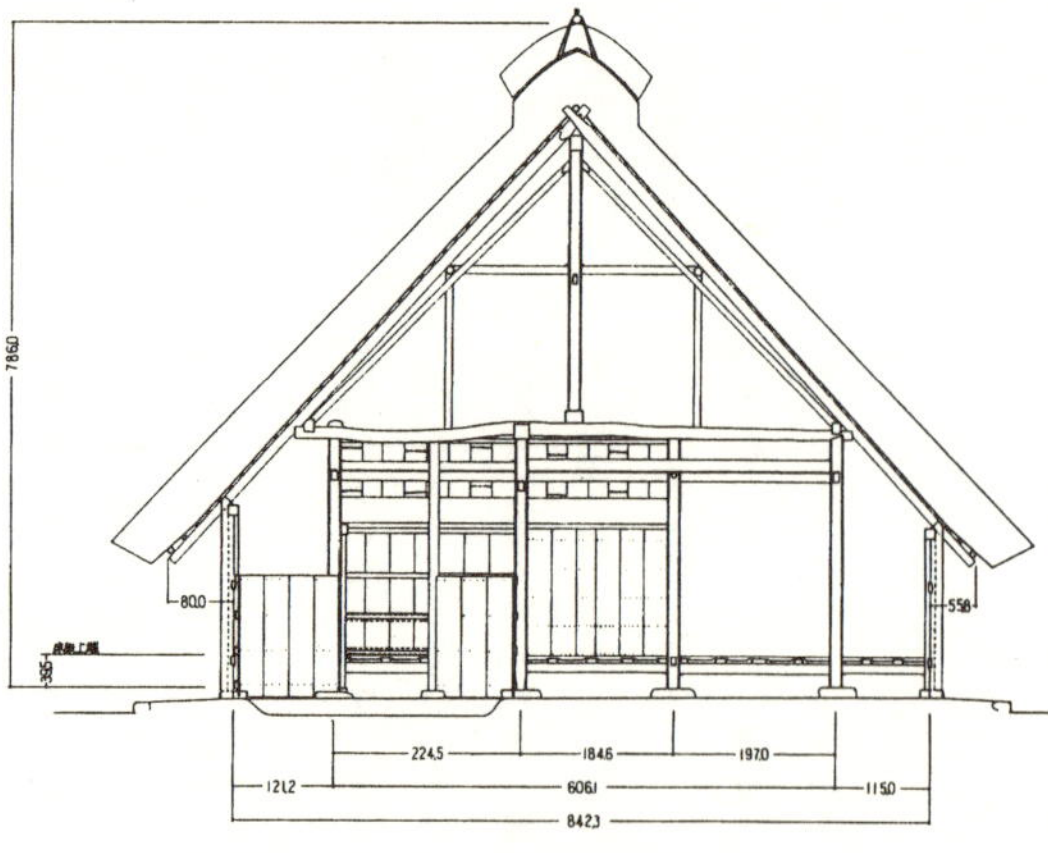

断面図

図5　箱木家住宅（『箱木家住宅（千年家）保存修理工事報告書』1979より）

象徴的な掘立柱

浅川　ありがとうございました。私は論点が二つあると思っていました。一つは、先ほどから話に出ているように、礎石になるときには上部構造が発達しないと建たないという問題。もう一つは、礎石の建物の中に二本だけ掘立柱が残るという旧山田家や、江川家の「火伏せの神」として一本だけ掘立柱が残る例（一八三頁、図3）を、いったいどう考えたらいいのかという問題です。建築技術から考えた場合、最初に掘立柱を何本かたてると建物をたてやすいとか、もっと象徴的に大黒柱や心の御柱のように天と地をつなぐ意味があるとか、いろいろな考え方があると思うのですが、上野邦一さん（奈良女子大学）がそれに近いような質問をされています。

上野邦一　意見を述べたのです。今日の討論では、おそらく建物全体が掘立柱であるものをイメージしていると思うのですが、掘立柱がシンボリックに残る建物もいくつか残っていて、かつて木曽の山中で木地師の家だったと思いますが、棟通りの柱を三本か四本、掘立柱にした建物をみた覚えがあります（二五三頁、図3）。そういうのは掘立柱が残ったというのとは別の扱いで議論する必要があると思いました。

浅川　上野さんがシンボリックな柱といわれたように、大黒柱だけを掘立にするという例があるそうです。掘立柱の象徴性を示すような例は東南アジアにあるのでしょうか。

佐藤浩司　わたしがみたものにいくつかあります。

浅川　非常に多いですか。

佐藤浩司　多いです。木というのは地面から生えてくるものですから。

浅川　柱自体が非常に象徴的なのですか。

佐藤浩司　とくに最初にたてる柱は非常に重要です。男女のペアとみることもできると思います。

特殊な掘立柱

上野　いくつか疑問に思っていることがあります。関東地方で掘っている方がいらっしゃるので、三人の方に次のような事例があるかどうかお聞きしたい。奈良時代の平城宮には、礎石柱と掘立柱を混用している建物がいくつかあるのです。こういう遺構が発掘の経験の中で関東地方であるのかないのか、ということが一点。また、これも関西で、礎石は一五センチぐらいの玉石なのですが、石の天端が残っている遺構面よりも低いのがあるのです。これはそのまま柱を立てると柱の根元が埋まってしまうと思うのですが、こういう事例が関東にあるのかどうか教えてください。

浅川　二点でいいんですか。礎石と掘立柱の混用例と礎石が地盤より低い位置で検出される例について、関東の方、武藤さん、梶原さん、服部さん、お願いします。

服部　私の知る限りでは礎石と掘立を同一建物の中で混用している例はありません。もう一つの、礎石が遺構面より低いという点については、われわれが掘立柱建物と認識している中にも、根石程度の小石が入っていたり、鎌倉では礎板とよんでいる板材が柱穴の下に据えられている事例はけっこうあります。

上野　それは、礎石ではなくて礎板と考えるのですか。

服部　礎石建物というのは、遺構確認面に同一レベルで礎石が据えてあるものを認識するわけです。したがって、最初に柱穴の痕跡が遺構面でみつかってそこを掘り下げてから木片なり、石がでてくるものについては、根石や礎板と認識しています。

梶原　私は掘立と礎石を併用する例はみたことがないのですが、掘立柱建物の柱穴配列で、どうしてもこれでは建物にならないという例がありまして、もしかしたら一部礎石を使っていた可能性もあるのではないかと考えたことはあります。それから礎石レベルの問題ですが、土台造というのですか、その場合石を地面スレスレのところでたくさんすえる例はよくあると思いますけれども、それを発掘しますと表土剝ぎの段階で、石の天端が遺構確認面より浮いているために、取り除いてしまったりして確認できないことがあります。その点からいうと、確実に確認面を掘り込んでいないと私たちは確認できないということになります。

武藤　確認面ぎりぎりで礎石上端がでるという例はあります。幕末ぐらいの土蔵の基礎で、確認面を歩いている段階でも石の表面がみえるぐらいのものが結構あります。

浅川　上野さんは奈良時代における礎石と掘立柱の混用はどういうことだとお考えなのですか。

上野　ある法則があって使っているとは思えないのです。というのは、身舎の部分だけ礎石を使っていて、庇が掘立という例ばかりであればいいのですが、逆の場合もあって、今は他に混用する事例はないのかということだけ関心があるのです。混用の事例がないというのはわかりましたが、痕跡として残らないものがありうるということを念頭において、先ほど梶原さんがおっしゃられていたように当然、柱が建つべきところに掘立柱だったら穴がない、礎石の場合なら石もないということは可能性としてはあると思います。

二つめの地中に礎石状の石があるという質問は、僕はあまり経験がないのですけれども、柱位置にしか石がないですから、土台ではないと思うのです。柱位置に玉石が出ていて、それがあきらかに遺構面より五センチぐらいしか下がらないのです。一個だけならたまたまそこだけ地盤が下がったと思うのですが、そうではなくて、全体が遺構面よりも五センチくらい低くなっているのです。関西では例が結構あるような気がするのですが、どういう考えにもとづくのかわかりません。不思議な建物があると思っています。

浅川　たとえば奈良時代の平城宮東院庭園の建物のように建物の隅だけものすごい掘立柱をつくって、あとは礎石にしているという例をみると、奈良時代の礎石建物はもう一つ不安定な構造であって、それを構造的に補強しているのではないかという気が私はしています。

今後の課題

高橋康夫（京都大学）　掘立にしろ礎石建にしろ、建築の技術として捉える見方と、そういう単なる技法として捉える見方があると思います。そういうものが時間が経ったときに、伝統的技術として残る場合があって、そういう場合に即して問題を整理して考えた方が私にとってはわかりやすい、ということで質問用紙に書きました。住居はそれぞれの対象ごとに、様式もちがえば、技術的な内容もちがうし、変遷もちがいます。技術としてみたときに、とくに住居との関連でいえば、先ほど玉井先生もおっしゃいましたように、掘立柱でなくなる時期も、たとえば内裏だったら非常に早いし、寝殿造でもそれに次いで早いし、そういったことをふまえて、どういう歴史的条件、社会的・経済的条件のもとで、どういう変化がおこるのか、そういうことを含めて、民家の場合はどうなのかということを教えてもらいたかったわけです。

先ほど服部さんが出された宇津宮辻子幕府跡ですが、なぜ幕府の建築が掘立柱なのか。当時の京都の、おそらく摂関家クラスの屋敷をモデルにして建てているはずなのに、つまり礎石建の建物をモデルにしているはずなのに、こちらではなぜ、わざわざ掘立柱を採用したのか、そういう問題もでてくるのではないかと思いました。

結局、技術としてみていくと非常に単純化されてしまうわけですけれども、礎石建と掘立というのは、当然いろいろな方がおっしゃいましたように、原理的にはおそらく上部構造と密接に関係しているのでしょう。けれども、たとえば平安～鎌倉、江戸まで降ってきたときに、上部構造と礎石建や掘立がそんなに技術的に差があったのかどうか考える必要もあるのではないでしょうか。おそらく江戸時代だと、同じ建物を掘立を礎石に置き換えてもなんということはない、つまり、礎石建の技術というのは、非常に簡単なそれほど重みのない技術にかわっていた気もするわけです。すると民家に限っていえば、よくいわれているように、いちばん変化の要因としてあげられるのは、地域性あるいは階層性だと思います。そう考えると、問題自体がつまらなくなってしまうので、別の切り方をした方がいいのかもしれませんが、とりあえずは私はそのように思いました。

それから、ある種の技術が日本の社会では伝統化してしまって、古いものに活路を見出す傾向が非常に強いと思います。たとえば伊勢神宮や住吉神社などの神社建築、あるいは江川家の掘立柱などのように、掘立の技術ではなくて、ある種の精神的・文化的な意味をもち込んで残すというような側面もあって、そちらの方に話が進んでもおもしろいのかなと思いました。

古い技術というのは、新田開発のところであげられたように、わりと臨時的、仮設的な技術でもあるわけで、早さといいますか、簡便さを要求されるときには用いられると思いますので、新田開発以外に他に例があるのかということがもうひとつ聞きたかった点です。臨時的・仮設的に住居をたてたり、集落をつくったりするときに、江戸時代という社会ではいったいどの地域では掘立で、どの地域では礎石建としたのかということです。その延長上でいえば、現代でもこれから後でも、仮設的な建物ならば簡便な掘立柱でつくってしまうのではないかと思っています。

梶原　下宿内山遺跡では陣屋の跡が発掘されています。多摩地域は、寛文年間ぐらいまで在地の地頭がたぶん村ごとにおりまして、それに相当すると考えられる三時期の掘立柱建物が検出されています。これはかなり大きな建物なのですが、こういった在地の武士階級でも一七世紀中葉ぐらいまでは掘立柱を使っているという例です。こう考えると、新田開発にともなう農民の屋敷はもちろん、在地土豪クラスも掘立柱と考えたほうがよいのではないかと思います。したがって、一七世紀中葉の小川村の新田開発にみられる二間×三間の掘立柱建物は、仮設的な建物であったかもしれませんが、むしろ一般的な居住形態ではなかったかと思っています。

一九九八年二月一〇日
於奈文研小講堂

コラム①

掘立柱をもつ近世民家

西山和宏

昭和三〇年代以降、民家調査が日本全国に広がるなか、掘立柱をもつ建物も数棟確認された。ここでは、江川家、野嶽家、旧山田家住宅の三棟を取り上げてみたい。

江川家住宅

静岡県田方郡韮山町にある江川家住宅には、掘立柱が一本だけ残存しており、「生柱」とよばれている。生柱は径六〇センチの欅材であり、現在は注連縄《しめなわ》をかけ「火伏せの守護神」として祭られている。江川家は昭和三五年に解体修理をうけ、その際に発掘調査もおこなわれた。そこで同様の掘立柱が数本検出され、生柱が前身建物の柱であることがあきらかとなった。江川家はこれまで火難にあったことがなく、明暦年間（一六五五〜五八）の江戸城本丸修築に際しては、棟木一本を献上したとの家伝がある。前身建物の伝統を継承するため、肝要の位置にあるこの柱を保存し、火難除けとして祭るようになったと考えられている。

野嶽家住宅

鹿児島県肝付郡根占町にあった野嶽仲吉家住宅は、昭和四七年におこなわれた鹿児島県の緊急民家調査において確認された。一九世紀中ごろに建てられたと推定される掘立柱の民家で、後世の改造により一部に礎石が混入していたが、当初はすべてが掘立柱に復原できる。桁行四間半×梁行三間、茅葺寄棟造平入の建物で、ダイドコがドマに張り出した広間型三間取りとよばれる平面をもつ（**図1**）。ドマとザナカ境には建具がなく、無目の敷居が入るのみである。復原すると、ドマは非常に狭く、現在のダイドコとザナカが一室となるが、オモテとナンドは現在と変わらず、すべて茅筵敷の土座となる（**図2**）。外壁は茅壁であったと推定され、掘立柱とあいまって古代住居を彷彿とさせる。聞き取り調査によれば、以前は村内に同様の建物が数棟あったとのことであり、野嶽家は決して特殊な住居ではなかったようだ。構造も表にのみ葺き下ろしの下屋をもつシンプルなものである（**図3**）。架構は側柱をつなぐ側桁がそのまま上屋桁となり、そこに梁間二間半の梁を一間毎にかける。その梁に直接サスがのり、屋根を支える。上屋と下屋のつなぎ材はない。桁行方向には、表から一間および二間のところに、つなぎ梁をいれて固めている。このように、梁行方向では内法の位置につなぎ材はなく上屋梁のみ、同様に桁行方向でも上屋桁のみというたいへん素朴な構造をしている。同じ地区に礎石建物の調査例がなく断定はできないが、掘立柱によって建物の基礎が安定しているからこそなせる技であろう。

旧山田家住宅

長野県下水内郡栄村（秋山郷）の山田芳法家住宅は、昭和三四年におこなわれた調査の際に確認された。その後、幸いにも、大阪の

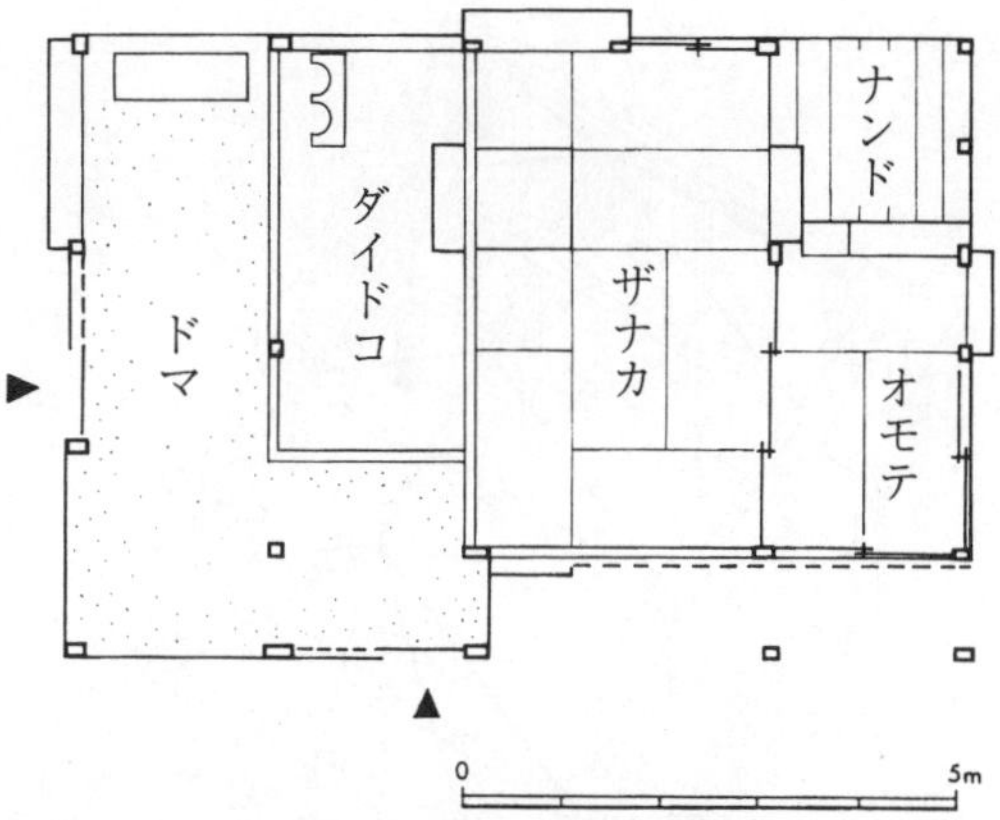

図 1　野嶽仲吉家現状平面図（『鹿児島県の民家』1975をリライト）

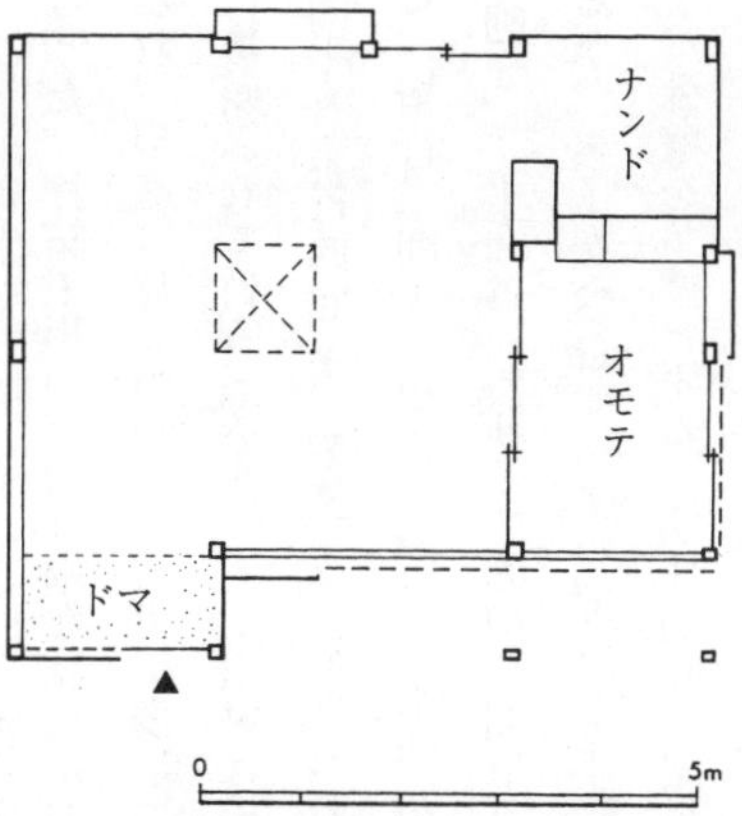

図 2　野嶽仲吉家復原平面図（『鹿児島県の民家』1975をリライト）

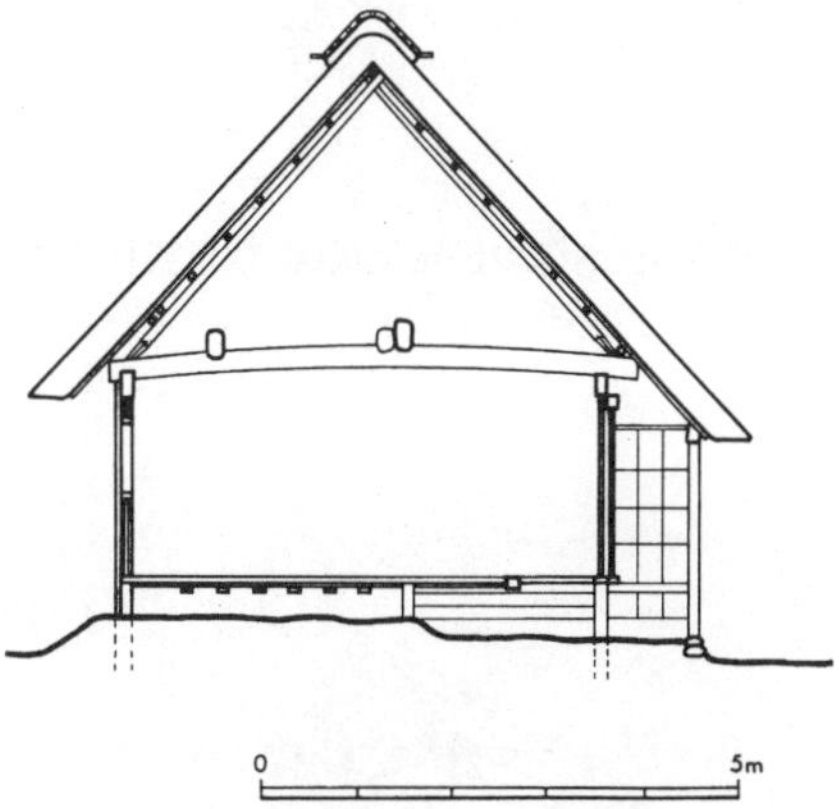

図 3　野嶽仲吉家梁行断面図（『鹿児島県の民家』1975をリライト）

図 4　旧山田家全景（筆者撮影）

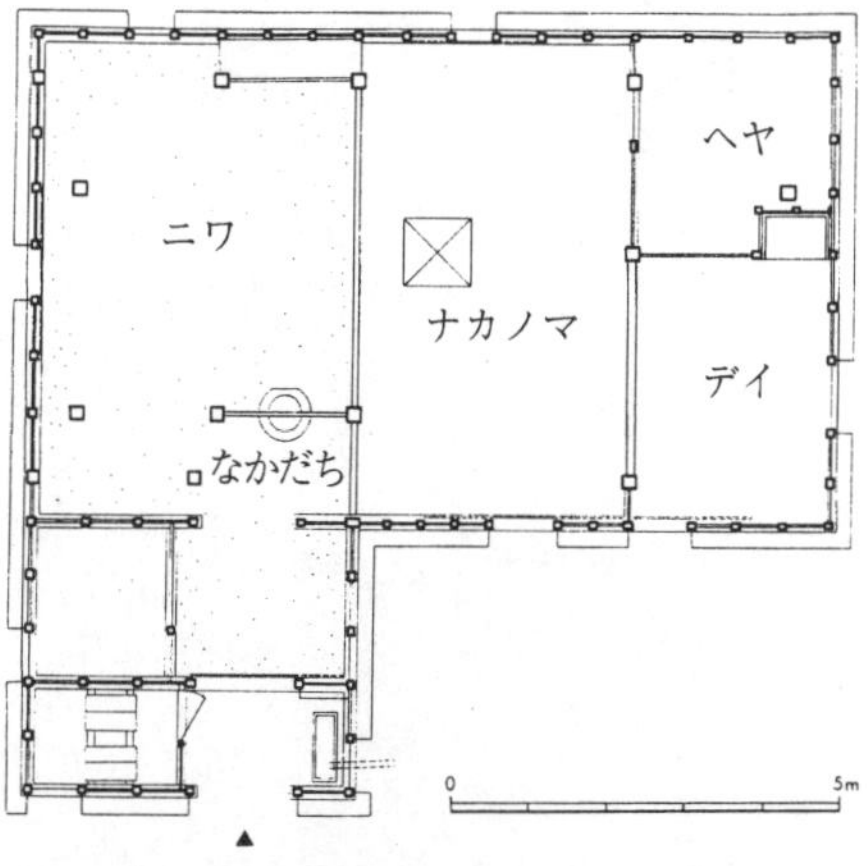

図 5　旧山田家復原平面図（『信濃秋山の民家』1962をリライト）

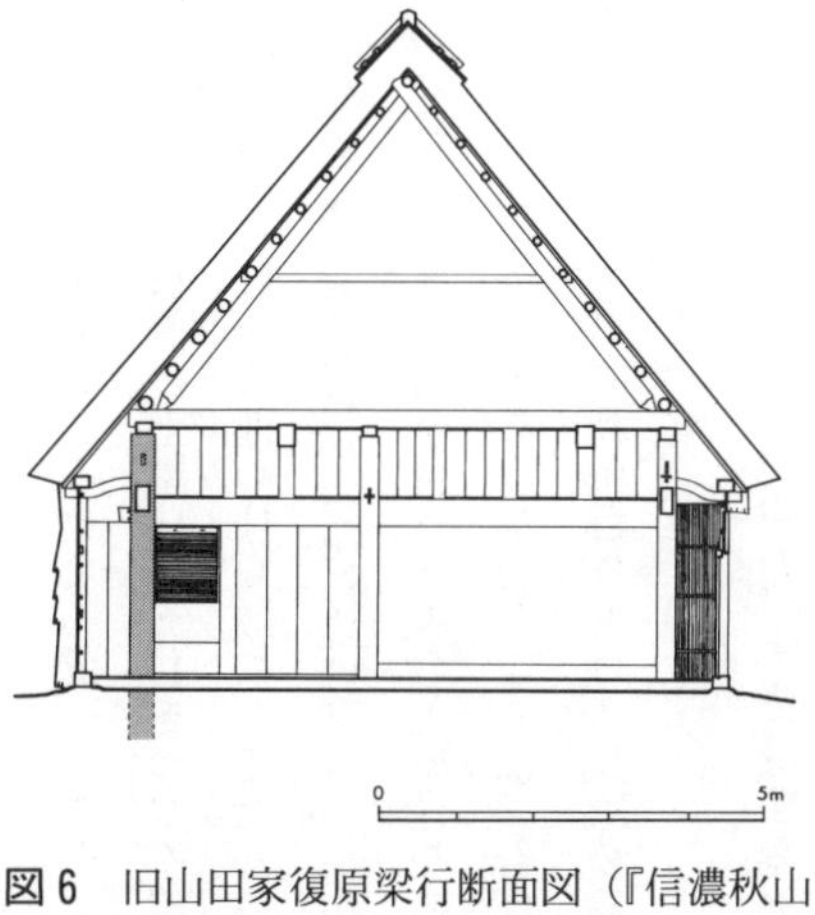

図 6　旧山田家復原梁行断面図（『信濃秋山の民家』1962をリライト）

日本民家集落博物館に移築保存されることとなった。移築工事の際、詳細な調査がおこなわれ、現在は建立当初（一八世紀後半）の姿に復原されている（**図4**）。旧山田家は桁行八間半×梁行四間半、茅葺寄棟造平入の主屋に、桁行二間半×梁行三間半の中門がつく（**図5**）。平面はいわゆる広間型三間取りであるが、デイを含むすべての部屋を土座として、外壁を茅壁とする。間仕切りに建具はなく、ヘヤの入口に筵が吊るされているだけである。構造は、桁行七間半×梁行三間半の上屋に二尺五寸幅の下屋を四周にまわす（**図6**）。屋根荷重を受ける上屋柱は太く（七〜九寸角）二本だけ掘立柱とし、残りの八本は礎石の上に直接たつ。下屋柱は四寸五分角、土台の上に三尺間隔にたっている。このように旧山田家の架構は、野嶽家と異なり上屋柱が桁または梁と差物の二材で緊結され、上屋と下屋も梁によってつながれるなど、礎石建の近世民家に比べても遜色ないものになっている。

　ここで、旧山田家住宅において、上屋柱のうち二本だけを掘立柱とする理由を考えてみたい。まず、軸部を組み立てる際に、この二本の柱を含む裏側の上屋柱とそれをつなぐ梁を固定し、それから他の柱を順にたてたという建築過程との係わりが想起される。しかし、それならば、隣り合う二本の上屋柱を掘立にすべきではなかろうか。ここでは、もう少し視野をひろげ、秋山郷における民家の構造をみてみよう。

　桁行五間半×梁行四間半、茅葺寄棟造平入、広間型三間取り、上屋と二尺五寸幅の下

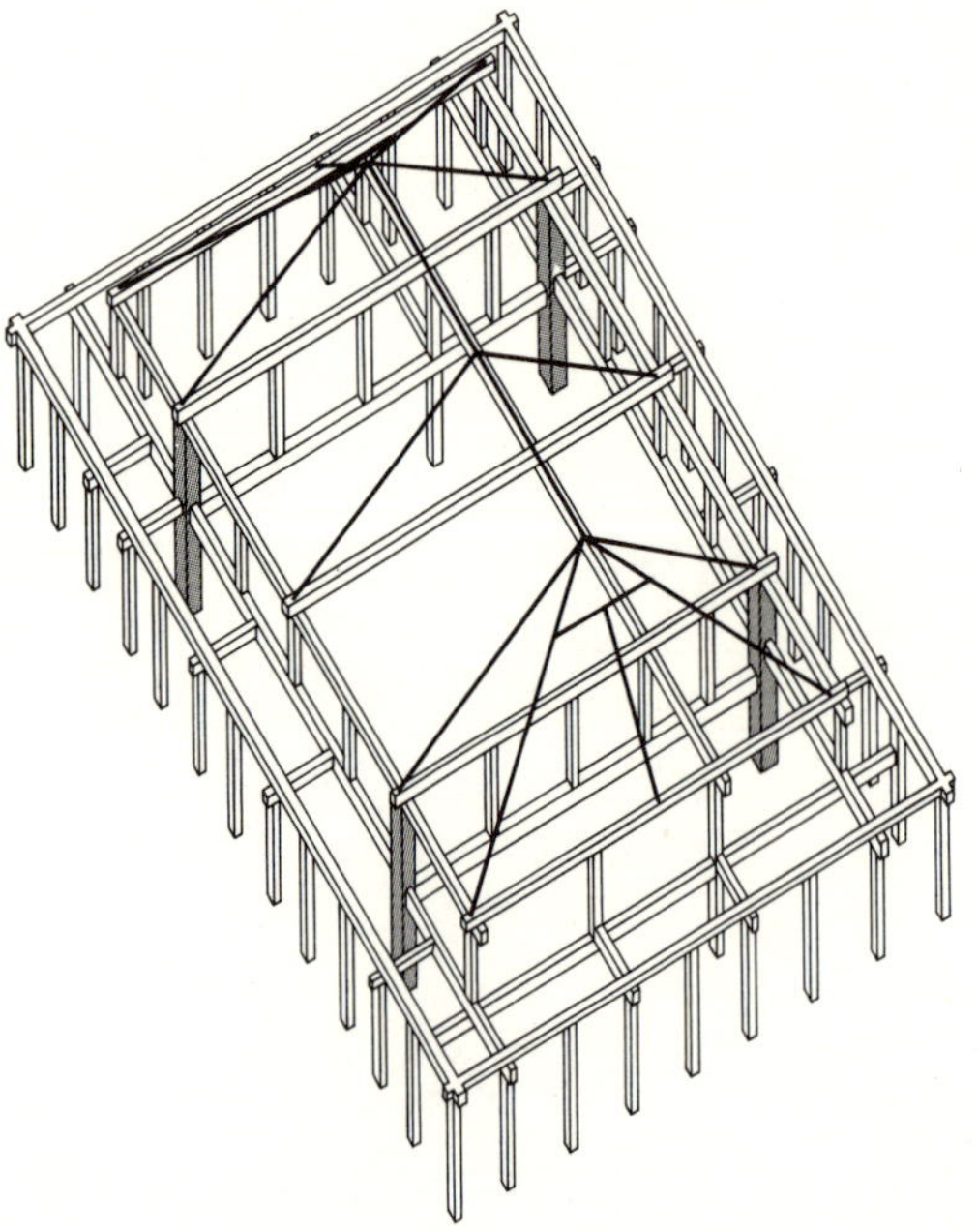

図7　秋山郷の民家架構図（『信濃秋山の民家』1962をリライト）

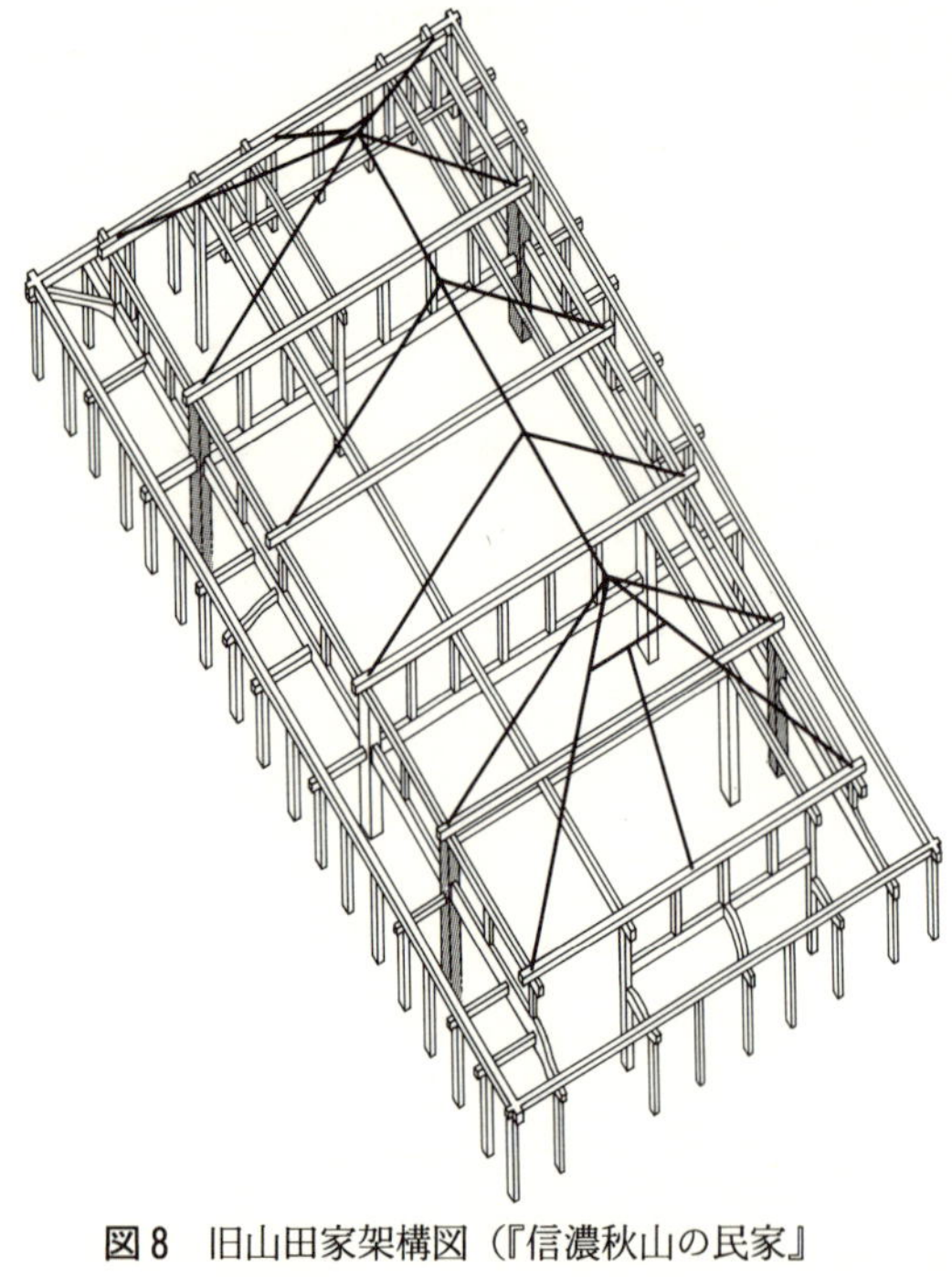

図8　旧山田家架構図（『信濃秋山の民家』1962をリライト）

屋。これが秋山郷で一般的な民家である。構造をみると、上屋梁およびサスの組み方に他地方にはみられない特長がある。通常、間取りに関係なく、隅サスを四五度方向に組むため、棟の両端は部屋境と異なる位置におく。しかし、秋山郷における標準規模の民家では、ほとんどの場合、隅サスが四五度にならず、あきらかに棟の両端を部屋境に揃えようとする意図がみられる（**図7**）。すなわち、ニワとディ・ヘヤの桁行寸法が異なったとしても、ナカノマの桁行寸法が棟の長さと等しくなり、屋根の荷重は部屋境の上屋柱四本に直接伝えられる。さらに、隅の上屋柱はほとんどの例で省略されており、四本の上屋柱が担う屋根荷重の割合はますます大きくなる。とすれば、部屋境にたつ上屋柱四本は構造的意味から大変重要視されていたと考えられよう。

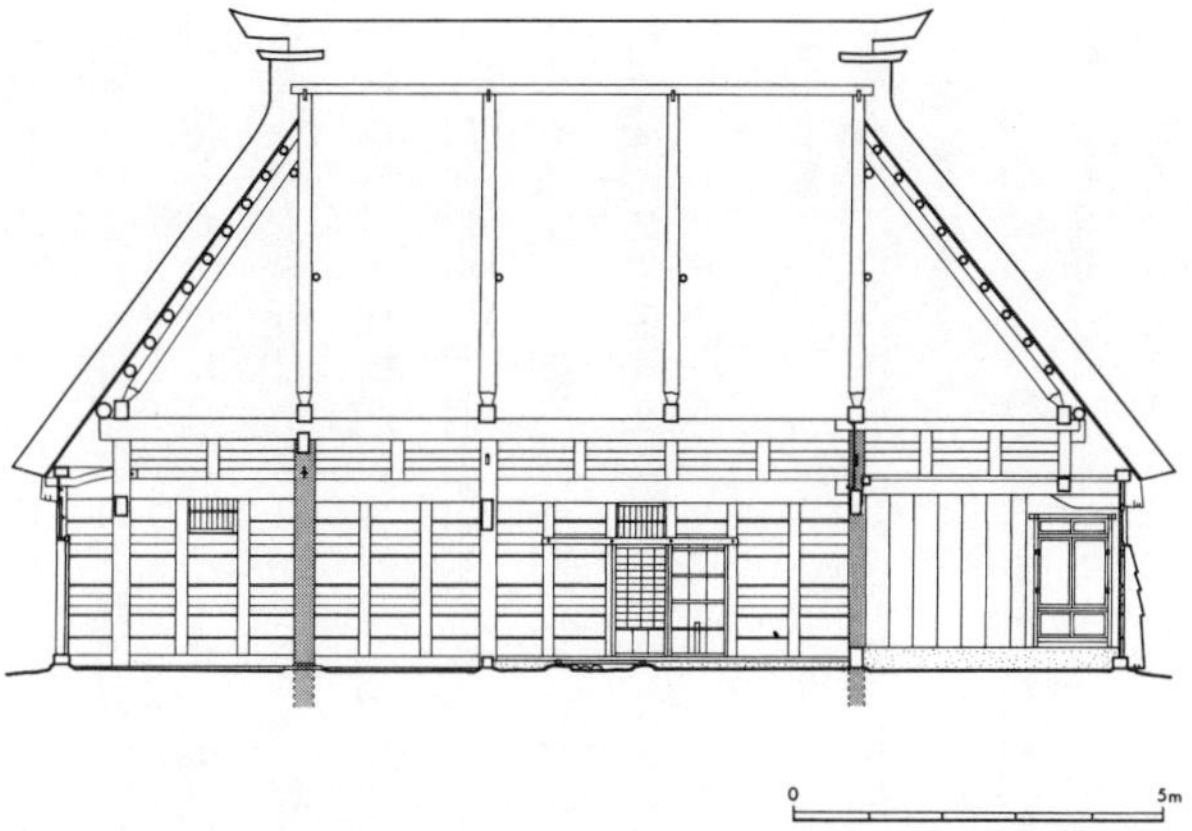

図 9　旧山田家復原桁行断面図（『信濃秋山の民家』1962をリライト）

　旧山田家のような規模の大きな民家も、標準規模の民家構造を応用している（**図8**）。ニワが桁行方向に長くなり、ニワ・ナカノマ境にあった棟の端がニワの中央寄りへ移動する。それにともない、上屋柱もニワ側へ移動するのだが、上屋梁の間隔が一定となるように、ニワの柱位置が決められる（**図9**）。このため、隅方向のサスは四五度に配置されるとはかぎらない。すなわち、ナカノマ桁行寸法の二分の一が基準となり、間取りに関係なく柱の位置を決めたため、ニワに独立柱がたつことになる。しかし、この柱は上屋柱筋から少しずらされるものの省略されず、すぐ脇に竈を設けて「なかだち」をたてる役割を果たす（**図10**）。

図10　旧山田家の「なかだち」（筆者撮影）

　このように、棟の両端にかかる梁を支える四本の上屋柱を重視するという構造原理は、規模が大きくなっても踏襲されており、旧山田家の掘立柱は、重視された上屋柱のうちの二本であることがわかる。この二本を掘立柱としたのは、すべての柱を礎石建にするには、まだためらいがあったためではないだろうか。わずかに建築年代の下る山田たけ家住宅（一九世紀初期）では、旧山田家と構造上なんら変わりがないにもかかわらず、すべての柱が礎石建となっている。旧山田家が建設されることで、すべての柱を礎石建にしても問題ないことが証明され、礎石建建物への移行を促したのではないだろうか。掘立柱による構造の安定性はあきらかであり、礎石建への移行は、上部構造の発展なしではありえなかった。しかし、旧山田家に残る二本の掘立柱をみる限り、礎石建への移行には慎重な手続きを踏まざるをえなかったのであろう。

参考文献

『秋山郷の民家』長野県民俗資料調査報告三、長野県教育委員会、一九六二。
『信濃秋山の民家』日本民家集落博物館彙報一、日本民家集落博物館、一九六三。
『長野県史　美術建築資料編　建築』長野県、一九九〇。
『重要文化財江川家住宅修理工事報告書』一九六三。
『日本建築史基礎資料集成二一　民家』一九七六。
『鹿児島県の民家』鹿児島県教育委員会、一九七五。

第二章　西日本の中近世掘立柱建物

第一節　近畿地方における古代から中近世の掘立柱建物
――京都府・滋賀県・兵庫県の場合――

堀内明博

一、これまでの研究

日本における民家研究は、現存民家遺構を中心におこなわれてきたという経緯があり、必然的に江戸時代以降が主要であった。そのため江戸時代以前の都市や農村・宿・市・漁村・山村など、集落を構成するさまざまな建物については、絵巻物や文献史料を主とした研究のほか、発掘調査資料を踏まえたものが中心であった。代表的なものに伊藤裕久、玉井哲雄、高橋與右衛門、宮本長二郎などによる研究(1)がある。

そのうち高橋は、考古学的見地から東北地方を対象として、鎌倉～室町時代にかけての掘立柱建物と竪穴住居の分析をおこなった。その後、宮本は高橋の研究成果を踏まえ、北海道と沖縄を除いた全国の掘立柱建物を対象に、平安時代後期～室町時代までの資料を収集して建築学的見地からの分析を試みた。宮本はその中で、結論はあくまで仮説としながらも、「平安時代後・末期に発生した総柱型住居が、日本独自に発生したと見るか、中国大陸からの新様式の移入と見るか、その発生要因とともにに検討しなければならない。しかしこの新様式は大阪・滋賀および富山・石川という当時、宋との交易港を中心とした地方に発生・普及していることや、鎌倉幕府が宋の禅宗を国家仏教として、その建築様式にともなう貫による軸部固めの技法が礎石建総柱型住居に使用していること、鎌倉幕府が率先して総柱型住居を採用していることから見て、総柱型住居建築は宋文化にともなって移入された可能性が強い」と結論づけた。そして総柱型住居とともに梁間一間型と仮称する掘立柱建物が、この時期に従前にない勢いで全国的に普及し、近世民家の間取り・構造型式・柱間寸法などの成立に深くかかわっていることも指摘した。宮本によるほぼ全国的な分析によって、これまでほとんど把握されず体系だてて説明できなかった古代から近世への住居変遷の有り方に、ひとつの方向性を見出したことは、高く評価されるべきだろう。

本稿は宮本の研究成果に依りつつも、あらためて古代から近世にかけての掘立柱建物が、どのような型式をとっていかなる変遷をたどり、そして新たな型式としての礎石建物へ移行していったのかを、近畿地方北部の一府二県を対象に分析を試みる。

二、掘立柱建物の型式分類

宮本の分類

古代から中世の掘立柱建物の分析については、先述した宮本の論考のなかで分析と検討がなされているので、詳細はそれに譲り概略をここに紹介する。

まず、中世の掘立柱建物について、奈良・平安時代と異なる、まったく新しい構造型式である総柱型掘立柱建物（以下総柱型住居と呼称する）に注目する。宮本は、古代の掘立柱建物と同系統として扱われる誤認や、本来一棟の建物とすべき大規模な遺構を数棟あるいは塀と建物に分けて扱っていること、また、数棟以上が重複するため規模を小さく捉える場合があること、さらに見落としたものが多く正しく理解されていないことを問題として指摘している。さらに本質的なこととして、建物内部の柱穴が後世の遺構や攪乱により確認できなかったのか、もしくは見落としているのかについては報告書からは判断できないとした。この建物内部に立つ柱（屋内柱）は、宮本自身が総柱型住居における屋内柱は時代が下降するにしたがってしだいに除去され、間仕切り柱のみとなって近世的な間取りが成立すると結論づけるように、きわめて重要な意味をもってくる。このような宮本の危惧はもっともといえるが、近年の発掘調査技術の向上や調査事例の増加により、ある程度克服することが可能になってきた。

次いで総柱型住居とは別に梁間一間型住居が中世に出現するとして、宮本はその特徴をあげた。すなわち総柱型住居と同様、柱径の細いことが縄文時代～中世までの一貫した共通点であり、柱間寸法に関しては弥生時代以降桁行が狭く、梁間が桁行の一・五～二倍ほどと広くなり、この傾向は中世に引き継がれるとした。そして梁間一間型住居は、総柱型住居のようにまったく新しい型式として古代末に発生して中世に普及したのではなく、弥生時代以来の伝統型式（宮本はこれを在来型と呼称しており、本稿でもこれを踏襲する）が、総柱型住居の影響を受けて生まれ変わり、中世に復活するとしている。ただし問題として梁間二間の場合、梁間側面中央柱（妻柱と呼称する）が近接棟持柱であれば在来型の梁間一間型住居となるが、妻柱が壁心棟持柱の場合は、律令型梁間二間の側柱との区別が平面的につけ難いと指摘した上で、いちおう共存するものと考えていた。また発掘調査の事例では、梁間一間型住居には下屋付きの例が多いことから、建物側面への下屋の付き方から、一面下屋、二面下屋、三面下屋、四面下屋にそれぞれ類型化している。

古代末〜近世における掘立柱建物の型式分類

以上の高橋・宮本らの研究成果を踏まえ、あらためて型式分類をおこなう。本稿の作成にあたり、取り扱った遺跡は二七二件、掘立柱建物は約一八〇〇棟にのぼり、一九七五年から最近までに刊行された報告書を対象とした。ただし宮本も指摘するように調査自身の粗密もあるため、報告書や概報から抽出した大部分の遺構図面については、発掘担当者の解釈を基本としながら再検討し、その結果にもとづいて分類した。ただ、一府二県で刊行されたすべての報告書を網羅したのではないので、全容の把握には至っていないきらいがあるが、一定度の傾向は捉えているだろう。

古代末〜近世における各遺跡の主要な掘立柱建物は、種々な形態がみられる中、律令型住居、総柱型住居、梁間一間型住居、梁間三間以上型住居、中門廊付住居の五類に大きく分類できる。

〈律令型掘立柱建物〉

律令型掘立柱建物（以下律令型住居と呼称する）とは、律令国家の成立にともない、大陸からの仏教文化とともに伝搬した新たな建築様式で、都城の宮殿や官衙などに採用され、同時に貴族層や地方の役人、在地領主、荘家などの支配層の住居にも用いられたと考えられる型式である。身舎と庇で構成されることが特徴で、律令制にともなう身分階層によって、建物規模や庇の付き方に歴然とした差異がみられ、社会的秩序を反映した形態となっている。身舎の梁間を二間とするのが原則であり、建物規模にほぼ比例して、柱間寸法や柱径、柱掘形にも明確な差が認められる。また、身舎における桁行および梁間の柱間寸法は、原則的に同一か、やや差が認められる程度で、後出する梁間一間型住居とはそのあり方が異なる。一方、庇の出に関しては、桁行もしくは梁間の寸法に類似するか、庇の出のほうが大きい広庇となるかの二種がある。

この型式は律令制と表裏一体の関係で成立したものであり、それを誇示する装置としての役割も担っていたと考えられる。したがって、平安時代に入ると律令制の解体にともなって衰退すると推測された。ところが、京都を中心として根強く伝統様式として存続することが確認でき、またその周辺部においても新たな影響を受けながら残存していることから、中世を通じて重要な意味をもつものと考えられる。さらに、この形態は中世を通じて変化なく推移するのではなく、総柱型住居の影響を受けて屋内柱を一部もつものがあらわれてくる。宮本はこれを後述する梁間一間型住居Ⅰc型、Ⅱb型と分類していたが、本稿ではそれと区別し総柱型住居の省略形とみなす。また、妻柱が梁間の中央になく、どちらかに寄るため梁間寸法に差異があったり、妻柱が片方省略されたりするものについても律令型の範疇にとどめておきたい。律令型住居の妻柱は壁心棟持柱とならないことが多く、桁行柱と妻柱の長さも同一となり、四周に桁を巡らせる形式により、小屋組構造の変化にともない、妻柱も単なる側柱となって間仕切りの機能を帯びるに至ったことがうかがえる。また庇の出にも変化が見られ、桁行・梁間寸法に比べて短くなるものが確認されるが、それらを下屋と混同した報告もみられる。このことから、宮本の定義どおり下屋庇の出を身舎柱間の半分程度とし、律令型の庇と区別しておく。

〈総柱型掘立柱建物〉

以後、総柱型住居と呼称するが、この呼称ならびに定義については宮本の論考を踏襲し、梁間と桁行の交差部すべてに（床束を含めた）柱の痕跡をとどめるものを示す。ただ宮本が定義する、建物規模と関係なく柱間寸法を二メートル前後か二・四メートル前後とするものが多いという点については、やや異なるようであるから、それを細分したい。また時期が降るにしたがい、宮本も指摘するように屋内柱の省略例が増加する傾向にあるが、それは総柱型住居の省略型としておく。また狭い下屋が、主屋の一部や周囲に取り付く例については、その取り付きかたから一面下屋、二面下屋、三面下屋、四面下屋とする。

〈梁間一間型住居〉

この呼称ならびに定義についても、原則的に宮本のそれを踏襲したい。ただし宮本の分類には少々混乱が見られるので、若干整理しておく（**図1**）。まず梁間一間型住居の基本的な定義は、桁行の柱間が狭く、梁間のそれが桁行柱間の一・五〜二倍ほどに広くなったものをいう。すなわち妻柱が認められる場合も、妻柱と側柱の柱間寸法がやはり一・五〜二倍ほどに広くなったものは梁間一間型住居とみなす。これは片側の妻柱が省略されても、一方の妻柱が同様の寸法を採る場合にも該当する。このことから、柱配置では律令型に近似する両妻柱を側柱とした型式（宮本はⅡa型とする）のうち、梁間の柱間寸法が桁行の一・五〜二倍ほどに広くなったものだけを梁間一間型住居とし、律令型と区別することにしたい。また宮本

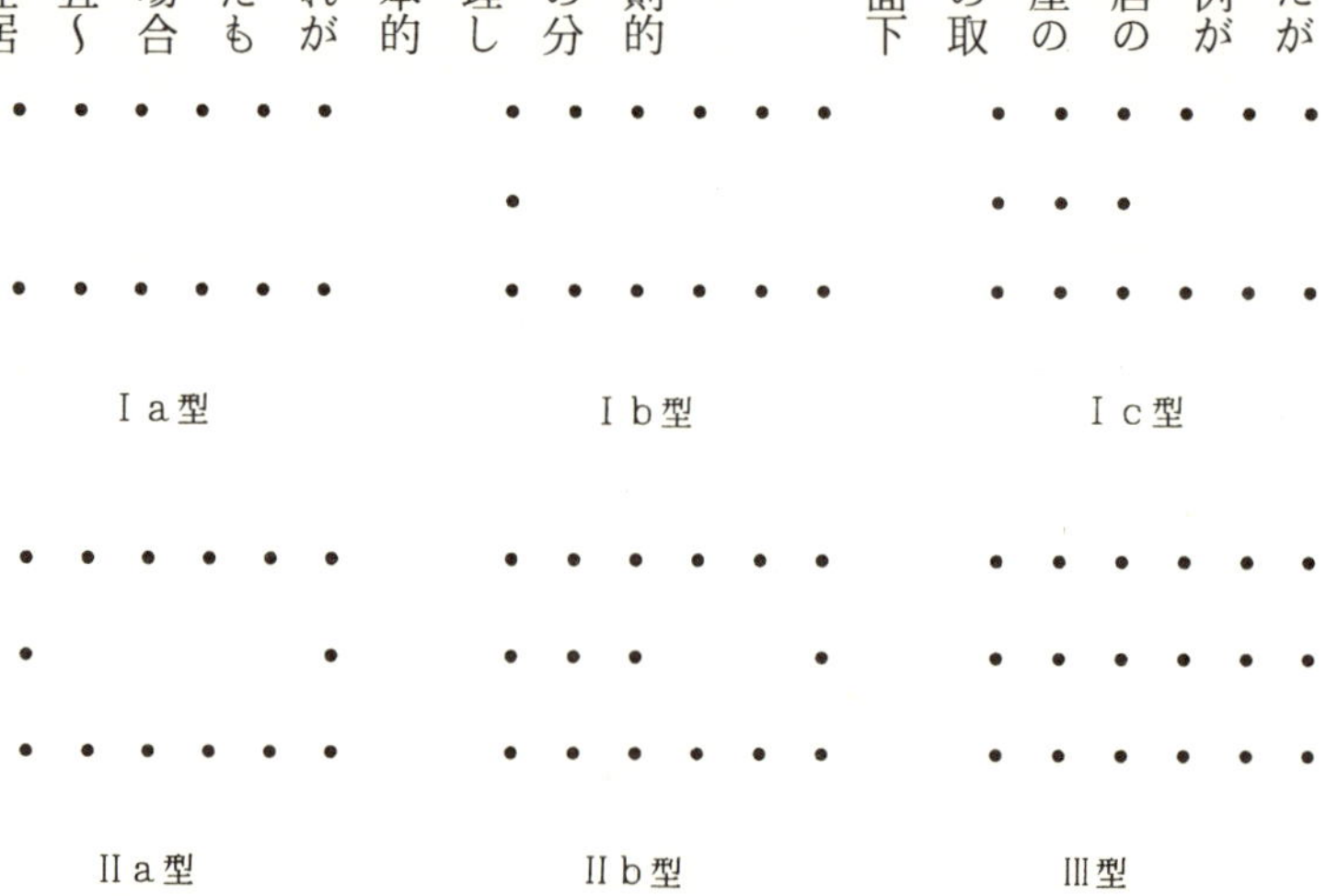

図1　梁間一間型住居平面類型図

のいうⅡb型は、筆者が定義する律令型の一部に総柱型を取り込む形式であり、さらに宮本のⅢ型は総柱型と区別がつかないため、ここではいずれも梁間を一・五〜二倍ほどに広くなったものに限定する。

桁行寸法についても、宮本は二メートル前後と二・四メートル前後に集中し、なかでも二メートル前後の例が多いとしているが、これも総柱型住居同様少し異なるので定義から除外し、寸法についてはさらに細分する。そしてこれに下屋が取り付くものを一面下屋、二面下屋、三面下屋、四面下屋とする。

〈梁間三間以上型住居〉

古墳時代以前の住居は梁間三間が一般的であることが知られている。ただ律令制の成立にともなってほとんど姿を消す傾向にあるが、平安時代末以降ふたたび認められるようになり、その柱間も三間ないしそれ以上と規模が大きく、桁行・梁間の規模が方形あるいは方形に近い長方形を呈するようになる。これは従来小規模な柵や塀のような施設と考えられていたが、建物の可能性が高いと考えられることから分類の対象に含めた。

〈中門廊付住居〉

総じて小規模な総柱型住居の妻側、もしくは平側に一間×一間または一間×二間の突出部（中門とよぶ出入口と考えられる）が付いたものをいう。三間×三間の方形総柱建物に突出部があるものを一間四面堂と報告した例があるが、突出部をもつことからこれは中門廊付住居と考える。またこの型式は中世住居の典型として絵巻物にも描かれ、たとえば『法然上人絵伝』にみられる法然の生家や、『一遍上人絵伝』にみられる一遍の生家のような寝殿造系の建築として評価されている。しかし、遺跡から確認できる中門廊付住居は身舎が総柱型住居もしくは間柱省略型であり、その分布の広がりが確認されることから一型式とした。

〈柱間寸法による細分〉

各項の柱間寸法については、①時間的な変化がみられるのか、②総柱型住居は近畿地方でも鎌倉同様七尺を採用するのか、③戦国期の朝倉氏一乗谷遺跡にみられるような二メートル柱間を基準とするのは近畿地方では時期的にいつか、などいくつかの課題がある。その変遷を把握するため、個々の数値をあげるだけでなく以下のように類型化してみた。

A…桁行・梁間の柱間寸法が同一。

B…桁行の柱間寸法が梁間のそれより大きいもの（梁間一間型住居ほどの差はない）。

C…桁行の柱間寸法が梁間のそれより小さいもの。

D…桁行・梁間の柱間寸法にばらつきが見られるもの。

これをさらに以下のように細分する。

10…中央が広く、両脇が狭いもの。

20…中央が狭く、両脇が広いもの。

30…一方が等間でもう一方の中央間が広く、両脇間が狭いもの。

31…一方が等間で、もう一方の柱間間隔にばらつきのあるもの。

32…一方が等間で、もう一方の柱間間隔が偏在するもの（片側が広いか狭い場合）。

40…桁行・梁間で柱間間隔が広いものと狭いものが偏在するもの。

41…一方が片側に偏在し、もう一方は中央もしくは脇が広いもの。

50…一方がばらばらで、もう一方が偏在するもの。

60…まったく雑然としているもの。

この柱間寸法による細分は、上述した律令型住居～中門廊付住居すべてについておこない、分析をおこなった。

三、平安京・京都の建物遺構

王都としての京都

京都は延暦一四年（七九四）の平安京遷都以来、千年もの長期にわたって王都として存続してきた日本有数の都市であり、現代も都市として機能している。このことから、京都は各時代を通じてあらゆる面で日本の先端技術を保有しつづけた稀有な都市であるといってよい。その都市・京都は、現在の官庁街に相当する宮殿・官衙建築、社寺などの宗教建築、貴族の邸宅や武家屋敷、商人や職人の町屋など多様な建築から構成されていた。さらに、院政期の法勝寺をはじめとする六勝寺、中世の南禅寺を筆頭とする京都五山の禅宗寺院、戦国期から近世にかけての法華宗や浄土真宗系寺院などの大寺院、貴族や武家の邸宅を代表する寝殿造・書院造のほか、聚楽第・二条城・伏見城などの城郭といった日本建築を代表する建造物が次々に造営されてきた。これは時代ごとに新たな技術が導入され続け、その時代の権力を象徴する建造物が存在してきたことを物語っている。これらは、寺院では金堂・講堂・食堂・僧坊・塔、禅宗寺院では仏殿・二階楼門・法堂・僧堂・衆寮、また寝殿造では寝殿を中心とした東西の対・中門廊、書院造では主屋を中心に書院や会所というような、複数の建築から成り立っている。これは一般庶民の住居が主屋・蔵・納屋などで構成されるのと同様であり、建造物といっても多様な機能を有した複合体であることがうかがえる。その結果、当然のこととして個々の建築の構造も異なってくる。本稿で平安京と京都における時代ごとのあらゆる建築を分析することは筆者の能力を越えるため、とくに発掘調査で得られた時代ごとの主要な建築について掘立柱から礎石建への変遷の概略をたどってみたい。また都市の重要な構成要素として町屋があるが、その平面と変遷についての詳細な検討については別稿[2]があるので、それを参照していただくとして、ここではその概略について触れるだけにとどめる。

平安京の遺構

まず都城としての平安京について分析をおこなう。平安京遷都前の都城である平城京の宮殿・官衙建築は、大極殿院や朝堂院地区、一部の官衙を除いて掘立柱建物が主流であった。ところが奈良時代後半の光仁天皇期頃を境にして、掘立柱と礎石を併用するという特異な型式の建築群がみられるようになる（コラム②参照）。それは長岡京にも受け継がれたらしく、二〇〇〇年春に発見された長岡京東院正殿と目される建物[3]は、そのもっとも顕著なものといえるだろう。また平安京の右京三条一坊三町・右京職の調査[4]では、身舎を礎石、庇を掘立柱とした五間×二間の東西棟南北庇付の建物ＳＢ１を一棟確認している（**図２**）。この建物は九世紀中頃まで存続したと考えられており、このような掘立柱と礎石を併用する建物型式は八世紀後半～九世紀中頃までのきわめて限定された時期に造られたようである。

宮内の諸官衙では、現在までに一〇数カ所の発掘調査がおこなわれている。建物配置が比較的推測できる中務省では、礎石建物二棟と掘立柱建物四棟が確認された[5]。これは一つの官衙内で礎石と掘立柱が併存していたことを示す例である。ただし内舎人の正殿と考える身舎七間×二間に南庇の付いた東西棟掘立柱建物は、九世紀後半～一〇世紀の段階で五間×二間の礎石建物に建替えられており、中心建物についてはこの時期に礎石建物に移行した可能性がある。一方、造酒司では、すべての建物が律令型の掘立柱建物と総柱型の倉庫からなり、礎石建物が存在しない[6]。このように平安宮における諸官衙の建築は、掘立柱のみで構成される官衙がある反面、同一官衙内で礎石と掘立柱の両方を併用するものもあり、中心施

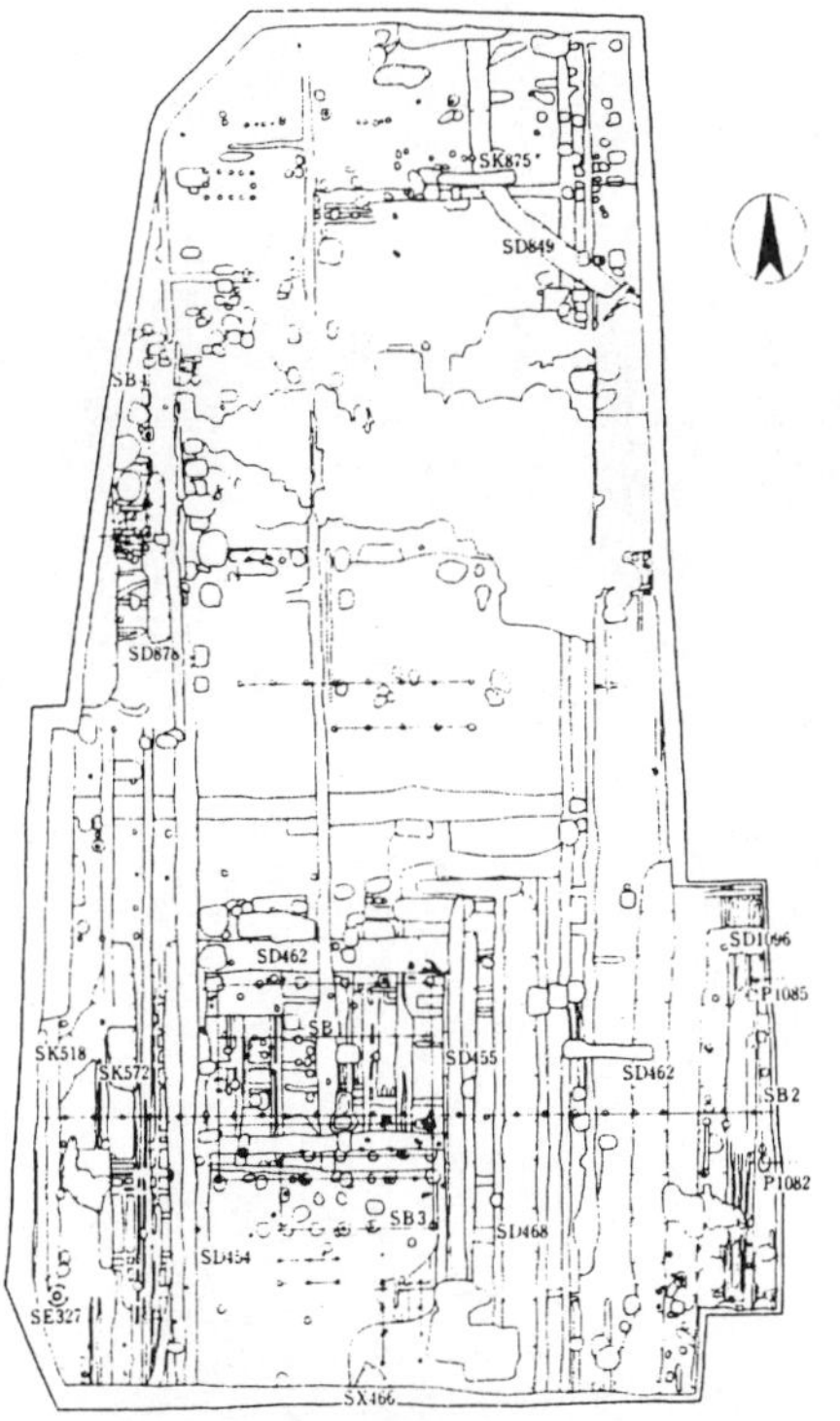

図２　平安京右京三条一坊三町・右京職遺構図（京都府、註４より）

設は九世紀後半～一〇世紀の段階で礎石建に移行した可能性を指摘できる。

一方、国家的な饗宴や儀式の場である豊楽院では、発掘調査の結果、豊楽殿と清署堂が壇上積基壇を有する礎石建物であったことが判明している。(7) 長岡宮の豊楽院については確認されていないものの、豊楽殿東方にある楼閣・栖霞楼の想定位置で掘立柱建物が検出されている(8)ことから、長岡宮から平安宮への遷都の際に、豊楽院は礎石建物へ移行された可能性が高い。一方、内裏については少し状況が異なる。長岡宮の内裏外郭を構成している築地内郭回廊は礎石建であり、(9) 平安宮内裏内郭回廊では複廊となるが、礎石建として引き継がれている。(10) また長岡宮の内裏正殿をはじめとする建物群は掘立柱建物(11)であり、平安宮の内裏正殿である紫宸殿については未確認なものの、先述のように長岡京東院正殿相当建物が掘立柱・礎石併用形式であることから、紫宸殿も同形式もしくは礎石建と考えられる。また蔵人町屋想定部からは礎石建物が確認されており、(12) 平安宮内裏では礎石建物がかなり普及していた可能性が高い。

平安京内および周辺離宮などで居住する官人は、天皇から宅地を班給され、そこに居住することを強要されていた。官人達の宅地班給に関する資料は、すべての律令制都城に残存しているわけではなく、具体的な規模が知られるのは藤原京と後期難波京のみである。藤原京の場合、貴族は一町以上、中下級官人では戸の等級により一町を半分、もしくは四分の一に分割されていたことが知られ、平城京や平安京もそれを踏襲したと考えられている。それぞれの宅地内の建物構成については、平城京の場合、一六分の一町では桁行三間・一面庇付きの主屋と付属屋一～二棟、八分の一町では桁行五間・庇付主屋を含めて四～五棟、一町以上では主屋の規模は桁行七間・二面庇付と大型で、付属屋は倉を含めて一〇棟以上で構成される傾向がうかがえる。(13) これらは法華寺の下層で検出された藤原不比等邸の建物と推定される掘立柱・礎石併用建物が知られるほかは、(14) 大部分が掘立柱建物で構成されている。

平安京では、淳和天皇の後院として九世紀前半に平安京右京四条二坊に造営された建物群(15)をみると、七間×二間・西庇付の南北棟建物は、当初掘立柱であったのが九世紀中頃に一部礎石建に改築されたことが判明している（**図3**）。このように、京内離宮において中心建物でないにもかかわらず、部分的ではあるが礎石建へ移行した状況をうかがうことができる。また、平安京の西南・大山

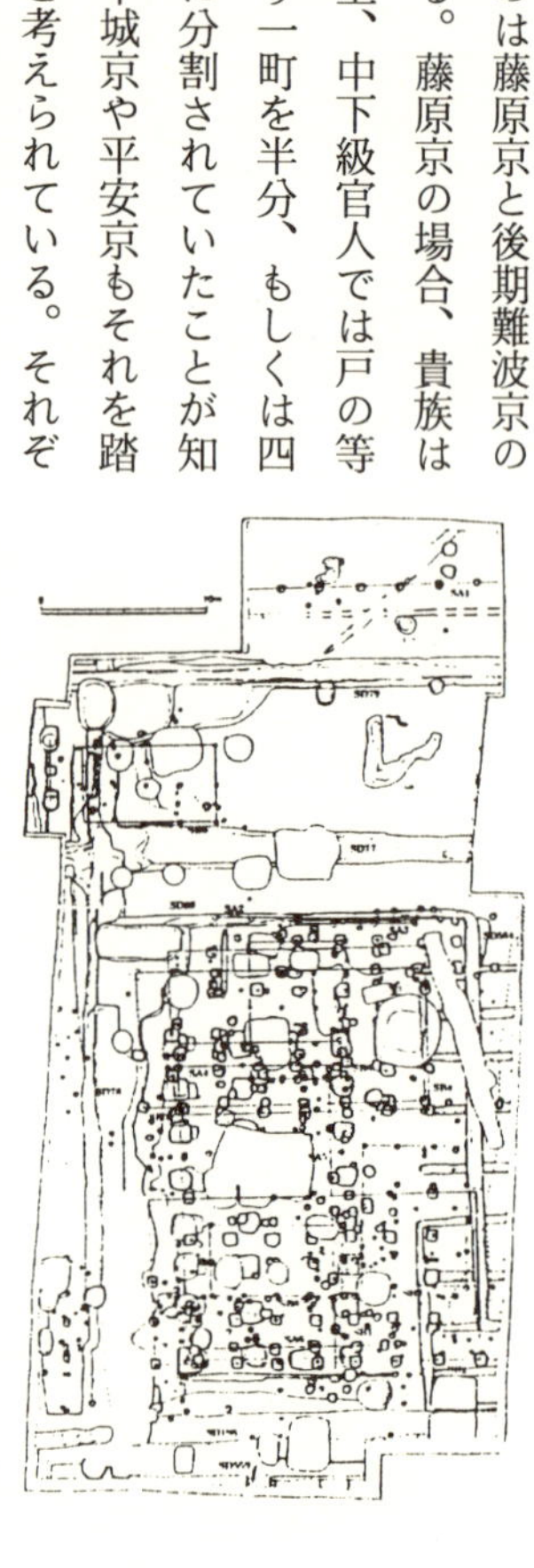

図3　平安京四条二坊（淳和院跡）遺構図（京都府、註15より）

崎に造営された山崎駅もしくは河陽離宮と想定される一郭からは、三間以上×二間の東西棟礎石建物を一棟確認した。[16]出土遺物から、九世紀前半に造営され一〇世紀中頃に廃絶した遺構と想定され、駅ないし離宮の中心施設と考えられている。このことから、京外離宮でも九世紀前半を境として、掘立柱から礎石建への移行がはかられていたと考えられる。

一方、京内の宅地では依然として掘立柱建物が主流である。ただし、一〇世紀前半頃を境にして掘立柱建物の柱穴掘形が方形から円形へと変化する。この時期における京内宅地の建物構成について知ることのできる資料は限られるが、桁行五間に二面〜四面の庇が付くものが六分の一町規模の宅地でも顕著となり、同時に柱径も二〇センチ以下と細くなる傾向がうかがえるなど、律令型の住居に変化がみられる。[17]寺院では礎石建が主流であり、平面形態に注目すると、弘仁九年（八一八）に最澄が比叡山に造営計画を成した天台宗寺院中の四つの三昧院が特筆できる。これは正面五間×奥行五間の宝形造の形態をもつ。同形式の平面をもつ遺構は、寛弘二年（一〇〇五）に建立された浄妙寺三昧堂で発見されている。[18]すなわち五間×五間の周囲に縁が巡る総柱型の遺構であり、三昧堂形式の建物は総柱型の平面をもつと考えられる。古代における総柱型住居の遺構は、平安京域では現在のところ未確認であるが、総柱型のものすべてが寺院に関連するとは考えられず、もちろん住居の可能性も考えられ、その性格については出土遺物や周辺との関連から想定するしかない。

院の建物では、一一世紀代に藤原頼道が伝領した高陽院の一郭で、礎石建物のほか礎石建の廊の一部が確認された。[19]ここから院に関連する主要な建築は、礎石建に移行している可能性が高いと考えられる。なお、この礎石建物は梁間の一部しか検出していないが、梁間が一〇尺から八尺へ建て替えられたことが確認されている。さらに藤原頼道が建立した宇治平等院では、近年、小御所跡が発見されている。[20]小御所は桁行三間以上の礎石建物であり、柱間寸法は桁行端間が七・六尺、それ以外は九尺で、梁間を一一尺にとり、梁間の柱間寸法が桁行のそれより広い律令型C10型となり、この型式のもっとも早い遺構と考えられる。このように、一一世紀になると摂関家や院の御所でも礎石建物が一般化し、以後、鳥羽離宮や法金剛院など、いずれの院の御所もほぼ完全に礎石建物へ移行したと考えられる。型式は寝殿造で、柱配置は律令型を踏襲している。摂関家にかかわる御所で礎石建物が成立した時期については、藤原道長の無量寿院や法成寺がその契機であったと考えられるが、鴨川の氾濫により遺跡が削平されており、現在では確認できない。

一方、律令制都城の寺院をみると、主要な伽藍建築はすでに礎石建物となっている。ただし院政期に建立された寺院のうち、六勝寺のひとつである最勝寺では、当初、掘立柱建物で堂宇が建てられていたらしい。最勝寺五大堂に比定される掘立柱建物は、後に礎石建に改築されており、(21)柱間寸法は桁行脇間が一二尺、それ以外は一三尺をとり、縁が巡っていた可能性がある。このように脇間を狭く、それ以外の柱間を広くとるものに、六勝寺のひとつである尊勝寺の建築にも見られ、(22)また柱間寸法も一三尺を採用する傾向がある。寺院跡から掘立柱建物を検出した例は、嵯峨大覚寺の境内西方で確認した一二世紀代に属する四間×四間の建物がある。(23)柱間寸法は桁行・梁間とも五尺等間であるが総柱型とはせず、梁間三間以上型をとる。しかも礎石建に変更された痕跡はなく、掘立柱のまま存続したことが判明している。ただし、周辺の状況からみて寺院の堂宇の可能性は低く、家政機関の施設に想定され、梁間三間以上型のもっとも古い例の一つといえる。

中・下級貴族の邸宅や武家屋敷の例には、京都大学構内遺跡の村上天皇火葬塚東の調査例がある。(24)ここで注目されるのは七層上面で確認された一二世紀末の武家屋敷跡である（**図4**）。ここでは溝で屋敷境を画しており、東西二八メートル以上×南北二五メートル以上の規模をもつ方形に近い宅地である。そしてその内部に東西三間以上×南北三間の掘立柱の総柱型住居一棟と付属屋一棟を建て、住居の北西隅には張り出しを付けた中門廊付住居とする。柱穴は径約五〇センチで、その中に一辺約一四センチ角の柱痕跡をとどめている。柱間寸法は桁行六・五〜七尺、梁間六・五〜八尺をはかり、総柱型住居D41型に分類できる。この時期の武家屋敷の事例としては唯一であるが、鎌倉より一時期古い京都の事例として重要であろう。

町屋の発掘調査例には、平安京西市で確認された九世紀代の小規模な掘立柱建物のほか、(25)一二世紀代にさかのぼる七条町の掘立柱建物がある。(26)七条町の掘立柱建物は四間×二間で長手方向を道路に面して建てており、のちの町屋の原形と考えられる。柱間寸法は桁行・梁間とも二メートル前後を測る。一三世紀に入ると、七条町では宅地奥に礎石建物が出現するなど町屋形態に変化が見られるようになり、さらに一三世紀末になると七条町だけでなく八条院町でも、(27)間口が狭く奥行きの深い、通り庭を有する礎石建の町屋が盛行する（**図5**）。その奥には付属屋を建てるが、ここでは礎石建物と掘立柱建物が併存している。このように、一三世紀末には京都の町屋は掘立柱から礎石建への移行がおこなわれ、礎石建が広く採用されたと考えられる。そのうえ、付属施設としての穴

蔵にさえ、礎石建のもの、または礎石の上に土台を巡らし、その上に柱を立てる形式のものが現れてくる。(28)

中近世の遺構

足利幕府の成立後、幕府の施設や足利一門の屋敷、守護屋敷が洛中に数多く造営されるが、その一端を知ることができるものに北山殿がある。ここでは金閣の背後から三棟の礎石建物が検出され、そのうち一棟は総柱型となるようである。(29) 東西三間×南北四間で、四尺の下屋が北側に取り付き、柱間寸法は桁行・梁間ともに八尺とする。この八尺という柱間寸法は、一二世紀以降における主要殿舎での柱間寸法を踏襲しているとみられる。

一六世紀代には、洛中にさまざまな寺内町や境内町がみられるが、その代表的なものの一つに山科寺内町(30)がある。最近御本寺西南隅の土塁と堀の調査がおこなわれ、土塁内側で埋甕施設をともなう町屋が一棟確認された(**図6**)。これも七条町や八条院町のものと同様、通り庭をもつ一列型の礎石建物で、桁行・梁間とも柱間寸法を六尺五寸とする。このことから、七条町で成立をみた通り庭をもつ町屋型式が、以後の町屋にも継承されていると考えられる。

織豊政権による天下統一後、京都は巨大近世城下町へと大きく変貌する。洛中の弁慶石町や右京二条四坊竹屋町ではこの時期の町屋が確認されており(31)、大規模なものから小規模なものまでいずれも礎石建であって、柱間寸法は六尺三寸をはかるなど建築型式が前代までとは大きく異なる。ただし、町屋奥の付属施設には依然として掘立柱建物が残り、この傾向は他の城下町でも同様である。とりわけ伏見城下で検出されたいくつかの

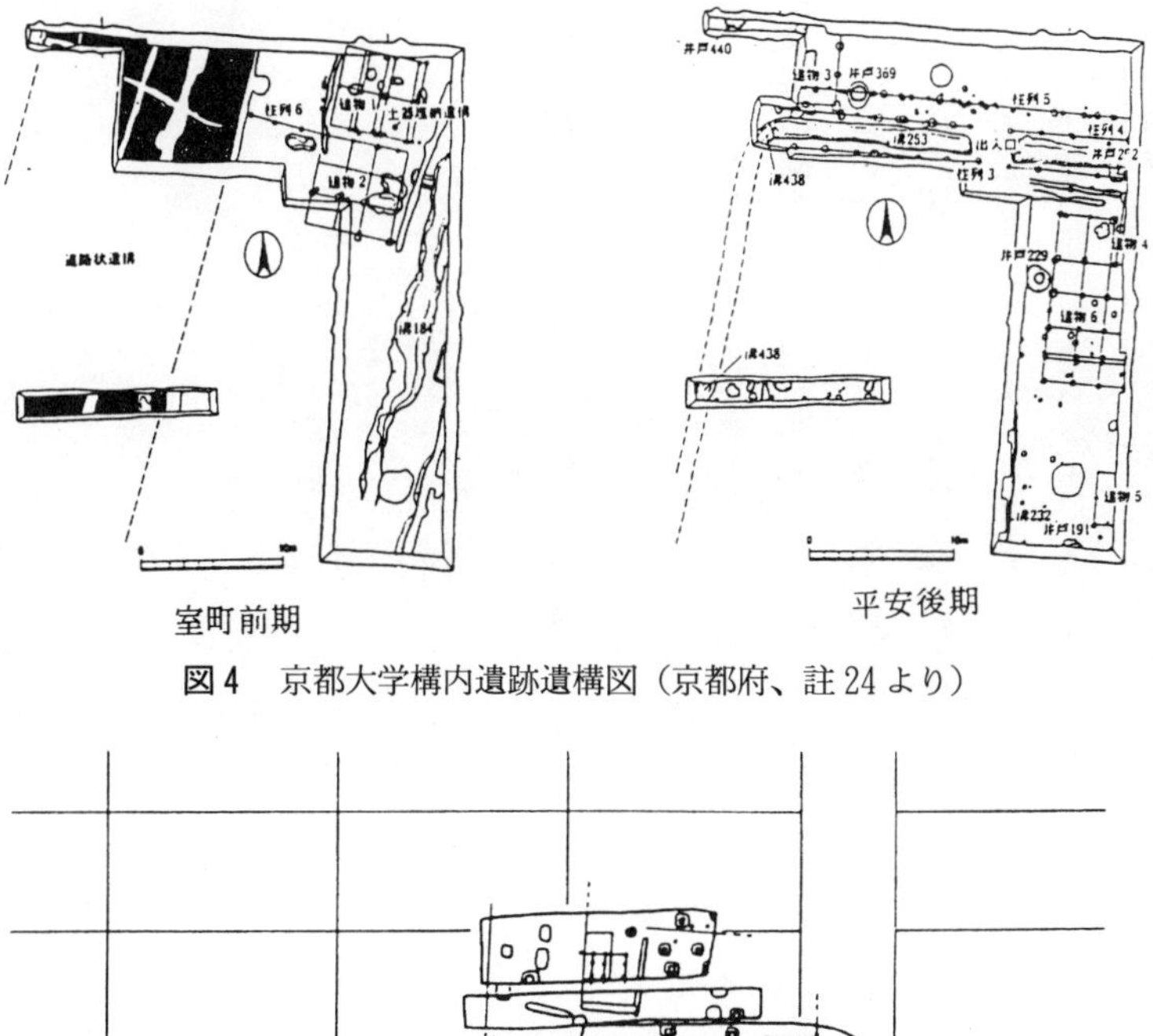

図4　京都大学構内遺跡遺構図（京都府、註24より）

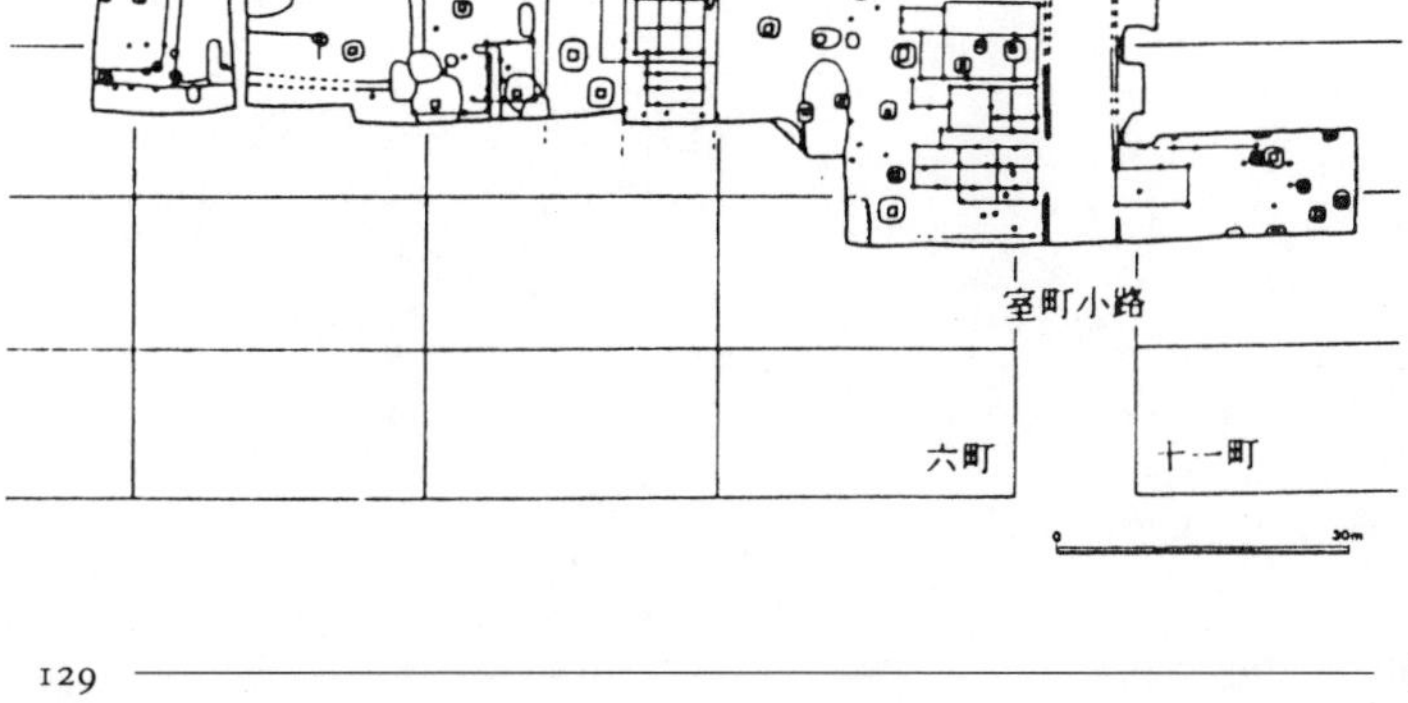

図5　平安京左京八条三坊、八条院町遺跡遺構図（京都府、註27より）

武家屋敷では、当初の掘立柱建物を礎石建物に変更する例[32]や、主殿や書院を礎石建とするが廊下は掘立柱とする例[33]も確認できる。また町屋奥の付属屋にもやはり掘立柱建物がみられる。したがって、江戸期以降の京都では、長屋や付属施設の一部に掘立柱建物が残存していたと考えてよいだろう。このことは御所における公家屋敷の長屋が幕末まで掘立柱建物であったことからも裏付けられ、[34]このような傾向は幕末まで続いたことが予想される（**図7**）。

四、京都府下の建物遺構

桂川右岸・大山崎

桂川右岸・大山崎の地域は、八世紀末の長岡京造営と平安京遷都というあわただしい時代が過ぎた後も、西国道や山陰道への経路に位置することから交通の要衝であった。しかも長岡京は平安京遷都後も完全に廃都となるわけではなく、部分的に宅地として利用されていた可能性がある。[35]このうち祭ノ神・長法寺遺跡[36]は一二世紀以前に成立した庵室で、創建時期は不明ながら三間×三間の礎石建物が三時期の変遷をたどっている。また長岡京右京三六八次調査[37]でも、平安時代にかかる一間×一間の礎石建物にともなう根固め痕跡を確認している。このように桂川右岸・大山崎地域では、平安時代になると寺院関連の建物に礎石が用いられてきたことがわかるが、一般集落はまだ掘立柱建物で構成されている。

一二世紀にはいると、荘園制の成立にともなって開発領主による新たな集落が形成されはじめ、それにかかわる遺跡が顕著となる。そのなかでも長岡京右京七〇次調査（長岡京市下海印寺）[38]では、六間×三間、五間×二間、五間×一間など六棟の建物群を検出し、一三世紀代の摂関家庄園の庄官屋敷と推定されている（**図8**）。これらは

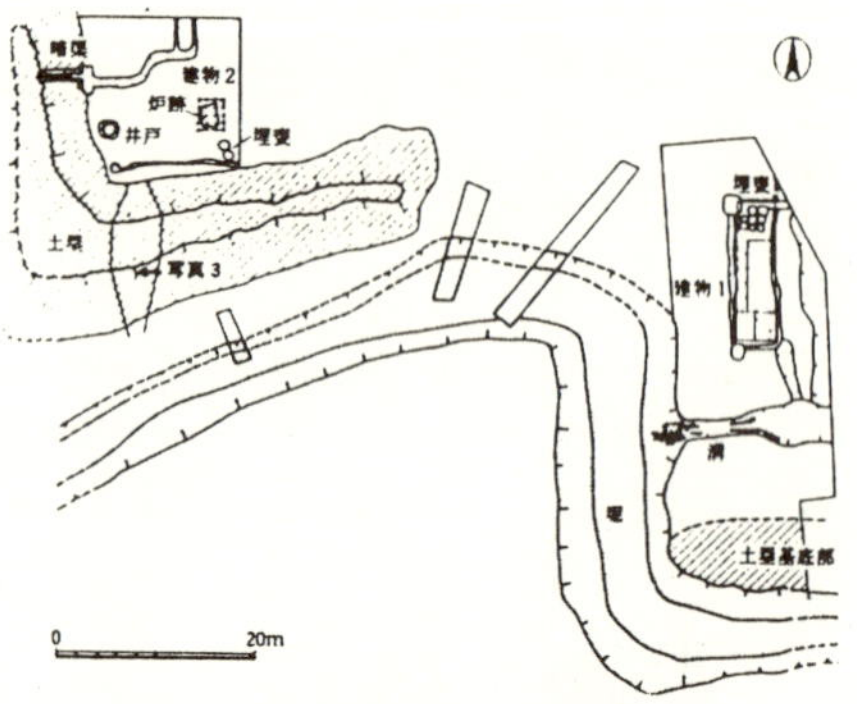

図6　山科本願寺跡遺構図（京都府、註30より）

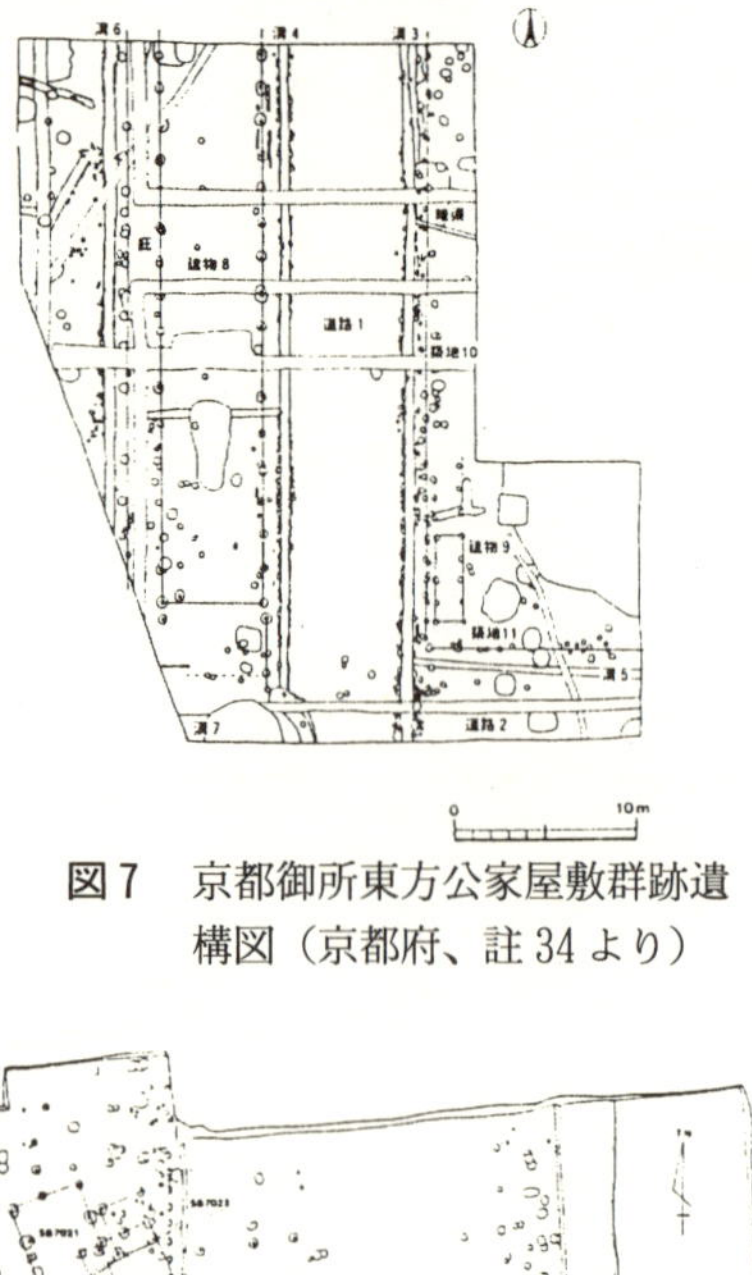

図7　京都御所東方公家屋敷群跡遺構図（京都府、註34より）

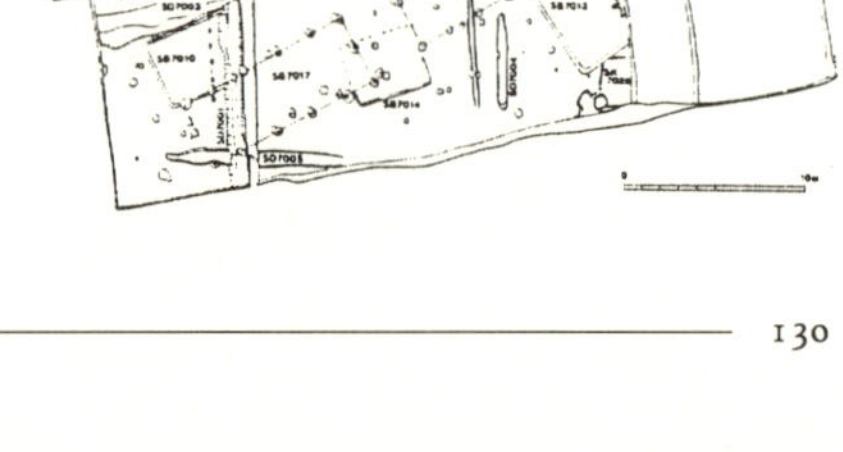

図8　長岡京右京70次調査遺構図（京都府、註38より）

律令型住居が主であるが、五間×一間の平面をもつ梁間一間型Ｉａ型があり、この地域では以後この型式が比較的多く確認できる。

　総柱型住居に関しては、現在まで一二世紀代にさかのぼる例は認められないが、一三世紀後半以降になると久我東町遺跡や奥海印寺遺跡で見られるようになる。(39) とくに久我東町遺跡は、一四世紀前半を中心とする東西九〇メートル以上×南北一五〇メートル以上の大規模環濠集落であり（**図９**）、環濠内からは礎石建物八棟以上、井戸、木棺墓、土壙墓、溝が検出されている。礎石建物は南北直線上に隣接して建ち並び、東西七間×南北三間〜五間という平面をもつ大規模なもので、総柱型住居Ａ型を主体としている。礎石間には土台を据える石敷きがあり、柱間寸法は、ややばらつきがあるもの七尺三寸を基準とする。また、いくつかの礎石建物は屋内柱の礎石が省略される総柱型住居省略型である。兵庫県に現存する桁行四間×梁間三間規模の主屋をもつ箱木家が、地頭職相当の地位であることを考慮すれば(40)、この遺跡は守護職相当の被官屋敷と考えられ、この地位の屋敷では一四世紀前半においてすでに総柱型住居省略型を採用していたことがうかがえる。なお、柱間寸法七尺三寸は、鎌倉の武家屋敷に一般的な七尺よりもやや広い。

　梁間三間以上型は上久世城之内遺跡(41)でわずかに確認できる。また、長岡京右京三四九・三六七次調査(42)（大山崎円明寺他）では、下屋庇付きの総柱型住居がみられる。

　この遺跡は、このほか四間×二間の在来型住居Ｄ32型（四面下屋庇付東西棟）、三間×二間の総柱型住居Ｄ60型、三間×一間の梁間一間型住居Ｉｂ型、梁間三間以上型Ｄ50型などといった複数形式の建物から構成されるが、これら建物の柱間寸法には統一性がみられない。この遺跡は一四世紀代までに消滅し、これ以降は勝龍寺城などの一部城館を除けばこの地区から遺跡が認められな

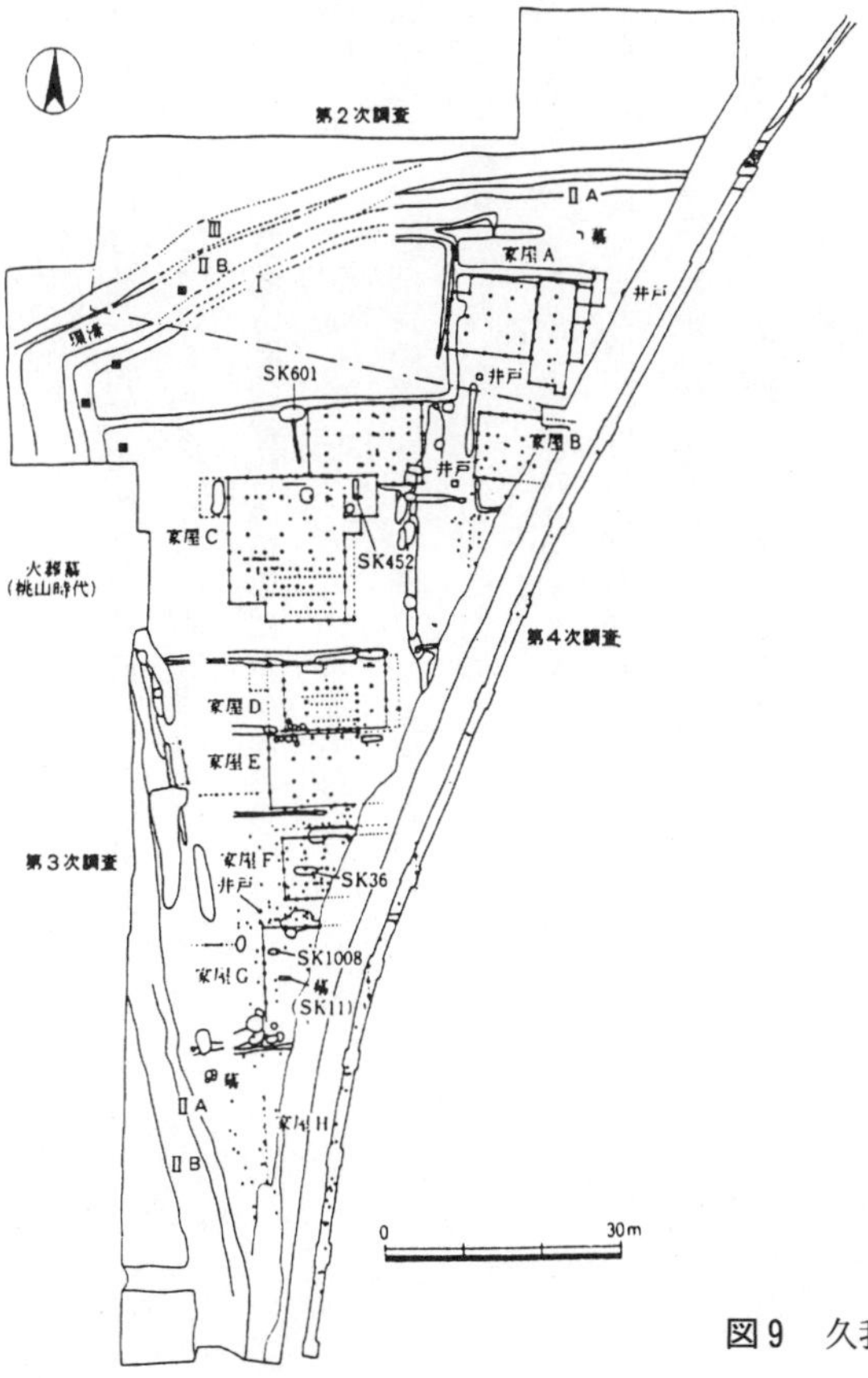

図９　久我東町遺跡遺構図（京都府、註39より）

くなることから、集落は現在の集落の位置に移動し、かつ礎石建を採用したことが予想される。

八幡・宇治・南山城

城陽・田辺における興戸・芝山の両遺跡[43]が一〇世紀に消滅すると、一一世紀以降中世の遺跡は、現在のところ八幡の木津川河床遺跡[44]と、先述した宇治平等院の遺跡群しかみられない。また宇治の西浦遺跡[45]は八世紀から中世にかけて連綿と継続する遺跡であるが、明瞭な中世の遺構はみられない。宇治市街の遺跡[46]では、埋甕をともなう町屋跡が発見されるものの、明瞭な柱穴を検出できなかった。したがって、これらの遺跡は礎石建物で構成されていた可能性があり、当地域でも京都の七条町などとほぼ同時期に礎石建の町屋が成立していた可能性がある。

江戸時代になると、柱間寸法に六尺三寸が採用され、統一寸法の徹底化がうかがえる。この時代の遺跡では、菰池遺跡（相楽郡木津町）と菩提遺跡（相楽郡木津町）が注目される[47]。両者とも掘立柱建物で構成される一八世紀代の遺跡である。菰池遺跡は一四間×二間、一一間×五間、一一間×二間、六間×四間など全部で一三棟の総柱型住居から構成されている（**図10**）。平面は全体的にややゆがみがあり、一二世紀の総柱型住居に類似した形態を有しており、総柱型住居A省略型が主流である。柱間寸法は桁行・梁間とも六尺を基準とし、柱穴は二〇〜六〇センチの方形で、径五〜一五センチの柱痕跡をとどめる。屋内柱には柱穴がなく省略型の遺構もある。調査担当者は、遺跡について一過性の高い非日常的性格であると評価し、南都諸寺院建造物修築等にかかわる管理運営施設（木屋）に想定している。一方の菩提遺跡では、五間以上×一間の細長い平面をもつ掘立柱建物（在来型C型）を一棟検出した（**図11**）。この建物は一八世紀前半以降に属し、何らかの小屋と推定されている。一八世紀代の掘立柱を検出した遺跡は他に例がなく、京都府内でもこの木津地方でしか確認できないことから、やはり木屋に関連する施設の可能性は高いと思われる。

亀岡・八木町・園部

古代から中世にかけては、北金岐、鹿谷、千代川などの遺跡が知られているが[48]、いずれも平安時代に一時期断絶して一三世紀以降再び復活する傾向がある。このうち北金岐遺跡は、四間×三間の総柱型住居B・D型、および梁間三間以上型の掘立柱建物が検出された。いずれも一四世紀の遺構で、柱間寸法は前者の総柱型住居が一〇尺等間であるのに対し、後者は六〜八尺と等間隔とならない。また千代川遺跡は一三世紀後半を中心とする遺跡で、調査地点毎に総柱型住居C型＋D41型、総柱型住居C型＋梁間一間型、梁間三間以上B型＋C型など、さまざまな建物型式の組み合わせが見られる。柱間寸法をみると、総柱型住居が七～八尺を主要な寸法とするが、その他の建物では五尺～一〇尺三寸までとばらつきがある。このように、建物形式の組合わせにもばらつきがあり、柱間寸法にも統一性がみられないことがこの遺跡における特徴のひとつになっている。

中世までの遺跡は一六世紀前後を境に消滅し、顕著な遺跡が減少する。これは八木城[49]を含めた戦国期の城館などに再編されたためだろう。江戸時代の遺跡には園部城[50]があるが、掘立柱塀、溝などが確認されるにすぎない。

ところが、この地域で注目される遺跡に美月遺跡[51]（丹波町蒲生野）がある。この遺跡は弥生時代のほか古墳時代や平安時代の複合遺跡として知られていたが、調査の結果、戦前つまり二〇世紀の掘立柱建物一棟、柵列などを確認した（**図12**）。掘立柱建物は中央に廊下があり、それを挟んだ両側に細長い部屋が付くもので、桁行が梁間より狭いC型を呈している。地元に残る資料から、この建物は旧海軍の兵舎跡と考えられる。これは京都府下でもっとも時代が降る掘立柱建物の例といえ、また一方で戦争遺跡の観点からも、兵舎に掘立柱建物が採用されたことは注目できる。

綾部・福知山

平安時代を通じて存続する福知山の石本遺跡[52]は、三間×二間の小規模な掘立柱建物や倉などで構成される集落である。里、西町、上ヶ市、大内城の各遺跡[53]は、一二世紀代～一三世紀初めまでしか存続せず、また城ノ尾、豊富谷丘陵大道寺、宮の各遺跡[54]は、一三世紀前半～一五世紀代までしか存続しない。ただし廃絶時期は遺跡により異なる。さらに一五世紀代の遺跡は、綾部の平山城と平山東城に限定され[55]、江戸時代には福知山城、後青寺などの遺跡[56]があるにすぎない。これらの遺跡における建物は宮遺跡・平山城を除けば掘立柱建物である。このように当地域は時代ごとに遺跡が消長し、長期にわたって存続しないことが大きな特徴である。

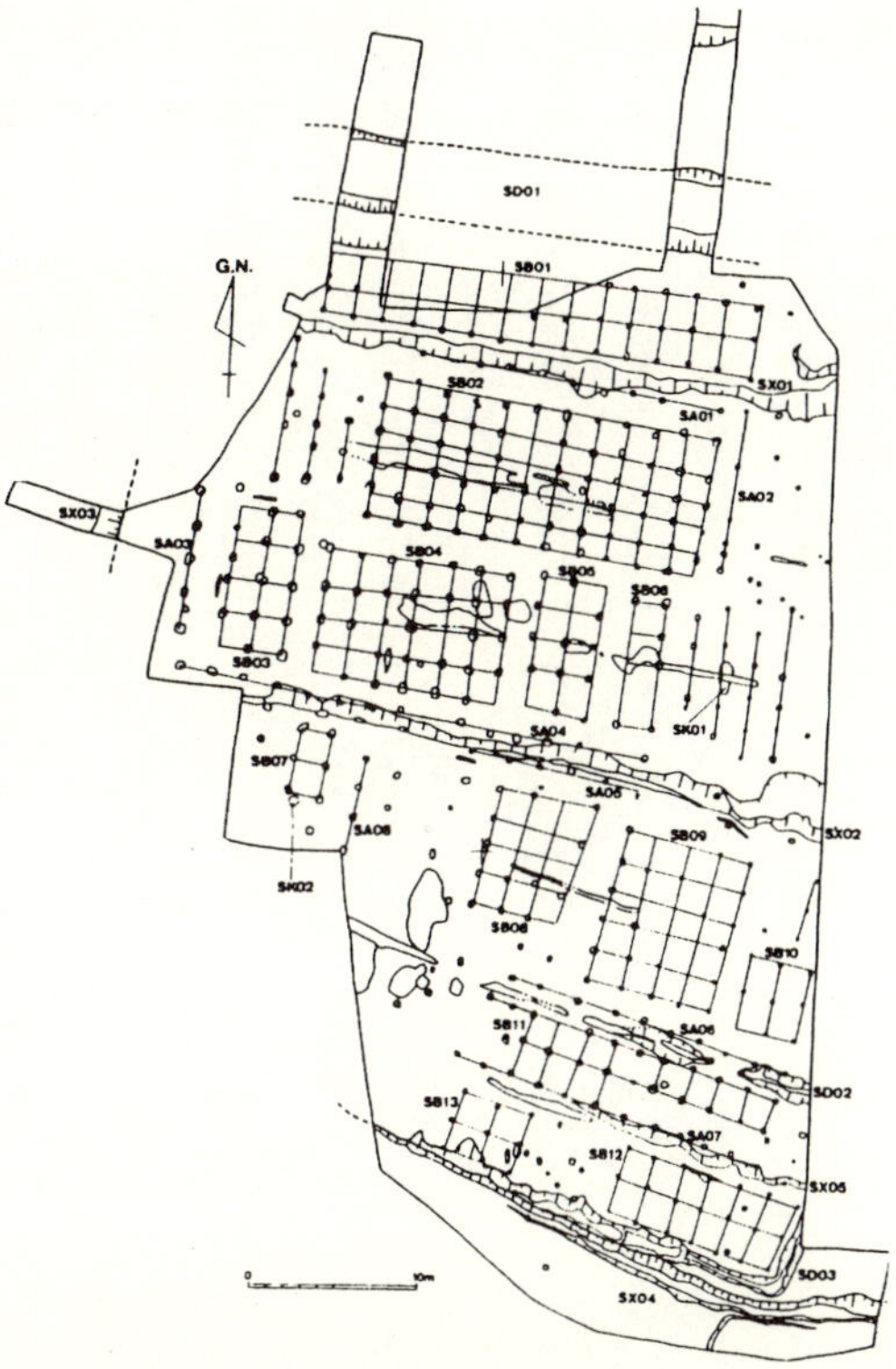

図10　菰池遺跡遺構図（京都府、註47より）

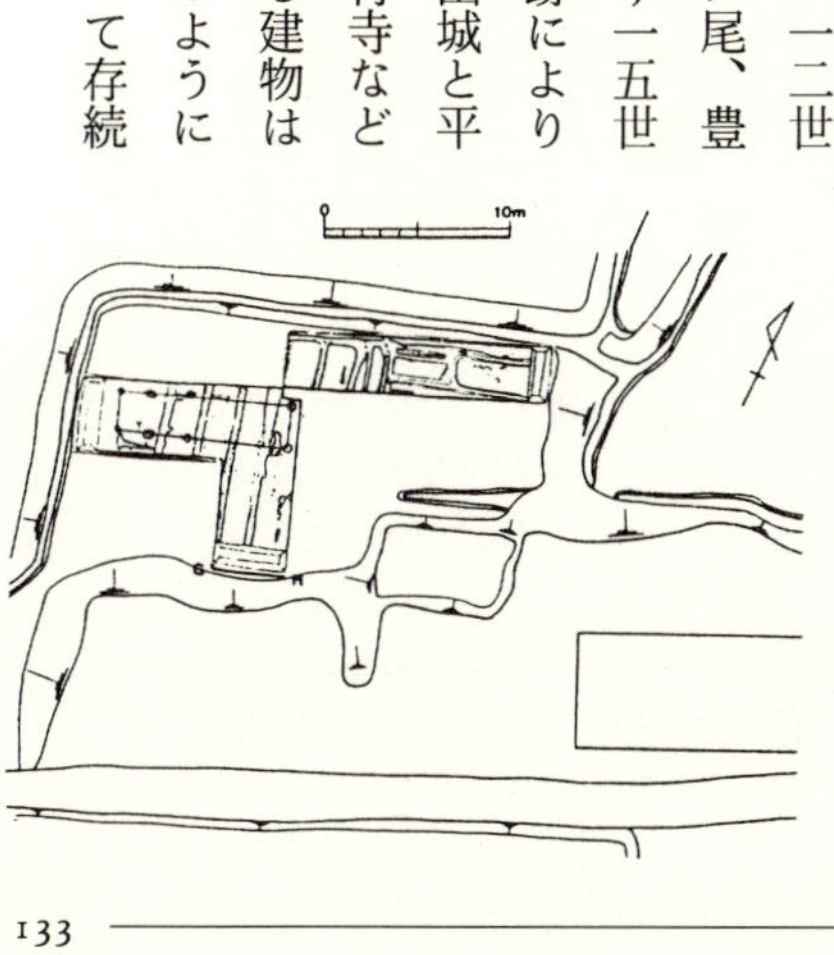

図11　菩提遺跡遺構図（京都府、註47より）

一二世紀代の里、西町、上ヶ市、大内城の各遺跡は、総柱型住居A・B・C・D31型で構成される。このうち上ヶ市遺跡[53]は、東西約一三〇メートル×南北約一八〇メートルの範囲を堀で囲繞し、その中に一九棟以上の建物群や井戸をつくり、さらに一辺五〇メートルの方形を呈する内部区画を形成して、五間×五間の総柱型住居B型主屋を建てる。いずれも掘立柱建物で、柱間寸法は一方が一〇尺等間でもう一方が八尺と、やや柱間寸法が広い。また大内城[53]（**図13**）では、丘陵上に東西一〇〇メートル×南北約一〇〇メートルの範囲で土塁を築き、その内側を堀で囲繞した中に、Ⅰ～Ⅳ期にわたる四時期の遺構群を検出している。この遺跡の主要な時期はⅠ期とⅡ期であり、六間×四間、四間×四間など三棟以上の総柱型の掘立柱建物を南北に並列し、その周辺には複数の付属屋を配置する。このような建物配置形態は、先述した桂川右岸の久我東町遺跡（一三一頁、図9参照）と共通する。総柱型住居の平面型式はすべてA型であり、柱間寸法は八尺を基準とする。里遺跡[53]は、五間×二間の総柱型住居D31型を中心に、四間×一間以上を含めて七棟の掘立柱建物で構成される。柱間寸法は六～九尺で、規模の大きなものほど柱間寸法が大きい傾向にある。以上三遺跡をまとめてみると、いずれも五間前後の中規模総柱型住居を主体としているものの、建物構成や柱間寸法に共通点はない。なかでも大内城の建物群はきわめて画一的といえる。一方、同時期の綾部市・西町遺跡[53]は、四間×三間以上の総柱型住居B・C型を含む一三棟の建物群で構成されるが、このなかには梁間一間型も含まれ、近接する地域内でも多様な建築形態をとっていたことがうかがえる。

城ノ尾、豊富谷丘陵大道寺、宮の各遺跡は一三世紀前半～一五世紀代に存続した遺跡である。そのうち宮遺跡[54]では三間×二間に東西庇の付く礎石建物が検出されており、柱間寸法は八尺等間で、墳墓堂に比定されている。また大道寺遺跡[54]は、四間×四間（柱間寸法は七尺等間）の平面をもつ総柱型住居A型と、三間×三間の総柱型住居B型の二棟で構成され、いずれも建替えが認められる。城ノ尾遺

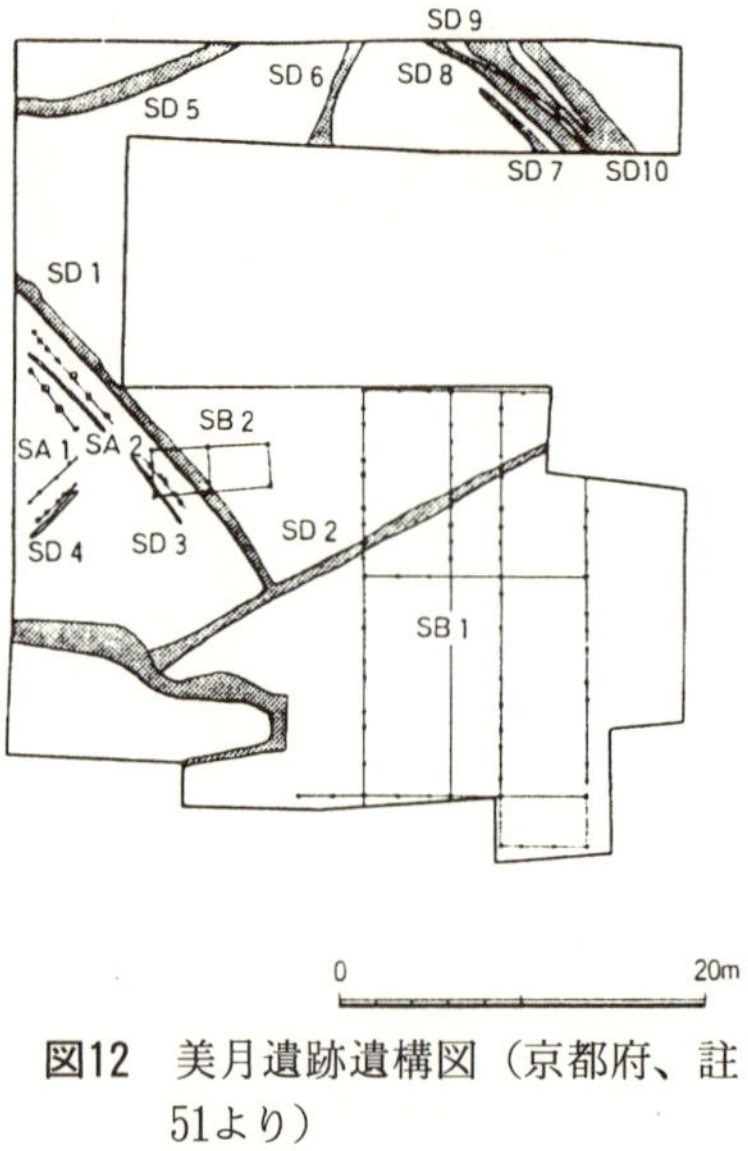

図12　美月遺跡遺構図（京都府、註51より）

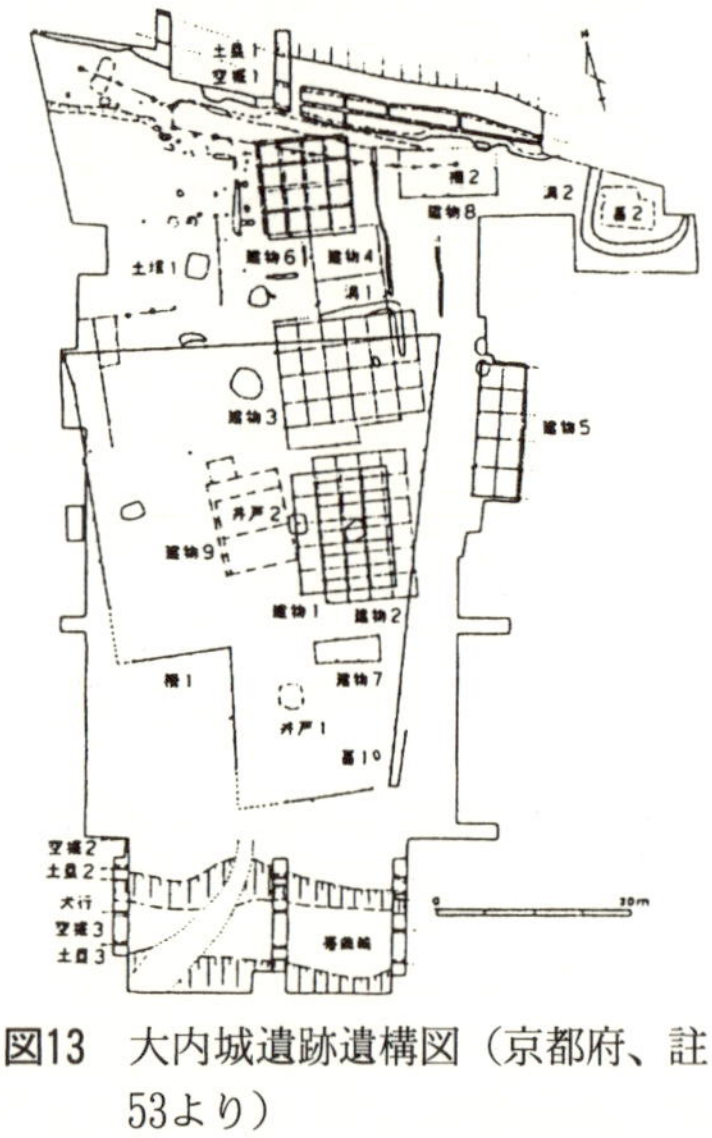

図13　大内城遺跡遺構図（京都府、註53より）

跡[54]（**図14**）でも、三間×三間の総柱型住居A型と同D32型の二棟で構成される。柱間寸法は前者が八尺等間で、後者は六尺強を主としつつも、ややばらつきがある。さらにこの時期の遺構に大内城Ⅲ期の建物がある。これは四間×六間の西に二尺の一面下屋庇、および北西に七尺の張り出しをもつ総柱型A型の中門廊付住居で、柱間寸法を八尺等間にとり、付属屋をともなわず単独で存在している。[53] 一四世紀を中心とした時期の遺構と想定されるが、京都以北において中門廊が確認されたのはこれだけであり、貴重な事例といえるだろう。

一五世紀代の遺跡のうち綾部市の平山城[55]は、五間×四間の総柱型D20省略型礎石建物一棟、四間×四間の総柱型D50型掘立柱建物一棟、さらに四間×一間の梁間一間型礎石建物一棟という計三棟の建物群から構成される（**図15**）。柱間寸法は、総柱型住居が六尺五寸を基本とするもののばらつきがあり、梁間一間型は桁行が九尺、梁間が一五尺とやや規模が大きい。一方、平山東城[55]は、A型の総柱型住居二棟で構成されるが、規模が三間以下とやや小さいものの柱間寸法は六尺五寸を基準としており、鎌倉と同様の柱間寸法をとる。しかし当地域では、この遺跡のほかは柱間寸法に六尺五寸を採用する遺跡は知られていない。

江戸時代の福知山城[56]では、七尺等間の礎石列が検出されたにとどまり、明確な遺構は確認されていない。

丹後北部

平安時代を通じて存続した遺跡に桜内遺跡（与謝郡加悦町）があり、遺構は三時期に細分されている。[57] 平安時代中～後期に想定される第Ⅱ期の建物群は、四間×二間以上の建物を中心として、二間×二間の総柱の倉など九棟の掘立柱建物で構成され、主要な建物では七～九尺を基準とした柱間寸法をとる。この桜内遺跡を除けば、九世紀代で廃絶する遺跡と一二世紀後半以降新たに出現する遺跡に分別できる。このうち温江、日光寺、薬師の各遺跡は一二世紀後半に限定され、また、鳥取城、岩木、松田の各遺跡は一三世紀代だけの遺跡である。また正垣遺跡は一二世紀～一三世紀にかけて比較的長く存続するが、一二世紀後半に一時断絶がある。以上のうち日光寺遺跡[58]には、四間×四間という中規模の総柱型住居B型が単独で存在するものの、松田遺跡[59]で四×二間の総柱型住居A型が確認されたほかは、

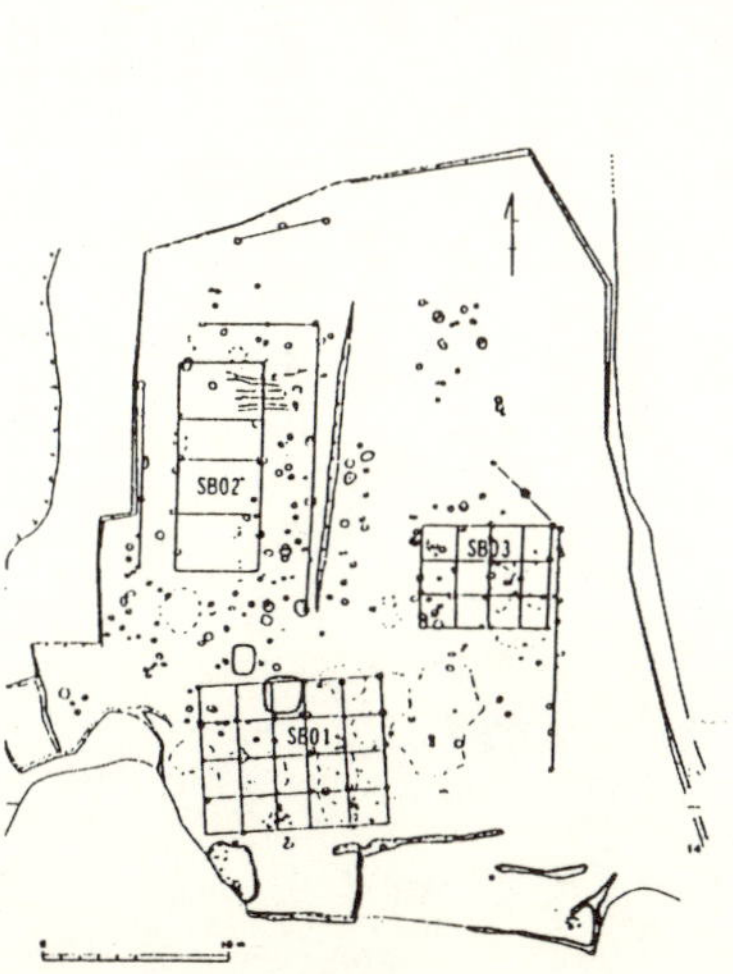

図15　平山城館跡遺構図（京都府、註55より）

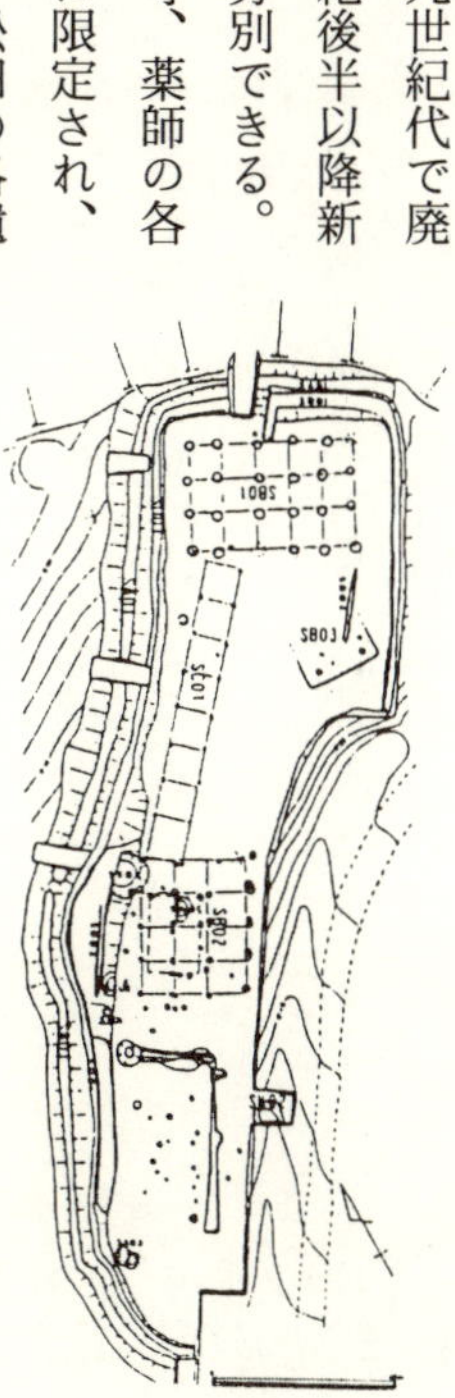

図14　城ノ尾遺跡遺構図（京都府、註54より）

総柱型住居といっても三間以下の小規模なもので構成される遺跡が多い。このように、中世の丹後北部には中核的な遺跡がなく、いずれも小規模な二～三棟の建物で構成されており、しかも短期間にしか存在しない傾向にあるといえる。そのうえ中世を通じて礎石建物は確認されておらず、江戸期になって、宮津城や田辺城において[60]、小規模ながら礎石建物が確認されているにすぎない。

　京都府における現存民家の平面分布をみると、この地域は丹後型とよばれる平入広間型三間取りを基本としているが、現在のところ、一七世紀までさかのぼるこの形式の民家は知られていない。そのなかで綾部市別所町にある浅儀家（二四九頁、図1参照）は、一七世紀末までさかのぼりうる比較的古い民家であるが、近郷では初めて礎石の上に柱を立てる、いわゆる石場建の家だったため、見物客が多かったと伝えられている[61]。しかも当家は庄屋クラスであったことからみても、一般農家では江戸時代中期まで掘立柱建物が一般的であったと考えられる。

五、滋賀県下の建物遺構

湖南・湖東

　湖南地域においては、大伴遺跡が平安～鎌倉時代前半まで存続する以外、古代から中世にかけての顕著な遺跡はみられない。それに対して湖東の各地域には平安～中世前期にかけて存続する遺跡が確認できる。しかしながら、それらの遺跡も一四世紀前後を境に消滅しており、代わって今度は一二～一三世紀に成立した遺跡が一五世紀代まで存続する傾向にある。ただし、それは各地域ごとに二～三遺跡と限定される。一方、一二世紀代に新たに成立した遺跡も各地域で見られるが、一三世紀まで存続する遺跡のうち、近江八幡・安土、蒲生・日野の各地域では、顕著な遺構がみられるのに対し、草津、守山・栗東、野洲・中主、能登川・五個荘・八日市、愛知川・秦荘の各地域では遺構が希薄である。存続時期にも地域的な格差がみられ、前者の地域では一五世紀代に新たな遺跡が出現し、戦国期まで存続する傾向がある。

　平安時代の遺跡のうち湖南の大伴遺跡[62]は、五間×四間の総柱型住居Ｄ32型、三間×三間総柱型住居Ｄ20型の二棟で構成される。柱間寸法をみると、前者の建物はかなり不揃いなのに対し、後者では約八尺強に近い基準寸法をとる。このような総柱型住居二棟で構成される遺跡は当地域の他の遺跡でも確認される。ただし建物の時期は九～一三世紀と漠然としている。赤野井遺跡[63]（守山市赤野井）では、六三棟以上の建物群が確認され、平面は律令型が主流であるが、桁行・梁間に比べて庇の出が短い建物や、律令型Ｄ20型の一面下屋庇付建物なども確認されている。この遺跡は一一世紀代に一度断絶した後、一二世紀代に再興されて一五世紀代まで存続する。

一二世紀代になると各地域で大規模な遺跡が出現するが、それらは総柱型と律令型の住居で構成される場合が多い。柱間寸法は伊勢、柿木原、堂田の各遺跡では統一されているのに対し、内池、麻生、市などの遺跡では不揃いである。このうち堂田、麻生の各遺跡(64)では屋内柱省略型の遺構があり、さらに麻生・市の各遺跡(65)からは中門廊付住居が検出されていて、もっとも古い時期の中門廊付住居として注目できる（**図16**）。

一三世紀以降になると複数の総柱型住居で構成される大規模集落が展開する。そのなかには、一つの屋敷内に多数の総柱型住居が建つ我孫子北遺跡(66)（**図17**）や、一つの屋敷内に総柱型住居の主屋と副屋がセットとなり、それが溝で囲繞されて複数の屋敷が連結した構造を有する横江遺跡(67)がある。ここでは副屋の中に梁間一間型Ｉｂ型の平面をもつ遺構も検出されている。さらに横江遺跡の総柱型住居は、Ａ・Ｂ・Ｄ32・Ｄ41型の平面構成をもつが、柱間寸法の統一性は見られず、しかも屋内柱省略型がめだつようになる。この地域では中世後半期になっても依然として掘立柱建物が主であり、しかも平面的には総柱型住居や中門廊付住居が多く、間柱が省略されるほか、柱間寸法が不揃いであることなどが特徴といえる。

永正五年（一五〇八）、足利一一代将軍・義澄の御座所であった岡山城（近江八幡市牧）(68)では、建物の平面形態は不明なものの、礎石と延石列が確認されており、室町期に礎石建物が普及した事例の一つといえる。また敏満寺遺跡(69)（犬上郡多賀町）は一六世紀後半に廃棄された寺院跡で、三間×二間以上の礎石建物と掘立柱の付属施設が併存する事例である。一六世紀以降は織豊城郭の出現にともない、城郭内に礎石建物がめだつようになる。そしてそれに付随するかたちで、城下町にも礎石建物がみられるようになり、坂本城下でも京都型の通り庭一列型の礎石建町屋が検出されている(70)。さらに興味深い遺跡に寺田遺跡(71)（近江八幡市小田町）がある。寺田遺跡は一五世紀に建立された神社で、当初その拝殿は掘立柱建物で

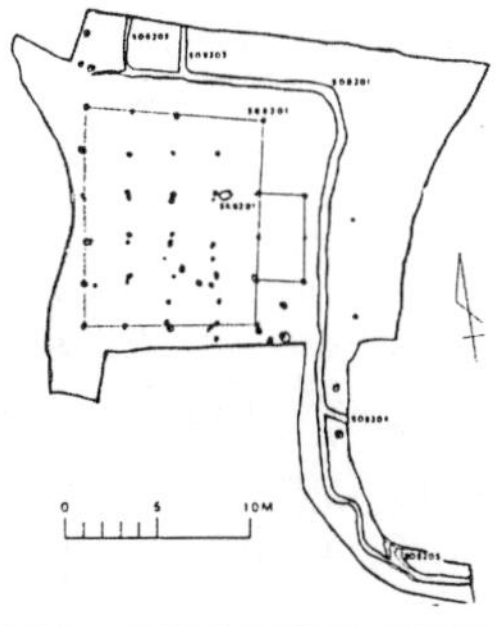

図16　市遺跡遺構図（滋賀県、註65より）

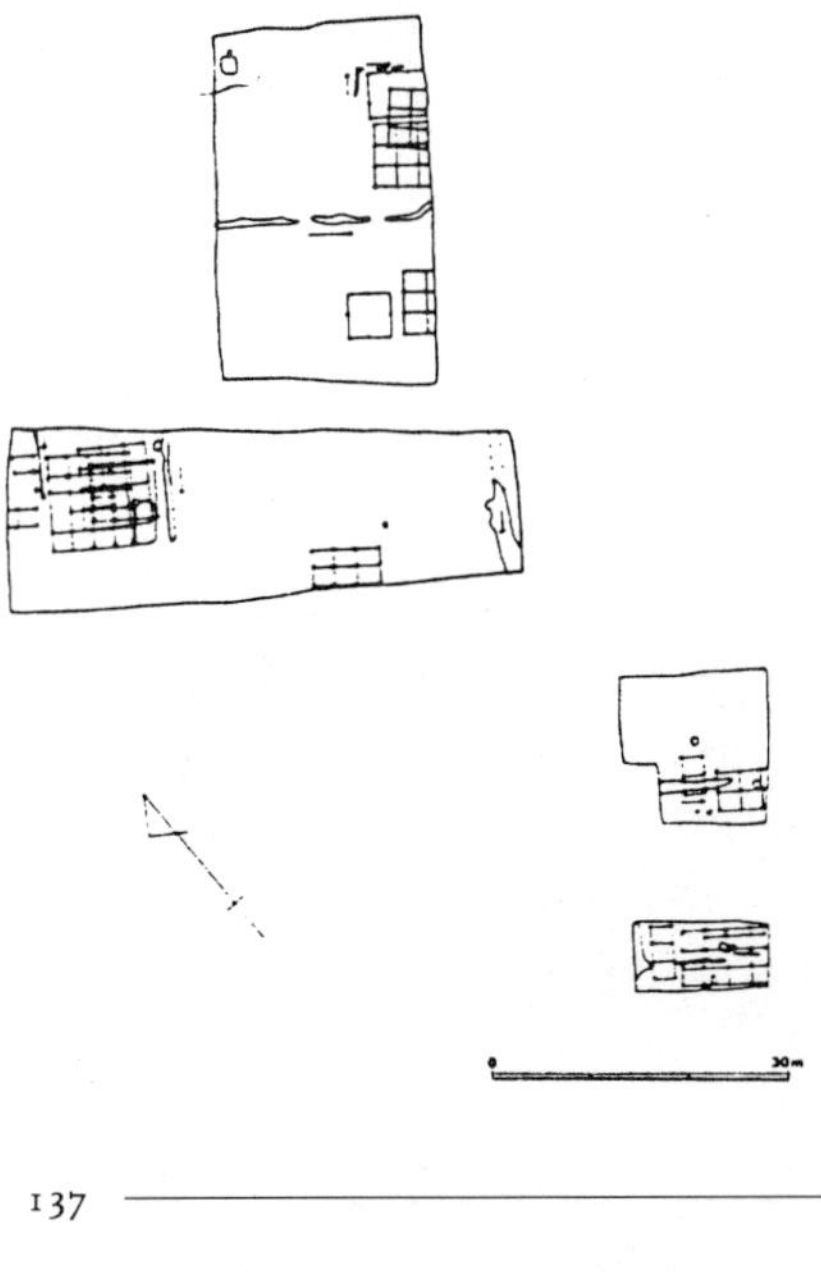

図17　安孫子北遺跡遺構図（滋賀県、註66より）

あったことが知られ、貞享二年（一六八五）修築の際、礎石建の拝殿に改築したことが判明している。当地域の拝殿建築が、掘立柱から礎石建へと変遷した時期を知るうえで重要な遺跡といえるだろう。

江戸時代の遺跡には、蒲生郡日野町の北代遺跡[72]がある（**図18**）。九間×四間の総柱型住居A・B型をはじめとする複数の総柱型住居で構成されるが、先述した京都府下の菰池遺跡と同様、柱間寸法が五・三〜六・五尺と狭い。遺跡の時期は一八世紀以降であり、日野祭の御旅所に関連する仮設建物の遺構と考えられていて、仮設建物にはこのころまで掘立柱建物が使用された例といえる。

湖西・湖北

湖西地域では、古代〜一〇世紀代まで存続する遺跡はいくつかみられ、一一〜一二世紀の遺跡には心妙寺遺跡[73]があるが、古代末から中世の顕著な遺跡がみられない。それに対し湖北地域では、古代から中世にかけて比較的長期にわたって存続する遺跡がめだち、一二世紀代だけに限定される遺跡はほとんどない。さらに湖北地方で一六世紀に新たに成立した遺跡は、織豊期まで存続するが江戸時代には消滅する。

一一世紀代に成立する心妙寺遺跡[73]には、五間×四間の総柱型住居D10型で、中央の屋内柱がない省略型の建物がある。これはきわめて早い時期の遺構であり、当地域において現時点で中型の総柱型住居が確認されたのはこの遺跡だけである。柱間寸法は桁行が六・五〜八・七尺、梁間が七〜八尺とばらつきがある。中世を通じて、これらの主屋の平面は律令型が依然としてめだち、柱間寸法も各遺跡毎で異なる傾向にあり、中世の礎石建物は確認できない。

江戸時代の遺跡には朽木陣屋と吉武城[74]がある。朽木陣屋では掘立柱建物が確認されており、陣屋に付属する施設と考えられており、一方、吉武城では四×二間二面下屋庇付の総柱型住居B省略型が確認され、下屋庇が湖西に広がっていたことを示している。

六、兵庫県下の建物遺構

摂津・東播磨

この両地域では、平安時代を通して存続する遺跡はそ

図18　北代遺跡遺構図（滋賀県、註72より）

れぞれ一カ所程度しかないが、一二世紀代に成立する遺跡が顕著であり、そのうち一三世紀中頃に廃絶するものと一三世紀代だけ存続するものとがある。そのなかで摂津の北園遺跡[75]は一五世紀代まで存続することが確認できる。しかし、北園遺跡のほかには一四～一五世紀代の顕著な遺跡は発見されていない。一六世紀になると、摂津の有岡城[76]があらわれる。江戸時代の遺跡は、伊丹郷町遺跡と玉津田中遺跡で確認できる[77]にすぎない。

一一世紀代までの遺跡には、口酒井、太田町の各遺跡[78]があり、三間×三間の倉庫を検出しているが、総柱型住居は未確認である。ところが、一二世紀代になると各遺跡で総柱型住居が確認できるようになり、いずれも中規模の総柱型住居A・B・D型が確認できるものの、柱間寸法が統一された例は限られる。また、総柱型住居が複数で構成される遺跡はなく、単独ないしは二～三棟で構成される遺跡が一般的である。一方、栄根、下加茂、居住の各遺跡[79]では、中門廊付住居が検出されている（**図19**）。柱配置は、居住遺跡が総柱型住居A型のほかはD30型およびD40型であり、規模は中型ないし小型を呈する。また栄根遺跡では律令型住居も見られることから、この地域は総柱型住居と中門廊付住居および律令型住居が一二世紀代から併存していることがうかがえ、他の地域に比べて中門廊付住居がめだつ。この傾向は一三世紀代でも同様であるが、柱間寸法にばらつきのある総柱型住居D型が主流となっていく。この摂津・東播磨の両地域では中世全般を通じて礎石建物の確認例はなく、織豊期にいたってようやく伊丹城[76]で礎石建物が認められる。そして江戸時代には伊丹郷町遺跡[77]で礎石建物が普及するが、玉津田中遺跡[77]では三間×二間の掘立柱建物が検出されており、周辺の農村域では依然として掘立柱建物が存続しているといってよい。

西播磨

ここでも平安時代を通して存続する遺跡がみられるが、とくに龍野・西脇、三田地区では中規模の集落が一三世紀まで存在している。一二世紀代には、各地で新たな遺跡が成立して総柱型住居が登場し、一三世紀後半ぐらいまで存続する場合が多い。代わって一三世紀に新たに別の遺跡が登場するが、その終焉については遺跡ごとに異なり統一性がない。これらの遺跡では掘立柱建物が主流をなし、一六世紀に出現する龍野城[80]のような戦国城館で、ようや

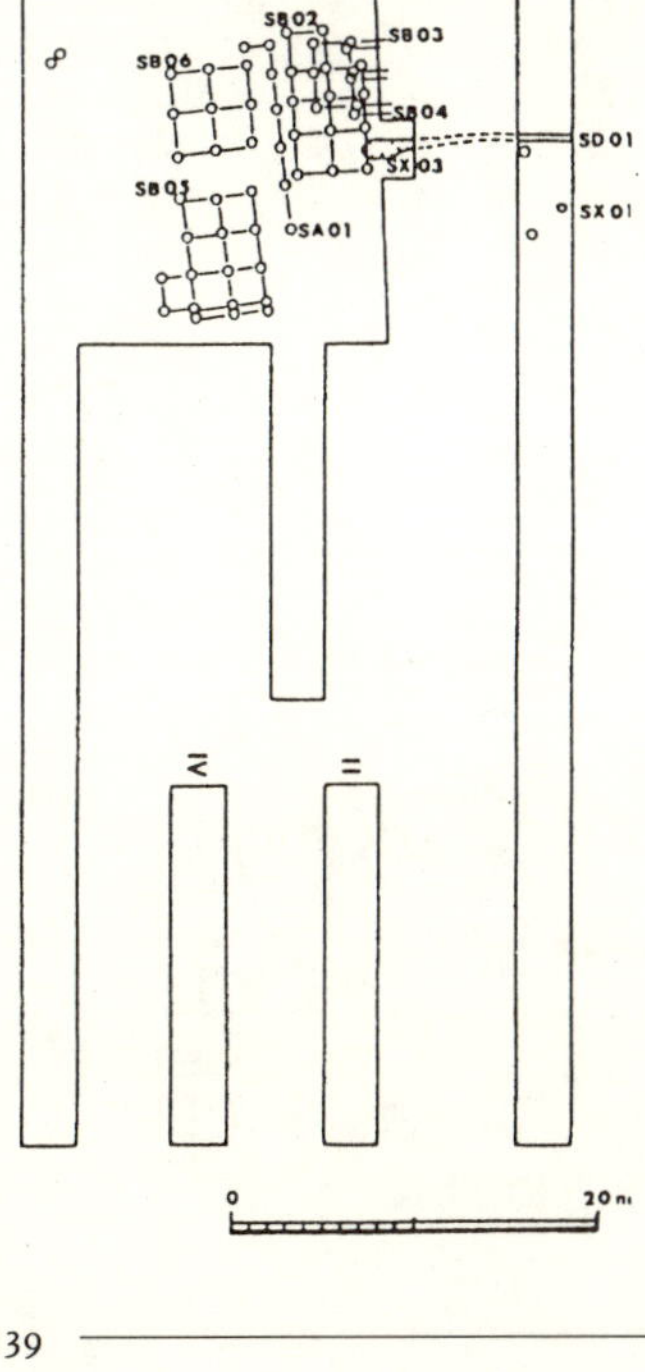

図19　居住遺跡遺構図（兵庫県、註79より）

く一部に礎石建物が確認できる。

まず平安時代の遺跡を概説する。小神辻の堂遺跡[81]では四間×二間以上の総柱型住居C型・D31型が認められるが、この遺跡は一二世紀後半まで存続することから、遺構の具体的な時期を限定できない。また小犬丸遺跡[82]では、集落形態や建物の型式に古代的な傾向を見出せるものの、中世的な総柱型住居D型の遺構を検出している。年代的には一一世紀後半〜一二世紀中頃までの断絶期をはさんで、一二世紀後半の再興期にはふたたび総柱型住居を確認できる。それと時を同じくして当地域には多数の遺跡が成立し、六間×五間、五間×四間の総柱型住居D32型とD41型を中心として、七棟の総柱型住居で構成される福田天神遺跡[83]のような中核的な遺跡も登場する（**図20**）。ただし福田天神遺跡では、柱間寸法が七尺〜八尺とややばらつきがある。いずれの遺跡からも総柱型住居を確認でき、寄居遺跡[84]では小規模な中門廊付住居C型も検出されており、中門廊付住居の分布がこの地域まで広がっていることがわかる。

周世入相遺跡[85]は、一三〜一五世紀後半にかけて存続した遺跡で、三間×二間に一面下屋庇の付属する小規模な掘立柱建物がみられる。また、立岡遺跡では時期の特定ができない総柱型住居D40省略型が検出されている。戦国期の城館である龍野城[80]では、二間以上×一間以上の礎石建物と三間以上×二間以上の中規模な掘立柱建物が併存する。礎石建物の柱間寸法は一〇尺を基準とするものの一部に六尺五寸がみられ、掘立柱建物は東西が一一尺、南北が一二尺と広い柱間寸法を有する。ただし攪乱が著しく具体的な建物形態が不明なのは惜しまれる。さらにこれらの建物の上層では一八世紀代の掘立柱が確認された。

江戸時代の遺跡では、先述した周世入相遺跡のほか赤穂城[86]でも掘立柱建物が確認され、柱間寸法も六尺〜七尺五寸ほどになっている。なお、これも先述した福田天神遺跡には天保八年（一八三七）の村絵図がある[87]。そこには五間×三間に張り出しの付く礎石建中門廊付住居が描かれており、一九世紀まで中門廊付住居が残存していたことがわかる。

三田・加西

平安時代を通じて存続する遺跡は、加東郡の木梨と北浦[88]以外みあたらず、乾、上滝野、宮前の各遺跡[89]は一〇世紀代で衰退している。その他の遺跡は存続期間が短い。岡ノ谷、対中、朝垣の各遺跡[90]のように一一

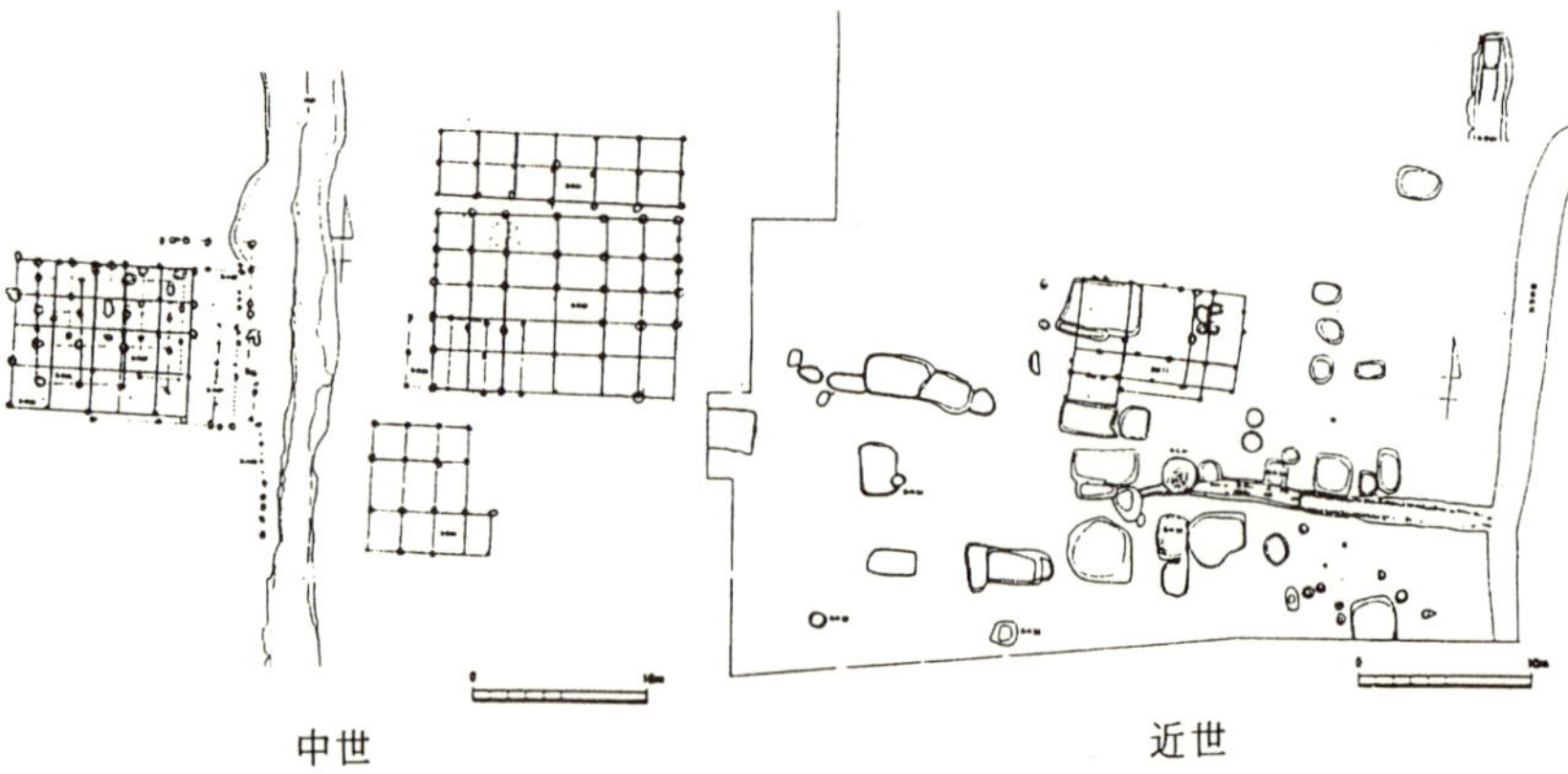

図20　福田天神遺跡遺構図（兵庫県、註83より）

世紀代まで成立がさかのぼる遺跡もあるが、大部分は他地域同様一二世紀代に成立する。一三世紀に成立する遺跡は、三田地域を除いてみられるものの一四世紀代で消滅してしまう。その反面、一四世紀に成立した遺跡は一五世紀代まで存続する傾向がうかがえる。この時期には、部分的ながら礎石建物と掘立柱建物が併存する遺跡が登場し、礎石建の導入が比較的早く、京都的ともいえる。三田地域では、戦国城館の中尾城[91]で礎石建物と掘立柱建物の併存例が知られている。江戸時代になると、礎石建物がふえるもののすべて移行するわけではなく、依然として他地域と同様、掘立柱建物が残存している。

九〜一〇世紀にかけての乾遺跡[89]（三田市末西）は、四間×三間の大型倉庫、三間×三間の東西に庇が付く律令型掘立柱建物群で構成される大規模遺跡である。柱間寸法は五尺〜八尺と古代的であるが、柱掘形が二二〜四二センチの円形を呈し、さらに一二〜二一センチの柱痕跡が確認されるなど、中世的な特徴がこの時期すでにうかがえるものである。

一一世紀代の対中遺跡[90]（三田市対中）は、八間×三間の総柱型住居に四間×三間の張り出しが付く中門廊付住居を中心として、七間×五間、五間×四間などほとんどが総柱型住居D40・D41型九棟で構成される。同様に複数棟以上の総柱型住居で構成される遺跡に朝垣遺跡[90]がある。そのなかで四間×三間の総柱型住居は、A型の平面をもち柱間寸法が九尺と広いのが特徴である。また三間半×二間の側周りに間柱のある掘立柱建物が検出されており、半間毎に柱を配した壁をもつ住居と考えられる。これらの遺跡の存続年代は一一世紀中頃〜一二世紀前半の時期に限定されることから、この地域の中核的な遺跡と考えられ、なかでも対中遺跡の中門廊付住居はもっとも古い時期に属し、その成立を知る上でも重要な遺構である。これほど大規模な中門廊型住居は他に例をみないが、総柱型住居省略型や梁間三間以上型の建物は川除・藤木遺跡[92]で確認できる。また、時期が降るにしたがってD型の平面をもつ住居が増加する傾向にあり、一三世紀前後には省略型がいくつかの遺跡でみられるようになる。一四〜一五世紀にかけての時期には、東向・地蔵家地遺跡[93]や戦国城館の中尾城[90]において、小規模ながら礎石建物と掘立柱建物が併存しており、この傾向は西播磨地方と共通する。

江戸時代の遺構として、三田藩の武家屋敷内[94]では五間×三間の掘立柱建物が検出されており、柱間寸法は五尺三寸〜五尺七寸をとる。さらに、一八世紀前半に成立した後藤氏の居館である泓遺跡[95]（下青野館）では、東西五四〜八四メートル×南北四八〜六〇メートルの範囲に土塁を巡らし、その中に石垣や通路、溝、雪隠などの遺構とともに掘立柱建物の柱穴を確認している。したがって、地方武士の在地屋敷にも掘立柱建物が存在していた可能性が大きい。

篠山・但馬

篠山・多紀郡・多可郡では、古代からの遺跡は九世紀に衰退し、平安時代前期〜中期にかけての遺跡も確認されていない。ただし氷上郡の七日市遺跡[96]は、古代から一〇世紀まで存続する遺跡である。一一世紀に出現する遺跡も少なく、西谷、西向などの中・小集落[97]が一一世紀後半になってようやく出現しはじめ、一二世紀代に盛行する。これらは他の地域と同様、一三世紀前後にほぼ衰退するが、岡遺跡[98]（**図21**）のように一四世紀代まで存続するものもある。また一三世紀に成立した遺跡も一四世紀代には衰退し、この地域の遺跡全体がこの時期を境に様相が変わってくる。すなわち一般集落が消滅し、一五世紀代には初田館や河津館[99]のような館が出現してくるのである。しかしそれらも一六世紀代で消滅し、各地域ごとに近世城下町へと転換する。

この地域の特徴は、一二世紀代に岡遺跡[98]や国領遺跡[100]（**図22**）のような非常に大規模な中核遺跡が登場することである。これらはいずれも三棟以上の総柱型住居をともない、A・D10・D31・D41・D61型が併存し、柱間寸法は八〜一〇尺とやや広いものがめだつ。また同時期の多利・前田遺跡[101]では、総柱型住居のD50型が一棟と梁間三間以上型の掘立柱建物一棟が併存している。一三世紀前後の臼谷遺跡[102]では、四×二間の総柱型住居省略型がみられ、さらに一四世紀代の西向遺跡[97]では、梁間三間以上型の一面下屋庇付住居が確認できる。これらは時代が降るにつれて平面に変形型が見られるようになる。柱礎形式に関しては、古代以来戦国期まで礎石建物は確認できず掘立柱建物だけで構成されている。近世の城跡では礎石建物が確認できるが、尼城[104]では中世の掘立柱建物が一八世紀に再利用されたという報告があり、きわめて珍しいといえる。しかし江戸時代の集落遺跡の調査例がな

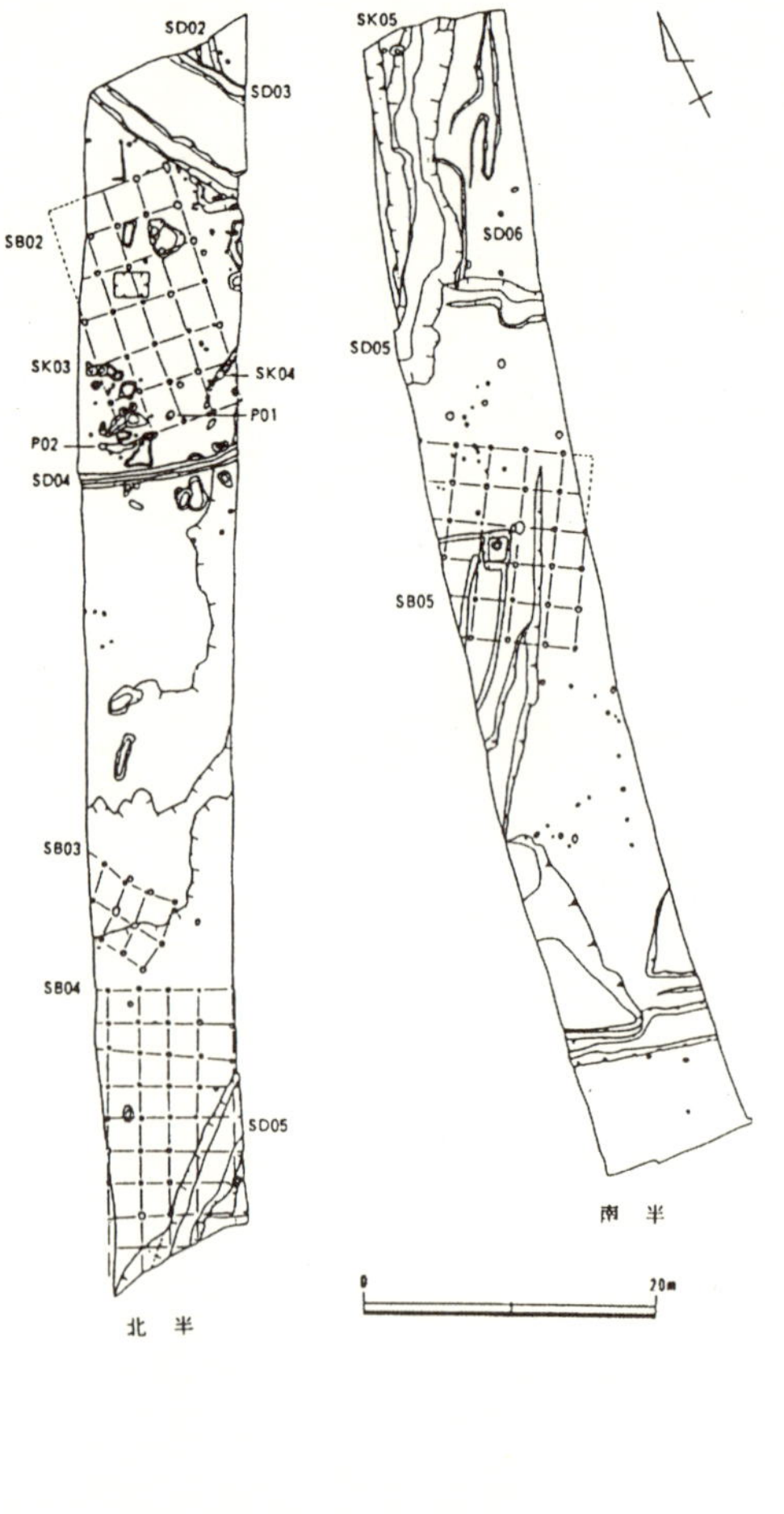

図21　岡遺跡遺構図（兵庫県、註198

いことから、農村ではいつ礎石建へ移行したか明確ではない。

淡路

この地域では、平安時代に成立した遺跡は確認されていない。一三世紀代になってようやく遺跡が確認されるが、存続期間は短く断続的である。一四世紀代の遺跡もほとんどなく、その後半で新たな遺跡が成立するものの一六世紀前半には消滅してしまう。

一三世紀の寺中遺跡[105]では、総柱型住居B型が確認され、柱間寸法は七〜一〇尺と広い。また森遺跡[106]では三間×二間に在来型三面下屋庇付が確認されている（**図23**）。一五世紀代の谷町筋遺跡[107]（**図24**）でも総柱型住居のB型二面下屋庇付と同型三面下屋庇付が確認できることから、当地域にも下屋庇付住居が普及していたことがうかがえる。これらはすべて掘立柱建物で礎石建物は確認できない。

七、建物の地域的分布と変遷状況

古代〜近世の住居型式について、各地域ごとに概観してきた。ここではそれらをもとにして、その分布とその変遷についてまとめてみたい。

まず平安京・京都（**表1**）における中門廊付総柱型住居は、京都大学構内で確認されたのが唯一の例で、柱間

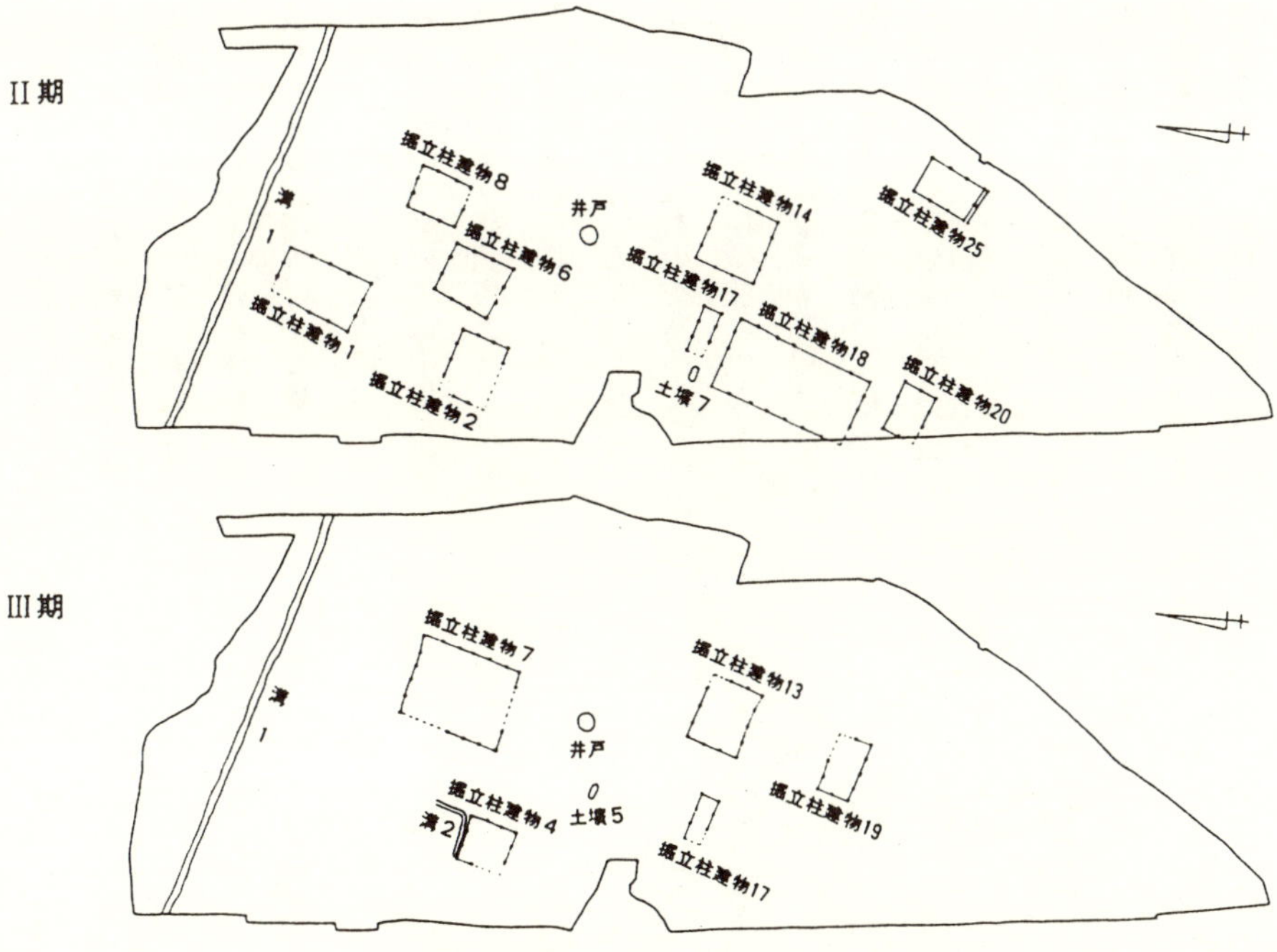

図22　国領遺跡遺構図（兵庫県、註100より）

寸法も古代からの八尺を遵守する。ただし洛中には、鎌倉時代以降の武家屋敷が分布するため、今後の調査によって総柱型住居に関する資料の増加が予想される。大きく変化がみられるのが足利義満の北山第である。ここでは総柱型住居を金閣の背後に南北方向に配置しており、柱間寸法は依然八尺を遵守する。洛中における支配権力の邸宅を考えるうえで重要な総柱型住居の資料と考えられる。しかしながら、洛中においては律令型が伝統様式として依然採用され、礎石建に移行していったと考えられる。ただ平等院小御所で端間が狭いD型が確認されるなど、従来の律令型にも変化がみられる。資料がないため戦国期の展開は不明であるが、近世をむかえ伏見城などでは建物の用途ごとに礎石建物と掘立柱建物が使い分けられており、付属施設や仮設の建物に掘立柱が採用されている。とくに一八世紀代の御所内公家屋敷では、梁間一間型の長屋が掘立柱で建てられており、桁行のかなり長い建物に掘立柱形式が採用されていたことが特徴的である。

一方、洛外については、桂川右岸域における集落の建物型式をみると、総柱型住居だけで構成される集落と総柱型住居・梁間一間型住居との複合型で構成される集落の両者がみられ、前者が守護職関係の被官屋敷に、後者が摂関家庄園の庄官屋敷に比定され、建物構成に屋敷の身分制が反映していることがうかがえる。しかも前者の形態がみられる一四世紀初頭の久世東町遺跡では、すべての建物を総柱型住居省略型の礎石建物で構成しており、畿内の中で礎石建のもっとも早い例として注目される。南山城地方では中世の総柱型住居が未確認であることから、その変遷を辿れないが、一八世紀に想定される菰池遺跡では、大規模なものを含めてすべての建物が総柱型住居であり、そのうえ寺院修築の際の木屋と想定される仮設建物に総柱型住居が採用されていることは注目できる。

丹波・丹後地方では一二世紀代の総柱型住居が確認され、しかも総柱型住居群で構成される集落遺跡と、総柱型住居のほかに梁間一間型住居、梁間三間型住居、在来型住居を併用する複

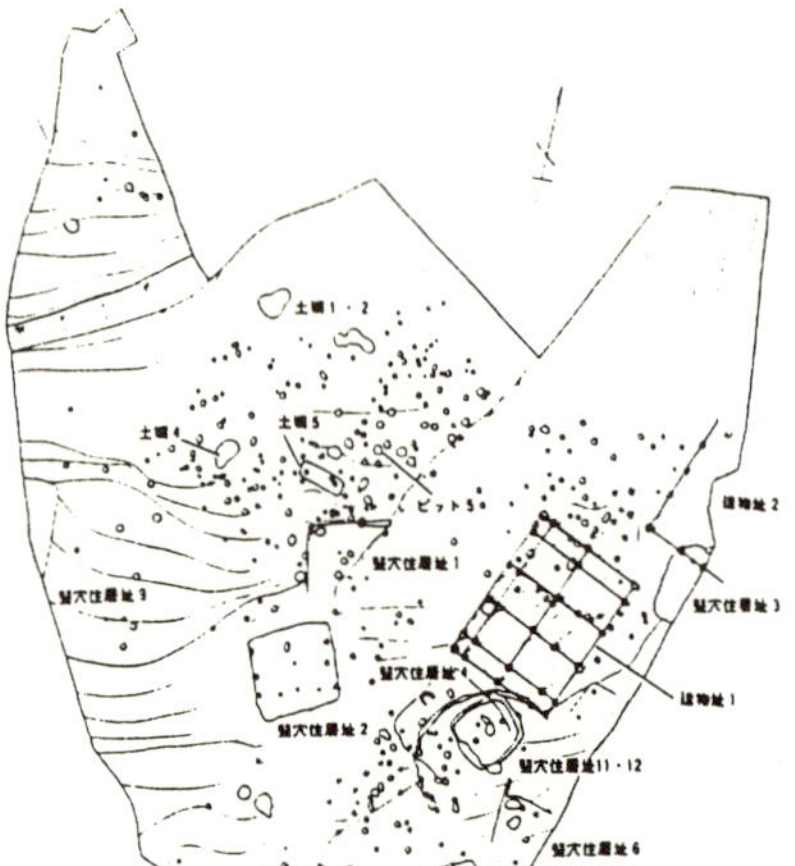

図23　森遺跡遺構図（兵庫県、註105より）

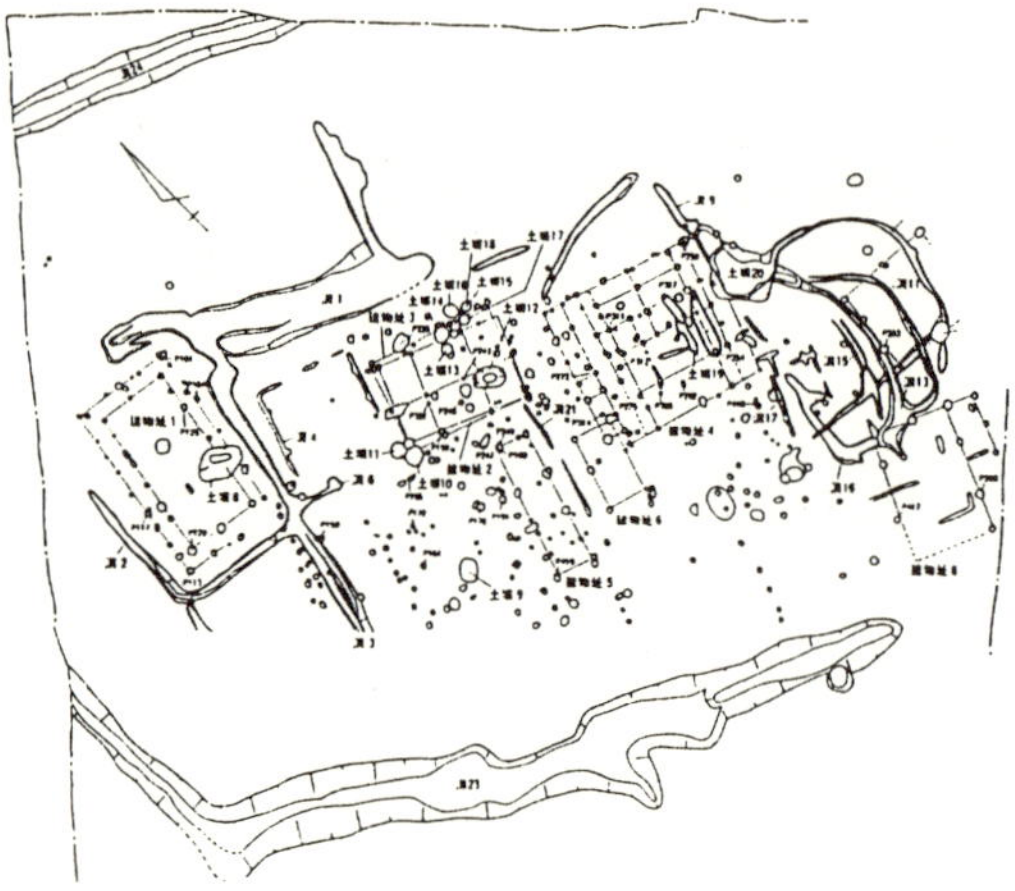

図24　谷町筋遺跡遺構図（兵庫県、註106より）

表1　京都府における古代・中・近世遺跡変遷図

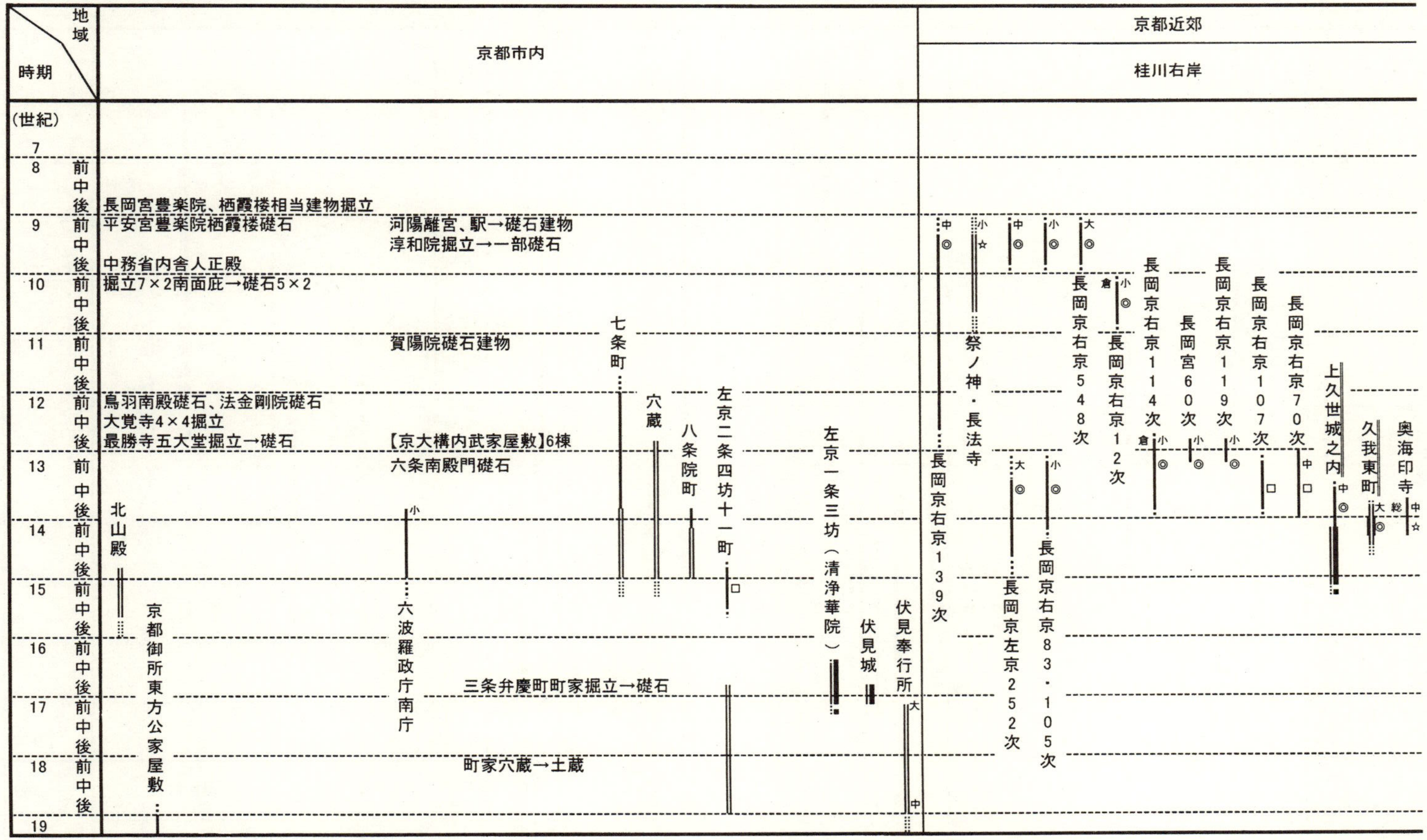

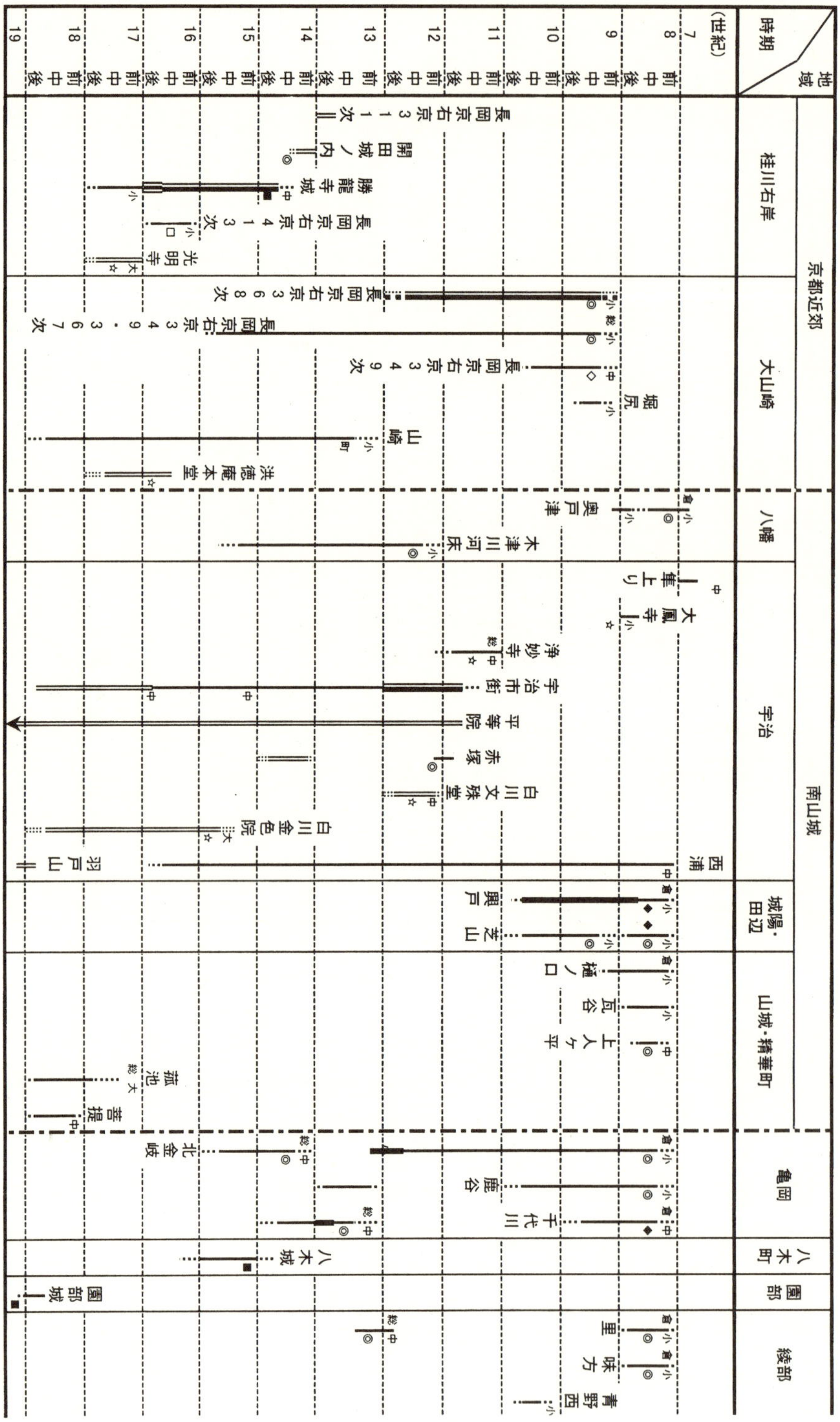
地域
時期
(世紀)
7 8 9 10 11 12 13 14 15 16 17 18 19
前 中 後
京都近郊
桂川右岸
長岡京右京311次Ⅱ
開田城ノ内
勝龍寺城
長岡京右京413次
光明寺
大山崎
長岡京右京368次
長岡京右京349・367次
長岡京右京349次
堀尻
山崎
洪徳庵本堂
南山城
八幡
奥戸津
木津川河床
宇治
隼上り
大鳳寺
浄妙寺
宇治市街
平等院
赤塚
白川文殊堂
白川金色院
西浦
羽戸山
城陽・田辺
興戸
芝山
山城・精華町
樋ノ口
瓦谷
上人ヶ平
菰池
菩提
亀岡
北金岐
鹿谷
千代川
八木町
八木城
園部
園部城
綾部
里
味方
青野西

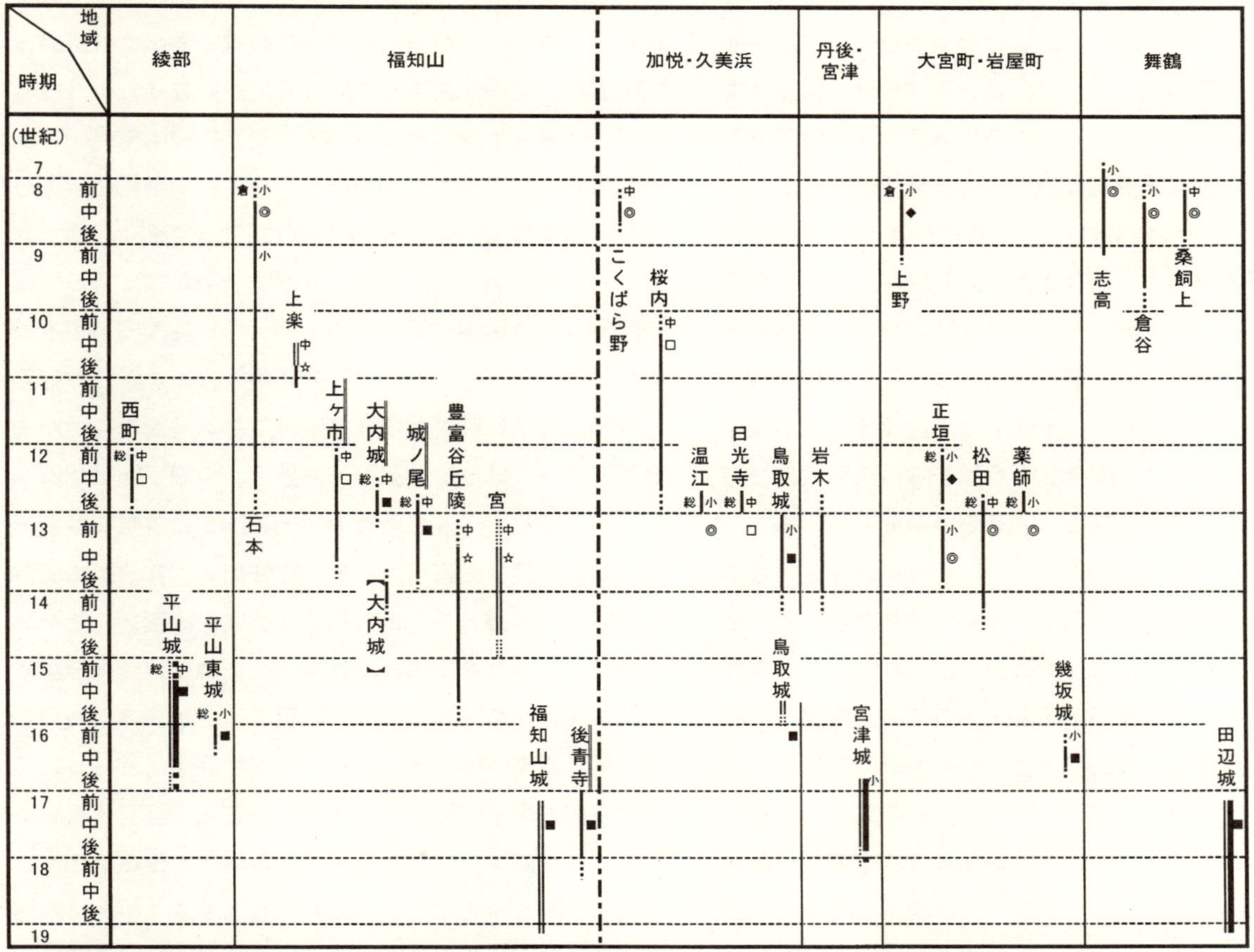

記号凡例（表１～３すべて共通）

①規模など
総／総柱
大／桁行７間以上
中／６～４間
小／３間以下

②種類
◎／集落
□／居館
■／城・城館
◇／駅家
◆／官衙
☆／宗教施設

③各遺跡名に付した線は区画溝あり、二重線＿＿＿は環濠を表す。

④【　】で囲まれた名称は中門廊を表す。

線種凡例

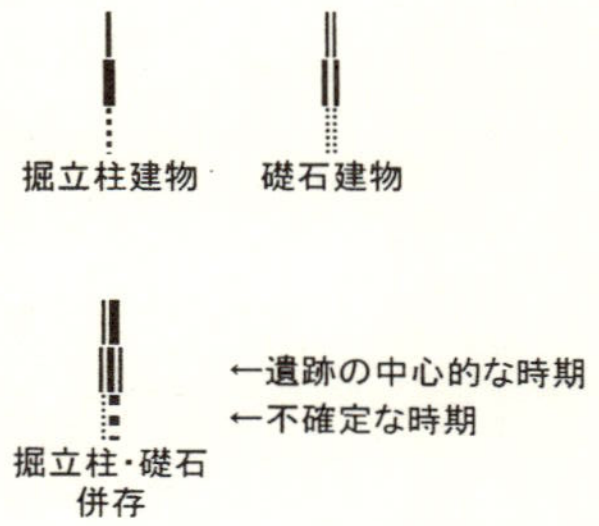

合型集落遺跡とがある。大内城で確認された一三世紀代の中門廊付総柱型住居は、その分布を知るうえで重要な遺構である。建物規模に関しては、丹波で中型の遺構がいくつかの遺跡で認められるのに対し、丹後では、日光寺遺跡が四間の規模をとるほかは三間以下と小規模なものにすぎず、建物規模のちがいが遺跡の性格を反映している可能性がある。柱間寸法には、大内城のように八尺を基準とする整然とした建物群で構成されるものも見られるが、大部分はばらつきがある。この地域での総柱型住居省略型は、一五世紀の平山城で確認されるだけで、下屋庇付建物はほとんどみられない。

滋賀県下（表2）の湖東・湖南地方では、大伴遺跡の平安時代に属する総柱型住居で柱間寸法に偏在があり、間取りのあり方にも変化が認められる早い例である。さらに一二世紀代には、堂田遺跡・麻生遺跡などで総柱型住居の中央屋内柱が省略される型式がみられるが、これは一般的な総柱型住居の省略型ではなく、律令型の身舎の一部を総柱型としたものと考えられる。一三世紀代に入ると、総柱型住居群で構成される集落が出現し、広く分布するようになる。また総柱型住居と梁間一間型住居で構成される複合型集落も確認できる。これらの中には屋敷地を溝で囲繞し、それらを連結した集落も登場している。一五世紀以降の状況ははっきりとしないが、下屋庇付の住居はあまり確認されない。寺社のなかには礎石建物と掘立柱建物が併存する例もみられ、宗教建築でも掘立柱建物が依然として残る。江戸時代の北代遺跡では複数の総柱型住居で構成され、祭の御旅所に関連する施設に掘立柱建物が採用されている。湖西・湖北地方では、一一世紀に成立する心妙寺遺跡において、端間が狭くなる総柱型住居の中央屋内柱省略型が確認される。このほかに顕著な遺跡は知られていないが、遺跡のあり方や存続時期に湖南・湖東とは際だった相違のあることが特徴といえる。

兵庫県下（表3）の摂津・東播磨地方では、中世前半期の遺跡が主で後半期のものがきわめて少なく、遺跡の存続時期に地域間格差が確認できる。その中で一二世紀代には総柱型住居のほか中門廊付総柱型住居や律令型などで構成される複合型集落が早くも確認でき、とくに中門廊付総柱型住居が数的にめだつ。しかも柱間寸法にばらつきのあるD型が多く、また偏在するものもみられる。資料に限りがあって変遷は不明瞭であるが、玉津田中遺跡のように江戸時代になっても依然として掘立柱建物で構成される集落も確認できる。西播磨・三田・加西地方では、京都府下の丹波地方と同じような傾向がうかがえ、総柱型住居が一一世紀以降に数多く確認される。そのなかでも一一世紀代に属する対中遺跡は、他に例の

表2 滋賀県における古代・中・近世遺跡変遷図

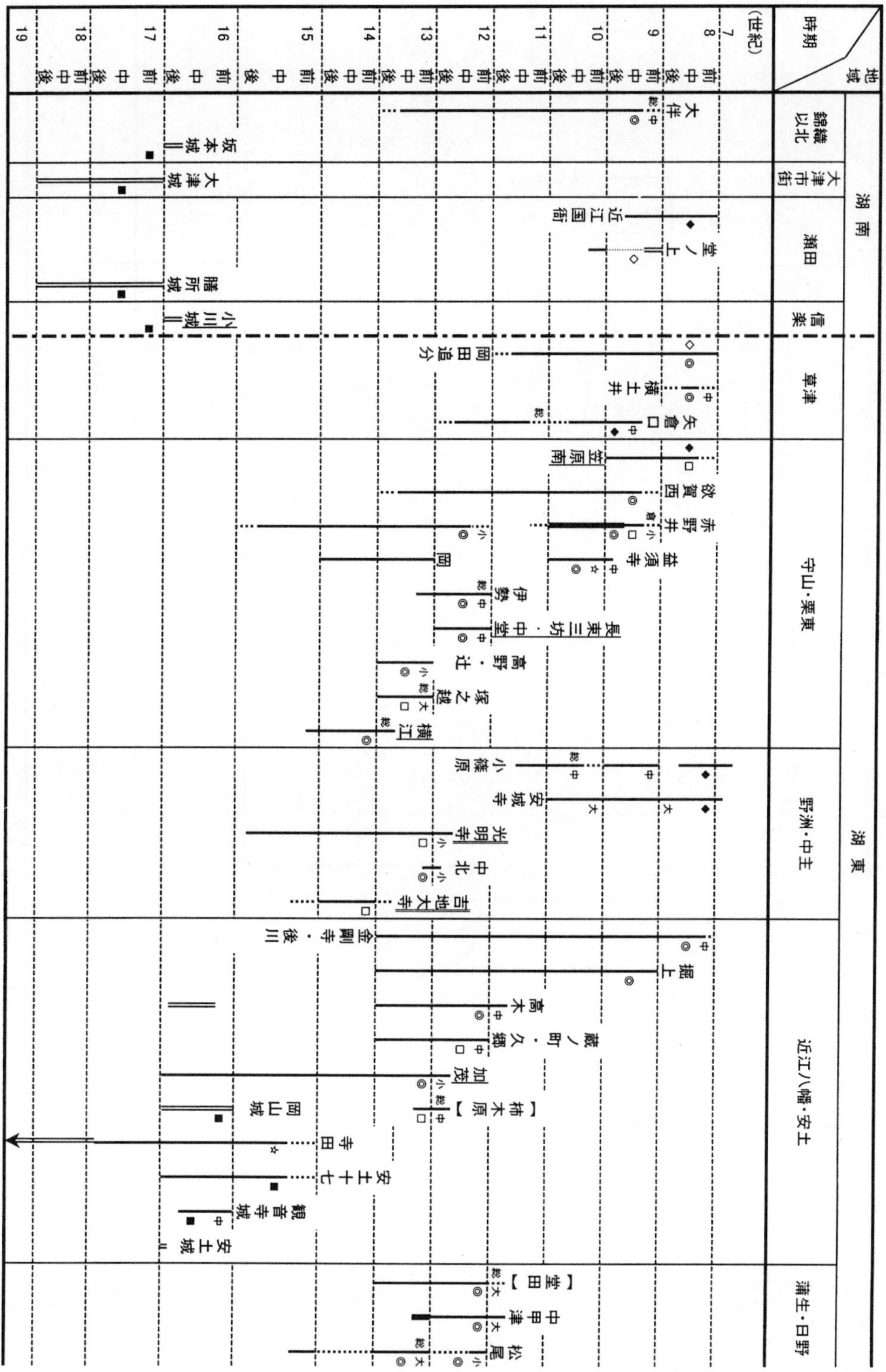

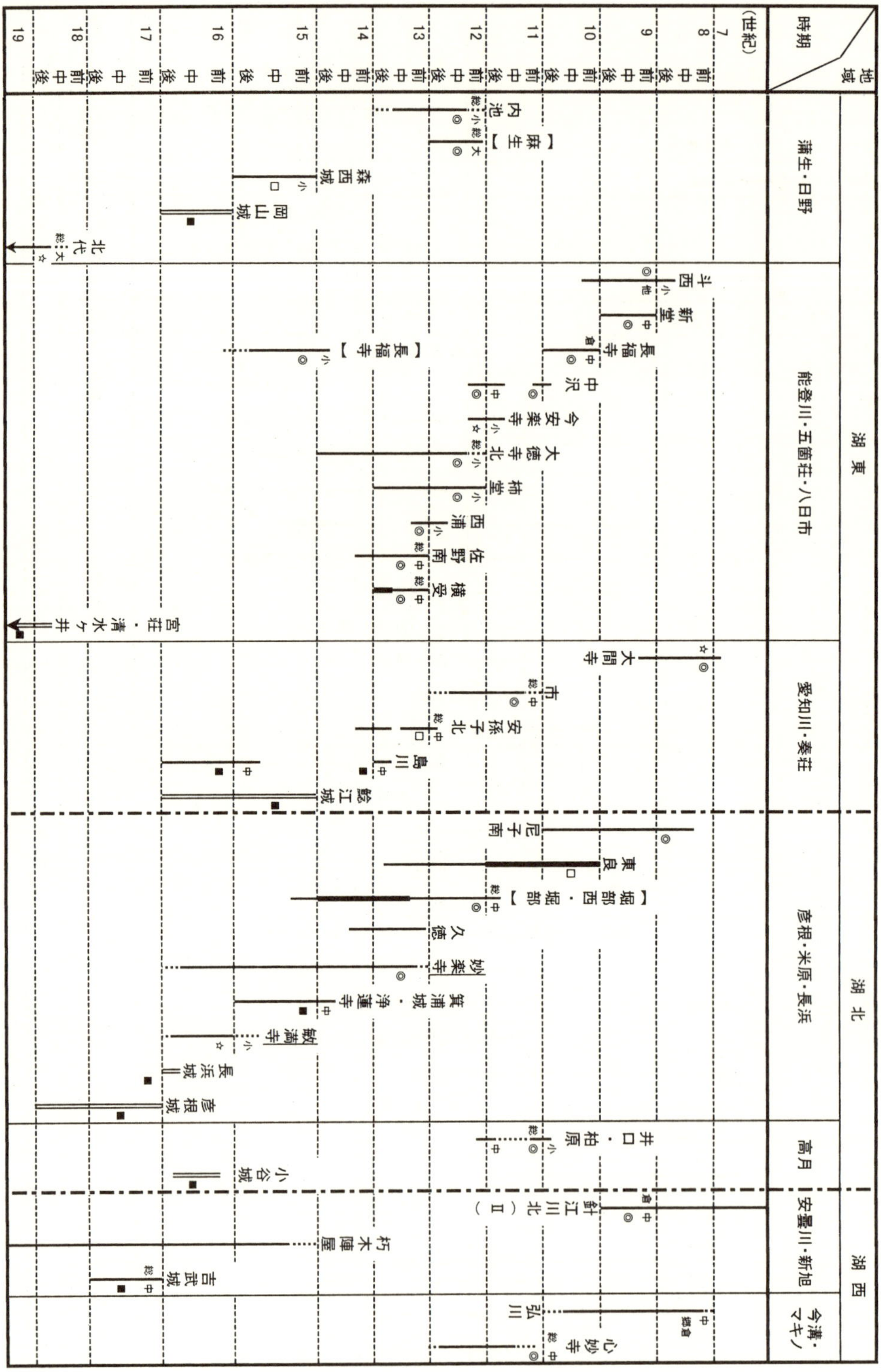
地域
時期
(世紀)
湖東
蒲生・日野
能登川・五個荘・八日市
愛知川・秦荘
湖北
彦根・米原・長浜
高月
湖西
安曇川・新旭
今津・マキノ
内池
麻生
森西城
岡山城
北代
斗西
新堂
長福寺
中沢
今安楽寺
大徳寺北
柿堂
西浦
佐野南
横受
宮荘・清水ケ井
大門寺
市
安孫子北
島川
鯰江城
尼子南
東良
堀部西・堀部
久徳
妙楽寺
箕浦城・浄蓮寺
敏満寺
長浜城
彦根城
井口・柏原
小谷城
針江川北(Ⅱ)
朽木陣屋
吉武城
弘川
心妙寺

表3　兵庫県における古代・中・近世遺跡変遷図

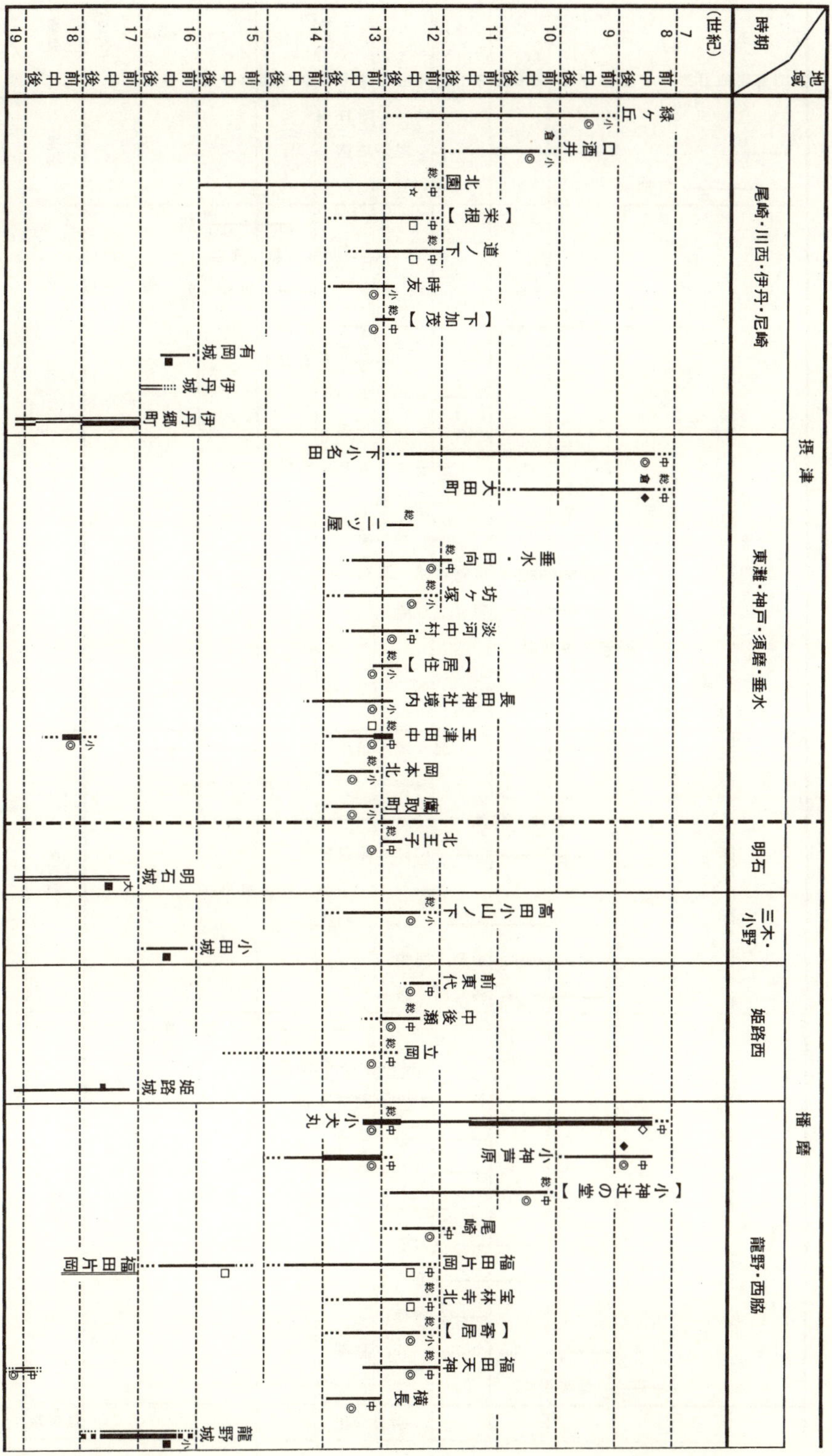

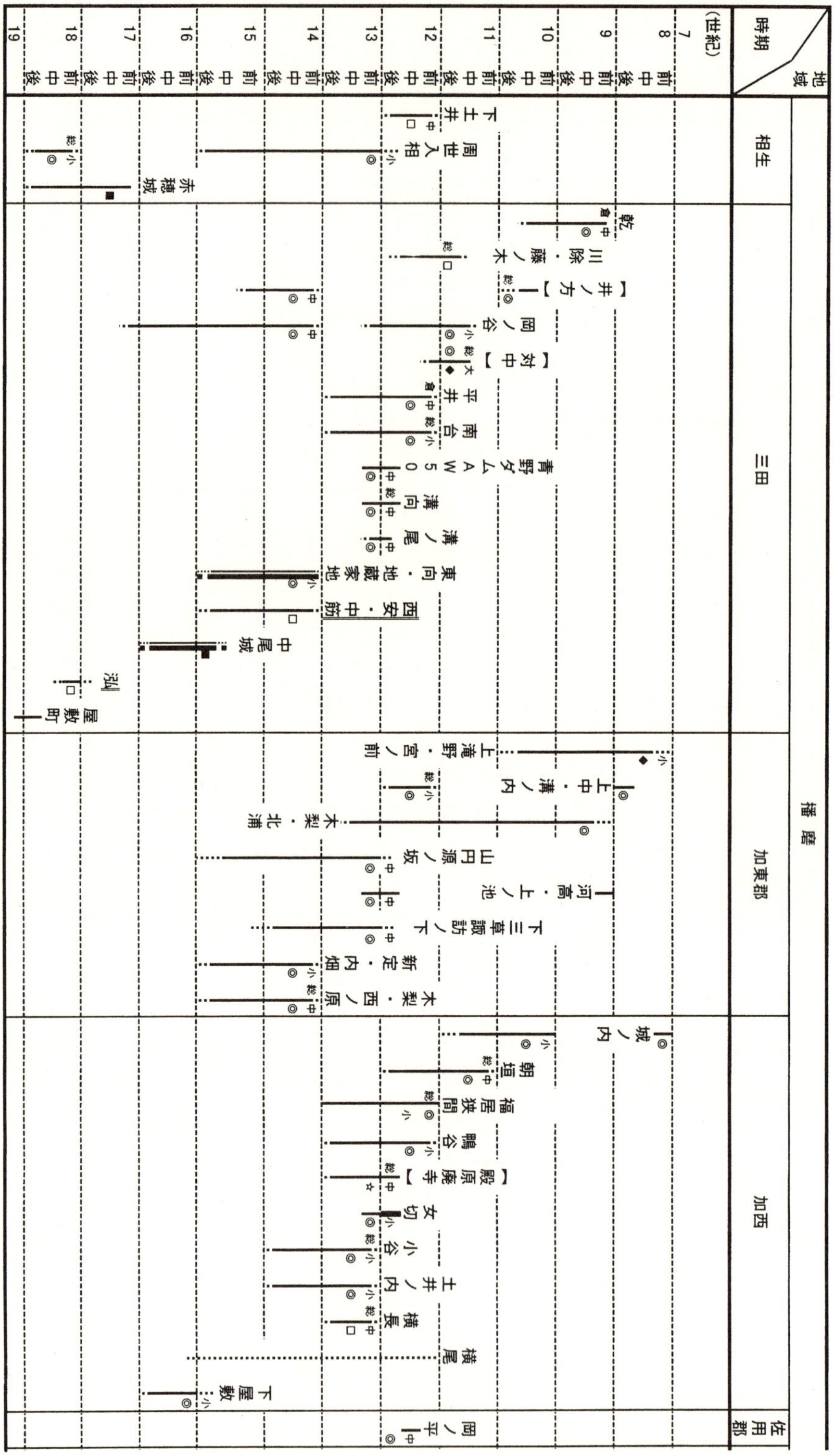
地域
時期
(世紀)
7
8
9
10
11
12
13
14
15
16
17
18
19
前
中
後
播磨
相生
三田
加東郡
加西
佐用郡
下土井
周世入相
赤穂城
乾
川除・藤ノ木
【井ノ方】
岡ノ谷
【対中】
平井
南台
青野ダムAW50
溝向
溝ノ尾
東向・地蔵・家地
西安・中筋
中尾城
泓
屋敷町
上滝野・宮ノ前
上中・溝ノ内
木梨・北浦
山円源ノ坂
河高・上ノ池
下三草諏訪ノ下
新定・内畑
木梨・西ノ原
城ノ内
朝垣
福居狭間
鵯谷
【殿原廃寺】
女切
小谷
土井ノ内
横長
横尾
下屋敷
岡ノ平

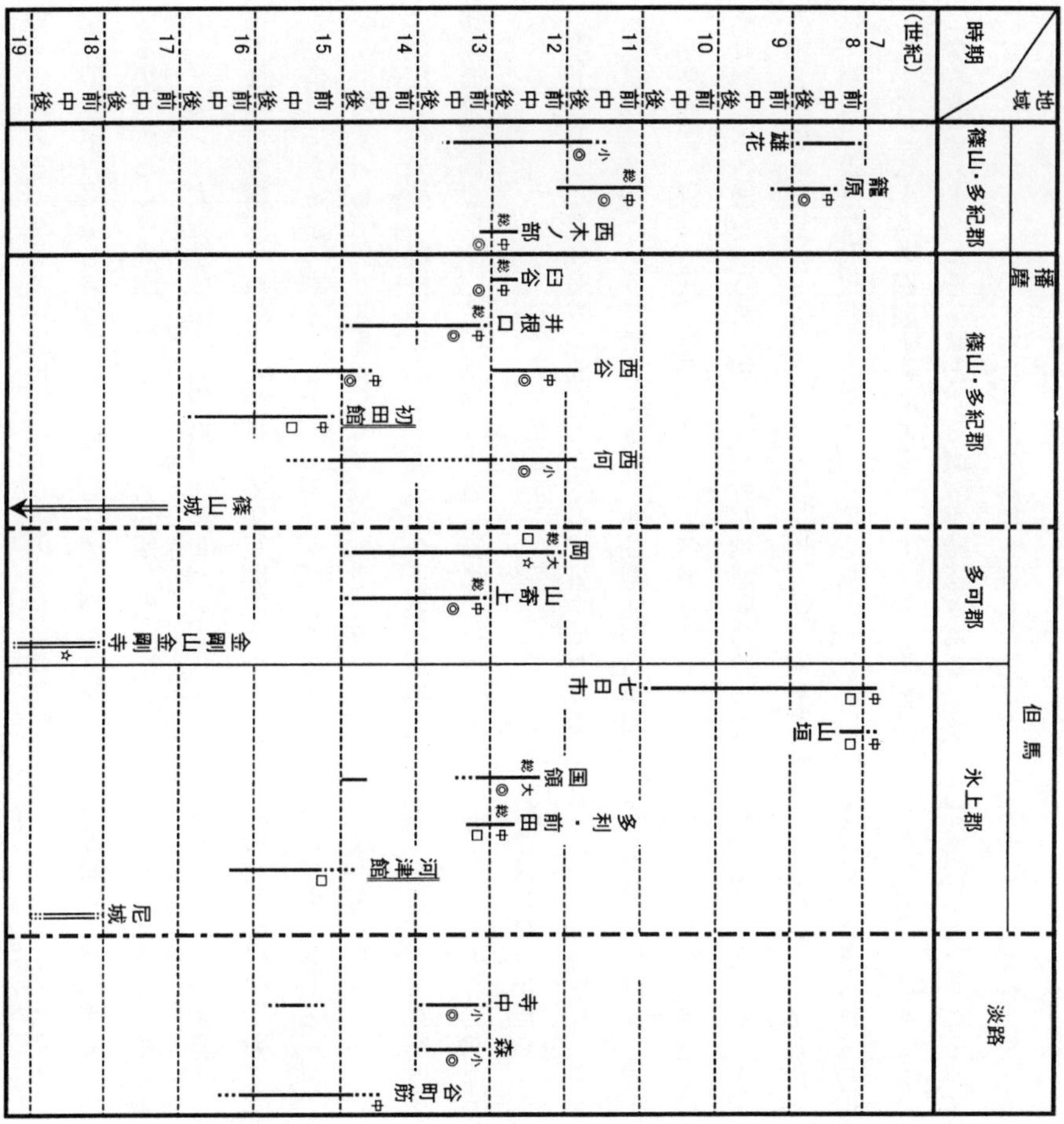
地域
時期
(世紀)
篠山・多紀郡
播磨
多可郡
但馬
氷上郡
淡路
籠原
雄花
西木ノ部
臼谷口
井根口
西谷
初田館
西何
篠山城
岡
山寄上
金剛山金剛寺
七日市
山垣
国領
多利・前田
河津館
尼城
寺中
森
谷町筋

みられない大規模な中門廊付総柱型住居である。このほか総柱型住居群で構成される遺跡も確認され、柱間が狭いものもある。そして一三世紀以降、下屋庇付の建物や総柱型住居省略型も確認され、総柱型住居D型が主流になる傾向がある。篠山・但馬地方でも同様な傾向にあるが、但馬では大規模な中核的集落が出現し、いずれも総柱型住居群で構成される。このほか梁間三間以上型住居が併存する例もみられる。また、一四世紀代になると下屋庇付の住居も確認できるようになる。淡路地方では、小規模な在来型・総柱型住居に二面以上の下屋庇が付く建物の確認例が多く、この地域の大きな特徴となっている。

以上のように近畿地方北部をとっても、洛中における伝統様式の保持という特徴のほかに、総柱型住居と梁間一間型住居の併存方式、柱間寸法などに各地域間でそれぞれ異なる特徴がみられ、そしてそれが地域間格差を生み出していると考えられる。さらに柱間寸法においては、鎌倉のような七尺間をとらず、八尺を基準としていることは古代からの踏襲とみられる。そして一五世紀代になると二メートルを基準とする遺跡が確認されるようになることから、このころに一つの画期を迎えたことが予想される。掘立柱から礎石建へ移行する時期ついては、洛中・洛外とそれ以外の地域では、大きな隔たりのあることがきわだった特徴として指摘できるだろう。

八、まとめ

近畿地方での律令型に端的にあらわれているように、この型式は政治・社会体制に組み込まれた、ある程度の技術水準のものに施工されたと考えられ、律令体制のもとで材料の供給もおこなわれた可能性がある（近畿地方各地で確認される『杣』の事例などから）。そのことは、全国規模で確認される律令型住居が、柱間寸法や柱筋についてほぼ同様な精度をもつことからも肯くことができよう。しかし、このような画一的な技術水準もあまり長続きはしなかったらしく、近畿地方でも一二世紀以降になると柱間寸法にばらつきが確認されはじめる。そのうえ一〇世紀段階で、すでに柱径が一五～二〇センチとかなり細い角材を使用し始めており、以後もこの程度の柱径が通例となっていく。それにともなって柱穴の掘形も二〇～四〇センチ前後と小規模な円形を呈するようになる。このように柱穴の規模、形状、柱径の矮小化と角材の使用など、古代とは異なった建築材料への変動が確実に進行していくことが確認できるのである。それに連動するように総柱型住居が急速に普及することは、柱の細さを補強すべく採用された新様式であったと考えられる。すなわち総柱型住居とは、細い柱材の使用により建物全体の横方向から受ける外圧に対する不安定さを補うために、桁・梁交差部すべてに柱を立て繋梁でおのおのの部材を連結し、より強固にするための新技術であったのであろう。

中世後期にあらわれる、柱穴の規模だけでなくその形状や柱径までも小さくなり、柱間寸法も不揃いで柱筋も一直線上にそろわない建物は、大工組などの専門家集団による技術体系に依存せず、村人や町衆自らによる協業化の結果と考えられる。すなわち、村普請・町普請による家作であり、柱間寸法に各地域ごとのばらつきが見られるのは、それぞれの在地的色彩をとどめるものである。まさにこの点が中世社会の特質のひとつといえるのではないだろうか。一五世紀以降、新たに七尺を中心とした統一的な間尺が採用されたことは、このような共同体を再編すべき新たな外部社会の変動が村落に及んだことを物語っている。

江戸時代の掘立柱建物も、柱間寸法には依然としてばらつきがあり、また柱筋がランダムであることなどから中世の延長線上にある現象といえる。ところが一七世紀後半〜一八世紀になると、農村社会でも階層差が顕著になり、とくに名主などの特権者の住居には新たな構造形式である『石場建て』の技法が採用されはじる。そしてそれには、専門的な建築技術者としての大工組の存在が不可欠となる。ただし都市や周辺農村においては、依然として付属施設や仮設建物に掘立柱が用いられ、大規模なものには総柱型が、長屋形式のものには梁間一間型が主に採用される。これは両方の構造の特徴を端的に表していると考えてよいだろう。近代の遺跡では、美月遺跡の海軍兵舎に比定できる建物が大規模な掘立柱建物であることは注目される。梁間が非常に長いことから、小屋組に木造トラスを採用した可能性があるが、近代でもなお一過性の建物には、掘立柱型式を用いていたことを示している。

最後に、筆者が中世集落研究の学恩を受けた原口正三先生が一昨年古稀をむかえられた。先生の御健勝を御祈りするとともに、ここに感謝の意を表するものである。

なお資料収集にあたっては、高杉諭吏、坂本範基の両氏の御協力を得た。

註

（1）伊藤裕久『中世集落の空間構造』生活史研究所、一九九二。
玉井哲雄「絵巻物の住宅を考古学発掘史料から見る」『絵巻物の建築を読む』東京大学出版会、一九九六。
高橋與右衛門「発掘された中世の建物跡」『北の中世』日本エディタースクール出版部、一九九二。
宮本長二郎「日本中世住居の形成と発展」『建築史の空

間』中央公論美術出版、一九九九。
(2) 拙稿「町と市の成立と展開」『考古学発掘資料による建物の復元方法に関する基礎的研究』発表資料、一九九九。
(3) 『長岡京左京北一条三坊二町・三町現地説明会資料』(財)向日市埋蔵文化財センター・(財)古代学協会・古代学研究所、二〇〇〇。
(4) 『平成9年度 京都市埋蔵文化財調査概要』(財)京都市埋蔵文化財研究所、一九九九。
(5) 『平安京発掘調査概報 平成元年度』京都市文化観光局、一九九〇。
(6) (財)古代学協会・古代学研究所編『平安京提要』角川書店、一九九四。
(7) 『平安京発掘調査概報 昭和63年度』京都市文化観光局、一九八九。
(8) 『埋蔵文化財発掘調査概報』京都府教育委員会、一九七二。
(9) 『埋蔵文化財発掘調査概報』同前、一九六八。
(10) 前掲註(6)。
(11) 『埋蔵文化財発掘調査概報』京都府教育委員会、一九七〇。
(12) 『平安京発掘調査概報 昭和62年度』京都市文化観光局・(財)京都市埋蔵文化財研究所、一九八八。
(13) 上野邦一「官衙か宅地か」『平城京左京四条二坊一坪』奈良国立文化財研究所、一九八七。
岩永省三「京の宅地割と建物配置」『平城京左京四条二坊十五坪発掘報告』奈良国立文化財研究所、一九八五。

島田敏夫「敷地と建物」『平城京右京八条一坊十三・十四坪発掘調査報告』大和郡山市教育委員会、一九九〇。

山岸常人「宅地と住居」『季刊考古学第22号』雄山閣、一九八八などによる。
(14) 『奈良国立文化財研究所年報一九七三』奈良国立文化財研究所、一九七四。
(15) 『淳和院発掘調査報告』関西文化財調査会、一九九七。
(16) 『大山崎町埋蔵文化財調査報告書 第20集』大山崎町教育委員会、二〇〇〇。
(17) 『昭和60年度 京都市埋蔵文化財調査概要』(財)京都市埋蔵文化財研究所、一九八八。
(18) 『宇治市文化財調査報告 第4冊』宇治市教育委員会、一九九二。
(19) 前掲註(4)。
(20) 『平等院庭園発掘調査概要報告Ⅱ』(宗)平等院、一九九三。
(21) 『京都市内遺跡立会調査概報 平成7年度』京都市文化市民局、一九九六。
(22) 『平成7年度 京都市埋蔵文化財調査概要』(財)京都市埋蔵文化財研究所、一九九七。
(23) 『平成3年度 京都市埋蔵文化財調査概要』同前、一九九五。
(24) 『平成8年度 京都市埋蔵文化財調査概要』同前、一九九八。
(25) 『平成5年度 京都市埋蔵文化財調査概要』同前、一九九六。
(26) 『平成2年度 京都市埋蔵文化財調査概要』同前、一九九四。
(27) 『平成6年度 京都市埋蔵文化財調査概要』同前、一九九六。

(28) 堀内明博「穴蔵に関する遺構群をめぐって―中世から近世に至る京都検出の地下式土坑群の類型化と変遷」『関西近世考古学研究Ⅲ』関西近世考古学研究会、一九九二。
(29)『鹿苑寺（金閣寺）庭園』鹿苑寺、一九九七。
(30) 前掲註（4）。
(31) 弁慶石町に関しては、『昭和62年度　京都市埋蔵文化財調査概要』(財)京都市埋蔵文化財研究所、一九九一。右京二条四坊竹屋町に関しては、前掲註(25)。
(32)『平成元年度　京都市埋蔵文化財調査概要』(財)京都市埋蔵文化財研究所、一九九四。
(33)『昭和63年度　京都市埋蔵文化財調査概要』同前、一九九三。
(34)『平安京左京北辺四坊―京都御所東方公家屋敷群跡―発掘調査現地説明会資料2』同前、一九九八。
(35) 以下の調査によって、推定されるようになってきた。
a長岡京右京八三・一〇五次調査（『京都府遺跡調査概報　第9冊』(財)京都府埋蔵文化財調査研究センター、一九八四）。

b長岡京右京二五二次調査（『京都府遺跡調査概報　第43冊』同前、一九九一）。

c長岡京右京五四四次調査（『長岡京市埋蔵文化財調査報告書　第8集』(財)長岡京市埋蔵文化財センター、一九九七）。

d長岡京右京五四八次調査（『長岡京市埋蔵文化財調査報告書　第9集』同前、一九九七）。

e祭ノ神・長法寺遺跡（『長岡京市文化財調査報告書第24冊』長岡京市、一九九〇）。

f長岡京右京三四九次調査（『京都府遺跡調査概報　第47冊』(財)京都府埋蔵文化財調査研究センター、一九九二）。

g堀尻（『大山崎町埋蔵文化財調査報告書　第16集』大山崎町、一九九八）。
(36)『長岡京市文化財調査報告書　第24冊』長岡京市、一九九〇。
(37)『京都府遺跡調査概報　第51冊』(財)京都府埋蔵文化財調査研究センター、一九九二。
(38)『長岡京市文化財調査報告書　第9冊』長岡京市教育委員会、一九八二。
(39) 久我東町遺跡に関しては、『昭和61年度　京都市埋蔵文化財調査概要』(財)京都市埋蔵文化財研究所、一九八九。
奥海印寺遺跡に関しては、『長岡京市文化財調査報告書第20冊』長岡京市教育委員会、一九八八。
(40)『重要文化財箱木家住宅（千年家）保存修理工事報告書』文化財建造物保存技術協会、一九七九。
(41) 拙稿「中世集落研究」『日本建築学会学術講演梗概集』一九七八。
(42)『京都府遺跡調査概報　第51冊』(財)京都府埋蔵文化財調査研究センター、一九九二。
(43) 興戸遺跡に関しては、『京都府遺跡調査概報　第42冊』同前、一九九一。
芝山遺跡に関しては、以下の二報告がある。『京都府遺跡調査概報　第20冊』同前、一九八六。『同第25冊』同前、一九八七。
(44)『京都府遺跡調査概報　第23冊』同前、一九八七。
(45)『宇治市埋蔵文化財発掘調査概報第35集』宇治市教育委員会、一九九六。

(46) 主なものに、『宇治市埋蔵文化財発掘調査概報　第8集』同前、一九八五。『同　第16集』同前、一九九〇。『同　第29集』同前、一九九五。

(47) 菰池遺跡に関しては、『京都府埋蔵文化財情報　第70号』(財)京都府埋蔵文化財調査研究センター、一九九八。
菩提遺跡に関しては、『京都府遺跡調査概報　第21冊』同前、一九八六。

(48) 北金岐遺跡については、以下の二報告がある。『京都府遺跡調査概報　第12冊』同前、一九八四、および『同　第17冊』同前、一九八五。
鹿谷遺跡については、『京都府遺跡調査概報　第48冊』同前、一九九二。

千代川遺跡に関しては、以下の七報告がある。『京都府遺跡調査概報　第21冊』(財)京都府埋蔵文化財調査研究センター、一九八六。『同　第26冊』同前、一九八七。『同　第31冊』同前、一九八八。『同　第35冊』同前、一九八九。『同　第40冊』同前、一九九〇。『同　第44冊』同前、一九九一。『埋蔵文化財発掘調査概報　一九八九』京都府教育委員会、一九八九。

(49) 『埋蔵文化財発掘調査概報　一九九三』京都府教育委員会、一九九三。

(50) 『京都府遺跡調査概報　第4冊』(財)京都府埋蔵文化財調査研究センター、一九八二。

(51) 『京都大学構内遺跡調査研究年報　昭和56年度』京都大学埋蔵文化財研究センター、一九七八。

(52) 『京都府遺跡調査概報　第13冊』(財)京都府埋蔵文化財調査研究センター、一九八五。

(53) 里遺跡に関しては『京都府遺跡調査概報　第41冊』同前、一九九一。
西町遺跡に関しては、以下の二報告がある。『京都府遺跡調査概報　第22冊』同前、一九八七。『埋蔵文化財発掘調査概報　一九八九』京都府教育委員会、一九八九。

上ヶ市遺跡に関しては、以下の二報告がある。『埋蔵文化財発掘調査概報　一九九三』京都府教育委員会、一九九三。『福知山市文化財調査報告書　第21集』福知山市教育委員会、一九九三。

大内城に関しては、『京都府遺跡調査概報　第1冊』(財)京都府埋蔵文化財調査研究センター、一九八二。『同　第20冊』同前、一九八六。

(54) 城ノ尾遺跡に関しては『京都府遺跡調査概報　第6冊』同前、一九八三。
豊富谷丘陵大道寺遺跡と宮遺跡に関しては、『京都府遺跡調査概報　第1冊』同前、一九八二。

(55) 平山城・平山東城に関しては、いずれも『京都府遺跡調査概報　第24冊』同前、一九八七。

(56) 福知山城に関しては、『埋蔵文化財発掘調査概報　一九八五』京都府教育委員会、一九八五。
後青寺遺跡に関しては、『京都府遺跡調査概報　第1冊』(財)京都府埋蔵文化財調査研究センター、一九八二。

(57) 『京都府遺跡調査概報　第43冊』同前、一九九一。

(58) 『京都府遺跡調査概報　第37冊』同前、一九九〇。

(59) 前掲註(49)。

(60) 宮津城に関しては、『京都府遺跡調査概報　第43冊』(財)京都府埋蔵文化財調査研究センター、一九九一。
田辺城に関しては、『埋蔵文化財発掘調査概報　一九八二』京都府教育委員会、一九八二。『埋蔵文化財発掘調査概報一九八五』京都府教育委員会、一九八五。

(61)『京都府の民家 調査概報第7集』京都府教育委員会、一九七五。

(62)『大伴遺跡発掘調査報告書』滋賀県教育委員会、(財)滋賀県文化保護協会、一九八三。

(63) 赤野井遺跡については、以下の三報告がある。『昭和51年度 滋賀県文化財調査年報』滋賀県教育委員会、一九七八。『ほ場整備関係遺跡発掘調査報告Ⅳ—Ⅱ』滋賀県教育委員会・(財)滋賀県文化保護協会、一九七七。『ほ場整備関係遺跡発掘調査報告Ⅹ—4』同前、一九八三。

(64) 堂田遺跡に関しては、『ほ場整備関係遺跡発掘調査報告ⅩⅥ—5』同前、一九八九。

麻生遺跡に関しては、以下の二報告がある。『ほ場整備関係遺跡発掘調査報告ⅩⅣ—5』同前、一九八七。『ほ場整備関係遺跡発掘調査報告ⅩⅥ—4』同前、一九八九。

(65) 麻生遺跡に関しては、前掲註(64)。

市遺跡に関しては、『市遺跡発掘調査概要Ⅰ』愛知川町教育委員会、一九八三。

(66)『秦荘町文化財調査報告書第8集』秦荘町教育委員会、一九九一。

(67) 横江遺跡に関しては、『横江遺跡発掘調査報告書Ⅰ』滋賀県教育委員会・(財)滋賀県文化保護協会、一九八六、『同Ⅱ』同前、一九九〇。

(68)『岡山城跡遺跡発掘調査報告書』同前、一九八一。

(69)『敏満寺遺跡発掘調査報告書』同前、一九八八。

(70)『坂本遺跡発掘調査報告書』滋賀県大津市教育委員会、一九八九。

(71)『近江八幡市埋蔵文化財発掘調査報告書Ⅹ』近江八幡市教育委員会、一九八六。

(72)『日野町埋蔵文化財発掘調査報告書 第4集』日野町教育委員会、一九八六。

(73)『ほ場整備関係遺跡発掘調査報告Ⅶ—4』滋賀県教育委員会・(財)滋賀県文化保護協会、一九八〇。

(74) 朽木陣屋に関しては、『昭和57年度 滋賀県文化財調査年報』滋賀県教育委員会、一九八四。

吉武城に関しては、『一般国道161号(高島バイパス)に伴う新旭町内遺跡発掘調査報告書Ⅴ』滋賀県教育委員会・(財)滋賀県文化保護協会、一九九三。

(75)(北園遺跡の文献)

(76) 伊丹城に関しては、以下の三報告がある。『伊丹城跡発掘調査報告書Ⅱ』伊丹市文化財保護協会、一九七七。『同Ⅲ』伊丹市教育委員会、一九七八。『同Ⅳ』同前、一九七九。

(77) 伊丹郷町遺跡に関しては、以下の二報告がある。『有岡城・伊丹郷町Ⅰ』大手前女子学園有岡城跡調査委員会、一九八七。『同Ⅱ』伊丹市教育委員会・大手前女子大学史学研究所、一九九二。

玉津田中遺跡に関しては、以下の二報告がある。『玉津田中遺跡調査概報Ⅰ』兵庫県教育委員会、一九八四。『兵庫県文化財調査報告書 第135—4冊』同前、一九九五。

(78) 口酒井遺跡に関しては、『口酒井遺跡 第11次発掘調査報告書』伊丹市教育委員会・(財)古代学協会、一九八八。

太田町遺跡に関しては、『兵庫県文化財調査報告書 第128冊』兵庫県教育委員会、一九九三。

(79) 栄根遺跡に関しては、以下の三報告がある。『兵庫県埋蔵文化財調査年報 昭和57年度』同前、一九八五。『同 昭和58年度』同前、一九八六。『兵庫県文化財調査報告書 第14

冊』同前、一九八二。

下加茂遺跡に関しては、『兵庫県文化財調査報告書　第131冊』同前、一九九四。

居住遺跡に関しては、『新方遺跡・居住遺跡発掘調査概要』神戸市教育委員会、一九八四。

(80)『龍野市文化財調査報告13』西播磨開発（株）・寄居遺跡調査団・龍野市教育委員会、一九九四。

(81)『兵庫県文化財調査報告書　第77冊』兵庫県教育委員会、一九九〇。

(82) 小犬丸遺跡に関しては、以下の四報告がある。『兵庫県文化財調査報告書　第47冊』同前、一九八七。『同　第66冊』同前、一九八九。『龍野市文化財調査報告8』龍野市教育委員会、一九九二。『同11』同前、一九九四。

(83) 福田天神遺跡に関しては、以下の二報告がある。『兵庫県埋蔵文化財調査年報　昭和56年度』兵庫県教育委員会、一九八四。『同　昭和57年度』同前、一九八五。

(84) 前掲註（80）。

(85)『兵庫県文化財調査報告書　第70冊』兵庫県教育委員会、一九九〇。

(86)『兵庫県埋蔵文化財調査年報　昭和58年度』同前、一九八六。

(87)『龍野市文化財調査報告Ⅳ』龍野市教育委員会、一九八二。

(88) 木梨遺跡と北浦遺跡に関しては、いずれも『加東郡埋蔵

(89) 乾遺跡に関しては、『兵庫県文化財調査報告書　第62冊』兵庫県教育委員会、一九八八。

上滝野遺跡と宮前遺跡に関しては、いずれも『加東郡埋蔵文化財報告13　埋蔵文化財調査年報　一九八九年度』加東郡教育委員会、一九九二。

(90) 岡ノ谷遺跡に関しては、『兵庫県文化財調査報告書　第62冊』兵庫県教育委員会、一九八八。

対中遺跡に関しては、『兵庫県文化財調査報告書　第60冊』同前、一九八八。

朝垣遺跡に関しては、『加西市埋蔵文化財調査報告16』加西市教育委員会、一九九三。

(91)『兵庫県文化財調査報告書　第67冊』兵庫県教育委員会、一九八九。

(92)『兵庫県文化財調査報告書　第104冊』同前、一九九二。

(93)『三田市文化財調査報告　第8冊』三田市教育委員会、一九九二。

(94)『三田市文化財調査報告　第10冊』同前、一九九五。

(95)『兵庫県文化財調査報告書　第62冊』兵庫県教育委員会、一九八八。

(96)『兵庫県文化財調査報告書　第72冊―3』同前、一九九一。

(97) 西谷遺跡に関しては、『西紀、丹南町文化財調査報告　第9集』西紀、丹南町教育委員会、一九九一。

西向遺跡に関しては、『同　第10集』同前、一九九二。

(98)『兵庫県文化財調査報告書　第119冊』兵庫県教育委員会、一九九三。

(99) 初田館に関しては、『兵庫県文化財調査報告書　第116冊』同前、一九九二。

河津館に関しては、『同　第43冊』同前、一九八七。

(100) 国領遺跡に関しては、『兵庫県文化財調査報告書　第93冊』同前、一九九一。『同　第122冊』同前、一九九三。

(101)『兵庫県文化財調査報告書　第46冊』同前、一九八七。

(102)『西紀、丹南町文化財調査報告　第10集』西紀、丹南町教育委員会、一九九二。
(103)『豊岡市文化財調査報告書18』豊岡市教育委員会、一九八八。
(104)『兵庫県文化財調査報告書　第64冊』兵庫県教育委員会、一九八九。
(105)『兵庫県文化財調査報告書　第55冊』同前、一九八八。
(106)『兵庫県文化財調査報告書　第73冊』同前、一九九〇。

第二節　中国・四国地方の掘立柱建物

岩本正二

一、これまでの研究成果

中国・四国地方における中近世の掘立柱建物について、発掘調査であきらかになった事項を中心に、その様相を概観してみよう。とくに中世後半から近世にかけて、大きな変化の流れでは掘立柱建物から礎石建物に移行してゆくが、主としてその変化・転換の様相について述べてみたい。

これまでの長年にわたる研究成果によると、中世は掘立柱建物が圧倒的に多い状況であり、中世後半以降、特定の遺跡や、また特定の建物から礎石建物に転換していく傾向が強まるといえる。寺院は早い時期から礎石建てで建てられ、住宅・居館のうち、武家関係の建物、城館関係が寺院に次いで礎石建てに転換することが確認されている。また、民家の礎石建物への転換時期に関しては、畿内とその周辺では一七世紀中頃から後半、中部・関東・中国・四国は一七世紀後半と考えられてきた。(1) これらは、現存する民家や文献から推定されたものであるが、発掘調査をもとにした分析からは、民家のなかでもとくに農村部の民家に関しては、関東地域では一八世紀後半のある時期から一九世紀にかけて転換することが推定されようになってきた。(2)

二、地域的変遷の様相

遺跡や遺構の性格によって転換する時期が相違することは十分予想できるので、城館の様相、都市（町なども含む）の様相、農村の様相に関して、各県別に概観していきたい。

鳥取県

〈城館の様相〉

発掘例が少なく不明な点が多いが、羽衣石城跡（東伯郡東郷町）では、一六世紀後半において主郭部分は礎石建物であるとみられている。(3) また米子城跡（米子市）では、武家屋敷地域で一六世紀末～一七世紀前半の礎石建物が確認されている。[4] 城館と推定されている尾高城跡（米子市）の南大首地区では、一六世紀前半頃に礎石建物と掘立柱建物が共存している。[5]

〈都市の様相〉

発掘例が少なく、様相は不明である。現存する民家では、船問屋であった後藤家住宅（米子市）があり、正徳四年（一七一四）建築の礎石建物である。[6]

〈農村の様相〉

江戸時代の様相は不明であるが、中世の集落遺跡では、一五〜一六世紀は掘立柱建物である。今倉遺跡（倉吉市）は一五〜一六世紀の掘立柱建物が二七棟あり、東西棟一棟と南北棟一棟に小規模な建物が一〜二棟附属するまとまりが存在すると指摘されている。[7] 現存する民家（礎石建物）では、山あいの大庄屋で一七世紀中頃・後半の矢部家住宅（八頭郡八東町）、庄屋で一七世紀中頃の福田家住宅（鳥取市）、大規模な庄屋で明和六年（一七六九）の門脇家住宅（西伯郡大山町）がある。[8]

島根県

〈城館の様相〉

七尾城跡（益田市）は一六世紀中頃には主郭や帯曲輪を含めて、すべて礎石建物になっている。[9] 富田城跡（能義郡広瀬町）では、本丸跡から掘立柱建物、二の丸跡から二×三間、三×五間の掘立柱建物、礎石建物二棟などが確認されており、これらの時期は一六世紀後半頃であろう。富田城に関連する新宮谷遺跡（能義郡広瀬町）は家臣団屋敷地で、一六世紀後半には掘立柱建物と礎石建物がある。[10] 丸山城跡（邑智郡川本町）は礎石建物が主郭にあり、一五八三〜一五九二年の時期に比定されている。[11]

〈都市の様相〉

古市遺跡（浜田市）は有力在庁官人層の拠点で港町と推定されている遺跡である。[12] 掘立柱建物が多数あるが、一一世紀後半〜一四世紀と一五世紀〜一六世紀の年代に収まる。富田川河床遺跡（能義郡広瀬町）は、富田城の城下町で一六世紀〜一七世紀に栄えた。[13] 一七世紀初頭ごろまでは掘立柱建物が多いものの、一七世紀初頭には掘立柱建物と礎石建物が混在し、一七世紀前半には礎石建物が多くなって、一七世紀後半にはほとんど礎石建物に転換する。石見銀山遺跡（大田市）では、銀の生産地区が発見されており、藤田地区の精錬所建物は礎石建物で、規模は三間以上×東西七間、時期は一七世紀前半のものである。この下層にある遺構も礎石建物らしく、こちらの年代は一六世紀後半までさかのぼる。[14]

〈農村の様相〉

発掘例が少なく不明な点が多い。古志本郷遺跡（出雲市）は掘立柱建物のみで、一三世紀後半から一四世紀代、一五世紀から一六世紀後半、一六世紀末から一七世紀初頭まで確認している。しかし、一七世紀中頃以降の掘立柱建物は未確認である。[15] 板屋Ⅲ遺跡（飯石郡頓原町）では、掘立柱建物は一七世紀代と一七世紀末～一八世紀代の遺構にみられる。一九世紀代のものもあるが、これは何らかの作業小屋と考えられている。[16] 現存する民家（礎石建物）は、山間部の農家で一八世紀後半の旧道面家住宅（鹿足郡六日市町）、山間部の農家で一八世紀前半の堀江家住宅（飯石郡吉田村）がある。

岡山県

〈城館の様相〉

茶臼山城跡（赤磐郡吉井町）では、主郭の中心建物は礎石瓦葺建物と考えられるが、他は掘立柱建物が数棟、倉庫などと考えられる大型竪穴遺構一棟が検出されている。[17] 時期は天文二年（一五三二）～天正七年（一五七九）頃であろう。

〈都市の様相〉

岡山城の城下町にある武家屋敷地域では、一六世紀末～一七世紀前半は掘立柱建物と礎石建物が混在しているが、一六五三年の洪水で一メートルほど地盤があがり、それ以後は礎石建物が主体となる。[18] 津山城の城下町を構成する武家屋敷は礎石建物と推定されているが、時期は一六世紀末～一八世紀初頭と、一八世紀後半～一九世紀にかけての建物である。[19] また、二日市（銭座跡）遺跡（岡山市）は一七世紀前半（一六三七～一六四〇年）の岡山銭座で、寛永通宝製造所であり、井戸・灰穴・溝・炉跡・掘立柱建物二棟など検出している。[20] 掘立柱建物二棟は平行して建てられ、南北・梁間二間×東西・桁行四間以上あるいは一四間以上の東西に細長い長屋状建物である。銭研磨などの作業場あるいは工人の日常生活場所と推定されている。現存する近世町屋（礎石建物）は、一九世紀初頭の旧大原家住宅（倉敷市）、寛政八年（一七九六）の旧大橋家住宅（倉敷市）、一八世紀後半の旧矢掛本陣石井家住宅（小田郡矢掛町）、一九世紀初頭の旧矢掛脇本陣高草家住宅（小田郡矢掛町）がある。

〈農村の様相〉

百間川遺跡（岡山市）は平安時代後期～室町時代末期にかけての海に近い中世集落で、掘立柱建物が多数検出されたが、礎石建物は確認していない。[21] 津寺遺跡（岡山市）は集落遺跡で、掘立柱建物は一七世紀～一八世紀前半まで存在している。[22] 田治部氏館跡（新見市）は、一二～一六世紀に活動がみられる多治部氏の屋敷跡と伝承される遺跡で、一三世紀後半～一九世紀の遺構を確認した。[23] 掘立柱建物六棟・礎石建物一棟のほか、建物下部構造とみられる溝状遺構が三基、井戸一基、土坑などを検出している（**図1**）。年代順にみると、一五世紀中頃～一六世紀初頭の遺構は掘立柱建物で、一六世紀中頃〜一七世紀初頭には掘立柱建物と溝状遺構がある。一七世紀末〜一九世紀代は溝で区画し、北に掘立柱建物二棟〔二間（五・八メートル）×三間（七・五メートル）、二間（四・〇メートル）×二間（五・九メートル）〕を配し、その南に礎石建物と井戸をおいて、これらの西側に溝状遺構をつくる。

現存する民家（礎石建物）は、平野部の庄屋で一八世紀初期の旧犬養家住宅（岡山市）、山間部の中規模農家で一八世紀後半・末の前原家住宅（川上郡備中町）、山間部の中規模な家で一七世紀末の旧森江家住宅（苫田郡富村）、平野部の庄屋で天明六年（一七八六）の林家住宅（英田郡東粟倉村）がある。

広島県

〈城館の様相〉

一六世紀前半に主要なものは礎石建物になる。特別な用途の建物や倉庫なども礎石建物になる例が出てくるが、その他はまだ掘立柱建物の方が多い。一六世紀後半になると、主要建物のすべてが礎石建物に転換し、掘立柱建物は用途が限定されてくる傾向になる。

草戸千軒町遺跡（福山市）は中世の集落遺跡であるが、一五世紀末〜一六世紀初頭頃には遺跡の一画に環濠区画群が出現する(24)（図2）。最大の環濠区画は一辺九七メートルの方形居館と推定され、内部の主要建物は礎石建物と

図1　田治部氏館跡（註23より）

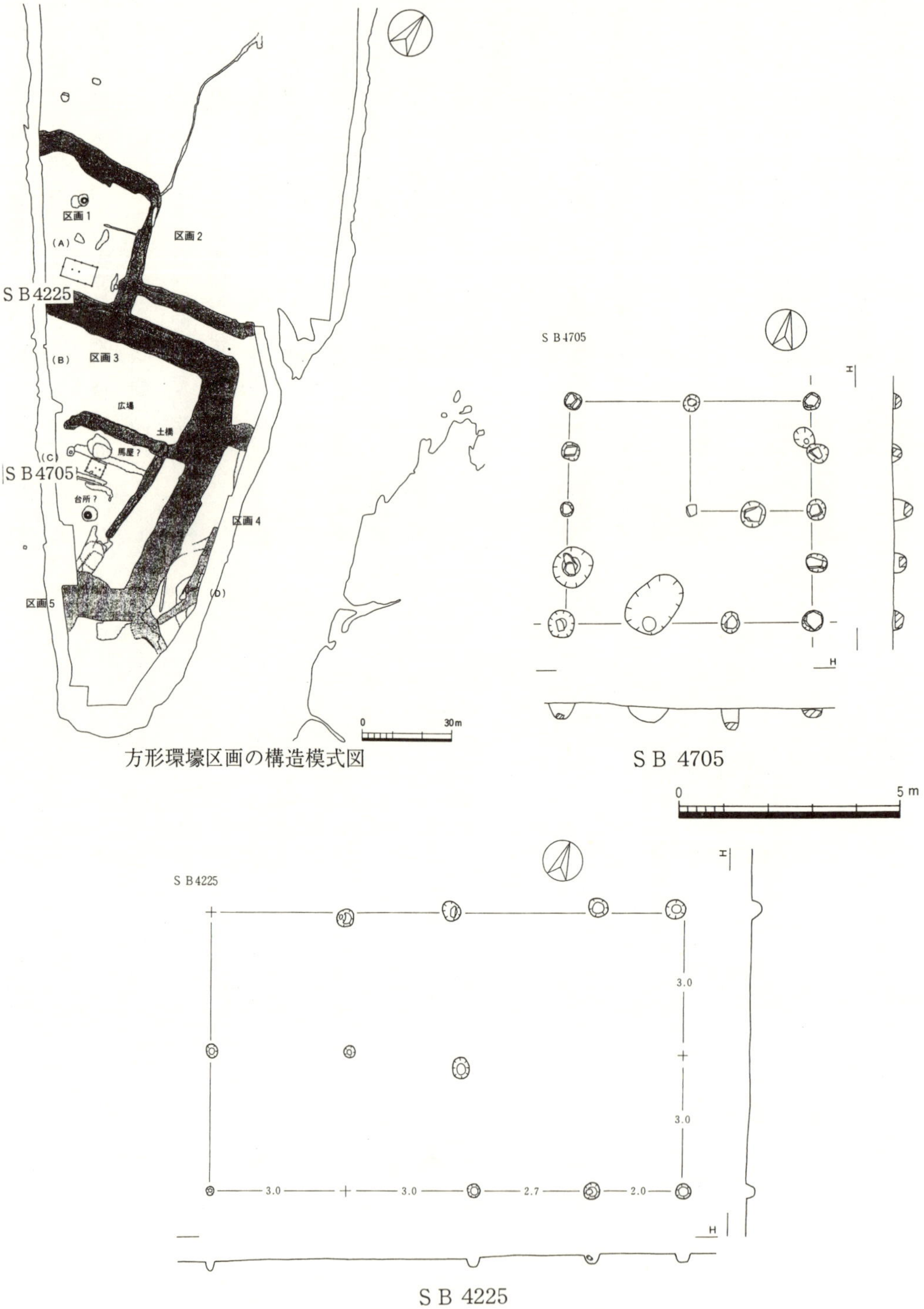

図2 草戸千軒町遺跡の方形環濠区画とそこに建つ掘立柱建物（註24より）

考えられるが、掘立柱建物ＳＢ四七〇五［東西棟、三間（五・六メートル）×四間（四・八メートル）］がある。

薬師城跡（賀茂郡河内町）は一五世紀後半～一六世紀末の城館遺跡で、城の使用は一六世紀中頃の火災を境に前後二時期に分かれる。[25] 一六世紀中頃以前は、中心部は削平されているものの礎石建物と考えられ、その他の地区は掘立柱建物がほとんどであるが、土蔵もしくは馬屋と推定される礎石建物がある。一六世紀中頃以降になると、中心部は礎石建物で、なかには鍛冶炉をともなう礎石建物もあり、その他は掘立柱建物となっている。吉川元春館跡（山県郡豊平町）は一六世紀後半の居館跡であるが、使用目的による使い分けがされている。[26] 主要な建物は礎石建物で、作業空間には掘立柱建物がある（図3）。三間（五・八メートル）×八間（一五・二メートル）の南北棟掘立柱建物ＳＢ二一七は長屋状建物で、すぐ南に鍛冶工房ＳＸ二一一がある。また、四間（七・三メートル）×七間（一三・六メートル）の東西棟掘立柱建物ＳＢ一〇一は内部に竈があり、台所と推定される。

〈都市の様相〉

草戸千軒町遺跡（福山市）では、一五世紀代の礎石建物はきわめて少数であり、それも寺院関連の建物に限定される。また、廿日市町屋遺跡（廿日市市）では一五世紀末に礎石建物が出現し、一六世紀代に普及してくる。

図3-① 吉川元春館跡 遺構全体図（註26『第４次概要』より）

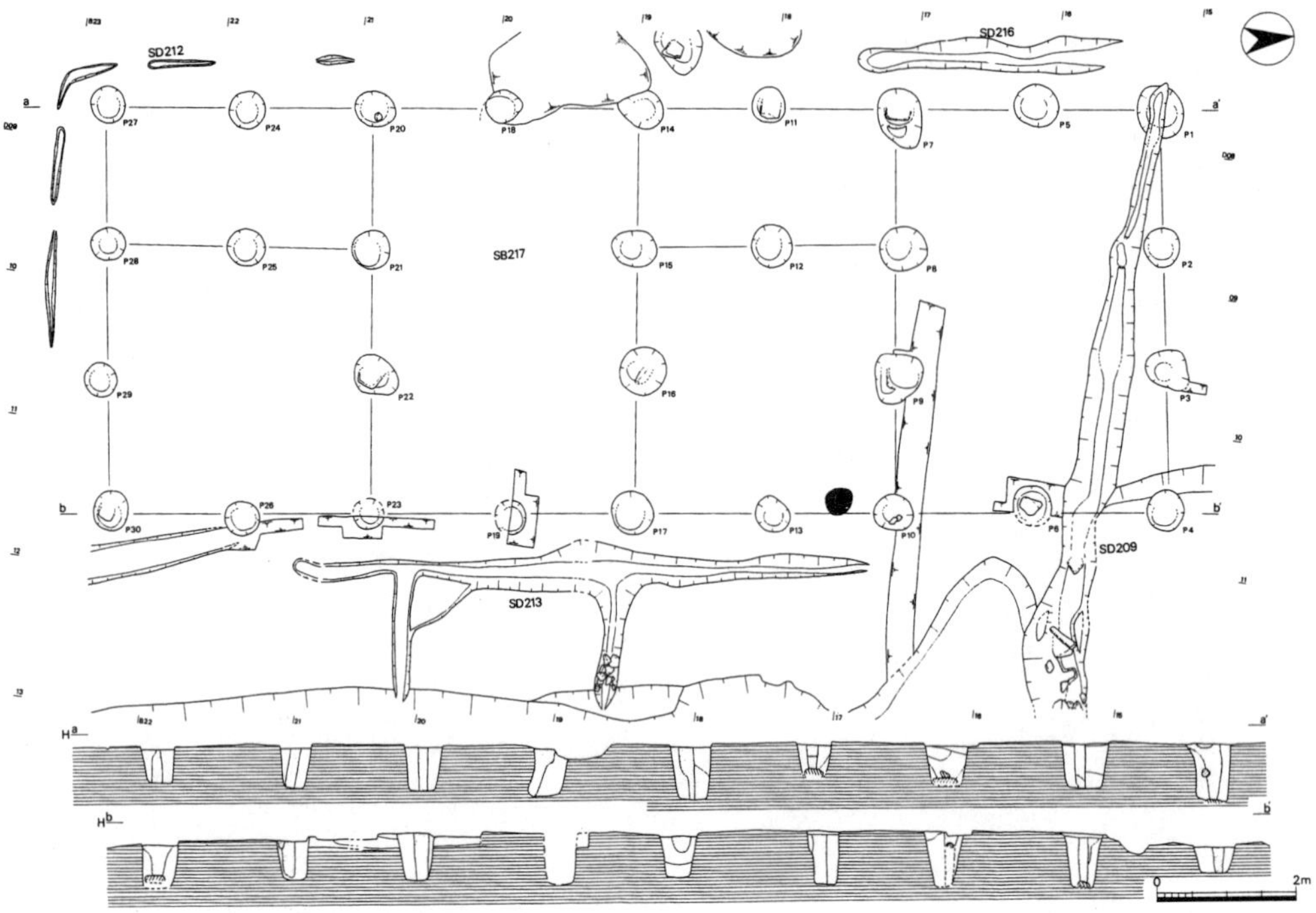

S B217（H＝378.5m）
（濃いアミ目は炭化物の集中範囲、淡いアミ目は柱根）

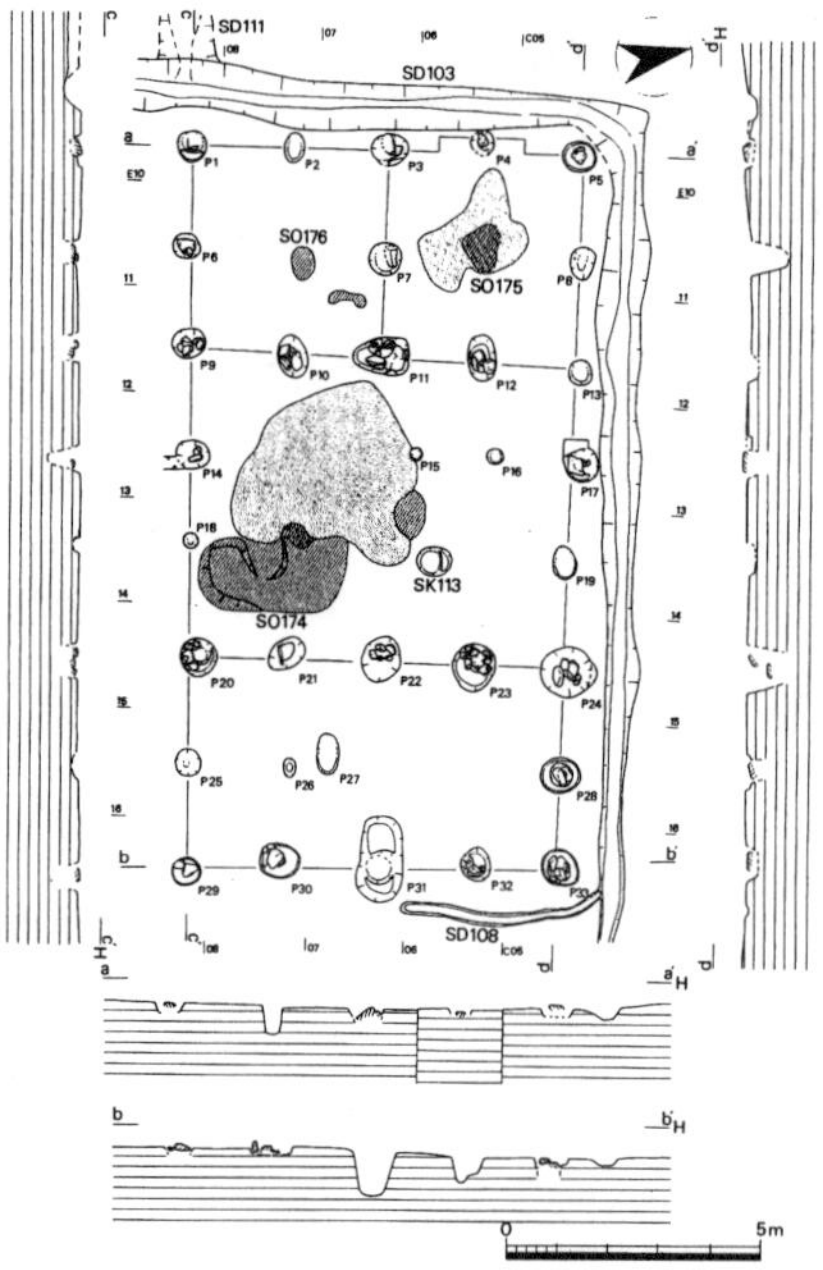

S B101（H＝375.8m）
（アミ目は炭化物、斜線は焦土の範囲）

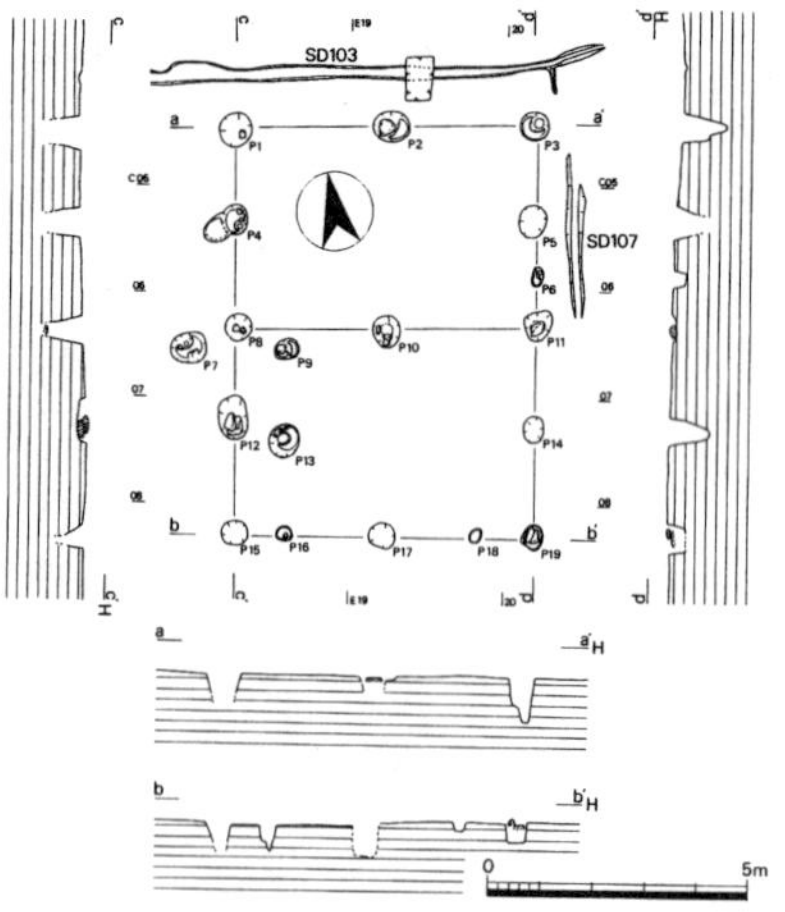

S B102（H＝375.8m）

図 3-②　掘立柱建物遺構図（註26、SB217は『第 2 次概要』、SB101・SB102は『第 1 次概要』より）

一方、広島などの城下町では一七世紀後半には完全に礎石建物に変化すると考えられる。

草戸千軒町遺跡は一三世紀後半から一六世紀初頭頃の集落遺跡で、港町・市場町として繁栄した。建物を一〇一棟認定したが、掘立柱建物は九六棟、礎石建物五棟である。[27] 礎石建物の初現は一四世紀前半〜中頃にかかる鍛冶関係の建物と推定され、一五世紀代には、町の一画にある寺院とその関連区画に礎石建物が出現する。廿日市町屋遺跡は旧西国街道に面した町屋で、早ければ一五世紀末に礎石建物が出現し、一六世紀には普及したと推定されている。[28] 発掘調査では一七世紀後半〜一八世紀以降の礎石建物が確認されている。現存する民家（礎石建物）は、酒造業・旅籠で寛政七年（一七九五）の旧石井家住宅[29]（東広島市）、製塩・酒造業で寛文五年（一六六五）の木原家住宅[30]（東広島市）、神官の住宅で一七世紀末の林家住宅（佐伯郡宮島町）がある。

〈農村の様相〉

発掘例が少なく様相は不明である。溝口一号遺跡（東広島市）は集落遺跡で、一七世紀後半から一八世紀前半頃のものである。農村の屋敷地と推定され、掘立柱建物が五棟あり、二間（三・三メートル）×三間（六・〇メートル）の総柱建物などがある。[31] 現存する民家（礎石建物）は、山間部の農家で一八世紀中頃以降の旧播山家住宅[32]（双三郡三良坂町）、おなじく山間部の農家で一七世紀中頃の堀江家住宅（比婆郡高野町）、おなじく山間部の農家で一八世紀前半の旧真野家住宅（世羅郡世羅町）、庄屋で天明八年（一七八八）の奥家住宅（双三郡吉舎町）、山間部の神官の家で一七世紀末の荒木家住宅（比婆郡比和町）がある。

山口県

〈城館の様相〉

大内氏館（山口市）は掘立柱建物もあるが、一六世紀前半頃には主要な建物は礎石建物になっていると考えられる。[33] 上関城跡（熊毛郡上関町）は海に面した城跡で、主郭には礎石建物一棟や掘立柱建物があり、一六世紀後半頃の遺構であろう。また、中央曲輪には三×二間の掘立柱建物がある。[34]

〈都市の様相〉

発掘例が少なく様相は不明である。[35] 大内氏の館周辺（山口市）では、発掘例はあるが建物の詳細についてはわからない。萩城外堀町屋敷跡（萩市）では、一八世紀中頃〜幕末にかけての遺構が発見されており、建物跡、埋甕、石列などがある。[36] また、長門国府跡（下関市）では、江戸時代後期〜明治時代初頭の町屋地域に生産地区があり、鍛冶炉のある掘立柱建物が存在する。[37] このほか、生産遺跡である白須たたら製鉄遺跡では、一九世紀初頭の絵巻に掘立柱建物と推定できる建物が描かれている。[38] そこでは職人などの居住地域には、「下小屋」とよばれる茅葺小屋を描き、柱に礎石がなく、壁は土壁で格子状の小窓がある。現存する民家（礎石建物）は、商店で明和五年（一七六八）の熊谷家住宅（萩市）、藩の御用商店で一七世紀中頃の菊屋家住宅（萩市）、商店で一九世紀前半の目加田家住宅（萩市）、港町の商家で一八世紀後半の国守家住宅（柳井市）、藩の武家屋敷で一八世紀末から一九世紀初めの口羽家住宅（萩市）、網頭の家で一八世紀後半の早川家住宅（長門市）がある。

〈農村の様相〉

下右田遺跡（防府市）は一二世紀〜一六世紀後半の農村集落遺跡で、溝で区画した屋敷地が展開し[39]、二五二棟の掘立柱建物を検出している。この集落は一六世紀後半から一七世紀初期になると消滅する。埴生口遺跡（下関市）は江戸時代の集落で、掘立柱建物が検出されている[40]。江戸時代前半（一七世紀前半から一八世紀前半）、江戸時代中頃の時期である。現存する民家（礎石建物）は、庄屋で天保一四年（一八四三）頃の森田家住宅（阿武郡福栄村）がある。

徳島県

〈城館の様相〉

確認できる例が少なく、様相は不明である。勝瑞城跡（板野郡藍住町）では、一六世紀後半の瓦葺建物が推定できる。勝瑞城本丸跡の西南約一〇〇メートルにある守護町勝瑞遺跡では、一六世紀末の礎石建物が検出されている[41]。延生軒跡（徳島市）は阿波藩家老長谷川氏の別邸で、一六八九年以降、一八世紀代までの礎石建物があったと考えられる[42]。

〈都市の様相〉

発掘例が少なく、様相は不明である。新蔵町一丁目遺跡（徳島市）は上級家臣団の屋敷地で、一六世紀末〜一七世紀初頭段階では、礎石建物かと推定される。礎石の下に根石、根石の下に杭を打ち、柔らかい地盤に対応している[43]。常三島遺跡（徳島市）は徳島城下町にある根来島蔵氏屋敷で、一九世紀後半〜明治初頭の礎石建物が確認されている[44]。現存する民家（礎石建物）は、豪農・販売業で元治二年（一八六五）の田中家住宅（名西郡石井町）、製塩業の家で文政一一年（一八二八）の福永家住宅（鳴門市）がある。

〈農村の様相〉

円通寺遺跡（三好郡三好町）は一三世紀半ばに成立した集落で、一辺約五〇メートルの溝による方形区画がある。区画内では、四面庇で二×五間の掘立柱建物が確認されている[45]。現存する民家（礎石建物）は、山間部の農家で貞享二年（一六八五）の田中家住宅（勝浦郡上勝町）、山あいの農家で宝永七年（一七一〇）の粟飯原家住宅（名西郡神山町）、山間部の庄屋で一七世紀の三木家住宅（美馬郡木屋平村）、山間部の農家で享保二〇年（一七三五）の旧永岡家住宅（美馬郡脇町）、山間部の小規模な家で天保頃の小釆家住宅（三好郡東祖谷山村）、山間部の庄屋の家で元禄一二年（一六九九）の木村家住宅（三好郡東祖谷山村）、山間部の家で安永一〇年（一七八一）の旧下木家住宅（美馬郡一宇村）がある。

香川県

〈城館の様相〉

高松城跡の東ノ丸地区（高松市玉藻町）では、一五八八年以降は武家屋敷と町屋になり礎石建物が確認されている。(46)

〈都市の様相〉

高松城下では、一七世紀後半には礎石建物が主体となり、一部に掘立柱建物が残るが、一八世紀前半には、すべて礎石建物になる。高松城跡（西の丸町）の西外曲輪にある武家屋敷地では、一六世紀末・一七世紀初頭～一七世紀前半はほとんど掘立柱建物であり、一部に礎石建物（門か）と柵・石組井戸があり、一六二四年の木簡が出土した。(47)一七世紀後半は礎石建物が主体で、一部に掘立柱建物（一×四間）があり、そのほか石組溝・甕倉がある。一八世紀前半から中頃は、礎石建物で総柱建物がある。石組溝、桶側井戸、石組遺構（便所）が組み合う。文政四年（一八二一）頃に火災にあっている。

〈農村の様相〉

平野部での発掘例が多い香川県では、掘立柱建物が一八世紀前半まで残り、一八世紀中頃以降は掘立柱建物が見られないかあるいは激減することから、一八世紀中頃が転換期であると推定されている。後に述べる文献をも考慮すると、一八世紀中頃から転換が始まり、一九世紀後半になると礎石建物が主体になると考えられる。

高松空港跡地遺跡（高松市）は一七世紀から一九世紀にかけての農村集落で、一八世紀前半頃までは礎石建物・掘立柱建物で構成する屋敷地が存在する(48)（**図4**）。一八世紀中頃以降になると、掘立柱建物は礎石建物に変化する。一の谷遺跡群（観音寺市）は農村集落で、一八世紀～一九世紀前半の掘立柱建物六棟や井戸が発見されている。なお、文献資料には一九世紀前半でも掘立柱建物が半分程度残る村がある。(49)また、高松市近郊にある村でも同様な傾向を示す記事がある。(50)

現存する民家（礎石建物）は、大庄屋で一七世紀に建てられ天明二年（一七八二）に修理した小比賀家住宅（高松市）、山間部の農家で一八世紀中頃の細川家住宅（大川郡長尾町）、平野部の農家で一七世紀末の旧恵利家住宅（大川郡大川町）がある。

愛媛県

〈城館の様相〉

見近島城跡（越智郡宮窪町）は海を望む城で、一六世紀代の掘立柱建物がある。(51) 湯築城跡（松山市）では、家臣団屋敷地があり、一六世紀前半から中頃と後半の時期になる。すべて礎石建物である。(52)

〈農村の様相〉

都市の様相については、発掘例が少なく不明である。農村では、愛媛県でも掘立柱建物が一八世紀前半までは普遍的に存在しただろう。馬越遺跡（今治市）は農村集落で、一四〜一六世紀の掘立柱建物が多数検出された。(53) 上野遺跡（松山市）は集落遺跡で、一七世紀前半〜一八世紀前半の掘立柱建物がある。(54) なお、一七世紀末頃の文献がある。(55)

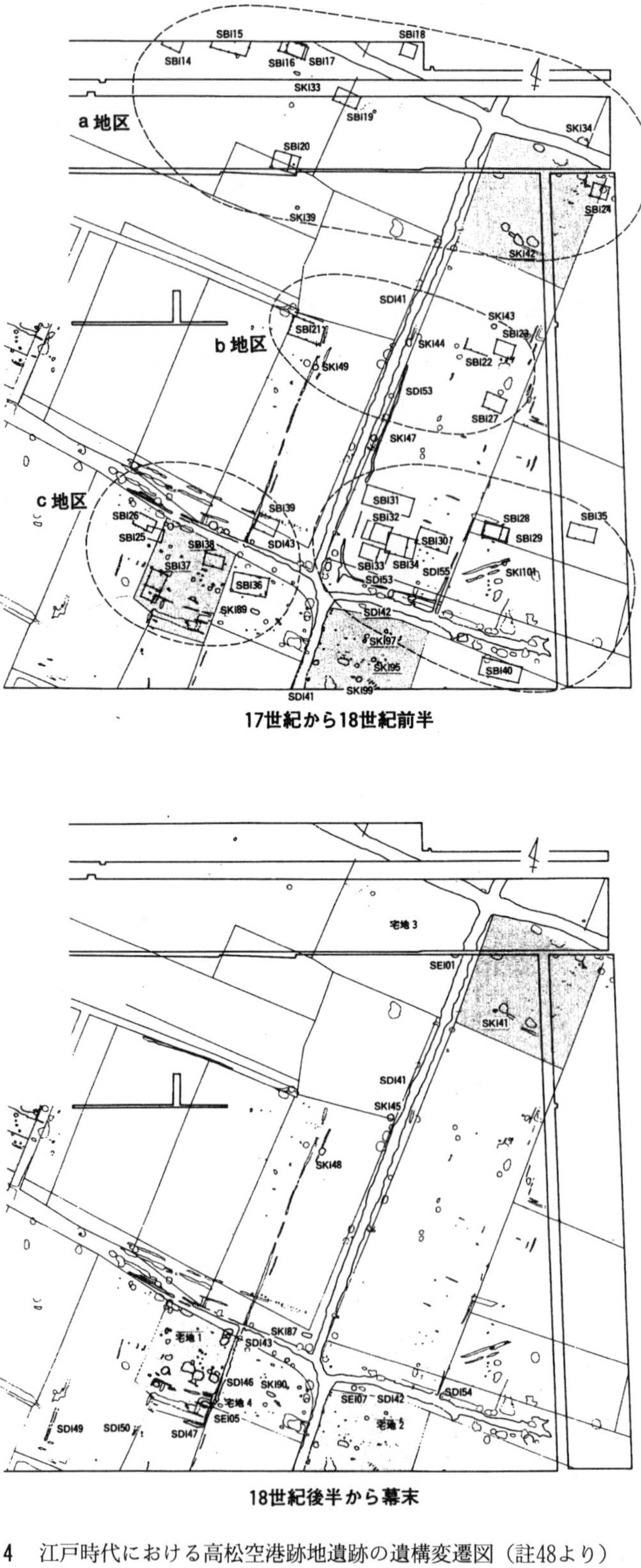

図 4　江戸時代における高松空港跡地遺跡の遺構変遷図（註48より）

現存する民家（礎石建物）は、山間部の小規模な農家で一七世紀後半の真鍋家住宅（川之江市）、庄屋で慶応二年（一八六六）の渡部家住宅（松山市）、山間部の中規模な農家で一八世紀後半の旧山中家住宅（宇摩郡別子山村）、豪農で宝暦八年（一七五八）の豊島家住宅（松山市）がある。

高知県

〈城館の様相〉

礎石建物は一六世紀前半に出現している。岡豊城では一六世紀後半に変化し、長宗我部関係の城館では一般化している。田村遺跡（南国市）は一三世紀〜一七世紀初頭にかけての城館周辺部の遺跡で、在地名主層・細川家家臣屋敷群・長宗我部の給人層の屋敷地であるが(56)、すべて掘立柱建物で構成される。岡豊城跡（南国市）では、礎石建物は一六世紀後半〜末が主体で四×五間が最大であり、瓦葺の建物もある(57)。扇城跡（中村市）では一五〜一六世紀前半は掘立柱建物が一四棟あり、一六世紀後半は礎石建物になっている。なお、掘立柱建物ばかりの城は栗本城（中村市）、芳原城跡・吉良城跡（吾川郡春野町）、和田城跡（高岡郡檮原町）があり、一五世紀末〜一六世紀前半の時期である。礎石建物を含む城は波川城跡（吾川郡伊野町）、久礼城跡（高岡郡中土佐町）、岡豊城跡（南国市）、中村城跡（中村市）、浦戸城跡（高知市）があり、一六世紀後半である。長宗我部氏関係で瓦葺礎石建物は、岡豊城跡・中

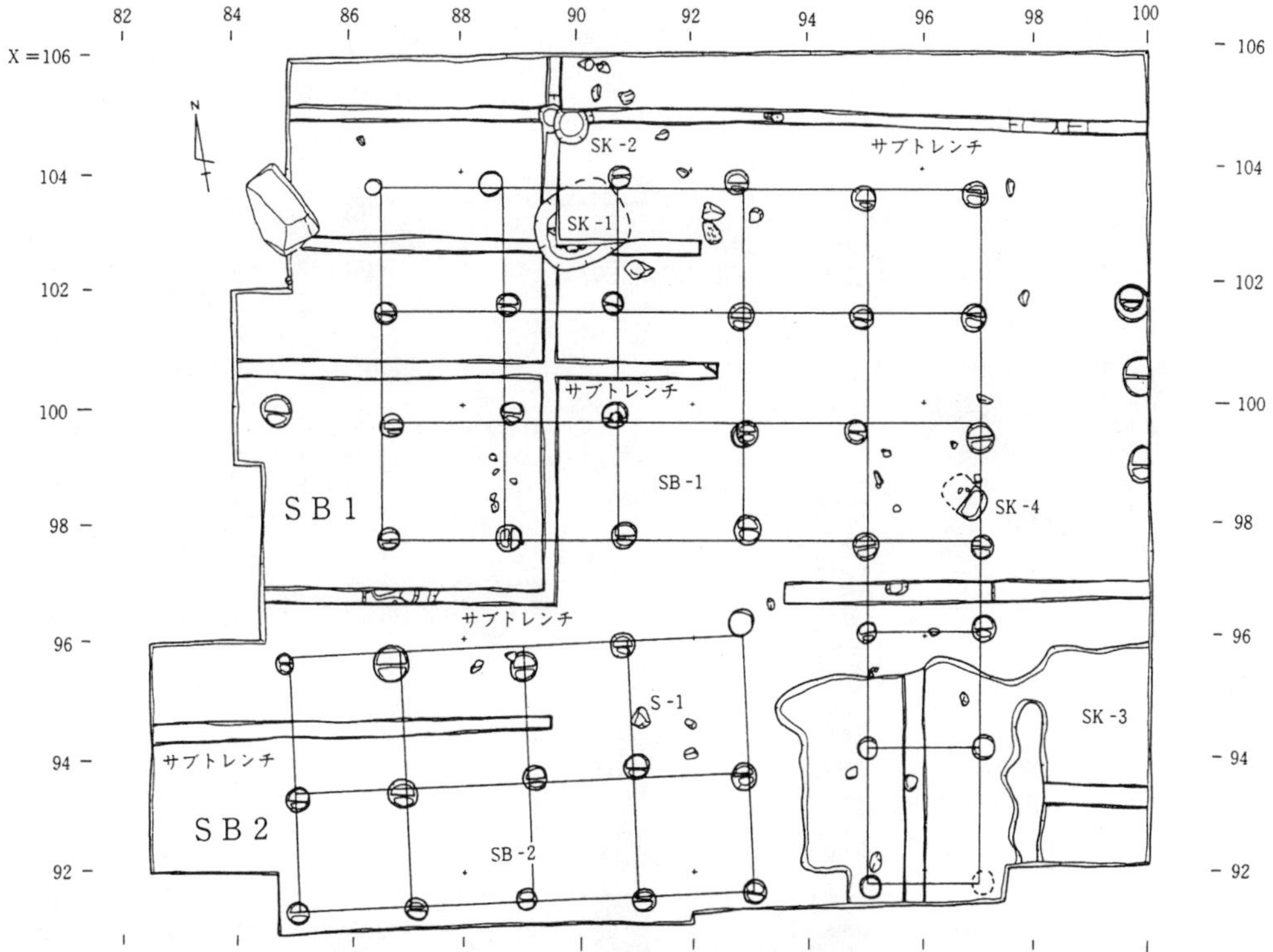

図5　鹿持雅澄邸跡（註59より）

村城跡・浦戸城跡にある。(58)

〈都市の様相〉

発掘例が少なく様相は不明である。鹿持雅澄邸跡（高知市）は一九世紀中頃の邸宅跡である。(59) 鹿持雅澄（一七九一～一八五八年）は土佐藩の下級武士で、万葉集の研究家である。掘立柱建物二棟、土坑四基（内便所?が二基）、ピットを確認した（図5）。掘立柱建物SB一は、東西棟で桁行五間（一〇・三メートル）×梁間三間（六・〇メートル）に、一間（一・九五メートル）×三間（五・七メートル）の張り出しが付く。また、掘立柱建物SB二は、東西棟で桁行四間（七・八メートル）×梁間二間（四・三メートル）

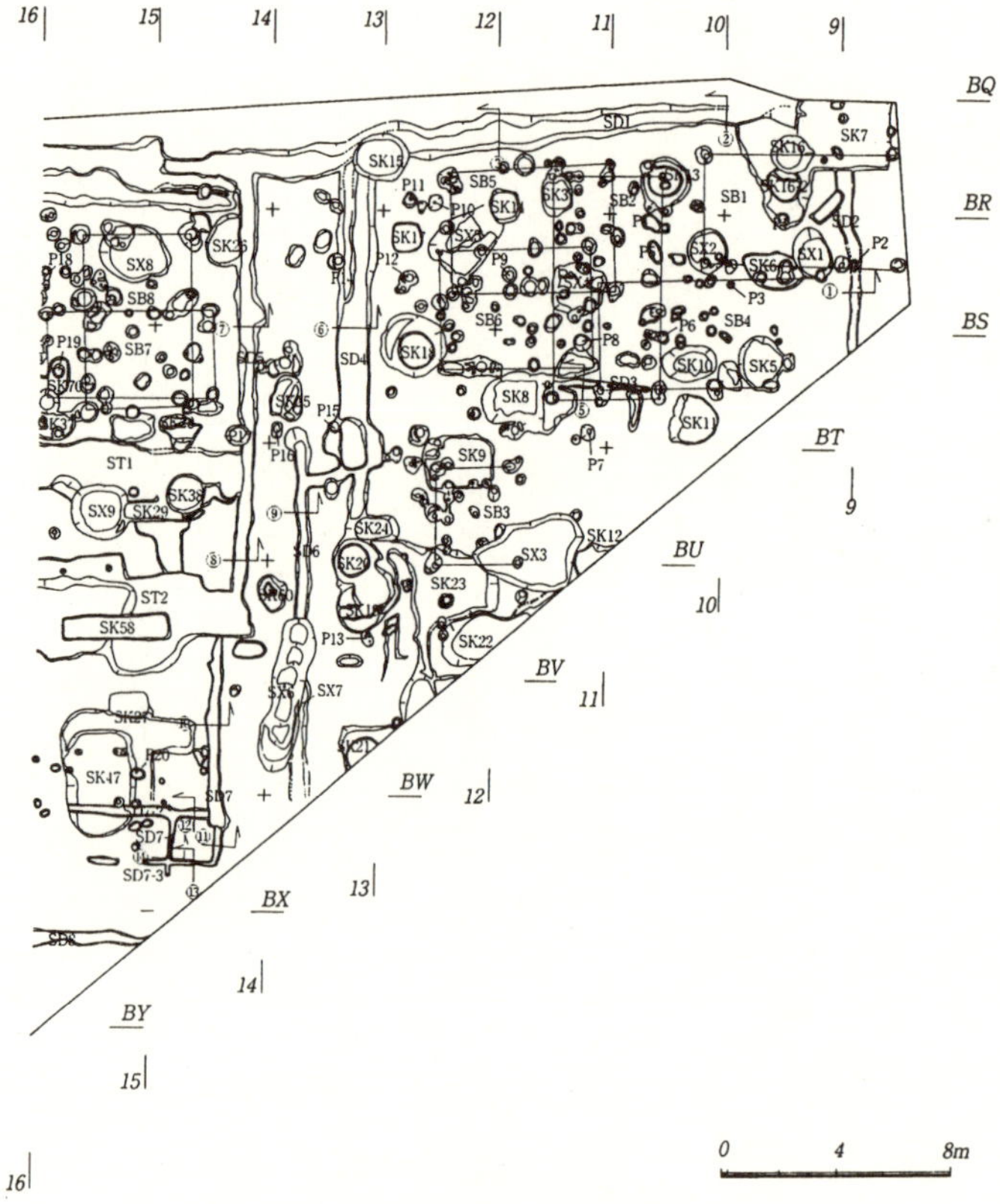

図6-①　山田三ッ又遺跡　遺構図（註61より）

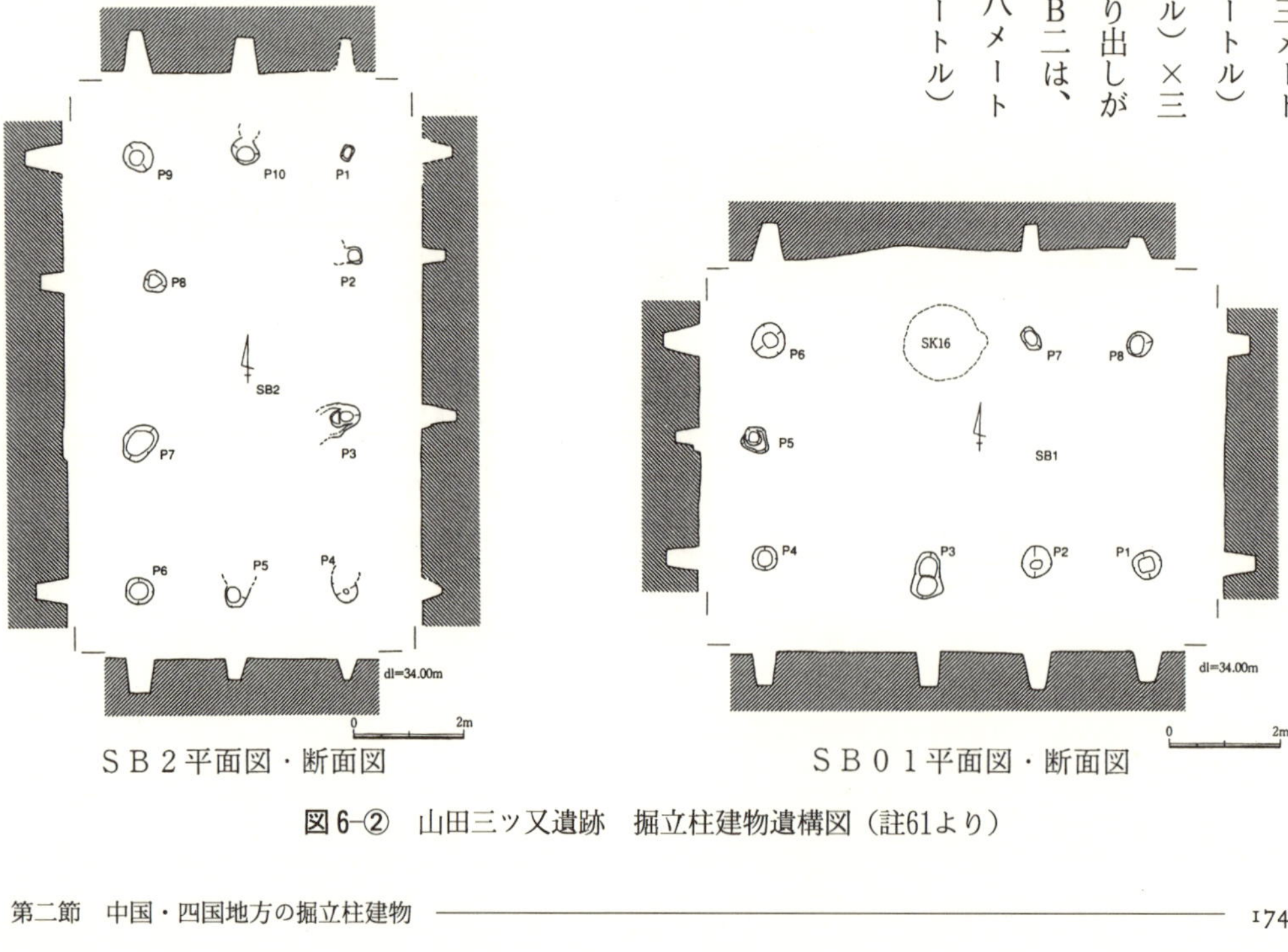

ＳＢ２平面図・断面図　　ＳＢ０１平面図・断面図

図6-②　山田三ッ又遺跡　掘立柱建物遺構図（註61より）

である。ＳＢ一は主屋で主要部分は六・五尺の柱間、ＳＢ二は離れであろうか。確認した柱掘形・痕跡は円形である。

〈農村の様相〉

掘立柱建物は一八世紀代に例があり、一九世紀前半にもかなり存続すると考えられる。十万遺跡（香美郡香我美町）は中世の集落遺跡で掘立柱建物を多数検出している。遺構は一四～一五世紀、一五世紀前半、一六～一七世紀前半の各時期にわたる。(60) 山田三ッ又遺跡（香美郡土佐山田町）は、一八世紀～一九世紀の農村集落である(61)（**図6**）。一八世紀頃～一九世紀頃は掘立柱建物・土坑があり、掘立柱建物は、二間（三・八メートル）×三間（七・六メートル）の規模をもつ南北棟ＳＢ二などが存在する。また、一九世紀中頃以降にも掘立柱建物ＳＢ一（二間（三・九メートル）×三間（六・八メートル）、東西棟）が存在し、確認した柱痕跡は方形である。小篭遺跡（南国市）は、一七世紀～一九世紀の農村集落である。(62) 一七紀後半～一八世紀は掘立柱建物・溝・井戸・土坑・墓がある屋敷地で、二間（四・七メートル）×三間（六・四メートル）の規模をもつ南北棟掘立柱建物ＳＢ三がある（**図7**）。一八世紀末～幕末までは、掘立柱建物・溝・井戸・土坑があり、掘立柱建物ＳＢ五は一間（二・八メートル）×六間（一一・七メートル）の南北棟である。

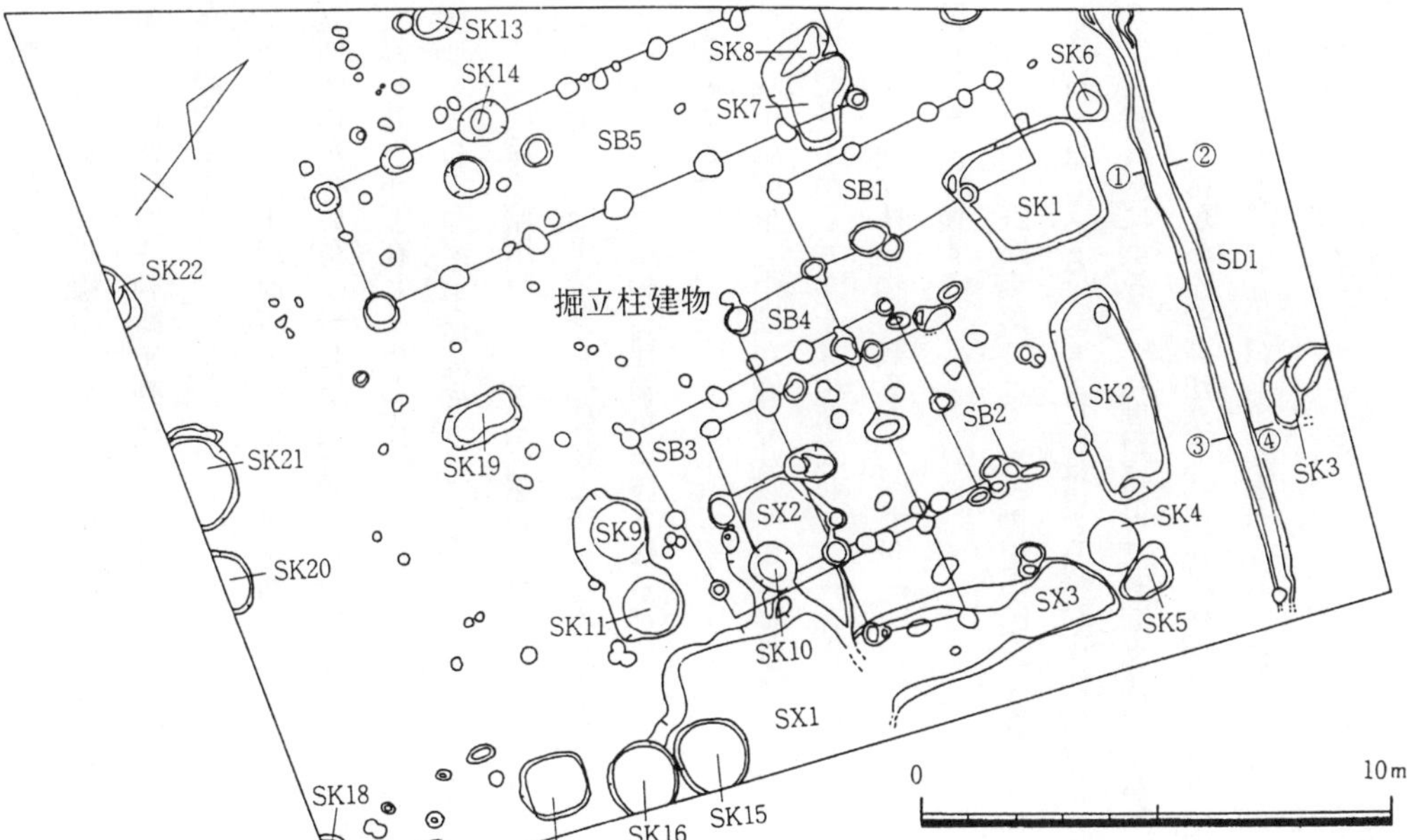

図7　小篭遺跡（註62より）

現存する民家（礎石建物）は、豪農で文政二年（一八一九）の関川家住宅（高知市）、山間部の中規模農家で一八世紀前半の山中家住宅（土佐郡本川村）、小規模な農家で一八世紀後半の旧竹内家住宅（幡多郡大正町）、街道筋の番所で一八世紀末から一九世紀初の旧立川家住宅（長岡郡大豊町）がある。

三、変遷のまとめ

前節で中国・四国地方の様相を概観したので、その特徴をまとめてみたい。全般的傾向は以下のようにまとめられるだろう。

城館の様相

一六世紀後半には礎石建物と掘立柱建物の割合が逆転し、掘立柱建物は限定され、そして少数になる。

広島県の事例をみると、一六世紀前半には主要な中心的建物は礎石建物になり、また特別な建物や倉庫・蔵なども礎石建物になる例が出てくる。その他の建物は掘立柱建物の方が多い。そして一六世紀後半になると、主要建物の多数が礎石建物に変化し、掘立柱建物は台所など用途が限定されてくる傾向がある。一方、高知県では礎石建物は一六世紀前半に出現し、岡豊城などの長宗我部関係の城館では一六世紀後半には主要建物は礎石建物になり、瓦葺の建物も出現する。

都市の様相

調査例が少なく様相は不明な点が多いが、近世の城下町などの様相から判断すれば、一七世紀後半に礎石建物が一般化する。

島根県の富田川河床遺跡は一七世紀初頭ごろまでは掘立柱建物が多いが、一七世紀初頭から前半は掘立柱建物と礎石建物が混在し、一七世紀前半には礎石建物が多くなり、一七世紀後半にはほとんど礎石建物になっている。岡山城の城下町にある武家屋敷地域では、一六世紀末〜一七世紀前半は掘立柱建物と礎石建物が混在する。一六五三年以後は礎石建物が主体となる。

農村の様相

一八世紀前半・中頃が礎石建物への転換期である。一八世紀後半から大きく様相が変わり、一九世紀前半まではかなり掘立柱建物が残るが、一九世紀末にはほとんど礎石建物に転換する。

香川県の平野部集落では、一八世紀中頃から礎石建物に移行しはじめる。一九世紀は礎石建物主体に変化する。文献資料によると一九世紀前半でも掘立柱建物が四割程度残る村がある。高知県では掘立柱建物は一八世紀代に例があり、一九世紀前半にもかなり存続すると考えられる。

四、若干の問題点

変化の問題

地域的に概観してもわかるように、立地の性格や建物の性格によって、礎石建物への移行は時期的にも相違することが明瞭になった。もっとも早期に移行するのは、寺院関係の建物で、ついで城館や城下町、さらに港町・宿場町であり、比較的狭い範囲に人びとが集中する場所がそれに続く。また、そのなかでも中心・主要建物、主郭部の建物などは早くから礎石建物になるが、たとえば台所や鍛冶の作業建物は掘立柱建物の例が多い。一方、農村集落はもっとも遅い時期に転換していることが、最近の発掘調査事例の増加で確認できるようになった。高松平野での発掘調査事例では、集落の上層農家は一八世紀前半には礎石建物主体になっており、集落の中でも階層によって転換に時期差が認められる。また、主屋は礎石建物であるが、納屋や付属建物は掘立柱建物が遅くまで残る傾向にある。また、たたら製鉄などの遺跡では、作業工程の問題もあり、居住建物などは掘立柱建物が遅くまで残る例がある。

地域性の問題

中国・四国地方といっても、地方内では気候・風土や歴史も相違しており、現段階では資料が少なく明確にできないが、掘立柱建物から礎石建物への移行も地域差が存在すると推定できる。しかし、農村集落の民家を対象に考えると、現段階の資料による限りは、地域差はそれほど存在しない。瀬戸内海沿岸部では一九世紀前半まで掘立柱建物が存続し、一部はそれ以後も続いており、太平洋沿岸部では一九世紀代まで存続する。一方、日本海沿岸部は一八世紀代まで存続しているが、その後は不明である。また、中国山地や四国山地の山間部では一八世紀代まで存続し、一部一九世紀代まで残る。こうしたことを総合すると、中国・四国地方において、掘立柱建物は一九世紀前半まで存続し一部は一九世紀後半まで残っていたといえるだろう。

五、今後の課題

中国・四国地方の掘立柱建物について、掘立柱建物から礎石建物への変遷を述べてきたが、発掘調査で検出した掘立柱建物そのものの分析は今回おこなっていない。建物構造や間取り、柱の据え付け工法の問題、柱間の問題、集落での位置づけなど残された課題は多い。今後、発掘調査事例が増加し、文献的研究成果を掘り起こしながら、各地域でさらに分析がすすむことを期待したい。

註

（1）宮沢智士「近世民家の地域的特色」『講座・日本技術の社会史　第七巻　建築』日本評論社、一九八三。

（2）a渋江芳浩「近世農家のイメージ」『貝塚』第四〇号、物質文化研究会、一九八七。

b渋江芳浩「近世の民家〜考古学の立場から」『第一回江戸東京たてもの園セミナー「近世のすまい」報告書』東京都江戸東京博物館分館江戸東京たてもの園、一九九四。

（3）川田信行編『鳥取県東郷町羽衣石城跡遺跡調査報告書』東郷町教育委員会、一九九九。

（4）高橋浩樹編『鳥取県米子市米子城跡第二五次調査』（財）米子市教育文化事業団、一九九九。

（5）a小原貴樹編『尾高城址　鳥取県米子市尾高城跡址発掘調査報告』尾高城址発掘調査団・米子市教育委員会、一九七八。

b小原貴樹編『尾高城址Ⅱ　鳥取県米子市尾高城跡址発掘調査報告』尾高城址発掘調査団・米子市教育委員会、一九七九。

（6）鈴木充編『日本の民家七　町家Ⅲ　中国・四国　九州』学習研究社、一九八一。以下、各県の民家も本書による。

（7）真田広幸編『今倉城跡・今倉遺跡発掘調査報告書』倉吉市教育委員会、一九八三。

（8）宮沢智士編『日本の民家四　農家Ⅳ　中国・四国　九州』学習研究社、一九八一。以下、各県の農家も本書による。

（9）木原光編『七尾城跡・三宅御土居跡―益田氏関連遺跡群発掘調査報告書―』益田市教育委員会、一九九八。

（10）西尾克己・松尾慶三編『新宮谷遺跡発掘調査報告書』広瀬町教育委員会、一九八二。

（11）守口正和『石見・小笠原氏城郭　丸山城跡』島根県川本町教育委員会、一九九七。

（12）榊原博英「古市遺跡」『埋蔵文化財調査センター年報Ⅲ』島根県教育委員会、一九九五。

（13）a蓮岡法暲ほか編『富田川河床遺跡発掘調査報告』広瀬町教育委員会・富田川河床遺跡調査団、一九七七。

b内田律雄編『富田川―飯梨川河川改修に伴う富田川河床遺跡発掘調査報告（四）―』島根県教育委員会、一九八四。

c内田雅巳編『富田川河床遺跡発掘調査概報―昭和六三年度飯梨川中小河川改修に伴う―』島根県広瀬町教育委員会、一九八九。

（14）島根県教育委員会・大田市教育委員会編『石見銀山遺跡発掘調査報告一』同委員会、一九九九。

（15）平石充・三代貴史編『古志本郷遺跡Ⅰ』島根県教育委員会・建設省出雲国道事務所、一九九九。

（16）角田徳平編『板屋Ⅲ遺跡』島根県教育委員会・建設省中国地方建設局、一九九八。

（17）松本和男編『備前周匝茶臼山城跡発掘調査報告書』岡山県吉井町教育委員会、一九九〇。

（18）a神谷正義・河田健司「岡山城二之丸（中電変電所）跡（中電二次）」『岡山市埋蔵文化財調査の概要』一九九六（平成八）年度、岡山市教育委員会、一九九八。

b河本清ほか編『岡山城二の丸跡』岡山県教育委員会、一九九一。

（19）a尾上元規編『一六夜山古墳・一六夜山遺跡』岡山県教育委員会、一九九八。

b行田裕美「津山高校創立百周年記念館建設に伴う埋蔵文化財発掘調査概報」『年報　津山弥生の里　第六号（平成九年度）』津山弥生の里文化財センター、一九九九。

(20)　a出宮徳尚「岡山県二日市遺跡」『日本考古学年報』三五（一九八二年度版）日本考古学協会、一九八五。

b乗岡実「岡山県」『第二七回　埋蔵文化財研究集会　中世末から近世のまち・むらと都市　第五分冊』埋蔵文化財研究集会、一九九〇。

(21)　岡本寛久編『百間川米田遺跡（旧当麻遺跡）三』岡山県教育委員会、一九八九。

(22)　高畑知巧・中野雅美編『津寺遺跡五』岡山県教育委員会・日本道路公団中国支社津山工事事務所、一九九八。

(23)　高畑知功編『田治部氏屋敷址』岡山県教育委員会、一九八八。

(24)　広島県草戸千軒町遺跡調査研究所編『草戸千軒町遺跡発掘調査報告I～V』広島県教育委員会、一九九三～一九九六。

(25)　渡辺昭人編『薬師城跡』（財）広島県埋蔵文化財調査センター、一九九六。

(26)　広島県教育委員会編『史跡吉川氏城館跡　吉川元春館跡―第一次発掘調査概要―』～『同第四次発掘調査概要』同委員会、一九九六～一九九九。

(27)　前掲註（24）。

(28)　a河瀬正利・槇林啓介編『廿日市町屋跡』廿日市町屋跡発掘調査団、一九九八。

b浅岡俊夫編『廿日市町屋跡二』廿日市町屋跡発掘調査団・六甲山麓遺跡調査会、一九九九。

(29)　吉野健志・三浦正幸『旧石井家住宅移築修理工事報告書』東広島市教育委員会、一九八八。

(30)　浜島正士・斎藤昌作ほか『重要文化財木原家住宅修理工事報告書』広島県賀茂郡高屋町、一九六八。

(31)　藤原彰子・坂本一志「溝口一号遺跡」『山陽自動車道建設に伴う埋蔵文化財発掘調査報告X』（財）広島県埋蔵文化財調査センター、一九九四。

(32)　（財）文化財建造物保存技術協会編『重要文化財　旧播山家住宅保存修理報告書』三良坂町、一九九九。

(33)　古賀信幸「守護大名大内（多々良）氏の居館跡と城下山口」『守護所から戦国城下へ』名著出版、一九九四。

(34)　上山佳彦編『上関城跡』山口県教育財団・山口県埋蔵文化財センター、一九九九。

(35)　前掲註（33）。

(36)　八峠興「都市・城館研究の最新情報　中国」『中世都市研究五』新人物往来社、一九九八。

(37)　濱崎真二編『長門国府跡』下関市教育委員会、一九九八。

(38)　a西岡義貴編『白須たたら製鉄遺跡　第二次調査概報』山口県教育委員会、一九八一。

b西岡義貴編『白須たたら製鉄遺跡　第三次調査概報・総括』山口県教育委員会、一九八二。

(39)　a山口県教育委員会編『下右田遺跡　第一・二次調査概報』同委員会、一九七八。

b山口県教育委員会編『下右田遺跡　第三次調査概報』同委員会、一九七九。

c山口県教育委員会編『下右田遺跡　第四次調査概報・総括』同委員会、一九八〇。

(40)　水島稔夫・濱崎真二編『大判遺跡　埴生口遺跡』下関市教育委員会、一九九四。

(41) 辻佳伸「都市・城館研究の最新情報　四国」『中世都市研究五』新人物往来社、一九九八。

(42) 島巡賢二編『徳島県文化の森総合公園建設に伴う埋蔵文化財発掘調査概要報告書』徳島県教育委員会、一九八七。

(43) 石尾和仁編『新蔵町一丁目遺跡合同庁舎地点（旧知事公舎）―徳島合同庁舎建設に伴う埋蔵文化財発掘調査報告書―』徳島県教育委員会・（財）徳島県埋蔵文化財センター、一九九八。

(44) 勝浦康守編「常三島遺跡」『徳島市埋蔵文化財発掘調査概要　七』徳島市教育委員会、一九九七。

(45) 前掲註（41）。

(46) 北山健一郎編『香川県歴史博物館建設に伴う埋蔵文化財発掘調査報告書　高松城跡』香川県教育委員会・香川県埋蔵文化財調査センター、一九九九。

(47) 藤好史郎・佐藤竜馬編『高松港頭土地区画事業平成八年度発掘調査概要　高松城跡（西の丸町）　西打遺跡』（財）香川県埋蔵文化財調査センターほか、一九九六。

(48) 森下友子編『空港跡地整備事業に伴う埋蔵文化財発掘調査報告第三冊　空港跡地遺跡　Ⅲ』香川県教育委員会・（財）香川県埋蔵文化財調査センターほか、一九九八。

(49) 西岡達哉編『一の谷遺跡群　四国横断自動車道建設に伴う埋蔵文化財発掘調査報告　第七冊』（香川県教育委員会ほか、一九九〇）に指摘がある。これは川野正雄「衣服・住居よりみた農民の生活」（『香川県史4通史編　近世Ⅱ』香川県、一九八九）の記載を受けたもので、香川県史には「天保九年（一八三八）の「御巡見一見記録（鎌田共済会郷土資料館蔵）」によれば、立柱の支柱石（礎石）を持たない掘立て式の農家が東讃岐の長尾西村では四一〇軒のうち二四二軒、鴨部村では三一七軒中二〇九軒、西讃の宇多津村では八六六軒中四四軒、岡田西村では二六一軒中二〇六軒を数える。また慶応二年（一八六六）鵜足郡下法軍寺村では一七五軒のうち四六軒がなお掘立て式の家作である（十河家文書「法軍寺村切支丹宗門改五人組帳」）」とある。

(50) 山元敏裕・末光甲正編『川南・西遺跡』（高松市教育委員会、一九九九年）に指摘がある。これは『木田郡誌』（木田郡教育部会・一九四〇年、一九八二年聚海書林より再版）に記載されたものを引用したもので、それによると、富岡村・春日村・古高松村・新田村では、天保九年（一八三八）に、八〇二戸のうち礎石建物は五七三戸、掘立柱建物は二二九戸で、約三割は掘立柱建物である。

(51) 野口光比古編『瀬戸内海大橋関連遺跡埋蔵文化財調査報告書Ⅲ（見近島城跡）』（財）愛媛県埋蔵文化財調査センター、一九八三。

(52) 中野良一ほか編『湯築城跡　第一分冊』（財）愛媛県埋蔵文化財調査センター、一九九八。

(53) 吉成承三「都市・城館研究の最新情報　四国」『中世都市研究六』新人物往来社、一九九九。

(54) 栗田茂敏・山本健一「上野遺跡第二次調査地」『松山市埋蔵文化財調査年報　Ⅵ　平成五年度』松山市教育委員会・（財）松山市生涯学習振興財団埋蔵文化財センター、一九九四。

(55) 西岡達哉編『一の谷遺跡群　四国横断自動車道建設に伴う埋蔵文化財発掘調査報告　第七冊』（香川県教育委員会ほか、一九九〇）に、「四国においても、森康正によれば、愛媛県では元禄元年（一六八八）の『伊予郡二四ヶ村手鑑』（平野部）においては、一九四八戸中、掘立一二六五戸、石居（礎石）六八三戸で、全体の約三五%が礎石建、また、ほぼ同時期の『久万山手鑑』（山間部）においては、二七一八戸中、掘立二三六二戸、石居（礎石）三五六戸で、全体の約一三%が礎石建物であったという」とある。

(56) 高知県教育委員会編『田村遺跡群一〇　高知空港拡張整備事業に伴う埋蔵文化財発掘調査報告書』同委員会、一九八六。

(57) a森田尚宏編『岡豊城跡—第一～五次発掘調査報告書—』高知県教育委員会、一九九〇。
b森田尚宏『岡豊城跡Ⅱ—第六次発掘調査報告書—』高知県教育委員会、一九九二。

(58) 森田尚宏・吉成承三『扇城跡』（財）高知県文化財団埋蔵文化財センター、一九九二。

(59) 廣田佳久編『県史跡鹿持雅澄邸跡　県史跡鹿持雅澄邸整備事業に伴う埋蔵文化財発掘調査報告書』（財）高知県文化財団埋蔵文化財センター、一九九二。

(60) 高橋啓明ほか『十万遺跡発掘調査報告書』高知県香我美町教育委員会、一九八八。

(61) 佐竹寛・藤方正治編『山田三ッ又遺跡—あけぼの道路建設に伴う発掘調査報告書』（財）高知県文化財団埋蔵文化財センター、一九九七。

(62) 出原恵三編『小篭遺跡—あけぼの道路建設に伴う発掘調査報告書Ⅲ』（財）高知県埋蔵文化財団文化財センター、一九九七。

第三節　沖縄先島地域における発掘遺構と民家にみる掘立柱建物の問題

小野正敏

一、現代まであった掘立柱建物

これまで先島諸島（宮古・八重山諸島）で中世の村落遺跡を調査した結果、中世から近世にかけてこの地域の村がとても大きく変わっていくことがわかってきた。本稿では村、屋敷の変化、あるいは村構造の変化というものをからめながら、掘立柱建物の存続という問題について述べてみたい。なお、先島諸島における民家の情報については、野村孝文氏や、鶴藤鹿忠氏の研究成果が大きく、その資料と成果による。この地域の民家建築では、中柱構造と火に関わる分棟が特徴であり、建築構造や民俗学の立場からは、家屋の中心の棟を支える「中柱」がたいへんおもしろいテーマである。中柱に対する信仰については、赤嶺政信氏が興味深い調査をしているので、その成果も借用しながら少し話題を広げてみたいと考えている。

まずはじめに、「掘立柱建物がいつまで残ったか」という今回の設定テーマについて結論的にいえば、先島諸島では非常に残存率が高かったということができる。野村氏が調査された昭和二三～二四年頃には、掘立柱民家がかなりたくさん残っていたようであり、また、鶴藤氏は著書『琉球地方の民家』のなかで沖縄本島の民家について次のような数値的データを紹介している。すなわち、本島の勝連《かつれん》村平安名《へんな》における明治二五年の資料では、一八〇戸のうちおよそ八〇パーセントにあたる一五〇戸が掘立柱建物であり、大宜味《おおぎみ》村謝名城《しゃなぐすく》における明治三〇年の調査では、一二〇戸のうち一一〇戸が掘立、さらに伊《い》是名《ぜな》村では、昭和四〇年の段階で八〇六戸のうち二七戸が掘立だというのである。建築技術や環境などと関連させて、これがどういう意味をもつのか私自身はよく咀嚼できないが、列島の他の地域に比べると、かなり掘立柱建物の残存率が高いといえるのではないだろうか。

二、廃村遺跡にみる村の変化

ジャングルに残る中世の村

沖縄の村といえば、竹富島のように方眼をなす道路が走り、石垣で囲われた中に福木がならんで、赤瓦の家が建つというイメージをもつだろう。ところが、ジャングルの中に残っている中世の村を調査をしたところ、現在の状況とはまったくちがう中世の村の様相がわかってきた。ここでは代表例として、竹富島のハナスク・クマーラ村遺跡と新里《しんざと》村遺跡を挙げてみた（**図1**）。これをみると、道路がないということにまず気づく。つまり、中世の村というのは現在イメージするような、井然型と呼ばれる方眼の地割りをなして石垣を築き、赤瓦の家を建てるという整然とした村ではないのである。また、屋敷割が不整形で複雑な形をしている。ここは道路がなく、石垣で囲われた屋敷が直接に連絡しており、何カ所かに入口を設け、道路の代わりに石垣のあいだが通路となってつながっているという状況が見てとれる。

現在みられる村の様相

次にいわゆる井然形の沖縄の村の代表的な例を二つ挙げた（**図2**）。①は現在の竹富島重要伝統的建造物群保存地区の地図である。②は「波座真村絵図」で、明治二三年頃に塙保己一の孫にあたる塙忠雄という役人が八重山の村を絵図に残したもののひとつである。この二つはまったく同じ地区であり、ほとんど地割が変わっていないことがわかる。また③は波照間《はてるま》島の「東之村」村絵図で、現在の北部落と南部落にあたり、ここも現在の地割とほとんど同じである。③の絵図には屋敷の外側に小さな丸がいくつかあるが、これは高倉を示したものであ

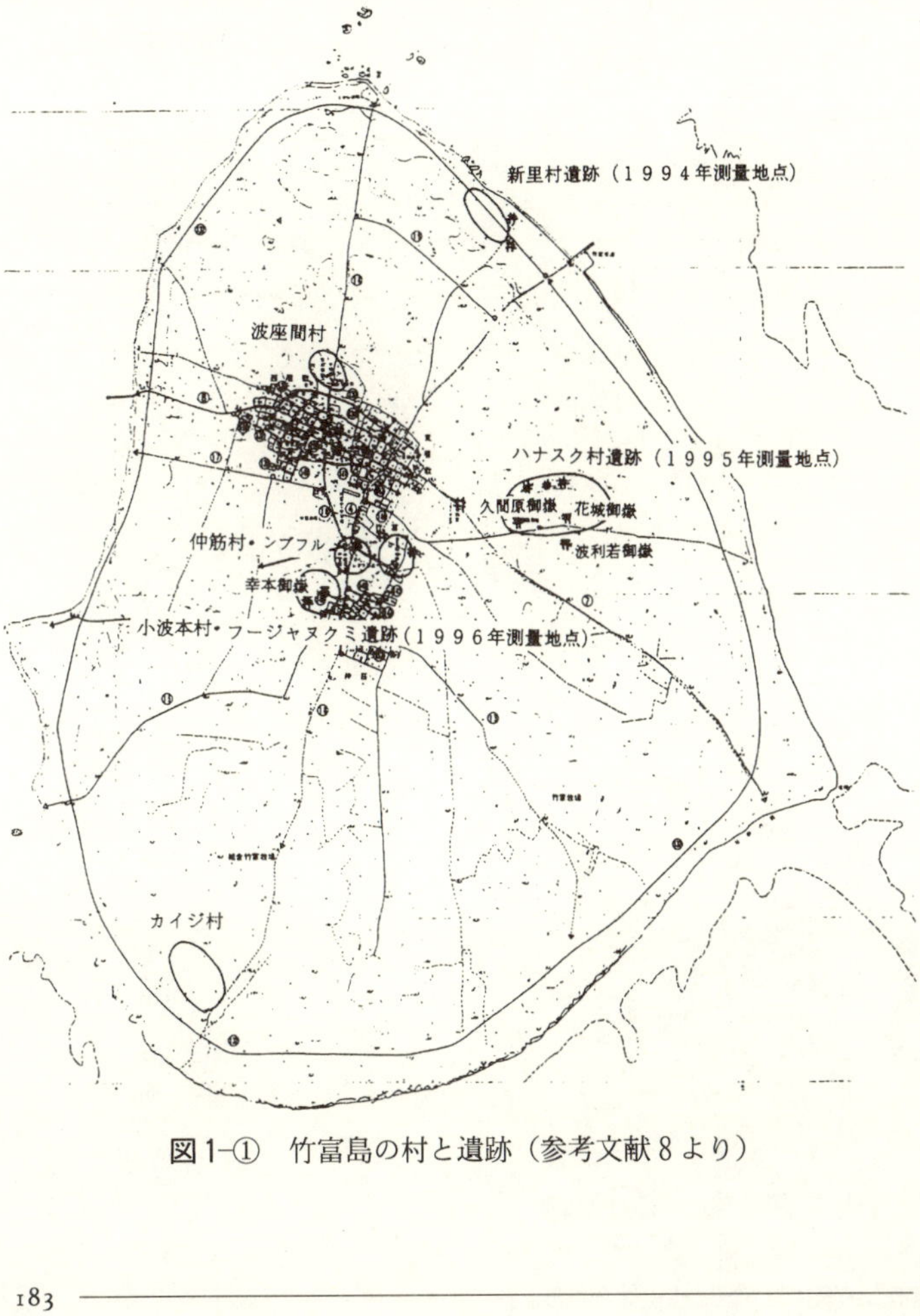

図1–① 竹富島の村と遺跡（参考文献8より）

り、このような形で本来は倉があったということがわかる。

先島諸島における村の編年

このような事例から、先島諸島における村の編年を考えると、大きく四時期に分けられる。

第一期は一二世紀後半～一三世紀頃の陶磁器が出土する村である。先述した新里村からは一四世紀後半の陶磁器が出土するが、この村の東側に一二世紀末～一三世紀の陶磁器が出土する新里東村という遺跡が報告されており、この村は石垣をもっておらず、これが第一期の形態と考えられる。このことから村が第二期に石垣で屋敷囲いをするのは、早い例で一三世紀、一般化するのはおよそ一四世紀の中頃～後半だろうと想像される。グスクで石垣が出てくるのも、ほぼ同じ時代と

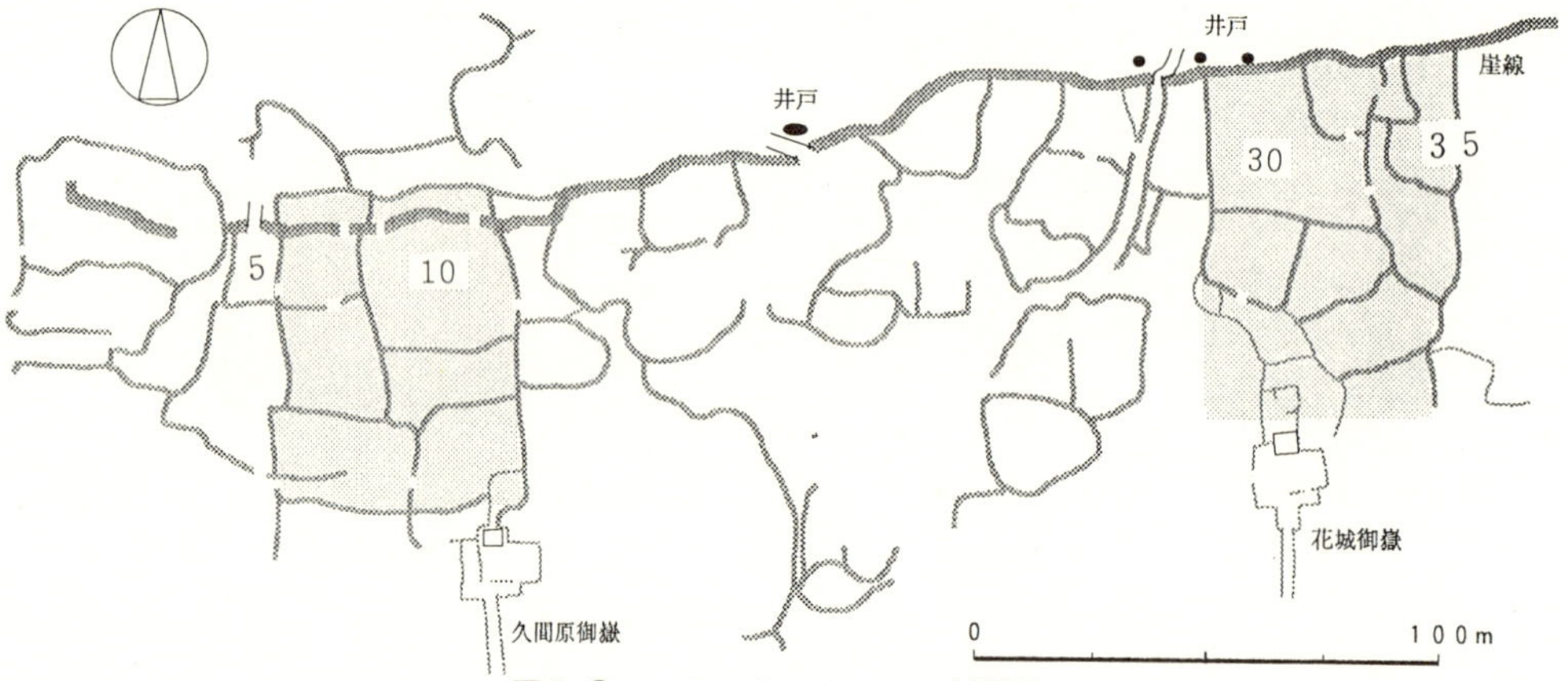

図1-② ハナスク・クマーラ村遺跡

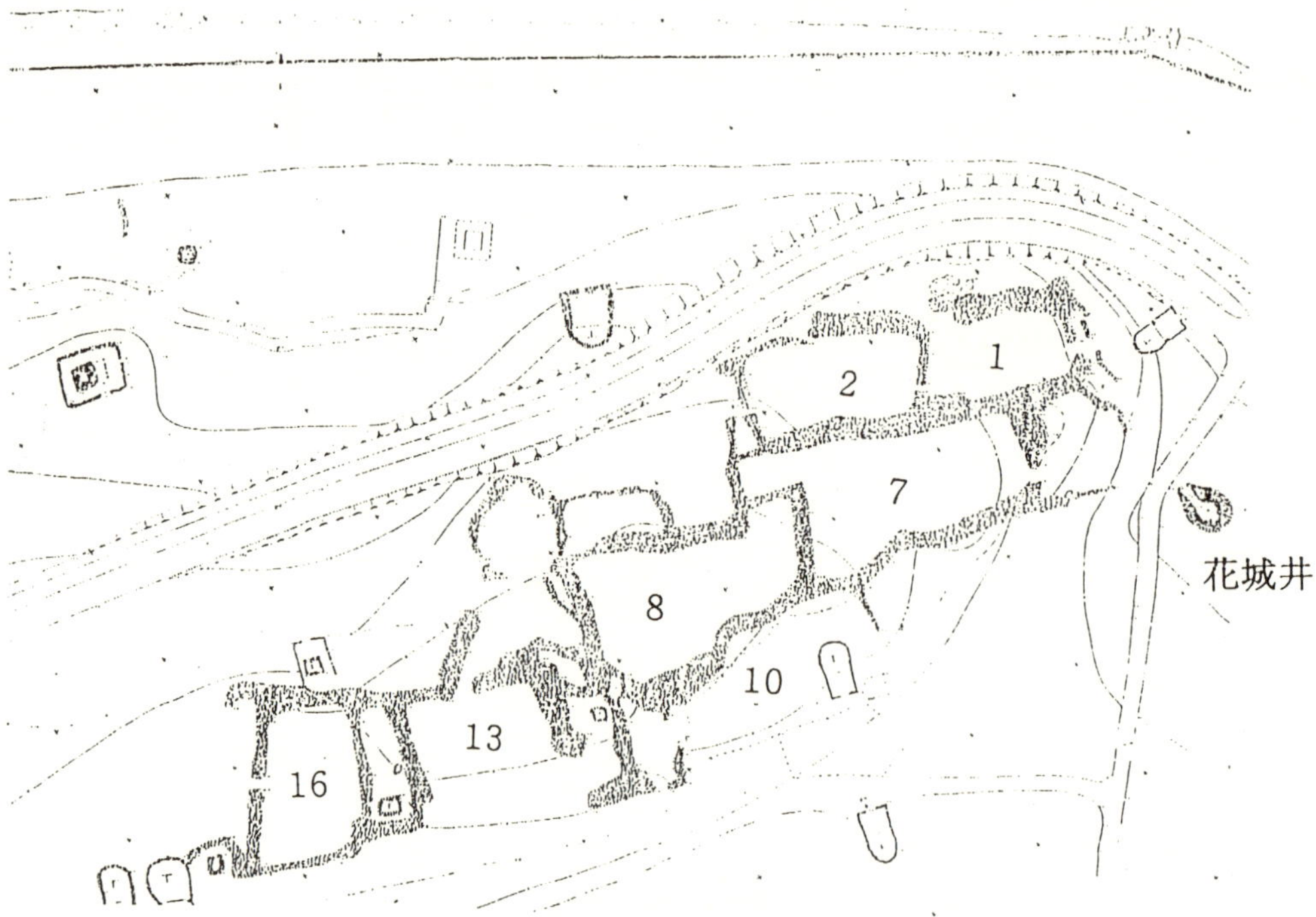

図1-③ 新里村遺跡

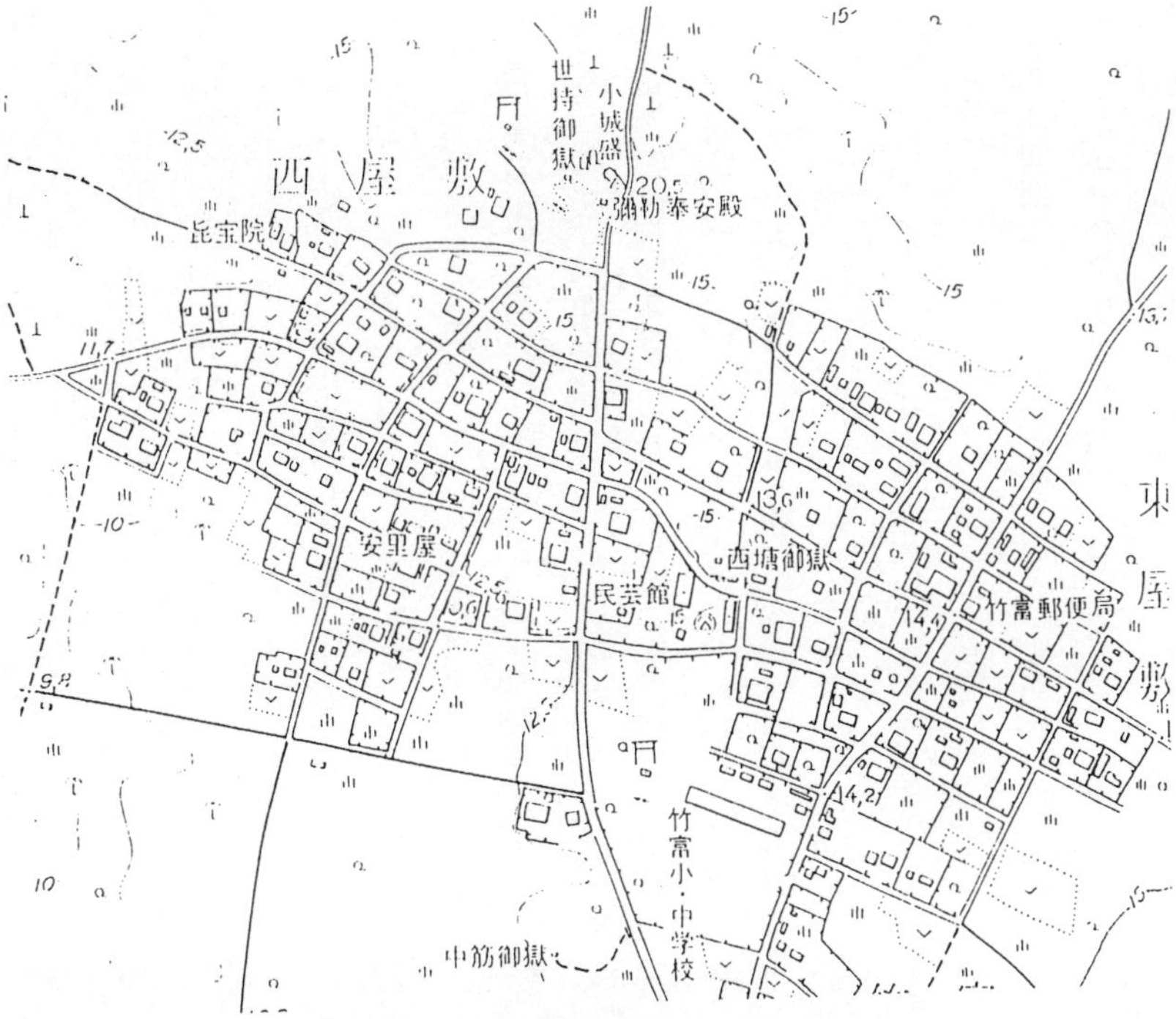

図 2–① 現在の竹富島重要伝統的建造物群保存地区

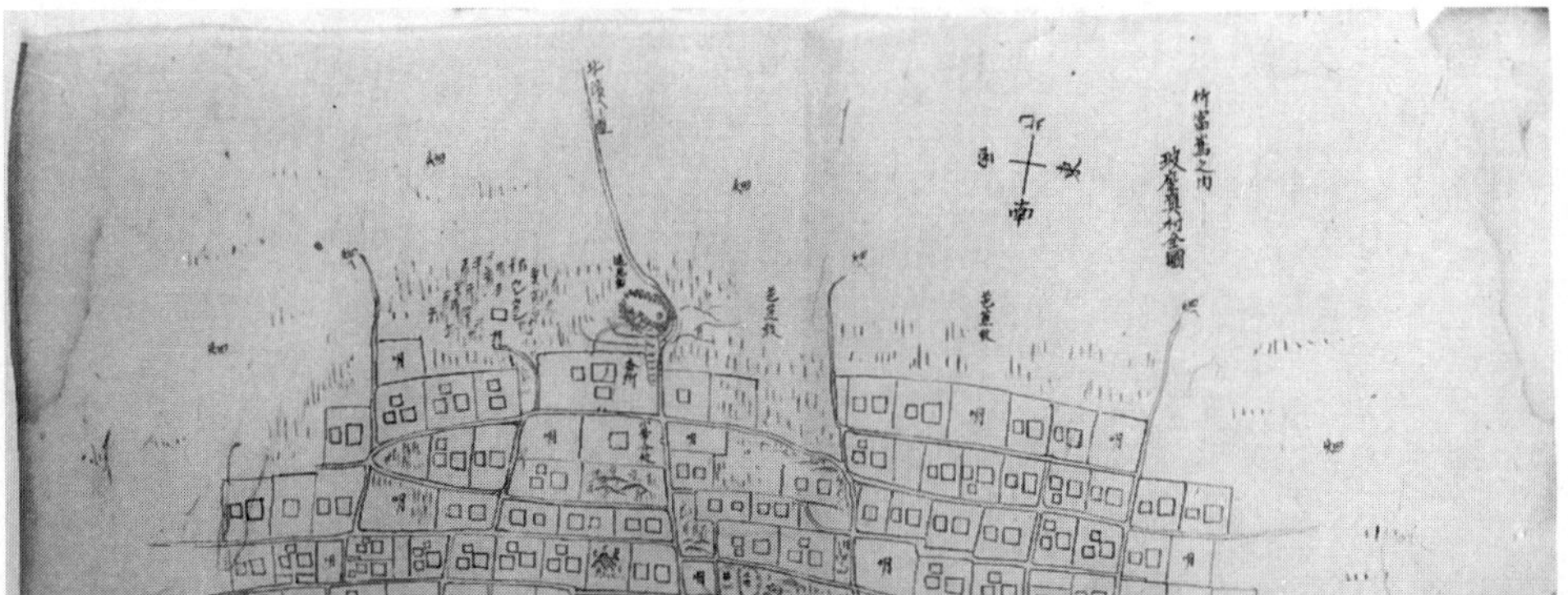

図 2–② 明治23年頃の「波座真村全図」（現在の竹富島・温故学会所蔵）

いわれており、大きく考えると一四世紀が構造上の画期のようである。

第二期の村、すなわちハナスク・クマーラ村や新里村のような不整形で道路をもたず石垣で囲まれた屋敷と屋敷が直接に接する村は、およそ一六世紀初頭ぐらいまでそのまま使われているようである。ちょうど一六世紀のはじめに、先島諸島は本島にあった琉球政権によって、宮古、八重山と次つぎに占領されていくが、その段階で、第二期の村は使われなくなり、新たな村に変えられていくという大きな画期がある。

変化後の第三期の村がどういう形態なのかはよくわかっていない。陶磁器の出土状況をみると、現在の集落に近いところに村がつくられたということだけはいえるようである。多少変化するであろうが、村絵図に見られたような現在まで継続される形態の村があったとも推定される。ただし、一七世紀に一度村が動いているので、厳密には、それぞれの村ごとに難しい問題があると考えている。

次の第四期はいつからか不明だが、これが確実に現集落につながる村である。当然のことながら、この時期に現在みられるような道路に面した方眼の石垣と福木で囲われた屋敷割の村となってゆく。

そのほか宮古・八重山では、一七七一年に明和の大津波といわれるとても大きな津波をうけ、東側あるいは南側の海岸の村々が壊滅状態となった。その結果、村が高いところに集まって作り直されるという変化がある。海岸に近いところには、「元島」つまり昔の集落という地名と村の痕跡が残り、高いところには現在みられる別の村がつくられた。高いところにある現在の村は、村絵図にみるように非常にきれいな方眼をもった形をしている。

村の形態変化からは、第二期の石垣の出現、第三また

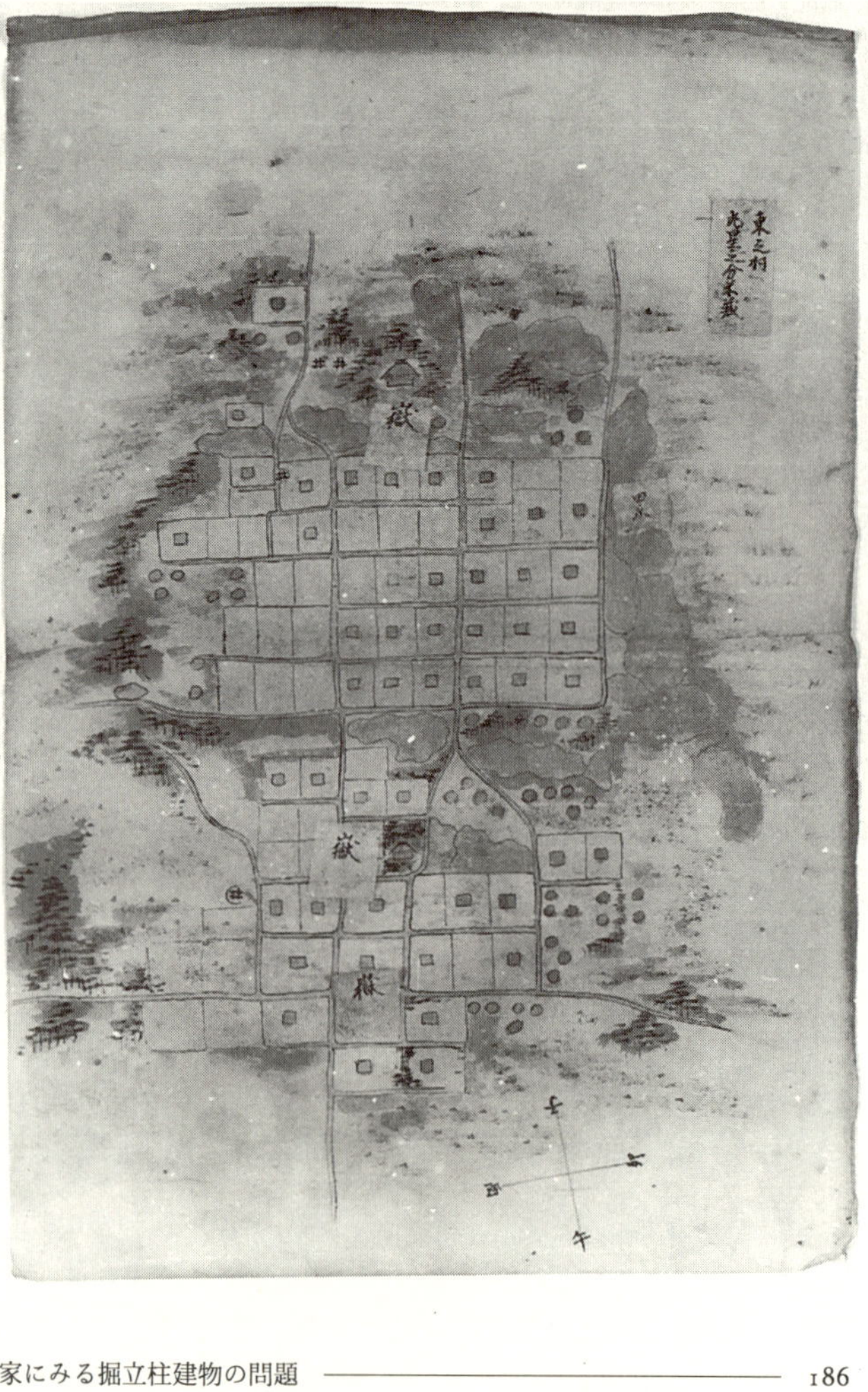

図 2–③　波照間島の「東之村」村絵図（温故学会所蔵。参考文献 8 より）

は第四期の方眼の屋敷割が大きな画期であり、建物構造にも変化を与えたと予想される。また第三または四期以降、主屋（フーヤ）と炊事屋（トーラ）を基本とする画一的な屋敷構造となったと考えられ、ヒンプンを持つのもこの頃からであろう。

三、民俗学からの視点

創世神話と建物

波照間島には、クライナー氏によりたいへん興味深い創世神話が紹介されている。この神話は、日本だけではなく広くアジアに分布する兄妹婚と洪水神話伝承であり、この中に建物が語られる。それは、世の始まりの時兄と妹が大洪水のあと二人生き残り、彼らが創世主となって、子孫を生み現在の村々や人々ができたというのである。この兄妹は、洪水のあと最初は洞窟に隠れているが、次第に高いところに出てきて、最初に「巣」を作り、次に「家」を作ったという。その家は、四ツ星＝四つの方向をさしている星、つまり星座にヒントを得て作ったと伝えられており、最初に四隅の柱をたてて、さらにまん中にも一本柱をたてたといわれている。つまり、後述する中柱構造を思わせる家を建てたことが創世記神話の中にでてくるのである。さらにこの洪水型の神話は、雷神伝承と雷神の住む天上に登っていくために必要な桑の木の神話とも関連する。これも後述する民家の中柱が桑の木で作られているという問題ともかかわってくる。

建物名称とその形態

次に建物の名称について民俗学の成果から紹介したい。基本的にこの地域では掘立柱の建物は、「ウズンバラヤ」とよばれている。バラというのは柱という意味なので、埋めた柱の家という言い方をしているということになる。一方、「アナフリヤ」という言い方もある。これは穴を掘る家という意味である。以上は掘立柱建物の名称で、これとは別に「マタヤ」という言い方がある。これは中柱が股木をつかって棟木を支えるので、おそらくそれと関係する呼び名と言われる。これらに対して、礎石建の名称には、「キタヤ」や「イシズエヤ」があり、また、構造の観点からでは「ヌキヤ」という言い方で代表しているようである。つまり、貫構造と礎石が連動している。その他の呼称では、「イスクビヤ」、石壁を利用した建物のことを指し、「イピサマックヤ」とは、犬がひざまずく家という意味で、犬がひざまずいたのを横から見たような、つまり片流れの家の呼称がある。このような名称は多くは宮古島に残っていて、民俗学の立場からこれまでも指摘されてきた。

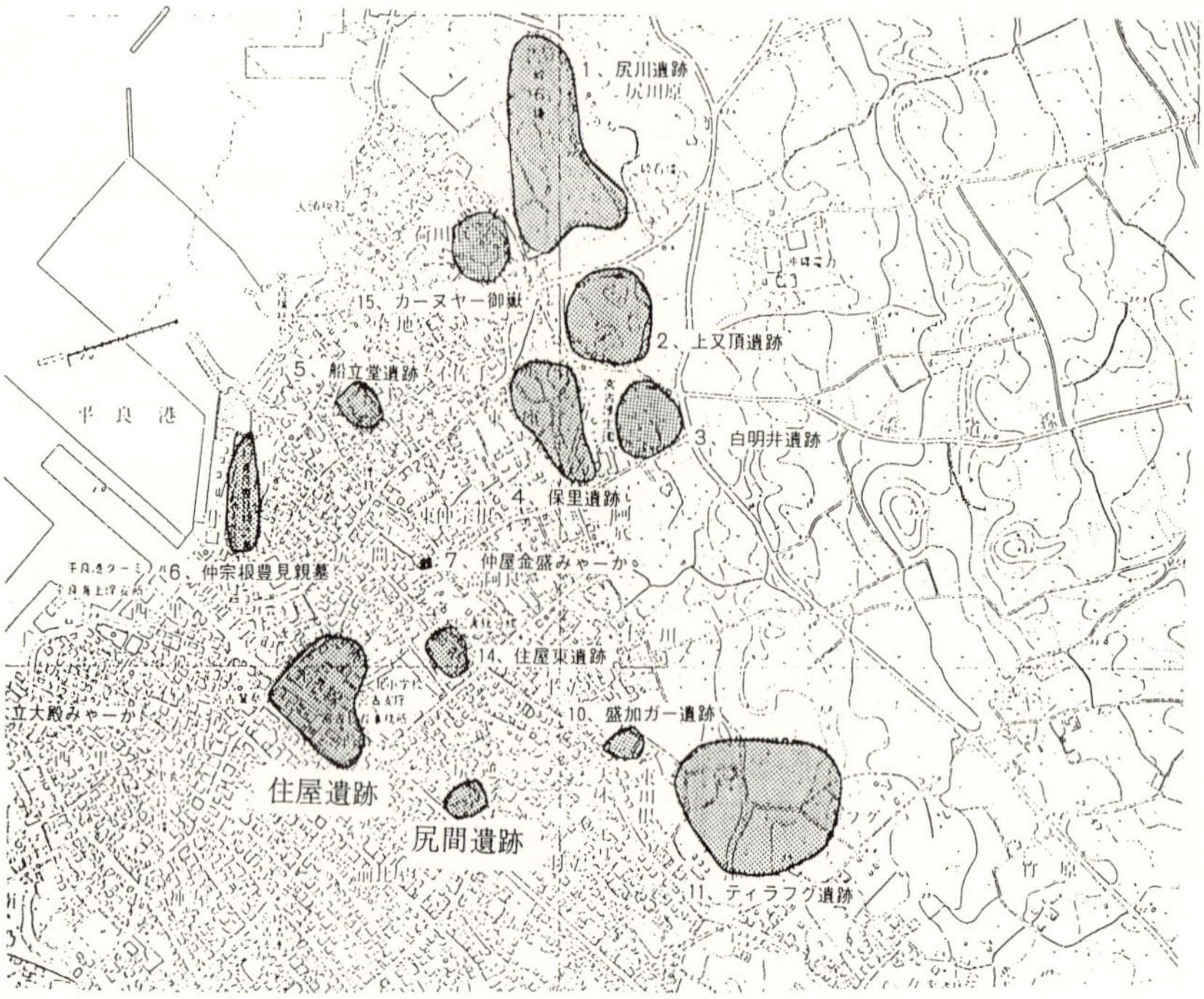

図 3–①　宮古島・住屋遺跡位置図

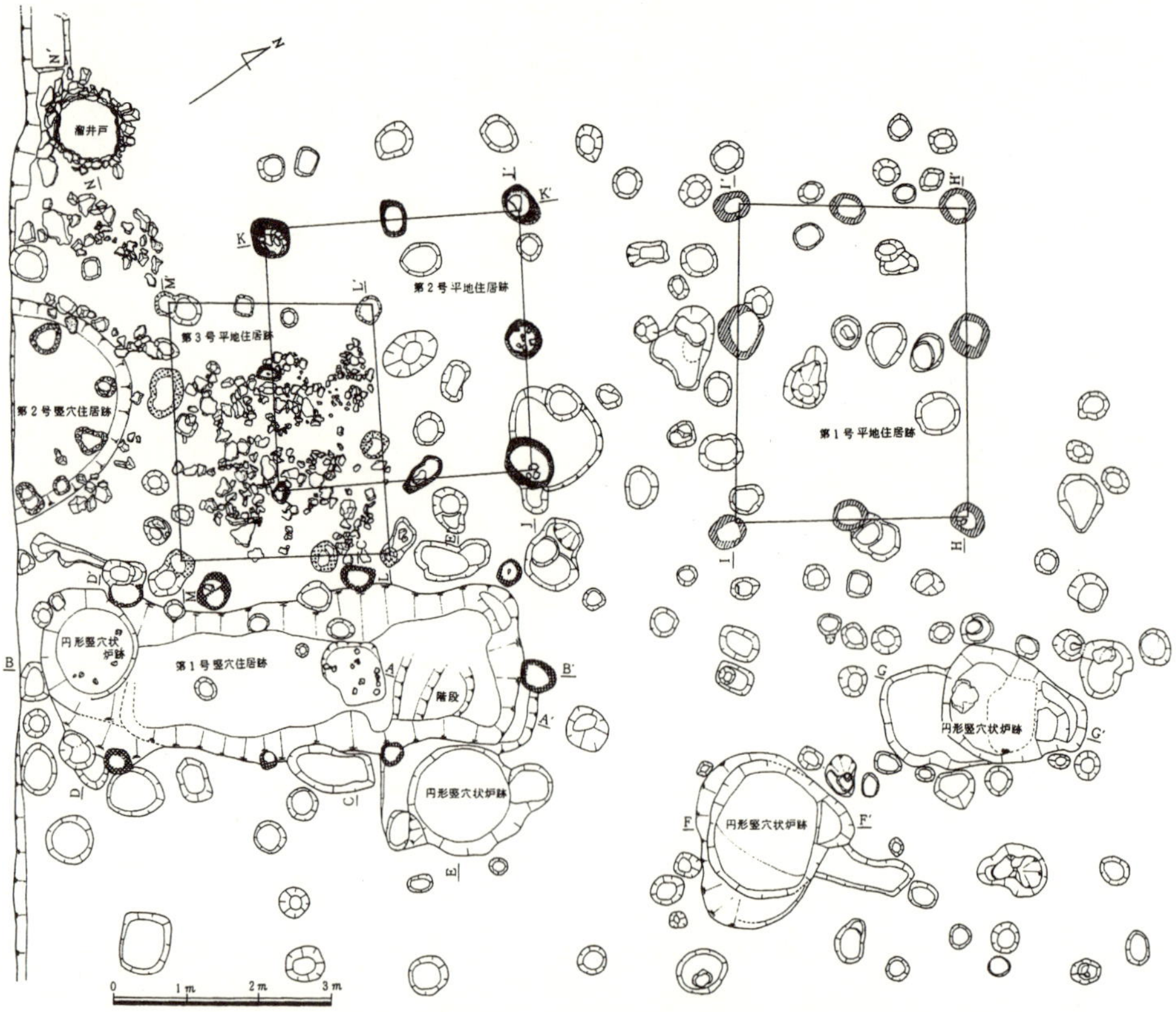

図 3–②　宮古島・住屋遺跡1983年発掘調査遺構図（参考文献12より）

四、発掘遺構にみる建物形態

住屋遺跡の建物

次に遺跡の状況についてみてみたい。中世集落の発掘資料はたいへん少ないが、良いデータが二つある。一つは宮古島の中心部の住屋遺跡で、もうひとつが竹富島の新里村遺跡であるが、後者は未報告で詳細が不明である。

住屋遺跡は、宮古島ではもっともよく発掘建物がわかる遺跡である（**図3**）。まず注意したいのは、中世の方形竪穴建物が沖縄に確認されたことである。方形竪穴建物は、本州では主として中世の東国と西国の境界ゾーンである長野より東に分布している。②は一九八三年、③は一九九二年の遺構図である。屋敷の単位は明確ではないが、掘立柱建物一、二棟と方形竪穴建物がセットになることがわかる。いずれも竪穴建物が一棟ずつ混じっているが、非常に浅い竪穴で、外側に柱をたて、内に炉をもつという構造をもち、③ではおよそ六×二・五メートル程度の規模である。この竪穴建物の大きさや長方形の形などをみると、根城例など（青森県八戸市）にみられる中世の北の地域の方形竪穴建物といわれる形態とちかい（**図4**）。ただし本土における多くの場合は、

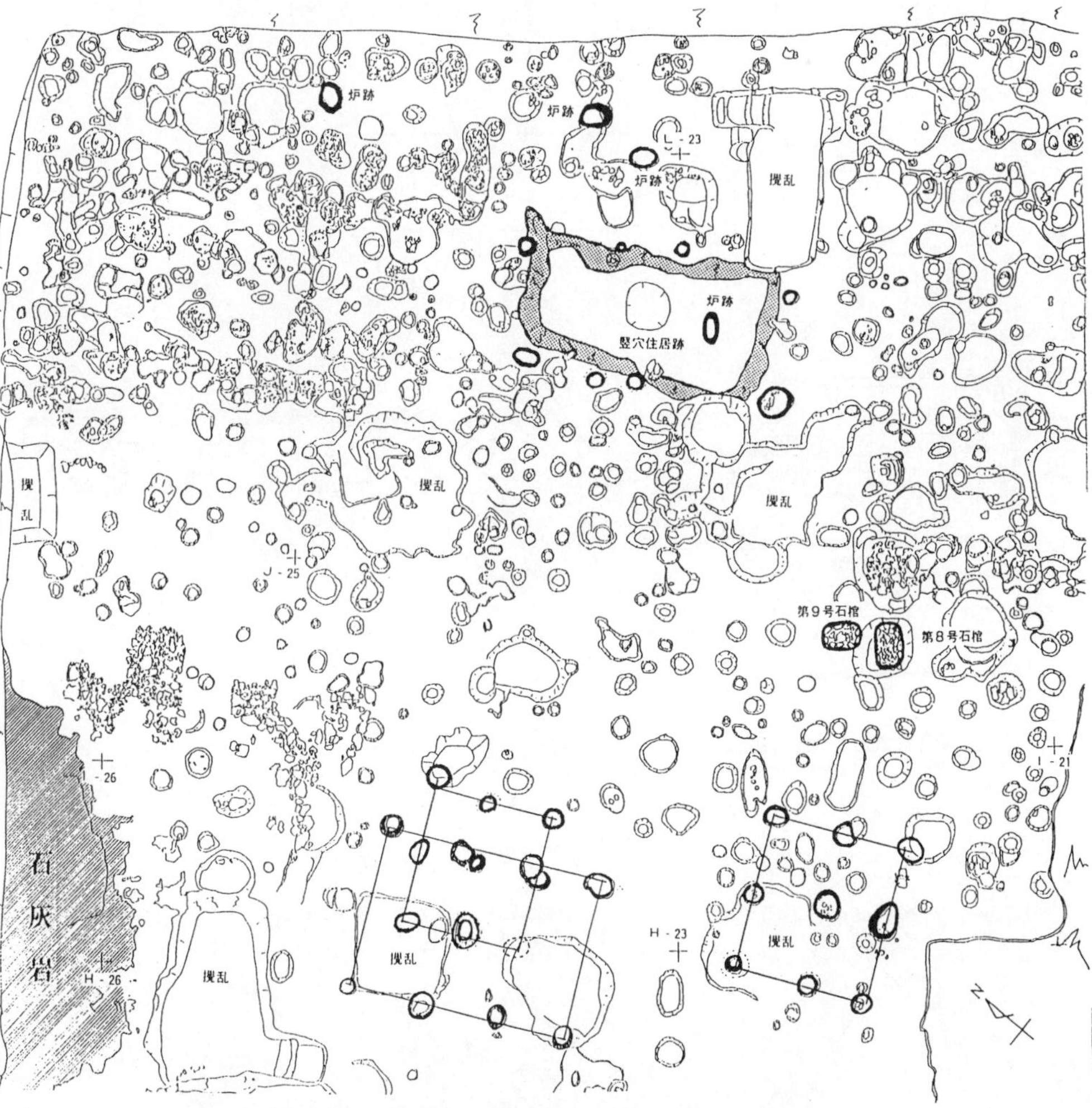

図3-③　宮古島・住屋遺跡1992年発掘調査遺構図（参考文献13より）

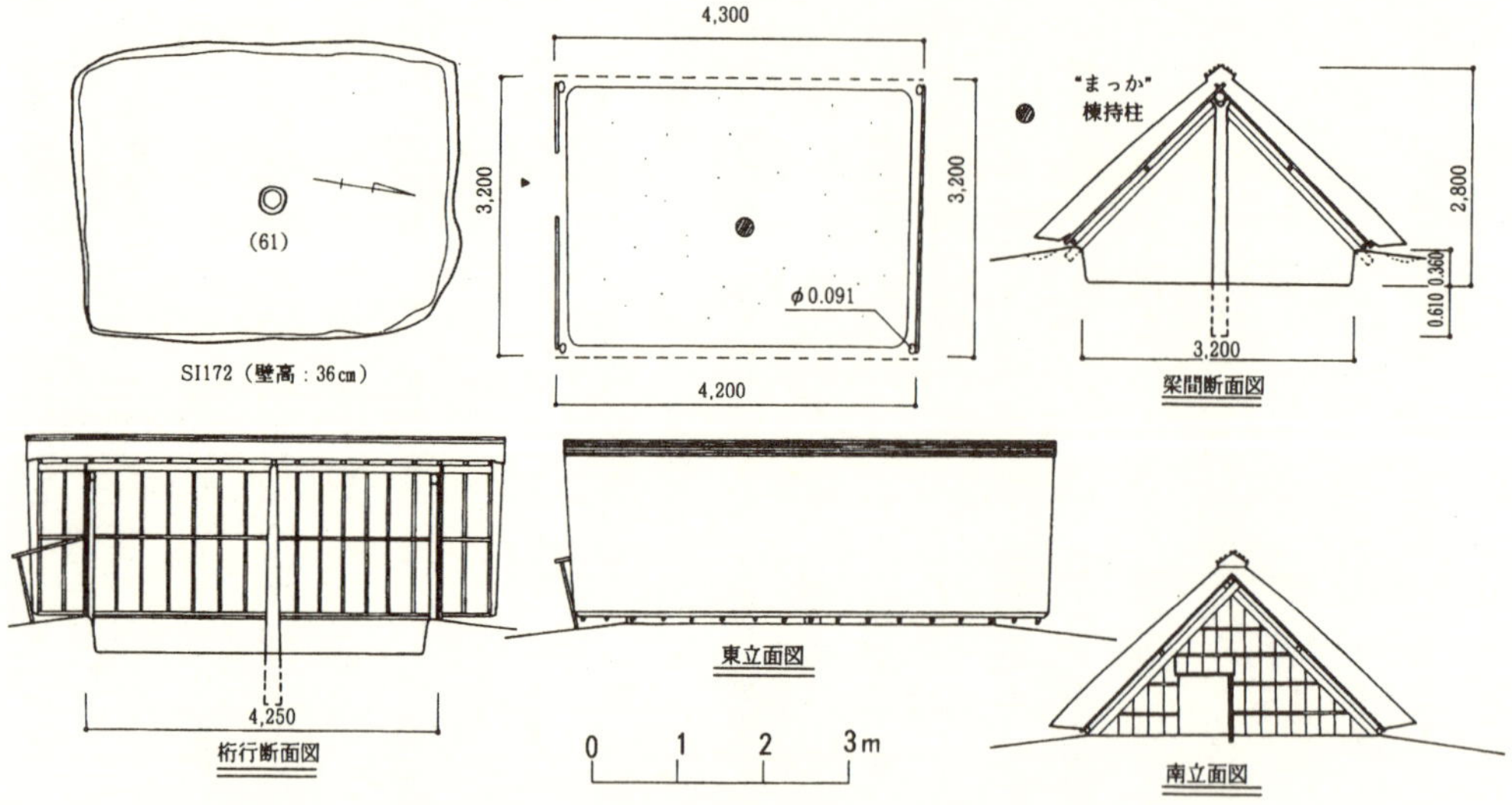

① SⅠ172（納屋１）遺構図および復原設計図

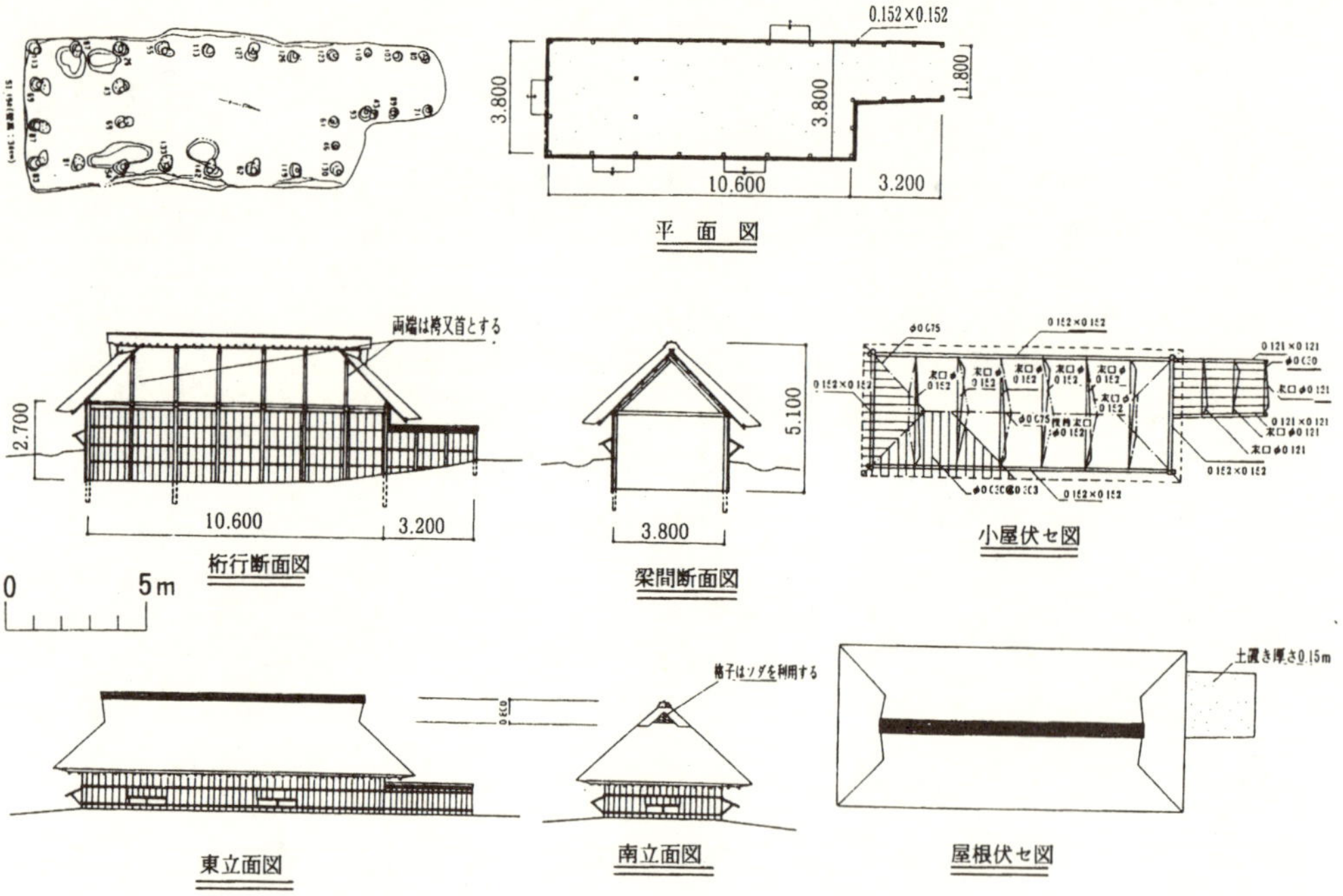

② SⅠ176（納屋２）遺構図および復原設計図

図４　八戸市根城の方形竪穴建物（『根城　史跡根城の広場環境整備事業報告書』八戸市教育委員会、1997より）

①　遺跡位置図（参考文献10より）

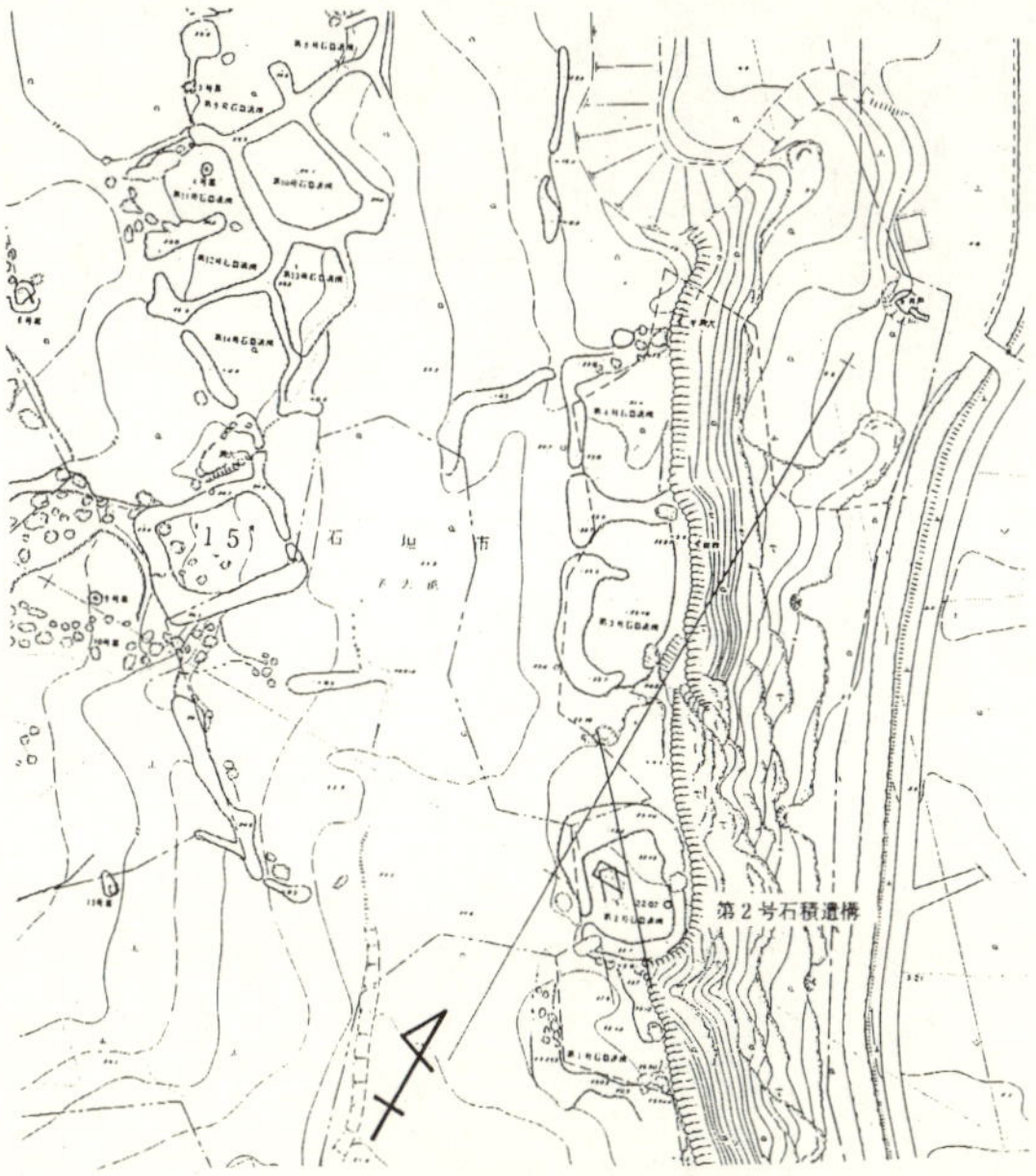

②　遺跡全体図

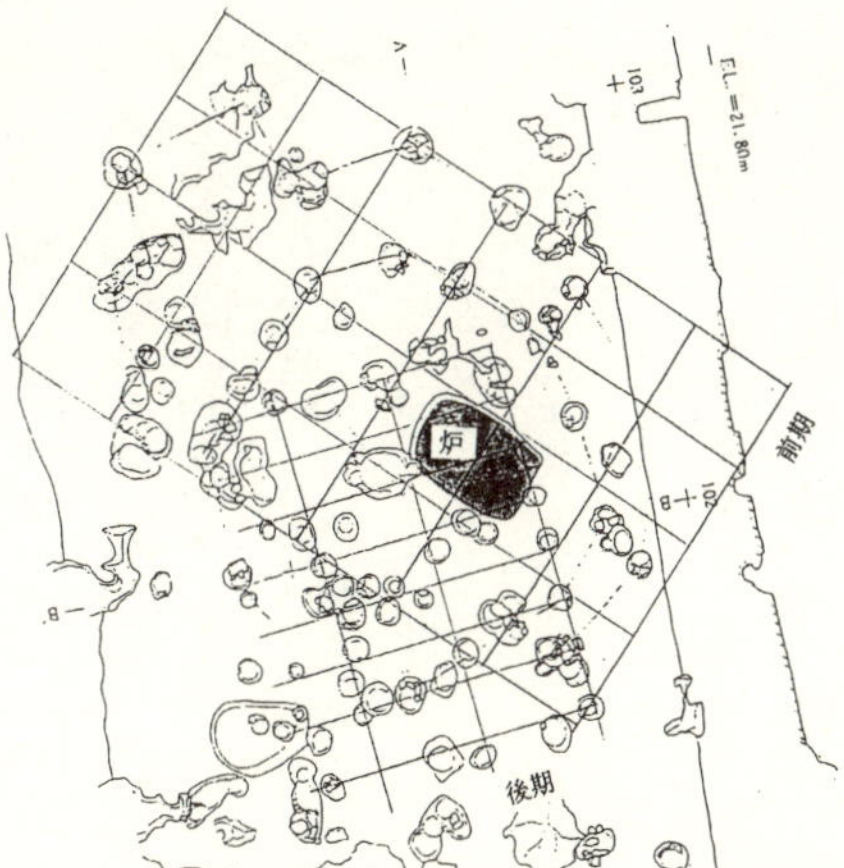

③　遺構図

図５　石垣市・フルストバル遺跡

より深く竪穴の中に柱穴をもつ例が多いが、沖縄の場合には竪穴の外側に柱穴をもつという特徴があるようだ。列島の北と南に形態的に類似する細長い方形竪穴建物が分布することは興味深いが、その意味は不明である。

次に掘立柱建物の方に目をうつすと、二間×三間、あるいは二間×二間ほどの建物規模をもち、注目すべきことは、まん中に柱がある、二間×二間と規模がそれほど大きくないにもかかわらず、一本柱がたつのは上部構造と深く関わると考えられ、棟を支える柱、つまり中柱構造になっていると考えられる。

フルストバル遺跡

次に石垣市のフルストバル遺跡をみたい(**図5**)。2号屋敷では、石垣をもつ時期ともたない時期が、ちょうど重複したかたちで認められる。③の遺構図では二つの建物を重複したかたちで検出しており、調査者は円形の建物を想定しているが、再検討してみると、方形の二棟の建物の重複と考えられる。前期は中央の長方形の遺構が炉で、それに軸を合わせると、方位に合う多くの柱穴がひろえ、三間×二間ほどの規模となる。もう一棟は、崖線に規定された石垣に軸を合わせた建物で、規模は不明である。炉のすぐ脇には大きな柱穴があり、これは中柱の柱穴と考えられる。それは現在の民家でも中柱だけに太い柱を用い、普通の柱が二尺ぐらいしか埋めないところを、中柱は三尺ぐらい埋めている例があるからで、それを参考にすると遺構図にみえるこの穴も、強く意識された柱穴と考えられ、中柱に比定できるのである。

つまりこの2号屋敷では、石垣囲みのない前期の方位に軸を合わす建物と、石垣囲みに軸を合わす後期の建物とが重複し、その前後関係がわかる。後期建物は、規模やプランが不明だが、前期の建物は、その中央に方形の大型の囲炉裏をもつことがわかる。

ビロースク遺跡

次に、石垣市のビロースク遺跡の遺構をみてみたい(**図6**)。ここでは、地形から敷地の北のはずれに近い地点で検出された建物と石垣遺構の切り合いをみることができる。地形にそって作られた石垣が建物遺構の上にのっており、石垣の出現との新旧が確認される。建物規模は不明ながら、フルストバル遺跡と同じように、方位に軸を合わす、大きな炉をもつ掘立柱建物が、石垣により壊されていることになる。

このように、石垣の出現を間にいれることによって、二つの時期を峻別できる。このことから、先述のように、集落における石垣出現を一四世紀ごろと考えると、それ以前、出土陶磁器からは一二、一三世紀と推定される時期には、ほぼ中央に大型の炉をもつ中柱構造の掘立柱建

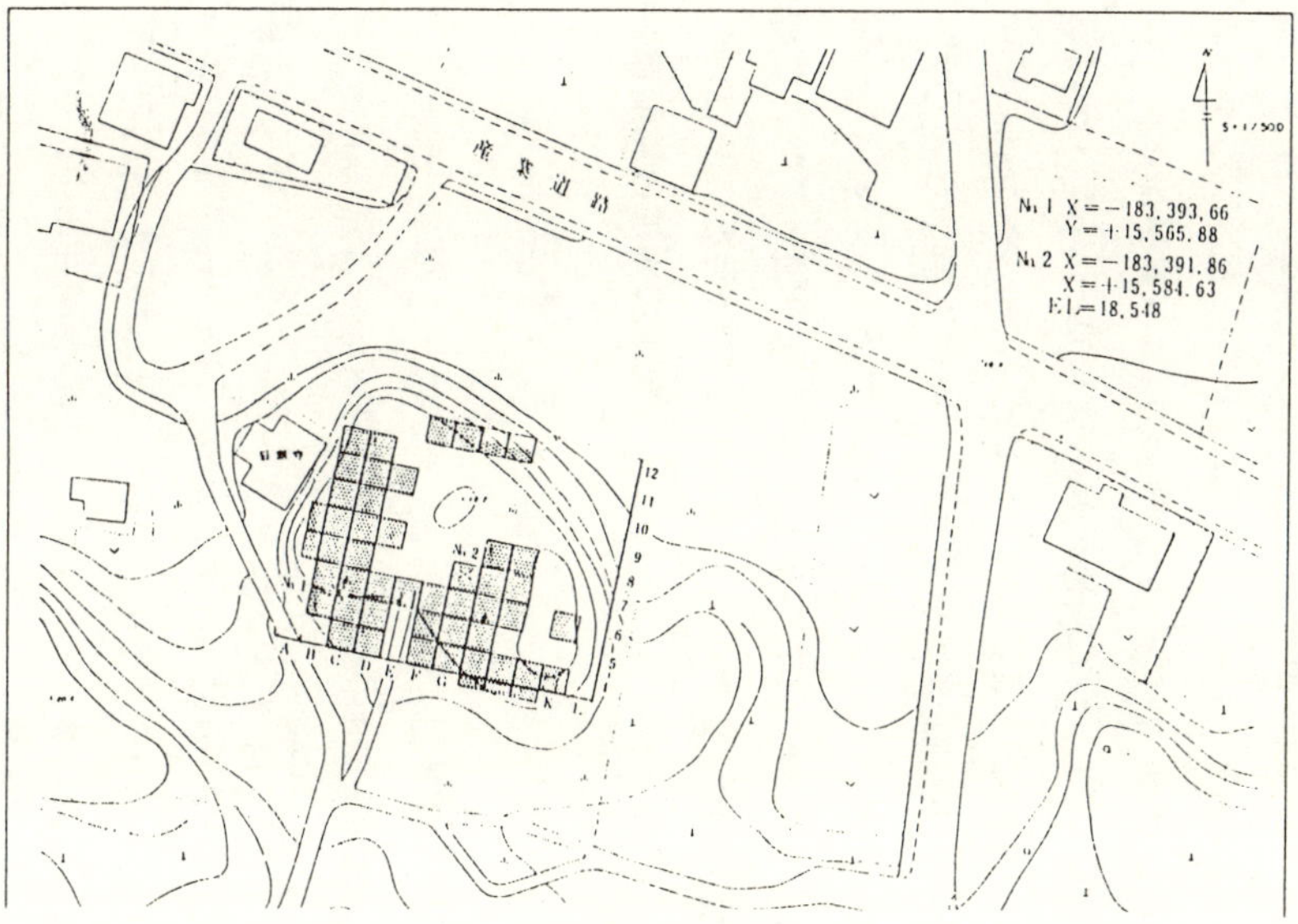

① 遺跡全体図

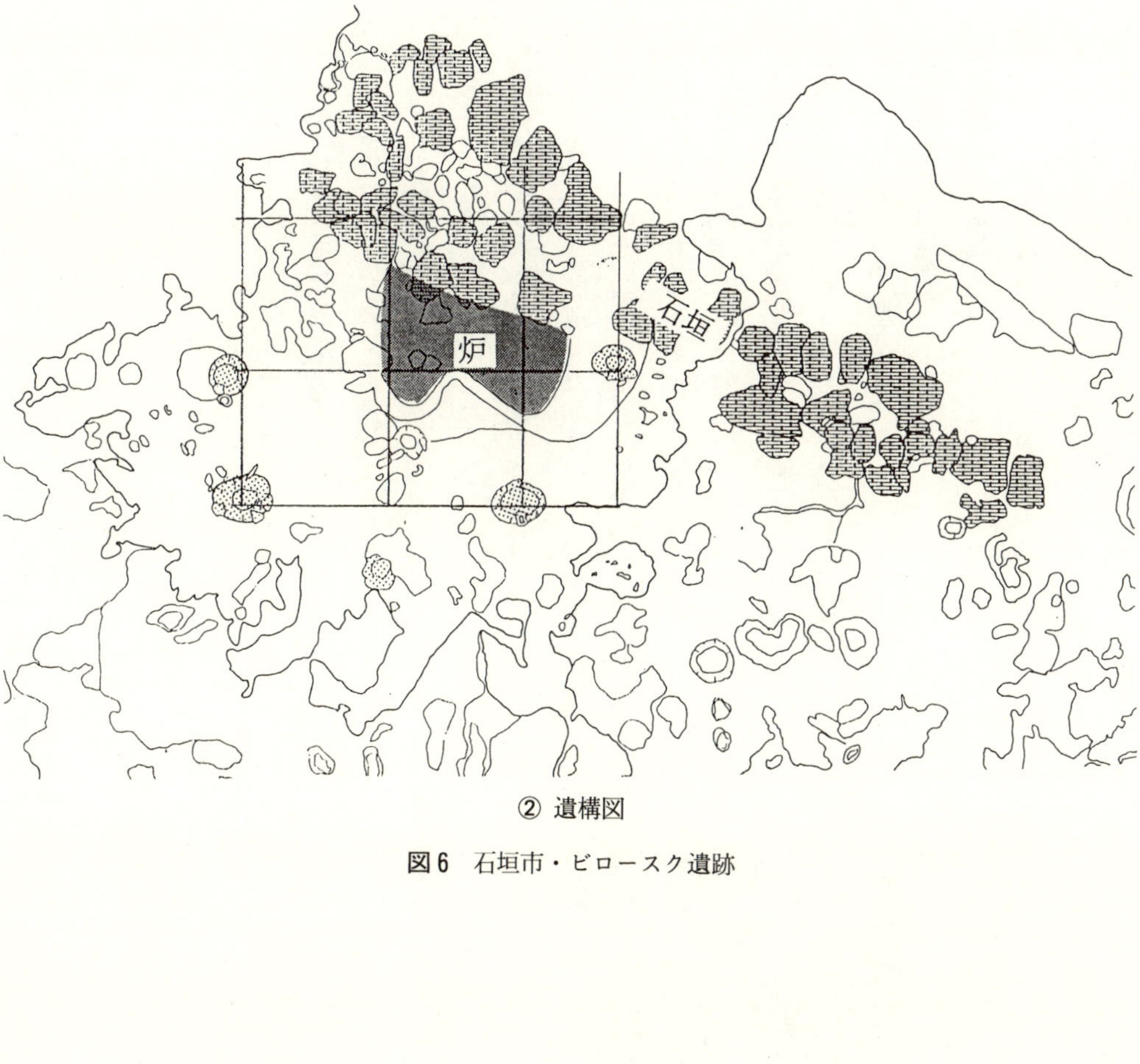

② 遺構図

図6 石垣市・ビロースク遺跡

物の存在を確認することができ、またそれらの建物は方位に軸を合わせていたことがわかるのである。

なお、沖縄本島においても、北谷町後兼久原遺跡から一二から一三世紀の集落が発掘されており、ここでは、掘立柱建物と高倉のセットからなる単位が六セット報告された。概報によれば、その一例は、掘立柱建物は、約四メートル×約六メートルで、三二本の側柱と中央に二本の中柱、端によって炉が検出されている。高倉は、約三メートル×約一・五メートルの大きな四本柱である。

五、中柱の問題

鶴藤氏の民家調査例

次に中柱の問題について考えてみたい。鶴藤氏が記録した資料を図7にいくつか掲げた。八重山における民家は、「ウブヤ」もしくは「フーヤ」とよばれる主屋があり、その西側に「トーラー」という炊事屋がつくという構成である。また、①のような分棟型とでもいうべき形態でこれらがつながる例もある。ここでは中柱がはっきりと指摘されているものをあげた。もちろん、すべてその住人が中柱と意識しているというわけではなく、むしろ、鶴藤氏が調べたなかでも、はっきり中柱と呼んでいるものは少ないようである。

③の主屋は二・五間×三間ほどの掘立柱建物で、そのまん中に掘立の中柱が太めに描いてある。床はころばし根太で、股木を使って棟木を支えている。トーラーにも中柱があって、それを境にして、竹の簀の子部分と土間の部分が分かれるという構造になっている。

④の民家は、まん中に「ナアバラ」とよばれる中柱をもち、主屋のウラザにあたる位置には、むかしイロリがあったと報告されている。この例は、火処がトーラーという形でいつ別棟になっていくのかという問題を提起していると思われる。発掘事例はたいへん少ないが、検討した例ではかなり大きな炉があることがわかっている。つまり基本的には主屋のなかに炉をもっていたと考えられるのである。中柱問題と共に、分棟型民家の形成過程についての検討されるべき事例といえるだろう。

⑤は石垣島の例で、三間×四間のフーヤのまん中には中柱がある。これが桑の木で建てられた中柱で、側柱は礎石建、中柱だけが掘立柱という注目される建物である。中柱への特別な意識がわかる。

民俗学からの中柱調査

中柱はかなり意識されていたようで、赤嶺氏が中柱に関するいろいろな信仰や儀礼についてまとめている。たとえば、分家をするときには、本家の火の神や中柱を拝む、あるいは多良間島では、正月に一家の繁栄と幸福を

② 竹富島の殿原ナヱ氏宅の主屋

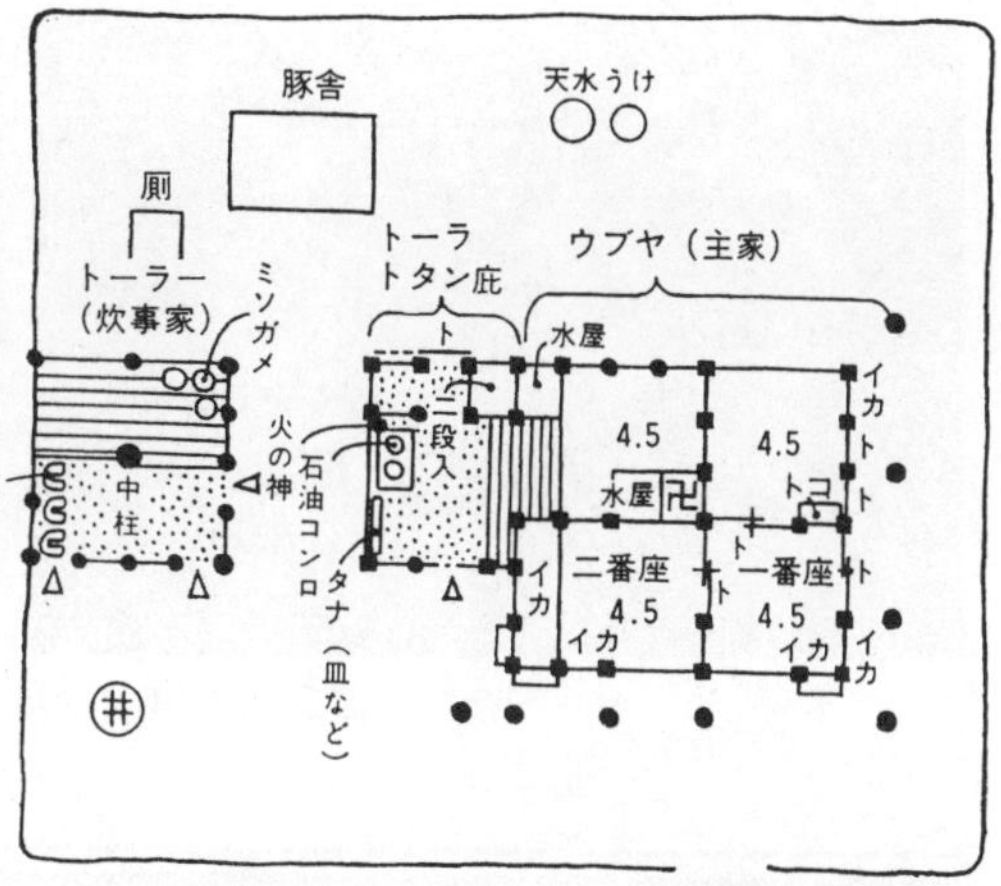

① 八重山黒島（竹富町）の玉代勢秀夫氏宅

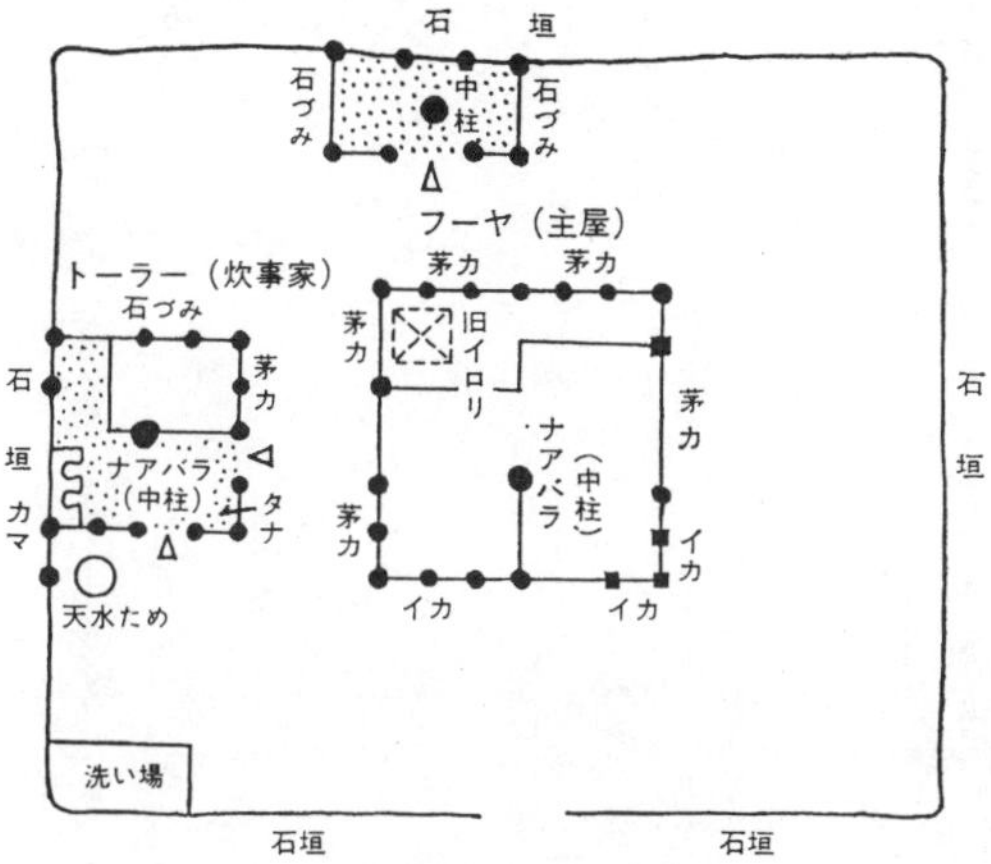

④ 竹富島の狩俣吉太郎氏宅

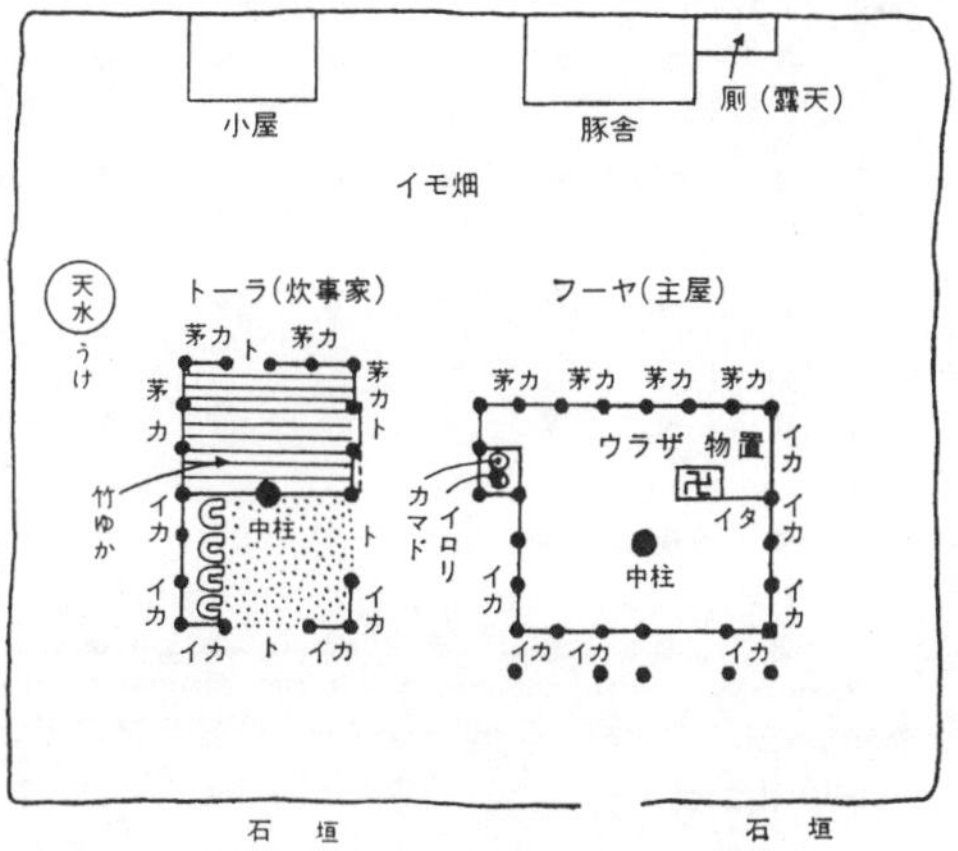

③ 竹富島の殿原ナヱ氏宅

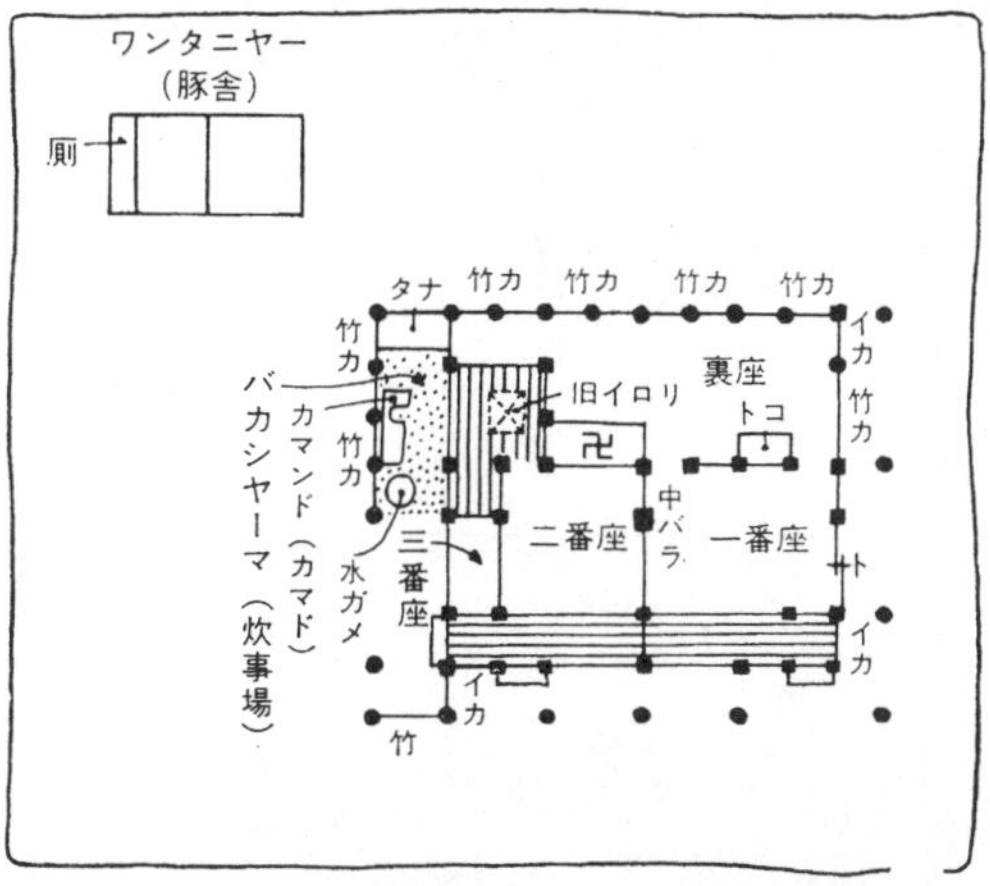

⑥ 小浜島（竹富町）の小羽根清雄氏宅

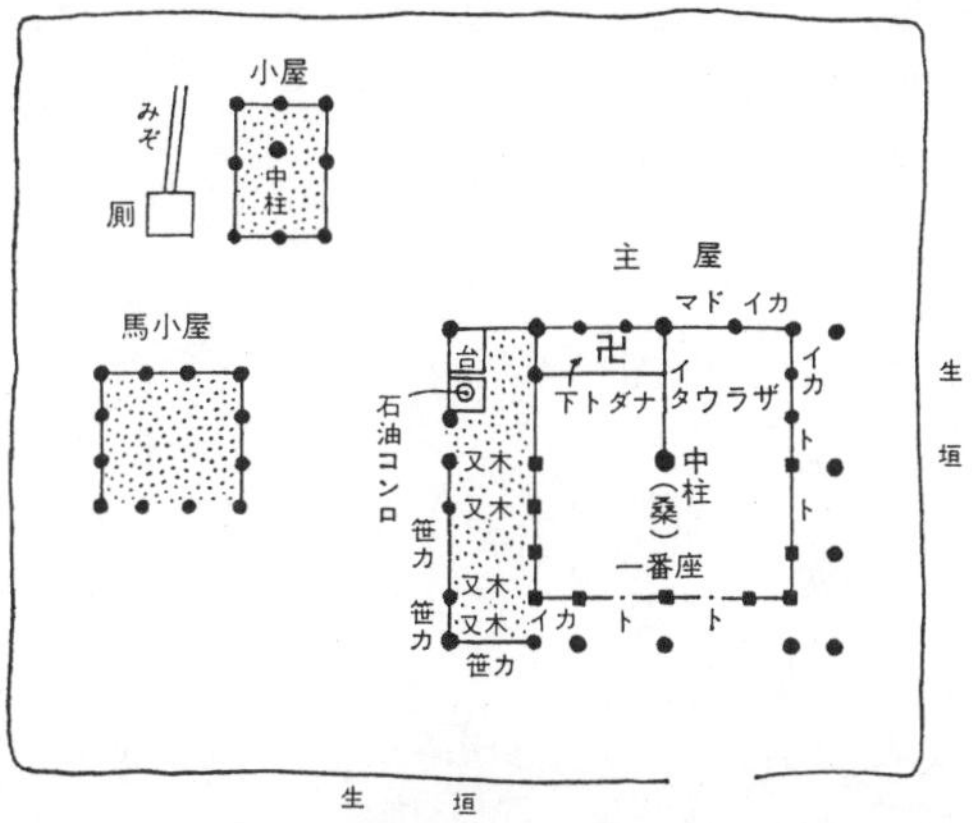

⑤ 石垣島平久保の安城恵真宅

図7 民家の実例（参考文献2より）

図8　沖縄本島今帰仁村崎山の神アシャギ

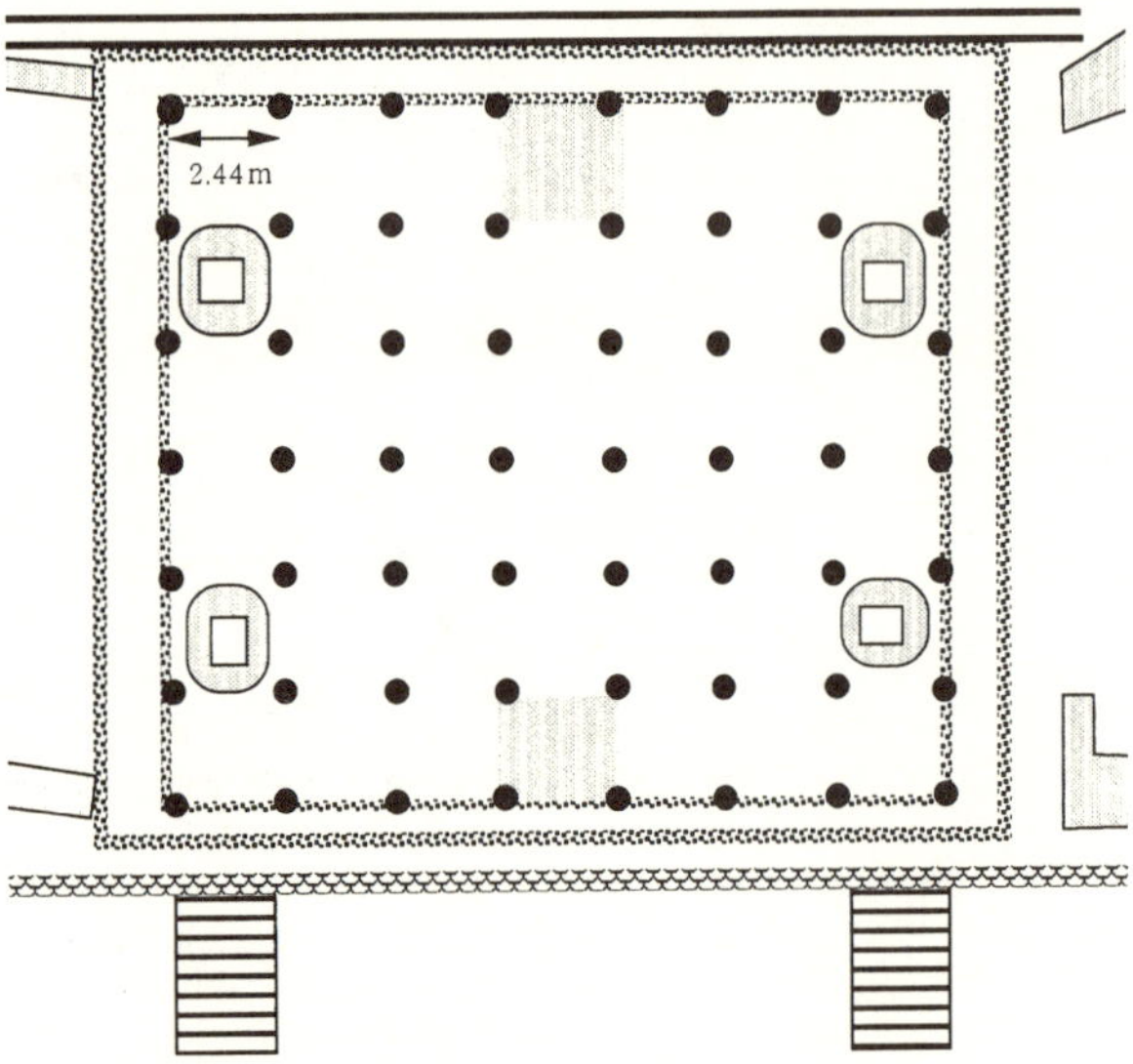

図9-①　勝連城正殿模式図（参考文献21）

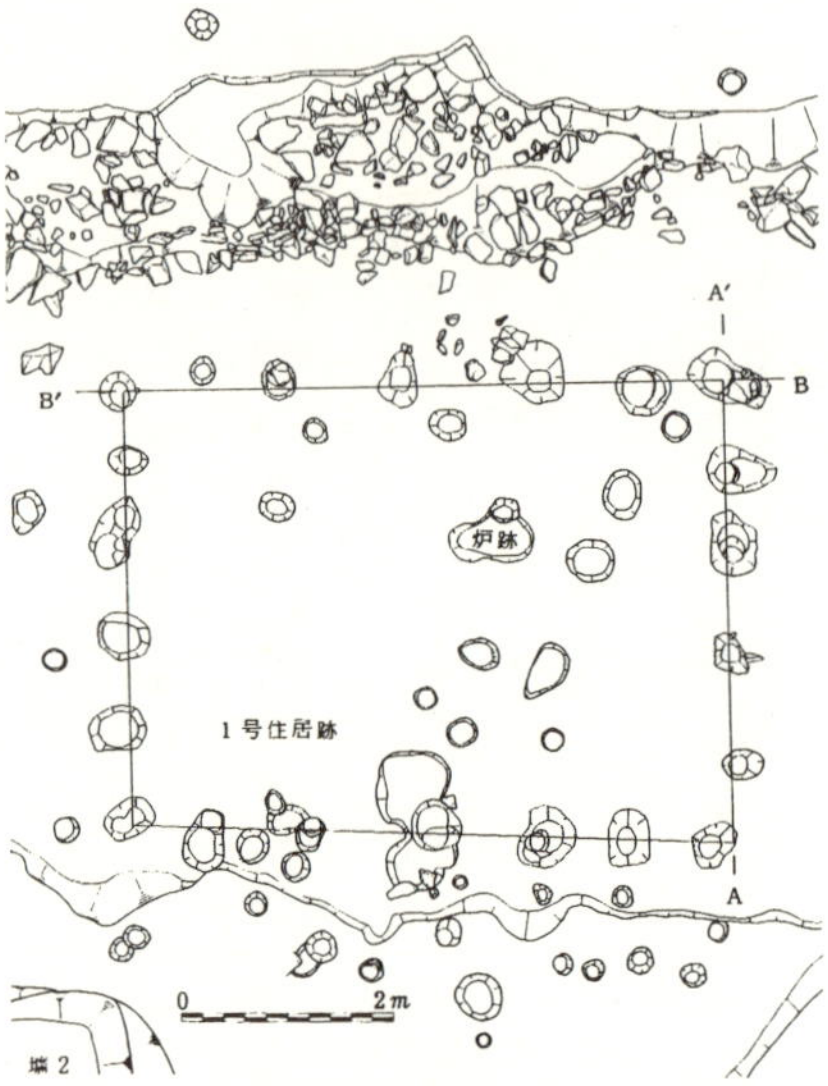

図9-②　今帰仁城志慶真門郭1号建物
（参考文献20）

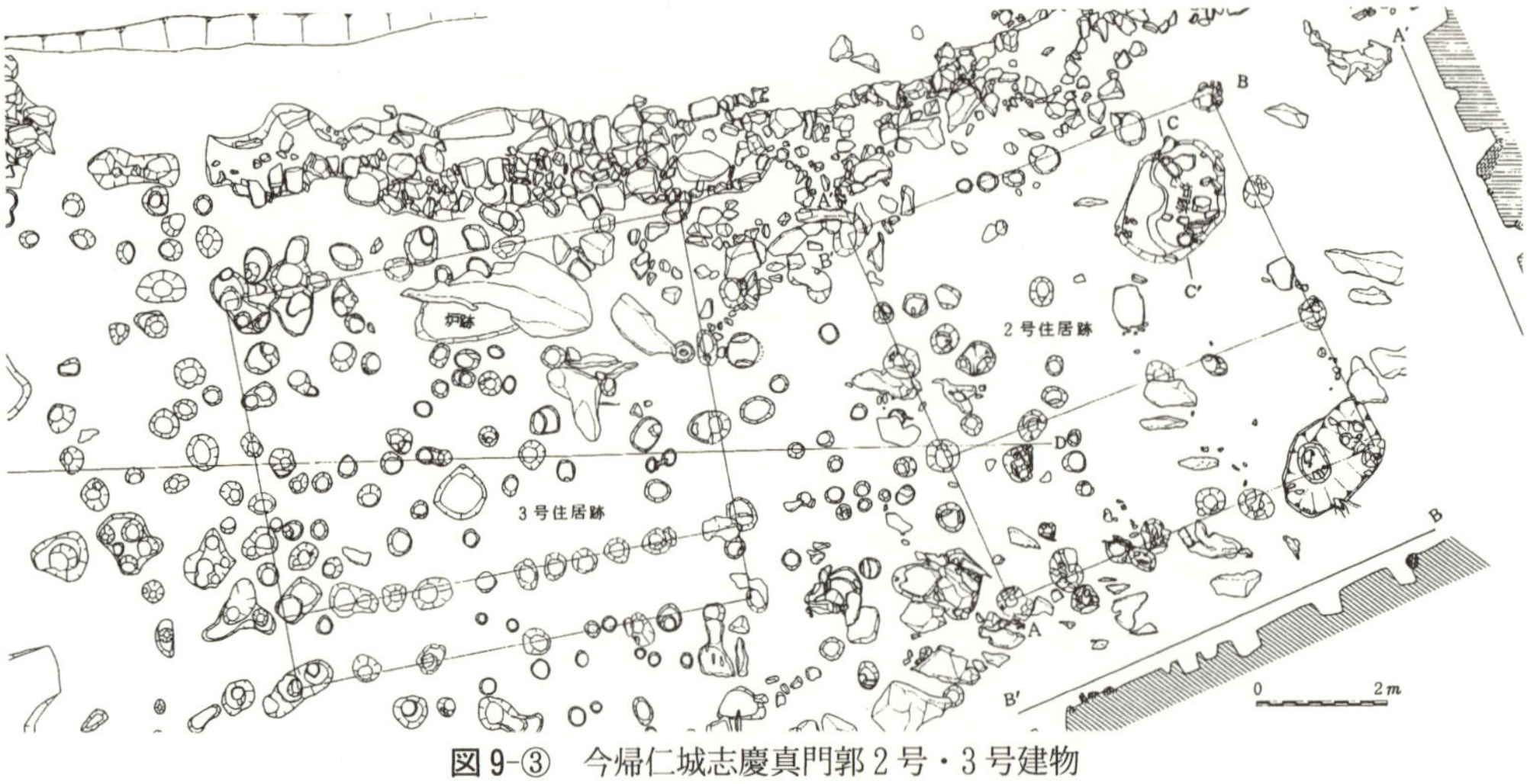

図9-③　今帰仁城志慶真門郭2号・3号建物

祈願するために中柱を拝む、また石垣島の平得地区では、毎年八月になると、家と家族の健康を願って中柱にお祈りするなどである。

さらに建築儀礼のなかでも、中柱は非常に意識されていて、たとえば、石垣島の大浜では、家を建てるときの願いを神職がするが、そのときに中柱が建つ場所をしめ縄で囲い、上棟式のような儀式をするという。また波照間島では、棟上げの際の供物を中柱のそばに埋めるなどが赤嶺氏により報告されている。

このように家や家族を象徴するかのような中柱への意識を考えると、民家の報告例にみたように、中柱が特別に太いことや、中柱のみが掘立であったり、桑を使うなど、特別扱いを受けることが連動していると理解される。

特殊な建物に残る掘立柱

先島諸島の場合、非日常的な建物のなかに掘立柱が残る例がある。たとえば宮古島の御嶽という聖なる空間で神職や神女がこもるいわゆる篭屋は、城辺町ウイピヤー遺跡に典型例をみるように石壁造でまん中に柱を二本たて、その間にイロリをもつという中柱構造の建物である。このような古い残存形態を思わせる掘立柱建物が非日常だから伝統的に残るのか、あるいは波照間島などの舟屋にも同じ構造の石壁作りの中柱をもつ掘立柱建物があったといわれるように、非常に簡単なつくりだから残るのかという問題はあるものの、ウイピヤーなどの篭屋という聖なる建物のなかに残されてきたことは注目できるであろう。

もう一つ、先島諸島の例ではないが、神アシャギとよばれる特殊な建物を紹介したい（図8、9）。神アシャギは主に本島北部から奄美にかけて分布しており、軒が非常に低い壁をもたない建物である。通常、石柱あるいは木の掘立柱を四本あるいは六本たてて建物をつくる。これは主に神様を祀ったり、神様に食事を捧げる聖なる空間と理解されている。

次に高倉の問題がある（図10）。八重山の高倉は、奄美のような屋根倉形式ではなく、どちらかというとあまり高くない。床は二尺もしくは三尺程度しかあがらず、そ

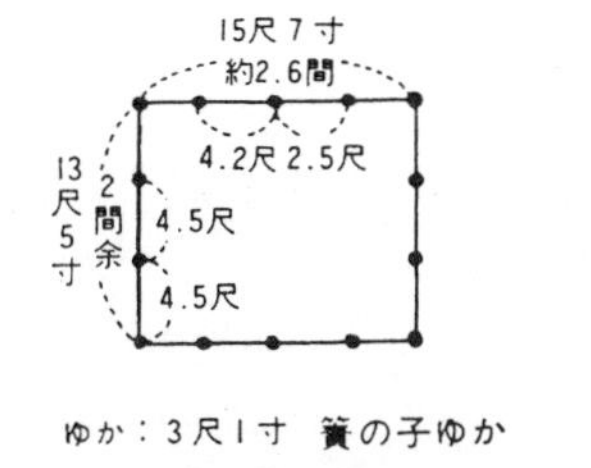

図10-①　波照間島の高床倉模式図（参考文献2より）

図10-②　波照間島外部落のの高倉石柱

史料1（乾隆三三年＝一八三一、参考文献16より）

与世山親方八重山島規模帳

（乾隆三拾三年）

一諸村苧績屋之儀廂共長五間横三間ニ被相定置候処其守
達無之村々相替候且又此中三度夫を以作調来候得共此
以後作替之砌ゟ右程来ニ不過様村所役を以可相作事
附苧績屋之儀肝要成御用布織調候間火用心之為可成
程ハ瓦葺可致候なり

（中略）

一瓦葺之儀為火用心蔵迄を御免候処奉公人之家ヱ住居所
并門迄も惣様瓦葺ニ召成置候方多有之且又屋作程来之
儀も本屋廂共長四間ニ横三間台所長三間よく弐間ニ不
過様御法様等被仰定置候処其守達無之法外ニ作広夫ニ
応シ物毎過美ニ相見得所中痛之基甚以不可然候向後家
作り之儀御法之通相守此中法外作置候家瓦葺ハ当年中
かやニゐ葺替程来之儀ハ以後葺替之砌可相改事
附頭役之儀ハ為差立役目候間役中八帖敷之客座迄ハ
心次第別ニ作立候共不苦候なり

の上の土台上に柱がたつという構造をもつ。床を支える柱は石製のものもある。**図10**—②は、波照間島の外部落に村絵図に描かれた地点に唯一残った倉の石柱である。

史料2（道光一一年＝一七六八、参考文献16より）

久米具志川間切規模帳

（道光十一年）

一諸間切諸島家作之儀先年段々御□□（法様）被仰定置候処其守
達無之身上ニ不似合過美来甚以不宜候間向後御法之通
身屋廂共四間三間ニ台所三間二間に不過様可作事
附当分作置候御法違之家ヱ以後作替之砌可相改候間
ニ玄喚構中門又ヱ門抔作立置候方も有之甚分外之
仕形候間是ヱ急度可取除候也

これも現在は抜かれて残らない。

六、礎石建物の出現

規模帳にみえる民家

次に文献史料に手がかりを求めてみたい。ここに三点の規模帳を挙げた。これらの規模帳は琉球王府が先島諸島を支配したときの通達にあたる書類であり、ここでは建物に関係する部分を抜粋した。いちばん古いのは一七六八年にだされた「与世山親方八重山島規模帳」である。その他にも一八三一年の「久米具志川間切規模帳」や宮古島の「翁長親方八重山島規模帳」などがある。これによれば本屋・庇ともに四間×三間、台所は三間×二間あるいは二間×二間と規制されている。現在みられる先島諸島の民家が、似たような規模、似たような構造の家々がつくられたのは、このような規模帳の規制があり、さらに方眼の屋敷囲いで屋敷の大きさが平等に決められているためと考えることができるだろう。また瓦葺きの記事がでてくるので、おそらくこれらの建物は、この段階ですでに礎石の建物だった可能性もあると考えられる。

礎石建物出現の時期

先島の集落では、宮古島宮国という現在の村の元島である宮国元島遺跡発掘調査で一部に礎石が使われた建物が検出された例が古い。この元島は、先述したように一七七一年におきた明和の大津波で現在の村に移っており、まさにその前身の村であるから、津波以前の遺跡と考え

史料3（咸豊七年＝一八五七、参考文献16より）

翁長親方八重山島規模帳

（咸豊七年）

一諸村苧績屋之儀廂共長五間横三間ニ被召定置候間右程来ニ不過様村所役を以可作調事

附苧績屋之儀肝要成御用布織調候間火用心之為可成程瓦葺可致候也

一諸村役人おゑか家之儀廂共長四間横三間小台所壱軒被定置候間苧績屋囲内右程来ニ不過様村所役を以可作調事

附

一耕作筆者杣山筆者詰家茂長三間横弐間半と相定是又苧績屋囲内ニ可作調候也

一役人筆者詰家かや葺ニいたし万一出火有之候共苧績屋江類火之念遣無之様引除可相構候自然囲狭有之右通難相構候ハヽ敷地取添可相□(欠)候也

一石垣四ヶ村ハ諸役人住居所ニ而候間苧績屋囲内ニ役人筆者詰屋作候ニ者不及候也

一頭以下役々二才百姓共住家普請修甫等時節之見合無之候而ハ農作之支可相成候間以来七八月中作調候様可致取締事

一家作之儀本屋廂共長四間横三間台所長三間横弐間ニ不過様被定置殊更樫木ニ而致家作候儀御禁止之事候処汲受薄法外ニ作広又ハ樫木相用就中奉公人之住家瓦葺又ハ両廂門其外瓦葺仕合候茂有之旁之所ゟ毎物華美成来面々之痛ハ勿論所中衰微之基不可然事候条瓦葺ハ急度かやニ葺替法外ニ作広幷樫木調之儀者先様作替之砌召改永々共家作之節在番頭惣横目能々気を付御法違之儀共無之様厳重可致取締事

附

一奉公人共蔵之儀瓦葺仕合置候茂有之候処急度かやニ葺替させ候様可申渡候也

一御法相背候者ハ屹与解除させ候上奉公人ハ百日之寺領又ハ科米等所犯之軽重ニ応シ罪科可被仰付候間御問合之上取行候様百姓ハ科米六斗先申付御届可申越候也

一頭役之儀ハ為差立役目候間役中八帖敷之□□(客座)迄者心次第別ニ作立候共不□(苦)候也

一蔵元幷在番同筆者詰医者仮屋桃林寺普請之儀樫木いく木相用右外頭以下諸役々家作ハふく木無□(役)奉公人百姓等家ハ雑木ニ而可作調候也

てよい。そのことから一八世紀の後半頃には、礎石建物がすでにこのような村で使われていた例もあると考えられる。

一方、本島のグスクでは、一四世紀後半頃には正殿などの中心建物は総柱の大型の礎石建物がたつ。つまりグスクでは中心建物は礎石建、その他の雑舎群は掘立柱という形態だった（**図9**）。それに対して、村ではいつから礎石建物がでてくるかということはよくわかっていない。

先島諸島の場合、一五〇〇年に琉球王府によって征服されると、現在ジャングルに残っている村々がそのときに廃棄されていく。少なくともそのような廃村では、これまでの発掘調査で礎石建物は検出されていないので、逆にいうと一五〇〇年までは村の建物は掘立柱であろうと考えられる。

石垣島には、現在は廃村になっているが明治二三年の「安良村絵図」（**図2－②**）に描かれた村があり、『南島探検』を書いた笹森儀助が泊まった家が現在も廃墟になって残っている。そこは主屋もトーラーも、礎石建物である。ただし、それが明治二三年段階から礎石建だったかどうかはよくわからず、現在、廃屋になっているものが礎石建物だということしかいえない。

七、まとめ

以上をまとめると多くの興味ある問題があると思われるが、この地域の建物あるいは村を考える場合に二つの大きな視点が重要だと考えている。ひとつは海を共有して、大陸や朝鮮半島、あるいは台湾、南方、そういった地域とどのような共通性をもっているのかということである。すでに野村氏が指摘しているように、中国の福建や浙江には中柱構造の建物がみられ、それらとの関連性が問題となるのである。中国では中柱のことを「金の柱」という意味でよんでいるようだが、沖縄でも中柱を「キンバラヤ」もしくは「カナファー」とよぶことがあり、これは金の柱を意味しているとされる。このほかにも似た呼び方があって、中国との関連性は、今後の大きな問題である。

もう一つは、以前の民俗学者が主張していたような、現在の先島諸島をはじめ沖縄には古相の村があって、琉球王府時代の様相がそのまま残っているという視点は否定されるものだということである。ここで議論した民家の問題も含めて、現在につながる様相の多くは、古琉球時代というより、かなりの部分は島津の侵略のあと大きく変わったと私は考えている。たとえば、現在みることができる一番座や二番座、ウラザのほか床の間や仏壇がつくという建物の間取りについても、どちらかというと島津の支配の影響と考えられ、その目でもう一回見直すとおもしろいのではないかと考えている。

一方、そうした中で、発掘事例にみてきたように、掘立柱の中柱構造や炉の問題は、時間的にもはるかに古くから確認することができ、この地域のより深い基層文化に根ざすと考えられる。また、日本列島の北と南に顕著に分布する細長い方形竪穴建物も興味深い問題を秘めている。今後、そうした視点から、発掘遺構の増加をふまえながら、その時間的な変遷と系譜を明らかにする必要がある。

参考文献

(1) 野村孝文『南西諸島の民家』相模書房、一九六一。
(2) 鶴藤鹿忠『琉球地方の民家』明玄書房、一九六六。
(3) 安里　進『考古学からみた琉球史　上』ひるぎ社、一九九〇。
(4) 玉木順彦『近世先島の生活習俗』ひるぎ社、一九九六。
(5) 小西龍三郎・飯田一博「沖縄の住宅にみられる中柱構造について」日本建築学会講演梗概集、一九八八。
(6) 赤嶺政信「沖縄の屋敷と村の空間」歴博フォーラム『再発見　八重山の村』、一九九七。
(7) 下地　傑・阿利直治「発掘された八重山の中世遺跡」歴博フォーラム『再発見　八重山の村』、一九九七。
(8) 国立歴史民俗博物館編『村が語る沖縄の歴史』新人物往来社、一九九九。
(9) 小野正敏「村が語る八重山の中世」『大航海』一四、一九九七。
(10) 『石垣島の遺跡』沖縄県教育委員会、一九七九。
(11) 『竹富町・与那国町の遺跡』沖縄県教育委員会、一九八〇。
(12) 『住屋遺跡(俗称・尻間)発掘調査報告』平良市教育委員会、一九八三。
(13) 『住屋遺跡』平良市教育委員会、一九九二。
(14) 『ぐすく　グスク分布調査2　宮古諸島』沖縄県教育委員会、一九九〇。
(15) 『ぐすく　グスク分布調査3　八重山諸島』沖縄県教育委員会、一九九四。
(16) 『沖縄県史料　首里王府仕置2』沖縄県教育委員会、一九八九。
(17) 住谷一彦・クライナー・ヨゼフ『南西諸島の神観念』一九七七、未来社。
(18) 赤嶺政信『八重山諸島の建築儀礼―中柱信仰とユイピトゥガナシをめぐって』沖縄文化第二七巻二号、一九九二。
(19) 『後兼久原遺跡展』北谷町教育委員会、一九九七。
(20) 『今帰仁城跡発掘調査報告一』今帰仁村教育委員会、一九八三。
(21) 『勝連城跡環境整備事業報告書一』勝連町教育委員会、一九八六。

コメント　建物基礎と上部構造
——建築技術論の立場から——

渡邉　晶

掘立柱建物の特徴を考えるにあたり、建築の基礎構造と上部構造の関係をあきらかにする必要があるだろう。本稿では、基礎構造と上部構造にはそれぞれどのような種類があるのか、それらはどう相互関連しているのか、その中で掘立基礎の建築は、上部構造の部材がどういう接合法で組み合わされているのか、各部材の加工に必要な道具は何か、建て方の方法はどうであったのか、等々について考察していきたい。

一、木の建築をつくる技術と道具

木の建築を構成する要素

建築は住まいとして用いられるもののほかに、宗教や政治などの特別な目的に用いられるものがある。また、建築群としてひとつのまとまりを形成する場合、中心的な機能をもつものと付属的な機能をもつものに分かれることもある。

このような建築の機能と関連して、地盤に対して床面がどの位置にあるのか（レベル）によって、①平地形式［L1］、②竪穴形式［L2］、③高床形式［L3］などの種類がある。

また、建築の構造には、基礎構造（ベース）として①掘立構造［B1］、②土台建構造［B2］、③礎石建構造［B3］などがあり、上部構造（フレーム）として①斜材（ドーム状含む）だけの構造［F1］、②水平材だけの構造［F2］、垂直材と水平材による構造［F3］などがある。[1]

さらに、建築部材の接合法（ジョイント）には、①自然木・縛接合［J1］、②仕口・縛接合［J2］、③仕口・楔《くさび》接合［J3］、④仕口・木栓接合［J4］、⑤仕口・釘接合［J5］、⑥接合補助材なしの仕口接合［J6］などがある。

一方、木を材料とする建築の用材（ウッド）には、①広葉樹（主として硬木）［W1］、②針葉樹（主として軟木）［W2］などがあり、その用材を加工する道具（トゥール）には、①打製石器［T1］、②磨製石器［T2］、③金属器（日本では主として鉄器）［T3］などがある。[2]

基礎構造と上部構造

木の建築を構成する基礎構造と上部構造との関係について、多様な組み合わせが見られるユーラシア大陸の西、ヨーロッパの事例を取り上げてみたい。

図1は、ヨーロッパにおける「壁構法の相互関係」を説明した図である。(3) 石造やレンガ造など、非木造建築の壁も含めたヨーロッパの壁構法（一〇種類）が、循環システムをつくり、植生（材料需給）や居住環境（行政指導含む）などの要因によって、ある地域では徐々に循環し、別のある地域では数段とびに変化した、とされている。

この図を、木造建築の基礎構造と上部構造といった観点から捉えなおしてみると、掘立基礎には「編壁」と「柱・梁構造」が、土台建基礎には「軸組造」と「柱・厚板構造」が、それぞれ対応していることがわかる。(4) そして、この図には礎石の表現はないが、礎石建基礎には「柱・梁構造」が対応していると考えられる。

建築技術と道具の発達史

木を材料とする建築の歴史を、用材を加工する道具の発達史に着目して概観すると、大きく四つの時期に区分できるように思われる。

ⓐ　打製石器の時代における木の建築（第Ⅰ期）

木を加工する道具が、主として打製石器であった時代（この時代が人類史の九九％以上を占めている）の建築の多くは、住まうことを目的とした建築であったと考えられる。

最初の段階は枝などを利用して片流れの屋根をつくり、次の段階として両流れの屋根や円錐形のテント構造などに発展していったものと推定される。(5) これらの建築構造は、基礎が掘立構造［B1］、上部が斜材構造［F1］で、部材接合法は自然木（枝など）をツルなどで縛る方

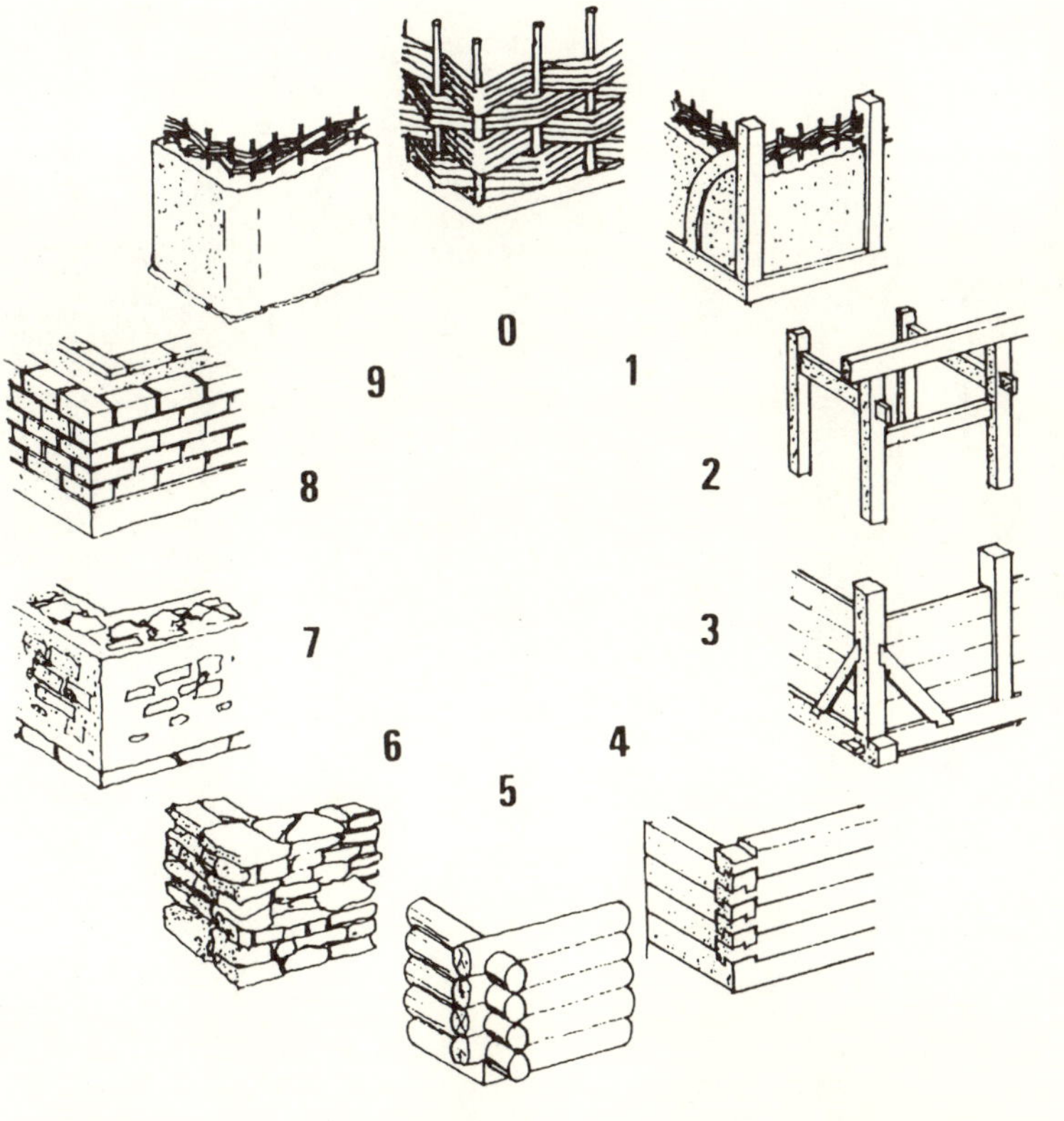

0．編壁　1．軸組造　2．柱・梁構造　3．柱・厚板構造　4．木壁組構造［強い校倉］
5．木壁組積造［弱い校倉］　6．石造［空積み］　7．石造［モルタル充填］
8．レンガ造　9．土壁造

図1　ヨーロッパの建築上部構造（註3より）

法［J1］であったであろう。一方、生活面は、平地形式［L1］から、空間を広くすることを主たる要因として竪穴形式［L2］へ移行していったと考えられる。[6] わが国では、約二万年前の住居址などが発見されている。[7]

ⓑ 磨製石器の時代における木の建築（第Ⅱ期）

木の建築をつくる道具として磨製石器を使用する時代になると、竪穴形式建築の上部構造の中に、垂直材（柱）と水平材（梁・桁）とを接合する構造［F3］が成立したと考えられる。[8] このような、しっかりとした上部構造をつくることができるようになると、生活面を竪穴形式［L2］から平地形式［L1］に移行させた建築が普及していったと推定される。[9] そして、この段階で屋根と生活面との間に、建築部位としての壁が成立したと考えられる。わが国では、約六〇〇〇年前の大型平地形式建築が推定復元された。[10]

上部構造を柱・梁・桁などで構成した竪穴形式と平地形式の建築部材接合法は、主として、枝分れ部分（股木）をツルなどで縛る方法［J1］であったろう。さらに、約四〇〇〇年前の出土部材によって、高床形式［L3］の建築が存在していたことがあきらかになっている。これらの部材接合部には、枘《ほぞ》や枘穴（太い柱材の床と推定される位置に貫通した穴もある）、相欠《あいがき》、渡腮《わたりあご》などの基本的な仕口が加工されていた。[11] わが国では、少なくとも約四〇〇〇年前に、従来、鉄器出現後と考えられていた高度な部材接合法［J2など］が、磨製石器によって実現されていたことになる。[12]

ⓒ 鉄器時代の打割製材段階における木の建築（第Ⅲ期）

今から約二〇〇〇年前（弥生時代）、わが国では木の建築をつくる道具の材質が石から鉄に移行し、作業効率が大きく向上した。

その後の数百年間（弥生・古墳時代）に、首長層などの上位階層が大型の平地形式［L1］や高床形式［L3］の建築を、住まいや宗教・政治などの機能に利用し、庶民階層が竪穴形式［L2］の建築を主として住まいなどに利用する、という建築利用における階層間の上下隔差が顕著となっていった。[13]

さらに六世紀末、寺院建築の様式と技術が大陸から伝来し、礎石建［B3］の基礎構造をもつ建築がつくられるようになる。それまでの掘立構造［B1］から礎石建構造［B3］への変化は、上部構造における部材接合の強化［J3・J4・J5・J6］と密接に関連して進行したと考えられる。[14]

ただ、この時期の製材法は、原木を、斧あるいは鑿と楔《くさび》とを用いて割裂させる、いわゆる打割《うちわり》製材であったため、製材段階での断面寸法の誤差が、そのまま部材接合部の誤差につながり、接合精度はそれほど高いものではなかったといえる。[15]

ⓓ　鉄器時代の挽割製材段階における木の建築（第Ⅳ期）

製材用の大型縦挽鋸（＝大鋸《おが》）が一三世紀後半頃から使われはじめ、一四世紀後半から一五世紀にかけて普及していった。この鋸を用いての挽割《ひきわり》製材によって建築部材断面の製材精度が飛躍的に向上し、接合部の精度や強度を高めることが可能となった。[16]

こうした建築上部構造における構造上の強化は、基礎構造において、掘立［B1］から礎石建［B3］への移行を促進し、木の建築の耐用年限を大きく向上させることに結びついていったであろう。[17]また、建築部材接合部の精度向上とともに、部材表面仕上げ切削の精度向上にも力が注がれ、一七世紀以降、わが国の木造建築は大型の「工芸品」と見なされるところまで、その精緻さが追求されていった。[18]

以上、第Ⅰ期から第Ⅳ期まで、木の建築に関する構造と技術の変遷を、**表1**にまとめてみた。[19]

二、基礎と上部の構造変化

木の建築の基礎構造と上部構造とが、相互にどのように関連しながら変化したのか、いくつかの地域の事例を概観してみたい。

ユーラシア大陸の西・ヨーロッパの事例

中央ヨーロッパ南部の南ドイツ・スイス・オーストリアあたりでは、新石器時代（紀元前四五〇〇～一八〇〇年）の股木仕口部材や枘差仕口部材が、初期青銅器時代（紀元前一八〇〇～一六〇〇年）の輪薙《わなぎ》仕口部材や鋏組《はさみぐみ》部材などが発見されている[20]（**図2**）。また、ローマ時代には、掘立柱を長枘水平材と木栓で固めた部材、土台の交点に柱の長枘を差し込んだ部材、相欠（または渡腮）で組んだ土台の交点に柱の長枘を差し込んだ部材なども発見されている[21]（**図3**）。ただ、このような中央ヨーロッパ南部の発達した建築技術が、五〇〇キロメートル北方の北西ヨーロッパに伝わったのは、それから一〇〇〇年～一五〇〇年後であったという。[22]

その北西ヨーロッパでは、三廊構成の住居の中央二列の柱上部を梁でつなぐ段階、中央の梁を長枘差とした上で両脇の列を差梁でむすぶ段階を経て、一三世紀頃、基礎構造が掘立から礎石建に変化していったと考えられている[23]（**図4**）。

ユーラシア大陸の東・中国の事例

約七〇〇〇年前の長江下流域の遺跡からは、掘立柱と水平材とを枘差で接合した高床形式と推定される建築部材が発見されている。[24]そして、そのような高度な建築技術の担い手であった民族の流れを継ぐと推定される人びとが、中国南西部に居住し、礎石建の長大な柱を貫に

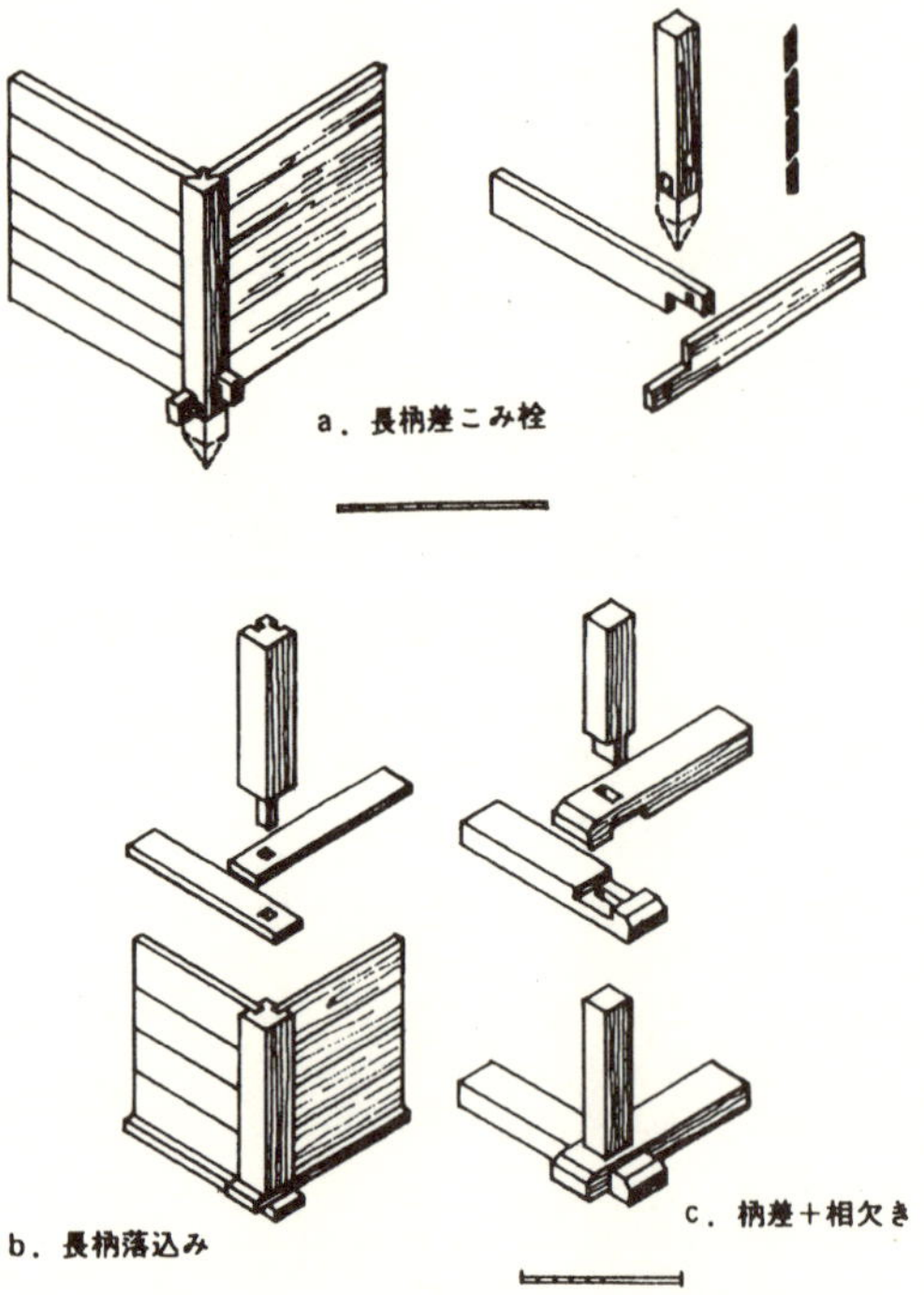

図３　ローマ時代の柱と土台の技術
（註20より）

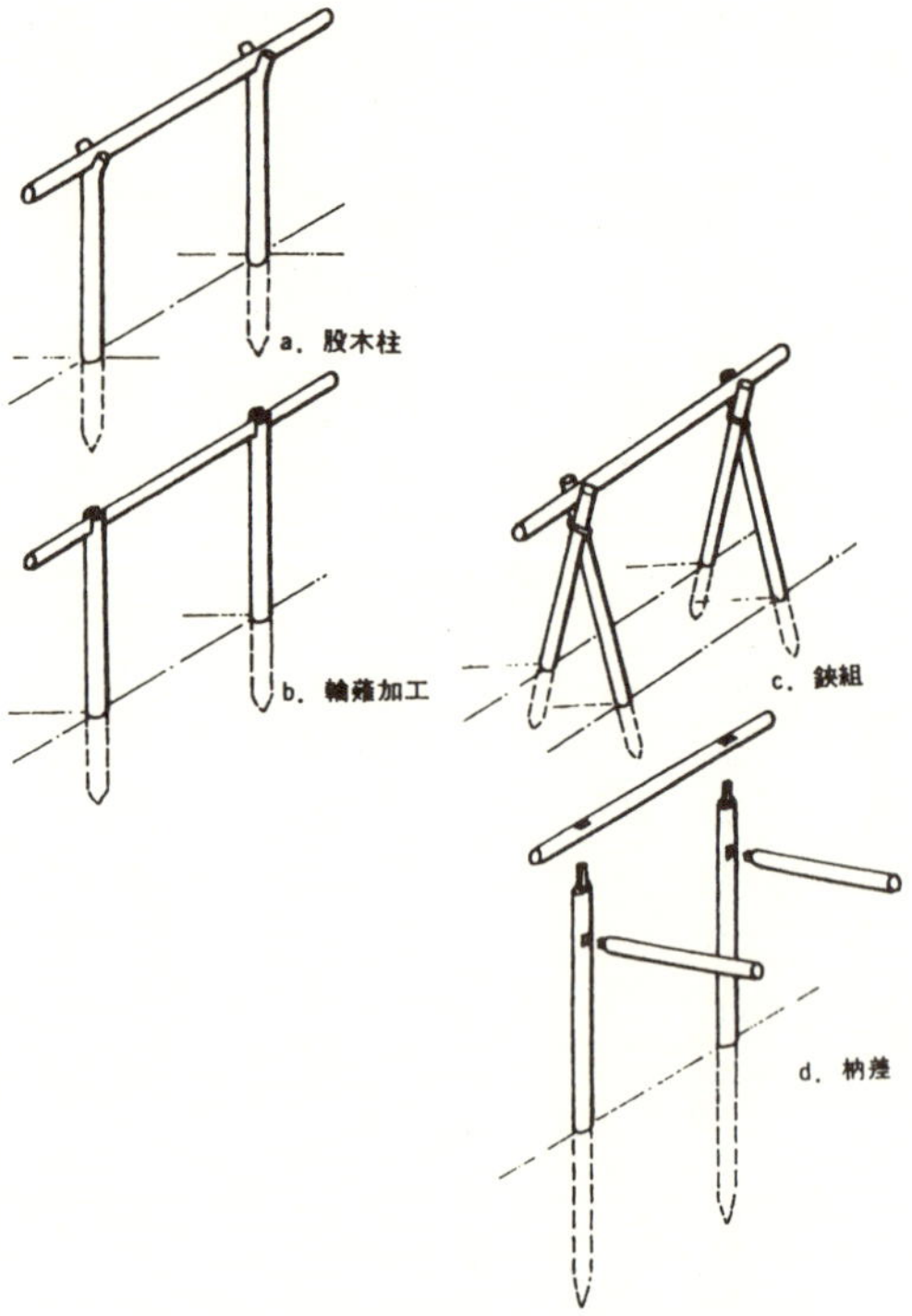

図２　ヨーロッパ先史時代の加工技術
（註20より）

表１　木造建築の構造と技術の変遷（註２より）

建築				第Ⅰ期	第Ⅱ期	第Ⅲ期	第Ⅳ期
生活面	平地		L1				
	竪穴		L2				
	高床		L3				
建築構造	基礎構造	掘立	B1				
		土台立	B2				
		礎石立	B3				
	上部構造	斜材だけ	F1				
		水平材だけ	F2				
		垂直材と水平材	F3				
建築生産技術	部材接合法	自然木・縛	J1				
		仕口・縛	J2				
		仕口・クサビ	J3				
		仕口・木栓	J4				
		仕口・釘	J5				
		仕口	J6				
	用材	広葉樹	W1				
		針葉樹	W2				
	道具	打製石器	T1				
		磨製石器	T2				
		鉄器	T3				

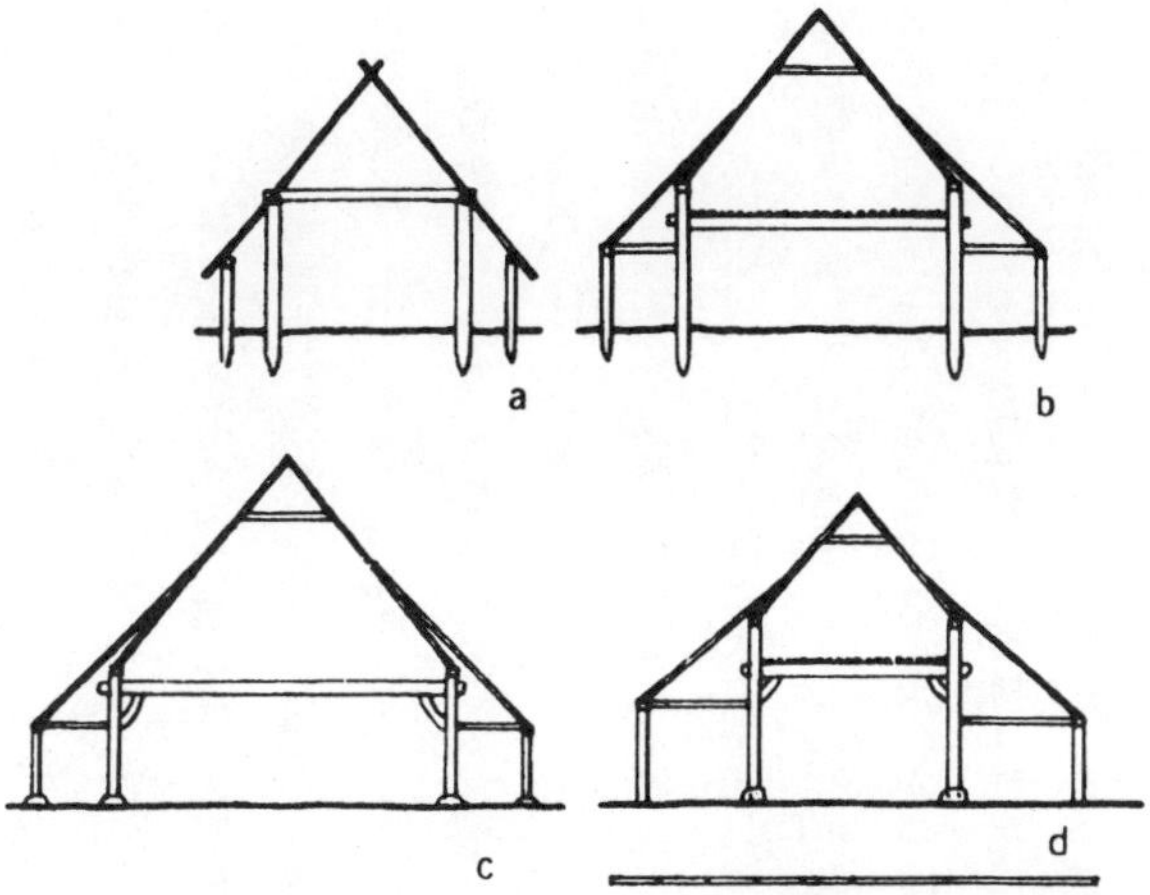

4　北西ヨーロッパにおける掘立から礎石建への移行（註20より）
a．ヴィルヘルムスハーフェン、ヘッセン、7／9c.
b．ヴィルヘルムスハーフェン、クルンメルルヴェーグ、11／12c.
c．ハルデスビュッテル、13／15 c .
d．ツィッフリッヒ、クレーヴェ

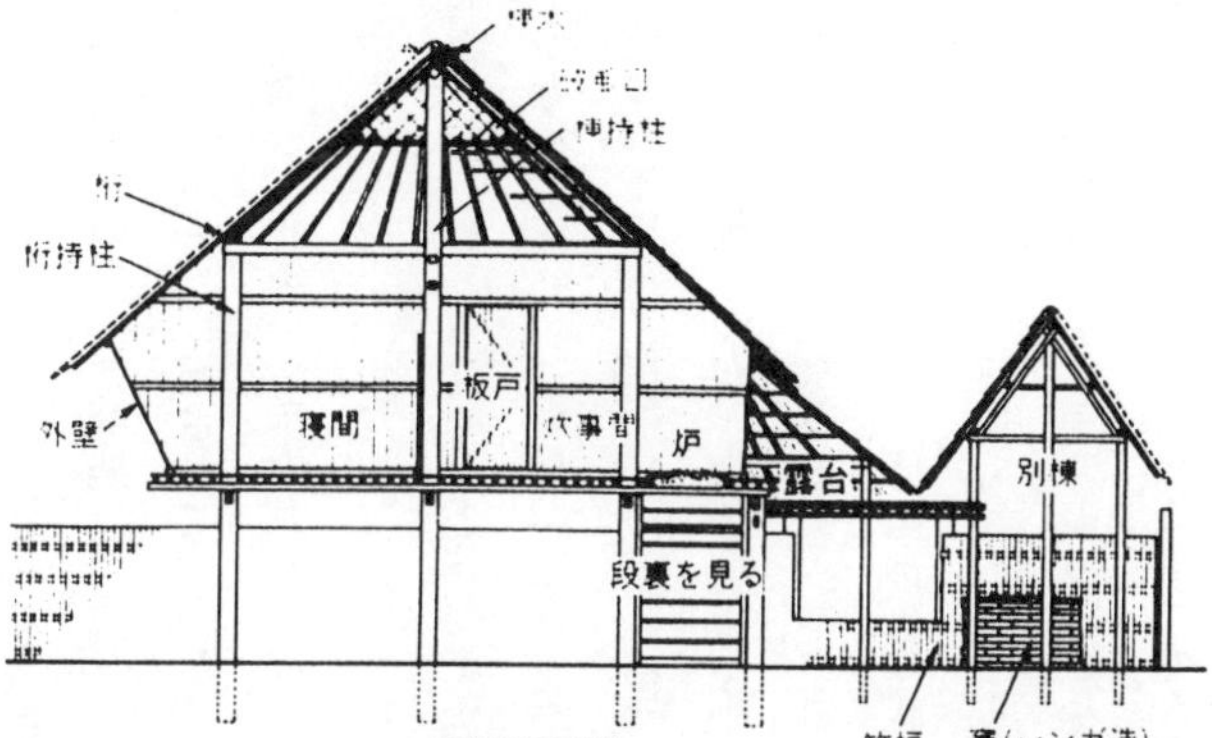

妻側断面図

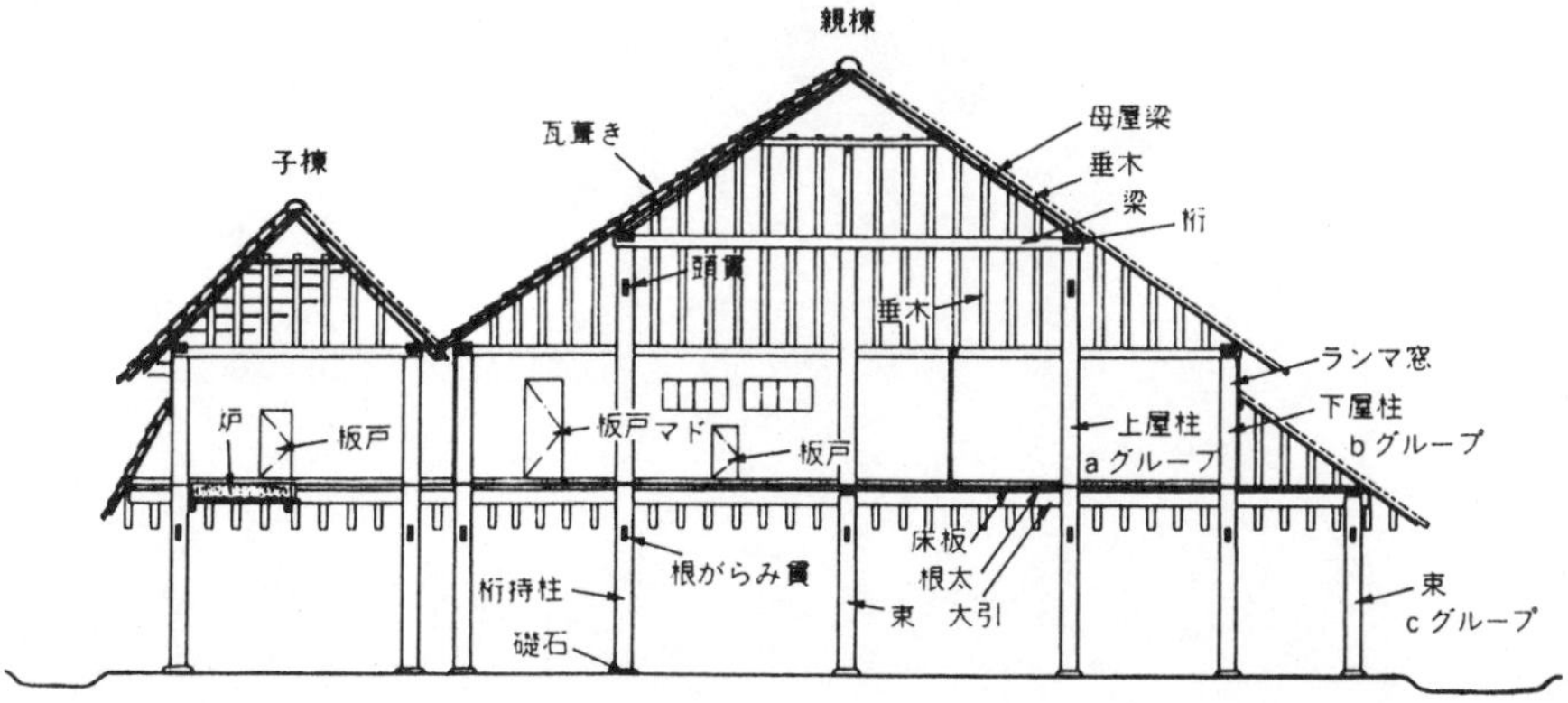

妻側断面図

0　1　2
1L　1H

図 5　南西中国における掘立から礎石建への移行（註26より）

よって固めた木造高層建築（トン族の鼓楼など・貴州省）を有する集落で生活している。[25] この中国南西部において、やはり高床形式の建築を住まいとする別の民族（ダイ族・雲南省）の場合、掘立基礎から礎石建基礎に移行したのは、中国解放（一九四九年）後であったという。[26]

　両者が混在している集落において、掘立・高床形式の建築の場合、柱には曲った形状の自然木を用い、棟木を直接支える棟持柱と梁・桁を支える側柱とから構成されている。床組は、桁行方向に大引《おおびき》を通し、この上に太目の竹根太を渡して直交させ、さらに竹根太《ねだ》を配した二重構造をとる。一方、礎石建・高床形式の建築の場合、柱をはじめとする主要部材に、製材された木が使われている。分棟型の主屋は、上屋と下屋によって構成され、棟通りの柱も梁下でとまっている。上屋柱は飛貫と床下の貫によって固められ、下屋柱にも床下の貫が通されている。床組は、製材された大引と根太で構成され、床面および壁面には板が張られて、窓もあけられる。屋根には製材された垂木を配し、瓦を葺いている。

　なお、この集落における屋根葺材の変遷は、草葺→板葺→瓦葺で、掘立・高床建築の屋根は草葺、礎石建・高床建築の屋根は板葺あるいは瓦葺であるらしい。また、掘立から礎石建に移行した場合の柱列は、いったん規則正しく碁盤目状となるが、その後、柱を抜く改造が加えられていくという。

ユーラシア大陸東端の島・日本の事例

前述したように、日本における礎石建は、六世紀末以降、寺院建築の基礎構造として伝来、普及し、宮殿などの中心建物にも採用されるようになった。その後、建築の機能（用途）に応じて、掘立基礎と礎石建基礎とが併用されていった。[27]

　掘立基礎の場合、構造力学上は固定端で、柱の上部をつながなくても自立できる構造である。しかし、屋根を含めた上部荷重を、柱の断面積だけで地盤に伝えることになり、建物の不同沈下などを起こす弱点がある。上部構造は、梁・桁などのわずかな水平材でつなげばよいが、上部荷重を小さくおさえておく必要上、屋根は草葺などであった。また、掘立の柱は、地中部分が腐りやすく、伊勢神宮の式年遷宮などに見られるように二〇年ぐらいで建て替える必要性があった。

　一方の礎石建基礎は、構造力学上は自由端で、柱上部をしっかりつながなければ倒れてしまう構造である。しかし、柱にかかる上部荷重は、礎石を介して地盤に伝えられるため、比較的大きな荷重にも耐えることができた。上部構造は、古代においては太い柱を長押などの水平材でつなぐ構造で、中世以降は比較的細い柱を何通りかの貫で固める構造に変化していった。屋根は瓦葺などの耐

久性のある葺材が用いられ、柱下部が腐朽しにくくなったこととあわせ、建築の耐久年限が飛躍的に向上した。(28)

三、基礎構造と建て方

ここで、掘立、土台建、礎石建の建て方に関し、世界のいくつかの事例を概観しておこう。

掘立の建て方

図6は、ユーラシア大陸の東南部、インドシナ半島（ラオ族・ラオス）における掘立の建て方の事例である。(29)垂直材である柱と梁間方向の水平材（梁や床組材など）とを地上で組んでおき、二台の三つ又の頭に渡した横木にロープをかけ、一スパンずつフレームを建て起こしていく。柱穴部分には、柱下部をコントロールする人間が配置され、また架台の反対側には、建て起こしの度合をコントロールするロープが仮設の独立柱に巻かれ、それを調整する人間が配置されている。

土台建の建て方

図7は、ユーラシア大陸の西北部、スカンジナビア半

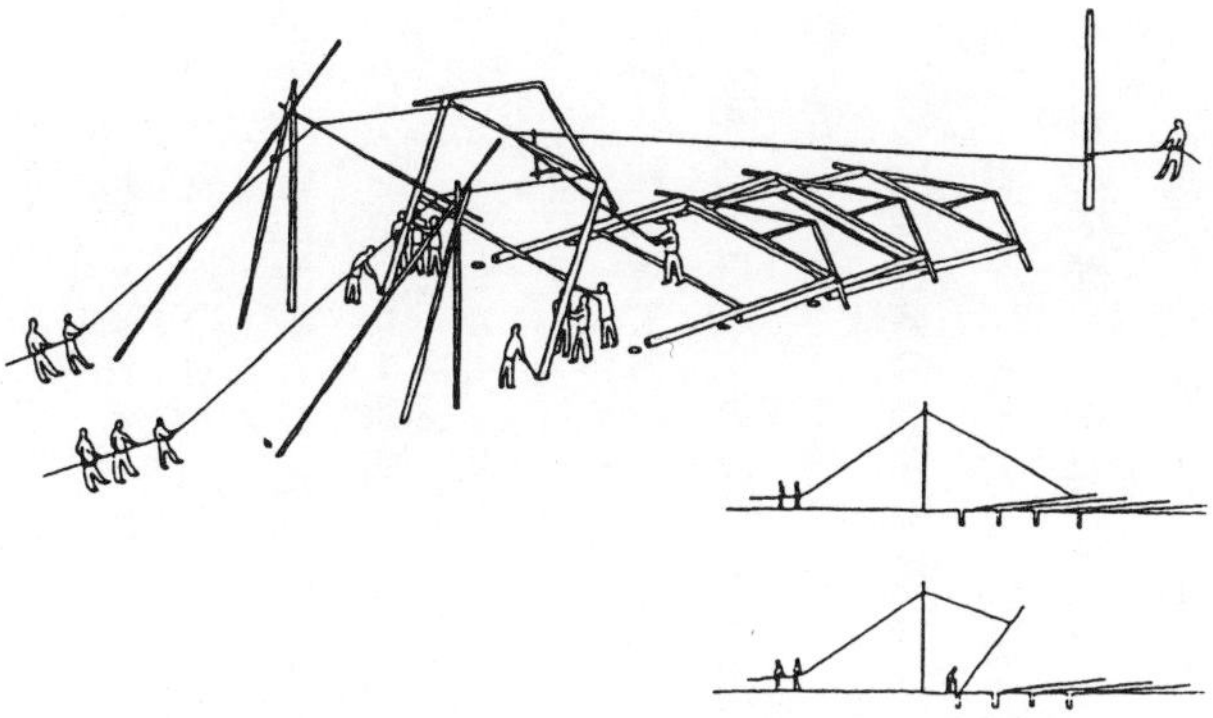

図6　インドシナ半島における掘立の建て方（註29より）ラオ族、ヴィエンチャン〈シャルパンティ&クレマン「ラオ族の二つの構造システム」より〉

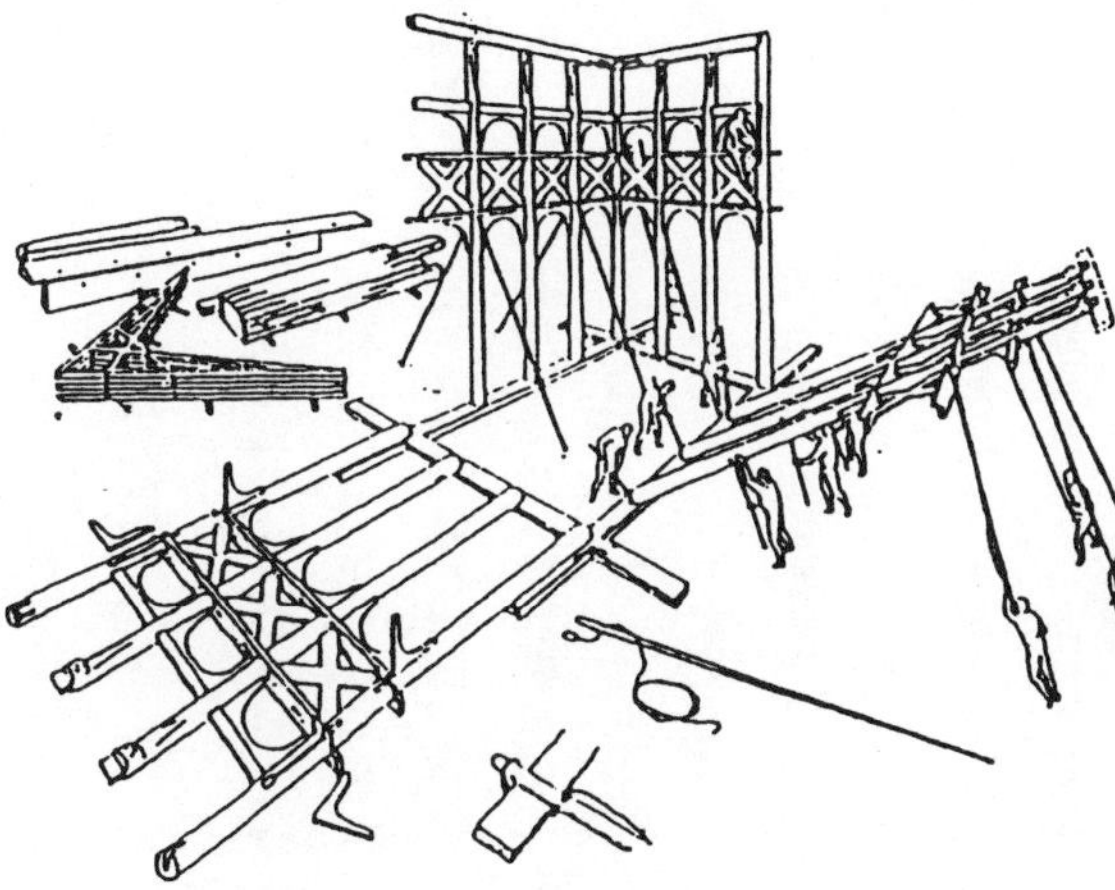

図7　スカンジナビア半島における土台建の建て方（註29より）〈C. アーレンス「北欧の初期木造教会」より〉

図8　日本における礎石建の建て方（註31を筆者描きおこし）

島（ノルウェー）における土台建の建て方の事例である。(30)

垂直材である柱と、梁間・桁行いずれの方向の水平材も、あらかじめ地上で組んでおき、四方から順次建て起こす。各柱位置には、柱下部の枘と土台上面の枘穴との接合をコントロールする人間が配置されている。この建て起こしの技法が、数百年後のハーフチンバーの建築にも応用されていったという。

礎石建の建て方

図8は、日本中世（一五世紀前半）における礎石建の建て方の事例である。(31)

この絵画資料の画面中央では、二名の工人が土工具を用いて礎石を据えている。その右では、二名の工人が柱をかかえて礎石上に仮置きし、その下方の工人が墨壺《すみつぼ》と口引《くちひき》（推定）を用いて柱下部に石口を墨付けしている。画面上方では柱下部を礎石の凹凸（石口墨付け）にあわせて鑿《のみ》によって加工し、画面下方では柱上部の頭貫《かしらぬき》仕口を鑿によって加工している。そして、画面左では三名の工人が柱を礎石に据え付け、柱上部では一名の工人が木槌を用いて頭貫を接合させている。頭貫の下方、飛貫《ひぬき》（あるいは内法貫《うちのりぬき》）は、すでに貫穴に通されている。このように、柱を幾通りもの貫で固める構造の場合、水平・垂直方向と平面上の直角（大矩《おおがね》）を、精度高く正確に定めておくことが不可欠である。(32)

四、掘立基礎の建築と庶民階層

前述したように、日本では約二〇〇〇年前からはじまった鉄器時代以降、建築利用における階層間の隔差が顕著となっていったと考えられる。木の建築をつくるために使用する道具の発達史においても、そうした事例を見ることができる。

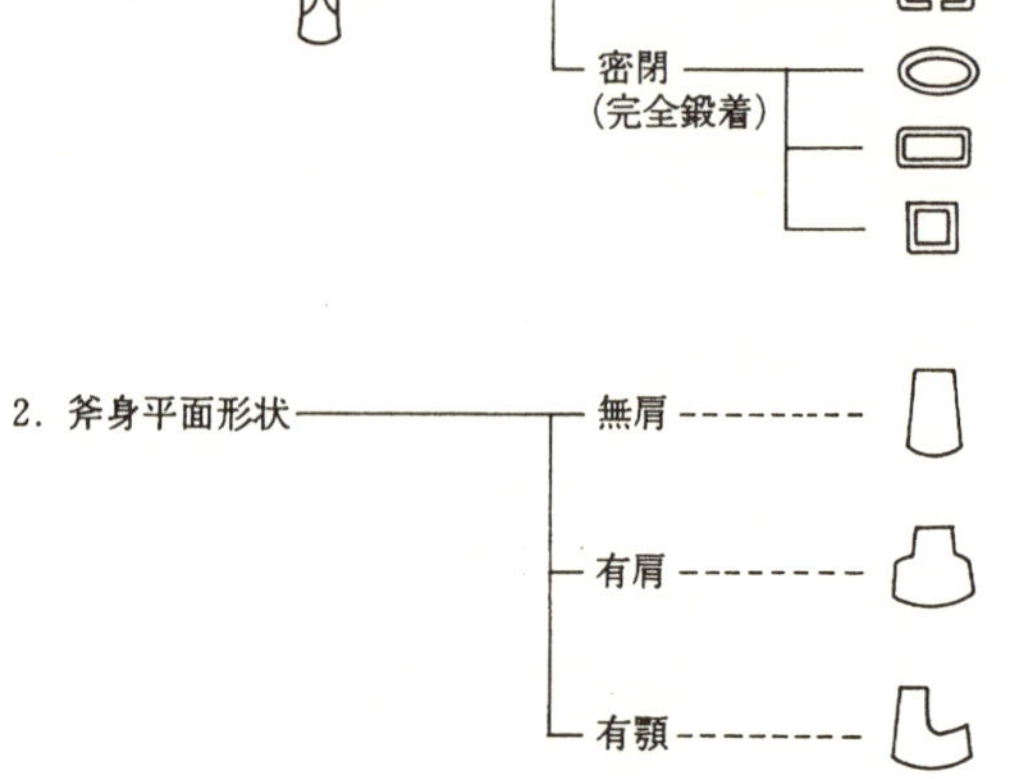

図9　鉄製斧の基本構造（註33より）

道具発達史における多重構造

木の建築をつくる主要な道具のうち、鉄製斧の斧身の形状・構造（柄装着部）に着目して、その変遷を概観してみたい(33)（**図9**）。

鉄製斧身と木製斧柄との装着形式は、「茎《なかご》式（広義）」「孔式」「袋式」に大別することができる。「茎式（広義）」は弥生・古墳時代に、「孔式」は古墳時代と中世以降に、そして「袋式」は弥生時代から近・現代まで、それぞれ見られる。

「茎式（広義）」は、石斧の装着形式の流れを継承したものと見ることができ、この形式は古墳時代に終焉を迎えたと考えられる。「孔式」は、古代の数百年間が空白となっており、この形式の受容（上位階層におけるごく限られた集団が所有）から日本各地の専門工人集団への普及まで、長い歳月を必要としたという見方もできる。そして「袋式」は、いずれの時代にも見ることができるが、袋部が完全鍛着された例は、「孔式」と同様に古墳時代と中世以降に確認でき、古代の数百年間が空白となっている。

これらの例から、木の建築をつくる道具は、単線的に発達するものではなく、時間的な断絶や階層による隔差など、複線的・多重的な発達過程があったと推定される。

古代庶民住居址と道具編成

関東における「国分期」の集落址から、建築用としても使われた可能性のある道具が出土している。[34]「鳶尾遺跡」（神奈川県）では、竪穴住居址が一六三軒・非竪穴住居址が一一六軒、「村上込の内遺跡」（千葉県）では竪穴住居址が一五五軒・非竪穴住居址が二四軒、それぞれ確認されている。いずれの遺跡においても、鉄製品の多くは竪穴住居址から出土しているという。

鉄製品の中で、建築用としても使われた可能性のある主要道具（斧・鋸・鑿と槌・カンナ）の出土状況を**表2**に整理してみた。いずれの遺跡においても、斧と鑿が出土し、鋸とカンナは発見されていない。[35] 建築工事と関連させて考えると、荒仕事用の道具が出土し、精巧な仕事に使用する道具が発見されていないことになる。

庶民階層が居住する集落においては、鉄斧と鉄鑿という、弥生時代の建築用道具編成が、少なくとも古代後半まで続いていた可能性がある。

近世村落に居住する建築大工

近世の幕藩体制下においては、都市に職人を集住させ、農村での「商」「工」の活動に制限を設けていた。[36]近世の農村においては、ひとつの村落あたり、建築大工は数人であったと考えられる。たとえば、相模国半原村では三四四軒中四軒（一七二八年）、武蔵国沢井村では一四三軒中一軒（一七四三年）、上野国小沢村では一五〇軒中二軒（一七六一年）、武蔵国麦倉村では三九七軒中二軒（一七六四年）、上野国三ノ倉村では一七九軒中二軒（一七八〇年）、そして武蔵国八幡塚村では一六一軒中四軒（一八〇二年）という数字が史料に残されている。[37]

五、むすび

日本近世の文献資料（一九世紀前半）に、「掘立家」の上部構造として「又ある木」「丸木の桁」「柱の貫穴」はなく「貫は細木」「縄にて結」の記述が見られる。[38] これが「四、五十年以前」の状況であったとのことであるが、その頃の絵画資料（一八世紀中頃）に、そうした上部構造を推定できる場面が描かれている(39)（**図10**）。この資料に描かれた建築は、祭礼時に仮設的に組み立てる土台建の基礎構造となっている。しかし、上部構造の柱には貫穴がなく、水平材の接合部は「縄にて結」程度の粗略な形状のように見える。これらの資料より、基礎構造が掘立の建築の場合、その上部構造は柱に貫を通さず、部材相互を粗い仕口で接合していたと考えられる。

基礎構造が土台建の建築の場合、ヨーロッパの事例に見られるように、その上部構造は部材相互を枘差とし、木栓で緊結させていたと考えられる(40)。

一方、基礎構造が礎石建の建築の場合、日本を含めてアジアの事例に多く見られるように、その上部構造は柱に貫を通して固め、部材相互を精巧な仕口で接合していたと考えられる。

以上の基礎構造と上部構造との相互関係から、掘立構造の建築は村落ごとの「結」などの組織によって多人数で一気につくられ、土台建構造や礎石建構造の建築は専門工人集団によって時間をかけてつくられた、と推定される。

そこで用いられた技術や道具は、掘立構造の建築では楔《くさび》による打割製材の部材を斧や鑿によって荒く加工し、土台建構造や礎石建構造の建築では鋸による挽割製材の

表2　日本古代の庶民住居址出土の道具
［土井　一九八一］：註34文献を筆者改変

	斧	鋸	鑿	槌	錐	カンナ	刀子
蔦尾遺跡	2	0	2	1	1	0	53
村上込の内遺跡	4	0	1	0	0	0	45

図10　「丸木」を「縄にて結」ぶ掘立建築の上部構造のイメージ（註39より）

部材を斧・鋸・鑿・鉋などで精巧に加工していたと考えられる。

「掘立柱建築はいつまで残ったか」というテーマは、道具発達史の観点から「打割製材法はいつまで残ったか」というテーマと密接に関連しているということができる。

〈付記〉

本稿で取り上げた建築における基礎構造と上部構造との相互関係の事例はごくわずかであり、今後、地域的にも時代的にも、より多くの事例を調査していく必要がある。

とくに、日本における土台建構造の建築や水平材の積み重ねで上部構造を構成する建築などに関して、実物（建築部材）・絵画・文献などの諸資料を詳細に調査することが、基礎構造と上部構造との相互関連の全体像をあきらかにしていく上で、不可欠の課題と考えている。

註

（1） 建築を構成する部位は、基礎・軸部・屋根に大別できる。したがって、上部構造という表現には軸部と屋根が含まれることになるが、本稿では主として軸部を表現する用語として使用している。

（2） 拙稿「木の建築をつくる技術と道具の歴史―石器時代から鉄器時代へ―」『ヒトと手道具』竹中大工道具館、一九九九。

（3） 太田邦夫『ヨーロッパの木造建築』講談社、一九八五。

（4） 「木壁組積造」も、最下部の部材は土台に相当していることから、この上部構造も広義の土台建に含めておきたい。また、土台を直接地盤面に置く場合と石を据えた上に置く場合とがあるが、後者の石は「礎石建」とは区別して考えたい。ただ、発掘調査においては、前者の土台建の痕跡を発見することは不可能に近く、後者の場合も土台建であるか礎石建であるか、判別が困難な場合も多いと思われる。

（5） 浅川滋男編『先史日本の住居とその周辺』同成社、一九九八。

（6） 前掲註（5）。

（7） 佐原眞『日本人の誕生／体系日本の歴史Ⅰ』小学館、一九八七。

（8） 前掲註（5）。

（9） 前掲註（5）。

（10） 太田邦夫「根古谷台遺跡の復元」『建築雑誌・一一三巻・一四二六号』日本建築学会、一九九八。

（11） a宮本長二郎『日本原始古代の住居建築』中央公論美術出版、一九九六。
b小矢部市教育委員会編『桜町遺跡・おやべ展』小矢部市・小矢部市観光協会、一九九八。
c宮本長二郎「祭殿建築などにみる高度な建築技術の達成」『縄文学の世界』朝日新聞社、一九九九。
d浅川滋男「竪穴住居と高床式建物」『古代住居・寺社・城郭を探る／文化財を探る科学の眼⑥』国土社、一九九九。

（12） 拙稿「建築部材加工技術と道具―石器の性能―」『建築雑

誌・一一三巻・一四二六号』日本建築学会、一九九八。
(13) 前掲註(5)。
(14) 拙稿「大工道具」『復原　技術と暮らしの日本史』新人物往来社、一九九八。
(15) a拙稿「古代中世の建築用主要道具について」『竹中大工道具館研究紀要・第一一号』竹中大工道具館、一九九九。
b拙稿「木の建築をつくる技術と道具の歴史―建築工程別主要道具の発達史―」『古代住居・寺社・城郭を探る／文化財を探る科学の眼⑥』国土社、一九九九。
(16) 前掲註(15)拙稿b。
(17) 山田幸一『日本建築の構成』彰国社、一九八六。
(18) 村松貞次郎『道具と手仕事』岩波書店、一九九七。
(19) 「表1」において、竪穴形式や掘立基礎の変遷については、前掲註(5)のほか、前掲註(11)の宮本a単行本およびc論文、さらに、宮本長二郎「住まい」(『復原　技術と暮らしの日本史』新人物往来社、一九九八)などを参考とした。また、土台建の基礎構造と水平材だけの上部構造の変遷については、資料不足のため記入していない。ただし、前掲註(17)の山田単行本では、一二世紀後半の絵画資料に「高床形式でない校倉のおそらく唯一の例」の描写がある、との指摘がなされている。
(20) 太田邦夫『東ヨーロッパの木造建築』相模書房、一九八八。
(21) 前掲註(20)。
(22) その主たる要因として、針葉樹を斧などで加工して水平に積んでいく「木壁組積造」の伝統が根強く残っていたことが推定されている。前掲註(20)。
(23) 前掲註(20)。
(24) 浅川滋男『住まいの民族建築学』建築資料研究社、一九九四。
(25) 前掲註(24)。
(26) 若林弘子『高床式建物の源流』弘文堂、一九八六。
(27) 前掲註(17)。
(28) たとえば、法隆寺金堂・五重塔などは、約三〇〇年ごとの解体修理と、その間の小修理を続けてきたことにより、一三〇〇年以上生き続けている。
(29) 太田邦夫「建て起しの方向と空間の軸」『エスノ・アーキテクチュア序説／群居』群居刊行委員会、一九八七。
(30) 前掲註(29)。
(31) 『誉田宗廟縁起』(一四三三年・誉田八幡宮所蔵)。参照したのは、『日本絵巻物大成・全二六巻・別巻一』中央公論社、一九七七〜七九。
(32) 大型建築の場合は、足場を組み、ロクロなども使って各部材の組み立てをおこなった。『法然上人絵伝』(一三世紀後半・知恩院所蔵)などにその描写がある(『続・日本絵巻物大成・全二〇巻』中央公論社、一九八一〜八三)。拙稿「建築工事とはかる道具しるす道具」(『はかるしるす―日本・中国・ヨーロッパの墨掛道具―』竹中大工道具館、一九九八)参照。
(33) 拙稿「近世の建築用の斧について」『竹中大工道具館研究紀要・第一〇号』竹中大工道具館、一九九八。
(34) 土井義夫「鉄製農工具研究ノート・古代の竪穴式住居址出土資料を中心に」『どるめん』一九八一。
(35) 鋸やヤリカンナは、斧や鑿と比較すると、銹化によって消滅しやすい鉄製品である。しかし「表2」にあるように、万能工具としての刀子は多数出土しており、銹化消滅が主要因とは考えにくい。

(36)『経済問答秘録』(一八四〇年)には、三〇〇から四〇〇戸以内の村落での「商」「工」活動禁止、それ以上の戸数の村落では許可制、といった記述がある。遠藤元男『日本職人史の研究・Ⅰ～Ⅵ』(雄山閣、一九八五)参照。

(37) 前掲註(36)遠藤論文。

(38)『秋山記行』(一八二九)。『新編信濃史料叢書』第二四巻(信濃史料刊行会、一九七九)所収。

(39)『春日若宮御祭礼略記』(一七四二年、竹中大工道具館所蔵)。

(40) 近世日本の農村住居などでは、ウマヤ廻りを部分的に土台建とすることが多く見られる。ここに用いられる木材の材種は、土台のクリ材をはじめ、柱や胴差などにも広葉樹の硬材が多く、それらを木栓(ハナ栓やコミ栓)で緊結している。また、近世日本の住居建築では、礎石建の柱下部が腐朽した場合、その時代の修理の方法として、根継ぎではなく土台を入れることも比較的多く見られる。いずれにしても、日本における土台建構造の建築に関しては、現存する歴史的建築物の改造過程も含めた資料調査が必要と考えられる。

コメント　島嶼からみた掘立柱建物
——日本の離島とミクロネシア——

浅川滋男

南西諸島の住居・集落に関する小野正敏氏の報告と対比させるため、八丈島を中心とする日本の離島とその南方にひろがる南太平洋ミクロネシアの諸建築をとりあげ、掘立柱から礎石建への変遷について考察してみよう。

一、八丈島の住居とオクラ

八丈島の二間取り

日本海沿岸に散在する離島の住居を調べてみると、その大方は対岸の「本土」地域に卓越する広間型三間取りや四間取りの民家と同系統の平面が主流を占めるが、下層農家の住居として二間取りの形式が存在した痕跡をかすかに確認できる。大佐渡、隠岐、五島列島の宇久島などに、近年までわずかながらその遺構が残存し、古文書からもその平面を復原できる。[1] 一方、太平洋側では、伊豆諸島の八丈島に二間取りの民家が卓越する（**図1**）。八丈島の二間取り住居には土間がなく、玄関とよびうる領域が存在しない。土庇の下に設けられたエンノ（縁）全体が入口であり、日常的にはソトノマ側、冠婚葬祭においてはウチノマ側のエンノから出入りする。これに類似する平面は、八重山など南西諸島の一部にしか分布しないという。以下、八丈島の二間取り住居の形成過程について考察してみたい。

石原憲治らの研究によると、[2] 八丈島民家の主屋は、一間取り（A型）、二間取り（B型）、三間取り（C型）、整形四間取り（D1型）、喰違四間取り（D2型）、五間取り以上（E型）などのタイプに分けられる（**図2**）。もっとも原初的な平面は一室のみからなるA型で、安政二年（一八五五）に一応の完成をみた近藤富蔵の『八丈実記』[3]には、巻一八に「又八坪七分五厘、又七坪半ハ隠宅或ハ名目ナキ者ノ家ナリ」とみえ、隠居や下層農民の住居とされる。ソトノマとウチノマからなる二間取りは、八丈島ではもっとも普遍的な住居主屋の平面である。同じく巻一八には、「家作三十一坪半宅一軒アリ、二十二坪半ヲ上ノ宅トシ、十二坪ノ宅ヲ通例農家一同トス」ともみえ、十二坪が「通例農家」の建坪であった。しかも「嶋ニテハ二十八畳四ヒラエン、十二畳四ヒラ椽《ママ》ト、本宅ヲ何畳

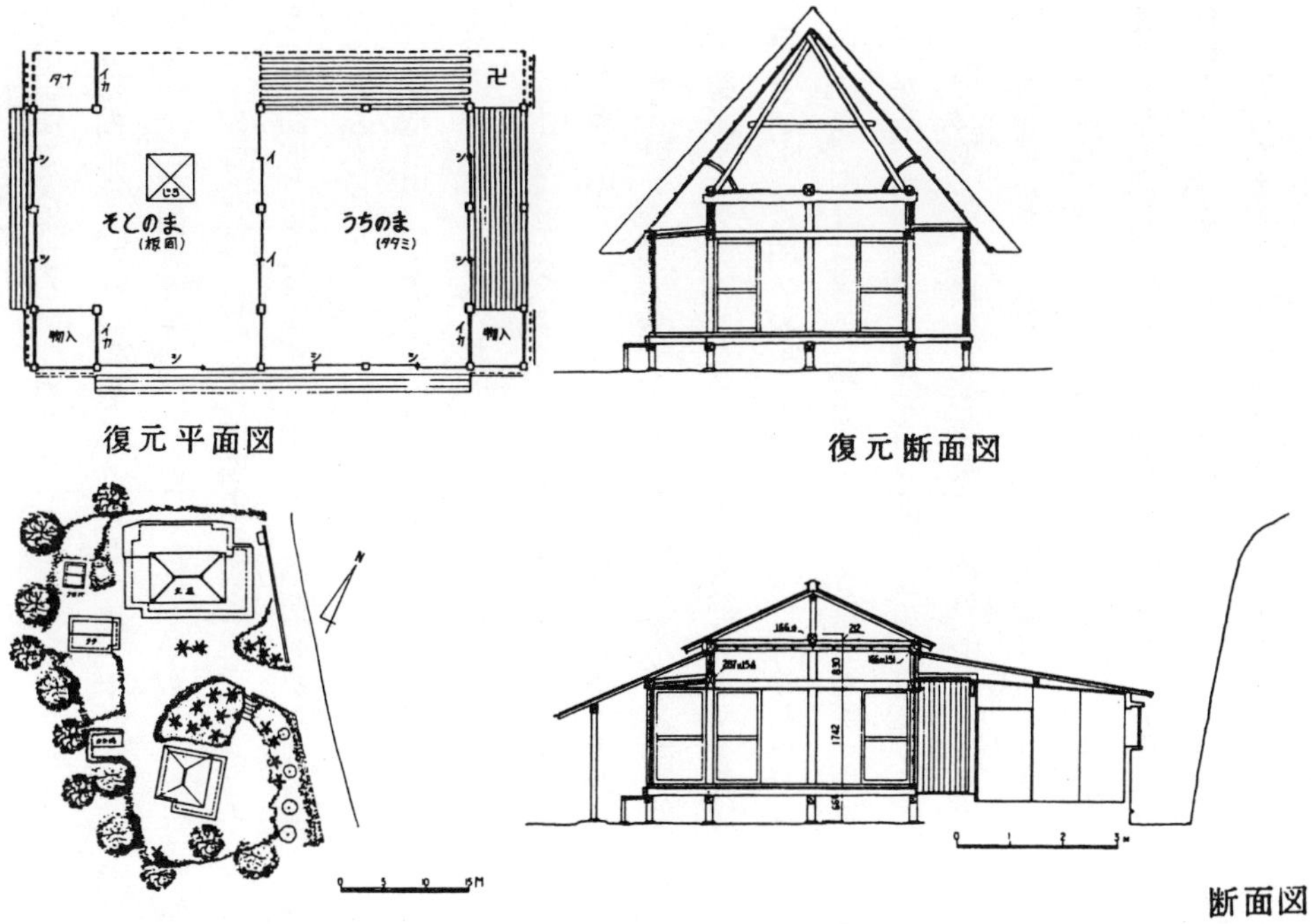

図1　八丈島の二間取り民家（末吉地区沖山家、註８より）

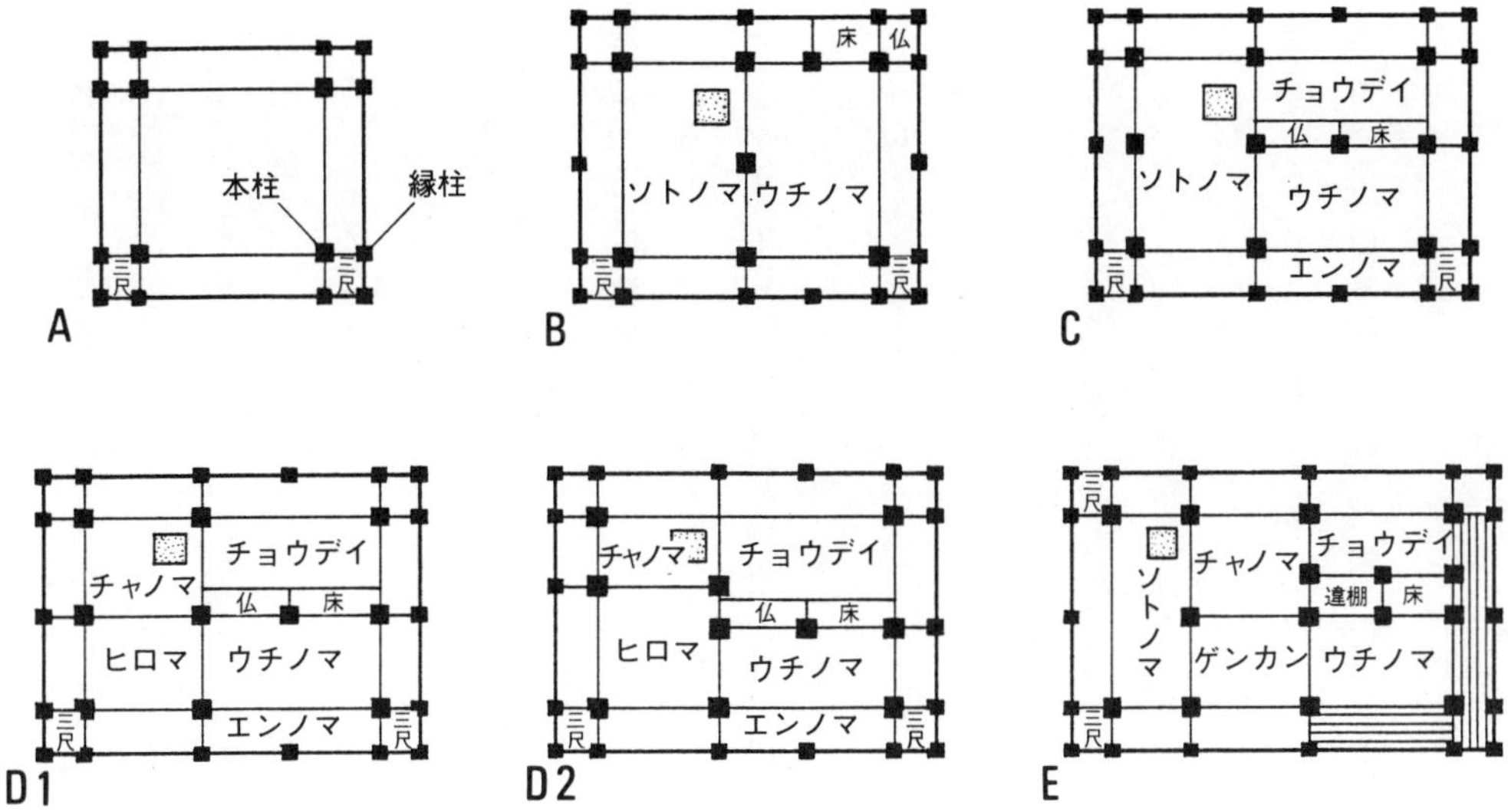

図2　八丈島民家主屋の平面分類（註２ａより）

トイ、テ周辺ノ畳椽《ママ》ヲハ数ニ入レズ」とあって、畳数が主屋規模を表現する単位とされ、この場合、エンノマの畳数は勘定に入れないという。したがって、十二坪の上屋は「十二畳四ヒラエン」と表現したはずであり、十二畳の上屋ならば、たしかに二間取りが主流であったろう。三間取り以上のタイプは、この二間取りからの展開型とみられる。

二間取りの住居主屋は、ソトノマ、ウチノマ、エンノマ、エンノから構成される。ソトノマはシモノマともいう。いわゆる広間であり、ふだんはエンノ（土庇の下に設けた縁）からソトノマに入る。板張りの床には、昔はマグサ（和名ハチジョウススキ）で編んだ藁座を敷いた。この藁座をマグサイドという。その中央に、カマドを切る。カマドとは囲炉裏のことであり、古くはこれをジロといった。炉縁はジロブチである。ジロは「地炉」であろうから、かつては土座住まいであったのだろう。ちなみに、ソトノマは機織りと養蚕のための部屋でもあった。養蚕にあたっては、この部屋の畳をあげて、ソコジロとよばれる深いジロに火を入れたという。この生活習慣からも、ソトノマがかつて土間であったことがうかがわれる。

ウチノマはオクノマともいう。納戸と座敷が複合化したような部屋で、畳を敷き棹縁天井を張る。床の間や仏壇・神棚もある。ふだんは主人夫婦と子供の寝室として使用され、来客の寝室ともなる。そのとき家人はソトノマで寝る。冠婚葬祭に使用される部屋でもあり、祝儀の時は外から向かって左側の障子より入り、葬儀のときは右の障子より棺をだす。上客はウチノマのエンノ（縁）から出入りする。ウチノマとソトノマのまわりにエンノマという幅三尺の下屋をめぐらし、それを室内にとりこむ。このため、四隅に三尺間ができ、物置や仏壇とされる。

『八丈実記』にみる住居変化

右の住居にみるような、家屋の四隅に四本の柱がたつ建て方をホンダテ（本建）という。基礎は石場建（礎石建）として、土台をまわさない。礎石はジバイシとよぶ。床は二尺以上の高さがあり、大引根太構造とする。大引はシタモノといい、製材しない半割丸太を用いる。上屋の側柱はホンバシラ（五寸角）、エンノマの柱はエンバシラ（四寸角）、二間取り以上の規模で中央にたつ柱はナカバシラという。柱には椎を使う。柱は桁で緊結されるが、内法《うちのり》位置でサシモノ（差鴨居）をわたし軸部を固める。壁は土壁を一切用いず、すべて板壁とする。石場建と板壁はいずれも白蟻対策であるという。

ホンダテはテラダテ（寺建）ともいって、寺院建築の技術に由来する。八丈島では、文化一四年（一八一七）の長楽寺本堂再建を契機にして流人工匠の活躍があり、ようやく規矩術がとりいれられた。『八丈実記』巻二四によると、長楽寺本堂の再建に腕をふるったのは、粂次郎、銀次郎らの木匠《ダイク》であった。

「雑貨工匠《シヨショクニン》」の条は以下のように始まる。

古シエハ、股木ヲ柱ト為シ、茅ヲ以テ家壁トシ、土間ニ小篠ヲシキテ居宅トセリ。正徳年中イマダ工匠ナシト見エテ宗福寺本堂ノ建立ニハ大嶋ヨリ大工ヲ招テコレヲ営メリ、コレモナヲ小屋組ヲシラス。長楽寺本堂建立惣鎮守再興ノ時ニハ漸ヤク諸職人謫居ストミエタリ。向里之神社ハ享保ノ頃ニヤ惣桑木ニテ造レリ、惜哉文政元年再興シテ大社トハナレモ雑木ナリ。

こうしたテラダテの技術に影響された本格的な住居の代表が、末吉地区宮ケ路の長戸路《ながとろ》家住宅であろう。長戸路家は北条早雲の代官として島に着任した旧家であり、安政六年（一八五九）以降にオクラ、文久二年（一八六二）に主屋を新築した。住居主屋は居室部が三列以上になるE型、オクラも十二脚倉で、いずれも島では最高級の格式を示す。この工事をうけもった木匠が石山留五郎である。「雑貨工匠」の条によると、留五郎は弘化二年（一八四五）に流刑となり、「八丈始而ノ棟梁、規矩ニクハシク業モスグレタリ。嶋人オ、ク弟子」となって、その弟子たちの技術は著しく上達したという。幕末に至り、ようやくテラダテの技術が島の大工に浸透していったのである。

ヤカタの構造

テラダテ以前の住居は、「股木ヲ柱ト為シ、茅ヲ以テ家壁トシ、土間ニ小篠ヲ」敷く素朴な小屋であった。これと関連して、巻一八・家居では、「大家ハボウヤ、ボウ

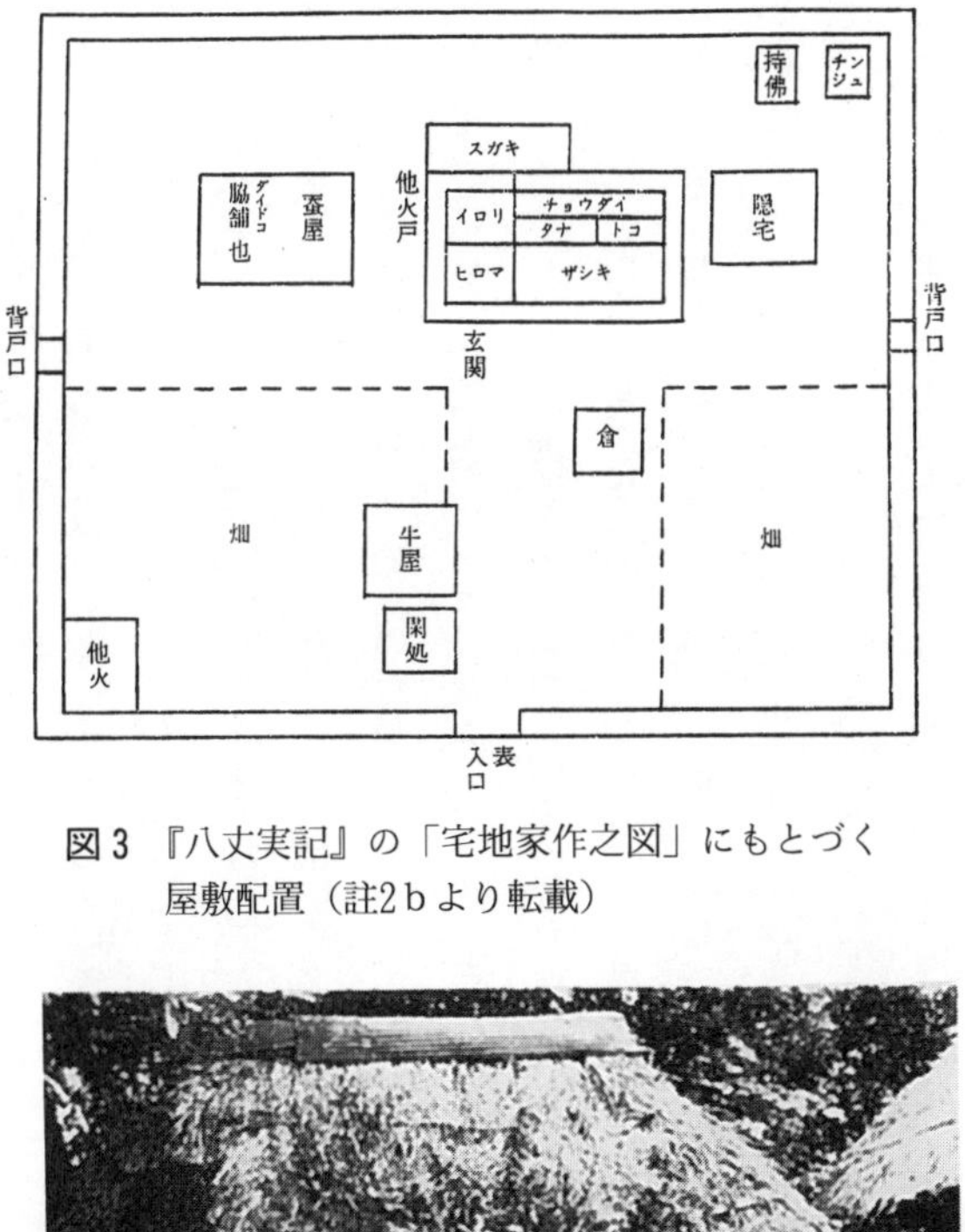

図3　『八丈実記』の「宅地家作之図」にもとづく屋敷配置（註2bより転載）

図4　八丈島坂下地区三根のカンジョ（註2aより）

エ、小屋ヲヤカタ」と説明している。規模の大きな主屋をボウヤまたはボウエ、それに附属する小屋をヤカタと呼び分けているのである（**図3**）。また、巻一八・居宅には、「屋形ト称フルハ、丸木皮ナガラノ掘立柱、四壁ハ石垣或ハカヤニテオ、ヒ、土間ニ篠竹ヲ並ベ、筵シキタル土生小屋《ハニフノコヤ》也」ともみえる。すなわち、ヤカタ（屋形）とは、四周を石垣もしくは茅壁で囲む黒木の掘立柱建物であった（**図4**）。この「土生小屋《ハニフノコヤ》」こそが、テラダテ以前の住居形式であったろう。

以上を整理すると、八丈島においては、文化一四年の長楽寺本堂再建を契機にして本格的な規矩術がとりいれられ、流人の木匠・粂次郎や留五郎らの活躍によって、島の大工にテラダテの技術が浸透していった。その大きな結実が、文久二年におこなわれた長戸路家住宅の新築工事であり、おそらくこれに前後して一般住居のホンダテ化が進行したものと思われる。したがって、掘立柱建物から礎石建物への住居変化は、文政年間以後の幕末を画期としており、年代的には「本土」各地の動きとほぼ併行している。

小笠原諸島の原初的住居

八丈島からの移民によって日本の領土となった小笠原諸島にも、興味深い記録が残っている。天保一一年（一八四〇）、陸奥国の廻船「中吉丸」が漂着したときの記録に、「家屋は地を掘りて柱をたて、大概間口二間程の小屋にて葭芒を葺き、（略）真菰の如きものを以て織れる筵を敷、柿色の幕を張りたり」とみえる。(4) ただし、この掘立小屋に住んでいたのは、ハワイから移住した少数の欧米人とポリネシア人であった。かれらは初めタコノキの葉で屋根と壁を葺いていたのだが、一八三二年頃から葺材を棕櫚《しゅろ》（小笠原ビロー）に変えていった。(5) その数年前に寄港した英国捕鯨船の船員が、山中の隠れ家をビローの葉で覆うとまったく雨漏りがしないため、島民もこれに倣ったのだという。

日本から小笠原諸島への正式な入植は文久二年（一八六二）まで下る。幕府は、八丈島の農民と職人三八名を軍艦「朝陽丸」にのせて母島まで運び、扇浦に集落を構えて開墾させた。移民には大工も含まれていたから、八丈島式の民家を建築することは可能だったはずである。明治二一年刊の『小笠原島勢要覧』(6) では「屋内を分て住室寝室の二とし厨庫皆屋を別にす」とみえ、昭和二年に調査した今和次郎も、この種の農家について報告している(7)（**図5**）。当時の農家は掘立柱式で、原木に近い未加工部分を三尺ほど地中に埋め、地上七尺ほどの角柱の上端にホゾを造りだして桁と繋ぎ梁をわたす。主屋の床は板張り、壁は横板、屋根はビロー葺であった。

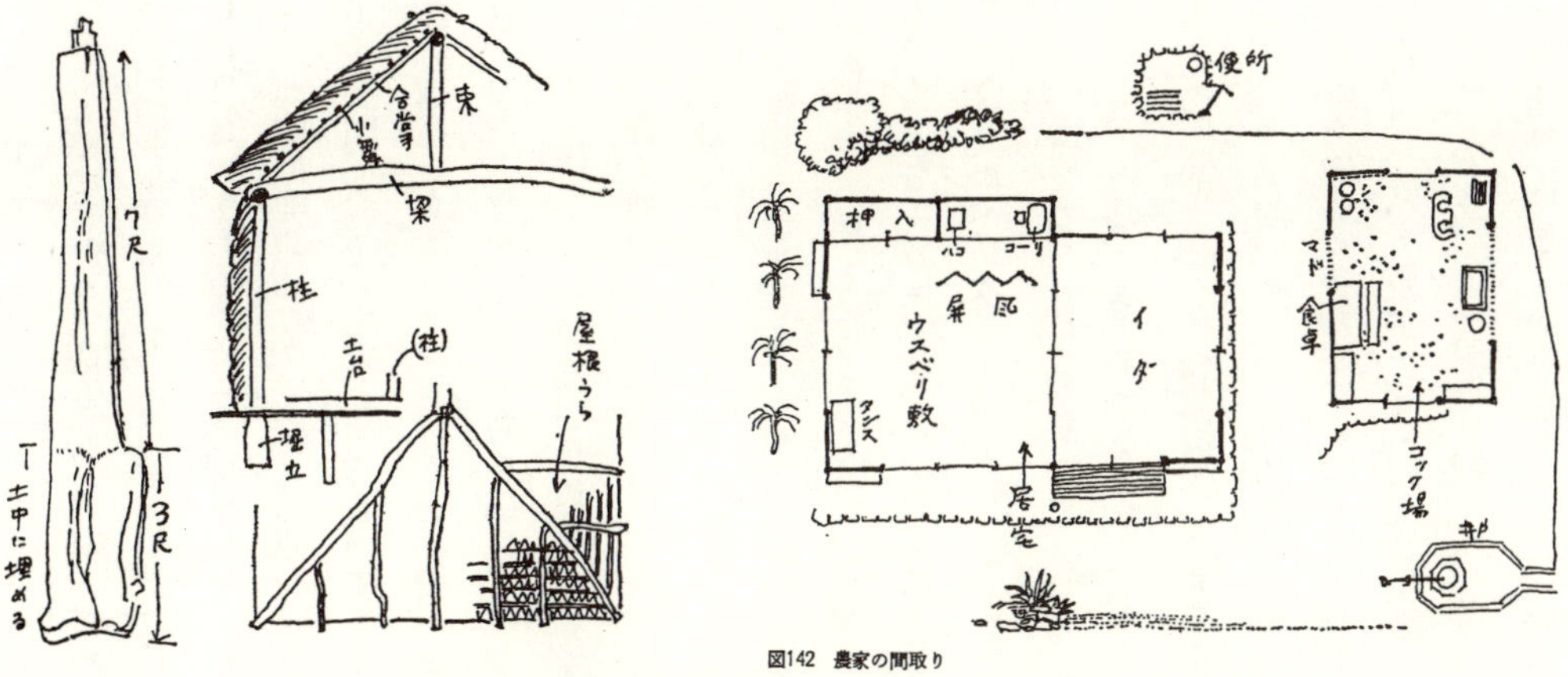

図142　農家の間取り

図5　小笠原諸島の住居と掘立柱（註7より）

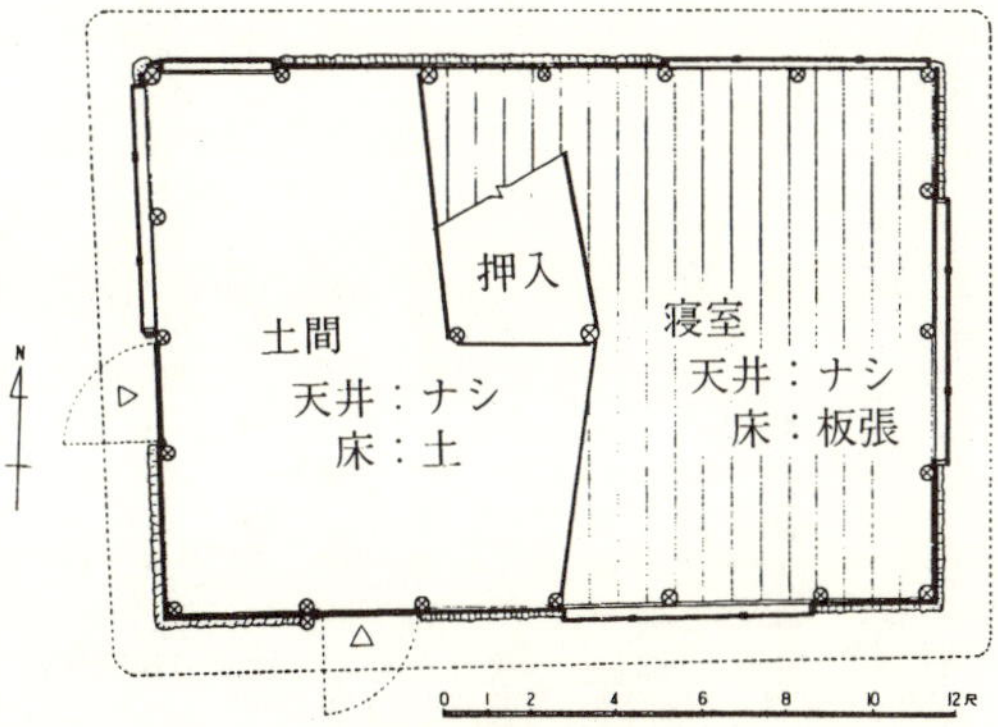

図-19　浅沼文太郎家　出造小屋　平面図

浅沼文太郎家　出造小屋　西立面図

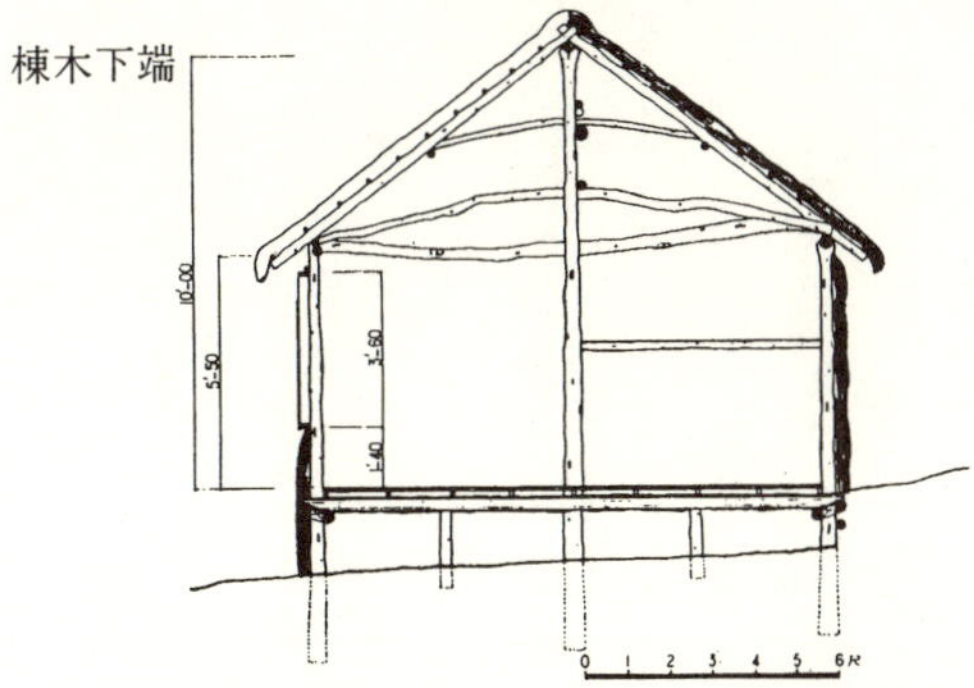

浅沼文太郎家　出造小屋　南北断面図

浅沼文太郎家　出造小屋　南立面図

図6　小笠原諸島母島の出作り小屋（註8より）

これより古い住居形式は不詳だが、出作り小屋にその残像を読みとれる。**図6**は、母島・浅沼家の出作り小屋（昭和四七年建設）で、屋根も壁もビローで葺く。側柱、棟持柱はいずれもタマナの掘立柱で、根元を焼いて二尺ほど地中に埋め込む。三間×二間（二〇㎡）の内部は西半を土間、北半を揚床とするものである。八丈島の二間取り住居からエンノマをのぞき、構造を石場建から掘立柱、ソトノマを床張りから土間にもどした形式であり、「土生小屋《ハニフノコヤ》」としての住居を彷彿とさせる。(8)

八丈島のカンジョとマヤ

八丈島のヤカタには、入口以外の三面の壁を石垣とする建物も含まれる。『八丈実記』巻一八・居宅には「家作上下ニカヽハラス、入口ニ雪隠・牛屋、正面ニ本宅、脇ノ宅ニ蚕屋アリ。隠宅ト染屋ハ有モアリ無モアリ。倉ハオヽク本宅ノ表ニアリ」とあり、その配置を示す「宅地家作之図」が描かれている。今日でも、カド近くにカンジョ（便所）とマヤ（牛舎）、その奥にボーエ（主屋）とジグラ（隠居屋）を配するが、隠居屋はない場合もあり、オクラ（高倉）は主屋の対面に建てる。

カンジョとは雪隠のことであり、堆肥小屋を兼用していた。巻一八・居宅には、「雪隠は閑処ト云フ。坂下は高ク石ヲタヽミ、上ヲ屋根ヲ葺タリ。坂上ハ平地ニ桶ヲ埋メテ屋根ハ同シ」とみえる。石畳の壁に茅葺屋根をのせた雪隠は、昭和三〇年代まで坂下地区の三根に残っていた。牛舎については「牛屋ヲ馬屋（厩）ト呼ベリ。坂下ハ三方石垣、坂上ハ丸木ノ掘立ナリ。イツレモ屋根ハ地筋葺ナリ。（略）大凡ソ三間二間ナリ」とある。溶岩の豊富な坂下地区では、便所・牛舎を掘立柱と石垣壁で立ち上げていたのである。

ちなみに、青ヶ島について記す巻八・居宅には、「今ハ仮小屋ト名ツケテ四十八軒ミナ三方石ニテタヽミ只表一面二三尺ノ戸口二ヶ所アケタルノミ雨戸ヲ建畳ヲシキタル家ハ検地役人渡海ノ時立タル一ヶ所バカリ」とみえる。天保年間（一八三〇～四四）の青ヶ島では、「仮小屋」と称しながらも、ほとんどすべての住居がヤカタ形式をとっていたわけで、八丈島でも同類の「土生小屋《ハニフノコヤ》」を住居単位として集落が構成される時代があった可能性を否定できない。

対馬の藻小屋／隠岐の舟小屋

対馬西岸の海辺集落では、かつて船を操って「藻切り」をしたり、海岸に漂着した寄藻を集めて日干しした。乾燥させた藻は麦作の肥料とする。この海草を貯える納屋を「藻小屋」とよぶ。海にでない船を格納するので、「船屋」とよぶこともある。対馬の藻小屋は八丈島のカンジョやマヤと同じく、掘立柱と石垣壁を複合化させた建物である。峰町木坂の藻小屋（修復整備済、**図7**）は、入口以外の壁面を石積みとし、内部の四隅に掘立柱をたて、壁と柱の両方で梁をうけ、棟木は束で支えている。屋根は肥前瓦葺である。石原憲治氏が昭和二五年に調査した厳原町佐護の藻小屋はさらに素朴な棟持柱構造で、垂木の下端は石垣壁でうける[9]（図8）。上県町の田ノ浜には、今も使い古された藻小屋が残っている[10]（図9）。田ノ浜では、防風石垣の外側にある小屋をフナヤ（船屋）、内側の小屋をモンガリ（藻刈）といって、機能を分化させている。やはり三方を石垣で囲う妻入形式で、束立の小屋組とするが、屋根は石葺で、垂木上の下地には竹を密に敷き詰める。軸部は掘立柱の上に直接梁をのせ桁をうける折置《おりおき》組とする。

隠岐の舟小屋にも、これに近似する構造をもつものがある。島後西郷町中村下天屋には、廃墟化した舟小屋屋が二棟姿をとどめている（図10）。いずれも対馬の藻小屋とよく似ており、石垣壁をともなう掘立柱建物である。小屋組は束立で、屋根は南側の一棟が全面鉄板葺き、北側の一棟が南面をセメント瓦葺き、北面を鉄板葺きとする。北側の小屋では、湾曲した柱の先端を細く削りだしにして、梁の端部を貫通させている。ちなみに、バシー海峡に浮かぶ蘭嶼でも、三方を石垣壁とし茅屋根をかけただけの素朴な舟小屋をみることができる（図11）。

図7　対馬峰町木坂の藻小屋（修復整備済、浅川撮影）

奄美大島のヒキモン構造

横架材を柱に落とし込む技法は、奄美大島の民家に特有な「ヒキモン構造」とも系譜関係を認めうる。ヒキモン構造の民家はマーヤ造ともいう[11]。ヒキモンとよばれる大断面の横架材を床、内法、天井廻縁《まわりぶち》の位置で井桁に組み、柱に落とし込むことを基本として楔や込栓などで軸部を固める構法である。マーヤ造の民家は遅くとも幕末には成立しており、昭和戦前まで生産され続けた（図12）。

図8　対馬佐護千俵蒔山海岸の藻小屋（註2a）

図９　対馬田ノ浜の藻小屋（筆者撮影、1998）

図10　島後西郷町中村下天屋の舟小屋にみる掘立柱
（筆者撮影、1999）

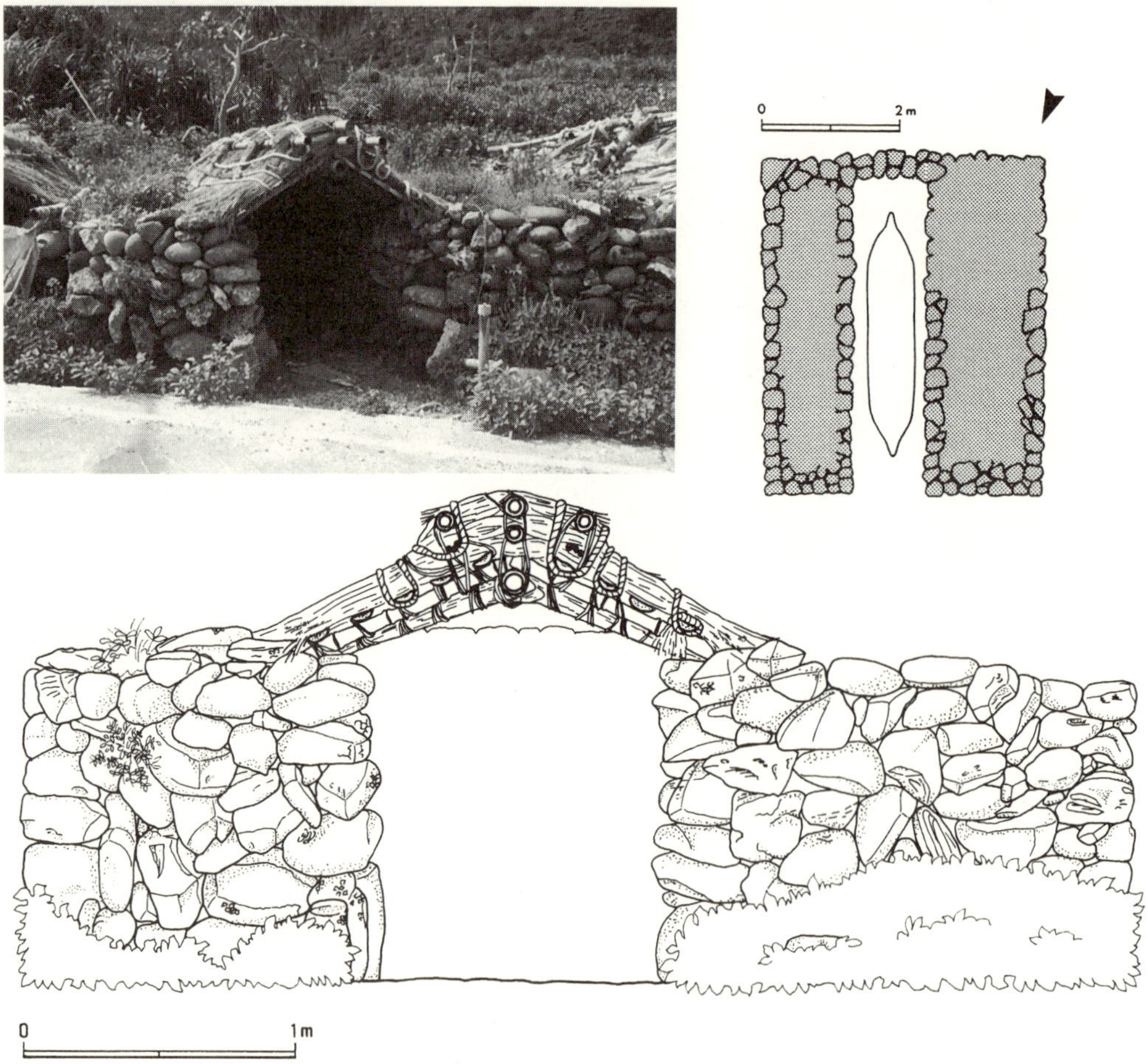

図11　台湾蘭嶼郎島村ヤミ族の舟小屋群（筆者実測・撮影、2000）

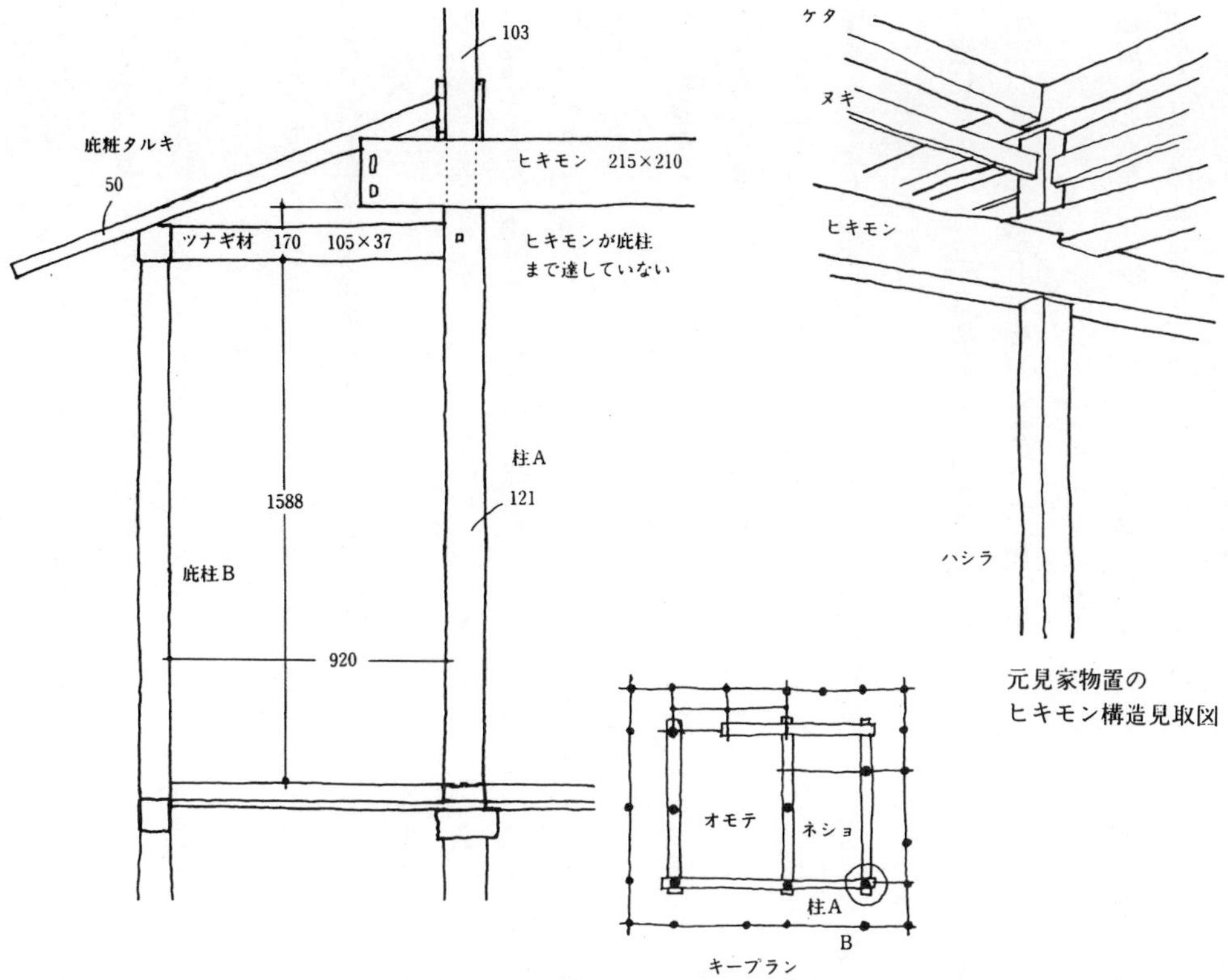

図12　奄美大島民家のヒキモン構造（註11より）

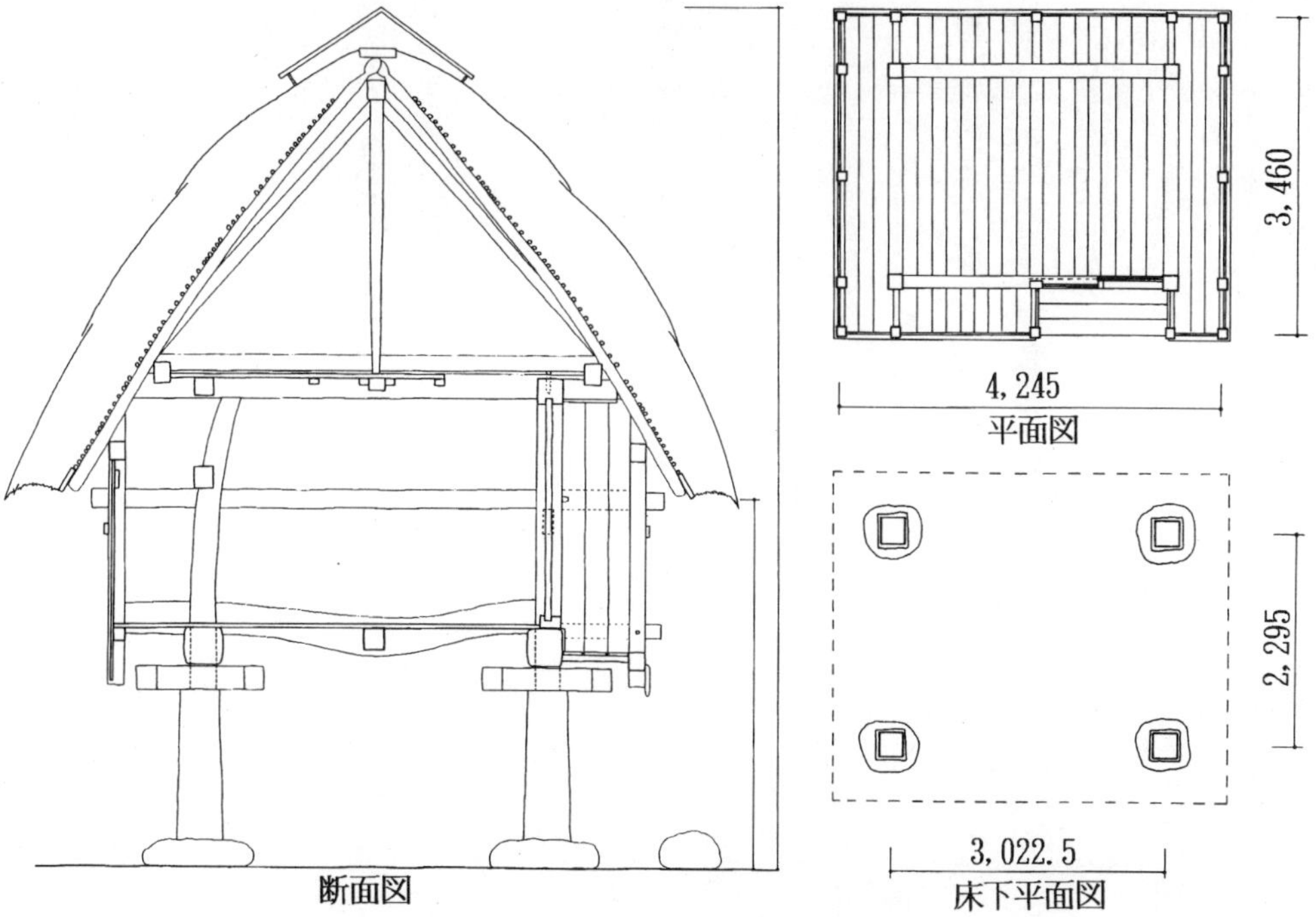

図13　八丈島中ノ郷・千葉家の四脚倉

宮澤智士によれば、ヒキモン構造は庶民の住まいが「小屋」から「堂」に移行する過渡期の産物であるという。ここにいう「小屋」とは掘立柱の建物、「堂」とは社寺建築や貴族住宅をさす。宮澤は、近世民家の全体を「小屋」が「堂」に近づく過程にある建物とみなすのだが、奄美のヒキモン構造については、「技術的により小屋に近かったものが、次第に精錬されてきた」と理解している。

たしかに、複数の横架材を削出し式の柱で貫く技法は、素朴な掘立柱建物の接合技術を洗練させたものといえるが、ヒキモン構造の民家はすでに礎石建になっている。

八丈島のオクラ

八丈島の高倉にも、ヒキモン構造に似た技術の重層性を読みとりうる。八丈島では、米を収納する高床の倉庫をクラまたはオクラという(12)。オクラは柱の数によって四脚倉《よつぐら》、六脚倉《むつぐら》、十二脚倉などと呼び分けられる。**図13**は中ノ郷・千葉家の四脚倉である。四本の柱は削出し式の通柱として礎石にたてる。礎石上の底径が一尺角、約一メートルの高さで九寸角となり、そこに面取した八角形のツム（鼠返し）を落とし込む。鼠返しから上で柱は五寸五分角と細くなり、上端で桁もしくは梁をうける。柱材は椎で、正面側では直の材を用いるが、背面側では床上で湾曲している。床は、まず鼠返しの上に二三センチ角のモチ（床桁）をわたし、下向きに湾曲したダイモチ（床梁）をわたす。この床梁に水平の溝を掘り、床板をはめ込む。床上の平面は主屋と同じで、本柱の四囲にエンノマをめぐらせる。ただし、縁柱は吊束として本柱とは貫でつなぐ。接合には込栓を多用する。床上は梁上端の位置で部分的に天井を張る。床からの天井高は約五尺、小屋組は叉首構造である。

大里地区・菊池家の六脚倉は、床下に鼠返しを付けず、床桁を直接削出し柱に落とし込んで、その上に床梁をわたす。床梁は先端を細くして柱を貫き縁の吊束にホゾ差しとする。本柱との接合には鼻栓を用いる。長戸路家の十二脚倉にも鼠返しはなく、床梁の先端を三枚に分枝させ、中央が貫となり、両側が長押状に柱を包み込む。千葉家、菊池家のオクラは明治二〇年代前後の建築というが、三根に残る都指定文化財の六脚倉は幕末の建造と推定されている。このオクラでは、床桁に円形部材の切片をはりつけ、鼠返しと床桁を一体化している。

南西諸島の高倉

八丈島のオクラは、寄棟の草葺屋根と高床が複合化しており、南西諸島の高倉と外観がよく似ている（**図**

14）。しかし、構造的には、必ずしも同類の形式とみなし難い。南西諸島の高倉は、トカラ、奄美、沖縄、波照間という四つの地域類型に分けられるが、波照間をのぞく三地域では、床の上下で構造を分離している。礎石にたつ柱は床を持ち上げる部材であって、床上では別の細い柱をたちあげ屋根を支える。しかも、床上に垂直壁は存在しない。壁は、屋根の軒先と床端をつなぐ傾斜壁であり、建物全体としてはいわゆる「屋根倉」形式といえるだろう。この傾斜壁は、沖縄本島のサシグラで約四五度、奄美のハナグラでは約十度だが、トカラ列島ではほぼゼロ度で傾斜がつかない。一方、波照間には少なくとも二種類の高倉が存在した。一つは石の束柱上に木造の屋舎をのせる形式、いま一つは大引貫で床を支える通柱式の高倉である（**図15**）。後者については、今帰仁《なきじん》の百按司墓《ももじゃな》（十五世紀末）で出土した木棺が同類の高床構造を示しており、かつて沖縄本島にも存在した可能性がある。野村孝文は、後者が八丈島のオクラにもっとも近似するタイプというが[13]、八丈島の床構造のほうが複雑に処理されている。とくに、床梁の先端を三枚に分枝して、削出し式の本柱と吊束の両方を貫きながら包みこむ仕口などは、技術的にみても非常に難度の高いものであって、波照間の高倉とは大きく異なる。

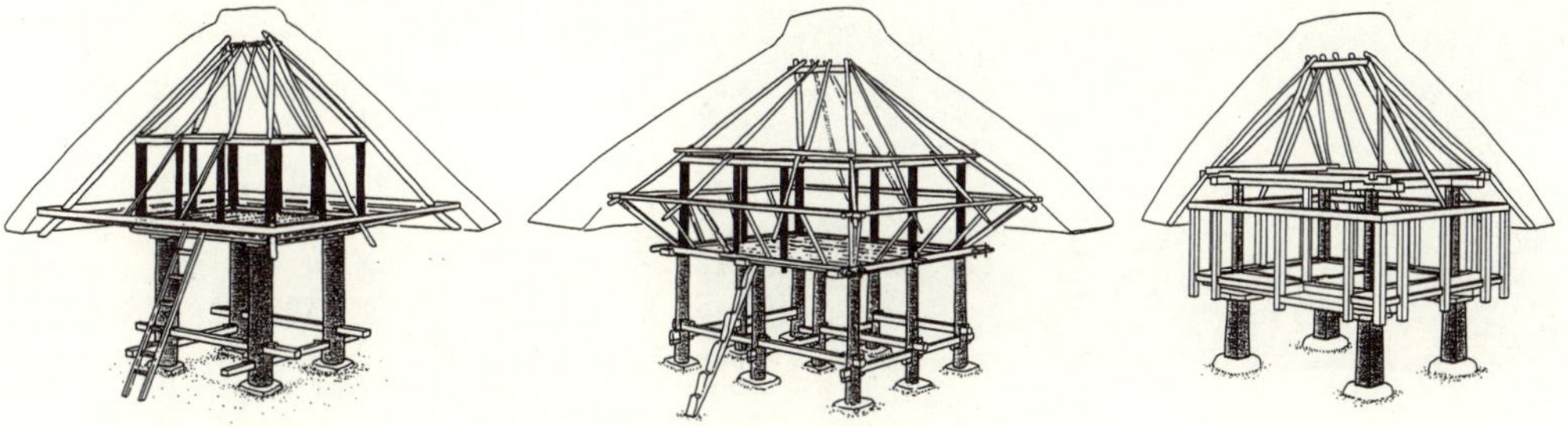

奄美のハナグラ　　沖縄のサシグラ　　八丈島のオクラ

図14　奄美・沖縄・八丈島の高倉比較

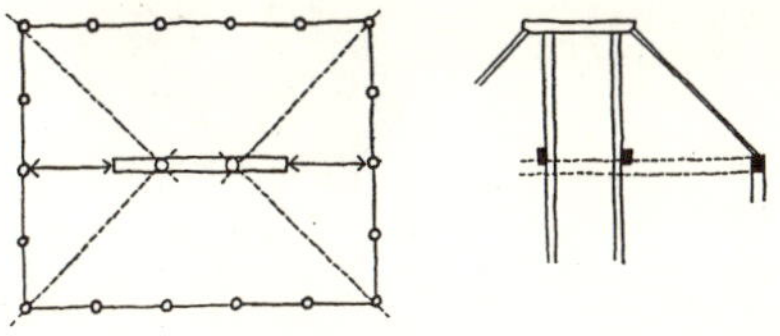

波照間島　倉1

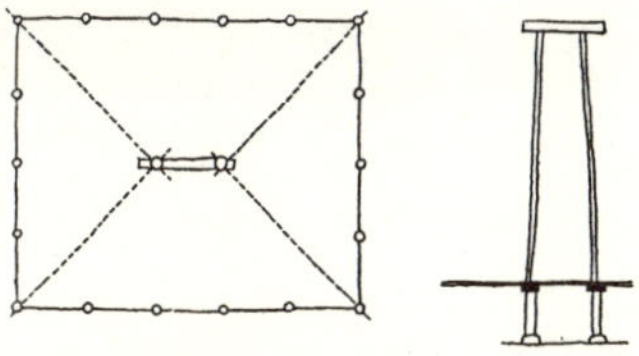

波照間島　倉2

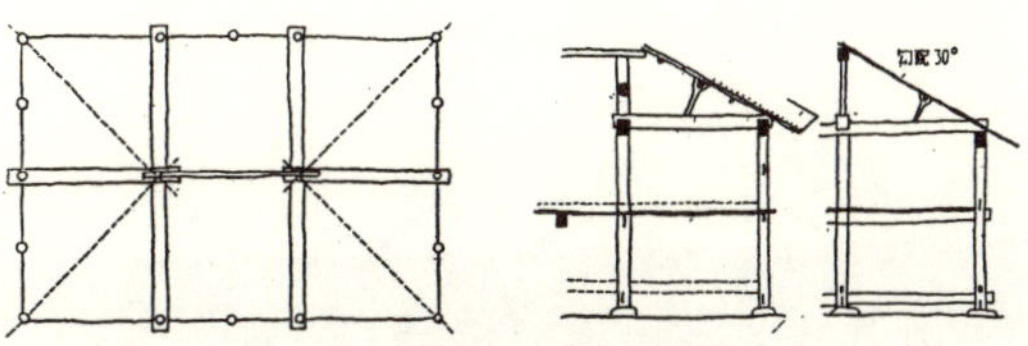

波照間島　倉3

図15　波照間の高倉三種（註13より）

出土部材にみる削出し柱の構造

ところで、オクラの平面は一間取り（A型）の主屋平面と相似形をなす。それは、ホンダテ構造の原型とみなしうる平面である。くりかえすまでもなく、ホンダテの技術は、文化一四年の長楽寺本堂再建を契機にして流人工匠がもたらした。それ以前の住居が文字通りの掘立小屋であったの同じく、オクラの構造もかつてははるかに素朴なものであったろう。

ところで、削出し式の柱材は、静岡市の登呂・山木遺跡（弥生時代後期）や愛媛県の古照《こてら》遺跡（古墳時代）で出土しており（**図16**）、三根のオクラにみる鼠返しと床桁を一体化したような部材も、最近、福岡市の下月隈C遺跡（弥生時代後期）で発見されている（**図17**）。時代は遠く離れているが、これらの出土部材と八丈島のオク

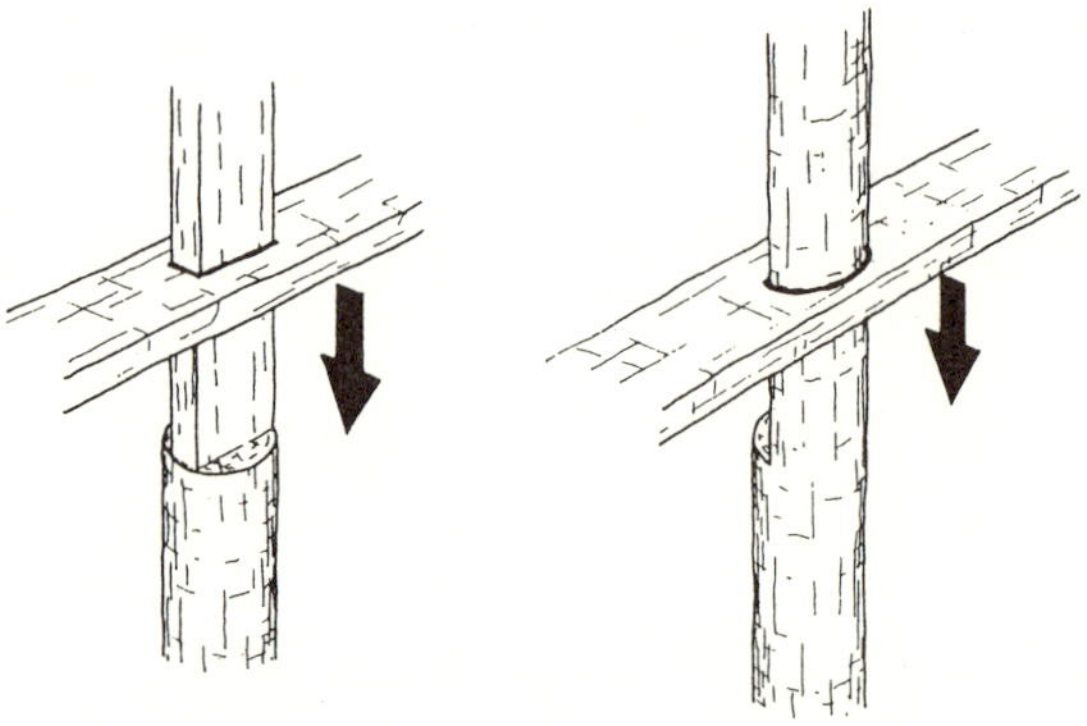

図16　登呂山木遺跡と古照遺跡の削出し柱（植木久による）

図17　八丈島三根六脚倉の床下鼠返し（上）と、下月隈C遺跡で出土した弥生時代後期の床梁（下／福岡市教育委員会提供）

ラの床構造が、系統的にまったく無縁なものとは思われない。削出し式の通柱に鼠返しや床桁・床梁を落とし込む技法は、オクラが掘立柱建物であった時代の名残ではないだろうか。換言するならば、八丈島のオクラは、古式を残す削出し柱式の掘立柱構法を母胎として、テラダテの技術により革新された礎石建ちの高床倉庫といえるであろう。

二、カロリン群島の建築類型

つぎに、伊豆・小笠原諸島の南にひろがるミクロネシアの建築世界に視野をひろげてみよう。かつて松岡静男は、基礎と床の形式を指標として、ミクロネシアの家屋をパラウ式とヤップ式の二類型に大別した(14)。しかし、東南アジアに近接するこの両島の建築は、ミクロネシアでは突出して複雑化した例外的存在であり、ミクロネシア全体からみると、むしろ孤立的な位置にある。

パラウの住居と集会所

パラウの言語はマリアナ諸島のチャモロ語とともに、オーストロネシア諸語のなかのインドネシア語派に属し、建築の意匠・構造にも、フィリピンやインドネシア方面と連続する要素が明瞭に認められる。図18はアイライ村の住居である(15)。すでに家屋は現代化しているが、屋敷内の家屋配置は伝統的な構成原理に則り、北向きの主屋ブライと、分棟化した東向きの炊舎フームがL字形に配置される。前庭には、オデソゴルという石積の平べったい墓壇がある。オデソゴルの上にはデブールという祭壇も設けられる。死体は頭を東のほうに向けて埋葬されるので、デブールも東寄りに位置する。

この住居の前を通る石敷の道ラエルを東にいくと十字路があり、その東南側の一画に、アイライ村の集会所バイが建っている(図19)。バイの平面は住居主屋と同じく、間仕切りのないワンルーム形式だが、構法はきわだって複雑なものである。礎石上の土台に湾曲した削出し柱をたてる高床構法、叉首を複数の梁でつなぐ小屋組、船形切妻屋根、板壁などの構成要素を複雑な仕口で接合している。このような建物は、インドネシアやフィリピン方面との親近関係を認めうる反面、ミクロネシアでは他に類例がない。ただ、唯一関係ありそうな構造物が、マリアナ諸島に残るラッテ遺構である(図20)。上部構造は不明ながら、鼠返し状の膨らみをもつ石造柱列であり、パラウのような高床家屋の束柱(床下の柱)ではないか、と推定されている(16)。

ヤップの集会所と男子小屋

パラウ以外の大半の言語は、オーストロネシア諸語のなかのメラネシア語派に分類される。メラネシア語派のなかでもっとも特異な位置を占めるのがヤップ語であり、B・W・ベンダーはこれを「疑似的核ミクロネシア語」とよぶ[17]。ヤップは複雑な階層社会を有することでも知られる島であり、西部〜中央カロリン群島の多くの島々を支配下に置いて「サウェイ交易」をおこない、食物・衣料などの貢納を強制してきた。ングールからプルスク、ポーラップに至るこの交易圏を「ヤップ帝国（Yapese Empire）」とよぶこともある[18]。ヤップの伝統建築は石積基壇、湾曲した棟持柱と入側柱、二重梁と二重桁の小屋組、舟形切妻屋根などに特徴づけられるが、これらの要素は大なり小なりサウェイ交易圏に波及している。

　ヤップの集会所はペバイという。ペバイは、村落の

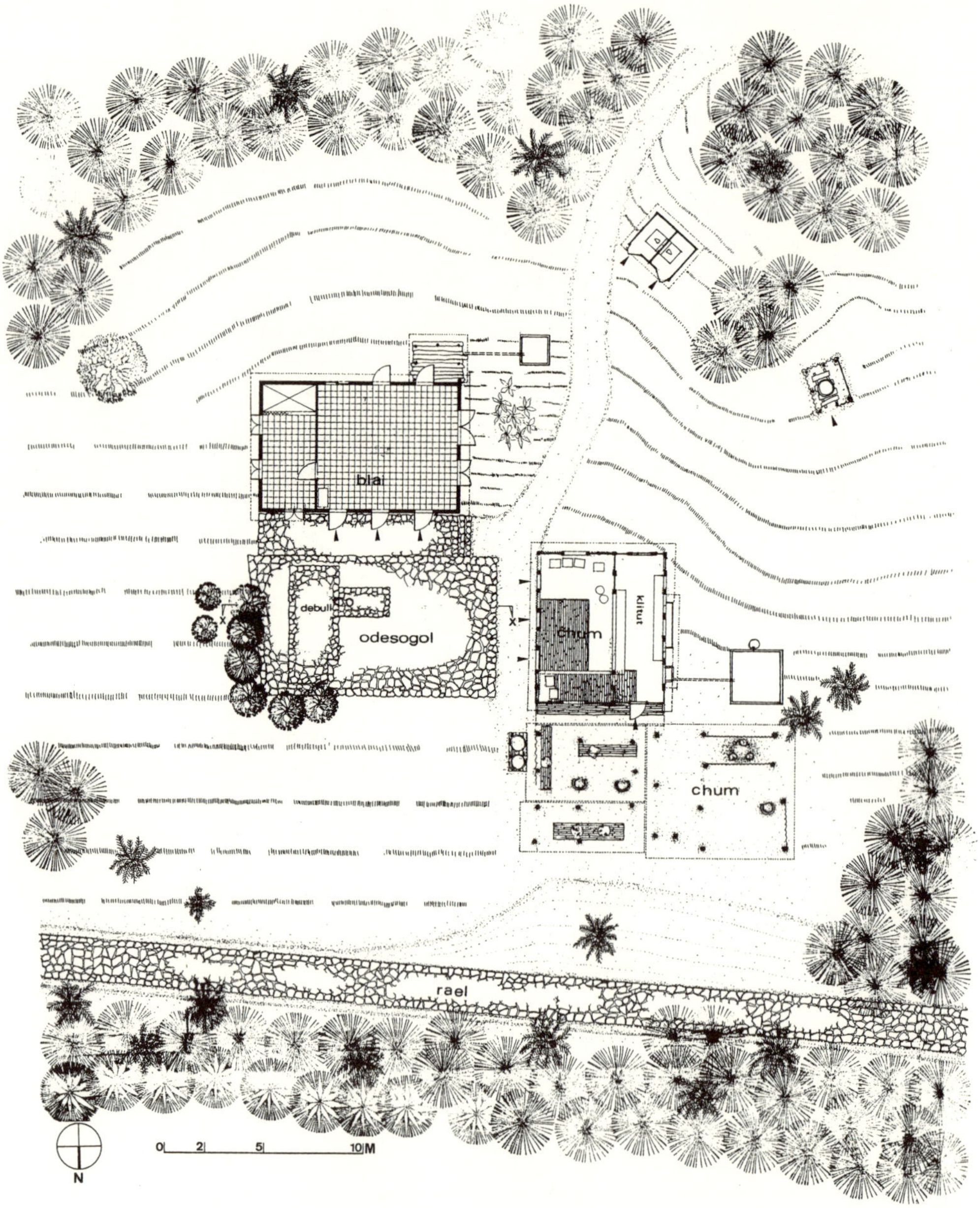

図18　パラウ島アイライ村・マリヤ宅平面図（筆者実測、1981）

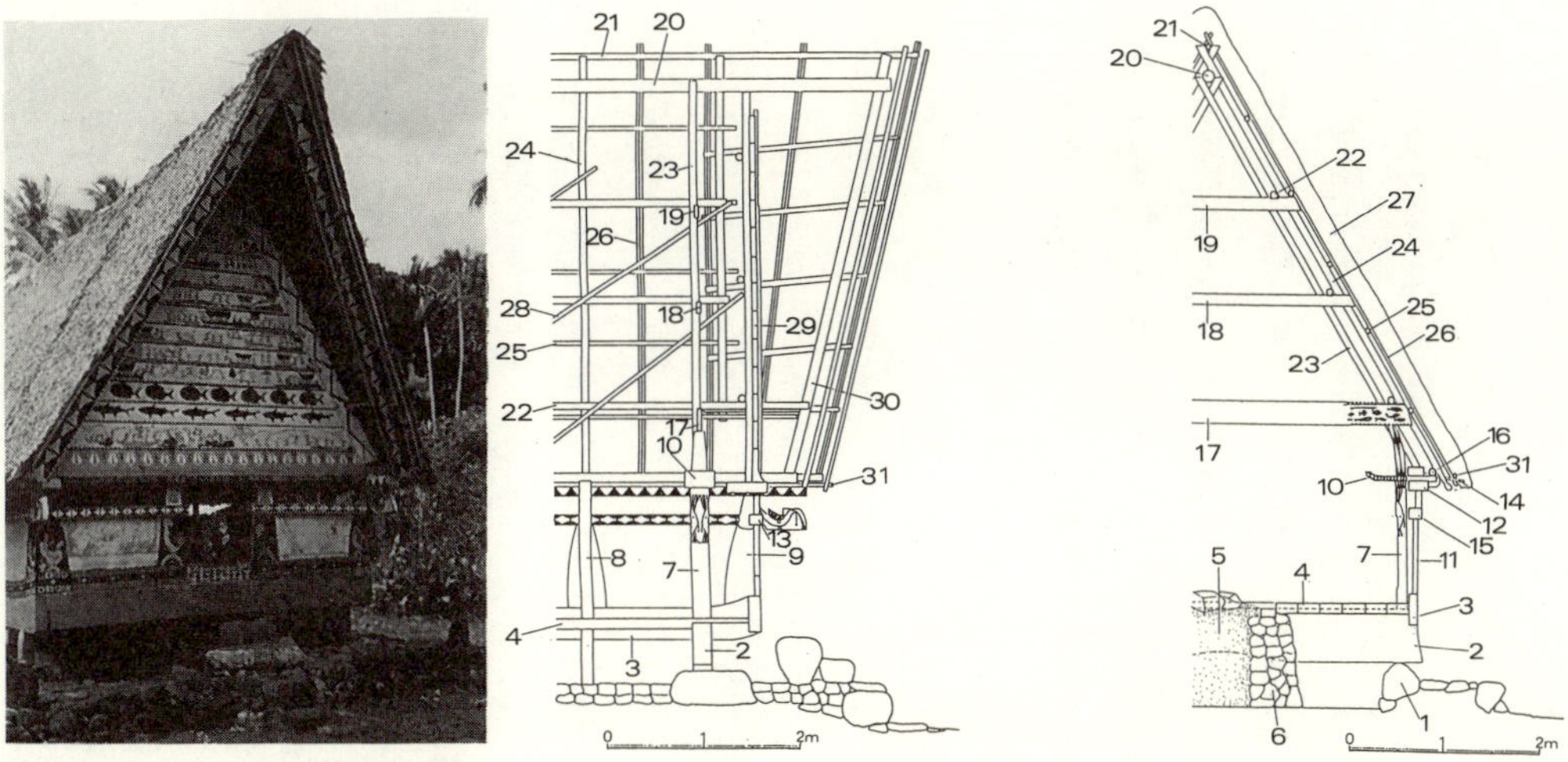

1 pat delkatk（礎石）
2 bad（土台）
3 utem
4 ulaol（床板）
5 chab（炉）
6 ingulkl（炉の石）
7 tang（角柱）
8 denguel（円柱）
9 saus（隅柱）
10 rkoi（叉首受け）
11 kboub（壁板）
12 onrangel
13 olidk
14 onglaikurs
15 oleuechl
16 orngodel（軒桁）
17 dololakl（梁）
18 omkuuk
19 oreblebal
20 buadel（棟木）
21 rael（副棟木）
22 blukel（母屋桁）
23 lekang（叉首）
24 seches（垂木）
25 duus（母屋）
26 osekidel（木舞）
27 chadeu（屋根）
28 seches tmelaod
29 melech（妻壁）
30 ongiau（破風）
31 lild

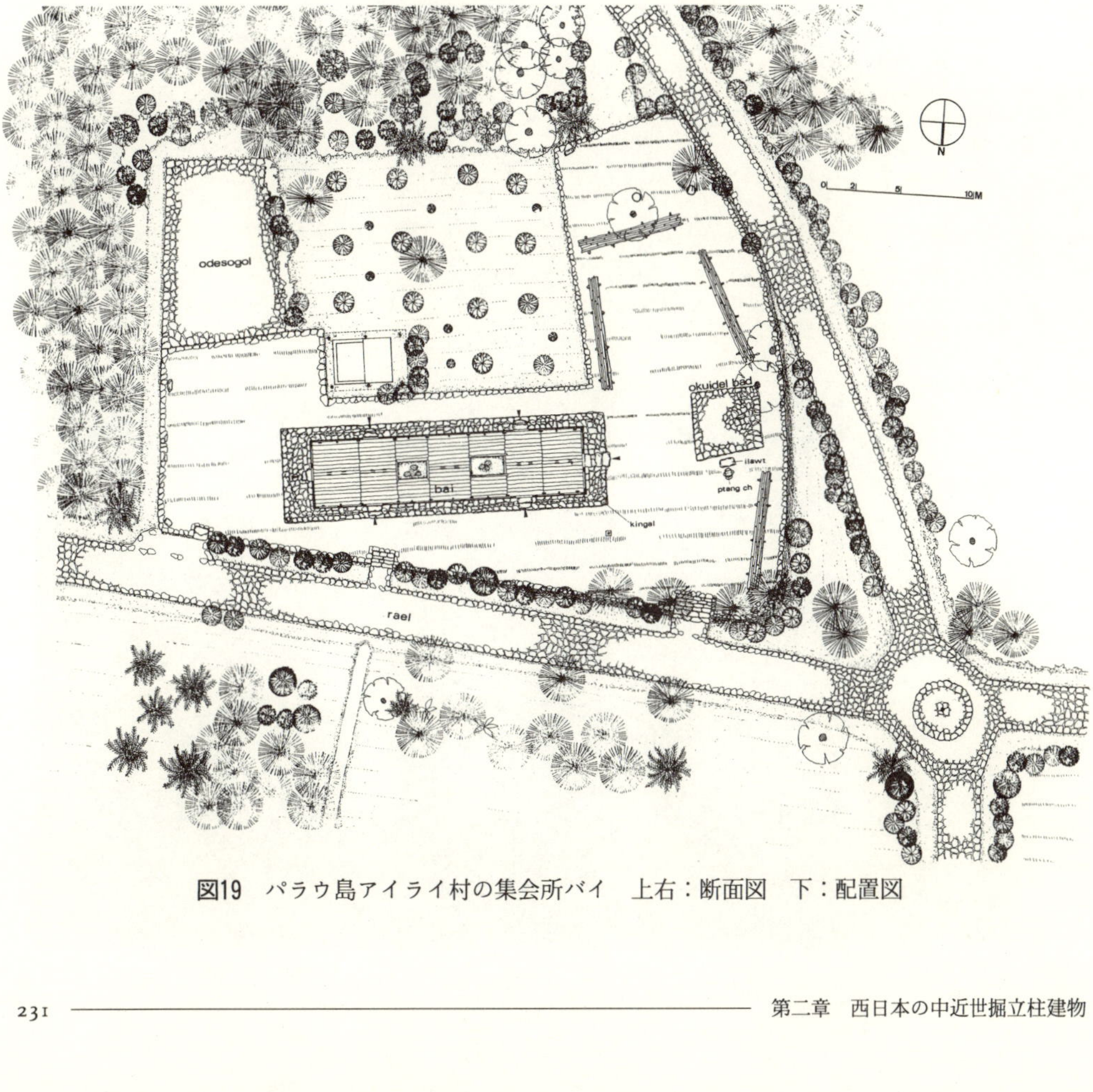

図19　パラウ島アイライ村の集会所バイ　上右：断面図　下：配置図

中心部分にある。村人すべてが集まって会議をひらいたり、祝宴を催す場所である。アドゥブエ村のペバイ（一九七〇年頃建設）は、二重基壇上にたっている（**図21**）。下成基壇をウヌベイ、上成基壇をダイフという。基壇は土盛りして掘立柱を立ててから、上面を石敷、側面を石積に化粧したものである。棟持柱が五本ならぶところは後述するファルゥと同じだが、全体の規模は一まわり大きく、側壁をまったくもたない。

ファルゥは未婚男性の宿舎であり、漁撈活動の基点となる施設である。原則として、女性はこの建物内には入れない。アドゥブエ村のファルゥは、入江状の浜地のなかで、海に突き出るようにして建てられていた（**図22**）。家屋は珊瑚石で化粧した二重基壇の上にたつ。平面は六角形で、ダイフの端から五〇センチほど内側に土台をめぐらせる。この土台上に壁柱が立って、竹編み壁と入口を設える。内部の床には、割竹の編物を敷き詰める。掘立柱は、側柱が片側六本ずつ一二本、棟持柱が五本たち、中央の棟持柱ンガラブのみ湾曲している。[19] 桁・棟木とも湾曲した柱先端の切欠に横から縛りつける。このような建築・空間の構造は住居でもほぼ同じである。

核ミクロネシア語圏の家屋類型

B・W・ベンダーは、メラネシア語派のなかのギルバート、マーシャル、ポナペ、コシュラエの各言語およびトラック系の言語を「核ミクロネシア語」（nuclear Micronesian）と命名している。[20] トラック系の言語とは、パラウ南西の離島であるトビ、ソンソールから、ウォレアイ、サタワル、トラックを経てモートロックに至る多くの島々で使用されている言語である。核ミクロネシア語圏の家屋は、全体として共通するところの多い素朴な掘立柱建物だが、ここでは六つの類型に分類してみた[21]（**図23、表1**）。

〈A1型〉

ヤップの家屋と同じ構成要素をもつ形式で、ヤップ周辺のングール、モゲモグ（ウリシイ）、ヨールピックに分布するだけでなく、東カロリン群島のポナペとコスラエの家屋もこれに類する形式とみてよいかもしれない（**図24**）。ちなみに、ポナペには「太古の建築技術はきわめて幼稚であったが、何時の世にか西方からパキラップ、パキチック、シャウラップ、シャウチックの四柱の大工の神が船に乗って来り、ポナペの住民に此の様な建築の術を教え

図20　マリアナ諸島グァムのラッテ遺跡（筆者撮影、1981）

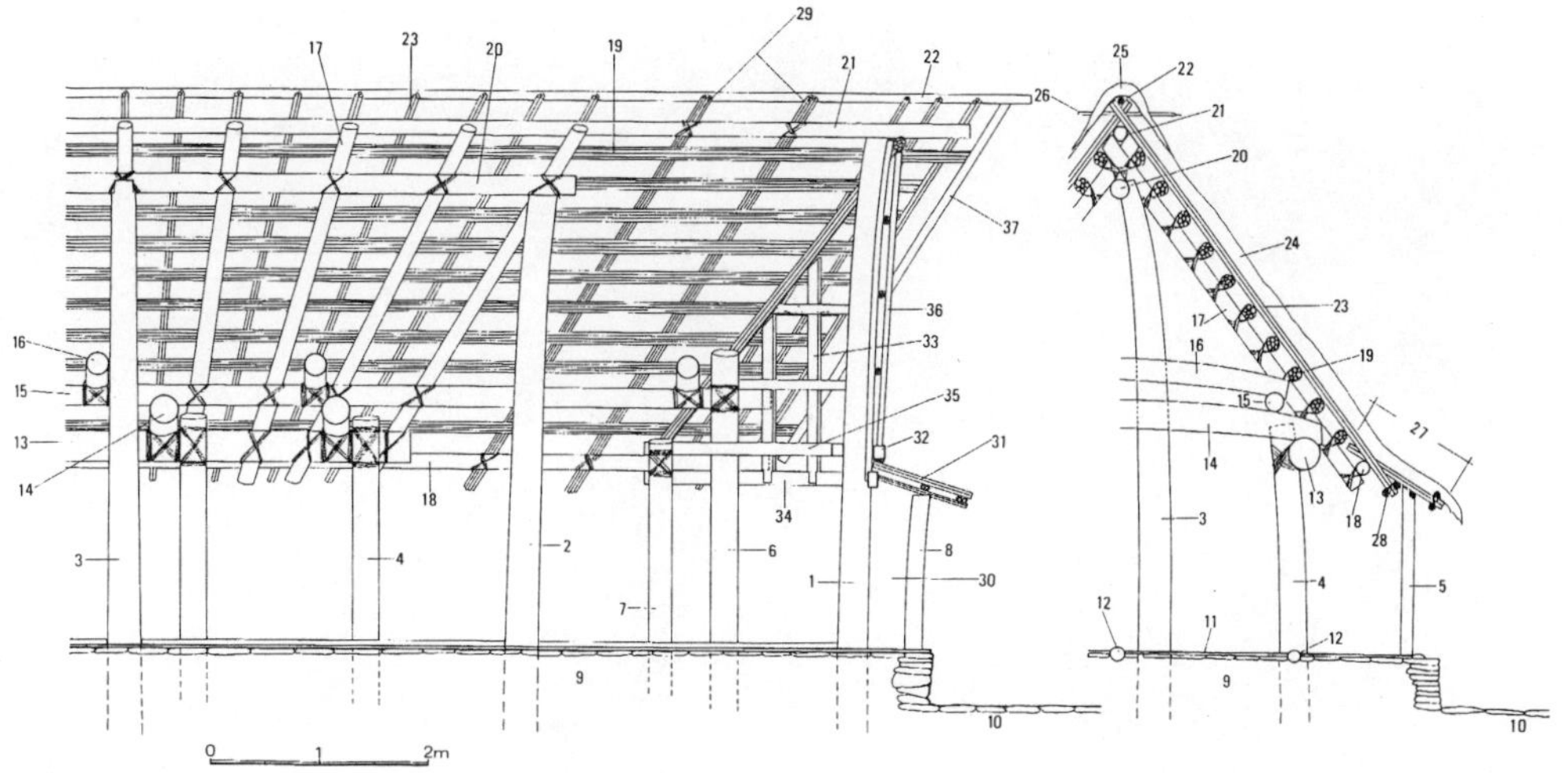

1 sur（妻の棟持柱）
2 dugo（1と3の間の棟持柱）
3 ngalab（中央の棟持柱）
4 gilay（入側柱）
5 thig（側柱）
6 rangan e mood
7 yurgan
8 sur thog（妻庇の柱）
9 daif（基壇）
10 unubei（石敷）
11 talaf（床）
12 choch（枕）
13 rarap（下側の桁）
14 lon（下側の梁）
15 mood（上側の桁）
16 lon ko mood（上側の梁）
17 you（垂木）
18 mabil（軒の母屋）
19 pangeg（母屋）
20 amach（棟木）
21 ul（副棟木）
22 uguchik
23 riyou（木舞）
24 chigi（屋根）
25 alrowo（棟覆い）
26 oloyol（串）
27 bogobogo（平側の庇）
28 echitham
29 gisawon
30 ribaw（妻庇の領域）
31 tapo（妻庇の屋根）
32 wathuw
33 ren e tapo
34 rangan e mabil
35 ren e iliy
36 nafath
37 riken（破風）

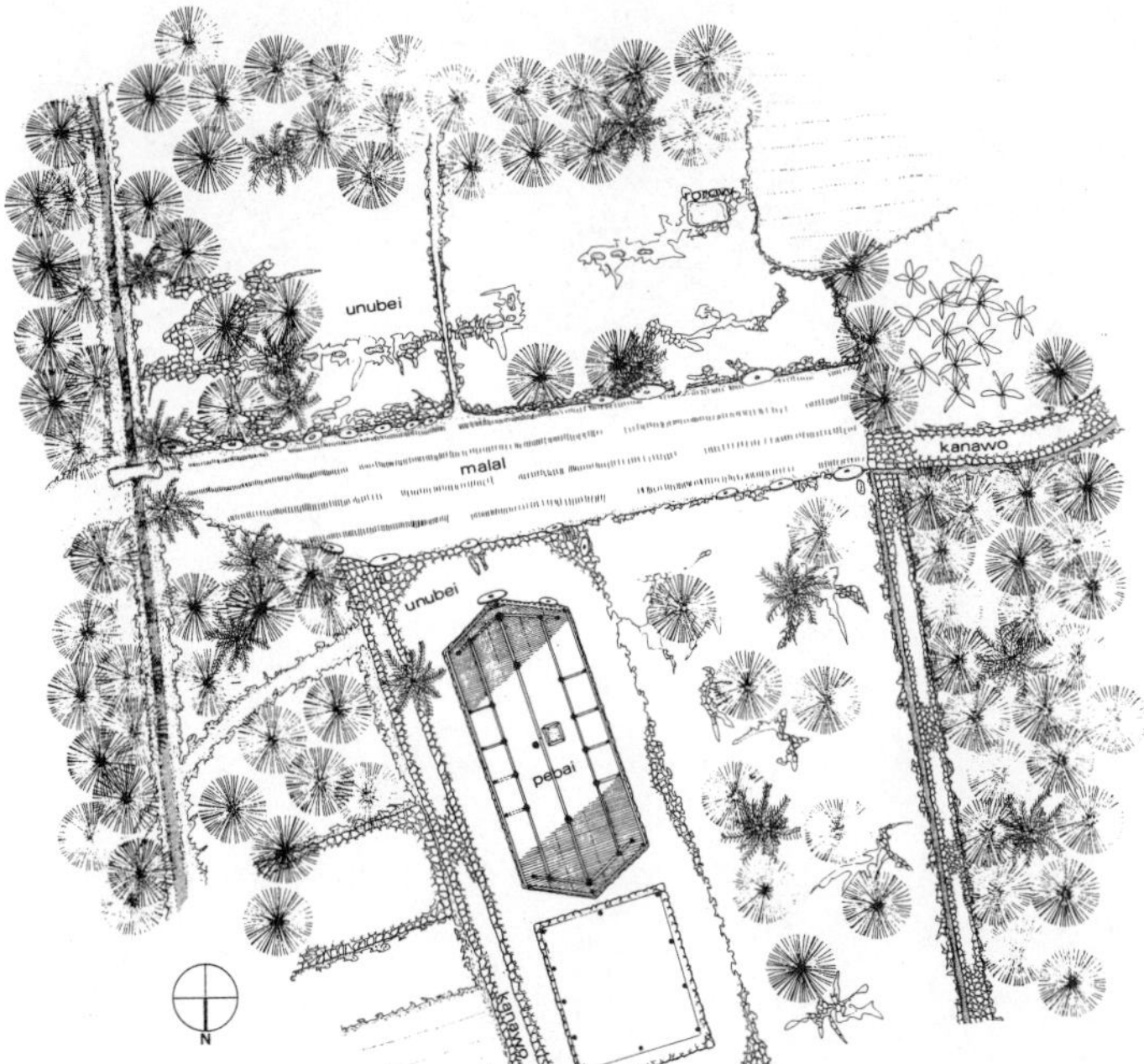

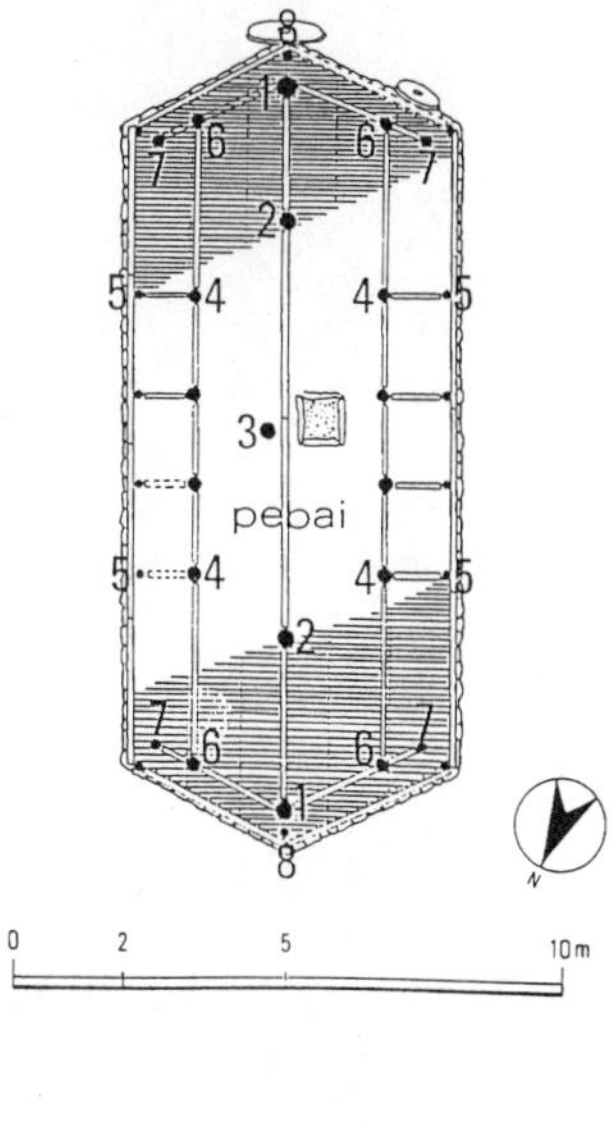

図21　ヤップ諸島アドゥブエ村の集会所ペバイ　上：断面図、右下：平面図、左下：配置図

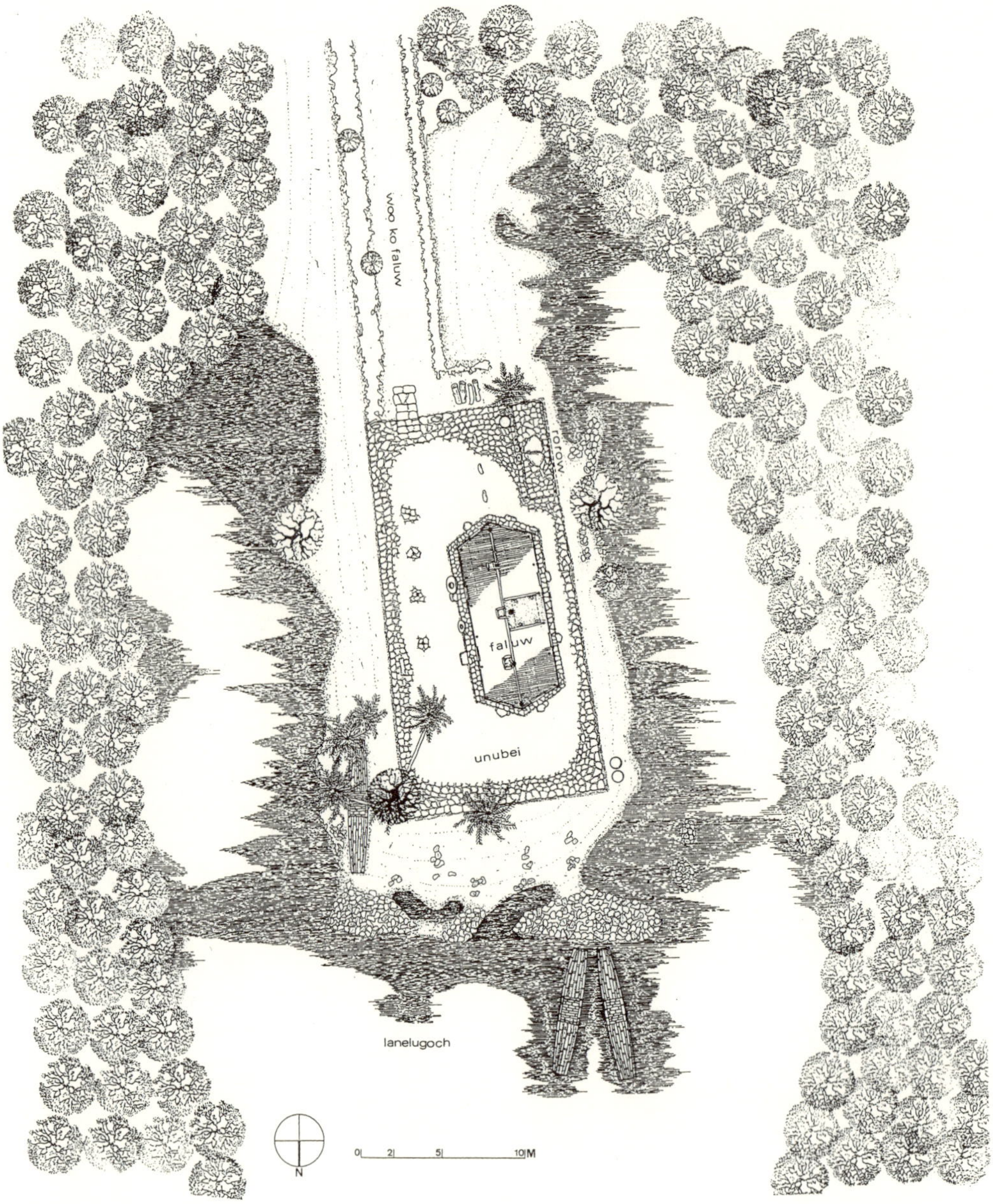

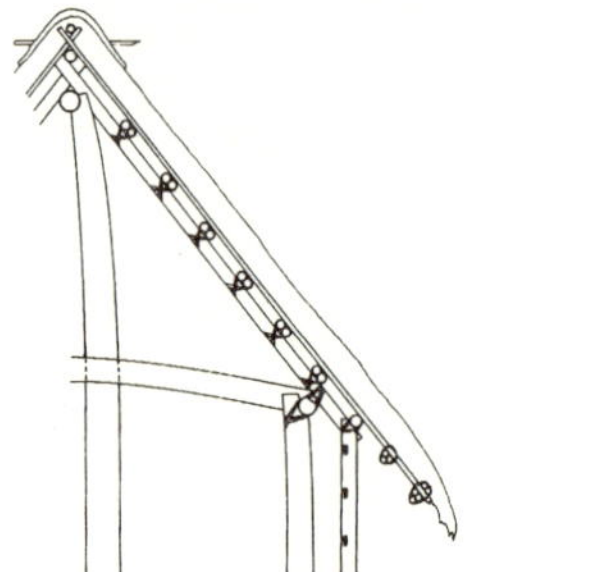

図22　ヤップ諸島アドゥブエ村の男子小屋ファルゥ。
上：平面図、左下：断面図

た」[22]という伝説がある。

〈A2型〉

A1型の構成要素から石積基壇がなくなり、床が土間式となった類型である。やはりヤップに近いソロールとウォレアイにだけ分布している（**図24**）。

〈B1型〉

A1型を縮小化したような類型で、石積基壇、井桁状の土台、板壁、真束もしくは棟持柱による小屋組、舟形切妻屋根、半円錐状妻庇などの構成要素からなり、ヨールピックとファラーラップに分布している（**図25**）。

〈B2型〉

B1型から石積基壇をとった類型で、ヤップに近いファイスから、ウォレアイ、イファルク、ラモトレック、サタワル、そして南部モートロック（ナモルク、ルクノル）に至るまで広範な分布を示している（**図25**）。

〈C1型〉

基礎・土台などのない土間式の床、椰子葉で編んだ壁、真束式の小屋組、舟形切妻屋根、半円錐状の妻庇などから構成される。分布は非常に広く、パラウ南西の離島ではトビ、プール、ソンソール、中央カロリンではイファルクからオロールまで連続する島々と南部モートロック、さらに東カロリンのモキール、ピンゲラップからマーシャル諸島の一部にまで及んでいる（**図26**）。

〈C2型〉

C1型の要素のうち舟形切妻屋根が直線切妻屋根に替わり、半円錐状妻庇をもたない。この類型は、西カロリンではメリル、東カロリンではトラック周辺とピンゲラップおよびポリネシアン・アウトライア[23]、さらにマーシャルからギルバートにまで分布している（**図26**）。

分布構造の意味

以上とりあげた六類型のうち、もっとも素朴な建築形式がC2型であり、分布の広さからみても、核ミクロネシア語圏におけるより原初的な家屋類型とみなせよう。一方、A1型はヤップの建築形式そのものであり、その中間に位置する四つの類型は、ほぼヤップ帝国の版図と重なりあいながら、C1→B2→B1→A2の順でヤップ的な要素が濃厚になっていく。イファルク島に、西から新しい建築技術が伝えられたという伝承があるとおり[24]、A・B両型は、ヤップ帝国成立後に、西方のヤップから影響を受けてC型を被覆するように出現した「外来的」もしくは「発展的」な建築形式と考えられる（**図27**）。C2型の舟型屋根もヤップやパラウからの間接的な影響とみてよかろう。なお、B型はサウェイ交易圏を超えて、南部モートロックにまで波及している。トラック諸島の真南に位置しながら、サウェイ交易圏との間にも直接的な文化交渉があって、そこから間接的にヤップの技術を

図23　核ミクロネシア語圏の家屋類型

表1　核ミクロネシア語圏の家屋分類指標

類型	石積基壇	土　台	簀子・板壁	棟持柱	棟　束	鞍形屋根	六角形平面	半円錐状妻庇
A 1	＋	＋	＋	＋	－	＋	＋	＋
A 2	－	＋	＋	＋	±	＋	＋	－
B 1	＋	＋	＋	±	＋	＋	－	＋
B 2	－	＋	＋	±	＋	＋	－	＋
C 1	－	－	－	－	＋	±	＋	＋
C 2	－	－	－	－	＋	－	－	－

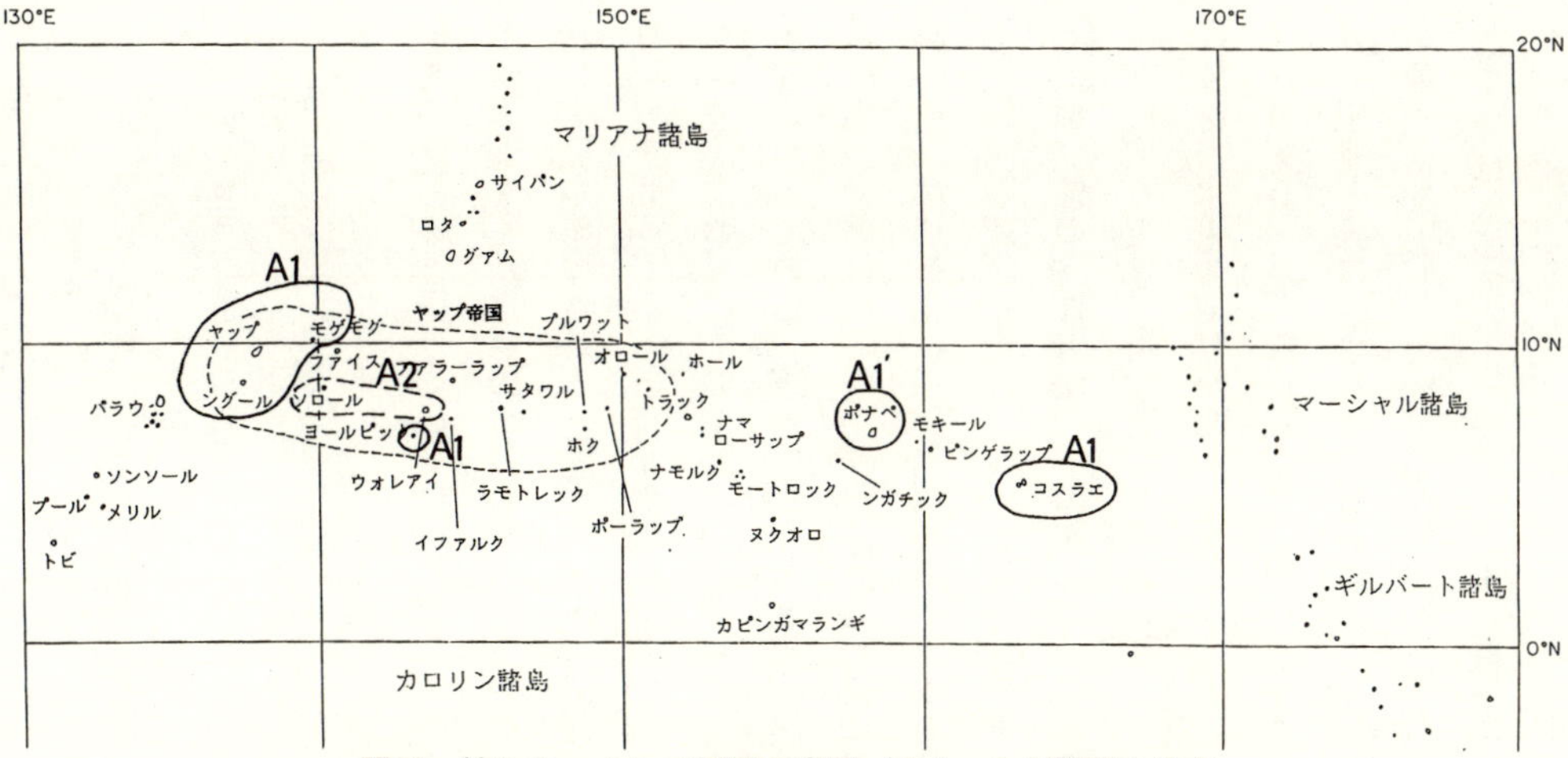

図24　核ミクロネシア語圏の家屋／Ａ１・Ａ２類型の分布

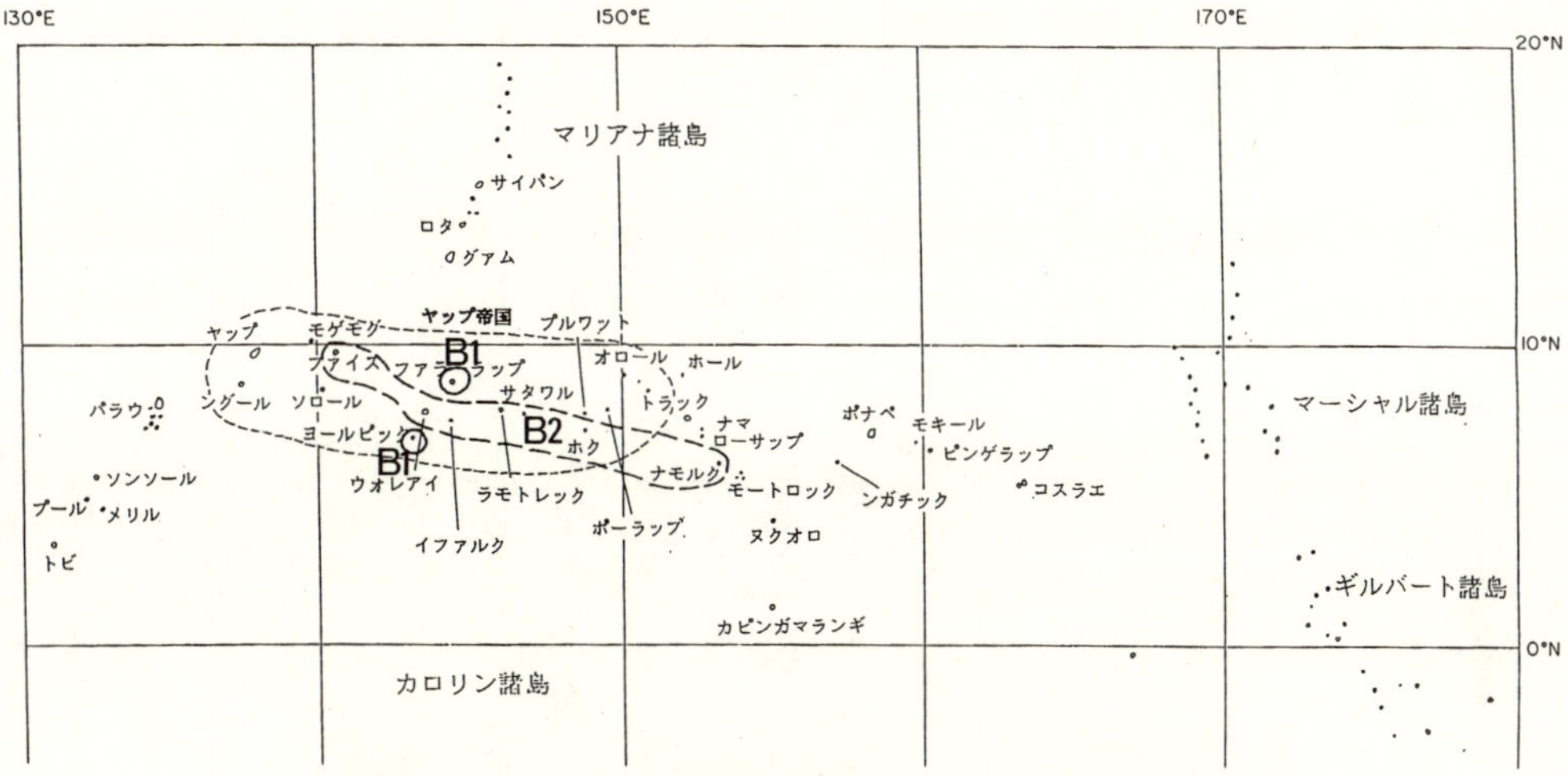

図25　核ミクロネシア語圏の家屋／Ｂ１・Ｂ２類型の分布

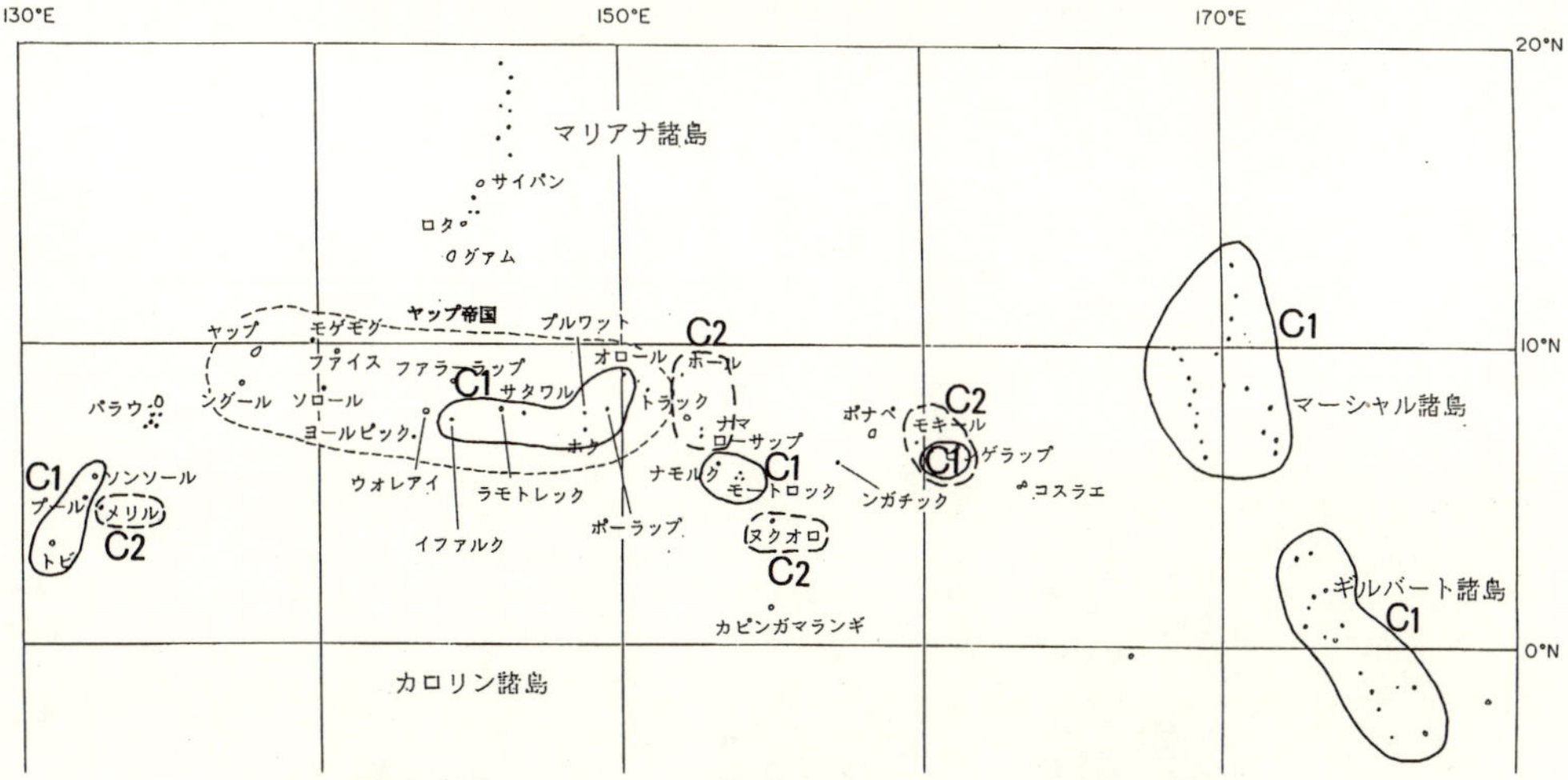

図26　核ミクロネシア語圏の家屋／Ｃ１・Ｃ２類型の分布

受け入れたのだろう。

三、トラック環礁の掘立柱建物と建築儀礼

中央カロリン群島の行政的中心地はトラック環礁である。礁湖には一六の有人島が浮かぶ。右の分類に従うと、トラックはC2型建築の分布圏であり、ヤップ方面から影響をほとんど受けていない。ただし、周辺島嶼のC2型が妻庇をもたないのに対して、トラックの建築は台形状の妻庇を附属させる（**図28**）。また、近年の伝統的建築は平地土間式だが、数百年前には山頂に防御的な城壁集落を営んでおり、その遺跡の内側からは溶岩積みの基壇がみつかっている。筆者は一九七九年、環礁内西部のトル島山頂に所在するファウバ遺跡の整備にともない、遺跡内の基壇遺構上に伝統的集会所ウートを建設する過程を記録する調査に携わった[25]。ここでは、そのなかからとくに掘立柱の立柱方法、小屋組とのかかわり、建築儀礼などを取り上げ、再検討してみたい。

柱材と水平の取りかた

建設された集会所は身舎が桁行二間×梁間一間であり、平側の庇は身舎からの葺きおろし、妻側は下屋状の半独立構造とし、平庇と妻庇の間を隅庇でつなぐ（**図29**）。柱は入側で六本、妻庇で二本、材種はいずれもパンノキである（**図30**）。身舎の柱は、地中部分を太く残して、地上は面取りした八角断面に削りだし、柱頭をふたたび膨らませて円形断面の桁を落とし込む仕口をつくる。庇柱は身舎の柱よりも一まわり小さく、地上部分は方形断面、軒桁の受口も矩形に切り欠くのみ。身舎柱と庇柱は、立柱前に地底部を焼いておく。

柱穴の深さは、柱の地下部分を棒で計って決めた。柱はテコを使い滑べらせるようにして穴におさめる。それから小石で穴を埋めるが、この段階ではまだ密に詰めない。軸組み構造全体が安定するまでは、柱の座標を微動調整できるようにしておくのである（**図31**）。

四隅の柱を仮立てする際、もっとも重要なのは柱上端の水平のとり方である。柱の仕口穴下端から一定距離を計り、その点の水平をみることによって、仕口穴下端の水平をとる。実例として、基準となった北東隅柱から北西隅柱への水平のとり方を説明してみよう。まず、北東隅柱の仕口穴下端から一定距離αをとる（**図32①**）。この点で、北東から北西へ簡単な水準器を使って水平線をひき、この高さから北西隅柱穴底部までの距離βを計る（**図32②**）。そして、北西隅柱の仕口穴下端から$\alpha+\beta$の距離をとると、柱の長さより短かかったので、余分な部分を鋸で切りとった（**図32③**）。普通はさらに穴を掘って、$\alpha+\beta$の長さと柱の長さを一致させるのだが、この基壇遺構の真下には強固な玄武岩の岩盤があって、これ

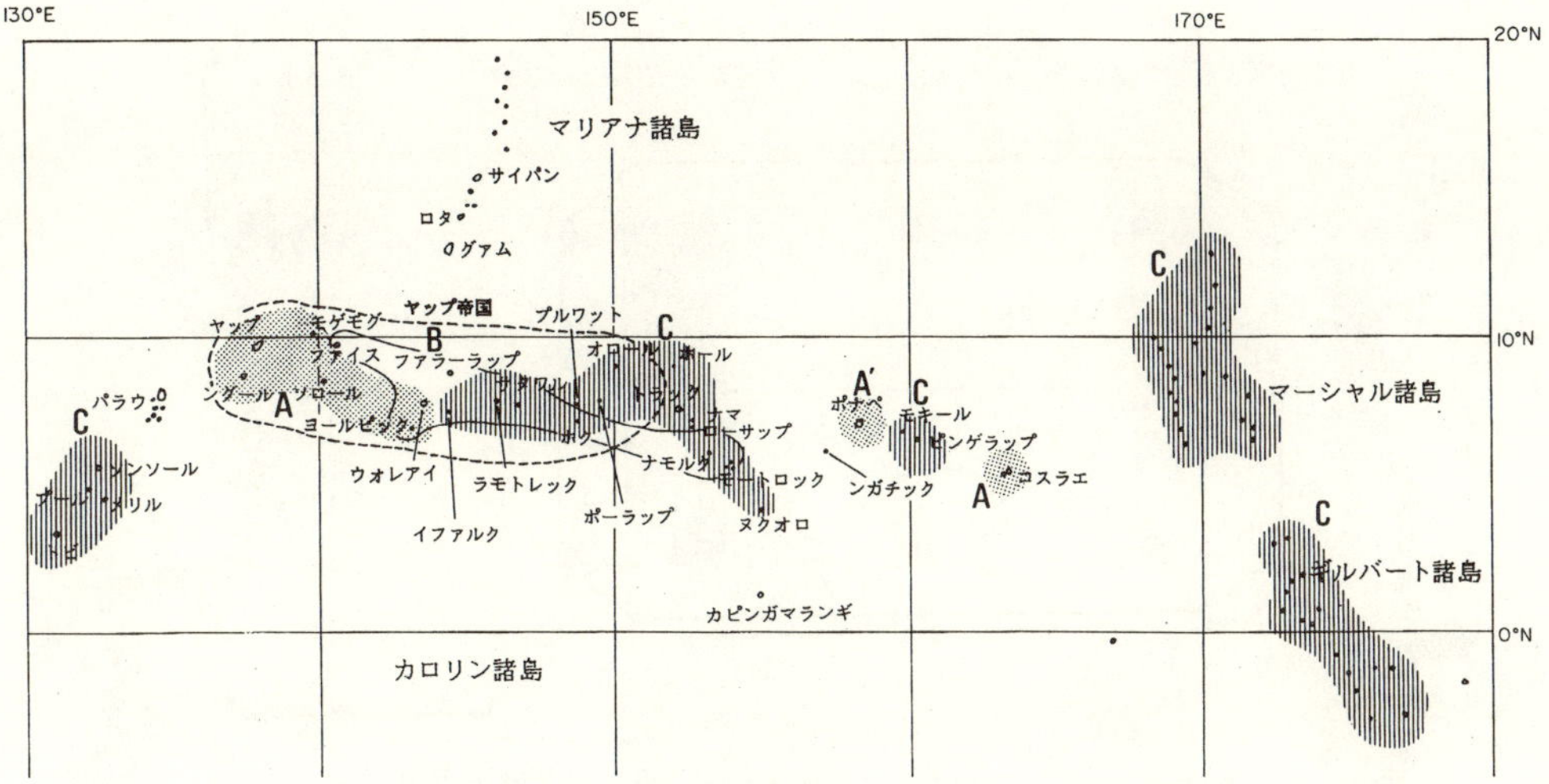

図27　核ミクロネシア語圏の家屋／A・B・C類型の分布関係

1 側柱（ur）
2 桁 (tinow)
3 梁 (oücham)
4 棟束 (pöt,uräto)
5 棟木 (wung,ifetiu)
6 第 2 梁 (monoufoü)
7 庇柱 (uren siis)
8 庇梁 (oücham siis)
9 戸柱 (uren asam)
10垂木 (wo,eitita)

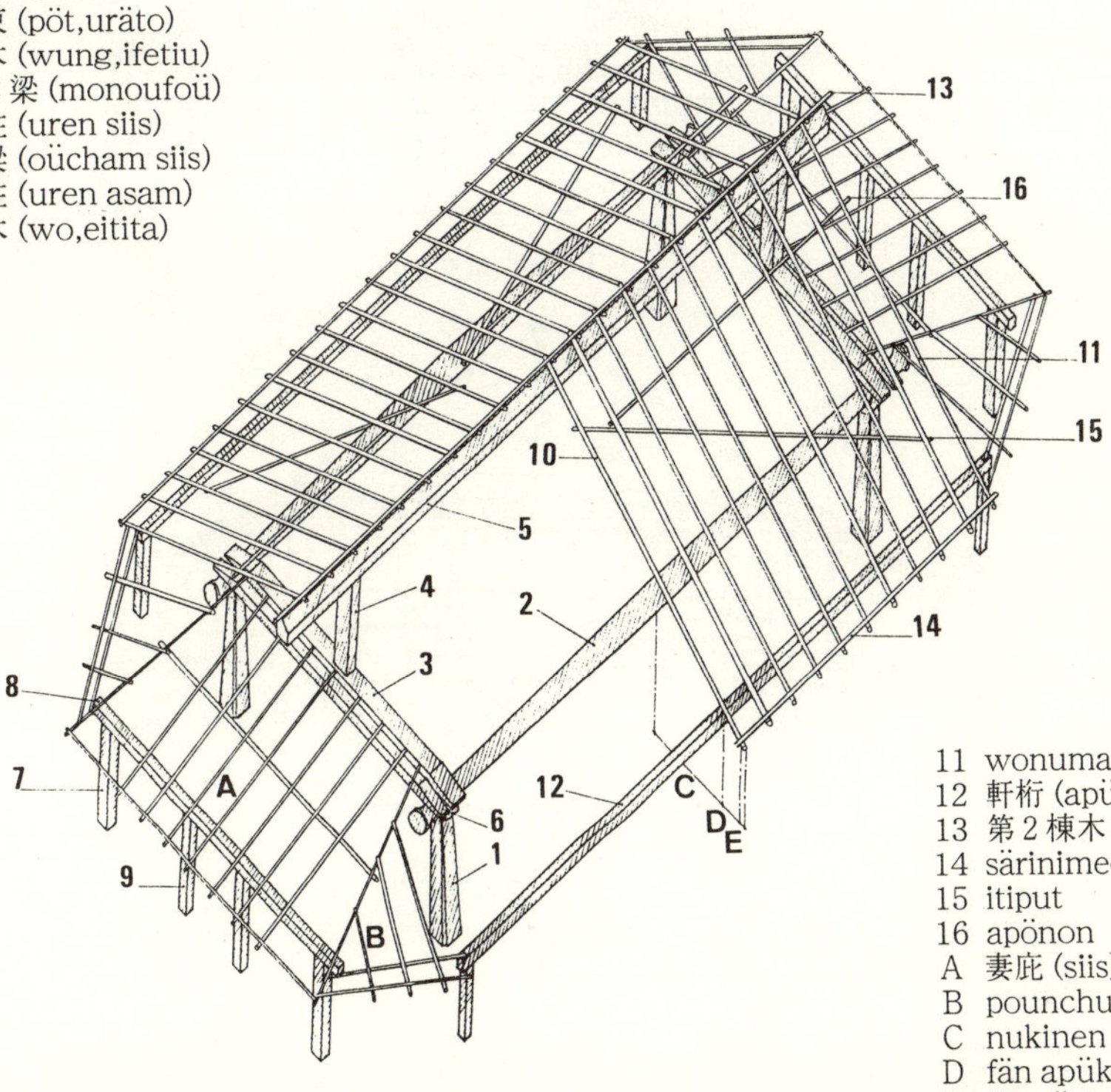

11 wonumas
12 軒桁 (apük)
13 第 2 棟木 (sokuning)
14 särinimech
15 itiput
16 apönon
A 妻庇 (siis)
B pounchuko
C nukinen
D fän apük
E fän särinimech

図28　トラック諸島の集会所ウートの建築構造と部材名称

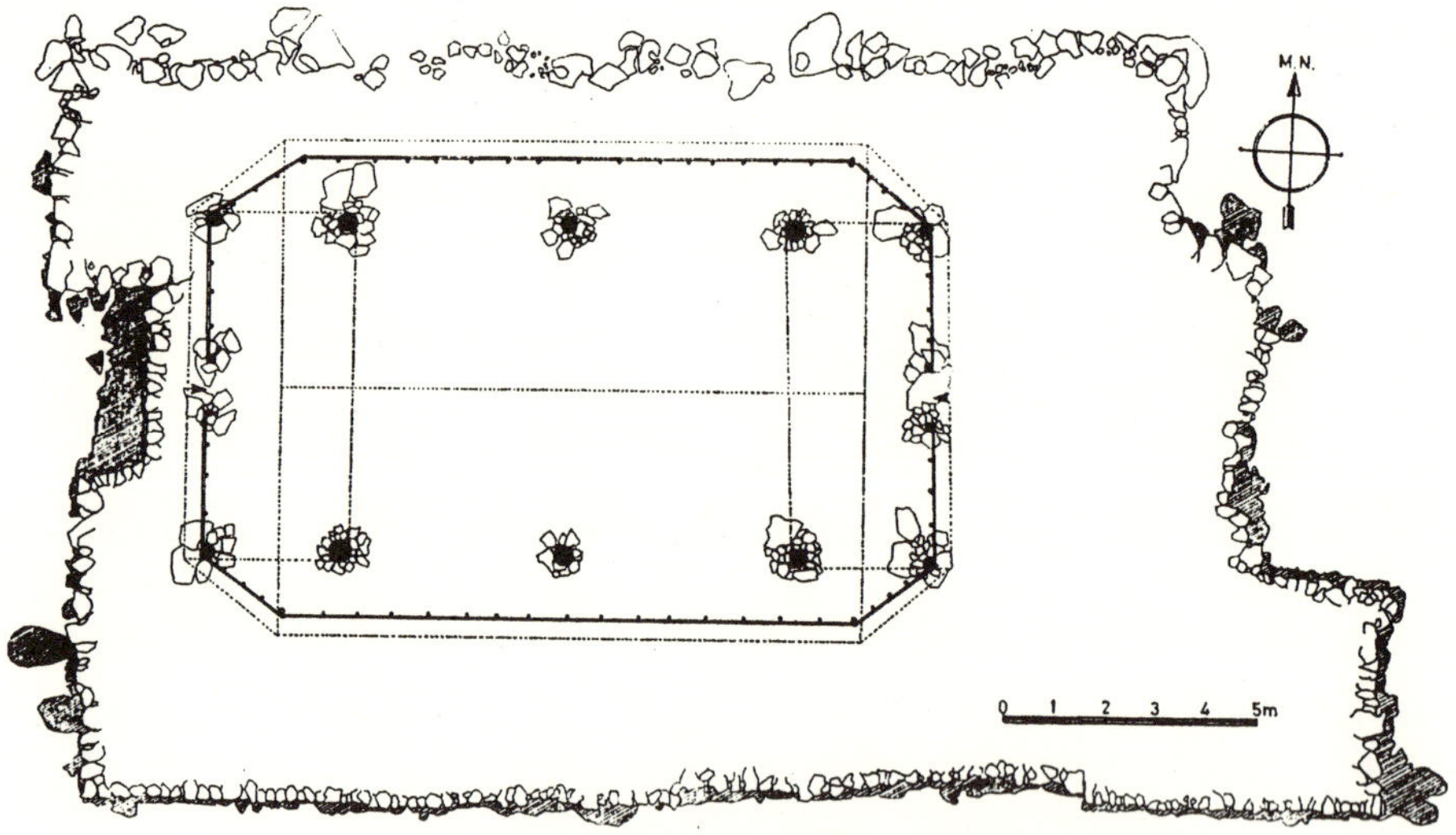

i ）完成ウート平面図および配置図

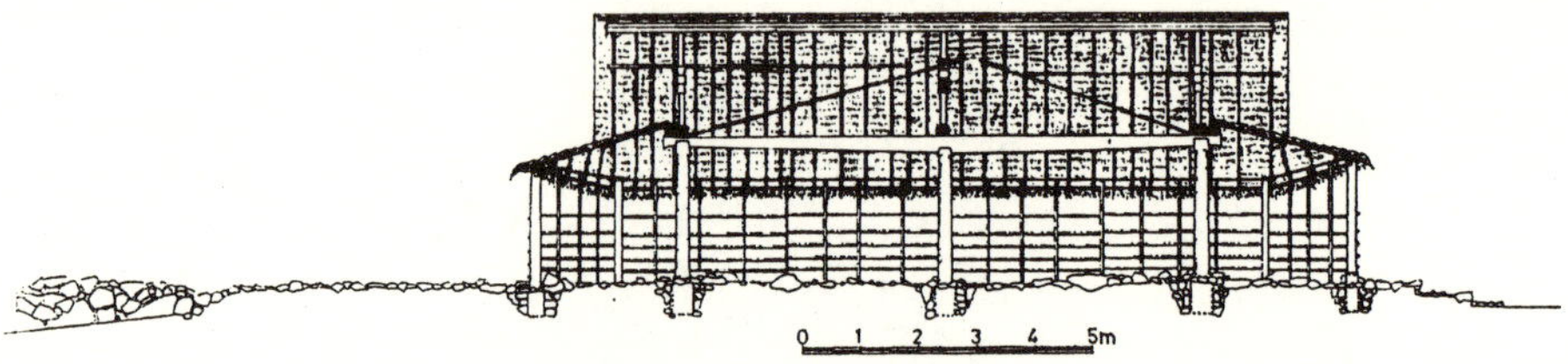

ii ）完成ウート桁行方向断面図

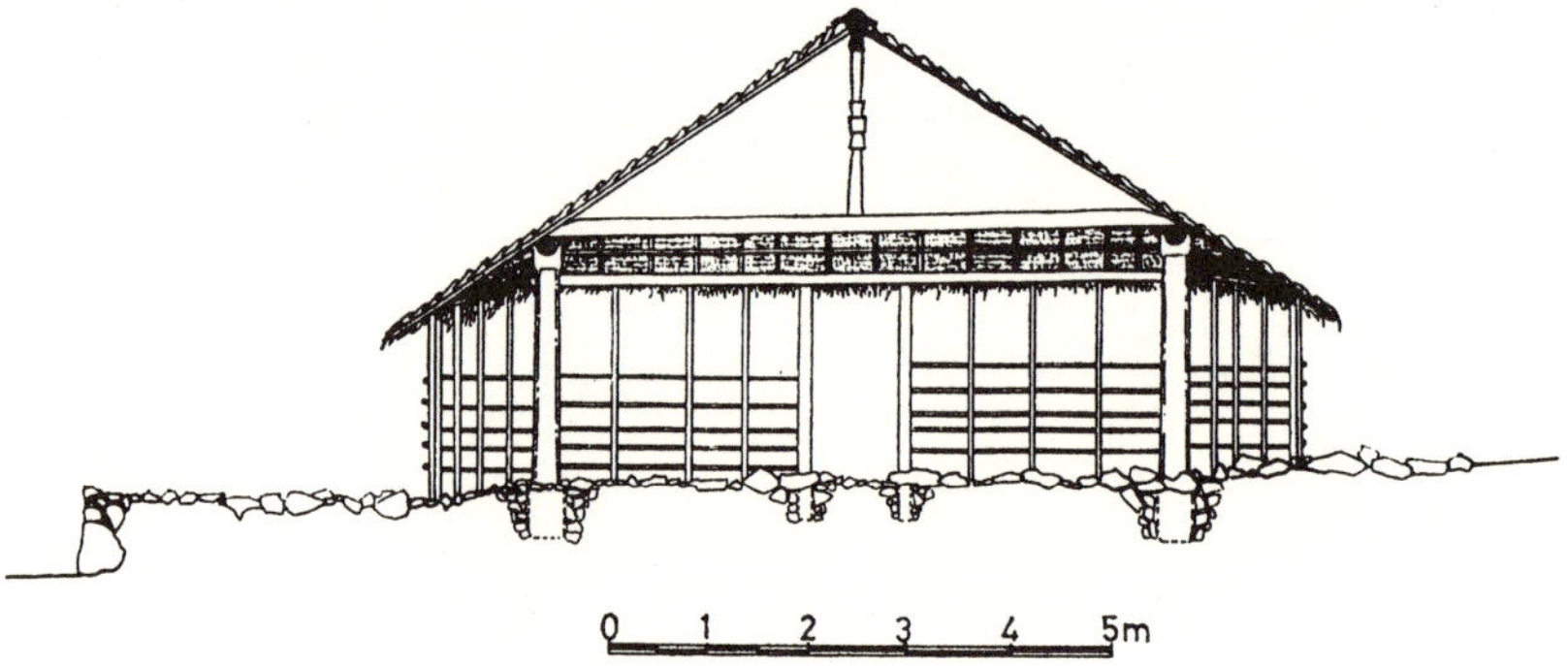

iii ）完成ウート梁行方向断面図

図29　ファウバ遺跡に建設された集会所ウートの完成平面図・断面図

以上掘ることは不可能だった。逆に$\alpha+\beta$が柱より長い場合、穴を埋め戻す。四隅の柱を立てたら、桁と梁をのせて椰子縄で縛りつける。この段階で柱穴の小石をぎゅうぎゅう詰めにする。それから、中間の柱を立てる。これは、桁が中央で太く、桁をのせないことには中央柱の仕口穴下端の高さが決まらないからである。

ところで、トラックにはもとから水準器があったわけではない。そこで、昔は何を使ったのかと訊いたところ、大工たちは「目がある」という。島のほとんどどこからでもみえる水平線が不動の基準であったのだろう。

棟上げ

小屋組みは、まず足場作りからはじまる（**図33**）。足場や突っかい棒につかわれる材は強靭なマングローヴである。棟木を突っかい棒の上にあげる時には、あらかじめ棟木の両端と中央の三カ所（両面で六カ所）に結んでおいた垂木を、桁と地面から支え、左右のバランスをとる。束は梁と棟木の間に挟み込むだけで、仕口とよぶべきものはまったくなく、椰子縄で縛ることもない。ただ左右の垂木のバランスだけで、束は立っている。

この束立ての作業にも、突っかい棒が不可欠である。まず、棟木を支える短棒は一端だけをむすび、他端は自由にしておく（**図34**①）。棟木を短棒上にのせたあと、他端も固定する（**図34**②）。ここで束をあげて梁に立て、

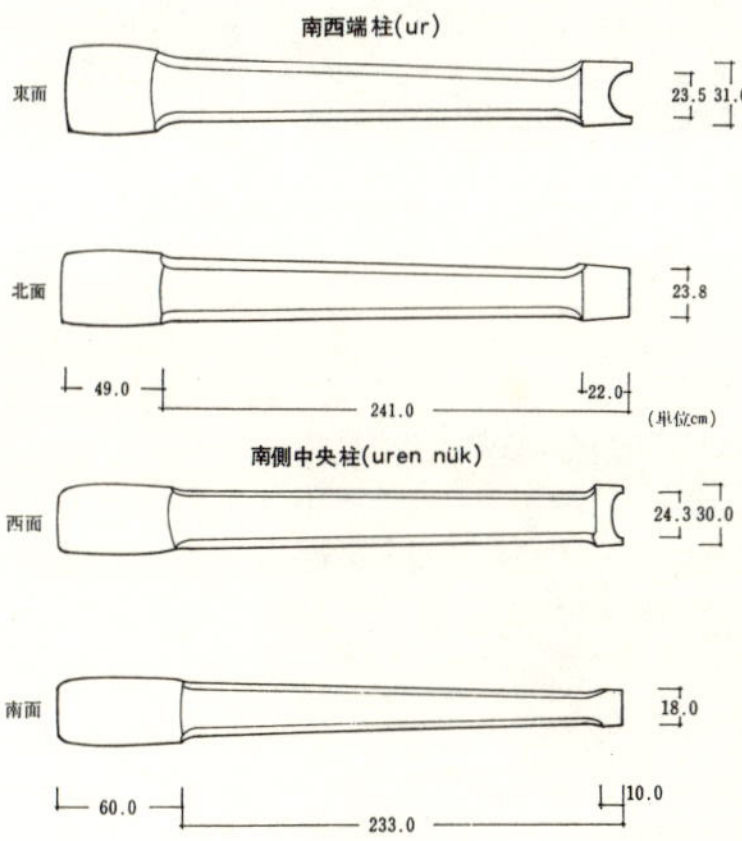

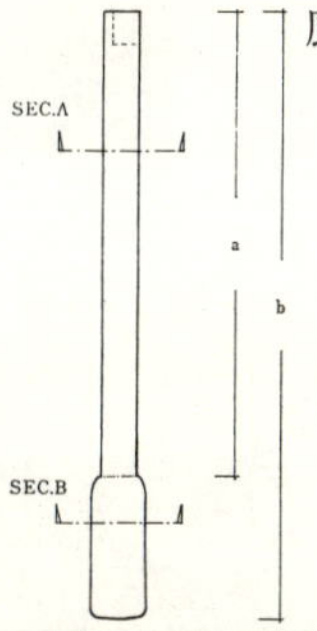

	a	b	SEC.A	SEC.B
庇柱 1	230.5	284.0	16.0×16.0	28.0×29.0
庇柱 2	218.0	275.0	14.5×15.5	24.0×25.0
庇柱 3	198.0	263.0	15.0×16.0	23.0×25.0
庇柱 4	208.0	276.0	16.0×15.5	26.0×32.0
庇柱 5	206.0	255.0	15.4×15.5	21.0×23.0

（注）SEC.Aは方形断面だが、SEC.Bは不整形であり、垂直２方向の最大値をとった。

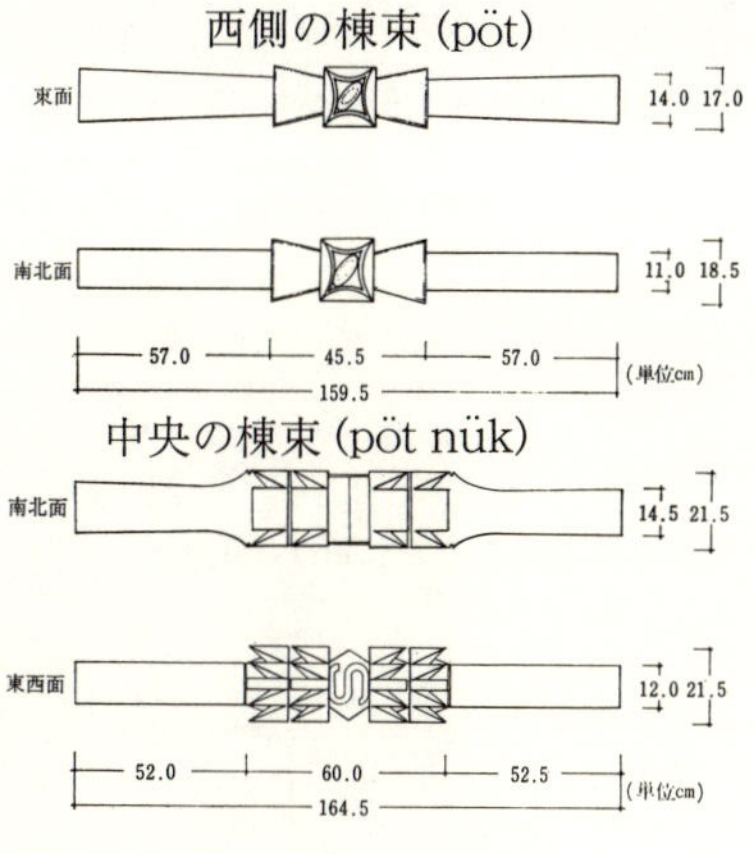

図30　建設されたウート（図29）の入側柱（左）・庇柱（中）・棟束（右）の実測図

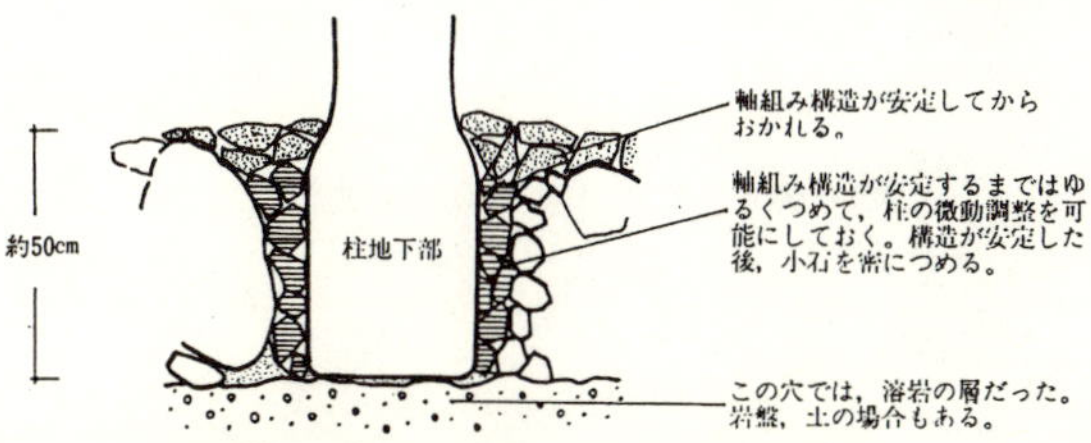

北東端柱の柱穴（puangen ur）断面

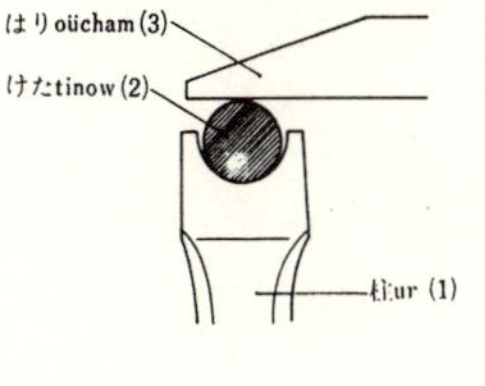

柱・桁・梁接合部詳細

図31　北東隅柱穴の断面図（上）と柱上端の部材の納まり（下）

② この高さで水平線をひき、北西端柱の柱穴底部からこの位置までの距離βをはかる

① 北東端の仕口穴下端から一定距離αをとる

③ 北西端柱において、仕口穴下端から$\alpha + \beta$の距離をはかると、柱の長さより短かかったので、余分な部分を切りとった（柱穴底部は岩盤のためこれ以上ほれなかった）

図32 柱上端の水平のとり方

いったん短棒をはずし棟木を束にのせる（図34③）。そして、この位置でもう一度短棒を結びつけ、棟木を安定させる（図34④）。

棟上げに引き続き、休むことなく垂木をかける。一刻も早く、束と棟木を安定させなければならないからである。屋根半面に数本の垂木がのると、その下面にイティプットという斜材を取りつける（図35）。以後も、妻壁より内側の垂木はすべて左右二本のイティプットに結びつけ、さらに螻羽《けらば》の垂木は水平材アポノンで内側の垂木とつながれる（図36）。イティプットとアポノンは桁行方向の横力に抵抗するための材であり、とりわけイティプットは神様がもたらしたという伝承がある[26]。棟木を支える突っかい棒は、こうして小屋組全体が安定するまではずされない[27]。

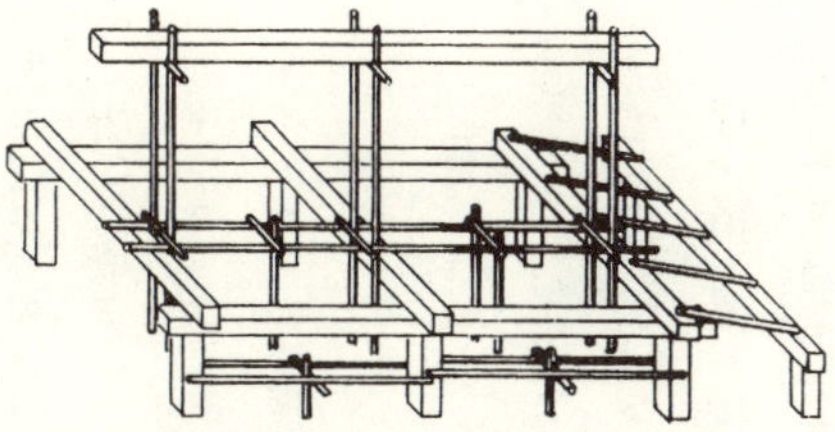

図33　柱と突かい棒のシステム

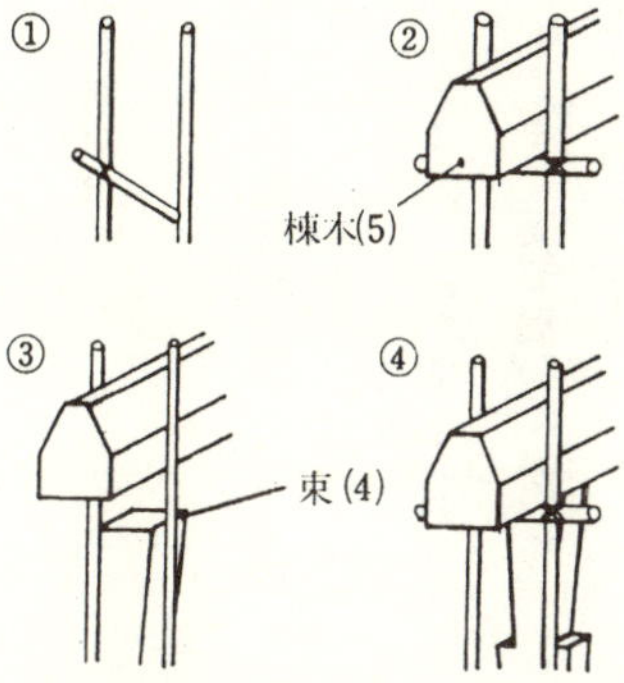

図34　棟上げの手順

建築儀礼

「棟上げ」の儀礼は、キリスト教の宣教師も加わる現代的なセレモニーになっていた。しかし、儀式を取り仕切ったのは、イータンという役職（特別な土着的知識の伝承者）の年寄りである。以下、儀式の次第を概略的に記す。

①完成した軸組の中に、椰子葉を敷きつめ、人びとがもちよったごちそうを並べる。パンモチ、バナナ、タピオカ、タロイモ、魚、そして豚の石蒸焼料理ウームなどである[28]。

図35　垂木を斜材イティプットで連結しているところ

図36　妻壁内外の垂木を水平材アポノンで連結しているところ

②ファウバ村と近隣二村から集まった人びとが、集会所の基壇まわりに座る。
③キリスト教宣教師によるお祈り。
④イータンの挨拶とお祈り。
⑤イータンの紹介で、ファウバ村長ほか若干名の挨拶とお祈り。
⑥イータンが集まった人びとにキャンディを投げ与える。
⑦イータンがパンモチ（パンノキの実で搗いた餅）を、柱・桁・梁の接合部六カ所すべてに投げつける。
⑧ごちそうを再分配して、各氏族に分かれて食事をする。

建築とのかかわりとして、とくに注目すべきは⑦である。こうしないと、棟上げ以後、死人や怪我人がでると信じられている。なお、完成後の宴会はさらに盛大なものだという。その儀式ではエネス（学名 *Piper sp.*）という薬草の絞り汁をココナッツ・ジュースにまぜ、全員でまわし飲みしたあと、エネスの絞り滓を束の根元にお供えする。構造上もっとも不安定な「束の根元」を重視するのは、その部位の破損が家屋の倒壊に直結しているからであろう。

四、掘立柱と上部構造

トラック諸島に代表される核ミクロネシア語圏の掘立柱建物は、近藤富蔵が『八丈実記』に記す「土生小屋《ハニフノコヤ》」のイメージによく重なりあう。とりわけ継手仕口を一切用いずに束を梁の上に立ちあげ、棟木で挟みこむ小屋組の素朴さには驚かされる。構造が素朴なだけに、棟上げにあたってはきわめて慎重な工程を経ており、完成後も束を神聖視し、その根元に供物を奉納する。一方、隠岐の舟小屋や対馬の藻小屋では梁を削出し柱で貫く仕口が認められ、その技法は奄美大島民家のヒキモン構造や八丈島のオクラに発展的に継承され、礎石建物に取り入れられていく。パラウの礎石建集会所でもこれと似た仕口を用いている点に注目したい。

柱を削りだしにして横架材を貫く技法は、登呂遺跡の高床倉庫で知られるように、弥生時代中期以降に忽然と出現する。縄文時代の高床建物は、柱に貫穴をあけて横架材を通す大引貫の技法が桜町遺跡の出土柱材で確認されているにすぎない。縄文時代の掘立柱建物は、出土した柱根からみる限り、木柄が太く加工は粗いが、径が大きいから貫穴をあける技法に適している。一方、弥生時代の掘立柱建物は、木柄は細いが加工は精巧であり、削り出し柱で横架材を貫く繊細な継手仕口を生み出した。いうまでもなく、これは石器から金属器への大工道具の転換がもたらした変革である。舟小屋・藻小屋など各地に現存する掘立柱建物や、その系列上にあるオクラなどの礎石建物の構法は、この弥生時代以来の伝統を継承するものといえるだろう。

小野正敏氏の報告によると、沖縄本島では、明治中頃まで掘立柱の民家が多く残っていたという。掘立柱の建物といってもアナヤーほど原初的なものではなく、おそらくアナヤーからヌキヤーへ移行する過渡的な上部構造を備えていたのではないだろうか。奄美大島のマーヤ造は、そこからさらに一段構造を進化させた住居として位置づけられるのかもしれない。

註

(1) 浅川滋男『離島の建築』至文堂、二〇〇〇。
(2) a石原憲治ほか「八丈・小島の民家建築報告」『伊豆諸島文化財総合調査報告　第三分冊』東京都文化財調査報告書八、一九六〇。
以下の記述では、この論文のほか、
b八丈町役場『八丈島誌』(一九七三)。

c東京都教育委員会「特集　八丈島民俗資料緊急調査」『文化財の保護』六号、一九七四。

d同『八丈島末吉地区文化財調査報告』一九八一。

e野村亜子「衣食住」『八丈島』観光資源保護財団、一九七六。

を参照した。
(3) 八丈実記刊行会『八丈実記』緑地社、一九六四。
(4) 山方石之助『小笠原島志』東陽堂書店、一九〇六。
(5) 辻友衛『小笠原日記』上巻、近代文芸社、一九九五。
(6) 磯村貞吉『小笠原島勢要覧』便益社、一八八八。
(7) 今和次郎「民家論」『今和次郎著作集』第2巻、ドメス出版、一九七一。
(8) 山崎弘「小笠原諸島の建築」『文化財の保護』一四号、東京都教育委員会、一九八二。
(9) 九学会連合対馬共同調査委員会『対馬の自然と文化』古今書院、一九五四。
(10) 長崎県教育委員会『対馬西岸阿連・志多留の民俗』長崎県文化財調査報告集第一三集、一九七三。
(11) 宮沢智士『奄美大島笠利町の民家調査報告』日本ナショナルトラスト、一九九六。
(12) 渡辺保忠ほか「八丈島の高倉」『八丈島末吉地区文化財調査報告』東京都教育委員会、一九八一。
(13) 野村孝文『南西諸島の民家』相模書房、一九六一。
(14) 松岡静雄『ミクロネシア民族誌』岩波書店、一九四三。
(15) 浅川滋男「パラウとヤップの分棟型住居」『民俗建築』一〇〇号、一九九一。
(16) Thompson, L. "The Function of Latte in the Marianas" *The Journal of the Polynesian Society* 49, 1940. 八幡一郎『南洋文化雑考』青年書房昭光社、一九四三。
(17) Bender, B.W. "Micronesian Languages" *Current Trends in Linguistics* 8(8), 1971.
(18) Lessa, W.A "Ulithi and The Outer Native World", *American Anthropologist* 52: pp. 27-52, 1950.
(19) ンガラブの根元は棟通りの敷居よりも西側に位置し、根元側の西半分が劣位にあたるタブグール側、その反対の東半分が優位にあたるタウォル側とされる。
(20) 前掲註(17)。
(21) 浅川滋男「ミクロネシア住居の系譜」『しにか』一九九一年六月号。

(22) 染木煦『ミクロネシアの風土と民具』影考書院、一九四五。

(23) メラネシア東端を出発してポリネシアにひろく拡散したポリネシア人がメラネシアやミクロネシアに逆戻りして入植した島をポリネシアン・アウトライアーという。ミクロネシアでは、カピンガマランギとヌクオロの二島がそれにあたる。

(24) Burrows, E. G. and M. E. Spird, *An Atoll Culture ethnography of Ifaluk in the Central Carolines,* First Greenwood Reprinting, 1970.

(25) 浅川滋男「ウートがたちあがるまで」『季刊人類学』一一巻三号、一九八〇。

(26) イティプットが使われるようになった経緯について島民は以下のような伝承を教えてくれた。

「強い風のために屋根が横揺れし、今にも倒れそうになっており、人びとは、いったいどうしたらよいのかわからず、困りはてていた。すると、どこからか若い男があらわれて、『これを斜材に使え』といって、マングローヴの木を放り投げた。人びとは、いわれるとおりに、マングローヴを屋根に結びつけると、屋根の揺れが納まった。そこで人びとは、若者にお礼をいおうとしたのだが、すでに姿はすでに消えていた。その後、人びとは、その若者が神様だったのだと考えるようになった」。

(27) 棟上げの日には雨が降ったほうがよい、といわれている。これは、湿気があるほうがヤシナワのしまりがよいという実用的な観点かららしい。

(28) 本来ならば椰子酒もほしいところであるが、当時は禁酒法が制定されていた。

【ミクロネシア建築の類型・分布図作成のための文献】

（註掲載のものは除く）

Alkire, W. H. "Systems of Measurement on Woleai Atoll, Caroline Islands", *Anthropos* 65, 1970.

Bollig, L. "Die Bewohner der Truk-Inseln", *Anthropos Ethnologische Bibliothek* 3 (1), Münster, 1927.

Buck, P. H. "Material Culture of Kapingamarangi" *B. P. Bishop Museum Bull.* 200, 1950.

Damm, H. et al. "Inseln Um Truk" 2 Halbband in ESSE (*Ergebnisse der Südsee Expedition* 1908–1910) IIB (6), Humburg, 1935, "Zentralkarolinen" 2 Halbband in ESSE IIB (10), 1938（HRAF に英訳）.

Eilers, A. "Inseln um Ponape" in ESSE IIB (8), 1934. "Westkarolinen" in ESSE IIB (9), 1935.

Fischer, J. L. and A. M. Fischer *The Eastern Carolines,* Hraf Press, 1957.

今西錦司編『ポナペ島』講談社、一九四四。

小林繁樹「ヤップ島家屋の構造と建築過程」『リトルワールド研究報告』二号、人間博物館リトルワールド、一九七八。

Koch, G. *Material Kulture der Gilbert-Inseln,* Museum für Völker-Kunde, Berlin, 1965.

Krämer, A. "Palau", 3 Teilband in ESSE IIB (3), Hamburg, 1917. "Truk" in ESSE IIB (5), 1932（HRAF に英訳）, "Inseln Um Truk", 1 Halbband in ESSE IIB (6), 1935, "Zentralkarolinen" 1 Halbband in ESSE IIB (10), 1937.（HRAF に英訳）

Krämer, A. and H. Nevermann "Ralik-Ratak Marshall Inseln" in ESSE IIB (11), 1938.（HRAF に英訳）

Kubary, J. S. *Ethnographische Beiträge zur Kenntnis des Karolinen Archipels*, Leiden, 1895.

LeBar, F. M. " Some Aspects of Canoe and House Construction on Truk " *Ethnology* 2 (1) "The Material Cultutre of Truk" *Yale University Publications in Anthropology* 68, 1964.

Matsumura, A. *Contribution to Ethnography of Micronesia*, Tokyo University, 1918.

森田慶一「ヤップの家」『建築学研究』九二号、一九三九。「内南洋の建築」『建築と社会』二四巻八号、一九四一。『森田慶一建築論集』彰国社、一九五八。

Müller, W. "Yap" 1 Halbband in ESSE IIB (2), 1917.（HRAFに英訳）

中村基衛「ミクロネシア・プルスク島における家屋と住まい方」『国立民族学博物館研究報告』二巻三号、一九七七。

染木煦「ヤップ離島巡航記」『民族学研究』三巻三号、一九三七。「ポナペ離島習俗聞書」『民族学研究』四巻一号、一九三八。「ソンソル・トコベイ土俗報告」『民族学研究』四巻二号、一九三八。「英領ギルバートの一週日」『民族学研究』五巻一号、一九三九。

須藤健一「『ウートがたちあがるまで』に対するコメント2」『季刊人類学』一一巻三号、京都大学人類学研究会、一九八〇。

Tischner, H. *Die Verbreitung der Hausformen in Ozeanian*, 1934.

Thilenius G "Kusae" in ESSE 1908–1910 IIB (4), 1919.

庶民住居における掘立柱から礎石への転換点

浅川（司会）　私のコメントのなかで、報告者のみなさんに一つ質問をしておりました。庶民住居の場合、掘立柱建物から礎石建物へという大きな転換点はどこか、それは農村と都市とではどのくらいちがうのか、という質問でしたが、まず、それについて簡単にお答えいただければと思います。

堀内　京都市内の町屋は、一七世紀段階にほとんど礎石建物になっています。七条町・八条院町（一二九頁、図5）では、すでに一四世紀代に礎石建物に変わっておりまして、その傾向がずっと続いているのだと思います。

一方、農村部をみますと、中世前期の集落は一五世紀段階に現在の市街地とほぼオーバーラップしてくるので、遺構がなかなか見つかりません。つまり、農村部の庶民住宅が礎石建物なのか掘立柱建物なのかはわからないのです。また、城下町などの調査例はかなりあるものの、農村部や集落の調査例はごく少ないのです。ですから民家の修理工事の際に発掘する下層遺構を調べたほうが、比較的データは摑めるのかもしれません。枚方地区などは掘立柱建物があまり明確にでてこないので、おそらく礎石建物が多かったと思いますが、礎石もかなり抜かれていて具体的な遺構がはっきりわかりません。ですが、京都府南山城にある菩提遺跡（一三三頁、図11）では一八世紀中期まで掘立柱建物ですし、宇治の羽戸山遺跡では同じころ礎石建物ということで、どうやら場所によってかなりバラエティがあるのではないかということだけは想像がつきます。ですからひとつの傾向でしかないと思いますが、農村部でも若干のバラエティはあっても一七世紀段階にはある程度礎石建物に変わっていると考えています。

岩本　香川県における農村部の発掘例をみますと、一八世紀前半～中頃にはかなり掘立柱建物が残っているものの一八世紀中頃から様相が変わってきて、おそらく一九世紀代になるとほとんど礎石建物に転換します。とくに一九世紀後半以降にはほとんどすべてが礎石建物になるという傾向があります。同じ四国でも、他県のようすはまだわかりませんが、予測としてはおそらく同じような傾向だと思います。ただし、高知県ではこれより若干遅れる可能性があります。

城館については発掘例が非常に少なく、その中でも武家屋敷や城のごく近辺の屋敷地の例から考えますと、一七世紀前半ないしは一七世紀後半にほとんど礎石建物に転換していると思います。城周辺部以外の町屋遺構等の発掘例はさらに少ないのですが、広島市の西にあります廿日市市における近世遺構の成果では、おそらく一五世紀末にそういった建物が出現して、一六世紀代にかなり礎石建物に転換するという見解がでています。さらに、たとえば石見銀山は一七世紀前半でも、これはむしろ用途論にかかってくるかもしれませんが、生産遺跡関連では礎石建物が圧倒的に多いという発掘成果が出つつあります。

浅川　中国・四国の移行期は近畿よりちょっと遅れるということでしょうか。

岩本　近畿地方における農村部の様相はよくわからないのですが、中国・四国地方の都市遺跡には京都のような要素はありません。一四世紀代に、草戸千軒のような集落において、町屋が礎石建物になっていればそういえるのでしょうが、草戸千軒の場合、特別な建物が礎石建になっているだけで、町屋は礎石建ではありません。ですから、たぶんこの地域の都市では早くても一五世紀末ぐらいが転換期ではないかと思います。

浅川　農村部の変換期は関東や東北の移行期に近いということですね。

岩本　ええ、一八世紀前半ごろには、掘立柱建物がかなりたくさん残っていたのではないでしょうか。

堀内　『京都府の民家』第七冊（京都

府教育委員会、一九七五）によると、綾部市別所町にある浅儀家《あさぎ》（**図1**）は一八世紀初頭の建立と想定されていますが、この家が近郷では初めての石場建ということで周りから見にきたという伝承があるようです。さらに、舞鶴市西部にある旧庄屋の谷口家も近郷では初めて石場建だったということで周辺から注目をあびたと聞いています。これを真実と認めれば、丹後地方においては、庄屋クラスでようやく江戸中期頃になって礎石建物が建ちはじめているわけで、庄屋以下の一般農家層は江戸中期になってもまだ掘立柱建物だった可能性は高いと思われます。

　私の報告のなかで述べましたように、いわゆる山城や淀川水系・瀬戸内海沿岸部・大阪湾沿岸部などでは、非常に早く掘立柱建物から礎石建物へ移行するものの、日本海側や丹波・丹後地方はかなり遅れるのではないかという気がしています。また、たとえば伊丹郷町などでは、一八世紀後半〜一九世紀代にかけて、酒蔵建築が非常に盛んになるときに巨大な礎石建の蔵が出現しています。それ以前ははっきりしないのですが、どうやら掘立柱建物のようです。ですから、同じ瀬戸内沿岸、大阪湾沿岸でも部分的にはちがうと思っています。さらに、垂水に近い玉津田中という集落でも一八世紀の前半代まで掘立柱建物の集落だった可能性がありますし、滋賀県朽木の陣屋は、一五世紀からずっと掘立柱建物だったという記録もあります。

浅川　どちらかというと、丹波・丹後もひょっとしたら高知や関東、東北と同じくらい、掘立柱建物から礎石建物への転換点が遅くなるということですね。

岩本　瀬戸内海沿岸でも一八世紀前半〜中頃に礎石建物をもっているのは、おそらくハイクラスの層だと思うのですが、それ以外はほとんど掘立柱建物ではないでしょうか。一八世紀後半ぐらいから社会的に中・下層に属する住居も礎石建物に転換していくのではないかと思っています。

高松空港跡地遺跡（一七二頁、図4）の場合も、考え方によっては一七世紀のある段階で主屋が礎石建物になっていて、礎石建物のほうがむしろ多くて、主屋も掘立柱建物という屋敷地は非常に少ないという見方もできないことはないのです。

浅川　礎石やその据付穴は全部削平されてしまっているということですね。

岩本　ええ、私はそう思っています。つまり、礎石建の主屋などはすべて削平されていて認識できないのですが、付属的な建物、小規模な掘立柱の牛小屋や物置は認識できるため、むしろ掘立柱建物が強調されている部分があると思うのです。このような場合、どの段階で主屋が礎石建物になったのかわかりませんので、転換点は一八世紀前半

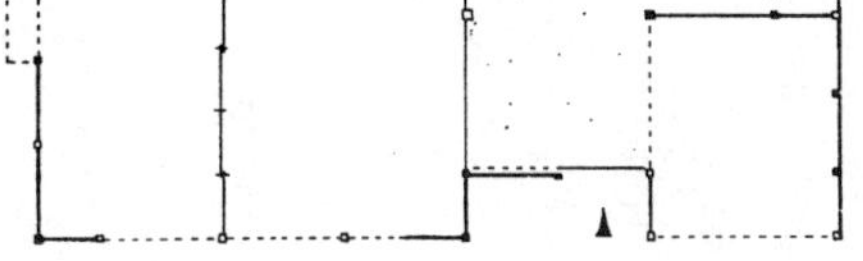

復原平面図

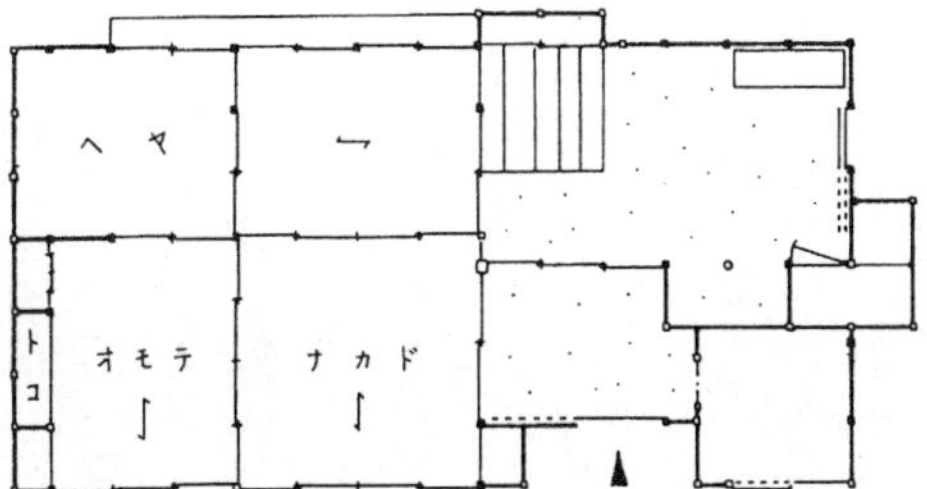

現状平面図

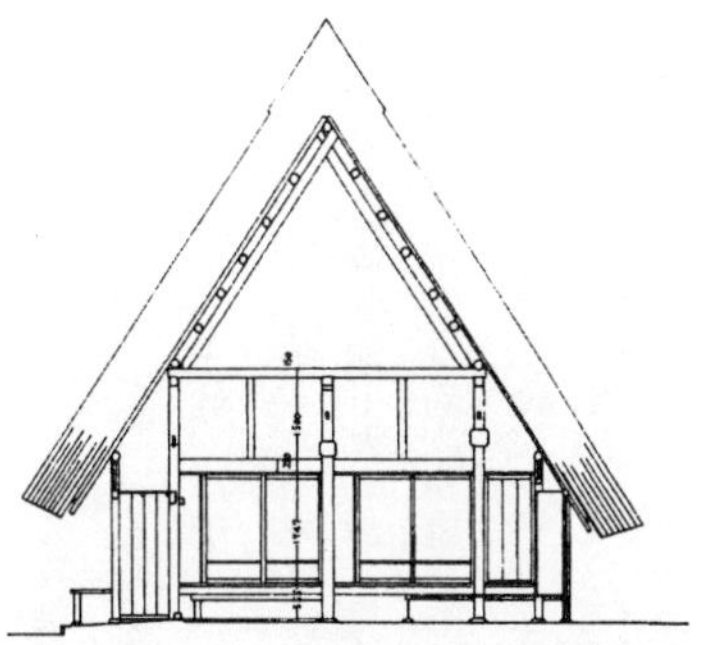

断面図

図1　京都府綾部市にある浅儀家（『京都府の民家』第7冊、1975より）

というよりも一七世紀後半ぐらいと考えた方がいいのかもしれません。このように、集落を発掘したときの分析方法については、今後もう少し検討したほうがいいという気がしています。

浅川　玉井さんが紹介された、掘立柱が礎石建に変わっていく曲屋の事例は主屋ですよね。

玉井　もちろん主屋です。

浅川　ですから東北地方では文化文政（一九世紀前期）ぐらい、箱崎さんの信州の事例もだいたいそれぐらいまで降るところがあるのですが、西日本はもう一つ明確ではないですね。

岩本　たとえば主屋が一八世紀後半ぐらいにあきらかに転換したという事例がなかなかないと思うのですが、それでも、一八世紀前半ぐらいまでの掘立柱集落を検出できるということは確かなのです。

浅川　削平されている可能性もあるわけですから、礎石建物の上限を求めるのは、確かに難しいと思います。

総柱型住居について

浅川　総柱型住居については、どのようにお考えなのでしょうか。

岩本　総柱型の建物は中・四国では、鎌倉時代ぐらいまでたくさんみられるのですが、それ以降は検出事例が比較的少なくなる傾向にあります。

堀内　宮本長二郎さんは「日本中世住居の形成と発展」（『建築史の空間』中央公論美術出版、一九九九）のなかで、総柱型住居は鎌倉の武家住居からの影響ではないかと考えておられます。鎌倉の武家住居は主屋から雑舎まで総柱型が主であって、それが一三世紀代に石川県から滋賀県北部まで伝播しているというようなことを述べられているのですが、私はそれよりももう少し早い段階に近畿地方では確実に分布しているだろうと考えています。また、宮本先生もいっておられますが、柱間寸法がだいたい七〜八尺、つまり二・一〜二・四メートルぐらいとするものがやはり多いようです。それに加えて、総柱型住居のなかで、出の小さいいわゆる下屋をもつものもたくさん見受けられます。このような遺構をどう理解すればよいのかということになります。一般的に考えられるのは、床との関連がどこかであるのか、土間と床との差というのがどこかにでてくるのかということです。

たとえば滋賀県の安孫子北遺跡（一三七頁、図17）の報告には、鎌倉期の建物模式図が示されています。これは報告者が遺構からストレートに描きおとした模式図なのでやや検討を要すると思われますが、宮本先生もいっておられる、いわゆる屋内柱省略型の民家が確実にこのような形でみられます。主屋棟通りの柱が半分だけ省略される場合もあったり、事例としてはかなりバリエーションがあるのだと思います。まだ現在は細かく分析していないのですが、類型化すれば大まかな傾向というのはでてくるのではないでしょうか。検出事例でみると、古い時期の遺構には今のところ屋内柱省略型が基本的に少ない感じがしています。

浅川　山岸常人さん（京都大学）も同じ質問をされています。

山岸常人　結局、本当に総柱で柱が立ちあがるとすると、室内にたくさん柱が立つので使いにくいことになります。ですから形式的には総柱だとしても、柱と床束を区別して考えなければいけないと思います。これを発掘事例で区別できるのかという問題が一つ。また、堀内さんがいわれたように、時代が降ると途中で抜ける柱が出てくるとすると、むしろ部屋としては想定しやすい構造になるし、伊藤鄭爾さんが『中世住居史』（東京大学出版会、一九五八）で紹介された、備中国新見庄における名主の家を描いた指図（**図2**）ともつながっていく可能性があります。そうすると今度は束柱はなかったのかという問題が逆にでてくると思います。

堀内　実際、発掘現場に携わっているわれわれもまだよくわからないところがあります。たとえば久我東町遺跡（一三一頁、図9）は、いわゆる礎石建物群なのですが、個々を細かくみていくと礎石のない部分があるわけです。それから土台を渡したと思われる瓦石列のような小さな石列が密集しているところと、疎らなところがあるわけです。だから床張り部分とそうでない部分というものが当然あると思うのですが、このような変化がいつからはっきり集落のなかにでてくるのかは、まだよくわかっていないのが現状だと思います。

総柱型で私たちが非常に困るのは、たとえば桁行三間×梁間二間という小規模なものでしたら、従来の高床式の倉庫と考えてしまうのですが、この総柱型遺構に関しては規模が大きいということと、側柱と内部の柱の規模がちがうかというと必ずしもそうではなくて、ほとんど同じ場合が多いことです。そのため、これが本当に束なのか上部構造にかかわる柱なのかを判断するのは、現状の考古学では非常に難しいです。それと岩本さんも紹介されましたように、この段階になってきますと、柱穴の底に礎板や礎石を置く例が非常に増えてきます。それが渡邉さんのいっておられた構造的な段階とどう結びつくのか、貫や床の問題とどうかかわってくるのかという問題については、現場サイドとしても教えていただきたいと思っております。

浅川　むしろ床束と上部構造にかかわる柱が同じ規格材でつくられている可能性もあるということでしょうか。

堀内　その可能性も大いにあると思います。

沖縄諸島での転換期

浅川　小野先生、沖縄の例はいかがでしょうか。

小野　考古学的な情報が非常に少ないので、私自身の意見としてははっきりいえることはあまりありません。村の変化からみますと、大きな変化が西暦一五〇〇年頃に先島のほうでありました。それは琉球王府の勢力がのびてきた時期にあたるのですが、それまでの村は、いろいろな屋敷のサイズがあって階層性がはっきりしているわけです。ところがその後の村は、おそらく規模帳などに書かれるような非常に均一な村に変わります。一方、石垣からみると、一四世紀後半あたりに石垣囲みの屋敷がでてくるのが画期だと思います。

次の段階の村でいつの時期に、礎石建物だったか掘立柱建物だったかという問題はたいへん難しいのですが、すくなくとも石垣をもたない段階は掘立柱ですし、王府侵攻以前の石垣囲みの村でも掘立柱です。先に数値を挙げま

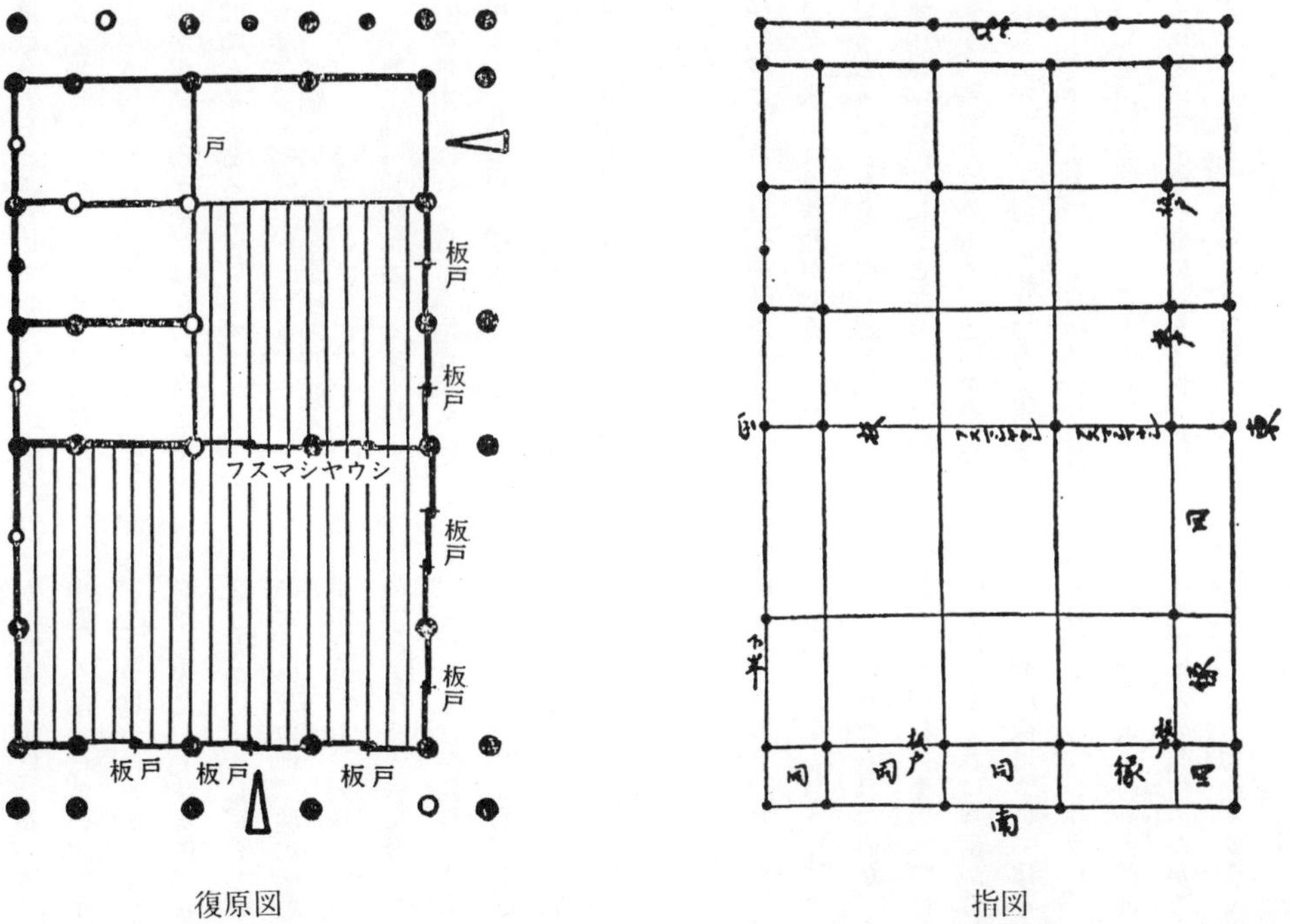

復原図　　指図

図2　備中国新見庄の奈良殿邸の指図とその復原図（伊藤鄭爾『中世住居史』東京大学出版会、1958より）

したように、本島のほうでも明治中葉までかなりの比率で村々に掘立柱建物が残っていたということを考えますと、実際の残存率はとくに先島を含めて非常に高かったろうと考えられます。一例だけ宮古島の宮国が一七七一年の津波で動いたといわれているのですが、その宮国元島遺跡の発掘事例を参照すると、一八世紀の終わり頃に礎石を交えた建物があったらしいということまではいえると思います。ただ全体の発掘例が少ないので、それが一般にいえることかどうかまではよくわかりません。

それからもう一つ。先島の場合には木材の問題が大きな意味をもっています。つまり、珊瑚礁の島ですから、まともな材がないわけです。西表島のように木材がとれる島もありますけれども、一般の農村地帯で使える木材というのは限られるわけですから、掘立柱建物むきの木材しかとれないといった、木材供給事情がもつ意味が大きいのではないかと思います。本島のほうでも、じつは一般庶民が製材された木を大量に使えるようになるのは明治からだそうです。明治にヤンバル船という貨物用の船をヤンバルのほうでたくさん造るのですが、その時の材は飛驒地方の杉を大量に運んできたといわれています。明治初期に本土からの杉材が大量にはいるようになったということは、おそらく建物にも使用しはじめるでしょうから、かなり大きな画期になっていったと考えられます。

浅川　分棟型のカマドについては、いかがでしょうか。

小野　カマドについてはあまりよくわからないのですが、発掘事例では少なくとも掘立柱建物のなかに囲炉裏をもっています。その発掘事例は一四世紀〜一六世紀初頭ぐらいまでの年代だと考えられていますので、その頃までは屋内にかなり大きめの地炉をもっていたことになります。民家調査の事例では、鶴藤鹿忠さんの『琉球地方の民家』（名玄書房、一九六八）のなかにも、たとえば一九五頁の図7—④に載せた竹富島の民家の平面図を見ると、「旧イロリ」と書かれていて、もとは囲炉裏が屋内にあったことがわかるものもあります。そのほか、民俗学からの調査ですと、裏座にある囲炉裏は単に煮炊きだけに使うのではなくて、女性が産後にそこで体を温めるときに使うという報告がありますので、この囲炉裏が単純に炊事用だけなのかなど他の問題も多少あると思います。

沖縄における中柱の問題

小野　同一建物における掘立柱と礎石の併用については、石垣島平久保の民家（一九五頁、図7—⑤）をみると、側柱が礎石建で、中柱だけが桑の木を使った掘立柱としていますので、やはり中柱がかなり意識して使われていることがわかります。また、中柱だけを掘立柱にするという神話があり、一方で桑の木には特殊性があるといわれているわけですから、礎石建と掘立柱の併用は中柱信仰にもとづくのだと思います。残り方をみると、主屋が礎石建になっても、石壁の縁にある物置やトーラーとよんでいる台所部分などに掘立柱が残る例がありますので、一つの屋敷の中で礎石建の建物と掘立柱建物とが共存しているような報告はいくつかあったと思います。

山岸　事実関係をうかがいたいのですが、沖縄の中柱は桑の木でしたね。

小野　全部ではないのですが、ちょうどここで見つけた例のなかで中柱だけを桑の木にしている例が報告されていましたのでとくに紹介したのです。桑の木というのは、洪水伝説にも関係しますけれども、天へ向かって伸び、天の雷神と争うときに登っていく木です。そのような特殊な、ある意味では意識された木ですから、わざわざ中柱に使っているのもおもしろいと思ったのです。

山岸　そこでうかがいたいのは、神話的なものと具体的な建築との関連の問題です。今の事例でいえば、神話が先にあってわざわざ中柱に桑の木を使って建物が作られたのか、それとも一般的には中柱は桑の木で作るという伝統があってそれに神話が付与されたのか、その関係についてはどのように考えればよいのでしょうか。

小野　桑の木とわざわざ書いてあるのは鶴藤さんの報告のなかでもこの一例だけだったと思いますので、この他の建物の中柱では他の柱材と同じ材料が使われているのだと思われます。これをどう考えるのかはたいへん難しい問題ですが、やはり桑の木に対する特殊な意識を、この家の方かあるいは建てた大工さんかどちらかが知っていて、わざわざ中柱に使ったのだと思います。

このほか民俗例では、雷除けでよく使う「くわばら、くわばら」というおまじないもあるように、桑の木というのはもともと民間のなかに意識された木だったのではないかと私は思っています。

山岸　たぶんそのあたりの前後関係は難しいと思うのですが、もう少し単純化して一体その神話ができたのはいつか、もしくはその神話が記録されたのはいつまでさかのぼるかという問題と、桑の中柱を使っている建物が具体的にいつ建てられたのかという問題との対比が前提として必要だと思うのです。

小野　鶴藤さんの報告では、この民家がいつ建てられたのか記載されていません。もう一方の桑の木信仰の話ですが、波照間島における創世記神話は、民間にずっと伝わってきたもので、その起源はいつかというのはよくわかりません。ただ、中国を含めてアジアにはこういった兄妹婚＋洪水神話というのが非常に古い時代からあって、中国では画像石にまでなっています。ここでは馬桑樹が天上との往き来に使われることが多いのです。ですから、もともとこの神話の根はものすごく古いといってよいと思います。それがどういう形で波照間島のような小さな島での、民間的な創世記神話に変わっていったのかは、私がはかれるような問題ではありません。

棟通りに掘立柱を用いた民家

上野邦一　昨年のシンポジウムのときに、掘立柱建物をみたことがあると発言したのを思い出して、急遽資料を作りました（**図3**）。これは、長野県木曽郡南木曽《なぎそ》町蘭《あららぎ》にあった建物です。この南木曽町蘭は、中山道妻籠宿から清内路《せいないじ》峠を越えて飯田へ抜ける大平《おおだいら》街道に沿った山間の集落です。この集落の中心からさらに小さい渓谷に入ったところに、木地師が住んでいた五、六

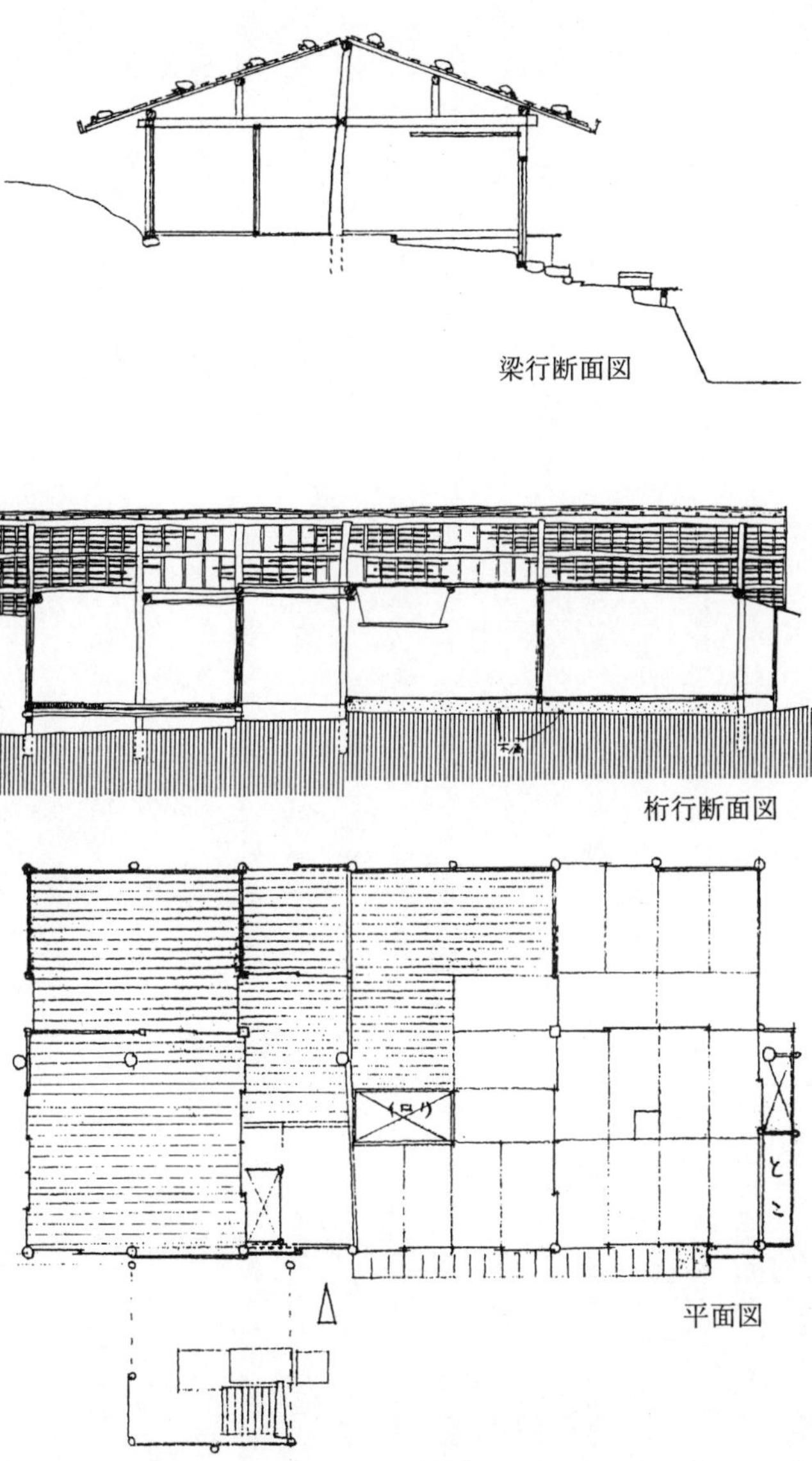

図3　木地師の家（上野邦一氏提供）

戸の集落がありまして、このうちの一棟を一九七六年三月に調査しました。この建物は棟通りに掘立柱をもちいていたので、略図とともに紹介します。

建物は明治二〇年頃の建設と伝えていて、調査時点では改造されていましたが、床下にはふいごなどが残っていて、ろくろ作業場を確認しました。下手の板間部分はもとの作業場、床上部分は土座で、ろくろを挽く際にできる木屑をしきつめてありました。柱は製材されておらず、ほぼまっすぐであるものの、自然にゆるく曲がった材を使用しています。棟木に達する五本の柱の頂部はY字形になっていて、この窪みで棟木を受けていました。柱と梁は縄で緊結するなど、全体にきわめてプリミティブな様相をもった民家です。木地師であることから定住を考えずに、短期間のいわば仮住まいの考えがあったのかもしれません。棟通り六本の柱のうち四本が掘立柱です。調査前には側柱も大半が掘立柱であるという所見でしたが、柱は土台上に立っていて、長年の間に土砂で柱根元までかぶっていたことが判明しました。この建物は調査後、解体・移築され蘭の中心地区に「木地師の里」の建物として利用されています。

近世民家調査からの視点

上野　ご承知のように、近世民家の調査は各県だいたい終わっていると思います。私も調査報告書をていねいに読んだわけではありませんが、掘立柱建物の事例はほとんど報告されていません。これは、残っている建物が比較的新しいということもあるのでしょうが、私は一八世紀の中頃ぐらいに建て替わってくるというのが少し解せないのです。つまり、もう少し早いのではないかと思っています。ですから全体が建て替わっていくということと、ある限定された地域に掘立柱が残っていて、それが江戸時代の終わりや明治になっても建っているというのとは少しちがう現象と理解しなければならないのではないでしょうか。

浅川　昨年の討論では、掘立柱住居の存続下限は文化文政（一九世紀前期）ぐらいまで下るのではないかという結論に達していますし、今日の討論でも一八世紀や一九世紀に転換点があるのではないかといわれています。しかしながら、実際の民家遺構ではほとんどないのは非常に矛盾しているのではないかというのが上野さんのご意見だと思います。

さきほど堀内さんは丹後の浅儀家が礎石建で建てたらそれがすごくクローズアップされたという伝承があるとおっしゃいました。これはまわりの建物が礎石ではなかったからと考えられるわけですよね。

堀内　そう理解してよいと思います。このほか、私が整理してみたところ、丹後地方の城館では、一七世紀や一八世紀代でも礎石建物ではなくて掘立柱建物が比較的めだつわけです。そうすると、この地域における一般農民層の住居が礎石建物に変わるのは、上級の庄屋クラスとちがって若干遅いのではないかという気がします。

箱崎　文政一一年（一八二九）に書かれた『秋山記行』という文献を読んでいくと、秘境といわれる長野県の秋山郷では現時点だと半分ぐらいが掘立柱建物だと書いてありまして、さらに四〇～五〇年前はぜんぶ掘立だったとあります。つまりその時点から半世紀もさかのぼらないころに礎石建物が建てられはじめたと考えられるわけで、それ以降だんだんと礎石建の家がふえていったといえそうです。ここから秋山郷では一八世紀末～一九世紀はじめに転換点があるとしたわけです。

玉井　私も一八世紀ないし場合によっては一九世紀だと考えていまして、上野さんがおっしゃるように民家調査報告書のなかに掘立柱建物がないというのはある意味で当然だと思っています。民家調査の対象になったのは、社会的な階層の高い、つまり早い段階で礎石建になった建物が残っていた家であって、その建物が建てられる時点で前身の掘立柱建物は滅びていたために、調査対象にもなっていないのではないでしょうか。ですから従来の民家調査に対してのむしろ資料批判が必要ではないかと私は考えています。

掘立柱の耐久性

上野　階層差のことは当然頭に入れなければならないのですが、それにしても民家調査のなかでほとんど発見されていないのは不思議です。もし昨年の討論のように一八世紀の中頃、あるいは文化文政まで降るということになると、いったい掘立柱の寿命はどれくらいなのでしょうか。

仮に一〇〇年もっとして、一八世紀中頃に掘立柱から礎石への変換があるということは、一〇〇年前の一七世紀中頃に建てた掘立柱建物を、建て替えていく現象だと理解していいのでしょうか。あるいは五〇年や六〇年ぐらいで建て替わっていくのでしょうか。

浅川　これは難しいですね。主旨説明で紹介しましたが、ドイツ・ニーダーザクセン州歴史文化研究所のハイオ・ツィンマーマンさんが年輪年代学や土壌リン酸分析から非常に面白い研究をされていて、その内容を講演されました。そのとき、ツィンマーマンさんは掘立柱の寿命を八年から八〇年といわれたように記憶しています。

田中文男　現在いちばん古い掘立柱の民家は大阪の日本民家集落博物館にある山田家住宅です（コラム①参照）。あの民家はご存知のように長野県秋山郷の民家ですが、その土地の言い伝えだと柱を建てるときに苦塩をまくといわれていました。しかし解体したあとに分析したところ、まわりの土より塩分が少ないという結果がでたそうです。

浅川　注射針に塩水を入れて柱根に注入したという話をきいたことがあります。

小野　掘立かどうかは別として、沖縄や奄美では、基本的に堅木を使ってはいけないというわけですから、木を腐らせないために話によれば木を海水に沈めて、さんざん塩分を吸収させておいてから使うという民俗調査の事例が残っています。ですから何か対策を施しているのでしょうね。

箱崎　私が紹介した『きりもくさ』という一九世紀半ばの記録には、「柱の根元を火にて焼」くとあります。

浅川　トラック諸島でも焼いていました。

田中　私が大工としてつくったことがあるのは、雨ざらしになる掘立柱の鳥居で、材料は杉でしたけれども五〇年たっても残ってます。ただし建築的にみても鳥居の柱は太いですから、一般民家についていえるかどうかわかりません。このほか物置を掘立柱でつくったこともありますが、そのほとんどは残っていません。耐久年代はせいぜい三〇年くらいでしょうか。これは土地の風土性にもよるでしょうが。

浅川　伊勢神宮の柱は式年造替の際はいかがなんですか。

宇津野　伊勢の場合ですと、たいてい一尺から一尺三寸くらいの柱は不健全な状態です。鳥居の柱だと一直径がだいたい五〇センチ以上あればぜんぶ健全な状態で残っておりまして、再利用しようという話もあるのです。民家の場合はもっと柱が細いので難しいと思うのですが、掘立柱は腐っても掘立柱の民家は残るわけですね。ですから、掘立柱の民家が何年もつかという意味と、掘立柱自身が何年もつというのはイコールではない気がします。これはその土地の土壌にもよるのでしょうが。

田中　伊勢神宮の場合、地中に接触する部分に銅板を巻くのがよくないのではないですか。

宇津野　それもいろいろ議論があります。銅板を巻いた部分というのは表面だけみると健全なのですが、やはり柱根の木口から腐食が進みまして、中のほうが腐っているというのがたくさんあります。昭和二八年から銅板を巻きはじめまして、その時にやはり苦塩と石灰を混ぜて柱根にからめたのですが、それでもやはり直径が三〇〜四〇センチくらいの柱は、二〇年ももたないようです。

それから一つ質問ですが、掘立柱民家で掘立の部分が腐ったためそこだけ切って礎石にするとか、そんな事例はないですか。

箱崎　藤島亥治郎先生が昭和二七〜三三年にかけて、長野県佐久地方の古建築を調査されていて、その際に掘立柱の民家を数棟発見しています。そこでは、掘立柱の地中部分を切って礎石を挿入している事例があると『建築史研究』一四号（一九五四）のなかで報告しています。ですから、緊急民家調査の際に礎石建と見ていたものでも、じつは掘立柱の根元を切って礎石にしていたものもあるのではないでしょうか。

佐藤正彦　緊急民家調査の結果、全国で四〇〇〜五〇〇棟ほど調査したと思います。そのうち掘立柱建物は一〇棟ぐらい残っていたのではないですか。日本民家集落博物館に移築された山田家もそのうちの一棟だったわけです。

　私も鹿児島県の民家調査の際、大隅半島に一軒残っており、昭和五五年ぐらいでしたか、見せていただこうと思って電話をかけたら、台風で倒壊したという話を聞きました。ですから耐用年数もそうなんですが、天災のようなものに掘立柱建物は案外弱いのではないかとその時から思っていたのです。礎石建物は九州の文献に「ヌキヤ」とでてきます。もちろん「石据」とも書かれているのですが、掘立柱よりも「ヌキヤ」のほうが丈夫なのかなというような印象を受けています。

礎石建物と上部構造

浅川　いまの佐藤先生のお話に関連して、渡邉さんがコメントで「礎石は貫と併行する」というモデルをだされて問題提起されました。これについて田中文男さんあたりからご意見をいただければと思います。

田中　私はとくに関係なく、貫を使う使わないにかかわらず礎石建でも掘立でもできると思います。今でもつくりますから。

　それから、これは小野先生の話と関係しますが、沖縄には「アナブリヤ」という中柱をもつ建物がありますが、これには梁がないために規模に限界があるのです。そのために梁をいれた「ケタヤ」という建物ができました。これは現在建っているのは礎石建なのですが、土地の古い人に聞くと掘立だったそうです。しかし、「ケタヤ」は間仕切りができないので、今の一番座、二番座をつくるためにできたのが「ヌキヤ」らしいです。これはみんな礎石建になっています。このようにみると、暮らしが向上して間仕切りする必要がでてきたことによって、建物が変化してきたのだと思います。

浅川　富山県の北代遺跡を発掘しておられる古川知明さん（富山市教育委員会）はいかがですか。富山県の桜町遺跡では渡腮《わたりあご》や相欠《あいがき》の仕口をもつ木材などが出土していますが（図4）。

古川　縄文時代中期、つまり今から四〇〇〇年前の段階で、すでに貫穴や相欠などいろいろな技法がすでにでていることからみると、掘立から礎石への転換と連動するものではないと考えますが。

渡邉　桜町遺跡の出土部材については、一〇年ほど前に大々的に貫穴と報道されたため、われわれが現在イメージする貫穴と考えられてきましたが、私は床を支えるためにワン・スパンをつなぐ大引枘穴《おおびきほぞあな》だと思っています。ヨーロッパでは、新石器時代ですでにそういう枘穴をつくる例があるのです。最初にちょっと定義しなかったのですが、私が話題にしている貫構造というのは、たとえば飛貫《ひぬき》、内法貫《うちのりぬき》、足《あし》固貫《がためぬき》など三本か四本の部材を柱に通す貫のことで、そういう精細な仕事を要求される貫を掘立柱という簡易的でレベルをあわせにくい構法のときに無理して採用するというのは、相当矛盾しているのではないかというのが私の考えです。

浅川　原の辻遺跡の込栓付の部材（一〇〇頁、図1）についてはどう思われますか。

渡邉　宮本長二郎さんは礎石建の証拠であるとおっしゃってます。もちろんその可能性もあると思います。ただ、先史時代の掘立柱建物でも枘をのばして鼻栓で端部をとめるという技術はありますから、あれだけで礎石建と断定することはできないと思います。

浅川　最後に昨年の報告者であります服部さんと梶原さん、一言ずつお願いします。

服部　掘立柱建物の下限の時期に関して、だいたい昨年の結論と同じような時期に西日本もおちつきそうだということで安心しています。これが東国より先行するとやはり何らかの要因を考えないといけないので。

梶原　昨年の私の発表は多摩地域という非常に限定された地域だったので、地域性という問題は常に頭の中にあったのですが、今日の報告では瀬戸内でも京都の近郊でも似たような時期にあるということで、多摩地域だけが例外というわけではなさそうで安心しました。

　昨年のシンポジウム以降、江戸の大

名屋敷などについて検討してみましたのでこの場を借りて補足させていただきます。江戸の大名屋敷のなかでは、昨年武藤さんも発表されたように、加賀藩では最初から掘立柱を使っていません。

しかしながら、現在の豊島区に津藩・藤堂家の下屋敷がありまして、ここでは掘立柱建物を使っております（図5）。主屋ではなく、たぶん倉庫のような建物だと思われますが、掘立柱の柱穴のなかに根石をともなう非常に長大な建物が検出されています。伊賀上野には永蔵とよばれる非常に長い建物があると聞いていますので、それに匹敵するような建物と思われます。これは大名屋敷のなかでも藩によっては掘立柱を全然使わない藩と掘立柱を使う藩があるという事例の一つです。

もう一つは、江戸の町屋ですが、大きく下町にあるものと台地上にあるものとにわけられます。倉庫のような建物の場合、下町だと杭をたくさん打って土台をつくり、その上に倉をたてる

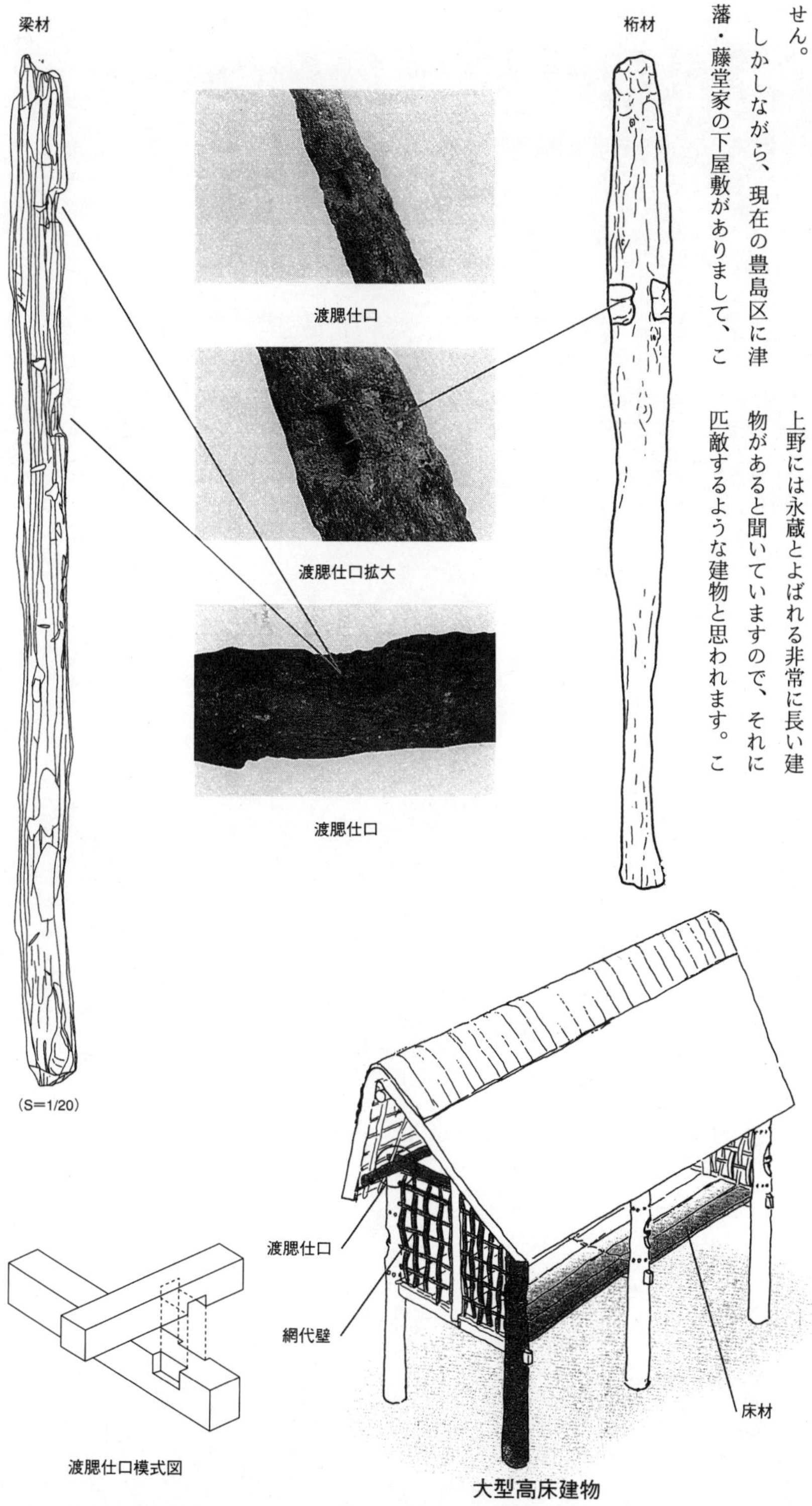

図 4　桜町遺跡から出土した渡腮仕口のある建築部材（『桜町遺跡　おやべ展』小矢部市教育委員会、1998より）

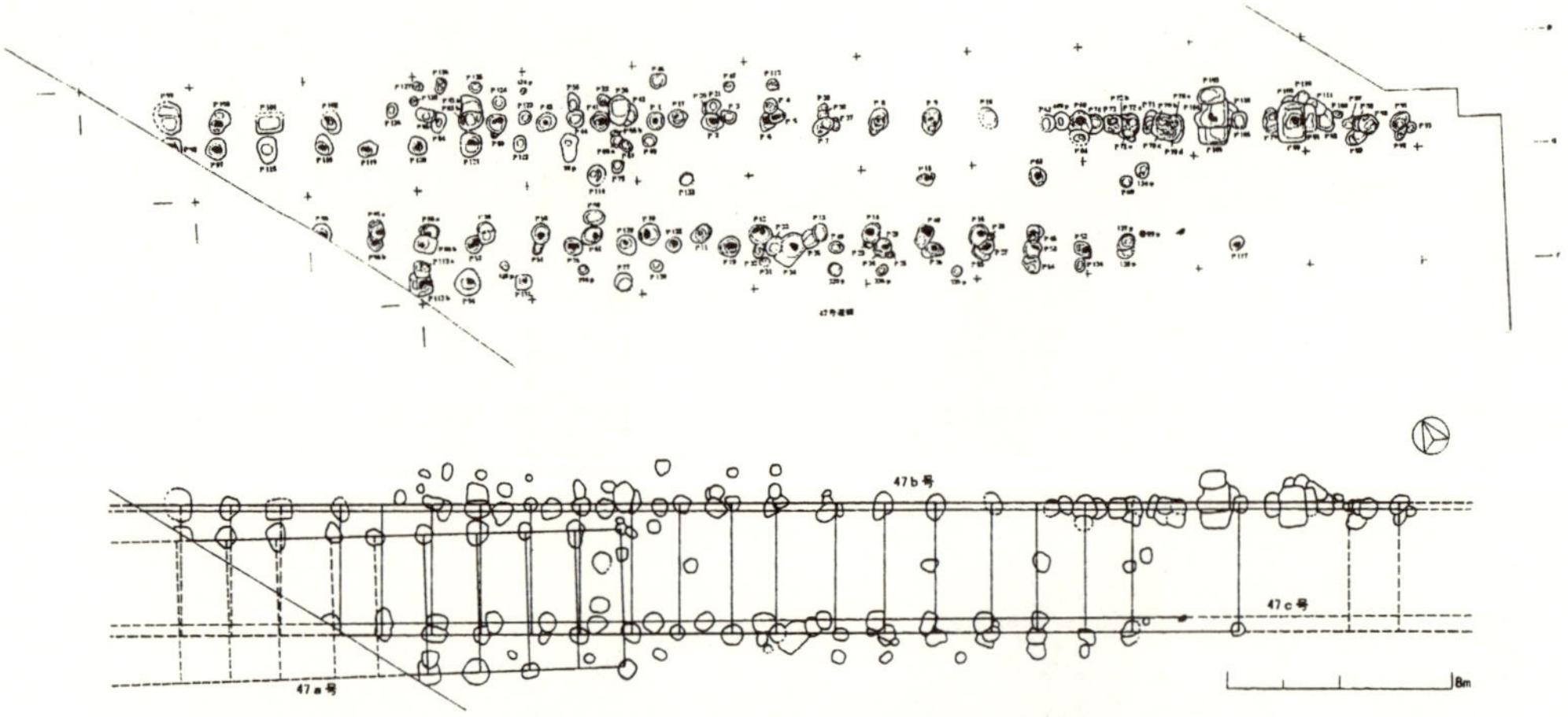

図5　津藩藤堂家下屋敷・抱屋敷（豊島区染井遺跡、三菱養和会地区47号遺構）の掘立柱建物跡（上）と柱並び想定図（下）（『染井Ｖ』豊島区教育委員会、1999より）

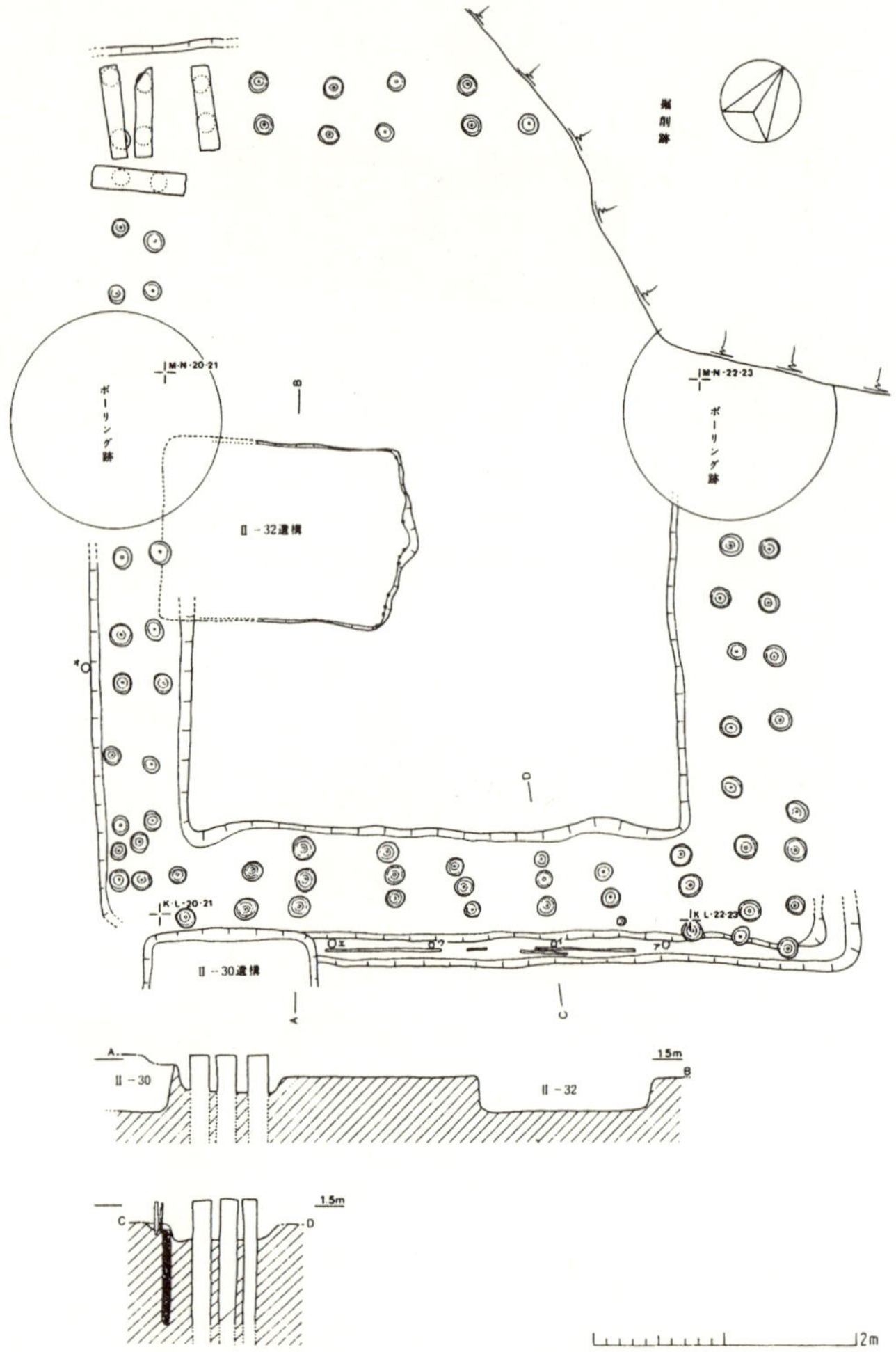

図6　江戸の低地部における土蔵造建物の基礎（『江戸』千代田区都立一橋高校内遺跡調査団、1985より）

という構造をとります（**図6**）。一方台地上ですと、巣鴨という中山道に面した近郊の町ではあまり掘立柱を使っておりません。ですから、近郊といえども町屋の建物は一七世紀あたりから土台建か礎石建の構造になってきているようです。ところが、もう少し外に広がってみますと、川越藩では城内の長屋のような建物に掘立柱を使っているのです。その近辺の農家でもやはり一八世紀ぐらいまでは掘立柱の建物が主流を占めているという状況で、これは昨年報告したこととあまり変わっておりません。昨年の報告の付け足しになってしまいましたけれども以上です。

一九九九年三月九日

於奈文研小講堂

コラム②

古代建築における掘立柱と礎石の併用

蓮沼麻衣子

日本では六世紀末まで、庶民住宅はもちろん、宮殿の建築も掘立柱で建てられていた。礎石建物は、六世紀末の仏教伝来とともに日本に持ち込まれ、まずは寺院でのみ用いられたと考えられる。宮殿に礎石建物が使われるのは、発掘調査で確認できる限り、七世紀末の藤原宮が最初である。そして次の平城宮の段階になると、大極殿や朝堂院、宮城門のほか、官衙正殿などの中心施設は礎石建物とするものの、内裏をはじめとする皇族の居住施設は依然として掘立柱建物であった。ただし滋賀県にある穴太遺跡は例外で、六世紀後半～七世紀初頭の礎石建物が二棟検出されている[1]（**図1、2**）。うち一棟は桁行・梁行とも五メートルの正方形をなし、高さ一五センチの土壇の上に直接礎石を据えていた。ここではほかに大壁造の建物も多数検出されたことから、渡来人の集落と考えられている。

ところで、七世紀末から九世紀初めにかけて、ひとつの建物に掘立柱と礎石を併用する建築がつくられるようになる。古代建築にみる掘立柱と礎石の併用については、藤村泉氏による先行研究[2]があることから、ここでは他の事例を補足して再検討を加えてみたい。

これまで古代宮都跡でみつかった掘立柱と礎石の併用例は**表1**のようになる。もっとも古い例である藤原宮SB一〇二〇は、掘立柱建物の床束に礎石を用いており、一部を床張りとしていたらしい[3]（①、**図3**）。

平城宮（京）では、併用例をもっとも多く検出しているが、時期により併用のしかたに変化がみられる。まず、奈良時代前半のSB七八〇二は大極殿院南門（閤門）の東脇に位置し、第一次大極殿院の「東楼」とよんでいる建物である[4]（②、**図4**）。奈良時代最初期の南面築地回廊を壊して建設された桁行五間（二一・九メートル）×梁行三間（一一・五メートル）の東西棟建物で、側柱を掘立柱とし、入側柱を礎石建としている。掘立柱柱穴の深さは二・七五メートルに及び、残存する柱根は直径七五センチを測る。これは平城宮で出土した最大径の柱であり、側柱つまり掘立柱を通し柱とした楼閣建築の可能性が高い。つぎに平城宮還都（七四五年）後から天平宝字四年（七六〇）頃までに建てられたとみられるSB七六〇〇は、内裏の東南隅にあり、内裏を区画する南面の築地回廊をまたいで建つ[5]（③、**図5**）。棟通りの柱筋のみ掘立柱とし、その他を礎石建とするが、総柱式の柱配置で、掘立柱の柱穴も非常に大きく、やはり楼閣建築の可能性が高い。このように②と③はともに楼閣建築と推定されているが、掘立柱と礎石の配置方式は異なる。すなわち②では側柱に掘立柱を用いるのに対して、時期の下る③では、外から見えにくい棟通りの柱に掘立柱を用いているのである。いずれも、安定感の乏しい大規模楼閣建築における構造

表1　掘立柱と礎石の併用例

	宮	遺構名	調査次数(年)	建築年代	建物規模・形式(括弧内は柱間寸法)	備　考	参考文献
①	藤原宮	SB1020	藤原宮第5〜7次(1972)	7世紀末	20間(9尺)×2間(9尺)南北棟、南11間を床束として礎石を用い、ほかは掘立柱。		註(3)
②	平城宮	SB7802(東楼)	平城宮第77次(1973)	奈良時代前半	5間(15.5尺)×3間(13尺)東西棟、入側柱を礎石、側柱を掘立柱。	天平勝宝5年(752)以後に廃絶。楼造か。	註(4)
③	平城宮	SB7600	平城宮第73次(1971)	天平17年(745)〜天宝字4年(760)頃	身舎5間(13.3尺)×2間(13尺)東西棟＋四面庇(8.9尺)、礎石建、棟通り中央4本を掘立柱。	南面築地回廊の築地を取り込む。重層建築か。	註(5)
④	平城宮	東院庭園中央建物	平城宮第99次(1976)	奈良時代後半	5間(10尺)×3間(10尺)東西棟、四隅を掘立柱、ほかを礎石。		註(6)
⑤	平城宮	SB413	平城宮第8次(1962)	宝亀年間(770〜780)頃	身舎5間(8尺)×3間(9尺)東西棟＋南庇(10.5尺付)、身舎を掘立柱、庇を礎石。	礎石は径30〜40㎝の自然石。	註(8)
⑥	平城宮	SB6621、SB7209	平城宮第69・72次(1970・1971)	平安時代初頭	身舎5間(9尺)×2間(9尺)東西棟＋南北庇(13尺)、身舎を礎石、庇を掘立柱。	平城上皇期の東西脇殿の一つ。足場穴列あり。	註(4)、(10)
⑦	平城宮	SB7172、SB7173	平城宮第69・72次(1970・1971)	平安時代初頭	身舎5間(8.4尺)×2間(9尺)東西棟＋南北庇(11尺)、身舎を礎石、庇を掘立柱。	平城上皇期の東西脇殿の一つ。足場穴列あり。	註(4)、(10)
⑧	平城京(法華寺)	現本堂前身建物	本堂解体修理にともなう地盤調査(1952)	天平17年(745)頃	身舎7間(10尺)×2間(9尺)東西棟＋南北庇(9尺)、南北側柱筋の中央4本を掘立柱、ほかを礎石。	掘立柱は後に切断され、礎石を挿入。	註(7)
⑨	平城京(法華寺)	現本堂東前身建物	平城京第79-2・10次(1972)	天平17年(745)頃	7間(10尺)×4間(9尺)東西棟、南北側柱の中央4本を掘立柱、ほかを礎石。	掘立柱部分はのちに全て礎石に取り替え。	註(7)
⑩	長岡京	建物1	左京第435・436次(1999)	奈良時代末	身舎9間(10尺)×2間(10尺)東西棟＋四面庇(10尺)、身舎を掘立柱、東西庇を礎石。	足場穴列の存在から礎石建と推定。	註(9)
⑪	長岡京	建物2	左京第435・436次(1999)	奈良時代末	身舎9間(10尺)×2間(10尺)東西棟＋南北広庇(17尺)・東西庇(10尺)、身舎を掘立柱、南・東西庇を礎石。	足場穴列の存在から礎石建と推定。	註(9)
⑫	平安京	ＳＢ1	右京三条一坊(1996・1997)	平安時代	身舎5間(10尺)×2間(10尺)東西棟＋南北庇(12尺)、身舎を礎石、庇を掘立柱。	計帳所、右籍所に関わる建物と推定。	註(12)

図1　穴太遺跡　GB区・GA区・FD区　第2遺構面　主要遺構位置図（註1より）

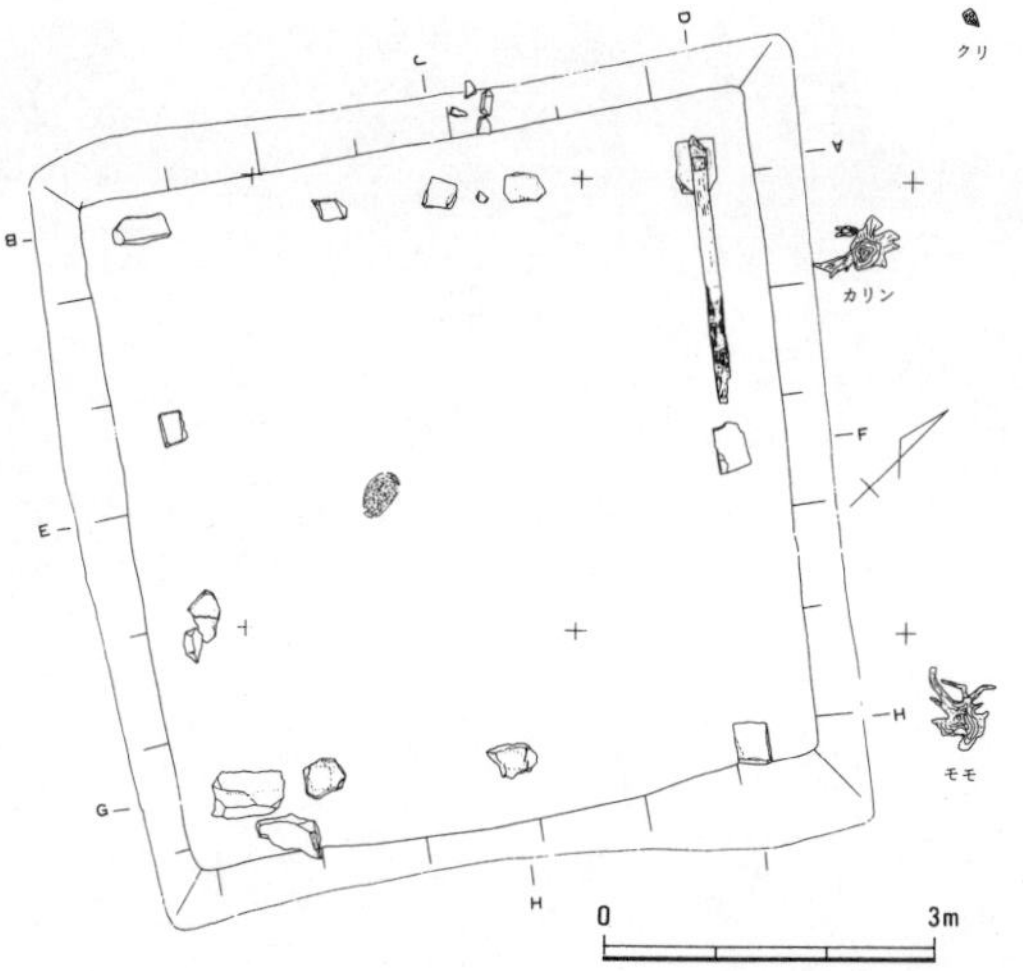

図2 穴太遺跡（GB区）礎石建物－1　遺構平面図（註1より）

図4-1 平城宮SB7802（②）　遺構写真（東から）（註4より）

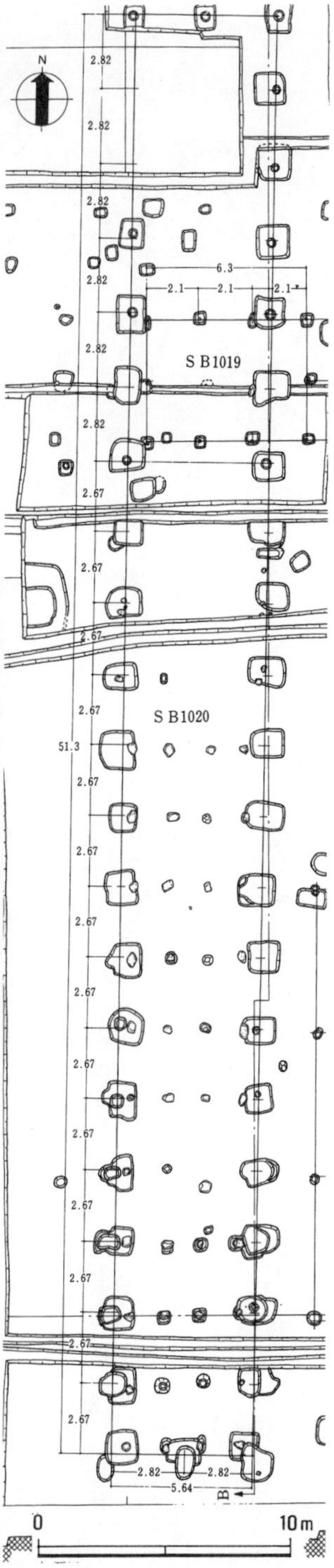

図3 藤原宮 SB1020（①）遺構平面図（註3ｂより）

補強の意味あいをもっていると考えられ、さらに③は掘立柱を目立たなくするための工夫ともみなせよう。一方、平屋と推定される建物でも、礎石建物の身舎の一部に掘立柱を併用する例がある。平城宮東院庭園にあって「中央建物」とよんでいる遺構では四隅の柱を掘立柱とし[6]（④、**図6**）、また現存する法華寺本堂の東から検出された建物では、桁行の側柱中央四本を掘立柱としている[7]（⑨、ただし後にすべて礎石に替えられる）。構造的な意味あいは、楼閣建築の場合と同じく、やはり構造的な安定性を補うためであろう。なお、④の縁柱は断面正八角形で根巻石（沓石《くついし》）をともなっており、この根巻石は外側の掘立柱を礎石建にみせるために用いられた可能性が大きい。

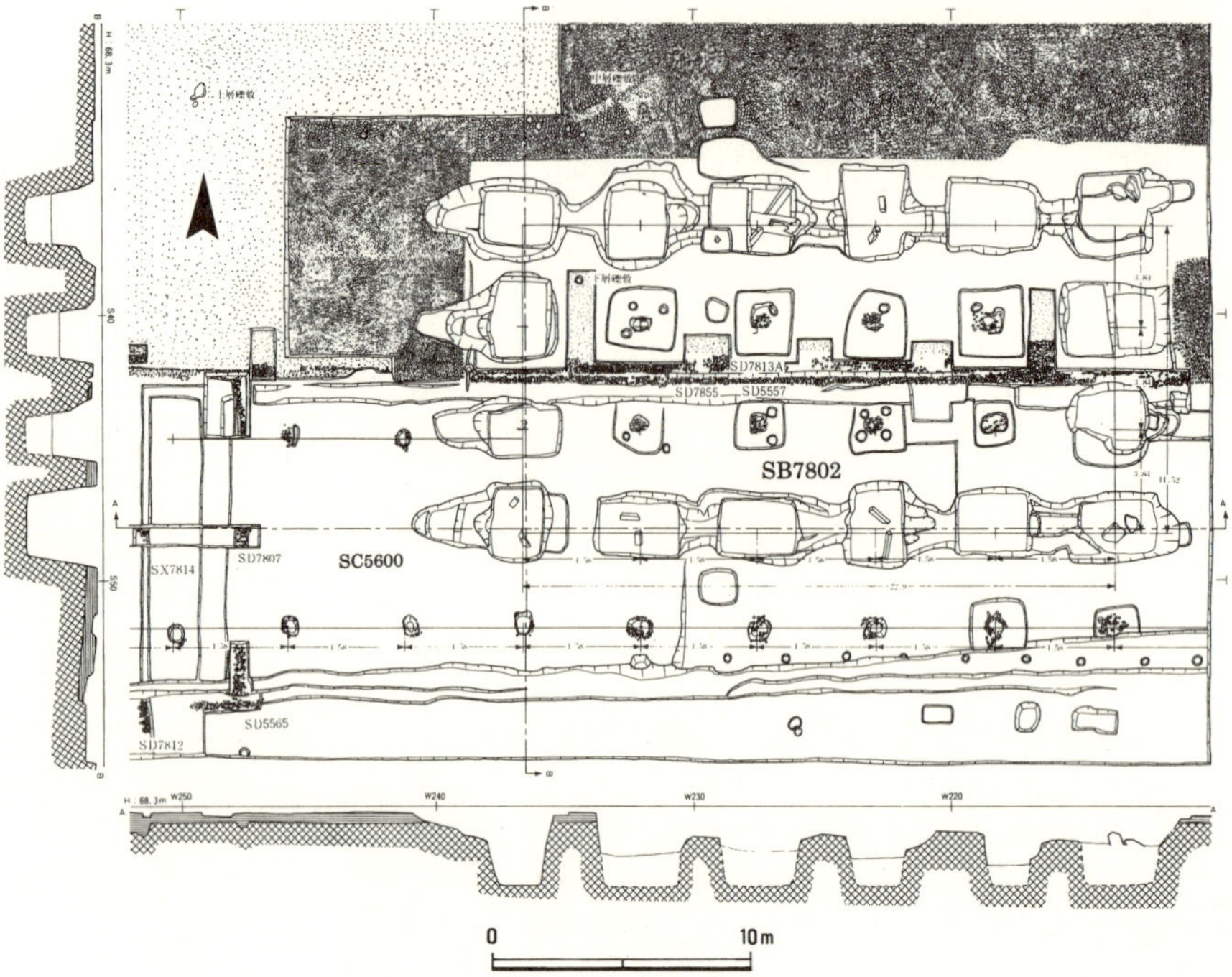

図4-2　平城宮SB7802（②）　遺構平面図・断面図（註４より）

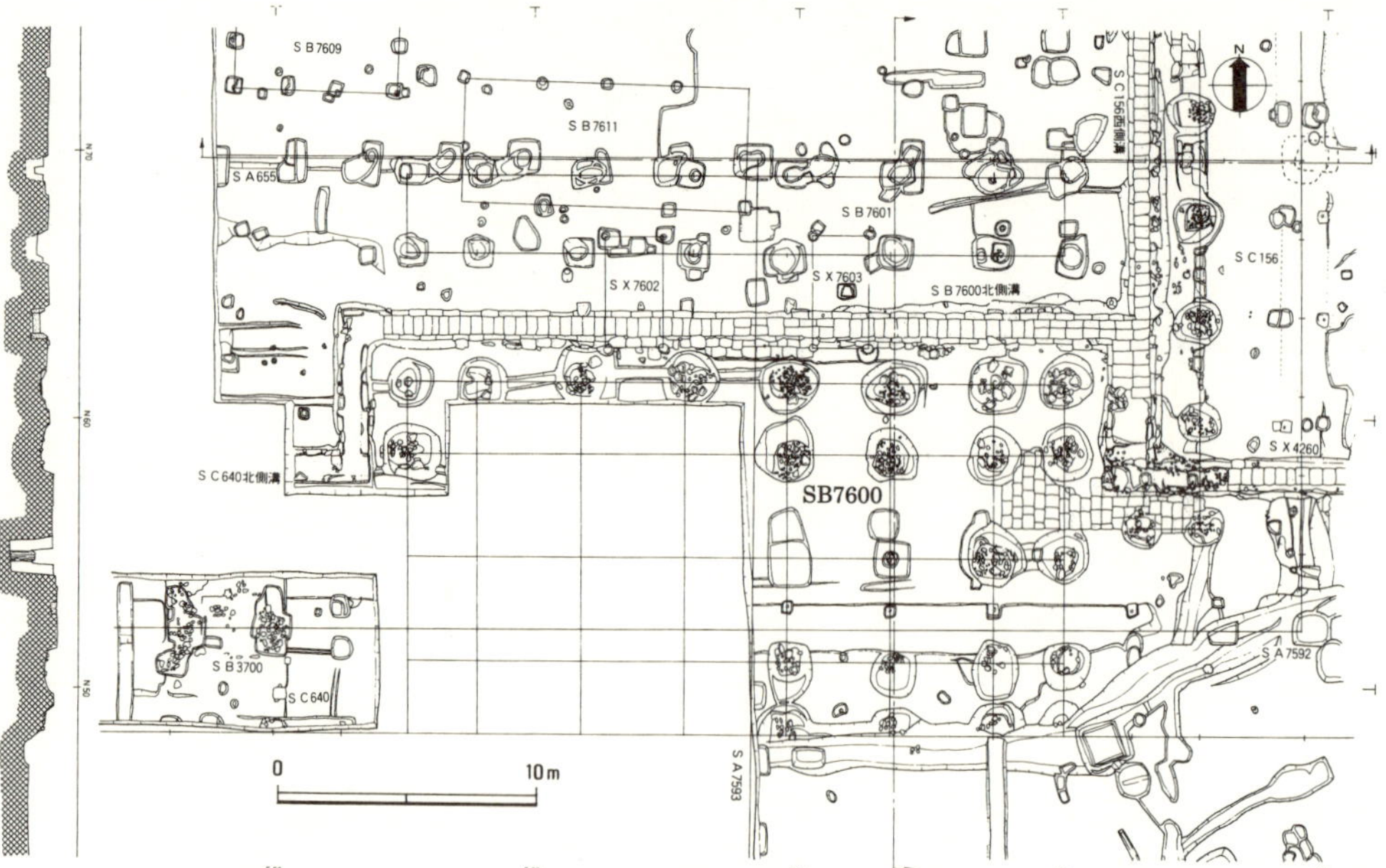

図５　平城宮SB7600（③）　遺構平面図・断面図（註５より）

奈良時代末から平安時代初頭にかけては、身舎と庇で礎石と掘立柱を使いわける様子がうかがえる。奈良時代後半の宝亀年間（七七〇～七八〇）頃に建てられた平城宮大膳職のSB四一三[8]（⑤）や、奈良時代末期の長岡京離宮跡で見つかった建物一（⑩）・建物二（⑪）は[9]（**図7**）、身舎を掘立柱、庇を礎石建としている。一方、平城上皇期（平安時代初頭）の平城宮SB七二〇九[10]（⑥、**図8**）やSB七一七三[11]（⑦）、および平安京右京職のSB一[12]（⑫）は、身舎を礎石、庇を掘立柱とする。

⑤について藤村氏は、礎石の大きさのほか身舎の柱間に対する広庇の出に着目し、「身舎と庇の柱は柱頭の繋梁で連結するのみの古代構法から考えると、庇は構造的に非常に不安定であった」と指摘したうえで、「仮設的に庇をさしかけていたものであろうか」と推測しているが、仮設の部分に礎石を用いるのは構造上矛盾している。

一方、長岡京の⑩⑪では、身舎の掘立柱柱穴は径二メートル内外の大型なものであるが、旧地表面からの掘削が激しく、東西庇の礎石据付穴を検出していない。ただし、側柱位置を囲むように規則正しく足場穴が検出されており、礎石が置かれていた可能性は高いと解釈されている。それにしたがえば、建物の構造的安定は内側の掘立柱にゆだね、外観を礎石建にみせようとする欲求のあらわれではないだろうか。ちなみに⑩⑪の足場穴は入側柱の内側にも並ぶことから、庇と同様に礎石建の床束があった可能性も否定できない。

また、⑥⑦⑫はいずれも平安時代の建築で、身舎を礎石建、庇を掘立柱にするという共通点をもっており、規模も五間×二間（柱間九～一〇尺）の身舎に広庇（柱間一一～一三尺）が付くという類似性がある。おそらく出の長い庇を安定させるために掘立柱を用いたのだろう。さらに庇の軒を高くするために身舎部分全体を盛土して礎石建としたか、あるいは、身舎と庇をそれぞれ桧皮葺と板葺にして勾配を変え、軒の高さを確保した可能性もある（⑥⑦の周囲ではまったく瓦が出土していない）。

以上みてきたように、掘立柱と礎石の併用例はいくつかのパターンにわかれるが、それを藤村氏は次のように分類していた。

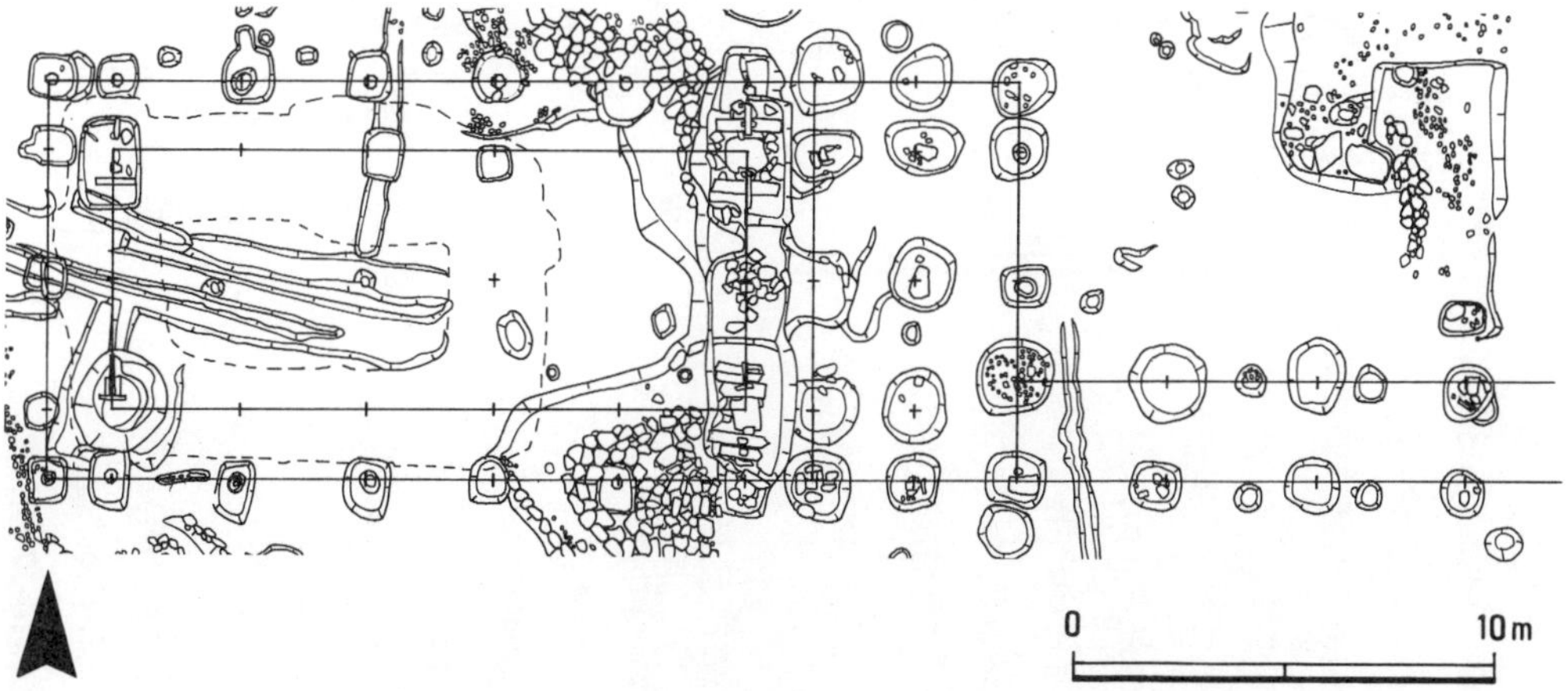

図6　平城宮東院庭園中央建物（④）　遺構平面図（註6より）

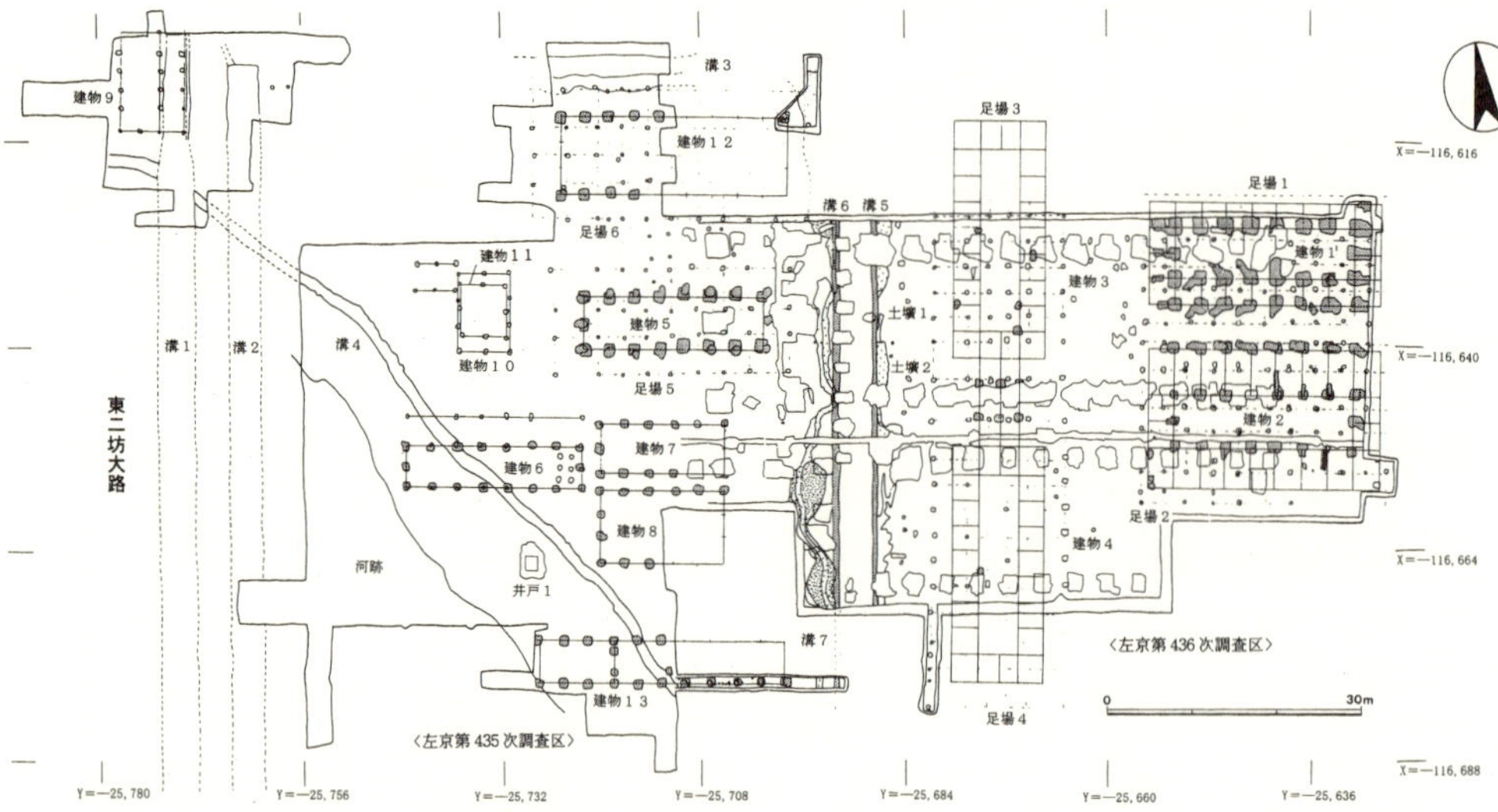

図７　長岡宮離宮　上：遺構平面図（註９より）　右：建物１・２　足場１・２　模式図（註９をリライト）

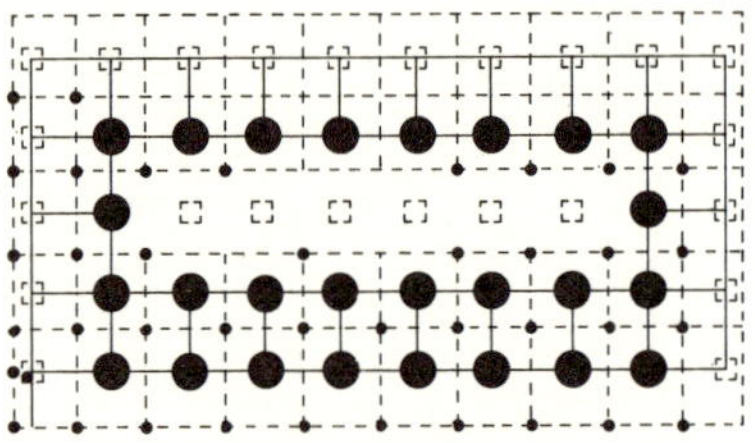

建物１・足場１

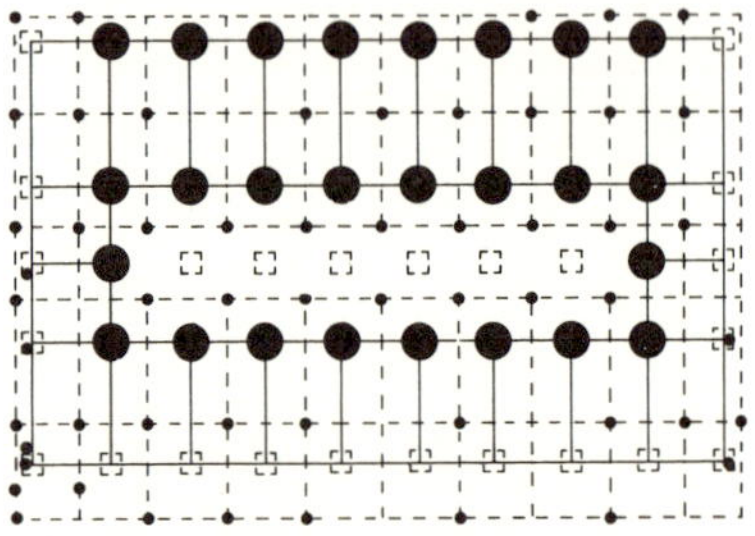

建物２・足場２

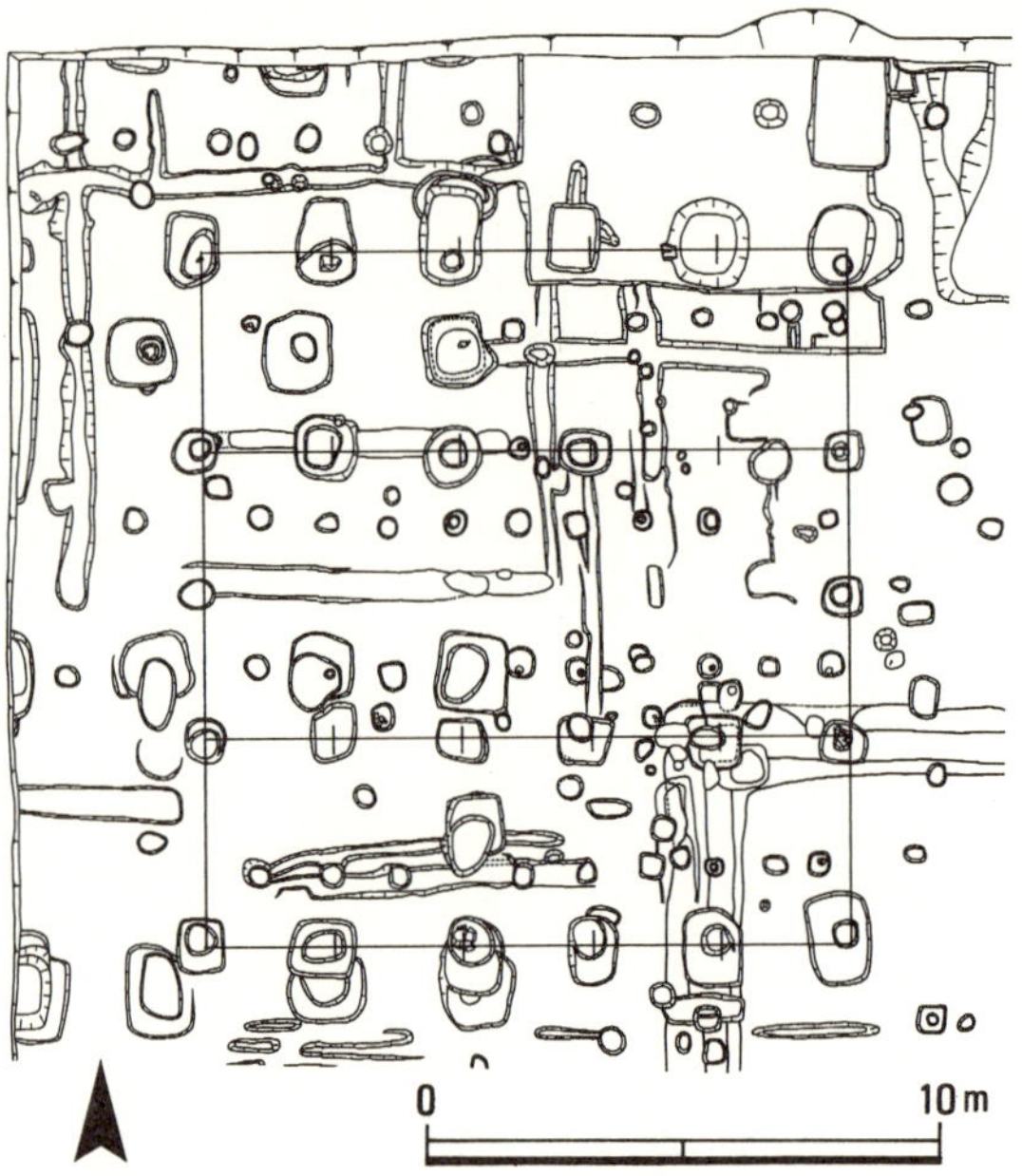

図８　平城宮SB7209(⑥)　遺構平面図（註10より）

一、礎石建物を構造的に固めるため、一部に掘立柱を加える。

（A）庇を掘立柱とする。

（B）重層建物に掘立柱を通柱とし加える。

二、掘立柱建物に礎石を補助的に用いる。

（A）床束礎石。

（B）庇礎石。

これに新しい事例も考慮して修正を加えると、一―（B）の場合、内裏楼閣③の例にみるように、必ずしも「重層建物に掘立柱を通柱と」する必要はなく、東院中央建物④と法華寺⑧⑨の例も考慮すれば、「身舎柱の一部を掘立柱とする」という項目に差し替えるべきだろう。

全体として注目したいのは、楼閣建築における掘立柱・礎石の併用関係と、居住施設に礎石が使われはじめたことの2点である。楼閣建築については、はじめは構造を固めるため側柱に掘立柱を使っていたが、その後、棟通りにのみ掘立柱を用いたり、庇に礎石を用いたりして、掘立柱をめだたないように用いる配慮がうかがえる。一方、⑥⑦は平城上皇の居住施設群の脇殿にあたる。この時期の正殿はまだ掘立柱であり、平安時代初頭になって、ようやく官衙や門以外の「居住施設」の身舎に礎石が使われはじめる。しかし貫の出現していない古代建築の構法では、まだまだ礎石建の構造に十分な安定性がなく、堅固な基礎をもつ掘立柱に頼らざるをえなかったのであろう。

註

(1)『一般国道一六一号（西大津バイパス）建設に伴う穴太遺跡発掘調査報告書Ⅱ』滋賀県教育委員会・（財）滋賀県文化財保護協会、一九九七。

(2) 藤村泉「掘立柱と礎石を混用した建物」『日本建築学会近畿支部研究報告集』、一九七四。

(3) a『飛鳥・藤原宮発掘調査概報3』奈良国立文化財研究所（以下、「奈文研」と略す）、一九七三。
b『飛鳥・藤原宮発掘調査報告Ⅱ』奈文研、一九七八。

(4)『平城宮発掘調査報告XI』奈文研、一九八一。

(5)『平城宮発掘調査報告XIII』奈文研、一九九一。

(6)『奈文研年報　一九七七』奈文研、一九七八。

(7) a『奈文研年報　一九七三』奈文研、一九七四。
b太田博太郎「法華寺」『大和古寺大観第五巻』岩波書店、一九七六。

(8)『平城宮発掘調査報告IV』奈文研、一九六六。

(9)『長岡京左京北一条三坊二町・三町跡～左京第四三五・四三六次調査現地説明会資料～』（財）向日市埋蔵文化財センター・（財）古代學協会・古代學研究所、二〇〇〇。

(10)『奈文研年報　一九九九―Ⅲ』奈文研、一九九九。

(11) 前掲註（4）。

(12)『平成9年度　京都市埋蔵文化財調査概要』（財）京都市埋蔵文化財研究所、一九九九。

第三章　総合討論——埋もれた中近世の住まい

司会・浅川滋男

〈討論参加者〉

浅川滋男（奈文研遺構調査室）
岩永省三（九州大学総合研究博物館）
清水重敦（奈文研遺構調査室）
高橋與右衛門（岩手県文化振興事業団埋蔵文化財センター）
西山和宏（奈文研遺構調査室）
箱崎和久（奈文研遺構調査室）
宮本長二郎（東北芸術工科大学）
吉岡泰英（福井県立若狭民俗歴史館）
渡邉　晶（竹中大工道具館）

①シンポジウムの成果

浅川（司会）　この会は、これまでの研究成果を総括するため、あきらかになってきた問題点や今後の課題について討論することが目的です。また、シンポジウムでは取り上げることができなかった研究や、シンポジウム以後に発表された論文についてもとりあげて考えてみようと思っています。まず、シンポジウム発表者に提出していただいた論文と討論について、箱崎さんからいくつかの論点にしぼって内容を要約していただきます。

一、掘立柱から礎石建へ

転換時期について

箱崎　鎌倉や京都などの都市中心部では、一三世紀後期頃に礎石建に転換するものの、一般農村では全国的にみても地域差があまりないようです。つまり一七世紀段階の主屋はほぼ確実に掘立柱で、一八世紀前期〜中期にかけては上層農家の主屋が礎石建で建てられはじめ、一八世紀後期〜一九世紀前期になると中下層農家の主屋でも礎石建に転換してきたといえそうです。ただし、主屋の付属施設や仮設的な建物には掘立柱建物が残ることがあり、堀内氏は、戦前期における京都の海軍兵舎が掘立柱であったという事例を紹介しています。

ただし、転換期の時期比定については、掘立柱建物から礎石建物に変換した調査事例を集めて導き出されたものではないことに注意しなければなりません。転換時期にあてているのは、掘立柱建物が検出されなくなる時期、もしくは検出された礎石建物の出現時期や、対象地域の現存民家遺構が増加する時期であり、さらには文献資料や言い伝えなどを根拠にする場合も少なからずみうけられます。転換後はその場に家が建ち続けていると考えられることや、一方で礎石自体が小さいため検出が難しいことなどを含めると、考古資料のみから転換期を求めるのは困難なのかもしれません。

転換の要因について

転換の要因について考古学の立場から言及するのは難しいでしょうが、そのなかで服部氏は、中世後期の鎌倉周辺域において、梁間一間型の細長い側柱建物が主体であったのが、近世になって梁間を中心に規模を拡大する過程の中で、礎石建と掘立柱に二極分化したのではないかと推察しています。この指摘は箱崎が分析する信州の場合と共通するところがあると思います。箱崎は一七世紀には掘立柱の主屋と礎石建の別棟座敷がそれぞれ独立しているものの、一八世紀には主屋内に板敷があり、また時代が降るにつれ主屋の梁行規模が拡大する傾向が読みとれることから、転換の要因を礎石建の別棟座敷が掘立柱の主屋内にとりこまれてゆく過程で、主屋にも構造的な技術の発展が必要となり、しだいに礎石建に転換してゆくと述べました。また箱崎は、『秋山記行』（一九世紀初頭の紀行文）の記事から、礎石建民家が生まれてくるのは、施主の願望と、それを満たす経済的・社会的背景の成熟時期が、掘立柱民家の建て替え時期と合致したときだろうと考えています。

これに対し玉井氏は、とくに座敷が主屋に取り込まれることに限らず、上部構造や間取りの変化は掘立柱から礎石建への転換と関係するだろうと述べています（一章討論）。一方、大工技術の観点から、渡邉氏は一四世紀後半〜一五世紀にかけて普及した大型縦引鋸が、建築部材の製材精度を飛躍的に向上させ、接合部の精度や強度を高めることができるようなったと考えておられ、このことが掘立柱から礎石建への移行を促進したと述べています。

また小野氏によれば、沖縄では木材資源に乏しいため、明治になって貨物船で本州・飛騨地方の杉を大量に運んできたといい、これが掘立から礎石への転換を考えるうえでかなり大きな画期になっただろうと想定しています（二章討論）。また、八丈島では、一八一七年の長楽寺本堂再建を契機として本格的な規矩術が導入され、それと前後して一般住宅にも礎石建が普及した可能性が大きいようです（浅川氏）。

転換の要因を調べるためには、各地域ごとに建築遺構や発掘遺構の変化を丹念に調べるだけでなく、遺跡の立地条件なども考慮し、さらにはその地域の社会的背景とあわせて総合的に調べていくことが今後求められるだろうと思われます。

階層差と柱礎形式の転換

階層差と柱礎形式については、おおむね上層階級から礎石に転換したと考えられています。しかし近世の宮久保遺跡（神奈川県綾瀬市）では、墓石名や記録から名主に比定できる戸口の住居が掘立柱建物であり（服部氏）、また、東京都多摩地方では有力商人の主屋が明治でも掘立柱だったことが紹介されています（梶原氏）。江戸時代初期の信州の文献では、別棟座敷をもつある程度富裕な戸口の主屋が必ずしも礎石建ではないので（箱崎）、上層農家が礎石建であるというのは絶対的でなく、ひとつの傾向としてとらえた方がいいのかもしれません。

二、基礎構造と平面・上部構造

発掘資料と文献史料にみる掘立柱建物の構造

平安京内の宅地にみえる掘立柱建物は、堀内氏の考察によれば、一〇世紀前半頃を境にして柱穴掘形が方形から二〇～四〇センチの円形へと変化し、さらに柱径も一五～二〇センチの細い角材へと変化する傾向があるようです。同様の指摘は中世前期の鎌倉周辺地域の報告でも述べられています（服部氏）。また、信州佐久地方における一七世紀中期の木材伐採願にみえる掘立柱建物（六二頁、図2）は、イメージできる外観こそ素朴な茅葺民家に近いですが、柱・梁・叉首・桁などの部材はいずれも角材で断面が小さく、箱木家や古井家の構造と共通する部分のあることが指摘されています（箱崎）。

一方、又木の丸柱で貫を用いず、縄で縛り付けた細い横木で柱どうしをつなぎ、茅壁とするという文献記載は、信州のほか東京都多摩地方や八丈島にもあります（箱崎、梶原氏、浅川氏）。さらに浅川氏は、現存する小屋や仮設建物にもこのタイプが多いことを紹介しています。

このように、文献史料や現存遺構にみられる自然木の股木だけでなく、発掘遺構にみられるような角柱をつかった掘立柱建物があることにも注意しなければならないでしょう。そしてこのちがいは単に建物の性格の差だけなのか、大工の系譜によるのか検討する必要があると思われます。

また浅川氏は、八丈島のオクラにみられる削出し柱の技法は、弥生後期の出土建築部材にもみられることから、掘立柱建物の構造の名残ではないかと指摘しています。柱が横架材を貫く技法が歴史時代に入ってどのような変遷をたどるのか定かではありませんが、今後注意すべき構造形式かもしれません。

掘立柱建物の平面

平面に関しては、中世における総柱型の発展図式と、近世における現存民家との相関関係が重要でしょう。堀内氏や服部氏の論考によれば、中世前期には総柱型の建物が主体なものの、中世後期には総柱型は減少して総柱式屋内柱省略型がめだつようになり、近世にもこの傾向が引き継がれてゆくというのが大きな流れのようです。これは、宮本氏の指摘（「日本中世住居の形成と発展」『建築史の空間』中央公論美術出版、一九九九）とよく符合します。

渡邉氏は、中国西南少数民族の高床建築について紹介しています。すなわち掘立柱から礎石建に移行した場合、柱列をいったん規則正しく碁盤目状とするものの、その後、柱を抜く改造が加えられるのだそうです。このような現象と発掘遺構にみえる総柱型の掘立柱建物の出現との相関性についても、検討する余地があるでしょう。

また総柱型の構造的な性格について堀内氏は、一〇世紀後半を境に、平安京内宅地では柱穴や柱材が小さく細くなるという傾向が、総柱型住居の普及と連動することから、細い柱材で構成される建物の横力に対する不安定さを補うために、桁と梁の交差部すべてに柱を立て、繋梁でおのおの部材を連結する新技術こそ総柱型であろ

う と結論づけています。

ところで総柱型住居に関しては、一部が床束なのかすべてが上部構造にかかわる柱なのか、という問題があります。堀内氏は、総柱型住居は平面規模が大きく、また側柱と内部の柱の規模もほとんど同じ場合が多いので、床束なのか上部構造にかかわる柱なのかを判断するのは、現状の考古学では非常に難しいと述べています（二章討論）。考古学的に検証できる手段がないのかどうか、今後、現場サイドで認識の向上が求められるでしょう。

現存遺構との接点

服部氏が紹介する宮久保遺跡（前出）における掘立柱建物の変遷は、神奈川県内に現存する古民家の変遷過程とほぼ共通するようです。梶原氏も同様の指摘をしており、岩手県を中心に同様な論考もいくつかありますが、発掘遺構が現存民家の変化と併行するならば、同様な平面をもつ民家が、掘立柱・礎石建に関係なく建てられていたことになります。

このような掘立柱建物をどのように理解すべきでしょうか。礎石建民家と同様、床張りで床の間があり、頑丈な屋根をもつ建物を想定するならば、掘立柱と礎石建の建設には技術的な差はほとんどないとみなければならなくなります。

掘立柱建物と礎石建物の技術的な異差

信州の文献『きりもくさ』には、掘立柱建物は親類隣家の手伝いで作り、礎石建物はお寺を建てた大工によって建てるという記事があります（箱崎）。八丈島の文献もほぼ同じ内容を伝えており（浅川氏）、礎石建物の建設には技術的な発展が必要であることがうかがえます。また玉井氏は、掘立柱建物と礎石建物の間に、技術の断絶とはいわないまでもかなり大きな転換があるだろうと述べてられますし、それは建物の規模につながり、建物形式の変化にもつながるのだろうと指摘しています（一章討論）。

ところが佐藤浩司氏は、掘立よりも石場建のほうが技術的には難しいというのはわれわれが考えていることで、たぶん掘立は掘立の理念があって建てられているのだろうと述べ（一章討論）、また高橋康夫氏も、おそらく江戸時代だと同じ建物を掘立から礎石に置き換えてもなんということはない、つまり、礎石建の技術というのは、非常に簡単なそれほど重みのない技術にかかわっていた気もすると述べているのです（一章討論）。

このように建築史サイドでも掘立柱と礎石建物の技術的な異差を明確にできないわけですが、考古学的には、先述したような礎石建物の平面変化と併行する掘立柱建物が検出されているのです。ただし、ここで注意しておかなければならないのは、遺構の解釈を現存民家の変遷を参考にしながら考えていなかったかということです。すなわち掘立柱建物と礎石建物との間には、玉井氏の指摘するような技術的断絶がないと仮定して遺構の解釈をしていたため、礎石建物によく似た掘立柱建物と理解されたのではないかと思われるのです。そもそも掘立柱建物と礎石建物の間には技術的断絶があるのか、両者はまったく別の構造をもった建物なのかどうかが、非常に重要なポイントになってくるでしょう。

貫と礎石建物

掘立柱と礎石建の技術的な異差について、宮本氏は掘立柱と礎石のちがいは貫の有無にあるとしています（一章討論）。渡邉氏も掘立柱建物の上部構造は柱に貫を通さず、部材相互を粗い仕口で接合し、礎石建物では柱に貫を通して固め、部材相互を精巧な仕口で接合していたと指摘しています。これに対して、とくに関係ないという人もおり（二章討論・田中文男氏）、また縄文時代にも貫穴や相欠などの仕口が見つかることから、貫は掘立柱から礎石への変化と連動しないだろうともいわれています（二章討論・古川知明氏）。渡邉氏のいう貫とは、柱をはじめとする垂直材をさしつらぬく、現存する近世民家にみられる貫を考えなければならないはずです。『秋山記行』の記載からは、礎石建には貫で柱どうしを緊結させる必要のあることがうかがえますし（箱崎）、佐藤正彦氏のいう「ヌキヤ」は礎石建物かどうかという問題（一章討論）も含めて、貫の有無と基礎構造に関しては考察する余地があるでしょう。

柱間寸法の問題

中世前期の鎌倉では、柱間寸法に高い規格性が認められることから、その背景には建築技術や大工の系統性だけでなく、幕府の統制によって規格材が流通していたのではないかと考えられています（服部氏）。また梶原氏は、同じ建物跡でも桁行・梁行の一間の長さが異なるという調査結果から、時代ごとの柱間寸法を導くのは難しいとしています。一方、堀内氏は柱間寸法にばらつきのあるものが多く、柱筋もそろわない遺構を村人や町衆の協業による建設のためと考えています。村人や町衆の協業による建物に柱間寸法の統一性がみられないのならば、逆に柱間寸法の統一性のある掘立柱建物には、服部氏が紹介するような幕府の統制など何らかの社会的背景の介在を考えなければならないでしょう。そもそも掘立柱建物の建設に規格制のある柱間寸法が必要かどうか、建物の性格をある程度ふまえながら考えておかなければならないでしょう。

基礎構造と建て方

渡邉氏は基礎構造と建て方について、いくつか事例を紹介しています。インドシナ半島の掘立柱では、梁行方向の水平材を地上で組んでおき、一スパンずつフレームを建て起こしています（二〇九頁、図6）。一方、日本中世の絵巻物にみえる礎石建物の建て方は、柱を定位置にしっかりとたてるために複雑な工程を踏み、さらに柱を固定するために飛貫を用いていることがわかります（二〇九頁、図8）。古代寺院建築のような太い柱でない限り柱は自立しないのですから、柱を固定すべき横材が必要になります。この絵図をみると礎石建の場合、建設過程においても貫が必要であると解釈できるのかもしれません。

ミクロネシアの住居について紹介する浅川氏は、トラック環礁の伝統的集会所である掘立柱建物「ウート」の建設過程を詳しく述べています。ここでは継手・仕口を使わないけれども、小屋組の建て方は比較的手がこんでいますし、堀内氏のいう「村人や町衆の協業による建物」も、このような精度で建てることが可能なのかもしれません。

特殊な掘立柱

武藤氏は江戸の大名屋敷では軟弱な地盤に対応した基礎工法として、特殊な掘立柱の例を挙げています。このほかごく一般的に、柱穴に礎石状の石を置く遺構や、柱穴の底から浮いた状態で石を置く遺構も検出されると思います。このような技法の解釈については、まとまった報告がなされていないと思いますので、調査・報告の事例を増やしながら考えていかなければならないでしょう。一方、掘立柱民家の地面付近が腐り、礎石を挿入しながら民家が存続していたという事例も報告されていまして（藤島亥治郎「江戸時代民家の文献的研究」『建築史研究』一四、一九五四）、民家史の視点からも再考が必要と思われます。

三、掘立柱と祭祀・信仰

若干ながら掘立柱の祭祀や信仰にかかわる報告が見られますので紹介します。

梶原氏は、幕末～明治にかけての有力商人の主屋が掘立柱建物であることを紹介したうえで、主屋の大戸口とみられる位置から胞衣収納容器が出土したことを述べておられます。

堀内氏は、江戸時代の北代遺跡では祭の御旅所の建築に掘立柱建物が用いられていることを報告しています。現在でも春日大社若宮御祭では、御旅所の建物を掘立柱で建てており、掘立柱建物には信仰と結びついた側面があることに注意すべきかもしれません。

また、小野氏は沖縄にみられる建物の中央にたてる中柱について、考古学・民俗学の視点から考察しておられ、中柱を掘立柱にするのは伝説や神話にもとづいている可能性が大きいと指摘しています。さらにウタキというお祈りの空間にある篭屋《こもりや》は掘立柱の中柱構造をもち、神アシャギとよばれる神様に食事を捧げる建物にも掘立柱が使われていることを紹介しています。これに対し山岸氏は、民俗学的な信仰と具体的な建築との関連について質問していますが（二章討論）、解明するのは難しいでしょう。

浅川氏はトラック環礁のウート建設にともなう建築儀礼を紹介し、柱・桁・梁のほか、構造的にもっとも不安定な束を重視することを指摘しています。

四、調査の視点・態度

最後に、発掘調査に対する視点や態度について述べている方がいるので紹介します。

岩本氏は、礎石建の主屋などは礎石がないと認識できないものの、掘立柱建物はやや削平を受けても認識できるため、掘立柱建物が強調されている部分があるだろうと述べています。このような場合、どの段階で主屋が礎石建に転換したかがわからないので、転換期についてはまだまだ検討を要するとしています（二章討論）。また梶原氏や武藤氏も、表土剝ぎの段階で礎石が削平を受けている可能性があることに触れており（一章討論）、分析方法だけでなく、調査方法にも検討すべき課題があるだろうと思われます。

梶原氏は、調査段階で建物を認識することは難しく、整理調査段階に机上で平面復原をする場合が多いとし、建物の復原は恣意的にならないよう心掛けなければならないと述べています。掘立柱建物の復原には、やはり建物そのものについての具体的なイメージをもつことが不可欠であって、まずは発掘調査による報告例の増加から基礎を築いていかなければならないでしょう。

②討　論

一、掘立柱から礎石建への転換とその要因

東北の事例

浅川　まず掘立柱から礎石建への転換時期とその要因について議論したいと思います。要因というのは、なかなか解明しにくいとは思いますけれども、先ほど紹介がありました八丈島の例をみても、時期的にも、また変化の仕方もほかの地域と近いのではないかと思っています。要因に関しては、箱崎さんのように礎石建の別棟座敷が掘立柱の主屋に取りこまれることによって主屋全体が礎石建に変わっていくという見解もあるわけですが、そのあたりについて、ご意見をいただきたいと思います。

高橋　変わっていく要因を考古学的な成果として発見することは難しいのですが、南部藩という限定した地域でみると、一八世紀の前半に、南部藩の藩主が茅葺の屋根職人を家臣取立として京都の北山地区から連れてくるという歴史的な事実があって、そのときに屋根構造が大きく変化しているようです。そのうち、茅葺職人頭を命じられて百石ほどの石取りになった北山葛右衛門という人がいます。この北山とは出生地のことで、京都の北山を指すようなのですが、はさみで刈り取る奇麗な茅葺屋根を、南部では「クズ屋根」とよぶように、なんらかの影響力があったと考えられます。つまり屋根だけではなく新しい礎石建の技術も持ちこまれている可能性が考えられるのではないかと思うのです。

浅川　葛右衛門さんは屋根職人なのであって、小屋組や基礎構造を変えたかどうかは、わからないですよね。

高橋　そうなのですが、京都での経験が間取りなどの面で南部藩に影響を及ぼしているのではないか、という感じを受けるのです。

浅川　そうすると、一八世紀前半には、ある程度構造の全体的変化がおきていて、掘立柱から礎石建に変わりつつあるということですか。

高橋　そうです。というのは、伊達藩も含めてこの地方では礎石建のことが「石盤建」と文献にでてくるのですが、この村では石盤建の家は一軒しかなかった、という記録がだいたい一八世紀に現れてくるからです。

浅川　先駆的な農家が転換してくるということですね。

高橋　そうです。そのほか南部藩の支藩である遠野藩には、宇夫方広隆が書いた『遠野古事記』(一七六二成)にも同様な記載がありまして、陪臣層の住居でも一八世紀初頭には、まだ「礎」がないと

ありますこれは礎石が入っていないということでしょうし、さらに土座床で戸もなく、ムシロ戸であると書かれています。ですから一般の農家は、推して知るべしなのかな、と私は思っています。

ただ、上層農民とくに肝入クラスについては、建物規模だけではなく別の流れが一つあるのではないかと思います。それは、中世からつづく在地武士階層がそのまま機能して、その伝統が生かされている部分が相当あるため、その地域では規模が大きな建物になるのではないかと思うのです。遺構でも規模の差というのは歴然と出てきますし、間仕切りなども大規模な遺構にならないとはっきりわかりません。近世の建物だと、比較的間仕切りの柱列ははっきりするのですが、床束のようなものがなかなか見つかりません。この場合、私たちは転ばし根太で床が張られているのであって、束柱を建てて大根太をのせるような構造ではないだろうと考えています。私の経験でも、間仕切りの柱はわかるけれども、床束が出てこないという建物はたくさんあります。

浅川　いつぐらいの遺構なのですか。

高橋　ほとんど一八世紀くらいです。一七世紀とはっきりいえるような建物は、掘立柱の直屋《すごや》ではなかなかありません。

浅川　高橋さんのデータも参照しながら玉井さんが発表されていまして（第一章第三節）、その結論によると、大きな転換点は一九世紀前期の文化・文政頃ではないかといわれています。もちろん先駆的に変わりつつある時期と、大勢が大きく動き出すという時期とはちがうのでしょうが、高橋さんのお考えは玉井先生がいわれている時期と約一世紀ほどちがってきます。その点についてはいかがですか。

高橋　発掘遺構だけをみると、一七世紀は非常に断片的なことしかわからないのですが、一八世紀の掘立柱建物は曲屋と直屋が半々ぐらいの比率で検出できます。礎石建物については、先ほども紹介されたように、礎石が取り払われている場合もありますのではっきりわかりません。ただ、礎石はふかふかの畑のような土の上に直接置くわけではなく、土突き《どつ》という行為をおこなった後に置いていきます。つまり、そのときの地表面そのままに礎石を置くわけではないので、気を付けて観察すれば、硬くしまっている部分を検出できることもあります。土突きは、私の経験でも家を建てるときに町内会総出でおこないます。その道具は「土突き石」というのですが、これを各町内会で所有していて、家を建てる時に家から家へ移動するのです。

宮本　そのような例は、東北だけでなく全国的に多いですよ。

高橋　私には大工の親戚が多いのですが、農家を造る茅葺屋根系統の大工と、町屋の大工とはちがいます。つまり茅葺屋根の家を造る大工は、泊まりがけで雑作まですべて手がけるのですが、町屋の大工はだいたい既製品の戸障子を買ってきて入れるのです。明治時代頃もそうだったようです。

北陸の事例

浅川　しばらくは年代について考えたいと思います。今度は吉岡さんに、本書では抜けている北陸地方の建物変化について紹介していただきましょうか。

吉岡　北陸では富山県の報告例が比較的多く、成果の一部は『中世北陸の家・屋敷・暮らしぶり』（北陸中世土器研究会、一九九三）という研究会資料集にまとめられています。近年では『中・近世の北陸』（北陸中世土器研究会編、校倉書房、一九九九）という資料集も出版されましたが、こちらはあまり建物についてはふれていません。調査は東海北陸自動車道の建設にともなうものが多く、梅原胡摩堂遺跡（富山県西礪波郡福光町）の発掘調査報告書では詳しい分析がなされています。また、その一部は(財)富山県文化振興財団の埋蔵文化財年報にも報告されています。富山県以外では、福井市の一乗谷朝倉氏遺跡（以下、一乗谷と略す）を除くと、あまりまとまった報告がありません。

梅原胡摩堂遺跡について報告している宮田進一さんは、中近世を大きく六段階に区分して、そのうち第一段階にあたる一二世紀中頃以前までに、いわゆる総柱型の住居が出はじめ、屋内柱がない外側の柱だけがまわる、いわゆる側柱建物と併存しているといっています。ところが第二段階にあたる一二世紀中頃〜一三世紀になると、大型の総柱型住居がかなり隆盛してきて、それらが第三段階の一四〜一五世紀くらいで減少し、こんどは「中抜け側柱建物」とよぶ、いわゆる屋内柱の抜かれた側柱建物に変わってくるそうです。そして第四段階の一五世紀後半〜一六世紀くらいになると、宮本さんがいわれている梁間一間型の側柱建物に変わってくると報告しています。これは富山県を中心とした分析ですけれども、能登や加賀をみてもだいたい同じような傾向にあるようです。

一七世紀に入ると、側柱建物だけれども、柱穴がかなり大型で建物規模も大きくなるという、やや変則的な現象がみられ、さらに一七世紀後半〜一八世紀になると、「竪穴状土坑」とよんでいる、少し叩きしめたかなり大規模な床面が付随して検出されるようです。この竪穴状土坑については、室内もしくは作業空間、あるいは土間と考えられているのですが、それにはどうも掘立柱建物がともなわないようです。石列などが周囲につくられていたり、そのほかいろいろな遺構が供出することから、これは礎石が抜けたり、あるいは土台を用いている建物だろうと推定できるのです。このため一七世紀後半〜一八世紀で土台や礎石を使った建物が出てくるのではないか、というのが北陸での考え方だと思います。その点に関しては、宮田さんと同時に中世末〜近世にかけての建物を分析した河西健二さんも同じような指摘をしていまして、これらをまとめるとどうも一七世紀後半〜一八世紀ぐらいで礎石の建物がでてくると考えられるようです。

浅川　その礎石建物は、どのあたりの階層の人が住んでいたと推定されますか。

吉岡　かなり普通の集落のなかで出始めるようですので、必ずしも集落の中で一軒だけという状況ではないと思います。具体的な建物遺構でみると、福井県の有力な農家である坪川家や旧瓜生家などの民家は、一七世紀半ば〜後半の建設と考えられています。とくに旧瓜生家では、天井棹縁に元禄一二年（一六九九）の墨書があって建立年代は間違いありません。これらは完全な礎石建物ですから、大きな傾向として有力農家では一七世紀後半の段階で、礎石建の建物がかなり出てきてもおかしくないと考えられるわけです。

ところが集落・村落をみると、一乗谷の場合は確実に一五世紀〜一六世紀に町屋がすべて礎石建になっています。ただし、大きな武家屋敷の作業空間と考えられる鍛冶遺構などに掘立柱建物が残っており、このような遺構にも注意しなければならないでしょう。

また出土した建物遺構の柱材に関しては、四柳嘉章さんが「能登・西川島遺跡群の建物構造」(前出『中世北陸の家・屋敷・暮らしぶり』)のなかで、能登の例について報告しています。それをみると、一四世紀以降に芯去材から芯持材へという変化があるらしく、それは建築史でよくいわれる大型の大鋸の出現とある程度連動するのかもしれないと私は思っています。材種は、割材(=芯去材)の場合は杉が中心だけれども、一四世紀以降の心持材になってからは、いろいろな材種が混じってくるという傾向もあるようです。このような視点もおもしろいのではないでしょうか。

箱崎　心去材から心持材ですか。

吉岡　そうです。割って芯のない材から芯のある材への変化です。極端な言い方をすれば、大径木ではなく、芯をもつ小さい径の柱を使いはじめたということです。

渡邊　それは、どういう階層の民家なのですか。

吉岡　検出した遺構からみているようですが、階層まではわかりません。考古学でいっている大きな北陸の流れと、現存民家や一乗谷の例からみた私の感想は以上です。私が気になっているのは、たとえば奈良時代の宮殿のような掘立柱建物もあれば、われわれが「掘立小屋」という意味で使う掘立柱建物もあるわけで、やはりそれらを一緒に考えてはいけないということです。ですから地域性や階層性とともに建物の用途・規模などとを厳密に区分しながら、分析をしなければならないと思いました。

浅川　階層性に関しては、あまりハイクラスの人の住居を考えずに、中下層農民レベルの変化を基本的には考えていきたいと思っています。一八世紀後半以降のデータというのは、北陸の場合はあまり多くないということでしょうか。

吉岡　そうですね。発掘事例ではそれほど多くないです。

大工のかかわり

吉岡　私が若干調べていた大工関係の資料を紹介しますと、一七世紀前半にあたる城下町建設の時期には、大工の人数が町場にものすごく多いのです。ところが、その後どんどん減っていくという現象がみられることから、大工が集落へ流れているのではないかと考えられます。同じことは前まえから指摘されていたわけですが、やはりこの時期に建築技術の普遍化が進んでいるのではないかと思うのです。越前の場合、一七世紀や一八世紀の有力な農家には、永平寺大工がかかわったなどというさまざまな話があります。ところがこのような伝承だけでなく、一八世紀ぐらいになると、自分の村に大工を一人ほしい、という願文が村落から永平寺大工の棟梁に出されているらしく、それによって大工が一人やってきて、そのまま村落に住みつくという現象も文献史料ではみられるわけです。そのような村落での大きな動きは、一七世紀の城下町建設が一段落した段階で、町場や社寺の大工も村落に散っていくという流れと併行しますので、このころにやはり村落における技術の変化があると考えられるのです。

浅川　その城下町・社寺から村落・集落への技術の普遍化という流れは、時期的にはいつですか。

吉岡　資料をみると、一七世紀半ば〜後半では大工の数がかなり多いものの、江戸中期の、いわゆる享保くらい（一七二〇年代）にはかなり減少していますので、その間に町場ではかなり大工の需要が減るのではないか、と考えています。もう一つは、社寺に付属していた大工が、村落に住みついて村大工として定着してゆくのも、同じく享保ぐらいです。また一七世紀後半くらいから礎石を用いた民家が残り始めますし、一八世紀になればそれがかなり広がっていくと考えられるわけで、一八世紀前半には転換点があると考えている次第です。

浅川　お二人の話を聞いていると、私たちが二年にわたる討論で得た年代より若干早いようですが、宮本さんから全国的な傾向を少し紹介してください。

宮本　古代から中世にかけて、いわゆる堂宮大工は社寺を中心に大工座を組織し、地方の有力社寺を造っているという現象があると思います。しかし、これはあくまで社寺を含めた上層階層のための組織で、一般民家は大工とはまったく関係なく建てられていて、縄文時代から近世までこの体制がずっとつづいているのだと思います。江戸時代以降は村人の協力で茅葺をおこなう「結《ゆい》」という組織がありますが、中世ぐらいまでは茅葺だけでなく、建前そのものも当主を中心とした共同作業でおこなっていたのではないか、と考えられます。

ところで、掘立柱と礎石建は上部構造と密接に関係しています。掘立柱は足元を固定しますが、礎石建は石の上に柱を置くだけですから、いわゆるラーメン構造とピン構造のちがい、すなわち剛構造と柔構造のちがいがあるわけです。掘立柱の場合は、柱の上に桁をのせて梁をわたさなければなりません。一般庶民の住宅では柱上に組物をおきませんし、屋根材も草葺や板葺といった軽い材を使い瓦葺にはしません。ところが礎石建では、柱を石の上に置くだけですから、軸部を貫で固める必要があるわけです。そして、お寺の建築では組物を使って重い瓦屋根をのせ、全体を安定させるのです。柱が細く屋根も軽い民家を礎石建にしてしまうと、箱崎さんが示したような掘立柱の構造では（六二頁、図2）、ちょっとした大風でもすぐ倒れてしまうでしょう。ですから民家を礎石建にする場合、貫を使ってまず軸部を固め、さらに板葺の場合は、石をおいて安定させるものの、草葺の場合はどうしても軽い構造になってしまうので、重い曲がりくねった太い梁を使って、全体の荷重をかけるように変化するのだと理解しています。

そのような礎石建の民家をつくるには、やはり村人の共同作業ではできなくて、大工がかかわって貫を通したり複雑な形の梁をうまく納めたりする仕事をしたのでしょう。吉岡さんがいわれたような村大工の成立は、そのような民家の変化や大工の関与と密接なかかわりがあるのだろうと考えています。

浅川　町場の大工が村落社会に入ったとき、それを使えるのはお金をもっている農民ですよね。小さな土地しかもっていない農民や土地を借りているような農民は、そのような大工を使えるのでしょうか。

宮本　そのような中下層の農民は、やっぱり自分たちで家を建てているのでしょう。建物遺構として残っていないだけなのだと思います。

浅川　そうすると、中下層農民の住居が礎石建に変化するのは、高橋さんや吉岡さんがいわれたような一七世紀後期～一八世紀前半よりも、もっと後までずれると考えていいのでしょうか。

吉岡　それはそうでしょうね。ただ、村堂や寺院といった村の施設が充実してくるなかで、村社会全体も経済的に豊かになってくるわけで、村の小作農や水呑百姓をあまりにも経済的に低くみる必要はないだろうと思います。もちろん浅川さんがいわれたような、かなり下層の農民まで大工を使って礎石建の住居をつくることができたかどうかはわかりませんが、村の方から大工を要求するくらいですから、庄屋の家だけを建てるのであれば、なにも村に住みついてもらう必要はないわけですよね。

宮本　地方《じかた》文書でも、「ホリタテヤ」とか「掘立屋」などと水呑百姓クラスでもけっこう目にするのではないでしょうか。

浅川　箱崎さんが紹介した一九世紀の秋山郷のような山間部では、実際に掘立柱建物の表現がたくさん出てきまして、そのあたりが非常に気になるのですが。

宮本　歴史的にみて数のもっとも多い掘立柱建物は、現在では残っていません。それは現在の村落と重なる部分がほとんどでしょうから、現在の村落をぜんぶ発掘調査すれば、掘立柱建物はたくさん出てくるのではないでしょうか。

高橋　宮本さんがさきほどいわれた「結」は、互助会組織としてずっと残ってきたわけですが、岩手のほうですと、大工として頼まれてくるのはせいぜい一人か二人で、その人の仕事はもっぱら墨付です。そのほかの枘穴をほる仕事などは、ぜんぶ地元の人たちがします。建前などは大工の棟梁がただ指図するだけ。私も若い頃よく手伝い（助人）にいったのですが、そのほかの柱立てや棟上げなどはぜんぶ地元の町内会でやるのです。ですから、村の中に数人の大工がいれば指図をするのに充分で、何十人という大工集団はいらないのです。現在、大工は職業として弟子養成のために五～六人ほどの集団になっていると思います。そこでは墨付は棟梁がやって、そのほかの主な仕事は一番弟子が受けもち、あとの穴ほりはぜんぶ弟子たちがやるようになっているようです。しかし昔は棟梁とせいぜいもう一人の子分ぐらいが行って墨付をし、穴ほりは町民がしていたと思います。

吉岡　一般の人で案外誤解があると思うのは、民家の曲がりくねった梁は素朴であるというイメージです。これはむしろ逆であって、ほんらい直材でつくる方が建築としては単純なわけで、曲がりくねった梁をたくみに交差させるには、墨付のきちっとした技術がないとできません。ですから、曲がりくねった梁組をもつ民家の出現は、むしろ墨付をするきちっとした大工の技術が導入されるまで現れてこないといえるでしょう。

浅川　現在残っているものは、みんなそのようなちゃんとした技術を背景にしてつくられているわけで、消滅して現在みることができない素朴な建物とはちがう、ということですね。

高橋　発掘調査をしていると、柱掘形はほぼ等間隔にならぶのですが、柱の心が当初掘った柱掘形からずれていることがあります。これは曲り材を現場あわせで立てるために、当初の柱掘形を掘り直しているからでしょう。しかし、最初はきちっとした頭の中に描いている設計図にあわせて、たぶん間縄《けんなわ》を使うのでしょうが、事前に柱位置を割り付けて穴を掘るのだろうと思います。どの建物も柱掘形の形がぜんぶ丸形ではなく、部分的に角形となるようなものもみられます。それはたぶん共同作業を反映しているのであって、作業した人によって、丸になる場合もあれば四角になる場合もあるということなのだろうと思います。なお中世の場合、上層クラスの建物になるからかもしれませんが、柱は掘形の中におさまっていて、様相は異なります。

浅川　堀内さんをはじめ何人かの人が報告しているように、はじめて礎石建の建物が建ったということで近郷から大勢の人が集まってきたという伝承があちこちにあります。戦後テレビが出現したとき、近所の人がみんなテレビを買った家に見にいったようなものですね。ただし、テレビが出はじめる時期と、テレビが普及する時期とでは時間差がだいぶあるわけです。ですから、掘立柱から礎石建への転換にも、富裕階層が先駆的に変わる時期と、ほぼ一斉に変わっていく時期とはかなり時間差があるのではないでしょうか。私たちは二年間のシンポジウムを通して、一斉に変わり始めるのが一八世紀終わりから一九世紀初めごろと考えてきたのですが、高橋さんや吉岡さんの話を聞くと、もうちょっと古いかもしれないということになる。それに関して宮本さんはどのようにお考えですか。

宮本　ある程度地域によってちがうのではないですか。

渡邉　私の論考のなかで、一九世紀の村落についての史料を紹介しています（二一一頁）。関東地方の例ですが、三〇〇戸ぐらいの村落だと、専門の大工はそのうち一軒や二軒であるという史料です。つまり、資料にのるぐらいの村落では、一パーセントかあるいはそれよりちょっと少なめの大工が一九世紀ぐらいにいたと考えられるわけです。ただし、秋山郷など山間部の村落は、年代的にみると平野部の村落とやはりちょっとずれがあるのではないかという気がしています。それで、二年間のシンポジウムで一応の結論に達した一八世紀後半～一九世紀という時期は、大工技術がなかなか浸透しなかった地域に大工技術が浸透した時期、すなわち礎石建物が普及した時期だと私は考えています。たぶん全国のいろいろな地域について、大工がどこに何人くらいいたのかということをきめ細かく調べていけば、礎石建物が普及してゆく背景はある程度わかってくるのではないでしょうか。大工専門職の実体がそのような状況だということで、一八世紀後半〜一九世紀になれば、わりと全国の、それまで辺鄙といわれていた地域にも、礎石建物が建てられ始めたということでいいのではないかと考えます。

浅川　若干の地域差があって、必ずしも同時期に全国で同じ動きがあったわけではなく、一七〜一八世紀から変わっていった地域もあれば、一八世紀後期〜一九世紀に変わる地域もあるということだと思います。

二、基礎構造と上部構造

削出し柱の検討

浅川　次は基礎構造と上部構造の問題について検討したいと思います。さきほど宮本さんが掘立柱建物と礎石建物の構造的なちがいをいわれたように、技術の断絶ということがやはりいちばん重要な論点だと思います。私もやはり基本的に大きな断絶はあると思っています。たとえば、私が報告したミクロネシアの掘立柱建物は、束に仕口をつけていませんが、これをこのまま礎石建にするのはとうてい無理で、やはり上部を固めて箱状のものをつくらないと石の上にはのせられない。そのための方策が、貫だけなのか貫以外の方法もあるのかということになったときに、私はその中間的なもので、弥生時代に多い削出し柱の手法を八丈島のオクラが礎石建に応用しているのではないかと考えました。同じようなことを、宮澤智士さんが「小屋」と「堂」という概念で書かれています（「庶民住宅―堂と小屋の観点から―」『絵巻物の建築を読む』東京大学出版会、一九九六）。とくに『奄美大島・笠利町の民家調査報告』（日本ナショナルトラスト、一九九六）では、柱を途中で細くしながら横材を貫いて軸部を固める奄美のヒキモン構造について分析しており、私はこれも弥生時代以来の構法が礎石建に応用された可能性があると思っています。このような例は、八丈島や奄美・沖縄方面だけでなく、四国の民家にも見られるようです。

吉岡　先日、私は奄美に行ったのですが、それに関してはちょっとちがったイメージをもちました。これはあくまでも思いつきですが、柱に横材を差し込む工法は、風に対する対応ではないか、ずれてもそのまま動かせる一つの箱を造っているのではないか、という思ったのですけれども。

浅川　弥生時代の登呂・山木遺跡、古墳時代の古照遺跡などで出土した建築部材をみていると（二二八頁、図16）、掘立柱に鼠返しを差し込んで、さらに床桁を落とし込んでいくような構法に復原できます。台湾のバシー海峡に浮かぶ蘭嶼という島には、ヤミ族という少数民族がいまして、彼らの高床建物には同じような削出し式の掘立柱が使われています（**図1**）。八丈島のオクラは足固貫のような横材で固めて礎石にのせる例が多いですが、かなり古い伝統を受け継ぎながら礎石建に変化しているような気がしています。

吉岡　さきほどの奄美の民家の構造は、柱が縦横の大引も桁・梁までぜんぶ貫くという、かなり精巧な技術でつくられていますよね。

浅川　技術的にみれば、弥生時代だってそんなに馬鹿にならないですよ。中期以降に金属器が導入されてからの継手や仕口は、私たちが思っているよりもずっと精巧にできています。

宮本　現在、東南アジアでは弥生時代と同じディテールがみられますが、そこでは礎石建に変わっています。その代わり床下には縦横に貫がはいっているのです。その貫を取り払って掘立にすれば、弥生・古墳時代の住居になるのです。

吉岡　沖縄に現存するもっとも古い建物でも幕末くらいですが、それらの間取りや構造をみると、私は島津藩が琉球を征服してから導入された技術が、沖縄独特のものだといわれているのではないかと感じます。ですから、琉球王国のような古い時期の様相が全然わかりませんので、まだ留保しておきたいという感じがあります。いま残っている建物で、何百年も中間を飛ばしてつなげてしまっていいのか、私はためらいがあるのです。

箱崎　小野先生も、島津藩の入部が画期になっているのではないかとおっしゃっています（本書第二章第三節）。

浅川　沖縄は文化が非常に重層的なところですから、土着的な古層のものもあれば中国・福建省あたりからの影響もあるだろうし、島津藩の影響ももちろん考えられるし、どうとらえるか非常に難しいですね。日本「本土」では、建物を固める場合に指物や貫を使って柱を貫いたり、長押で横から固めたりするのに、奄美の場合はその逆ですよね。柱を細くしていって横材を貫いていくというのは、漁村の舟小屋にもみられる素朴で特殊な構法です。掘立柱と礎石建には決定的な技術の断絶があると思うのですが、部分的に掘立柱の技術を受け継ぎながら礎石建物に転換していくこともあるのではないでしょうか。

旧山田家に残る掘立柱の解釈

浅川　ところで、二本だけ掘立柱を残している秋山郷の旧山田家住宅について、西山さんが掘立柱が残った理由を構造的に解釈しています（コラム1）。ここでも、掘立柱の小屋組と、部分的に掘立柱を使う小屋組あるいは礎石建の小屋組とは、技術的な連続性はあるのだろうかということがやはり問題になってくるわけです。

西山　秋山地方における民家の屋根構造はぜんぶ寄棟造で、棟の両端の位置に叉首がきます（一一六頁、図7）。標準規模の民家の場合、この位置は平面でいうと部屋境にあたります。ですから、棟端を支える叉首の下には柱が必ず立つことになり、力がそのまま柱に伝わります。ところが旧山田家のような上層農家になると、規模が大きくなり、それとともに棟も長くなって、棟の端が部屋境ではなく土間の上にきてしまいます。このときは必ず棟の両端の叉首を受ける位置に柱を立てるようにします。これは旧山田家以外でも、上

図1　台湾・蘭嶼ヤミ族の高床式涼み台
（削り出し式の掘立柱を用いる）

層の民家はすべてそうなっています。一般的には上屋のいちばん隅の柱を重視すると思うのですが、秋山郷では棟の両端の位置にたつ上屋柱四本を重要視しているようなのです。そう考えると、旧山田家の二本の掘立柱は、重要な四本の上屋柱のうちの二本であることがわかります（一一六頁、図8・一一七頁、図9）。とすれば、上層農家では掘立柱の段階で構造的に進化していて、そのまま礎石建にしても問題ないというレベルに達していたのではないかとも思えるのです。旧山田家の場合、すべての柱を礎石建にするには、まだ恐怖感というか、本当に大丈夫なのだろうかという不安な気持ちがあって、重要な二本の柱を掘立柱として残したのではないかという気がしています。秋山郷では旧山田家がいちばん古いのですが、それ以降の建物は架構形式だけでなく、柱の建て方もぜんぶ同じで、すべて礎石建になっています。ですから、まず上層農家でそういう現象がおき、それをみた下層農家では、上層の技術をまねて一気に礎石になっていたのではないかと考えています。

浅川　そうすると西山さんは技術的な断絶がないと考えているのですか。

西山　上層農家では技術的に連続していたのではないかと思います。

吉岡　今の話からは、断絶かどうかわからないのではないですか。構造的には完全に礎石建のものになっているけれども、柱礎形式だけでは不安だから掘立柱を残したということだったら、浅川さんがいうような話には直接的には結びつかないですよね。同じようなことでちょっと気になるのが、丸岡城天守は基本的には礎石建の構造ながら、天守の中心の柱だけは掘立にしていることです（**図2**）。技術的には礎石建の考え方で建てていると思えるのに、中心部分だけはなぜか掘立柱にしているのです。

高橋　精神的なよりどころとなる大黒柱などに掘立柱が残るのではないですか。大黒柱というのは、カマド神がぶら下がっているところであって、大金持ちの民家では二尺くらいの特別太い面取柱があったりしますが、そういう柱が掘立柱という例は多いのではないですか。

浅川　旧山田家にしても丸岡城にしても、構造的に重要なところを掘立柱にすると、いずれ腐るのですから、その点では危険ですよね。韮山の江川家（**図3**）では、前身建物の掘立柱を生柱と称して火伏せの神にしています。こういう構造とはぜんぜん関係ない柱を掘立柱にするのはわかるのですが、構造的に要となる柱を掘立とするのは短期的には安全ですが、長期的には危険ともいえるわけですね。

吉岡　一つおもしろい発掘例があります。鳥越城跡（石川県石川郡鳥越村）の発掘調査では、天正八〜九年（一五八〇〜八一）にかけての織田信長方と一向一揆方との間でくり広げられた鳥越城争奪戦の様子をうかがうことができます（**図4**）。その遺構をみると、どうやら掘立柱と礎石建が交互に建てられていて、全部で六期にわたる変遷が想定されています。それを解釈すると、織田方が城を征しているときには礎石建物が建てられ、一揆側が征しているときは掘立柱建物になっているようなのです。さらにおもしろいのは、岩盤のような固い地盤に建物を建てるにもかかわらず、その地盤にわざわざ穴を掘って、石の中に柱を据えて掘立柱建物としているようです。このような事例をみると、中央と地方とでは構造や技術の考え方にかなりのちがいがあったのではないか、という気がします。

建て方の問題

渡邉　旧山田家や天守などの例は、建て方の問題ではないのでしょうか。天守の場合は最初に中心部分の掘立柱を立ててから周囲の柱を組んでくのでしょうし、旧山田家でもまず二本の掘立柱を立てたのではないかと思います。柱を立てたあと、どのように部材を組み上げていったかについては、あとで入れられる枘なのか、最初に組んでから建て起こさなければならない枘なのかの分析をすれば、案外理解できるのではないでしょうか。

宮本　ただ建築構造力学的には、礎石と掘立柱というのは不整合ですからね。旧山田家に残る二本の柱というのは、伝統的な形式を残しているという意味であって、他の柱が全部礎石であるにもかかわらず、二本だけ掘立柱なのは、あまり構造的に影響のない柱だからではないかという気もします。

浅川　掘立柱と礎石建の併用例については、蓮沼さんがコラムの中で、奈良時代・平安時代の例を紹介してくれています（二六〇頁表一参照）。奈良時代の場合は、礎石の上に柱を建てるには、もう一つ自信がなかったようで、平城宮東院庭園の中央建物では四隅を掘立にして、沓石をかませて礎石建ふうにみせていますし、平城宮内

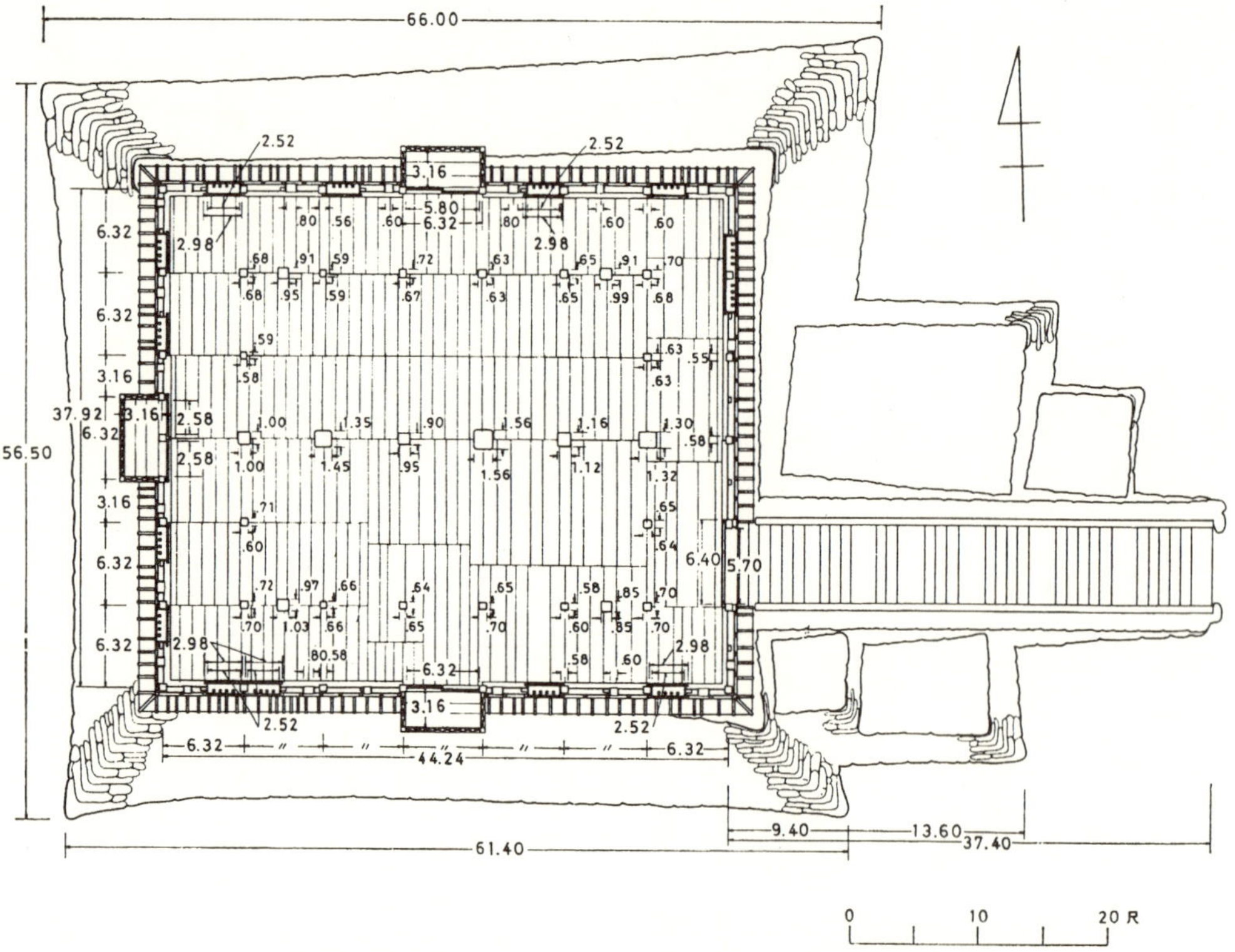

図2　丸岡城天守初層平面図（入側柱や中心柱列のほとんどは掘立柱だったらしい。『日本建築史基礎資料集成　城郭Ⅰ』中央公論美術出版、1978より）

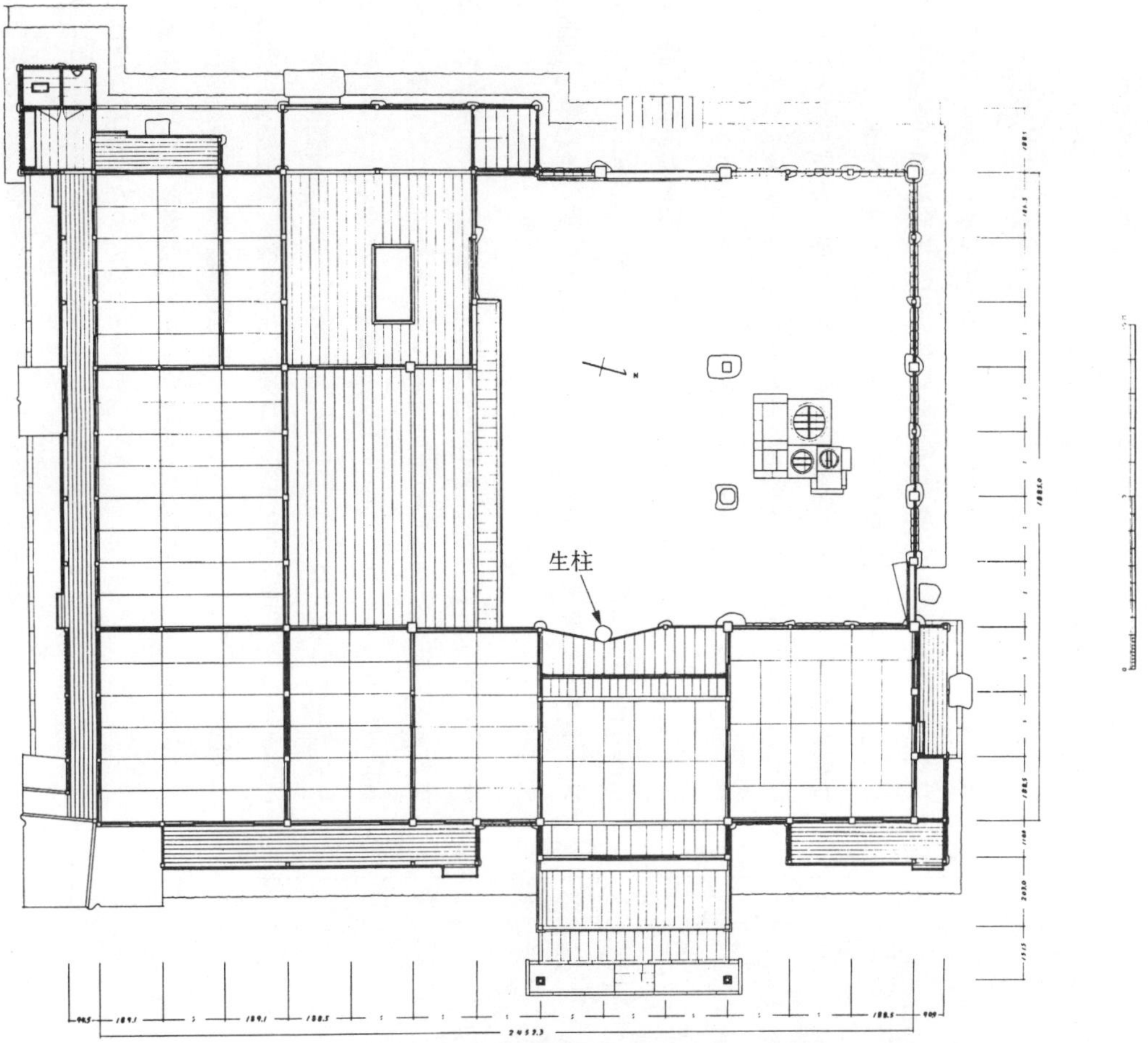

① 現状平面図

③ 生柱発掘状況

② 生柱（1963年修理前の状況）

図3 江川家住宅（前身建物の掘立柱を「生柱」と称し、火伏せの神として祀る。
『江川家住宅修理工事報告書』1963より）

裏の建物では、棟通りの柱を掘立にしてその他の周囲はすべて礎石建にしています。このような例も含めて掘立柱と礎石の併用というのはどう理解したらよいのですか。

宮本　私は平屋建物を大きく六型式に分類しまして、そのなかで壁立式平地住居と竪穴構造型をまとめてC型としています（**図5**）。この竪穴構造型は、縄文時代に現れて中世から近世にかけても残るのです。発掘事例は東北に多いのですが、弥生時代以降は小判型から方形になってゆくという変遷を追うことができます。そして四本主柱で側まわりに柱がめぐるタイプもあるのですが、旧山田家の構造的に重要だといっていた四本もこのタイプではないかと思います。

浅川　建て方に関して、渡邉さんがインドシナ半島（ラオス）、スカンジナビア半島、日本の絵巻物を例に出して、掘立柱、土台建、礎石建の建て方を紹介されました（二〇九頁、図6〜8）。ツィンマーマンさんも東ヨーロッパと東南アジアの例について書いていまして、それによると小屋組などの構造をぜんぶ造ってから、それを二〇人ぐらいでもちあげて礎石の上に置くらしいです。これは礎石建だからできるのでしょうね。また、桜町遺跡（富山県小矢部市、縄文中期末）では高床建築の復原を人力でやっていましたね。それをみていると、三本の柱をセットにして立てていましたが、ビデオをみる限り、非常に重たそうだった。ですから渡邉さんが紹介したような、部材を組んでおいて全体を建て起こすというラオスの建て方は、たいへんな作業なのではないかと思ったわけです。また私が

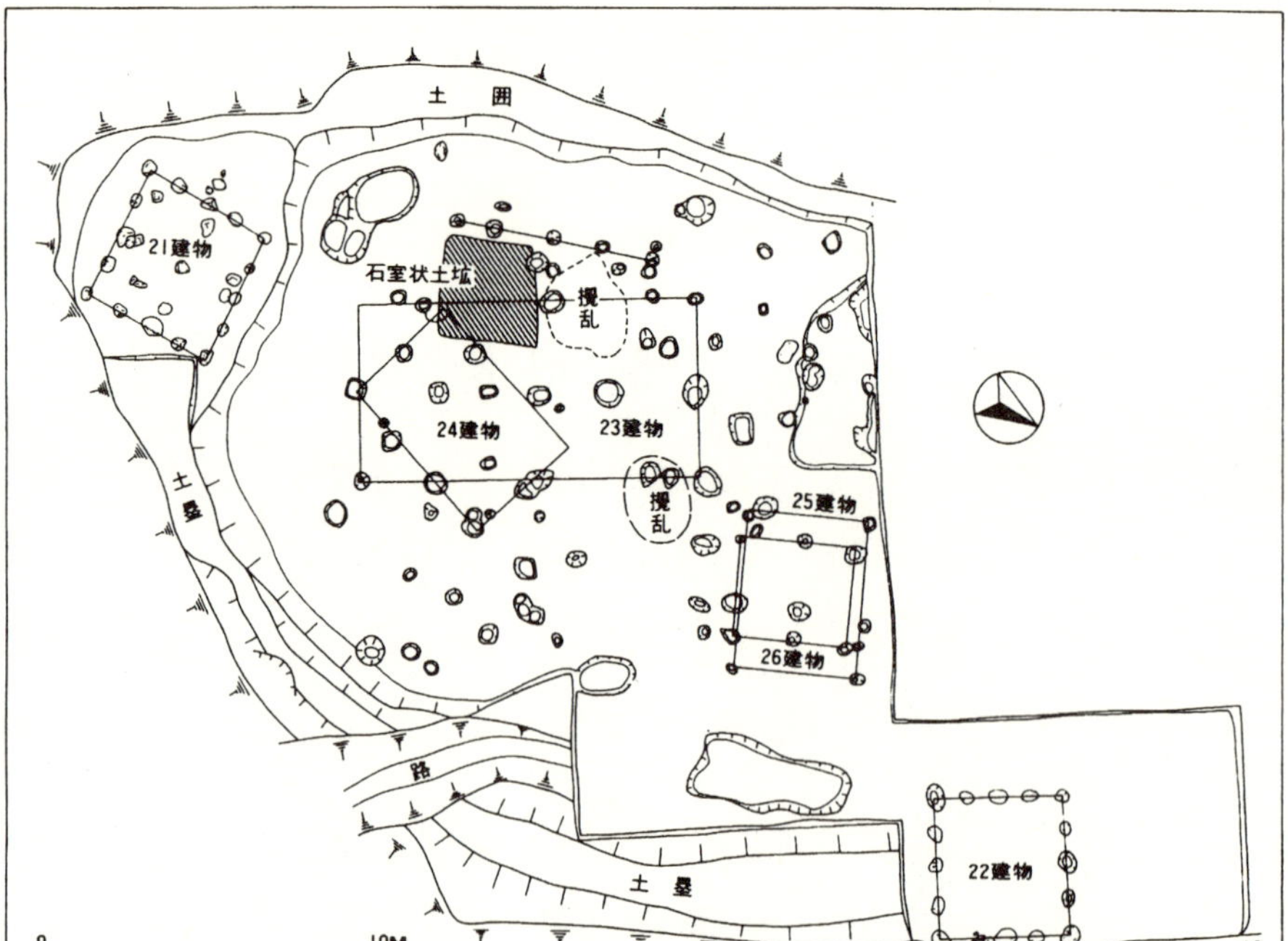

図4　鳥越城跡二の丸発掘区遺構図（21・22建物は礎石建物、23〜26建物は掘立柱建物。23建物に重なる土坑は建物よりも古い戦後処理土坑。『鳥越城跡』鳥越村教育委員会、1979より）

紹介したトラック諸島のウートでは、一本ずつ柱の底を調節しながら水平に建てていました。ラオスのような全体を建て起こす方法だと、穴の底がでこぼこになっていたら、せっかく組んだ部材も傾いてしまうのではないかと思うのですが。

渡邉　問題は水平材をどう取りつけるのか、ということになりますが、最初から入れ込んでおかないとできない構造と、あとからでも入れられる構造の二種類があると思います。

浅川　ラオスの例はどちらですか。

渡邉　それはもう枘が出てしまっているので、組んでから組み立てないとあとでは入れられないという例です。

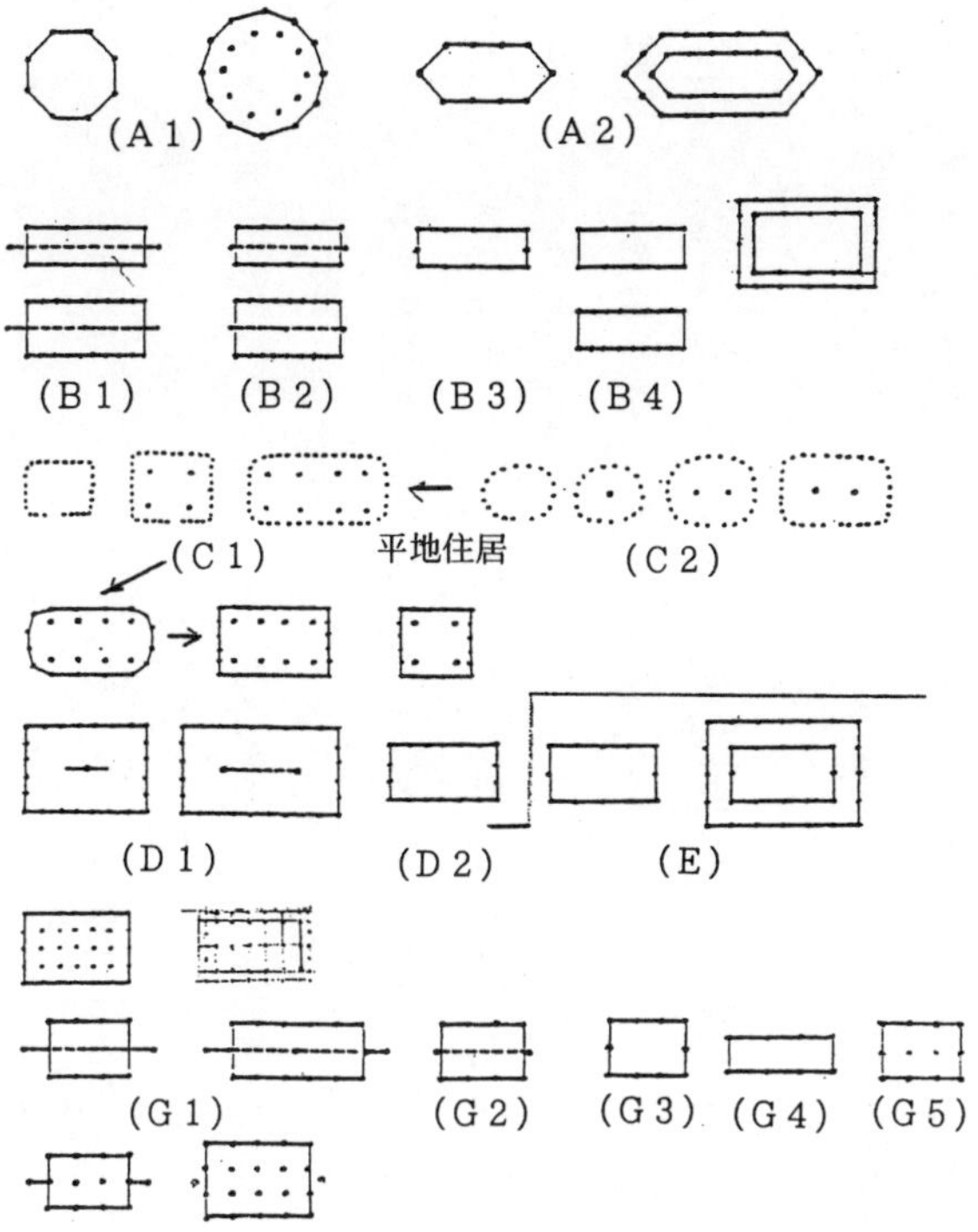

				縄文時代					弥生時代			古墳時代			奈良	平安	中世	近世	近・現代
				早	前	中	後	晩	前	中	後	前	中	後	良	安	世	世	現代
平屋建物	A	多角形平面型	1求心型　2亀甲型																
	B	梁間一間型	1独立棟持式																
			2近接棟持式																
			3壁心棟持式																
			4棟持無																
	C	壁立式	1竪穴構造式																
		（平地住居）	2屋内棟持式																
		竪穴構造型																	
	D	多柱梁間型	1多柱中柱式																
			2多柱式																
	E	梁間二間型（律令型）																	
	F	総柱型																	
高床建築	G	梁間一間型	1～3棟持柱付																
			4棟持柱無																
			5床束式																
	H	総柱型	1棟持柱有																
			2棟持柱無																
	I礎石・土台建物																		
	J礎石・土台＋掘立混合型																		

図5　掘立柱建物類型別変遷図　上段の図は表中の番号と合致（宮本長二郎氏作成）

浅川　ここで、さきほど箱崎さんから紹介していただいたトラック諸島のウートの件について補足しておきます。箱崎さんは村人や町衆の協業によって建てられると紹介してくれましたが、トラックのような無文字社会にも、じつは専門的な大工がいるのです。船大工や建築の大工は特別な知識の伝承者で、一種の呪術者でもあるわけですが、弟子をとるときには、集会所に監禁して知識を伝授する儀式をおこないます。無文字社会だからといって大工がいないわけではないのですよ。

宮本　日本の堂宮大工と同じですね。

箱崎　それは礎石で建てるのではなく、掘立で建てる大工の棟梁なのですね。

浅川　掘立です。たとえば柱間寸法に対する柱長さの決定法など独特の知識をもっていて、それを一応秘密にしているのです。秘密にしているからその人は地位が高いわけでして、まわりの人は大工を尊敬しています。弟子入りするときには供物を献上し、一週間ぐらい密室にこもってその知識を教えられるわけです。

貫と掘立柱

渡邉　本編二章の討論で、掘立でも貫ができるという意見もありましたけれども、それは今の大工さんがきちんとレベルを合わせたうえでできる技術であって、私はやはり礎石と貫構造は複合しても、掘立と貫構造は複合しないと考えます。

箱崎　渡邉さんは、玉井さんがいっているように掘立柱と礎石建には技術的な断絶がやはりあると考えるということですか。

渡邉　断絶といっていいのか、専門職の問題だと思います。

浅川　桜町遺跡の大引貫構造といわれた材は、貫ではなく単なる仕口だということでしょうか。

渡邉　いわゆる貫という概念ではないと考えています。

宮本　私も貫ではないと思っています。

吉岡　大入に近いような枘をつくって入れる大引などは、やはり貫とはちがうと思いますし、箱木家の貫の断面も、近世の貫とはぜんぜんちがいます。初期の貫は枘穴とのあそびも比較的大きいですから、現在みられるようなきっちりとした貫とは、構造的な考え方や技術はかなりちがうのではないでしょうか。

箱崎　文献に出てくる貫については、やはり近世の精密な貫をイメージした方がいいのでしょうか。

渡邉　たとえば『秋山紀行』が記された一九世紀だと、かなりの地方にまで近世的な貫がすでにあるので、そのような貫を想定していいと思います。

吉岡　今回の討論はあくまでも庶民住居を対象にしているということですから、それほど気にしなくていいだろうと思いますが、掘立柱に関しても、中国建築で暗礎と称する柱穴の底に石をおく技法があって、その暗礎の上に成形した大きな柱を置く方法と、集落で検出されるような、いびつで小さな柱をたてる方法とは、考え方を別にしておかないといけないのだろうと思います。

浅川　根っこにあるものは同じなんじゃないでしょうか。足元を固めないと上部構造が不安なわけだから。暗礎は不同沈下を防ぐだけであって、足元は土で固めるわけですから、構造に対する考え方にそう大きな差はないだろうと思うのです。たとえば出雲大社でも、ある時期から暗礎を入れるようになりますが、掘立にするか石を地上に出すかで、上部構造は根本的に変わると私は思っています。

近世の掘立柱建物

箱崎　もういちど技術の断絶の話ですが、発掘遺構でも現存遺構と同じような平面変遷をたどる、つまり礎石建物でも掘立柱建物でも同じ平面の建物があるわけです。それをどういうふうに考えたらいいのか。同じような建物が、礎石でも掘立でも建てられていると考えていいのか、礎石の建物は今みられるような建物だけれども、掘立のものはやはりそれとは別に考えた方がいいのか、そのあたりについてはいかがでしょうか。

宮本　グレードの差です。大工がかかわったかかかわっていないかで、かなりグレードが変わってきますから。

箱崎　グレードの差だとすると、掘立柱で複雑な間取りをもつ遺構は、下層民が上層の家をめざしてつくった家というイメージでいいのですか。

宮本　規模がちがうでしょう。桁行七間くらいの大きさをもつ家は、おそらく地頭以上のクラスだと思います。

箱崎　たとえば、あとから話がでると思いますが、岩手県の羽柴直人さんの論文（「岩手県平泉町における近世掘立柱民家について」『紀要』XVII、岩手県文化振興事業団埋蔵文化財センター、一九九七）で見られるような、複雑な平面をもつ近世の遺構はどう考えればいいのでしょうか（後掲、三〇八頁、図21参照）。

吉岡　近世中期以降の掘立柱建物と礎石建物が混在している時期だと、礎石建のきっちりした技術があるなかで掘立柱建物もつくるだろうから、両者のプランが似ているときに、上部構造の差はひょっとするとないかもしれません。いろいろな技術も普及してきているなかで、上部構造の技術が先に入って最後に礎石建の技術がでてくるのか、礎石建とするときに上部構造の技術も導入されたのかはわかりませんが、上部構造の技術が先に入ったということもありえるのだろうと思います。

箱崎　その場合、掘立柱と礎石のあいだに技術の断絶はないと考えなければならないですね。別の影響は考えられないのでしょうか。たとえば新庄藩（山形県）だと、礎石建にしてはいけないという法令もあったようですが（小倉強「藩政時代の民家建築禁令資料」『東北の民家』相模書房、増補版一九七二）。

高橋　幕府の法令は藩法集にのっていますが、家作の規制もたくさんあります。南部藩の場合、山は基本的に個人所有ではなく藩の直轄地ですから、家を造る時には代官所を通じて、何の木を何本ほしいという払下願を提出します。このようにして家を建てるので、家作も格に合わせたものになるのです。南部地方では曲屋がいちばん特徴的な民家形態ですが、棟数がもっとも多いのは大正時代で、四二〇〇棟ぐらいあると『岩手県史』の中で田中喜多美さんが述べています。また『岩手県史　民俗編』に掲載されている昭和一〇年頃の曲屋の分布状況（図6）をみると、県内には九七八〇棟ほどあるようです。江戸時代にも同じくらいあったのかというと、それは絶対ありえません。つまり曲屋は江戸時代には一つのステータスであったのが、明治維新によって銭さえあれば建てられる世界になったのです。南部藩における家臣団の給与制度には、地方《じかた》・米高・金高と三種類あるのですが、その中で石高といって土地をもらっている中には、小さな領地の中に、領民がいるわけですよね。その中の領肝入といわれる家でも、曲屋でないところがたくさんありますから、曲屋をつくるには特別な許可が必要だったのです。

渡邊　やはり専門工人がかかわったかどうかで分かれるのでしょうね。かりに規模の大きい掘立柱建物を専門の大工が作ったとしたら、どのようにして組み立てたのかよくわかりません。あらかじめ貫などを通しておいて、一間ごとに柱穴に入れていったのでしょうか。近世的な建物の建て方だと、礎石の高さをきちんと合わせてから、貫穴に通すのでさえとてもたいへんなのですから、上部構造が礎石建と変わらないくらいの貫構造としたうえで掘立柱としているのなら、やはりちがった建て方で建てていると考えざるをえません。

浅川　平面と構造は必ずしも従属関係にはなくてもいい。平面が似ているからといって上部構造が同じだとは限らないんじゃないですか。素朴な構造でも、複雑な間取りの建物を作れないことはないと思います。また、礎石建にするなという規制があるとしたら、それは礎石を使うなということではなくて、礎石を使うような立派な建物にするなということでしょう。

大正～戦前に曲屋が増えたという高橋さんの話はとても重要ですね。近世民家としてイメージされている建物は、じつは幕末から明治以降に増えてきているということで、逆に、掘立柱建物は一八～一九世紀には多かったけれども、明治末あたりまでの間にほぼ絶滅

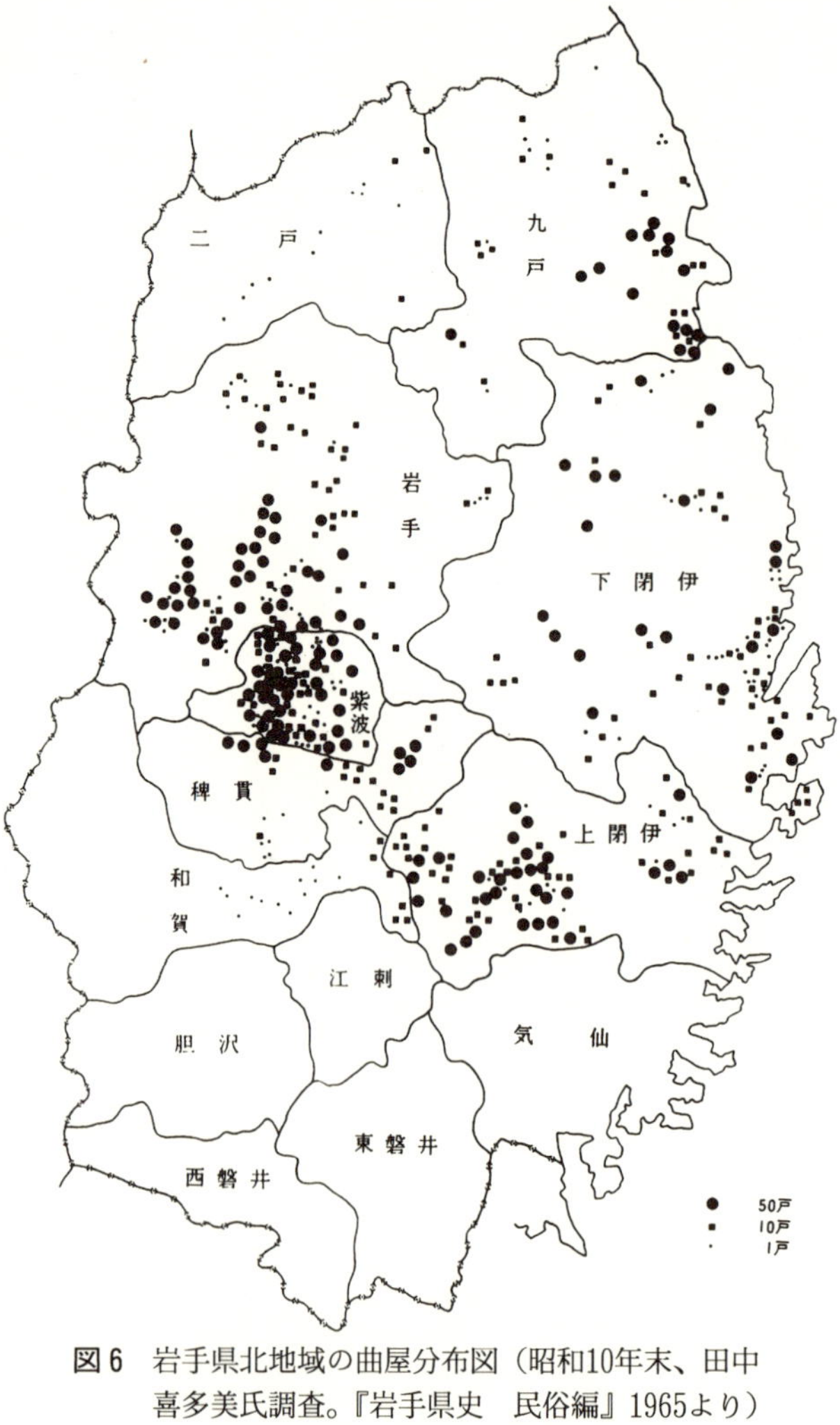

図6　岩手県北地域の曲屋分布図（昭和10年末、田中喜多美氏調査。『岩手県史　民俗編』1965より）

してしまったということなんじゃないでしょうか。

三、掘立柱と祭祀

儀礼具と掘立柱

浅川　つぎに祭祀の問題についてです。忌柱、すなわち禁忌の神に対する問題と、小野さんが紹介された洪水神話と中柱の関連性についての問題などがありましたが、これは難しいですね。

高橋　岩手県内では、特定の柱の下にお金を埋めるという発掘調査例が数件あります。庇がある場合はそうとも限りませんが、庇がなければだいたい掘立柱建物の側柱のいちばん隅に相当する柱に入れるようです。柱を切った面に貼り付いた状態でみつかりますから、意識的に入れていることは間違いないと思います。枚数はとくに決まっていませんが、三枚ほど出た例もあります。おそらく建前の儀式のときに、掘立柱の下にお金をお供えするのだと思います。時期的にはだいたい一八世紀末になります。

浅川　お金以外では何かありませんか。

高橋　漆塗りの椀があります。米などを入れていたかのもしれませんが、残っていないのでわかりません。笹間館遺跡（岩手県花巻市）では、木胎が腐ってしまって漆の膜だけ残っていたのを発見しました。そのほかでは、梶原さんも胞衣壷の例を紹介されていましたが（四二頁、図7、多摩ニュータウンNo. 105遺跡）、平泉町では一七世紀末～一八世紀にあたる建物の床下に、お金を三枚ほど入れた小さな甕が出土しています。やはりこれも建前祭祀胞衣壷などにかかわるものだと思います。

浅川　つい先日ですが、発掘調査がすすめられている出雲大社の宇豆柱の下からチョウナの刃が二枚出土しました。柄はなくて刃だけですが、これに関しては儀礼具と考えてよいのか、疑問に思っています。

高橋　平泉の柳之御所遺跡ではノミと金槌が出土していまして（**図7**）、儀礼具の可能性もあるのではないかと思っています。これは一二世紀後半のものです。

渡邉　出雲大社のチョウナに関しては、私は儀礼具だろうと思っています。建物の下からではないですが、平安時代の五反島遺跡（大阪府吹田市）では斧が出土していて（**図8**）、おそらく儀式にともなって埋められたのだろうと考えられています。出雲大社のチョウナは刃幅が七センチほどのようですから、五反島遺跡の斧とほぼ同じ寸法です。

浅川　儀礼具ならば、銭貨など儀礼に関する他の遺物と複合的に出土してもいいと思うのですが、大工道具だけ一種類という点が気になるんです。

渡邉　斧には、ずいぶん昔からいろいろな意味をもたせています。いちばん古い起源をもつ道具ですし、山伏が山へ入るときに呪力のある斧をもっていくという伝説もあります。

浅川　宇豆柱に残る刃跡と出土したチョウナの刃形が合うということなのですが。

渡邉　宇豆柱を削ったあとに埋めたという、一連の儀式の流れの可能性があるのではないですか。

吉岡　何か意味を込めなければ、底に入るわけないでしょうね。

高橋　忘れたというのは理屈がつかないですよね。よく墨壷を天井裏に忘れて、建物を修理するときに発見される例がありますが。

箱崎　柱を削ったために、忌みの気持ちが生じて埋めてしまったのではないでしょうか。

浅川　伊勢神宮での類例について、宇津野金彦さんに調べてもらったのですが、『外宮天正遷宮記』という一六世紀の記録に、昔の柱穴を掘ったら銀のはさみなどの金物がでてきたという記事があるようです。また、埋めたかどうかはわかりませんが、延暦二三年（八〇四）の『皇太神宮儀式帳』には、鏡のほか鎌や鍬、斧などが儀式のために用意されていますし、『文建協通信』二八号（文化財建造物保存技術協会、一九九六）によれば、平成七年におこなわれた春日大社式年造替の際も、墨壷や曲尺、釿などが釿始の儀式で用意されています。このように儀式ではいろいろなものを納めているんですけどね。

吉岡　たまたま残ったのが金属のチョウナだっただけであって、香水や米、酒などは検出されていないということもあるわけでしょう。たとえば地鎮の納入物で、中身が残っていないけれども容れ物だけが見つかって、どうもそれにはいろいろなものが入れられていただろうと考えられていますよね。ですから、残りやすい金属が発見されただけと考えた方がいいのだろうと思います。ましてや柱の底にあるのだから、意識的に入れない限り一個も忘れてこないで

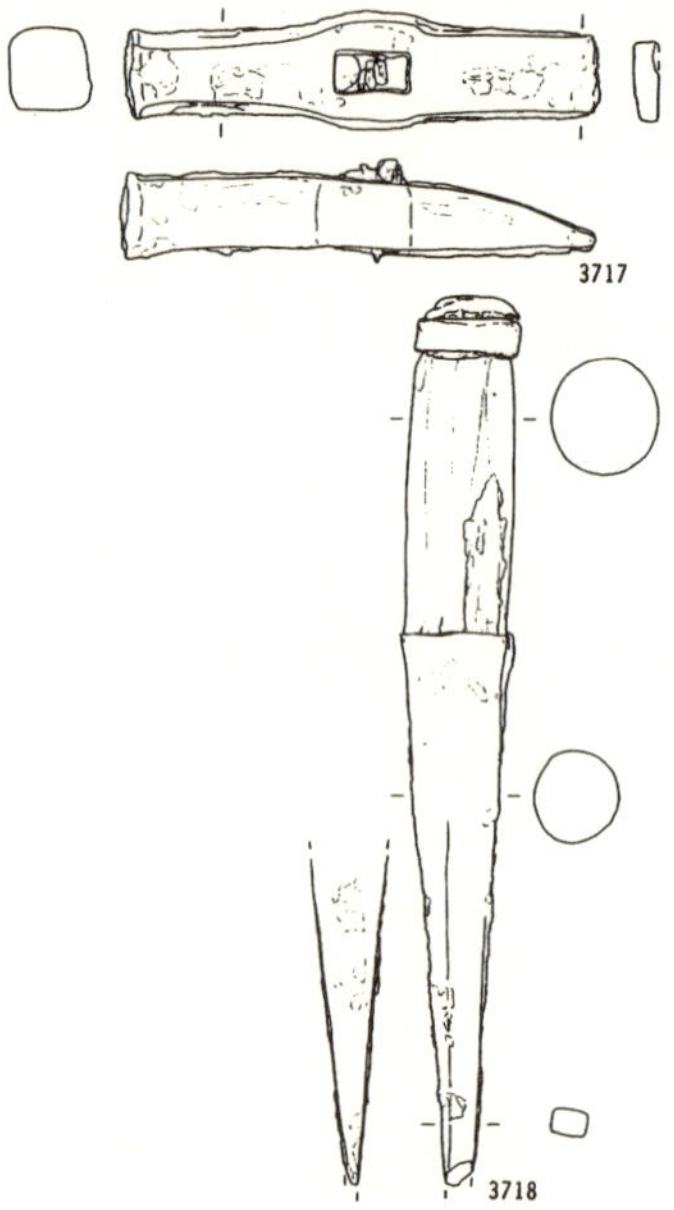

図７　柳之御所遺跡出土遺物（3717：金槌、3718：鑿『柳之御所跡』（財）岩手県文化振興事業団埋蔵文化財センター、1995より）

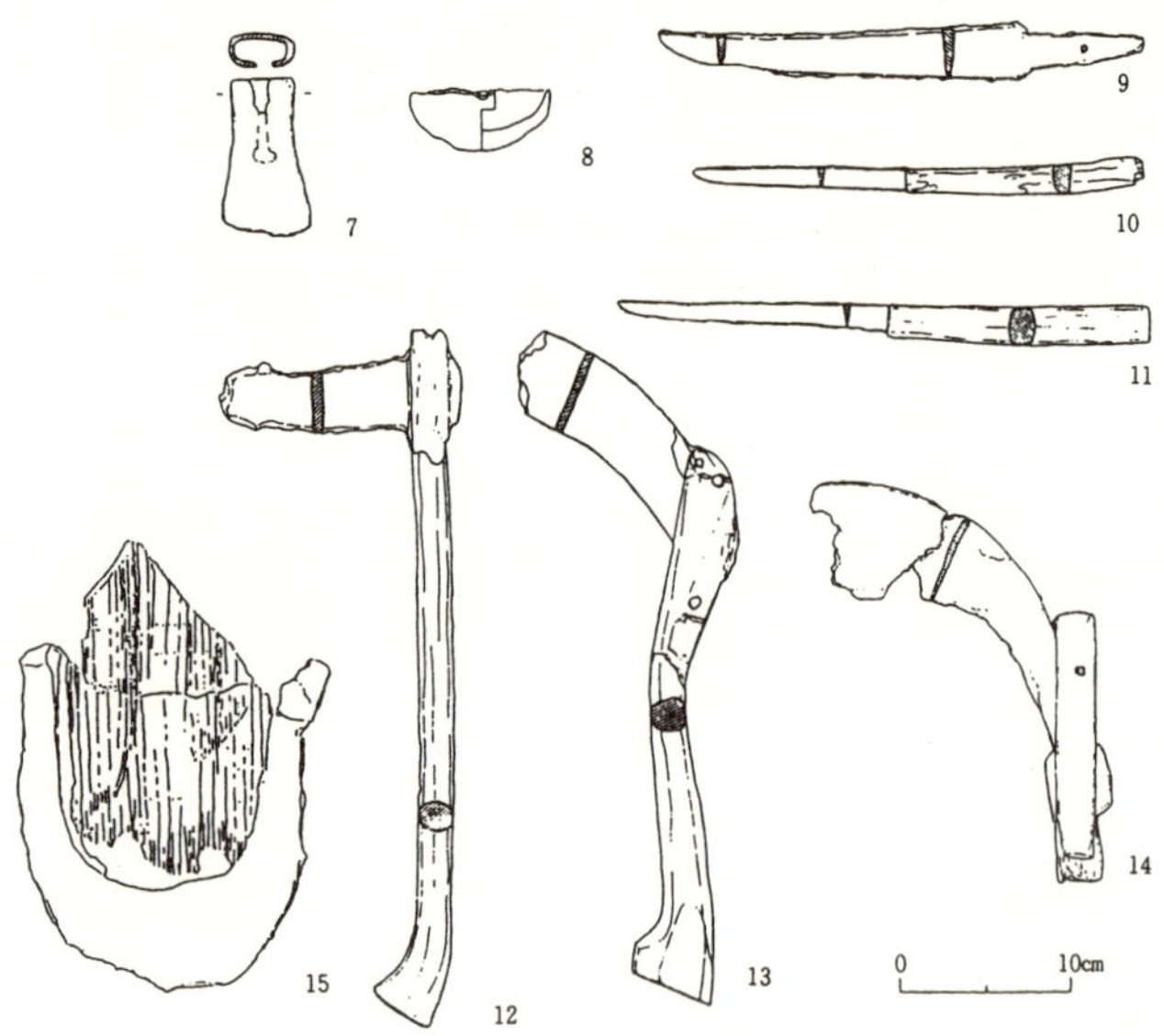

図８　五反島遺跡出土遺物（7：鉄斧、8：るつぼ、9：小刀、10〜11：刀子、12：ナタ？、13：鎌、14：鋸、15：鋤先。『古代を考える50　－摂津・五反島遺跡の検討－』古代を考える会、1989より）

しょう。

地鎮の事例

高橋　地鎮の類例ならばたくさんありますよ。岩手県でいちばん古い例は胆沢城跡（水沢市）です。ここでは建物の土間の中に九世紀前半の長頸瓶を方形四隅と真ん中の計五カ所に入れています（**図9**）。柳之御所遺跡では、カワラケが二枚合わせ口になって、その中にガラス玉が入っている例が検出されていますし、盛岡城跡でも、カワラケの中にお金を入れている例があります。

吉岡　地鎮そのものは、かなり普遍的にいろいろなところでやっていますから、単なる建築のための地鎮という意味で類例をあたれば、たくさん発掘されているはずです。「掘立柱と祭祀」という見方をしたときに、どうつながるのかというのが問題でしょう。

　そういう観点からいうと、一乗谷でも門だけ掘立柱にして、その柱穴の底から銭が出てきたという例があります。どんな考え方にもとづくのかわかりませんが、柱に対してはたぶんいろいろなことをしていたのだと思います。

高橋　これまで土を埋めたときに一緒に埋められたと解釈しているものの中にも、祭祀にかかわる遺物もあったのではないでしょうか。かつては近世の掘立柱建物を検出しても、柱穴群と一括してしまう報告例はたくさんありました。それを今ピックアップして見直すと、立派な建物があったのだと認識する場合だってあるわけですから。

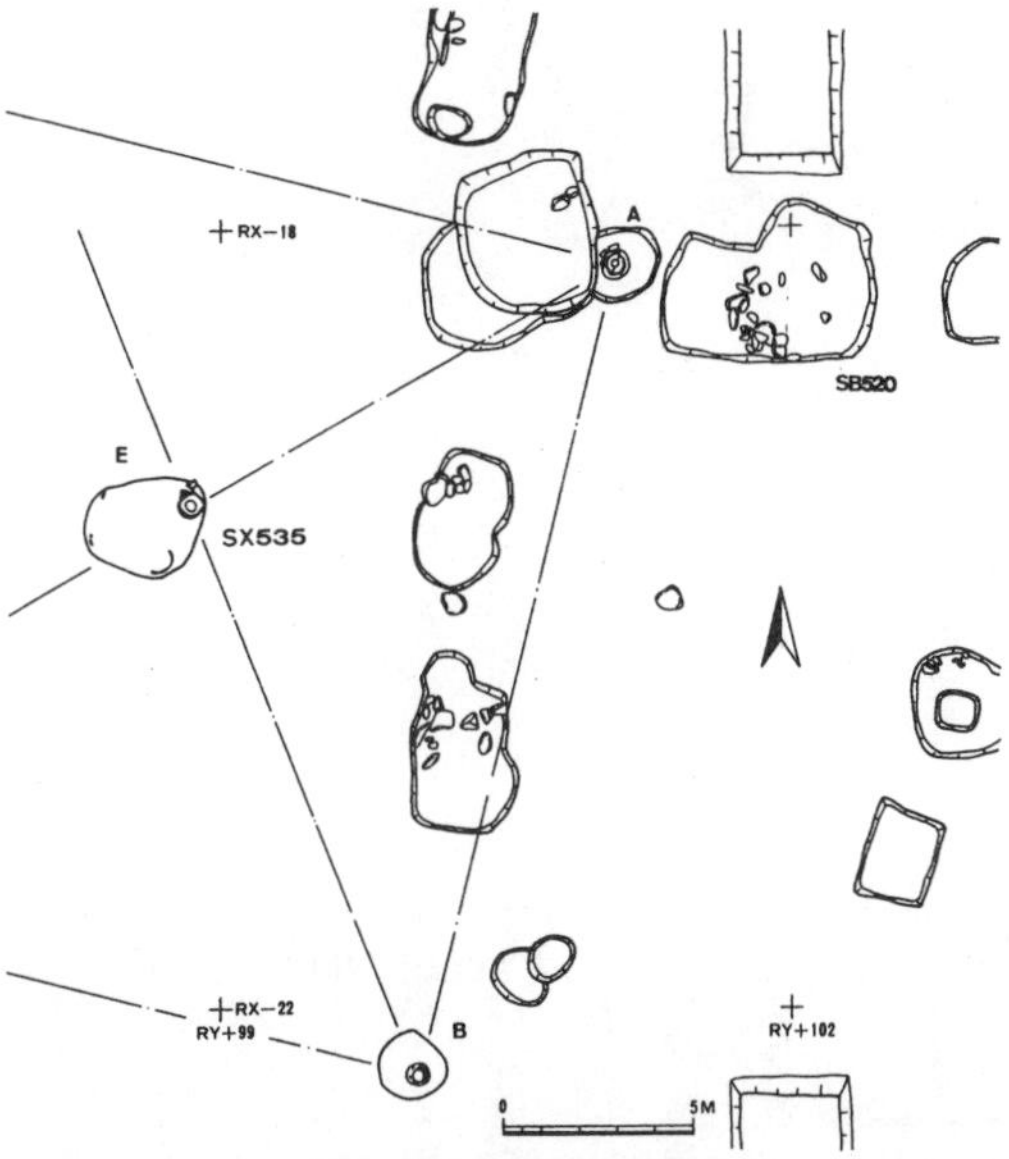

①　ＳＸ535遺構図

②　ＳＸ535出土状況

図9　胆沢城跡の地鎮遺構（『胆沢城　－昭和55年度発掘調査概報－』水沢市教育委員会、1981より。昭和30年の発掘調査で、西側の２つの長頸瓶が発見されている。）

③その他の研究成果の検討

浅川　二年前にシンポジウムを終えてからも、中近世の掘立柱建物に関する論文がいくつか発表されています。ここでは、そのうちのいくつかについて検討してみたいと思います。

一、信州における棟持柱と掘立柱建物

棟束と棟持柱構造

清水　土本俊和さんの論文は、二〇〇〇年の六月と八月に発表されたもの計二本です。一本目は、「信州の茅葺民家にみる棟束の建築的意義」（『日本建築学会計画系論文集』五三二号）というタイトルで、信州の茅葺民家によくみられる、叉首の真ん中に棟木を支える棟束という部材について、これが何なのかということから話を進めています。一見、掘立とは関係なさそうですが、要するに近世民家における小屋組の成立過程を考えると、中世の構造を想定せざるをえず、中世の棟持柱をもった掘立柱の構造を祖形として想定すべきではないか、ということを提案している論文です。

近世民家の構造で、軸部と小屋組が分離しているということはよくいわれます。分離したあとの構造には、棟木を直接支えるオダチという部材がつく構造と、梁に部材を差し込んで上に棟木をのせる叉首という構造があります（図10、11参照）。しかし信州では、叉首組の場合、とくに必要のない棟束とよばれる棟木を支える束をもつ民家があるのです。ところで、オダチ組は中世にさかのぼる非常に古い構造で、一方の叉首組は、戦国期から近世初頭にかけて全国に展開した構造と考えられています。このとき、棟束についてはオダチ組から叉首組に発展する過程で残ったものと解釈することもできますが、信州では叉首組に先行するオダチ組の民家が現存しないため、棟束に先行する何らかの構造形式を考えなくてはならない、というのが議論の出発点になっているわけです。

このオダチというのは、建築でよく使われるウダツという言葉と

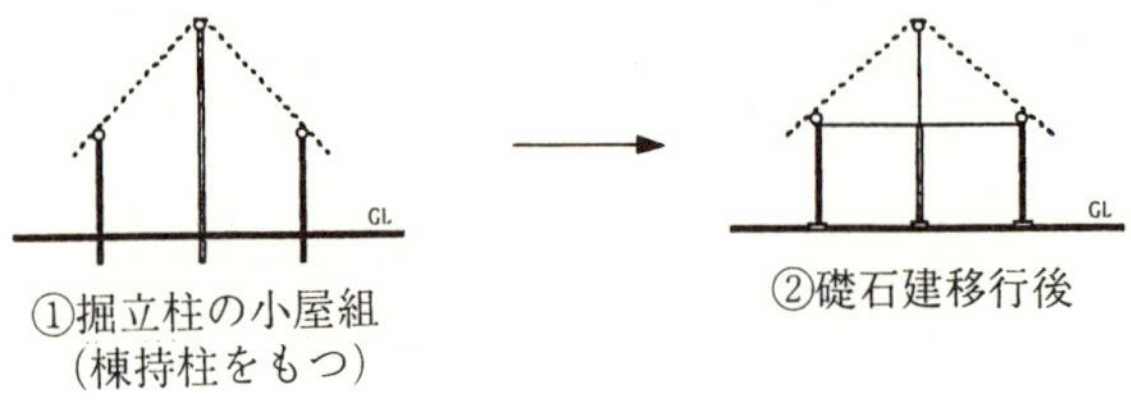

図10　オダチ組構造の変化模式図
（本文中に紹介した土本論文より）

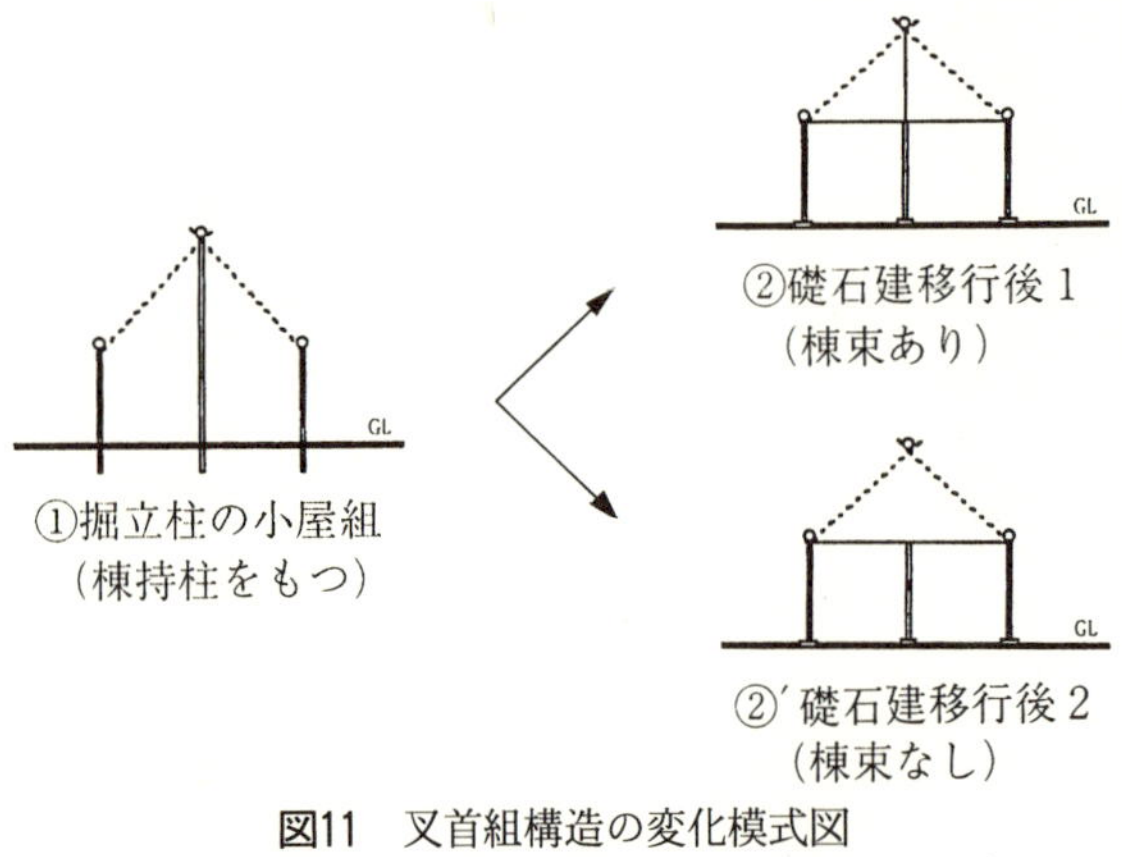

図11　叉首組構造の変化模式図
（本文中に紹介した土本論文より）

同じであって、じつは棟持柱そのもの、もしくは棟木を支える部材のことを、ウダツもしくはオダチというのではないかといっています。「ウダツがあがらない」などと使われるウダツとは、従来、町屋などで建物境に少し飛び出ている屋根のことと説明されていますが、言葉自体の分析や、棟持柱のある山梨県の民家などを例にして、そうではないだろうと考えているわけです。ですからオダチ（＝棟束）とは、基本的に掘立の棟持柱構造の名残であって、近世民家に転換するときに残ったものであり、最終的には叉首組におきかわって消えてゆくと想定しています。

また、掘立柱は基本的に自立するため、水平材は必要ないということを根拠にして、棟持柱構造の祖形と考えられる構造を二つ挙げています。一つは柱三本を自立させて棟木から垂木をおろす構造（図10―①）。もう一つは桁に直接叉首を差し込む構造です（図11―①）。そして、これらが礎石建に変わったとき、上部構造にどのような変化が生じたのか想定し、前者の構造の場合は水平材を入れて軸部を固め棟束を残し（図10―②）、後者の構造の場合は、柱頭に梁をかけて叉首を差し込む、いわゆる叉首組とする（図11―②）、という流れを考えています。そして、後者のスタイルが現存民家に棟束として残ったのではないかと論じているわけです。つまり、この論文でわれわれのテーマに大きく関係するのは、近世における上層民家の祖形として、棟持柱をもつ梁間二間の掘立柱建物を、理念的に想定すべきではないかということです。じつは二本目の論文「掘立から礎へ」（『日本建築学会計画系論文集』五三四号）も、近世民家の祖形に棟持柱構造をおくという棟持柱祖形論を検証したものですから、内容はほぼ同じです。

これらの論文は、構造的な面から考えるという意味では非常に評価できると思います。しかし問題なのは、梁間二間の棟持柱構造から、近世の上層階層の民家に使われているようなオダチ組や棟束つきの民家に転換するということは、中世の下層住居から近世の上層民家へ一気に転換したことになってしまう点です。そのような転換の考え方には非常に混乱があって、たとえば近世民家の祖形に中世の土豪や武士階級をおくといったような発想はまったくないようです。なお、この論文では考古資料をあまり参照していませんので、その点も問題だろうと思います。

浅川　この論文はそれほどデータに裏づけられているわけではなくて、論理にたよった考察という感じがします。

宮本　そうですね。現存遺構なり発掘遺構で証明できるものがあれば納得できるのでしょうが、まったく理論だけだから、そういう考え方もあるな、というコメントしかできないですね。私はまた別のタイプの棟持柱構造も古い時代からあるだろうと思っています。

棟持柱構造と掘立柱建物

渡邉　図10―②は、立ち垂木という形式で、図11―②は掛け垂木という形式になりますね。太田邦夫先生がヨーロッパの事例を紹介されていますけれども（『東ヨーロッパの木造建築』講談社、一九八八）、いずれにしても水平材がないともたないですね。建築として成り立たせるためには、突っ張り材もしくは引っ張り材となる水平材

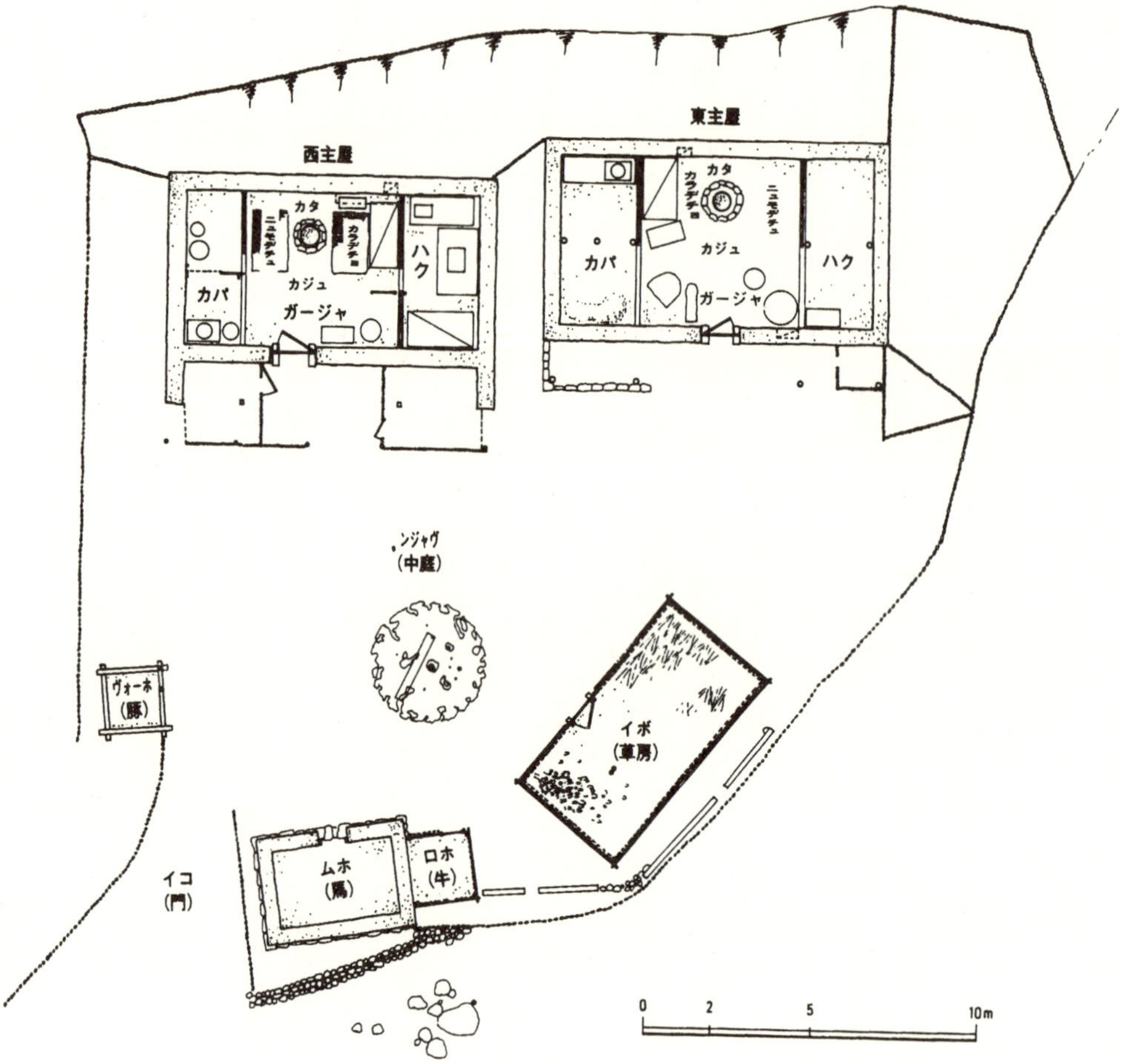

全体平面図

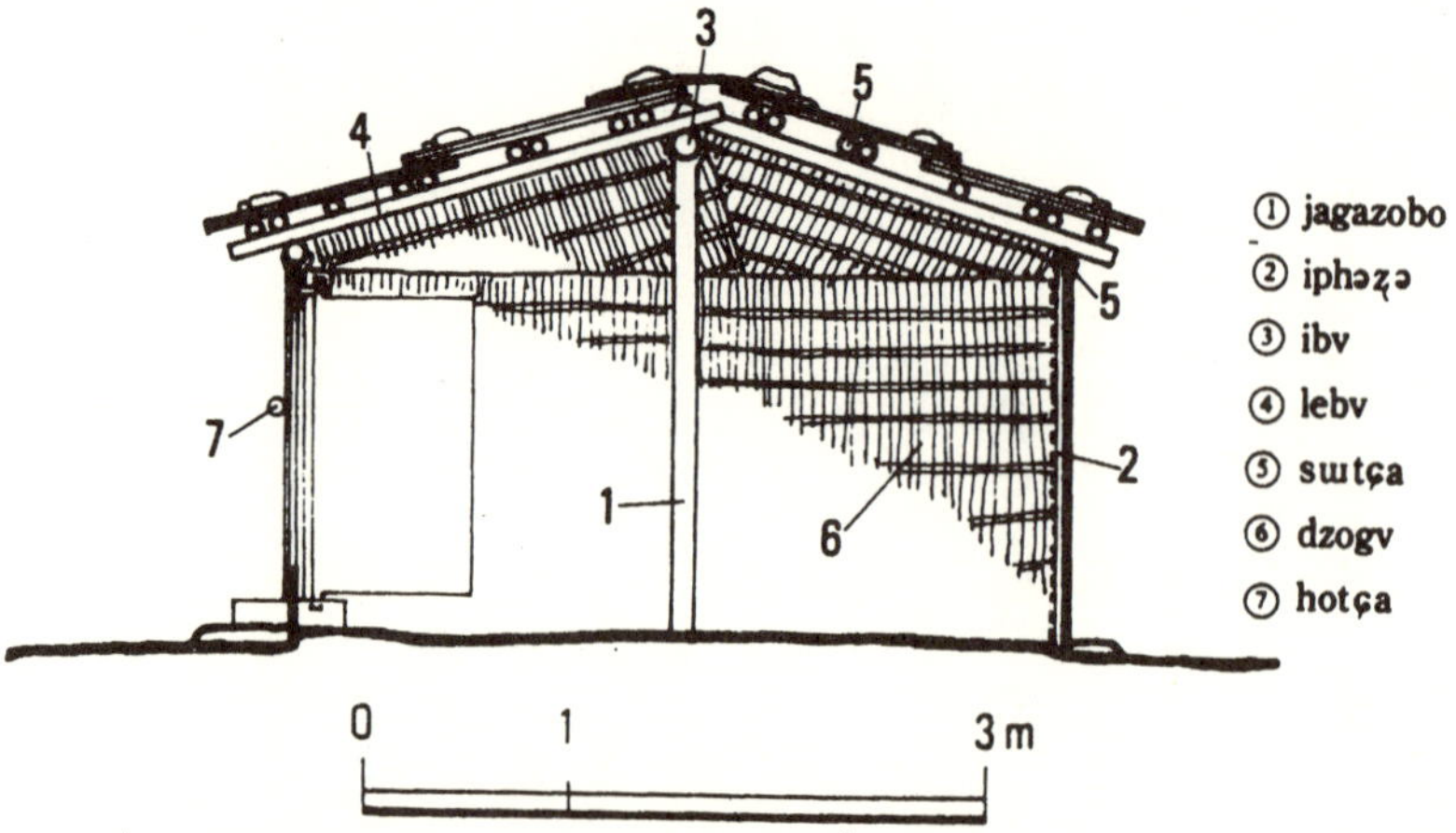

棟持柱式建物断面図

図12　雲南省小涼山・イ族の住居（イボとよばれる板葺・草壁の付属舎は梁のない棟持柱の建物）

が必要になるでしょう。

宮本　箱崎さんの復原された薄い梁（六二頁、図2）、あれはテンションバーの役割をもっているのです。

箱崎　要するに叉首によって柱頭を開かないようにするだけで、太い梁は必要ないのですよね。

浅川　私が中国の雲南省と四川省の境に住む小涼山のイ族を調査したときに、梁材が一切ない棟持柱式の民家をみたことがあります（**図12**）。

図13　洛中洛外図（国立歴史民俗博物館甲本；16世紀前期）にみえる棟持柱をもつ町屋（京都国立博物館編『洛中洛外図』淡交社、1997より）

渡邉　かなり大型のものですか。

浅川　掘立柱で規模も小さいです。日本の例ではなく、イ族の例しか知りませんが、まったくないというわけではなさそうです。ただし、長もちはしないだろうと思います。

吉岡　棟持柱構造を掘立と考えているけれども、中世の洛中洛外図（**図13**）や堅田の絵図をみると、妻柱が棟まで立ち上っている例があるので、掘立柱と棟持柱を結びつけない方がいいと思います。じつは一乗谷の町並み復原でこの構造を使ったのです。発掘遺構をみると、梁間二間半を二つ割にした、真ん中の礎石だけが大きいという建物で、絵巻物と見くらべても、やはり妻柱を棟まで通していると考えざるをえなかったのです。

高橋　岩手県の久保屋敷遺跡（紫波郡矢巾町）では、梁間二間で棟通りにも掘立柱列がならぶ例があります（**図14**）。同位置に建て替えられた三時期の建物は、すべてこれと同様の平面をもっています。時期は一六世紀終末期ぐらいです。

宮本　立山の室堂（富山県中新川郡立山町、**図15**）も、梁間二間ではないけれど棟持柱をもっていますし、山梨の旧広瀬家住宅（川崎市立日本民家園に移築、**図16**）にもありましたよね。

浅川　土本さんの二本目の論文の結論をみると、「以上にみた展開過程において、農家も町屋もともにその大半は梁行2間の掘立棟持柱構造から出発していた。ゆえに、農家と町屋ともに、遡れば、その多くは柱の脚部が掘立で中柱が棟木を地面から直接支える梁行

2間を原型にしていた。すなわち、梁行2間の掘立棟持柱構造は日本の民家の支配的な源流である」とあります。

宮本　源流の一つであるということはいえると思います。

浅川　棟持柱構造が叉首構造に先行するわけではなくて、やはり両者はかなり古い時代から併存していて、棟持柱からの展開を一つの道筋としてたどれないことはない、という感じでしょうか。

宮本　この書き方だと、近世民家の発生は棟持柱からの展開がすべてのような感じを受けてしまいます。

浅川　高橋さんが紹介されたような梁行間二間で棟通りにも柱穴のある建物が発掘されているのですから、土本さんのいう梁行二間の掘立棟持柱構造も存在した可能性があるわけです。もっとも、高橋さんが紹介された遺構の柱ぜんぶが棟持柱かどうか検証が必要ですが。ところで、光井渉さん（東京芸術大学）も以前に土本さんと似たようなことを書いていましたね。

西山　『月刊文化財』（三七八号、一九九五）に「『合掌造』について」と題して書いていて、そのなかで富山県と岐阜県にまたがる合掌造民家の小屋組について触れています。合掌造の叉首組は古いものではなく、かなり進歩した形であるというのが前提で、小屋組の形成過程を考えると、まず棟持柱の形態があって、つぎに梁の上から棟束で棟木を支えるようになり、さらに叉首組へと変化するという変遷を考えておられます。

浅川　合掌造の民家に限定しての話ですね。その根拠は何ですか。

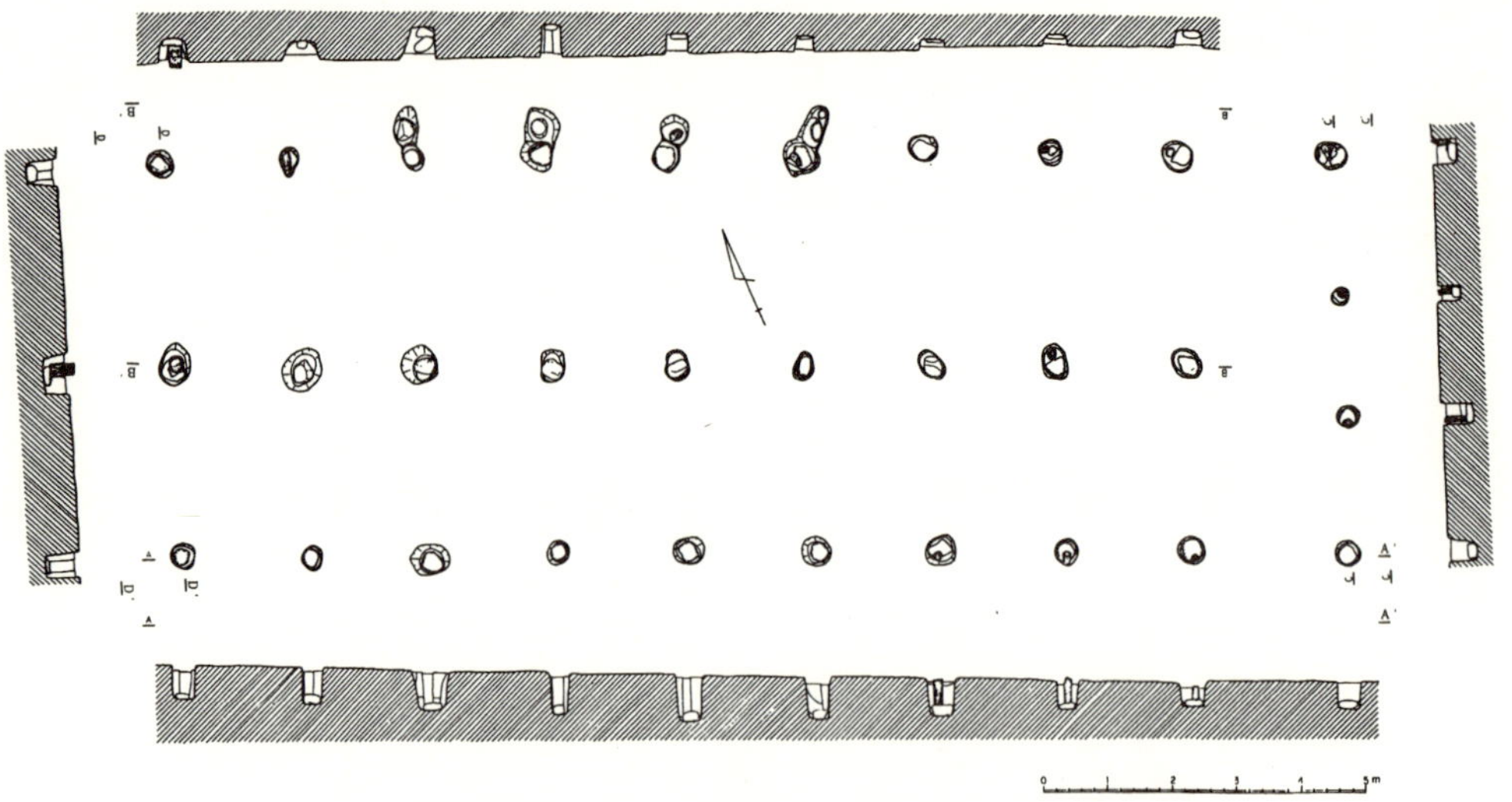

図14　久保屋敷遺跡ＢＨ30建物跡（『東北縦貫自動車道関係埋蔵文化財調査報告書 Ⅱ』岩手県教育委員会、1979より）

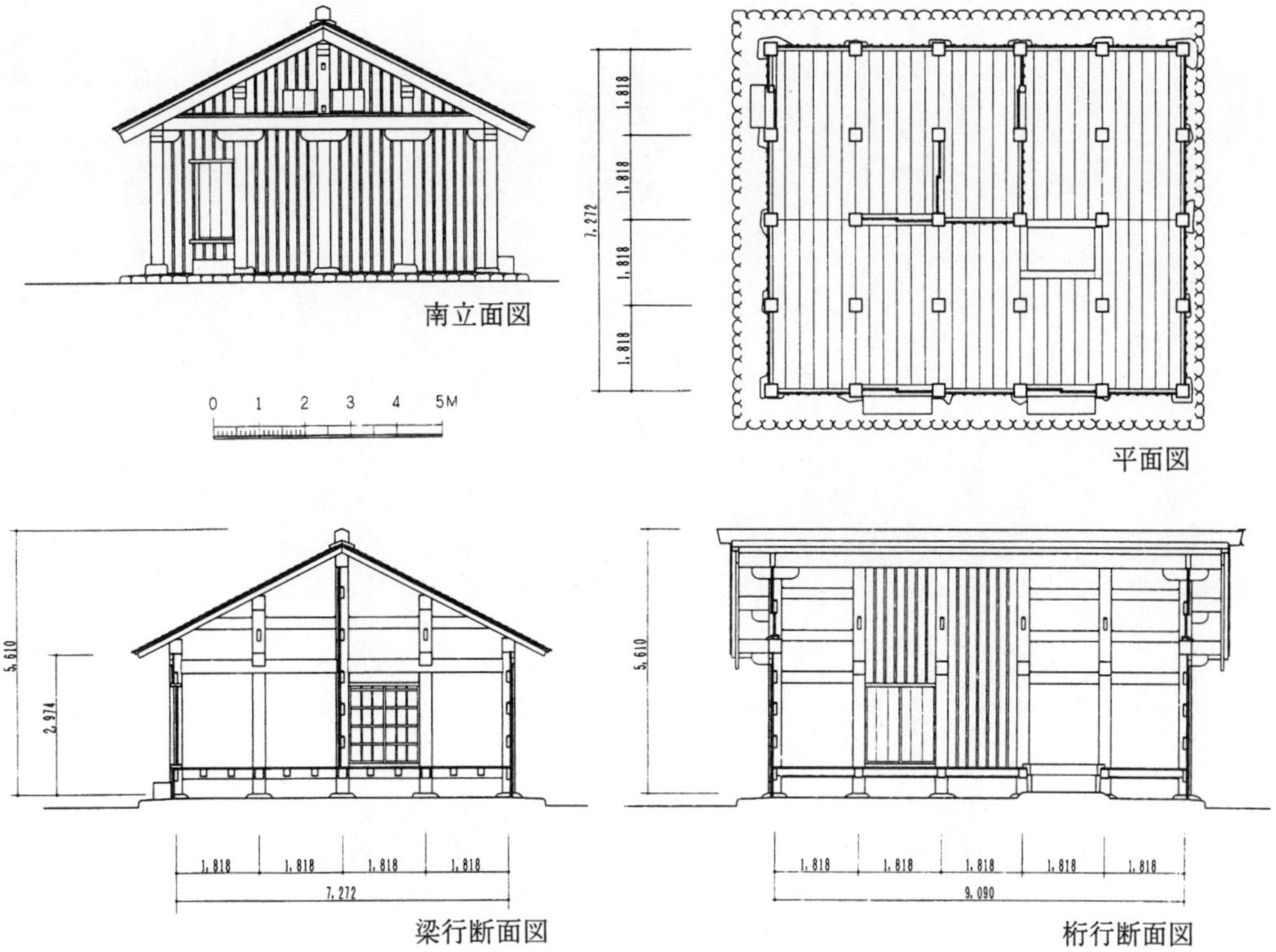

図15　立山室堂南室（『室堂保存修理工事報告書』、1995より）

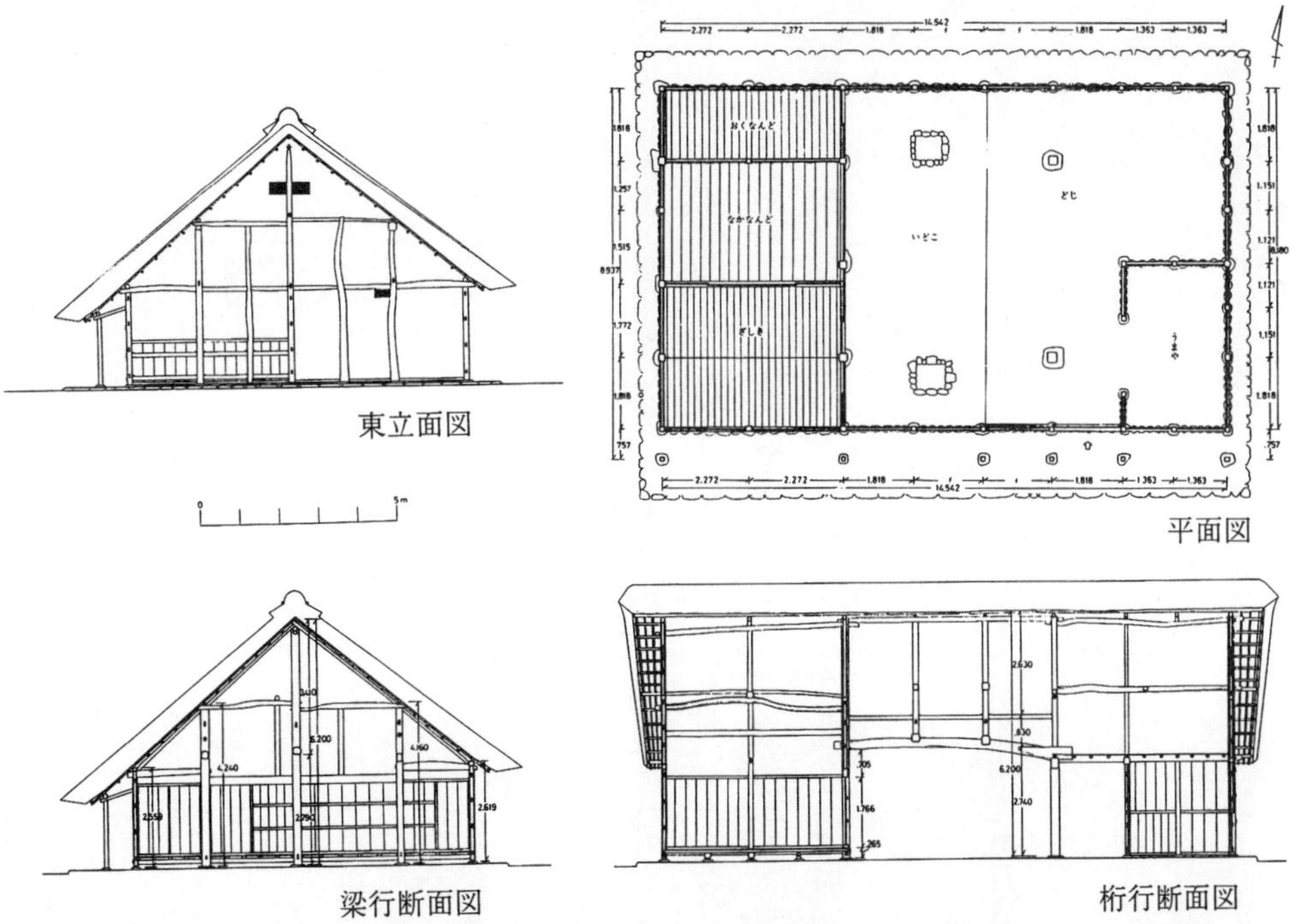

図16　旧広瀬家住宅（『日本建築史基礎資料集成　民家』中央公論美術出版、1976より）

西山　この中ではとくに根拠は示されていません。

浅川　五箇山の合掌造集落で発掘調査例はないのですか。

吉岡　まだありません。

二、発掘遺構からみた分棟型民家

広間型に先行する分棟型民家

西山　私は今井恵昭さんの「近世民家の成立過程」（『東京都埋蔵文化財センター・研究論集』XVIII、二〇〇〇）について検討してみました。結論から先にいいますと、この論文では平面的な変遷を追っていて、掘立から礎石になる時期やその根拠についてはほとんど触れられていません。

広間型三間取りとよばれる間取りは、全国的な近世民家の祖形の一つだろうと民家史ではいわれています。これとは別に、居室部分と土間部分とに建物を分けて二棟建てる分棟型という民家の形式がありますます。今井さんはこの分棟型が広間型に先行するのではないかという仮説にたって書かれています。なお、今井さんは一九九七年に、東日本に一般的な広間型三間取りの原型を分棟型に求める論文を書かれているそうですが、この論文は、それを発掘遺構から検証してみようとしておられるのです。発想のもとになっているのは、玉井哲雄さんや宮澤智士さんの論考のようです。玉井さんは、本百姓層の自立が一七世紀の後半であり、本百姓層の住居として広間型三間取りが出現してきたのではないかとされ、宮澤さんは中世の名主や地侍の系譜を引く土豪層の住宅が、本百姓層の住居の手本となったとしておられるようです。一方、分棟型に関しても宮沢さんの論考を引いています。宮澤さんは分棟型には二系統あり、一つは沖縄や九州にある、火を別棟として建物が二つに分かれるタイプ、もう一つは武士住宅の居住方法に由来し、主屋と台所を別棟とする形式をもとに近世に成立したタイプと分類しているようです。

このような論考に立脚しながら、分棟型の発掘事例をあげているわけですが、多摩ニュータウンでは、『新編武蔵風土記稿』に書かれた中世の地侍たちの住居跡に比定できる遺跡を発掘していて、そこで分棟型の住居遺構例を紹介しています。そして地侍たちが近世になって帰農して土着化する過程において、それまでは作業をする土間のような空間は別の建物でよかったのを、農作業の都合上、建物が接合化してゆき、内部が一体となった分棟型ができたのだろうと考えておられます。そしてさらに、いわゆる本百姓層たちが自分自身の家を建てる時に、より上層の地侍や名主クラスの分棟型をもとにして造ったのが、広間型三間取りであるというストーリーを展開されています。

掘立柱や礎石に関しては、発掘遺構はすべて掘立柱のようですが、現存遺構は礎石建のものを参考にしていて、掘立柱から礎石建への展開をほとんど考えていません。わずかに触れているのは、論文七六頁・左段の「分棟型は多摩地方では17世紀末頃まで存続したが、17世紀後半頃には主屋と脇屋が合体したような広い土間と広間を有する広間型住居が出現する。そして、柱建て技法も、掘立柱から礎石建ての建物跡へと変化してくる」という部分くらいです。

分棟型の本質的意義と形態

浅川　もう一度整理すると、分棟型は掘立柱であって、一七世紀末までに掘立柱建物として広間型に移行し、それが全体として礎石建物になる、という流れですね。分棟型というからには、附属屋にはカマドがあったという根拠が必要だと思うのですけれども、そういう遺構は確認されているのでしょうか。

箱崎　論文の後ろに遺構図がありますが、二棟の建物が鍵折れに配されたりしている建物を分棟型と認識しているだけのようで、カマドや、イロリを別棟のカマドに移したということは述べられていないようですね。

西山　今井さんご自身もTNT（多摩ニュータウン）No.511遺跡に関して（**図17**）、「今回は分棟型の配置を念頭において、建物跡の組み合わせをやや強引に考えてみた」と書かれています。そうすると、建物自体が同時併存したのかどうかも、報告書までたち戻らなければわからないのではないかと不安になります。

浅川　分棟型と広間型の前後関係については、一九八三年に日本の住まいに関するシンポジウム（杉本尚次編『日本のすまいの源流—日本基層文化の探求—』文化出版局、一九八四として出版）が開かれた際、小川徹さんが、日本全国の民家形式を分類して、太平洋沿岸に分布する分棟型が広間型に先行するという持論を主張されました。それに対して大林太良さんは、東北地方に特有な広間型と、南島に特有な分棟型を同じ系列の中に位置づける必要はないのではないか、東西日本の地域性の中で考えたらいいのではないか、と提案され支持を得ました。今井さんの論がそれらとちがうのは、武家住宅からの展開という点でしょう。南島系列の分棟型ではないタイプが、武家屋敷から広間型三間取りに展開するのかという問題は確かに議論の余地があると思います。

吉岡　私は、具体的な材料をもっていないのですが、武家屋敷から分棟型、さらに広間型へという流れは考えたことがありません。武家屋敷にはいろいろな機能があって、大きい殿舎だと機能ごとに建物があるわけです。一乗谷の例だと、当主の館と家臣団の屋敷では、同じような機能をもつべきなのだろうけれども、建物数は屋敷の中でぜんぜんちがいます。ある意味では、一つの建物に集約されているといえるのでしょうが、それを別々の機能の建物が合体した

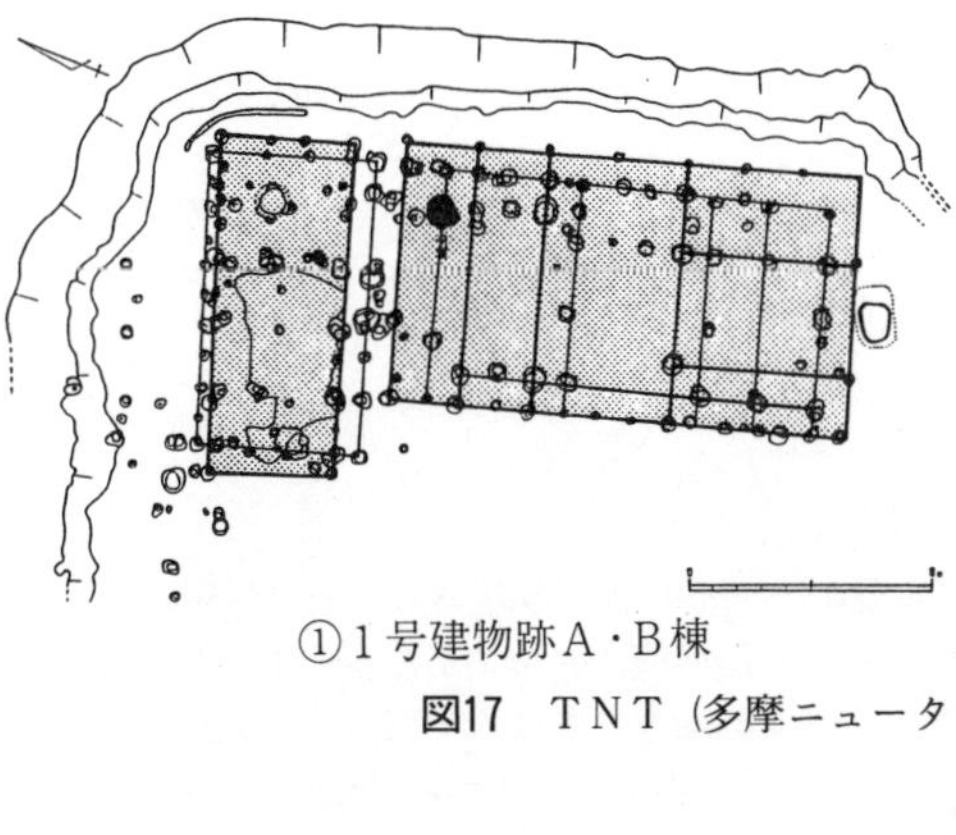

①1号建物跡A・B棟

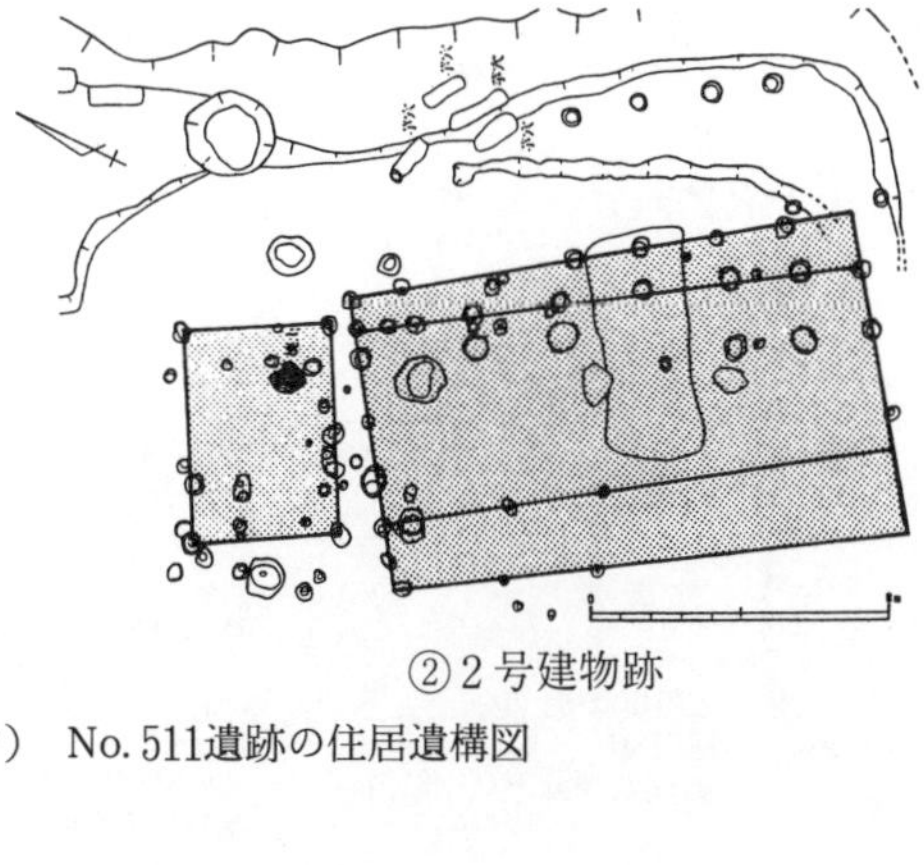

②2号建物跡

図17　TNT（多摩ニュータウン）No.511遺跡の住居遺構図

結果とみる考え方はどうも成り立ちにくい、という気がします。

宮本　直接の関係があったかどうかは別問題として、関連性を探るならば、武家屋敷では台所と座敷が必ず分かれていますが、分棟型も同じような機能だということでしょうか。もう一つ注意しておきたいのは、民家では結婚して分家した最初の時は土間だけを建てて、座敷というのはお金ができたあとで増築するというかたちが、とくに鹿児島県などでは多いらしいことです。ですから水呑百姓クラスでは、一生座敷をもたず、土間だけの家もあるそうです。もちろん、現存している二階堂家（鹿児島県肝属郡、文化六年＝一八〇九）のような上層クラスは、また別でしょうが。そういう意味では、弥生・古墳時代から竪穴と掘立が近接して併存する事例はかなりみられますから、そのあたりが分棟型の起源なのではないかと考えています。

浅川　文献と対照させて、建物が複数棟あるときの機能を推定できるといいですね。たとえば、平城京右京九条三坊十坪の発掘調査では、二、三棟で一六分の一町、もしくは三二分の一町の占地だということがわかったのですが、『唐招提寺文書』天之巻第一号文書「家屋資財請返解案」に「板屋」のほか「草葺厨屋一宇」などの表現がみられるので、板葺の主屋と草葺の厨屋があったと想像できます。このように文献から推定できたり、カマドが検出されたりすればいいわけです。中近世のカマド遺構というのは、検出例があるのでしょうか。

高橋　屋外のカマド例は中世〜近世まで多くありますが、掘立柱

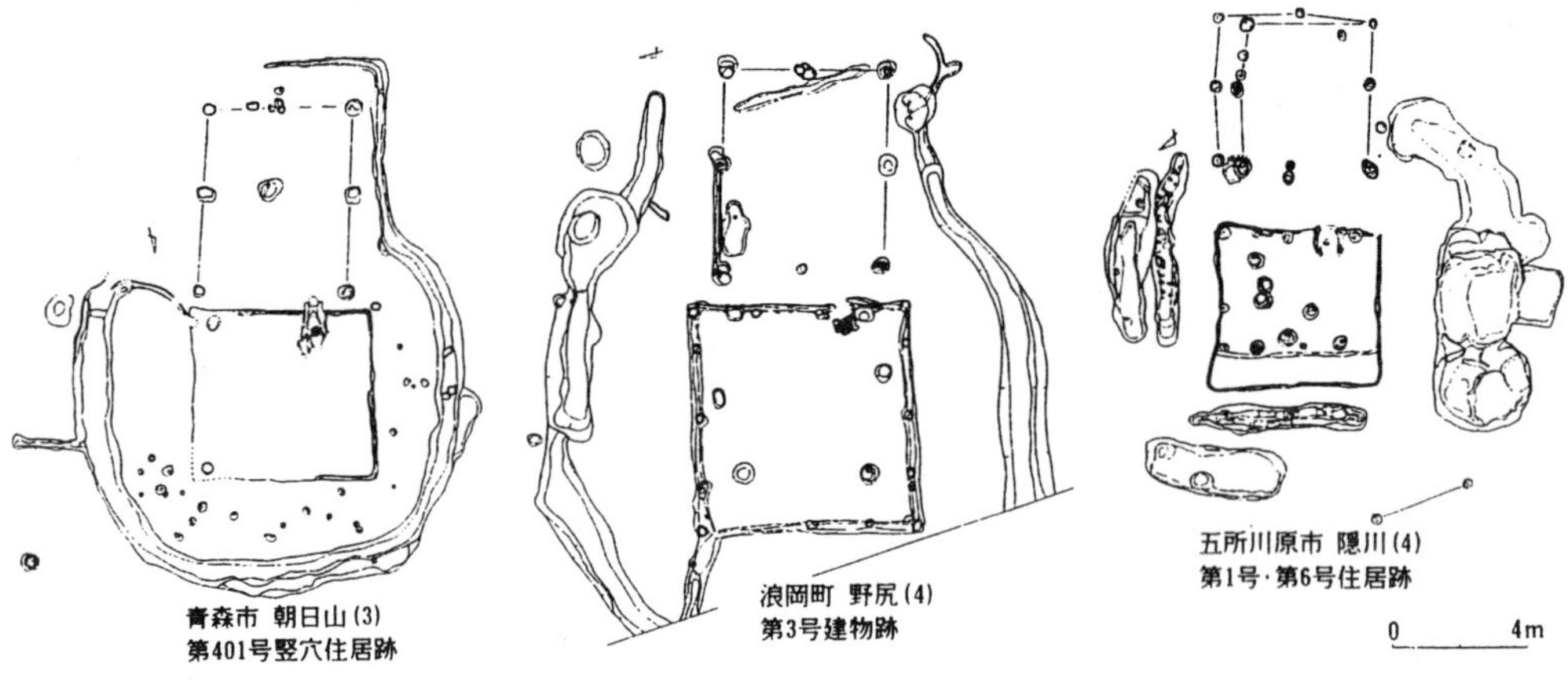

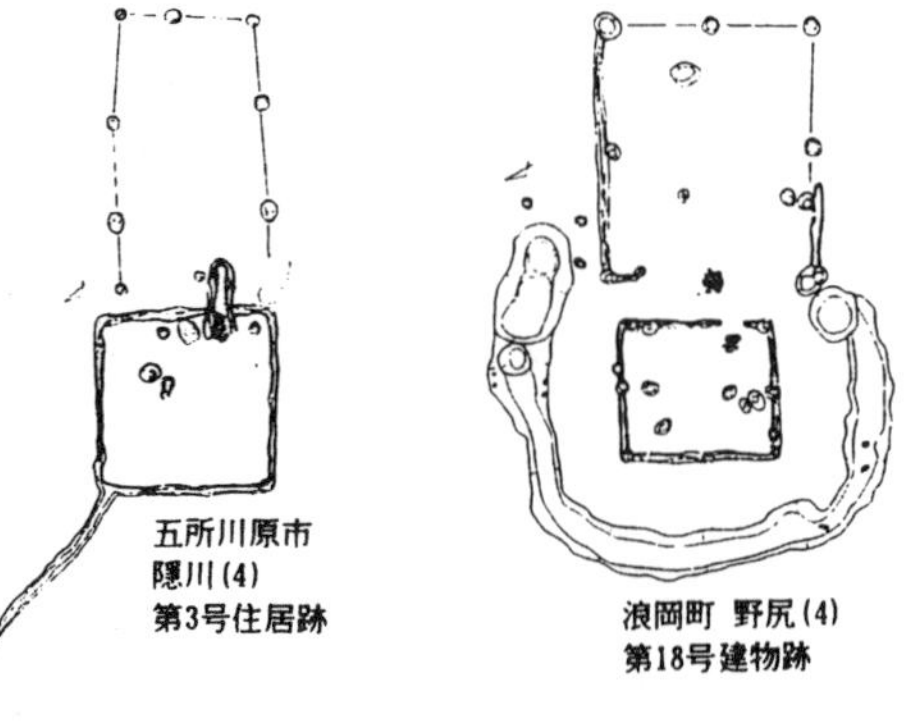

図18　青森県内で検出された建物（竪穴－掘立境にカマドがある。木村高「津軽地方における平安時代の住居跡」『考古学ジャーナル』462号、2000より）

建物跡の内部のカマド例はほとんどはっきりしません。しかし、私が発掘したなかでは一例だけありました。もちろん分棟型ではなく、土間の一角にカマドがあったのです。農家の場合、ふつう土間の表側に馬屋をおき、その奥は「ミズヤ」とよぶ勝手場になります。馬に飲ませる水はぜんぶお湯にして飲ませるわけですから、カマドを土間の一角に作るわけです。もちろん、カマドにともなう焼土がないと検出できないと思います。

吉岡　広間型の民家でよく使われるイロリだと、むしろ遺構面よりも上にあがるので、削平されている場合が多く、はっきりした炉跡はなかなかみつからないと思います。

宮本　青森県の遺跡には、竪穴と掘立が近接していて、カマドが竪穴と掘立の境にあるという建物が検出されています（木村高「津軽地方における平安時代の住居跡」『考古学ジャーナル』四六二号、二〇〇〇・八、**図18**）。

高橋　時期的には九世紀後半から一一世紀そこそこぐらいまであるでしょうか。だいたい一〇世紀いっぱいが主流で、中世にはなくなってしまいます。

浅川　分棟型から広間型三間取りという説は、ちょっと苦しいというのが現状でしょうか。

三、柱間寸法による掘立柱建物の編年

柱間寸法の変化とその背景

浅川　掘立柱建物の年代決定や編年については、遺構の切り合い関係のほか出土遺物など方法はいろいろあると思いますけれども、これまで柱間寸法を中心に検討されてきた論文を高橋さんから紹介してください。

高橋　私は遺物をともなわない掘立柱建物について、考古学的にどのような方法で時代性をもたせたらよいか、という視点から考えはじめました。じつは私、考古屋になる前は鉄骨屋で建物を建てていました。その当時使っていた柱間寸法は心心で六尺ちょうどでしたが、それ以前の大工は、南部藩の場合はほとんど六尺三寸なのです。それを参考にして、岩手県の現存民家百数十棟の報告について柱間寸法をぜんぶピックアップし、考えられている時代順に縦に並べてみました。すると、どうやら六尺四寸と六尺三寸の間に大きな画期がありそうだということがわかってきたのです。これは東北大学におられた佐藤巧先生も、『岩手の古民家』（岩手県教育委員会、一九七八）のなかでいわれています。時代は一七世紀末〜一八世紀の前半のようでした。一方、天正一九年（一五九一）の九戸政実の乱で焼け落ちた一戸城跡（岩手県二戸郡一戸町）の建物跡をみると、ほとんどが六尺六寸もしくは六尺五寸です（**図19**）。こうして岩手県だけでなく東北を含めて、発掘調査で検出された掘立柱建物の柱間寸法の検討を続けてきたわけです。

検討するなかで、建物を一つずつ比べると柱間寸法にバラエティがあるのですが、遺構群としてみた場合、建物の性格ごとに柱間寸法に規則性のあることがわかってきました。とくに間仕切りをともなう、人が住むような、遺構群のなかでトップクラスの建物は、や

はり基準的な間尺をもっているようです。一方、われわれが長屋といっている梁間一間の建物には比較的規則性がないようです。もちろん一軒ずつみていけば規則性はありそうですが、必ずしも人が住む建物とは同じ間尺をとっていません。

　このような検討をまとめたのが、「発掘された中世の建物跡」（石井進監修『北の中世』日本エディタースクール出版部、一九九二）です。岩手県の場合、一五世紀段階の、とくに城跡から検出される建物はほとんどが七尺ほどの柱間寸法で、一六世紀初めぐらいの大瀬川館跡（岩手県稗貫郡石鳥谷町）あたりから六尺八寸がでてきます。ですから比較的段階的に狭まっていくのだろうと思います。ただし、秋田県や青森県、とくに八戸がそうなのですが、七尺台の建物が非常に少ないのです。これは福井県の一乗谷あたりでもそうで、日本海ルートの流通圏では、比較的早くからいわゆる北陸間とよばれる狭い間尺に変わっていくようです。そしてその分布域は、唐津の焼き物の流通圏と非常によく一致しています。

　弘前大学の長谷川成一先生が作った資料（表

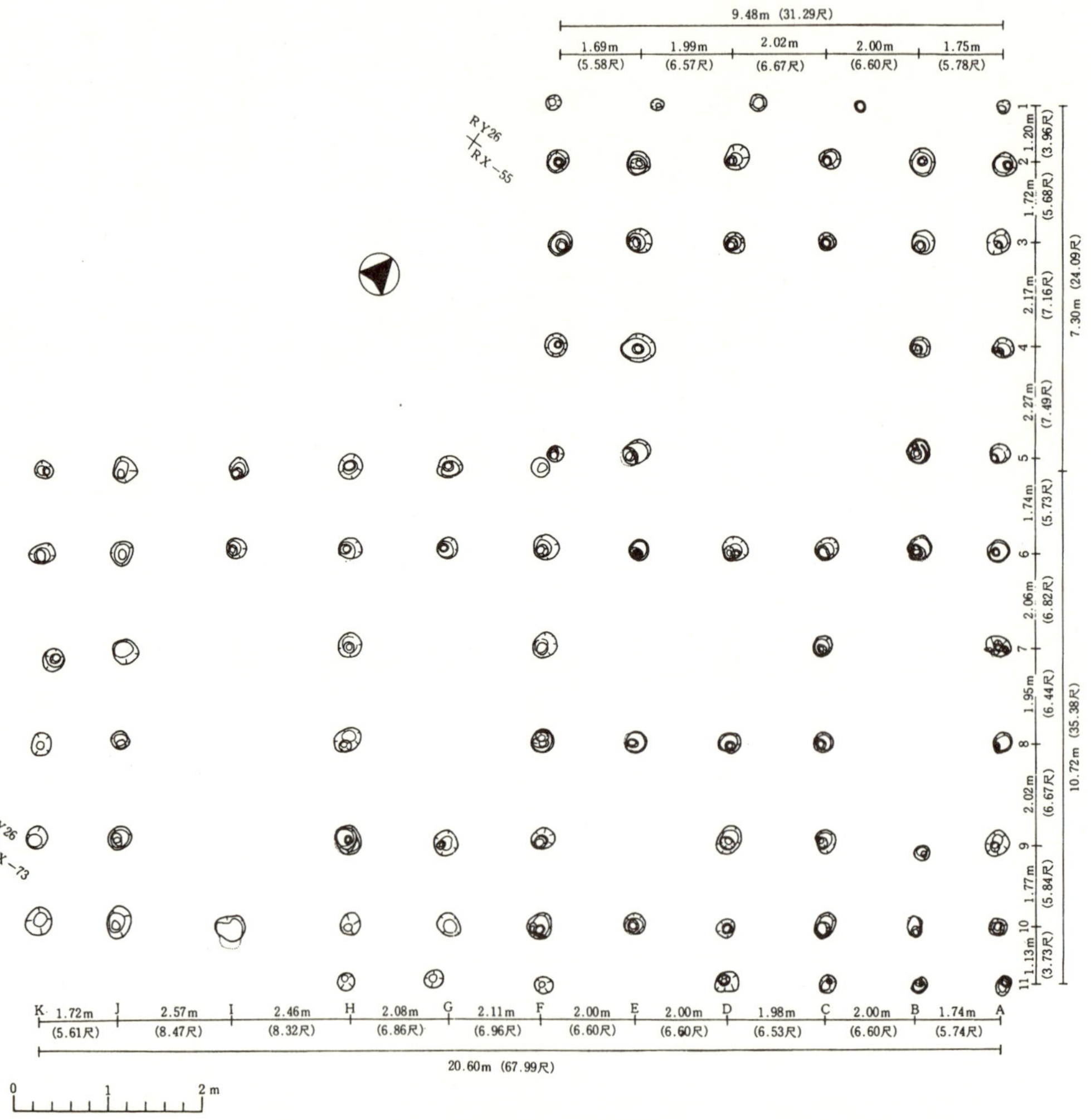

図19　一戸城跡ＳＢ01遺構図（『一戸城跡－昭和60年度発掘調査概報－』一戸町教育委員会、1986より）

1）によると、津軽藩が成立したとき、弘前に殿舎や堂宮を造るために、藩外から大工をたくさん呼び寄せるのですが、太平洋側の大工は一人もおらず、ほとんどが北陸や畿内から集められているようです。津軽藩はもともと南部藩の家臣ですから、南部藩とは非常に仲が悪くよくけんかをしています。陸路では南部藩を通らずに通り抜けることができないので、おそらく江戸時代の北前船を使って移動していた商人衆を使って、畿内や北陸の若狭などから工人を招聘しているようなのです。このように、一つの流通圏に則って人が動き、それにともなって技術も動いていくという流れが背景としてあるのだろうと考えています。

浅川　一四世紀の七尺から一八世紀初期の六尺三寸くらいまでの間に何度か画期があるようですが、このような変化は、唐津焼の流通のような文化伝播と併行しておきていることですか。

高橋　一つの画期として、唐津の焼き物は一五八〇年ぐらいを上限にみていると思いますが、その伝播ルートと同じところに、建物の平面形などが非常に特徴的に分布している地域があるのです。たとえば、浪岡城跡（青森県南津軽郡浪岡町）や一四世紀の境関館遺跡（青森県弘前市、**図20**）で検出されたような巨大な曲屋風の建物は八戸までしかなく、北上川流域では一六世紀の終わりに一棟あるだけです。つまり日本海沿岸にしか見られないのです。これと同様に、私が一三世紀と発表したいわゆる総柱建物は、これまで岩手県では一例も検出されておらず、今のところ日本海ルートの秋田市までしか確認されていません。東北は、鎌倉時代に武士が関東から直接はいった地域です。つまり鎌倉には長男がいて、自分の領地内に次・三男が代わりにいるというシステムだと思うのですが、その時に関東から祭祀儀礼を持ち込んでいます。たとえば関東武士の影響があると考えられる地域

表1　棟札にみる職人の出自（長谷川成一氏作成。石井進監修『北の中世』日本エディタースクール出版部、一九九二より）

寺社名	種類	紀年	大旦那	大工出身地		鍛冶の出身地
弘前神明社	棟札	元和九年	津軽信牧	大工	備州	鍛冶　丹波　平田吉房
熊野奥照神社	棟札	慶長十八年	津軽信牧	大工		鍛冶　丹波　平田吉房
百沢寺	棟札	慶長八年	津軽為信	大工	越前	鍛冶　丹波　平田吉房
						内山信冬
長勝寺	棟札	寛永六年	津軽信牧	大工	伊勢	鍛冶　山城
					和泉	
					山城	
				大工奉行	出羽	
					近江	
岩木山神社	棟札	慶長六年	津軽為信	大工	若狭	
					越前	
					秋田カ	
岩木山神社	棟札	寛永十七年	津軽信義	棟梁大工	津軽	鍛冶　丹波（百沢寺の
						内山の子供カ）
					和泉	
浪岡八幡宮	棟札	慶長十九年	津軽信牧	大工	山城	鍛冶　丹波　平田吉房

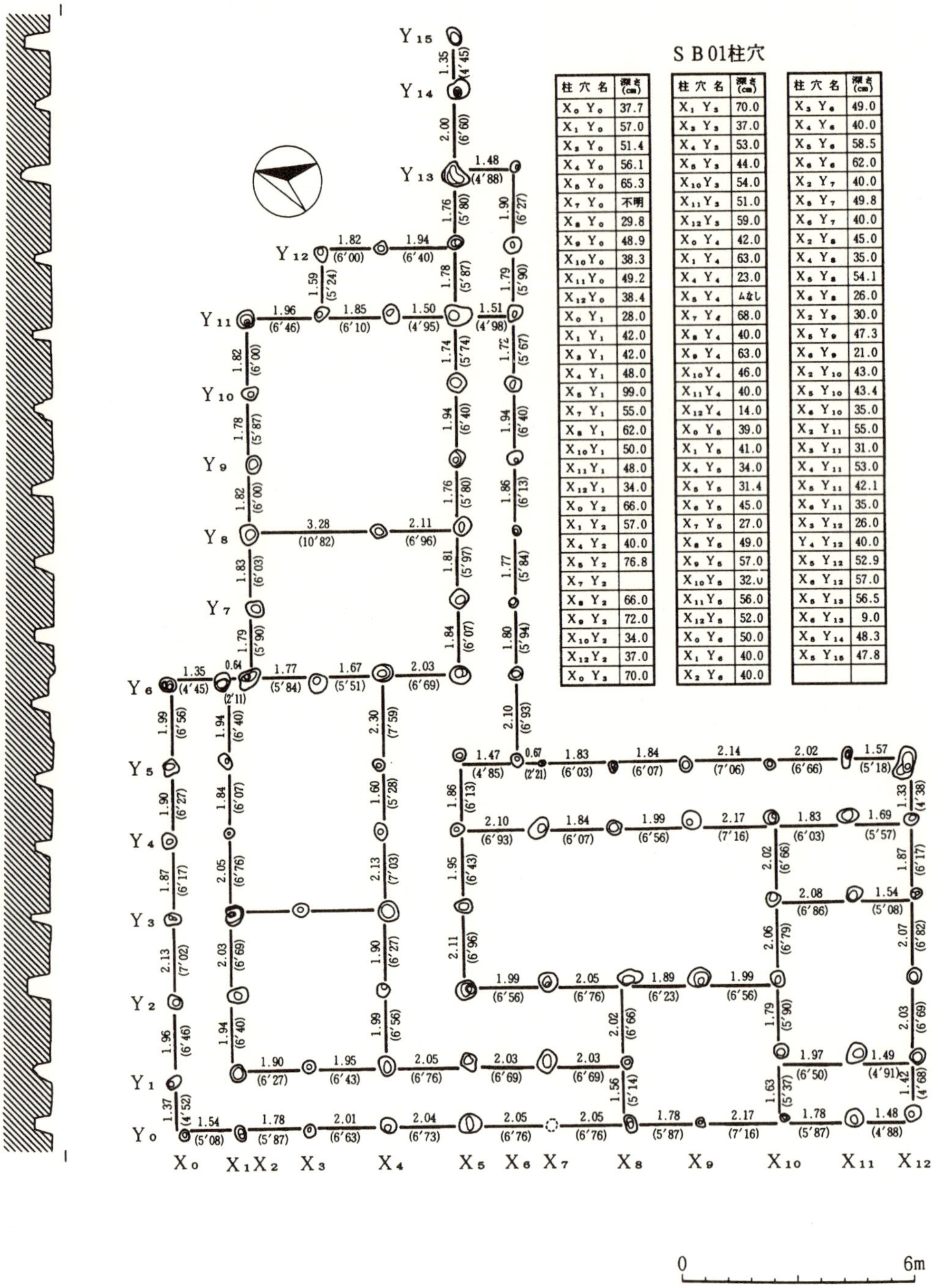

SB01柱穴

柱穴名	深さ(cm)	柱穴名	深さ(cm)	柱穴名	深さ(cm)
X_0Y_0	37.7	X_1Y_3	70.0	X_3Y_6	49.0
X_1Y_0	57.0	X_3Y_3	37.0	X_4Y_6	40.0
X_3Y_0	51.4	X_4Y_3	53.0	X_5Y_6	58.5
X_4Y_0	56.1	X_8Y_3	44.0	X_6Y_6	62.0
X_5Y_0	65.3	$X_{10}Y_3$	54.0	X_2Y_7	40.0
X_7Y_0	不明	$X_{11}Y_3$	51.0	X_5Y_7	49.8
X_8Y_0	29.8	$X_{12}Y_3$	59.0	X_6Y_7	40.0
X_9Y_0	48.9	X_0Y_4	42.0	X_2Y_8	45.0
$X_{10}Y_0$	38.3	X_1Y_4	63.0	X_4Y_8	35.0
$X_{11}Y_0$	49.2	X_4Y_4	23.0	X_5Y_8	54.1
$X_{12}Y_0$	38.4	X_5Y_4	ムなし	X_6Y_8	26.0
X_0Y_1	28.0	X_7Y_4	68.0	X_2Y_9	30.0
X_1Y_1	42.0	X_8Y_4	40.0	X_5Y_9	47.3
X_3Y_1	42.0	X_9Y_4	63.0	X_6Y_9	21.0
X_4Y_1	48.0	$X_{10}Y_4$	46.0	X_2Y_{10}	43.0
X_5Y_1	99.0	$X_{11}Y_4$	40.0	X_5Y_{10}	43.4
X_7Y_1	55.0	$X_{12}Y_4$	14.0	X_6Y_{10}	35.0
X_8Y_1	62.0	X_0Y_5	39.0	X_2Y_{11}	55.0
$X_{10}Y_1$	50.0	X_1Y_5	41.0	X_3Y_{11}	31.0
$X_{11}Y_1$	48.0	X_4Y_5	34.0	X_4Y_{11}	53.0
$X_{12}Y_1$	34.0	X_5Y_5	31.4	X_5Y_{11}	42.1
X_0Y_2	66.0	X_6Y_5	45.0	X_6Y_{11}	35.0
X_1Y_2	57.0	X_7Y_5	27.0	X_3Y_{12}	26.0
X_4Y_2	40.0	X_8Y_5	49.0	Y_4Y_{12}	40.0
X_5Y_2	76.8	X_9Y_5	57.0	X_5Y_{12}	52.9
X_7Y_2		$X_{10}Y_5$	32.0	X_6Y_{12}	57.0
X_8Y_2	66.0	$X_{11}Y_5$	56.0	X_5Y_{13}	56.5
X_9Y_2	72.0	$X_{12}Y_5$	52.0	X_6Y_{13}	9.0
$X_{10}Y_2$	34.0	X_0Y_6	50.0	X_5Y_{14}	48.3
$X_{12}Y_2$	37.0	X_1Y_6	40.0	X_5Y_{15}	47.8
X_0Y_3	70.0	X_2Y_6	40.0		

図20 境関館遺跡ＳＢ01遺構図（『境関館遺跡発掘調査報告書』
青森県埋蔵文化財調査センター、1987より）

では、関東型の青石の板碑を石までもちこんで造ることもあります。一方、岩手県の場合は北陸の影響はほとんど入っていないに等しいのです。つまり脊梁山脈を境にして、モノの動きもおそらく変わっていて、北上川流域は、関東的な流れが及んでいるのではないかと私は考えています。

浅川　平面形態は別として、間尺の変化の要因は工匠が動いたり文化が交流したりするためと考えてよいのでしょうか。

箱崎　つまり外部影響なのですね。

高橋　そうだと思います。先程もお話ししましたように、地域の有力者層から在地の有力農民層に建物の技術が降ろされていくという現象があるのだろうと思っています。このような柱間寸法の変化やその要因について、建築史ではどのように考えられているのか私にもよくわかりません。

箱崎　建築史で中世における発掘遺構の間尺について詳しく述べている方はいないのではないでしょうか。

北陸での様相

吉岡　私も一乗谷だけならば柱間寸法の検討をしたことがあります（「発掘建物遺構にみる柱間寸法」『日本建築学会北陸支部研究報告集』日本建築学会、一九七七）。一乗谷ではだいたい六尺二寸前後でほぼ全体を考えることができるようです。六尺二寸というのは、いわゆる越前間（＝中京間）とほぼ一致しますし、四寸の柱を使えば六尺畳ということになるわけで、近世に連続していくことは間違いないと思います。ところで当主の館などの遺構をみると、プランや殿舎配置は洛中洛外図にみられるような将軍邸や管領邸に影響されたと考えられるものの、その頃の都では柱間が六尺五寸であるにもかかわらず、当主の館では六尺二寸ぐらいなのであって、文化技術のちがいがかなりあるのだろう、と考えられます。

浅川　それは、むしろ在地の技術者の方が力をもっているということですね。

吉岡　具体的に何であるのかはわかりませんが、技術体系のちがいがやはりどこかにあるのだろうと思っています。一方、近世における福井藩の建物をみると、一乗谷でみたように、すでに越前間は普及していたはずなのですが、本丸の天守だけはわざわざ「六尺五寸間にて」と指図に書いてあります。つまり、ちょっとちがう柱間寸法をわざわざ取り入れているというところに、独特の地域差があるのではないかと思うのです。

柱間寸法に地域差があるということは、近世民家ではいわれていたのですが、一体それがどこまでさかのぼりうるのか、掘立柱建物の場合はどうなのかということについては、やはりなかなか検証されていないと思います。そして、掘立柱建物の柱間寸法を検討する場合、掘形だけから柱間一つ一つを測ると、非常にばらつきがでてくるはずです。一乗谷ではかなり正確に算出できたのですが、それは遺構が礎石建物のため、礎石に柱を据えた痕跡、すなわち墨付や刻線によって柱位置が正確にわかったからです。トランシットで測っても、直角さえ秒の単位ぐらいしか狂わないほどの精度だったため、ほぼ正確な柱間寸法を見いだすことができたのです。それに比べると掘立柱建物の場合は、柱根が残っていない限り柱位置の特定は困難ですし、一寸というと三センチちがうわけですから、ある程度の誤差の範囲をみておかなければならないのではないかという気がしています。

掘立柱建物における柱間寸法の特性

高橋　私たちも間尺をどのように測定するかというのは、常に問題として考えています。一般的には建物の全長を考慮しながら、柱の心心の距離を測定すると思いますが、掘立柱の場合には、柱の曲がりもやはり考慮しないといけません。ですから、いろいろと延びるところもあれば縮むところもあって、やはり全長の中でどう割り付けていくかを考える必要があるのではないかと考えています。

箱崎　本書でも、一棟の建物で桁行と梁行とで柱間寸法がそろわないとか、柱間寸法にはばらつきがあるといった報告がされています。もちろん掘立柱の柱穴のどこからどこまでを測るかという問題もありますから、高橋さんも先ほどいわれたように、建物が何棟かあるなかで、おおむねこれくらいでまとまりそうだという数値を見つけるようにしないと、建物の柱間寸法を一つひとつみるだけでは適当な数値は得られないのではないかと思います。

高橋　とくに間仕切りがありそうな部分はきっちり揃っているし、その中間の柱間は出入りが大きいということを考えると、壁に影響ない部分は比較的ラフな造り方をしているのではないかと感じています。日本民家園（神奈川県川崎市）や日本民家集落博物館（大阪府豊中市）に移築されている民家で、塗り込めではなく柱間だけを土壁とする事例をみると、柱通りに曲がりをもってきて、外側に曲がりが張り出さないように調整しています。同様に、面取りについても曲がり材が凸型に張り出した方だけを面取りして、凹型の部分は面取りしないという例は、岩手県の民家でもたくさんみられます。このような事例を総合すると、先ほどいったように足元が柱掘形の真ん中にこないで、あとから掘り直して柱を据えていたり、柱穴の深さをいったん掘った穴を埋め戻して土突きをしながら高さを揃えていたりする発掘例を理解することができると思います。

浅川　平城宮では、奈良時代を通じて一尺を二九・四〜五センチから、二九・六〜八センチぐらいで柱間寸法が変化していて、基準尺を決めることによって逆に柱間寸法を割り付けていくという研究をしています。奈良時代の基準尺には時間的変化がないとする研究者もいるのですが、同様な変化が中世から近世に起きていないとは限らない。そうすると六尺二寸や三寸といった細かい数値は、今後の研究で変わってくるのではないでしょうか。

高橋　東京大学構内で検出された大聖寺藩の藩屋敷では、第一期の建物の柱間寸法がぜんぶ六尺二寸です。ところがその後建て替えた建物は、ぜんぶ江戸間の六尺に変わっています。これについて藤本強先生の『埋もれた江戸』（平凡社、一九九〇）を参照すると、第一期の建物は加賀から連れてこられた職人が造ったために加賀の間尺で造り、二代目の建物は明暦の大火以降に江戸の職人が造ったために、ほとんど画一的な部材の切り出しの中で、たぶん画一的な六尺間で定着していったのではないかということです。

吉岡　近世になってそのような画一的な建て方になれば、間尺の変化についてもわりあい確実にいえるのでしょうが、中世の掘立柱建物では、発掘事例をみると桁行と梁行で柱間寸法がちがう遺構があります。このとき柱間一間一間の寸法を検討するだけでなく、たとえば二間ぶんを三つ割りする方法があることも考慮すれば、基準柱間の存在も意外に説明のつくものがあるのではないかと思います。近世民家の場合、座敷と土間まわりで寸法体系がちがう例があって、土間の大きな寸法はきれいな値になるものの、一つ一つの柱間寸法は微妙にちがっているといわれています。要するに、土間はラフに造ることがあるといわれていることも考えておく必要があるように思います。

高橋　日本民家園に、一八世紀前半といわれている工藤家（旧岩手県紫波郡紫波町）が移築されていますが、この工藤家は梁行がぜんぶ六尺三寸で、桁行は七尺五寸です。同様の例は、一八世紀前半といわれている岩手県内の民家だけでなく、同時期の発掘遺構でも比較的多くみられます。このように梁行を狭くするのは、税金を逃れるための対策なのではないかと思うのです。

箱崎　素朴な疑問ですが、掘立柱建物を建てる時はやはり一定の柱間寸法を必要とするのですよね。これは建て方の問題とも絡んでくると思うのですが、村人たちの共同で建てる掘立柱建物だからといって、柱間を考えずに建てることはないと思っていいのでしょうか。

高橋　バラバラな柱間寸法をもつ中世の掘立柱建物を私は発掘したことがありませんが、やはりそれなりの法則の中で建てるのではないでしょうか。

四、近世の掘立柱建物にみる平面の変遷

浅川　近世の掘立柱建物を編年している論文に、羽柴直人さんの「岩手県平泉町における近世掘立柱民家について」（『紀要』XⅦ、岩手県文化振興事業団埋蔵文化財センター、一九九七）があります。

高橋　私からこの論文の概要を紹介します。羽柴さんは私と同じ職場に属しています。彼は近世の屋敷跡を発掘する機会が多く、重複して検出される建物跡を分類し、その重複関係と出土遺物とつきあわせて編年を試みています。この論文では、平泉町の泉屋遺跡と志羅山遺跡という隣り合う遺跡について検討しており、一六世紀末〜一九世紀末くらいまでの掘立柱建物を分類・編年しています（図21）。この二遺跡では、明治につけた五番や二二番という地番が、江戸時代以来の屋敷割りを踏襲していると彼は考えているようで、その中に主屋と考えられる建物が一軒ずつ入っています。

浅川　絶対年代として三〇年くらいの間隔で編年しているのですね。

高橋　掘立柱建物が何年もつのかというのは、いつの時代でもたいへん大きな問題になると思うのですが、『沢内風土記』（一七六二〜一七七〇成）には四〇年ばかりだという記載があります。彼はそれを基準にして、三五年〜四〇年を一つの掘立柱建物の寿命と考えて、このような変遷としたようです。古くしている根拠は、志野焼が伴出したり、明末清初の船載品や唐津のいちばん古い皿がともな

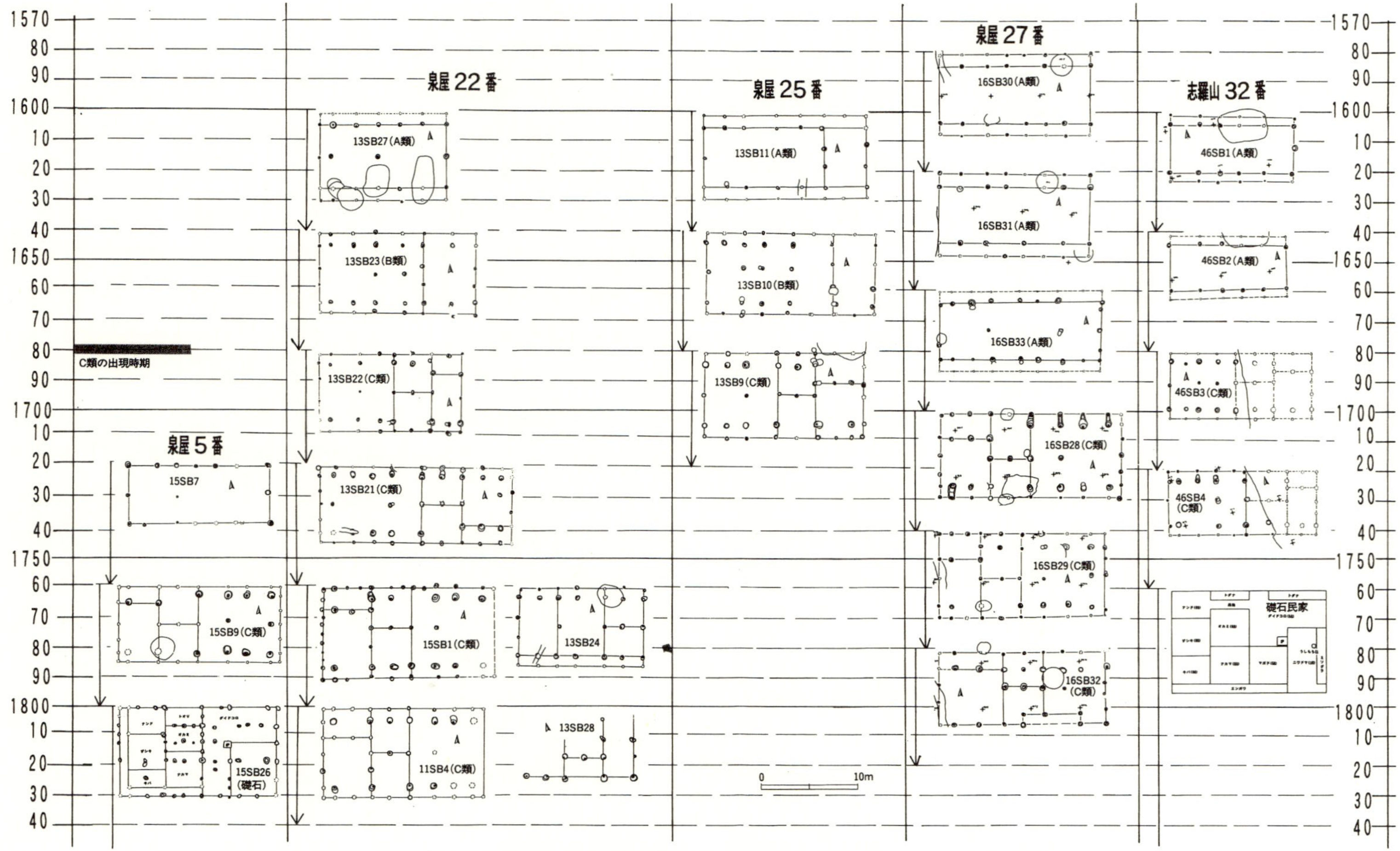

図21　泉屋遺跡・志羅山遺跡の掘立柱建物変遷図（羽柴直人「岩手県平泉町における近世掘立柱民家について」『紀要　XVII』（財）岩手県文化振興事業団埋蔵文化財センター、1997より）

うなど、遺物の年代からです。

浅川　それは柱穴から出土するのですか。

高橋　そうです。ですからそれが上限ということになります。

浅川　この編年は基本的に切り合い関係と出土遺物からで、高橋さんがいわれている柱間寸法による検討成果は入っていないのですか。

高橋　この論文のなかで、彼は柱間寸法では編年できないということを書いています。ただしこの地域は、佐藤巧先生の調査例をみると、江戸時代前半は六尺四寸であろうと『岩手の古民家』（岩手県教育委員会、一九七八）に書かれています。

浅川　一九世紀になっても、やはり掘立柱建物が残るのですね。

高橋　彼のもう一つの論文「西和賀地方の近世民家」（『紀要』Ⅷ、岩手県文化振興事業団埋蔵文化財センター、一九九三）では、一九〇〇年代の礎石建物が最後に編年されています。また、二〇〇〇年九月に福島県いわき市でおこなわれたシンポジウム資料（『東北地方南部における中近世集落の諸問題―掘立柱建物跡を中心として―』福島県考古学会中近世部会、二〇〇〇）のなかで、これまでの論文を集大成しています。

浅川　編年が相対的かと思ったのですが、絶対的で驚きました。真北から少しずつずれているようですが、方位についてはどうですか。

高橋　これを端的にあらわしているのは、本屋敷遺跡（宮城県柴田郡川崎町）だと思います（**図22**）。ここでは中世末期の城下をぜんぶ発掘していますが、真ん中に街道があって短冊形地割りがなされ、敷地のなかには建物も主屋と附属屋が二軒ぐらい建つという屋敷構成が一目瞭然です。それをみると、短冊形地割りの場合、北に対する方向性ではなくて、道路に対する方向性というのが意識されていると思うので、この場合も北に対するイメージが強くないのではないかと思います。

箱崎　平泉町の遺跡も街道沿いなのですね。

高橋　奥州街道が南北に走っていて、それに対して直行する形で短冊地割りになります。

箱崎　すると農家ではなくて、町屋になるのですか。

高橋　町屋兼農家です。

浅川　私が生まれ育ったところも、街道沿いで町屋風の敷地をもっているけれども、通り庭に四間取りという平面の茅葺民家はたくさんありました。そういう感じだと思います。

清水　掘立柱建物の存続年限については、もう少しわからないのでしょうか。

浅川　この問題は二回のシンポジウムでも討論されたのですが、なかなかわかりません。ツィンマーマンさんは年輪年代学その他の検討で、八〜八〇年といっていたように記憶しています。ヨーロッパではそれくらいなのだと思うのですが、なかなかいい値ではないでしょうか。

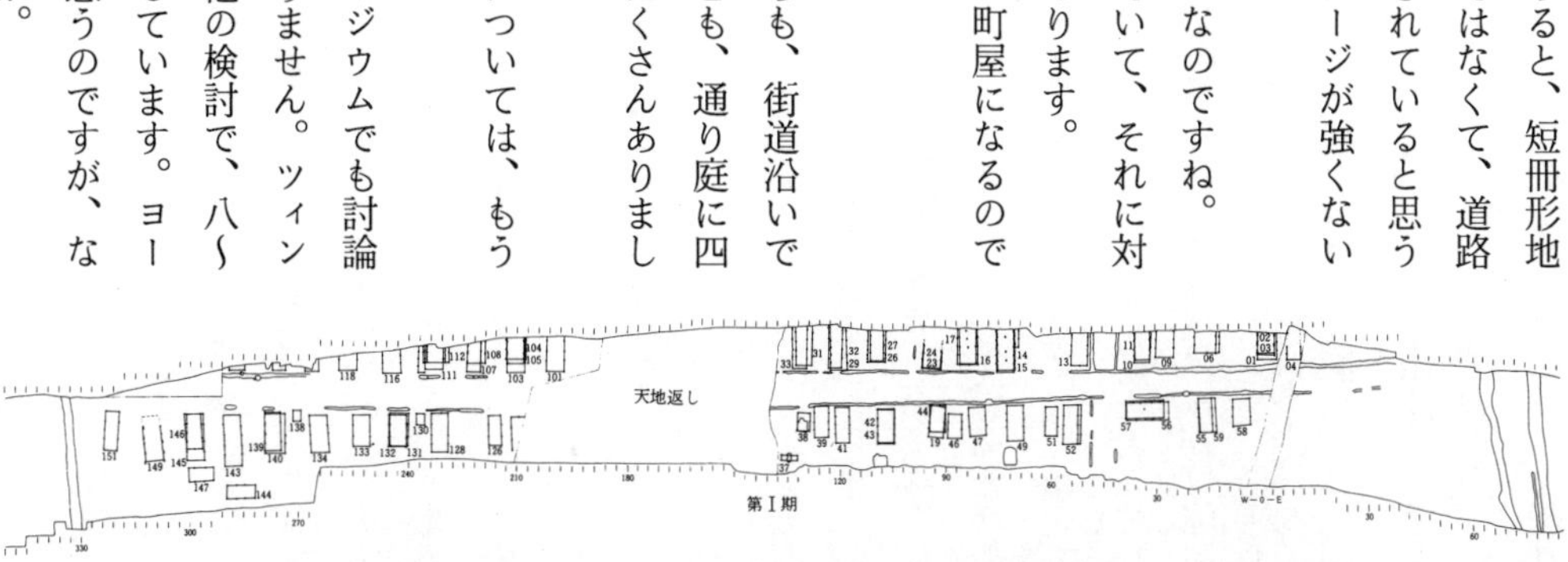

図22　本屋敷遺跡　第Ⅰ期（16世紀後半）の遺構全体図（『中ノ内A遺跡・本屋敷遺跡他』宮城県教育委員会、1987より）

宮本　平城宮でもいちばんもたせているのは八〇年でしょう。

浅川　日本では、まだ掘立柱の耐久年限については細かく検証されていないですね。

五、中世掘立柱建物の類型と変遷

平面と上部構造

浅川　こんどは宮本さんの「日本中世住居の形成と発展」について検討したいと思います。まず、宮本さんからこの論文について説明してください。

宮本　掘立柱建物類型別変遷図（二八五頁、図5）は、縄文時代から中世・近現代までの掘立柱建物の平面形態を分類し、その存続期間を示しています。縄文時代いらい中世まで残るものは、平地建物では梁間一間型と竪穴構造型で、梁間二間型（律令型）は古墳時代後期に現れ、総柱型は平安時代後期の一〇世紀頃に新たに出現して中世にかけて存続します。また礎石・土台建物も古墳時代後期に現れて現代まで存続します。そのうち梁間一間型と総柱型が鎌倉時代～室町時代を通じて全国的な主流として分布しているのではないかと考えています。もちろん混在する地域と、どちらか一方だけが普及する地域といった差があり、それについてはさらに詳しく分析する必要があります。

総柱型に関しては、古墳時代～平安時代を通じてもみられるのですが、とくに古墳時代～奈良時代にかけての総柱型は、高床建築と限定していいだろうと考えています。ところが平安時代後期の摂関期頃を境にして、総柱型の建物は、高床でなく平屋に変化していくという仮説をたてました。それは規模が非常に大きくなるのに対して、柱が細くなる傾向にあるからです。そのうち鎌倉時代を中心とする総柱型の建物は、畿内・北陸を中心にたくさんの遺構がみられます。このような平屋の総柱型住居が出現すると同時に、竪穴住居が相対的になくなっていき、また一方で集落の立地も変わってくるということが考古学的にわかってきました。二〇年くらい前までは、中世も総柱型の高床建築がたくさんあるというイメージが一般的だったため、当時の発掘調査報告書では、桁行七間や一〇間といった規模の大きな建物も、三棟か四棟くらいの小型の高床建築を並立させていたほどです。

高床ではない平屋住居だとすると、どのような構造になるのか長い間わかりませんでした。ところが箱木家住宅（兵庫県神戸市）の移築にともなう調査に参加して、よく観察する機会に恵まれました。一一〇頁、図5の図面からわかるように、三本の柱を補えば総柱型になることを見出したのです。箱木家住宅の建築年代は確定できず、一六世紀といわれる方もいますが、私は一五世紀と考えています。また、箱木家と同じく千年家とよばれる民家に古井家住宅（兵庫県宍粟郡安富町）があります（**図23**）。この民家の建立時期は一六世紀と考えられており、棟通りと側柱すべてに一間おきに柱がたつ平面をもっています。箱木家とのちがいは、桁行に対して梁行が一・五倍ぐらいの柱間寸法になる点ぐらいで、これも総柱型の一つのタイプと考えていいのではないかと思います。この二つの総柱型のタイプに関して、全国一〇〇あまりの遺跡から検出された建物遺構を分析したところ、古井家のタイプは岡山県から西の方に多く、箱木家のタイプは畿内・北陸のほか、幕府がひらかれた鎌倉時代の鎌倉市内にみられるということがわかってきたのです。

　ところで、併行して存在すると申し上げた梁間一間型は、弥生時代以来、西日本に多くみられる掘立柱建物の型式です。これは山間部の斜面を造成した狭いテラス状の集落などで建てられる例が多く、梁間を広くとれない山間部の狭い敷地が多い西日本の中国・山陰地方などに分布するようです。

　東北地方は、鎌倉時代になって西日本から開拓に移った人が多い地域で、それぞれの地域や出身地の建物を持ち込んだ様相をもっており、総柱型・梁間一間型の両方のタイプが共存しています。もちろん遺跡によってちがいますが、梁間一間型のタイプだけで構成される遺跡や、主屋が総柱型で附属屋が梁間一間型といった遺跡もあります。典型的な分布のちがいを示すのが関東地方で、鎌倉とその周辺域だけは総柱型が中心で、その他はすべて梁間一間型となります。このような分布のちがいは、全国的に詳しく調べればわかってくるはずです。

　つぎに構造ですが、箱木家住宅の梁行断面図をみると（一一〇頁、図5）、柱間の狭い下屋は別として、主屋部分は全部柱が細くて太さが一定であり、梁の高さで切られています。梁は断面が横長長方形の五平《ごひら》形で、箱崎さんが文書から復原された構造と同じような梁（六二頁、図2）になります。梁は少し出桁状に張りださせて側桁を

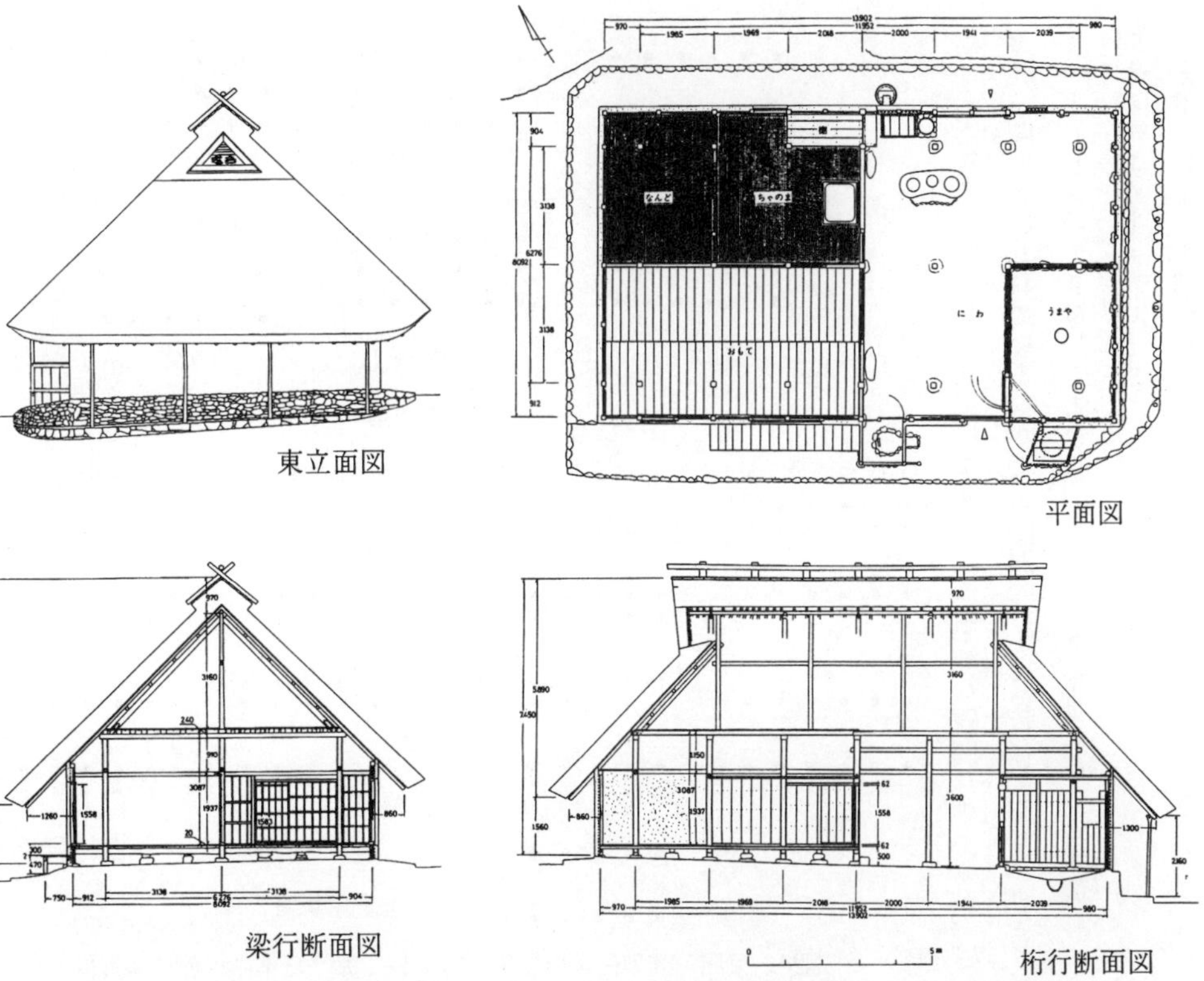

図23　古井家住宅（『日本建築史基礎資料集成　民家』中央公論美術出版、1976より）

受け、中央部には牛梁をかけて束を立て、そのうえに棟木をあげて寄棟屋根をかけます。古い野小屋は梁に角材をもちいているものが多いので、箱木家や古井家にみられる五平形の梁も、鎌倉時代以来の総柱型の一構造を示しているのではないかと考えています。

総柱型のもう一つの構造は、先ほども話にでた立山の室堂です（二九七頁、図15）。ここでは棟通りの柱が直接棟木を受けています。入側の柱筋では、梁の上下で束と管柱とに分かれていますが、これは時には母屋桁までのびる柱も想定できると思います。この形態は勾配の小さな板葺などの場合、直接棟木を支持する形式もありうることなので、風の強いところや山間部でも用いられる構造と考えられます。民家を調査するとき、古い民家ほど柱が一間おきに立つというのは一つの目安になっています。つまり柱の省略が少ないほど古いといわれるわけなのですが、中世までさかのぼらせれば、発掘遺構にみられるように柱間境だけではなく部屋の中にも独立して柱を立てていたのが、時代が降るにつれて、柱間境にだけ柱を立てるという流れを想定できるのだろうと考えています。シンポジウムの討論では、同じ太さの柱を床束と柱に分けて考えるべきだろうという意見もあったようですが、やはり柱径と柱高は一応比例するものと考えれば、屋内に柱が林立する構造も中世的なあり方であって、現実として立山室堂や箱木家もその一例に挙げられるのではないかと考えています。

類型の問題点

浅川　今までのところ、この論文が中近世の掘立柱建物に関するもっとも総合的なものだと思います。まず、単純な質問なのですが、梁間一間型といわれているなかで（**図24**）、Ｉａはいいとして、Ｉｂ、Ｉｃも納得できないことはないものの、ⅡやⅢになると梁間二間とみておかしくないと思うのですが。

宮本　弥生・古墳時代の梁間一間型はＩａのようなタイプが多い

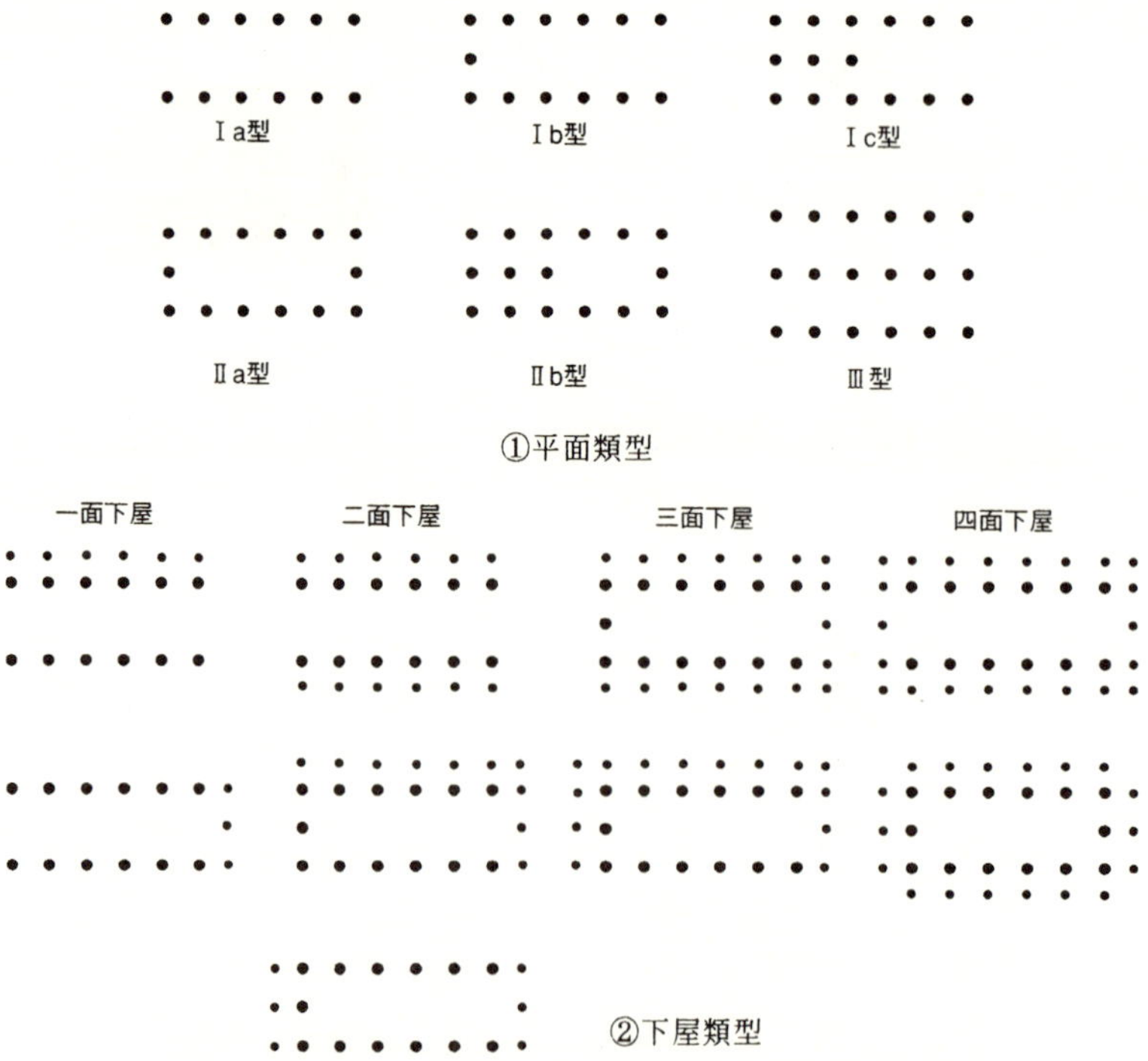

図24　梁間一間型住居の類型（宮本長二郎「日本中世住居の形成と発展」『建築史の空間』中央公論美術出版、1999より）

です。弥生時代の沼E遺跡（岡山県津山市）では、近世の東北地方に多くみられる下屋をまわした梁間一間型がありますが一般的ではありません。梁間の大きい建物には棟持柱があることが多く、この場合、独立棟持柱になるときと近接棟持柱になるときがありますが、一方だけにあってもう片方にはないという例が比較的多いのです。棟持柱状の柱が妻の柱筋にある場合、私はこれを梁間二間型（律令型）とよんで、律令時代に新たに入ってきた隋・唐の様式とみています。梁間の広さにまったく関係なく二間にしてしまうのです。古墳時代以前は、梁間が広くなると側面の柱間を三間〜五間とする例があり、逆に梁間二間という例はほとんどありません。二間とする場合は近接棟持柱とする例が多いですから、これだけで建物を構成したと考えると、切妻屋根で棟持柱をたてる構造だったと想定できます。古墳時代に入ると、二間×二間あるいは三間×二間の身舎に四面庇をめぐらすタイプが、大分県や三重県、群馬県、京都府などで検出されており、おもに祭殿として使われていたと思います。構造的には、切妻造の身舎の四面に下屋をつけた、いわゆる錣《しころ》葺《ぶき》型の入母屋造になると考えています。四面庇のつかない身舎だけの建物は、ごく大型の祭殿と思われる建築にしかみられず、一般集落にはほとんどありません。このような古墳時代までの掘立柱建物のあり方が、どうも奈良・平安時代の一般の集落でもつづくようです。つまり、梁間二間の掘立柱建物の妻柱は比較的ずれていることが多いのです。ずれてなくても、おそらく棟持柱で切妻屋根を構成する小さな建物となるのではないかと考えられるわけです。律令時代にはいると、側面を二間にして梁をかけ、合掌なり束なりをたてて屋根をかけるようになります。そして中世の建物は、律令型は少なくなり、妻柱がなく下屋をもつ建物が多くなって、妻柱は柱筋よりも外にでる遺構もあれば、下屋のない建物は柱筋に柱が立つ遺構もあるのです。

浅川　棟持柱をもつ場合は梁間一間型とみなす、ということでしょうか。古墳時代以来の棟持柱をもつ建物を梁間一間と認定し、律令型以降の建物は梁間二間と認定する、と定義しても、平面だけをみればどちらかわかりませんよね。ふつうⅡa、Ⅱb、Ⅲの平面で梁間一間型と書かれても、よくわからないのではないか、というのが率直な感想なのですが。

吉岡　一般的な梁間一間という意味で考えられるのと、梁間二間の規模で棟通りの柱をとばしたために梁間一間にみえる建物もあるでしょう。その定義をどうしたらいいかという問題もあるのではないでしょうか。

宮本　二間をとばすというのは、近世的な考え方です。中世ではまだ梁で柱を省略する考え方はないですから。

吉岡　近世の古い民家や絵巻物に描かれた中世の町屋をみると、棟持柱のあるものは、棟持柱から両側の柱へ繋梁状の材をのばしているものがあります。それを梁間一間とするのかどうかがわかりにくい気がします。

浅川　Ⅱb型やⅢ型は、さきほどの土本さんが述べられていたような、梁間二間型になるのではないですか。

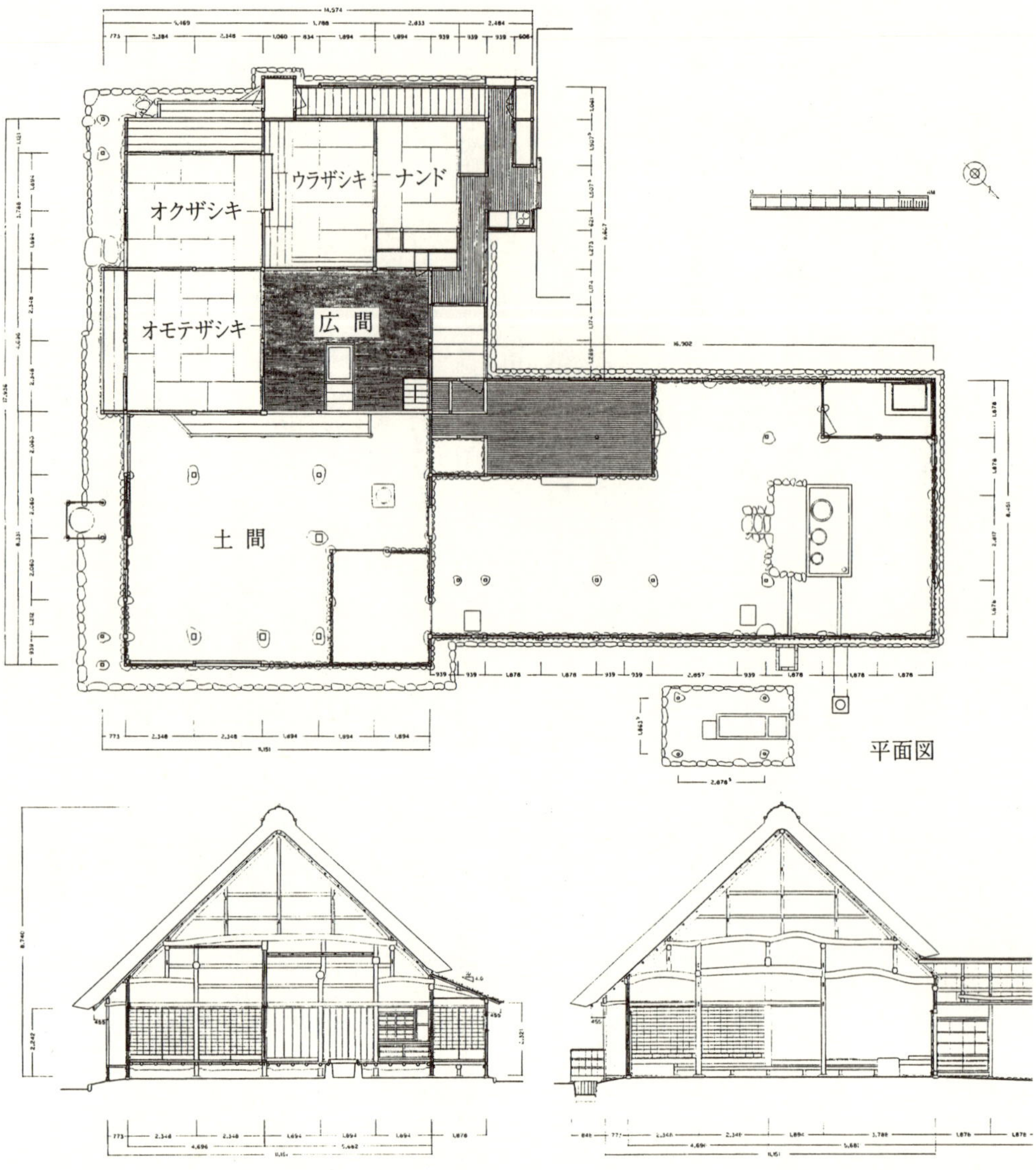

梁行断面図（オモテザシキ～広間）　　梁行断面図（土間）

図25　彦部家住宅（『彦部家住宅主屋保存修理工事報告書』1999より）

宮本　梁間二間型というのは、律令型として別にあるのです。

吉岡　名称と構造とをもう少し整理した方がいいかもしれませんね。群馬県の彦部家住宅（群馬県桐生市、**図25**）は主屋が古いといわれていますが、上屋柱から下屋へ繋梁をかけて固めています。先ほどもいったように、棟持柱をたてて側柱とつなぐ構造も想定した方がいいのではないかと思うのですが、やはりそれと梁間一間型との関係が気になるところです。

総柱型と床束について

浅川　総柱型住居の屋内に柱が全部たつという可能性についてはいかがでしょうか。

箱崎　山岸さんが二章の討論で一五世紀の新見庄の絵図を例に出して（二五一頁、図2）、柱ではなくて床束の可能性があるのではないか、柱配置をみると総柱型だけれども、柱と考えているものが床束の可能性があるのではないかということを発言しています。宮本先生のお考えだと、柱は細くても径が同じならば、高さも同じくらいまでのびるということですね。

宮本　柱を細くする代わりに数を多くしているのだろうと思います。

箱崎　考古学的に検証する手だてはあるのでしょうか。

浅川　ある程度部材が規格化されているならば、同じ断面の材を使って、一方は束で一方は通し柱にするということもあるんじゃないですか。それには柱間寸法がかなり重要だと思います。柱間寸法が広ければ空間も広くなりますから、柱がぜんぶ立ちあがってもなんとか生活できるでしょうが、細い柱でも柱間が狭くなると、部屋じゅう柱だらけになってしまってどうにも動きがとれない。

吉岡　北陸では柱間寸法が二・一〜二・四メートルぐらいです。

浅川　二・一メートルは七尺ですからほぼ一間とみると、一間四方にぜんぶ柱が立つことになりますね。

宮本　総柱建物は、五間×七間や五間×五間の例が多いのですが、柱間寸法は平均値をとると、だいたい二メートル前後になると思います。

浅川　つまり二〜二・五メートルのグリッドで柱がぜんぶ立ちあがっているのですね。

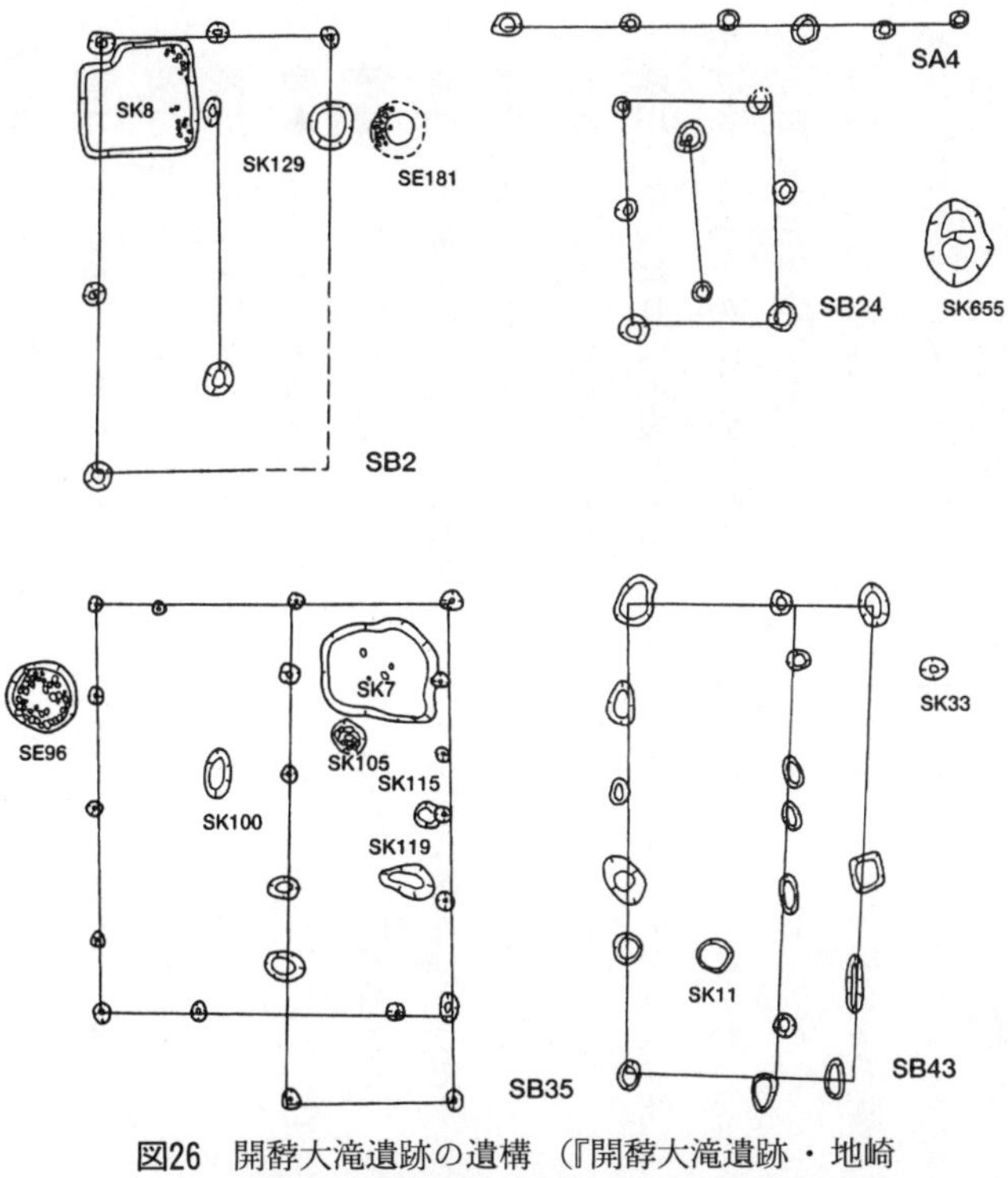

図26　開辟大滝遺跡の遺構（『開辟大滝遺跡・地崎遺跡発掘調査報告』（財）富山県文化振興財団埋蔵文化財調査事務所、2000より）

箱崎　そのうちの一部は間仕切りの柱とも考えられますよね。

浅川　間仕切りの柱と側柱と床束という三種類の柱の性格を想定できるわけですね。

宮本　どこで間仕切るのかはわかりません。また中世民家の床構造はわかりませんが、床束を使わなくても、ころばし根太や土座という構造も想定できるのではないでしょうか。

浅川　逆に箱木家のような平面の建物が発掘された場合、柱が抜けているところを精査すれば柱穴や礎石据付穴が検出される可能性があるわけですよね。

宮本　一五世紀段階になると、とくに座敷あたりはだいぶ柱を抜くようになるので、時代にもよると思います。

吉岡　北陸の考古学研究者は総柱型の中心時期を一二世紀〜一三世紀ぐらいといっています。また、一六世紀の城下町である開酵《かいほつ》大滝遺跡（富山県西礪波郡福岡町）では、建物の外郭ラインくらいに石列があって、真ん中付近に掘立柱列のある建物が検出されており（**図26**）、棟持柱だけが掘立柱で、側柱列は礎石建か土台建だろうと考えられています。つまり中世後期になると総柱型が減ってくるわけで、それが総柱型の柱を省略するタイプなのか、側柱建物の屋内柱を追加したタイプなのか、それともまったく別の構造でできているのか、というところを見極めなければならないのだろうと思います。もう一つは、総柱型の遺構で床面が明確にわかる例がなく、床を張っているのか、どこで間仕切られるのかなどが明確でないので、構造もわからないのでしょう。上面が削られていて柱穴だけが検出されるので、仕方がないのでしょうが。

宮本　柱が細くて貫を通すわけにもいかないですから、やっぱり床束ではなくて、すべて柱になるだろうと私は考えています。

浅川　柱が細いというのは、どのくらいの径なのですか。

宮本　一〇センチ前後でしょうか。

箱崎　信州の文書にでてきた近世前期の掘立柱は四寸角です。

吉岡　発掘で出土する柱は四寸前後の例が比較的多いようです。

浅川　私たちが民家調査している柱とそう変わりませんね。

箱崎　むしろ古い民家より細いくらいです。

浅川　やっぱり旧地表面が検出されるかされないかが大きな問題ですね。かつての生活面が検出されれば、かなりなことがわかってくるだろうと思います。

吉岡　一乗谷では、礎石建でもころばし根太の痕跡がきっちりと検出されていまして、そのような材を受けるための礎石なども発見されています。ですから床束があるのかないのかという問題も、生活面が良好な状態で検出されないと解決できないでしょう。

宮本　箱木家では、発掘しても前身の掘立柱建物は検出されませんでしたので、最初から礎石建です。そして足固貫をぬいて床を受けています。掘立の場合は、おそらく貫を使わないでしょうから、せいぜいころばし根太か土座ではないでしょうか。

高橋　土間以外で踏みしめた痕跡はほとんどみつかりませんから、たぶんあっても土座でしょう。稗や粟を脱穀したあとの殻を敷いて、その上にムシロを敷く床はよく出てきますよね。

浅川　一二～一三世紀に多様化する総柱型というのは、かなり規模が大きな建物なんですよね。だから、かなり高い階層の人たちが建てていた住居が下層階級へと波及していくにしたがって、柱が抜けて土間と揚床の部分に分かれていくという展開も考えられるのではないでしょうか。

吉岡　そのあたりは今後の議論になると思うのですが、北陸の考古学研究者は、大型の総柱型住居と考えられる建物があるときには、小型の総柱型と梁間一間の小さな附属屋的な遺構といった三種類の建物が、一つの屋敷でセットになるといっています。

新様式導入の社会的背景

浅川　宮本さんは総柱型や梁間一間型といった新様式が宋様式の移入によると結論づけておられるのですが、これは建築的な解釈ではなくて、社会政治史的な側面からみた場合の理解ということでしょうか。

宮本　宋との交流が、政府間を除いては禁止されているなかで、このタイプが最初に出てくるのは、北陸と畿内・堺あたりが中心です。これが畿内や北陸で発生したものとみるのか、あるいは中国のどこかのタイプが入ってきたものとみるのかについては、やはり交易ルートと関係があるのではないかと考えたのです。私は南宋ではないかとみています。

箱崎　総柱の出現期は、摂関期でしたよね。それと南宋とは、ちょっと結びつかないと思うのですが。中国の南の

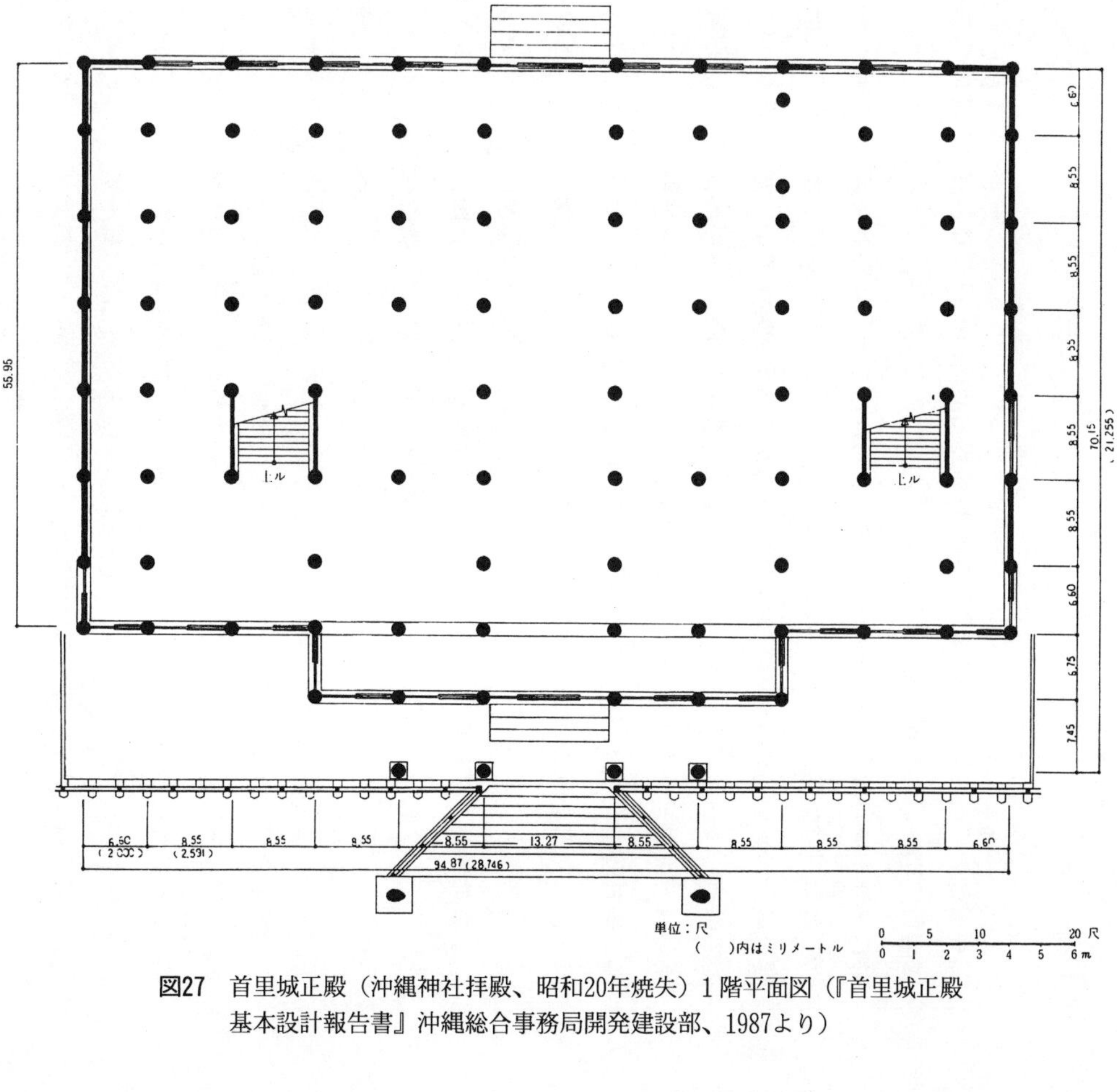

図27　首里城正殿（沖縄神社拝殿、昭和20年焼失）１階平面図（『首里城正殿基本設計報告書』沖縄総合事務局開発建設部、1987より）

方という意味ですか。

浅川　宋文化というのは中華民族の文化です。高床の倉庫はないとはいえないでしょうが、掘立柱建物も高床住居も存在していないはずです。中国建築史のなかで宋の建築としてイメージできるものがあまりない気がします。渡邊さんが紹介されていたような少数民族的な建物なら、また別でしょうけれど。

宮本　総柱型の高床住居で天井まで柱がのびるタイプがスマトラ島にあって、同じ文化圏であるタイのマレー半島にもあります。首里城の正殿も、何本か抜けているけれども、柱がほとんどがたちあがっています（**図27**）。そのような総柱型は、現在でも南方に分布しているので、そのように考えたのです。建築構造的な概念は、あるいは向こうから来た人たちがもち込んだ可能性もあるのではないでしょうか。もう一つ、密教建築では法華堂が方五間の総柱ですが、天井までぜんぶ柱がのびているのです。

浅川　柱間はかなり広いのではないですか。それと、宋の建築の実例がまったく示されていませんが……。

宮本　柱間寸法はともかくとして、法華堂のような総柱型も、民家にみられるような総柱型と同じ文化ではないかと思うのです。それがどこからやってきて定着したのかはわかりません。でも、やはり南の少数民族ではなくて、宋の国のどこかという可能性が強いのではないかと考えているのです。

箱崎　密教建築の出現時期は、摂関期よりも早いのではないですか。

宮本　早いのは早いですが、あのタイプが出てくるのは平安後期の九世紀〜一〇世紀ぐらいです。

浅川　そろそろ討論も終わりにしたいと思います。これまでの建築史学では、人々の住まいは中世的な建物と近世的な建物という二元論で割り切られてきた感が否めません。中世の住まいは掘立柱建物が中心で、近世の住まいは礎石建民家という認識が何となくあるように思います。しかし、少なくとも中世的と思っていた住居が、思っていたよりもはるかに遅くまで近世にくい込んでいる。そして、それこそがじつは近世的な姿であろうと思うのです。こういう考え方に対しては、ご異論はないでしょうか。

宮本　詳細は人によって多少ちがうと思いますが、おおむねいいと思います。

浅川　私は出雲大社の調査にかかわって考えるようになったのですが、掘立柱建物というのは、人間に近いというか、生物に近い建築物のような気がして仕方ありません。人間は死を前提として生まれてくる。掘立柱建物も、いずれは腐って倒れてしまう。掘立柱建物から礎石建へ転換とは、生物的な建築からモノや道具としての建築への変化を意味するものではないでしょうか。礎石建になれば、補強の仕方によっては、半永久的な生を得ることができるようになるわけです。安易な結論かもしれませんが、きわめて人間的な建築物について、この数年間考えてきたのだな、と思っているのです。

二〇〇〇年十一月十三日　　於奈文研小会議室

①掘立柱建物から礎石建物へ
——北西ヨーロッパにおける住居の革新と持続——

ハイオ・ツィンマーマン
北原　博・北原寛子・清水重敦訳

一、序　論

掘立柱、礎石建柱、土台は、壁を支える場合でも、内部の架構として用いられる場合でも、建物の最重要部材とみなされている。「柱、それは家のはじまりである」(„Dei stender, dat is de anfang von dat hus“)。リューゲン島グラニッツ近郊ニステリッツ出身の農夫によるこの名言は（PEßLER 1906, 107）、構造物における部分の重要性を比喩的に言い当てている。このことばは、ある建物の棟上げをする際に柱やそれを結び合わせる梁や桁をまずは組みあげなくてはならないという工程上の問題として解されるだけでなく、柱がとりわけ住居の中で構造的にもっとも重要な部分であるということも意味している（これについてはPEßLER 1906, 121も参照）。

同じことは低地ドイツ語の慣用的な言い回しにもみられる。„Dat hus steiht op papierne Pöste“（「建物が紙の柱で建っている」）という慣用的表現では、「紙の柱」が不確かなものを表しており、これで家屋敷が負債を負っていることを意味している。„Dat sitt dao in de Pöste“（「それは柱の中にある」）は、「それは家庭の中にある」（RÖHRIG 1973, 733）という意味になる。G・A・ビュルガー（一七四七—一七九四）の言葉もまた特徴的である。「敷居や柱の中心部が朽ち果てても、まだ希望を抱いている一家の主人に神の慰めあれ!」（GRIMM u. GRIMM 1899, 2488より）。これらの中では、柱が家全体を表す提喩法となっているのである。

傷みやすい建築から傷みにくい堅牢な建築へと至る、建築にとって重要な歩みは、すでに早くから古文献の中にあらわれている。フィレモンとバウキスは、自分たちの粗末な小屋で二股の掘立柱が神殿の柱へと変わるのを見ているし、ヴィトルヴィウスは『建築書』（第二巻第一章；FENSTERBURSCH 1991）で、彼の時代よりも古い時代の人びとの家を記述している（ヴィルトヴィウスが自分の目で見て知っていたような建物は、二〇世紀に入ってからもなおイタリアで建てられていた（ERIXON 1937；SOEDER 1964））。そして中世には、ヴィトルヴィウスの流れを汲んで、「アダムの小屋」を記述したり具象的に描写したりすることがたいへん好まれるテーマとなっていた。簡素なものや「原始的なもの」を強調することで、逆に建築技術の進歩が明瞭になるのである。

ヴィトルヴィウスやその他大勢の昔の著述家たちにとっては、最初の人間の住宅、つまり「アダムの小屋」のモデルとして簡素な住居の構造を研究する機会が多くあったのだが、今日のわれわれは同じテーマを、考古学の調査結果やその他の現代に伝えられてきたものによってしか取り扱うことができない。だからそれらに加えて、現存する建築による伝統的木造建築の研究が欠かせないことになる。

われわれはこのテーマを、考古学的な発掘遺構、現存する建築についての建築史的な研究の成果、並びに絵や文字の史料といった種々の資料を通して取り扱うことにする。古い文献史料としては、法令や中世文学のテキストが特に重要となる。それ以前における建築についての記述は残念ながら中世のものほどは使えない。C・タキトゥスの『ゲルマニア』（MUCH 1967, 252-256）や他のローマの著作もそうで、たとえばプリスコの『ゴート史』では、記述される建築物が校倉造りでないのは確かだが、掘立柱なのか、それとも礎石建柱なのかどうかよくわからない。

先史時代、初期史といった分野が強く専門化していたこともあって、建築形態の発展についてこれまで有力だったイメージは、ゆがんだものであった。たとえば「土台造」は、新石器時代ないしは青銅器時代を研究する考古学者たちにはよく知られていたが、中世や近代考古学の研究者と民俗学者たちの間では、本来彼らにも共通するはずのこのテーマについて、ほとんど議論がなされていない。それゆえ中世考古学研究者は、より古い出土品を例外として評価しがちだったし、青銅器時代考古学の研究者は、礎石建物があらわれるのは中世中期以降といわれているから、青銅器時代に礎石建物が存在していたという指摘を控えてきた。中世初期の礎石建物の遺構の数が中世以前の時代より多いのは、中世考古学研究者が礎石建物の遺構をそれとして認識する予備知識をもっており、そのために検出されやすく、認識されやすいからだということも十分にありうる。だが、著者はルントとニールゼン（LUND u. NIELSEN）の論文（一九八四）でそれほどまで早い時期に礎石建物を建てることが可能であったことを知ったおかげで、フレーゲルン（ZIM-

MERMANN 1986；1992）で掘立柱がなく柱穴が遺構として残らない建物を、土壌リン酸分析によって調査するという着想をえることができた。この異なった二つの建築形態への関心は、早くから多くの議論によって、とりわけW・ハールナーゲル（W. HAARNAGEL）とD・ツォラー（D. ZOLLER）によって喚起されてきている。

われわれにとって重要なのは、考古学的遺構を、現存する木造建築形態と比較することである。現存の木造建築は、伝統的な方法で職人たちによって建てられ、その中で人が暮らし、建物の機能に応じて使用されてきた。それゆえ現存の木造建築は、実験考古学の枠内で建てられた復原住居よりもしばしば考察のよいモデルとなる。

礎石建物の検出を困難にし、また不可能にもしている要因については本稿の三で議論するが、これを考慮すれば、取り上げる発掘成果の地域が狭いと、事例が少なくなりすぎ、検出をさまたげている要因に大きく左右されてしまうことが予想される。それゆえこの論文では、北海沿岸諸国や北海南部地域の発掘成果を広範囲に概観することにしたい。さらにヨーロッパのその他の地域や、ヨーロッパ外でヨーロッパ人によって建てられた建築、並びにモデルとして興味を引くものであれば、他の文化の建物の類例をも引き合いに出すことにしたい。広大な地域を対象にしていることと、考古学の調査対象が地方集落と都市とに分かれていることを考慮すると、われわれは典型的な例しか引き合いに出せないことになろう。だが、疑わしい調査結果をも包含することになってしまうような完全なリスト化を目指しているわけではないので、これでよしとしたい。

また、これまでは民俗誌の資料からしか知られていなかった相当数の建築方法や構造方法を紹介する。しかし、そのような建築方法や構造方法は原始・初期史時代でも技術的に可能であり、むしろその時代に登場して当然と思えるレヴェルのもので、数世紀のうちに広範囲にこの技術が広がったのはそれゆえであろう。これからの研究ではそのような可能性には特に注目すべきだろう。

この論文では土台のさまざまな形態も扱っている。土台とのかかわりでは、壁の構造やその仕上げが重要になる。だが、屋根の構造に対する疑問や土台より上の他の部分については、この論文では考慮することができない。よく似た土台の形式について述べても、土台の上の部分をも同様に比較検討できるとは限らないからである。

礎石建物は一般に中世中期以来現れるといわれているが、それ以前にどの程度広まっていたのかを明らかにすることも重要な課題である。もしこの通説が考古学者の頭の中にこびりついているのならば、礎石建物の存在を暗示するかすかな痕跡について、徹底的な調査を行っていく必要があるだろう。

　礎石建工法は、三廊構成のホールハウスの歴史において「決定的な発明」であり、「激変」（JASPERS u. OTTENJANN 1983, 40）である、と記述されてきたように、礎石建物の重要性はたびたび認められてきたが、じつはそれには長い前史がある。だがわれわれの知る限り、ツィッペリウス（ZIPPELIUS 1954；1957）の指摘以降長い間それが強調されることはなく、たいていは個別事例がいくつかの類例を参照して呈示されるだけであった。

　しかし、本論で礎石建物の長い前史が述べられたからといって、掘立柱建物が長期間にわたって主流を占める建築形態であったと勘違いしてはならない。また、礎石建物の役割を過大評価することも避けねばならない。

　木造掘立柱工法から礎石建工法へ、それから完全な「石造化」へと至る、本論で明示した建物の発展自体は、既に千年以上も前にローマ属州の家屋建築に先取りされているのである。

二、掘立柱建物と礎石建物の定義

　ドイツ語では「掘立柱」(Pfosten)や「礎石建柱」(Ständer）という概念は明瞭に定義されており、建築学ではこれらの語はたいてい首尾一貫して用いられているのだが、考古学の研究では残念ながら、この二つの概念は同義語となっている。一九九〇年代の刊行物においても、「礎石建掘立柱」（Ständerpfosten）という語がしばしば見られるほどで、図や柱穴についての記述がなければ、その論文で述べられている建物の構造がはっきりしないのである。

　この問題に関してシェーペルス（SCHEPERS 1978, 22f.）は、学位請求論文の中でこの二つの概念を以下のように明確に定義した。「基本的には、主に次のようなちがいがある。どちらの骨組みであっても、根元は地中に深く埋められた支柱からなる。それに対して礎石建二本柱建物（Zweiständerbau）と、発達した棟持柱建物（Firstsäulenbau）にも、一般に石や木材の基礎（土台）の上に立っている支柱がある。埋められた支柱を「掘立柱」（Pfosten）、固定した基礎の上に立っている支柱を「礎石建柱」（Ständer）とよぶことにしよう。これで、掘立柱と礎石建柱の定義の境界が明確になると思う。とりわけ、先史時代の研究者には、掘立柱という語は徐々にわれわれがいう意味で受け入れられている。そういう訳で、埋められた支柱をもつ建物を掘立柱建物（Pfostenbau）、固定せずに立っている支柱をもつ建物を礎石建物（Ständerbau）と名付けることにする」。

一九九四年の『ヴェストファーレンの農家の家屋』（第七版）*Haus und Hof westfälischer Bauern* のなかで、シェーペルス（SCHEPERS 1994, 25）は次のような提案をしている。「中立的な概念として建物の木の支柱を表す古いゲルマン語が考えられる、それはつまり柱（Säule）である（低地ドイツ語の Sule）」。ヘーネル（HÄHNEL 1973, 35）は「建築学ではずっと前からすでに独立柱と壁体の中に埋め込まれた礎石建柱を区別している」と、この概念をさらに詳しく区分しようとした。

だが、この用語の使い分けは一貫して守られているわけではない。考古学の専門文献では柱（Säule）という概念はごく稀にしかみられず、もしあった場合でも、それは掘立柱と礎石建柱の共通の表記である可能性があり、先に挙げたシェーペルスの引用と照合する。これに対して、本論文では屋根を支える柱一般について議論する。ヘーネルが用いた意味での柱（Säule）という概念を考古学の専門用語として使えばただ混乱を招くだけであり、価値を認めがたいので、壁立掘立柱（Wandpfosten）、室内独立掘立柱（Innenpfosten）の概念に相当するものとして、礎石建物には壁立礎石建柱（Wandständer）、室内独立礎石建柱（Innenständer）という区別を提案する。

地方の慣習的な言い回しについては専門文献には入れてはならないし、もし必要ならば明示すべきである。たとえばヘッセンでは、近代のハーフティンバーにおいて、一階分の長さの垂直材をプフォステン（「掘立柱」）とよび、それに対して複数階にまたがって延びる垂直材をシュテンダー（「礎石建柱」）とよんでいる（BAUER 1992, 377）。この用法は、辞書（WÖRTERBUCH 1995, 44f., 101）にも取り入れられてしまっている。建物の部分に対する諸概念がそれぞれの地方でいかに多様に用いられているか――しかも用法が定着しているわけではなく、他の意味に変わる傾向さえある――、またこうしたことを背景にして、地方のこうした伝統に反して誤解を招かないような記述を選ぶことが専門用語にとっていかに難しいかということは、ノルウェーに関して、ゴーダルとモルダル（GODAL u. MOLDAL 1994）が示している。たとえば、stender や stolpe, stau（Stab）といったようなここで関心をもたれている概念は、確かにすべての垂直に支える建築要素を意味しているが、同義語として用いられることもあれば、同義語にはならない場合もある。

「支えとなる室内独立掘立柱」のもともとの概念は、sul であったと思われる。柱（Säule）という語は今日なお南および中央ドイツの専門文献では礎石建柱（Ständer）の意味で使われている。しかし、ラテン語の postis

に由来する掘立柱Pfostenもすでに早くから使われていた（TRIER 1940；こうした概念については、SASS 1927も参照)。

シェーペルスの定義の続きを見ることにしよう。この定義にはなお補足すべき点がある。すなわち礎石建柱が土台（Schwelle）の上に立っているのならば、それは礎石建物の一形式である土台造のことをさす。土台が深い溝を切ってすえられている場合でもそうである。確かにこの場合建物は地面に固定されていることによっても安定を得ているが、通常建物は主として土台と礎石建柱に結びつくことによって一義的な安定を得ている。そうでない場合、土台の高さが旧地表面に対してどれくらいになれば礎石建物としての土台造に入るのか、という限界値を示さなくてはならないだろう。どれくらいの高さに旧地表面があったのか、土台はまったく埋められていなかったのか、埋められているとすればそれはわずかであったのか、それともしっかりと埋められていたのか、ということが不明確なことがよくある。そういうわけで、こうした方針では結果として疑わしいケースが多数出てくるであろう。

もし、建物に礎石建柱を特徴づける要素の一部しか見られないとすれば、正しい概念を選択するのは困難である。問題は、定義する際にいかなる議論を優先させるべきかということである。そこで、掘立柱建物を地面に固定された構造形式として理解し、地表に置かれた建物の骨組み、つまり主体構造が、礎石（Ständersteinen ないしはStänderstickungen）の上、あるいは土台（この場合埋められていることもある）の上にのっているものを礎石建物として理解することを提案する。しかし地中にわずかに埋め込まれていただけで、土台より上の部分にすでに礎石建柱の特徴を備えていたにちがいない掘立柱を備えていた建物が、礎石建物の要素をもった掘立柱建物としてこれまで論じられてきたかもしれない。こうした移行形式は中世初期から中期への変わり目にしばしば見られた。地中杭の上に土台が置かれている場合は、礎石建物とみなされる。

掘立柱と礎石建柱を組み合わせた建築方法も早くから伝えられており、さまざまな例で指摘していくことになるだろう。たとえば三廊構成の建物については、室内独立掘立柱と土台の上に置かれた外壁との組み合わせで説明するのがわかりやすい。室内独立掘立柱が屋根荷重の大部分ないしはほとんどを担っていたのであり、外壁へと伝わる荷重はほんのわずかであった（KOMBER 1986, 58f.)。それゆえに外壁を先に土台の上に置くことができたのである。だから、単廊構成として認識されている掘立柱建物の多くが、じつは三廊構成であった可能性もあり、その場合、外壁をともなった側廊部が考古学的調査では認識されえなかったということになる。

後で言及する、ベーフォルト（ルクセンブルク）の建物は、われわれの知る限り類例がない特異な事例である。比較的古い時代のフンストリュック・アイフェル文化の三廊構成の建物では、室内独立柱が石盤の上に立っており、それに対して壁立柱は深さ六〇センチ程の穴に立ち、詰石で固定されている。つまりここでは壁立柱が建物を支えている。後で掘立柱と礎石建柱が組み合わされていた竪穴住居の例についても述べるが、この場合も支えは掘立柱が担っている。

発掘調査の際、掘立柱から礎石建柱へという順序での建て替えが比較的よく観察される。だがこの移り変わりは、一方向にだけ起こっていたものではなく、礎石建柱から掘立柱に戻ることもよくあったと思われる。しかしこれまでのところ、この逆行は発掘によってはほとんど観察されていない。この現象は、それぞれの遺構面が破壊されておらず、かつ土層が明確に区別しうる場合にしか観察できない。というのも、基礎の置かれた地点がまったく同じである場合、礎石建柱から掘立柱へと移行するには、礎石やその根石を取り除かねばならず、前身の礎石建物の痕跡が残らないからである。基礎の置かれた点がずれている場合でも、土層の層位によらねば前後関係の同定は困難となる。

三、掘立柱建物から礎石建物への移行

礎石建物の検出のための都市、城塞、教会、農村における必要条件

礎石建物の基礎は地中にごくわずかしかくい込んでいないので、掘立柱建物とは比較にならぬほど発掘による遺構検出がむずかしい。その際、掘立柱から礎石建柱という順序で建て替わっている場合は、礎石建柱から掘立柱へという順序の場合よりは容易に認識できる。というのも、後者の場合、掘立柱の据え付け穴によって、前身建物の礎石建柱の痕跡が損なわれてしまうからである。

礎石建物の遺構が保存される条件は地域、地質などによって千差万別である。入植の時期の地表面がすでに破壊されている遺跡では、礎石建柱の存在はほとんど確認されない。例外は、フレーゲルンでおこなわれた調査で、そこでは土壌リン酸分析が好条件下で実施されたことによって礎石建物が検出されている。

旧地表面が残っている集落、とりわけ複数の土層にわたって重なり合うように遺構が残っているところでは、礎石や地覆石が検出される可能性が増す。だから広範囲にわたる都市考古学の調査では、城塞の上や教会の下で遺構をさまざまに示唆するものを検出することができ

た。こうした場合、発掘条件は常に農村集落よりも都市部の方が有利である。都市ではしばしば数メートルの厚みに達した集落の瓦礫が礎石建物の遺構を保存することがあり、土地の隆起にともなって地下水の移動や水位の上昇がおこり、土台木材がそのまま保存された場合もあった。また度重ねて地面に上塗りが施されることで、旧地表面にあった礎石や地覆石が埋められ、保存されることもあった。農村の集落ではたいていこれより条件が不利になる。なぜなら、通常すでに旧地表面が失われており、検出面はその旧地表面から数十センチ下になってしまうからである。そこでは普通、掘立柱の柱穴のように比較的深く掘られたものしか検出されない。

居住地の立地条件という点においても、都市と農村の間ではちがいがあり、遺構の保存にとっては決定的である。農村の集落が拡大する時には、通常集落に適した平坦地がたくさんあるので、不都合な湿った場所を利用する必要はなかった。しかし、都市ではそうはいかず、拡大の際には湿地帯が隣接していたとしても、そこにまで広げなければならなかった。だがそのおかげで、木製の遺物が保存されているのである。

埋蔵建築部材がよい状態で保存されるための条件は、おおかた当時の集落の敷地が普通の状態ではなく、時として湿りすぎで、柔らかい、ということである。敷地に選択の余地があった場所では、堅固な乾いた土地が当然のことながら選ばれた。これは今日の保存条件としては悪いことになる。保存条件のすぐれた遺跡において得られた遺物からは、その時代の人びとがどのような技法を使いこなすことができたのかがわかる。

比較的早い発展段階における基礎の痕跡の保存を左右したもう一つの要因は、敷地が連続して使われたかどうかということにあった。農村の建物では後身建物をたやすく別の場所に建てることができたが、都市や城塞では、後身の建物の位置がずっと固定されていたし、教会は普通決してその位置を離れなかった。新しい建物がこれまでの建物の上に建てられる状況は多くの教会の発掘で確認できるが、古い層の保存にとっては好ましい状況であった。その上、特に教会や城塞は早くから考古学的研究の対象となっていた。多くの地域で礎石建物の検出遺構の例が教会や城塞の遺跡に限られているのは、こうした理由による。

移行の時間的な枠組みは、多くの考古学的な示唆を元にして設定されている。だが礎石建物を検出するための初期条件が異なっていることを考えると、たとえば都市と農村とで、移行時期の前後を類推することには、依然として注意が必要である。これまでに検出されてきた事例が、本来存続していた一群をどれだけ代表するものであるのかがはっきりしないので、検出事例の割合が農村集落では少ないことを理由に、農村では都市、城塞、教会よりもはるかに移行が遅れただろうと推測することはできない。また、こうしたバイアスを考慮すれば、移行の時間差が建築主の社会的地位の高低にかかわっている、ということも一義的に認めることはできない。もちろん、こうした例が模倣されて同じような建物が建てられたことは当然考えられる。しかし、それが都市の家屋建築であったのか、それともビーアブラウアー（BIERBRAUER 1995, 21）が考えるように、農村に建てられた一一、一二世紀の領主の館であったのかは、ここで示されたデータからは証明されえない。

保存条件が有利なところでも、保存を妨げる別の要因によって、礎石や地覆石は堅牢であるにもかかわらず、木の土台よりも検出するのがまれになることがあった。北海沿岸の湿地に盛り土をした土地や、本来石のないところでは、比較的離れたところから石を運んでこなければならず、貴重な石が通常は何度も使用されたのである。しかし、これは必ずしも石のない地域だけにあてはまるわけではない。というのも、礎石は平らな面を持っている必要があり、そうした礎石は需要が高かったからである。

低地ドイツのホールハウスは、頻繁に移築がされるものであった。エルベ―ヴェーザー三角地帯の口承によれば、その際、礎石と地覆石はその住居に帰属するものであった。H・クラウゼン（H. CLAUSSEN）とJ・H・W・クラフト（J. H. W. KRAFT）の親切な示唆によれば、解体後の敷地には石を残してはならなかったという。

それに対し『ザクセン法典』一、二〇、二二には、未亡人となった者は住居を持っていってもよいが、基礎は取り外してはならぬと書かれている。もし彼女がその住居を保有するつもりがなく、しかし土地所有者に提供しようとしてもうまくいかない場合には、彼女は住居を基礎もろとももっていかねばならない（ECKHARDT 1933）。こうしたわずかな例でも、礎石建物を検出するための基本的条件が地域によってどれだけ異なったものとなりうるのかがわかる。

基礎となる石の調達には、石を「石材運搬用滑路」の上を遠距離「引きずってこなくては」ならないといった労苦をともなうことが多い（KRÜNITZ 1782a, 9）。そのため、基礎となる石は住居の解体の後、しばしば取り出される。しかし、平らな石はこのような労苦がなくとも一般に高い需要があった。たとえば、多くの地方でかつて一般的であった荒石の屋敷囲い用、あるいはデンマークの一部のように、畑の間の石壁用にである（SCHMIDT 1953, 166–183）。

一八世紀以来、舗装された街道や護岸のための漂石（氷河によって運ばれて来た岩塊が、氷河の融けた後に残ったもの）が盛んに求められ、取引された。その結果、石工たち——とりわけ、こうした舗装用石材のために発達した職能であった——が、畑までも試掘して調べ尽くすこととなった。それどころかドレンテ（オランダ）では、建っている住居からも石が売られ、かわりに煉瓦が礎石建柱の基礎を荷うこととなったのである（TIESING 1974, Bd. 1, 84–91 ; Bd. 2, 20）。

漂石が異常に求められた原因は、一七三〇年以降船喰虫病を引き起こしたニナガイ科の船喰虫（Teredo navalis）の出現であった。オランダの北海沿岸州や東フリースラントの木造堤防は非常な危険にさらされ、一七三三年には石で堤防を保護する方法が発達したのである（BAKKER 1979）。

これに加えて、木材消費を制限するための措置が、石の需要を激高させた。ツェレの王立農業共同体が一八一八年に発表した問いに次のようなものがある。「野原の石が十分にある地方で、木を贅沢に使った垣、板囲、板柵…の代わりに石の壁を設置するように、農民をもっとも合理的に鼓舞するにはどのようにしたらよいのか？」（KÖRNER u. LAUX 1971, 9–11）。

農村に残っていた漂石は耕作の邪魔になるので、大抵は農業の犠牲となった。多くの遺跡において、典型的な漂石の抜き取り穴が認められる。だから、デルフラー、クラーゲス、トゥルナー（DÖRFLER, KLAGES u. TURNER 1994, 111）がローテンブルク郡ヘーゼドルフ近郊の羊小屋について記録しているような、地覆石として現存する建築基礎は非常に稀である（**図1**）。著者がさらに思いつくこのタイプの基礎としては、これもまた羊小屋のものであるが、一九五五年頃のアンマーラント郡ブローアーフェルデとオーフェンの間に位置するものがあるくらいである。こうした理由から、集落の発掘ではたまたま保たれていた石の基礎しか検出することができない。この論文では、先史時代から中世初期までの期間の礎石建物の例をあまり多く挙げることができないが、とりあげた事例は、もっと多く存在した、つまりはるかに広範に普及したこのタイプの建築の一例にすぎないのである。こうした例が各時点での建築全体に占める割合がわずかであったとしても、集落の発掘成果を評価する際には、もっと多く存在していたことを考慮に入れなければならな

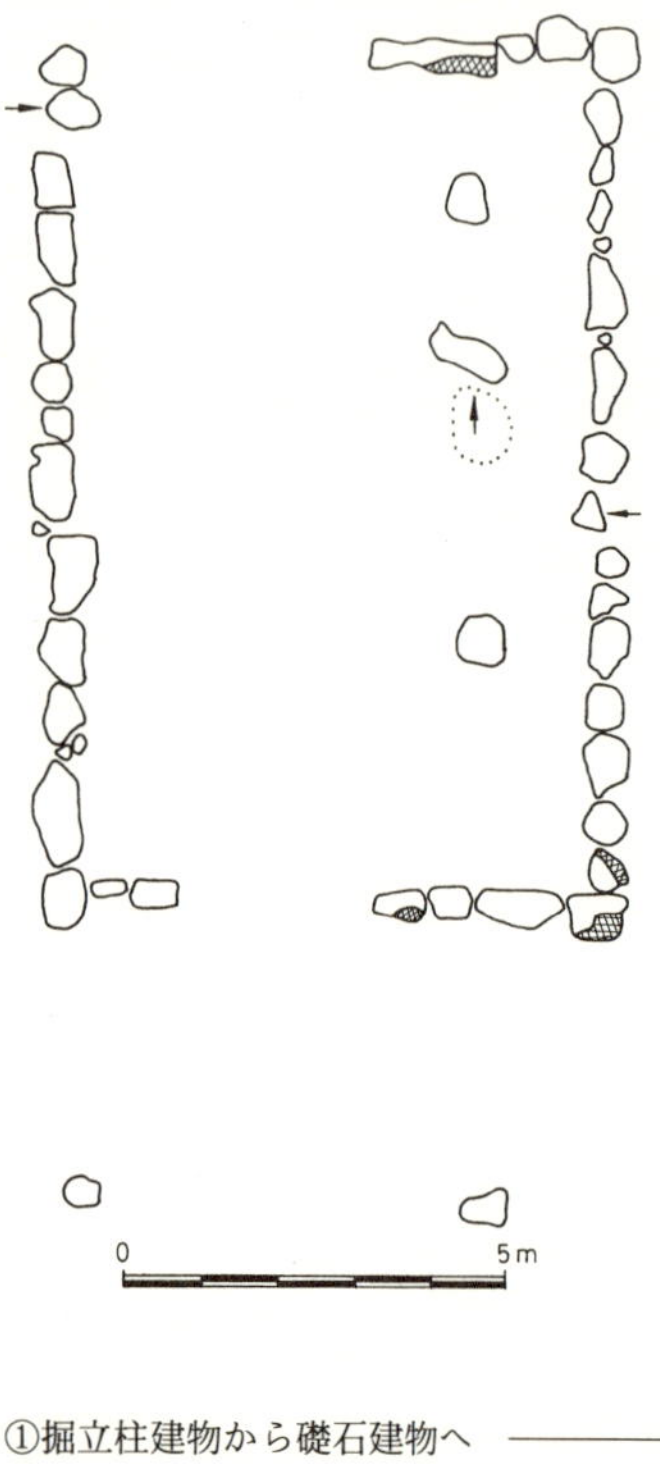

図1　羊小屋の土台枠の地覆石。ローテンブルク郡ヘーゼドルフ近郊。

い。そのパーセンテージは集落ごとに異なっていたであろうし、はっきり示すことができないけれども、われわれはロクスシュテットにおいて、たとえばフレーゲルン・エークヘールトヒェンよりも多くの礎石建物があったと推測している（ZIMMERMANN, 印刷準備中b）。

以下の論述では、基礎の痕跡が欠落したりなくなっていることから、礎石建物への移行が帰納的に推測される発掘事例をいくつか紹介したい。掘立柱の遺構はなかったけれども、井戸のような遺構やそこからでてきた遺物によって明らかに比較的初期の集落であることが判明している当該の先行研究、たとえば、ドレンテのペーロ(Peelo オランダ)、ヘクスター郡ヴァルブルク・ガウルスコプフ（ドイツ）、ヴァルブルク・オッセンドルフ、ルツェルン州ヘルギスヴィル村ザルビュエル（スイス）を論証として挙げる。帰納的推測をする前に、まずはその他のすべての可能性が考慮されなくてはならない。ロクスシュテットについてのわれわれの解釈のように、たとえば土壌リン酸分析などで適切に検証しなければ、解釈は仮説の域を出ない。

初期の礎石建物の資料

本稿で論じる礎石建物は、発掘された建物の遺構に限定して提示する。建物の形をした記念碑的なものや建物型骨壷、建物の形の聖遺物箱については、本節での指摘にとどめる。これらがどれくらい構造要素を反映しているのか、たとえば建物型骨壷が当時の建物とどれくらい対応しているのか、ということについては普通は判然としない。これらは実際の建物の厳密な模型ではないのだから。

だが、小アジアのリュキアの死者の家の場合は別である（SCHULZ 1990）。同時代の集落の発掘から明らかなように、死者の家は、建物の「石で作られた」厳密な模造品、たとえばそこに生きた人たちが住んでいた模範的な土台造を模倣したものなのである。K・J・シュルツ(K.J. SCHULZ)が一九八五年からリュキアのリミュウでの発掘を通して建てている実験的な復原建物では、礎石建・厚板造と推定されている。これについては、目下ミュンヘン工科大学のL・ミュールバウアー（L. MÜHLBAUER）が学位請求論文の中で分析中である。

とりわけ玄室（以下および本稿三四二頁東ヨーロッパ参照）や井戸、橋（RIGOLD 1975）、鉱山の補強枠（たとえばBIELENIN 1978）、木造—地面—構造（Holz-Erde-Konstruktion）による防護施設（たとえばSTEINHAUSER-ZIMMERMANN 1989）、港湾施設および昔の

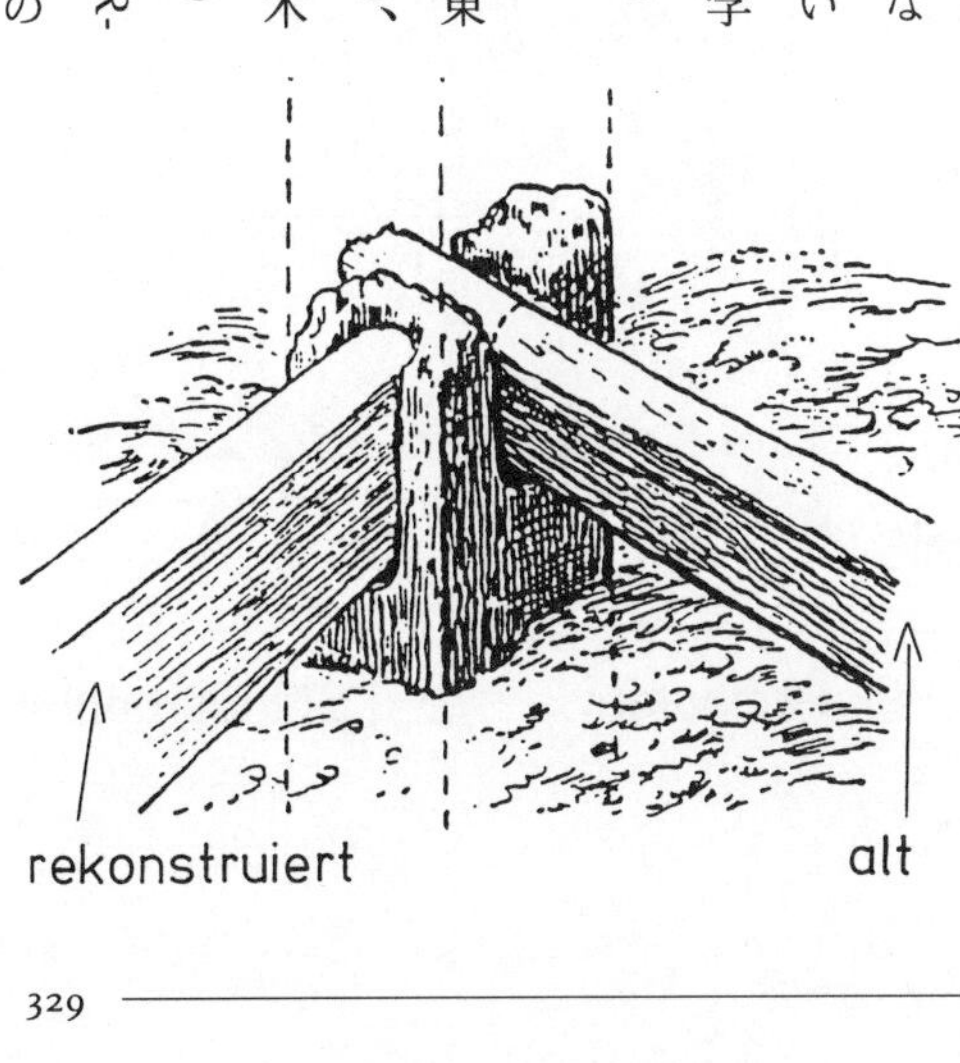

図2 リラ・ヨルト牧師管区クヴィレ、ホフスレーンの墓（スウェーデン）。掘立柱・厚板構造による木造の小屋。(HENRIKSSON 1996, 8による)。

家具の遺物（MILLE 1998）も往々にして土台造のよい例であり、礎石建物の構造方法を知るうえでの資料となるのだが、これらの木製品は限定して扱うことにする。ここに挙げた木製品の構造と建物との間の一致は驚くに当たらない。というのも、両者は通常同一の職人によって作られていたからである。

早くから掘立柱・厚板構造の建物（**図2**）が建てられていたことを示す証拠として、横穴墓の棺のような構造をした紀元四〇〇年頃と推定されるリラ・ヨレトの牧師管区クヴィレ・ボフスレーン（Lilla Jored, Kirchspiel Kville, Bohuslän スウェーデン）の墓の玄室がある。一・三五×三メートルの大きさの部屋の四本の隅掘立柱はまだよく保存されていた。その柱の横断面は一三×二八センチであった。幅の狭い側には垂直に溝が彫られ、広い側には貫穴があけられており、溝・貫穴ともに縦の厚板がさしこまれていた。この掘立柱は、地下部分がシラカバの皮で巻かれ、全体は木炭で取り囲まれており、柱穴の底の平らな礎盤石の上に載せられていた（SÄLLSTÖRM 1943, 19, 21; HENRIKSSON 1996, 8; 土台構造の墓の玄室についてはWAMSER 1984も参照）。

初期礎石建物の発掘遺構

初期礎石建物ないしは掘立柱建物から礎石建物への移行についてはさまざまな論文ですでに言及され、詳しく論じられている。特に早くはエールマン（OELMANN 1926, 197f.）、ウスラー（USLAR 1949）およびツィッペリウス（ZIPPELIUS 1954; 1957）によって論じられている。ツィッペリウスは礎石建物をヨーロッパ規模でまとめており、新石器時代にはすでに土台にほぞさしこまれた「礎石建柱」があったことを挙げている。近年ではヒンツ（HINZ 1976, 114; 1989a, 181–183）、ビンディング（BINDING 1977, 46–51）、ドーナト（DONAT 1980）、ザーゲ（SAGE 1965）、シェフテル（SCHEFTEL

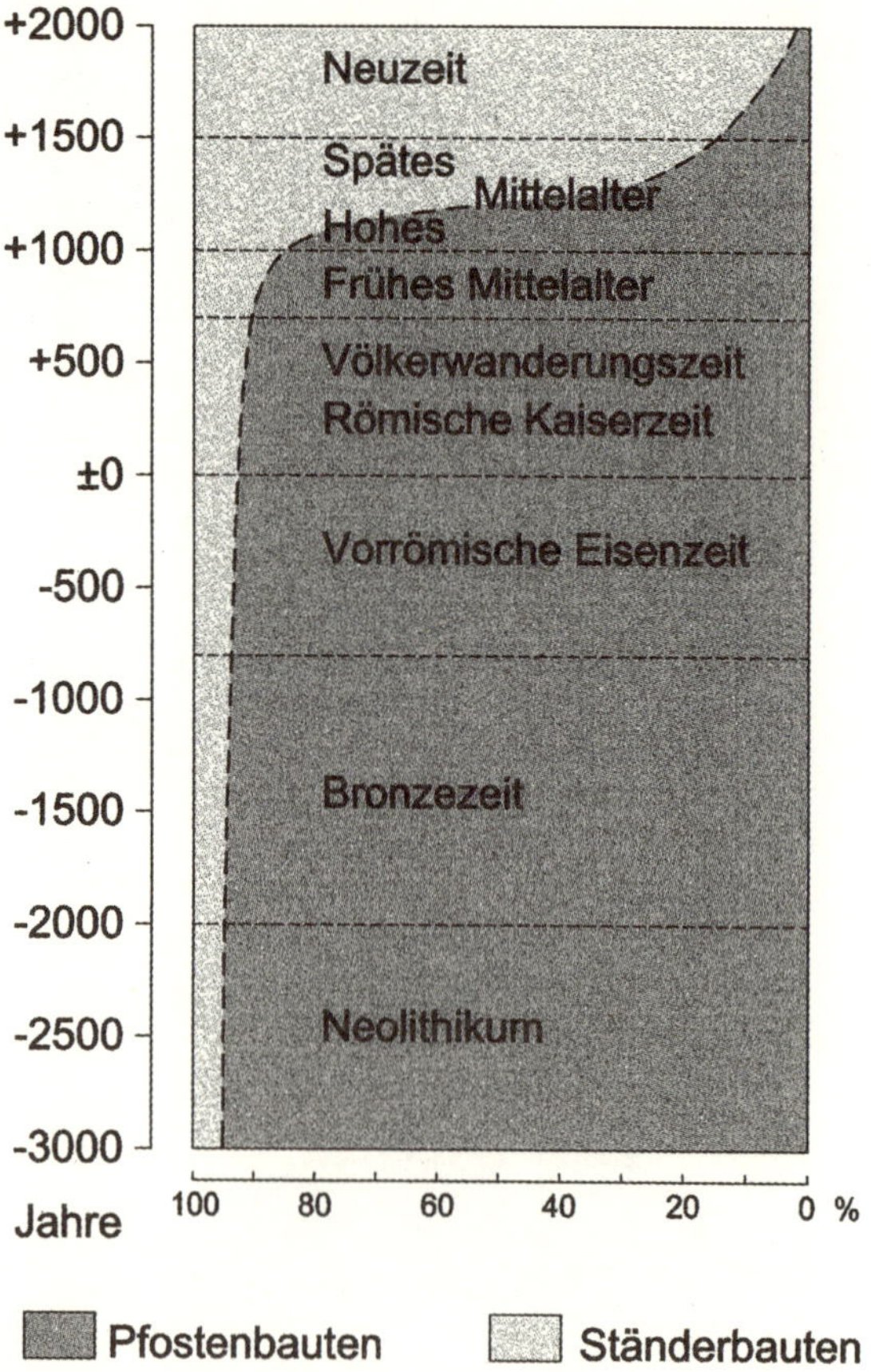

図3　ヨーロッパ・アルプス以北における新石器時代から近代にかけての掘立柱建物から礎石建物への移行。Neuzeit（近代）、Spätes（後期）、Mittelalter（中世）、Hohes（中期）、Frühes（初期）、Völkerwanderungszeit（民族大移動期）、Römische Kaiserzeit（ローマ皇帝時代）、Vorrömische Eisenzeit（ローマ以前の鉄器時代）、Bronzezeit（青銅器時代）、Neolithikum（新石器時代）、Pfostenbau（掘立柱建物）、Ständerbau（礎石建物）。

1990）、ルーライ（LULEY 1992, 16）そしてバウムハウアー（BAUMHAUER 1992）がこのテーマに取り組んでいる。シェフテルは低地ドイツ地域や隣接する沿岸地域の都市について、バウムハウアーは南・中部ドイツの都市周辺の住居形態について特に多くの発掘遺構を呈示している。その大部分はここでは報告することができないので、これらの論文を参照されたい。

本稿では、初期の礎石建柱の存在や中世中期に起こった大規模な移行を紹介し、また一方で遅くまで残った掘立柱の存在を示すことで、地面に固定されたものから地面に固定されない基礎をもつ木造建築への長期間を要した移行を解説しようと思う（**図3**）。

著者の別稿中に（ZIMMERMANN 1998）、ヨーロッパのアルプス以北の地域における中世から二〇世紀に至るまでの掘立柱建物の遺構とともに、新石器時代から中世までの礎石建物にかんする多くの遺構が挙げられているので、以下では、わずかな例を提示するにとどめたい。

（1）　新石器時代

土台造の残存部材はすでに早くからアルプスやプレアルプス地方の北部で注目されていた（ZIPPELIUS 1954, 16, 42–52; 1957, 48f.）。とりわけボーデン湖畔の新石器時代や青銅器時代の湖岸集落（SCHLICHTHERLE 1989）やスイスのチューリヒ地域（HOCHULI 1994, 152）でのここ数十年の発掘のおかげで、当該遺構の数は顕著に増大した。シェーンフェルト（SCHÖNFELD 1997）はバイエルン州アウグスブルクの南方ペステンアッカー近郊の小川の谷間の低湿原で、アルトハイム文化の集落を調査している。住居一Aの東壁は特によく保存されており、八メートルの長さの土台木には垂直に板が差し込まれていた。オーストリアのザルツカンマーグートのミスリングⅡ（MislingII）およびヴァイレッグ（Weyregg）では礎石建物と考えられる遺構（OFFENBERGER 1981, 324–331）が検出されているが、礎石建物であるかどうかははっきりしない。

この時期に比較的しっかりとした土台の上に掘立柱や混合技術を使わずに純粋な礎石建物を建てていたということは、オーバープファルツ地方ノイマルクト郡ディートフルト・アン・デア・アルトミュール近郊のカマーグループの集落の発掘で得られた意外な

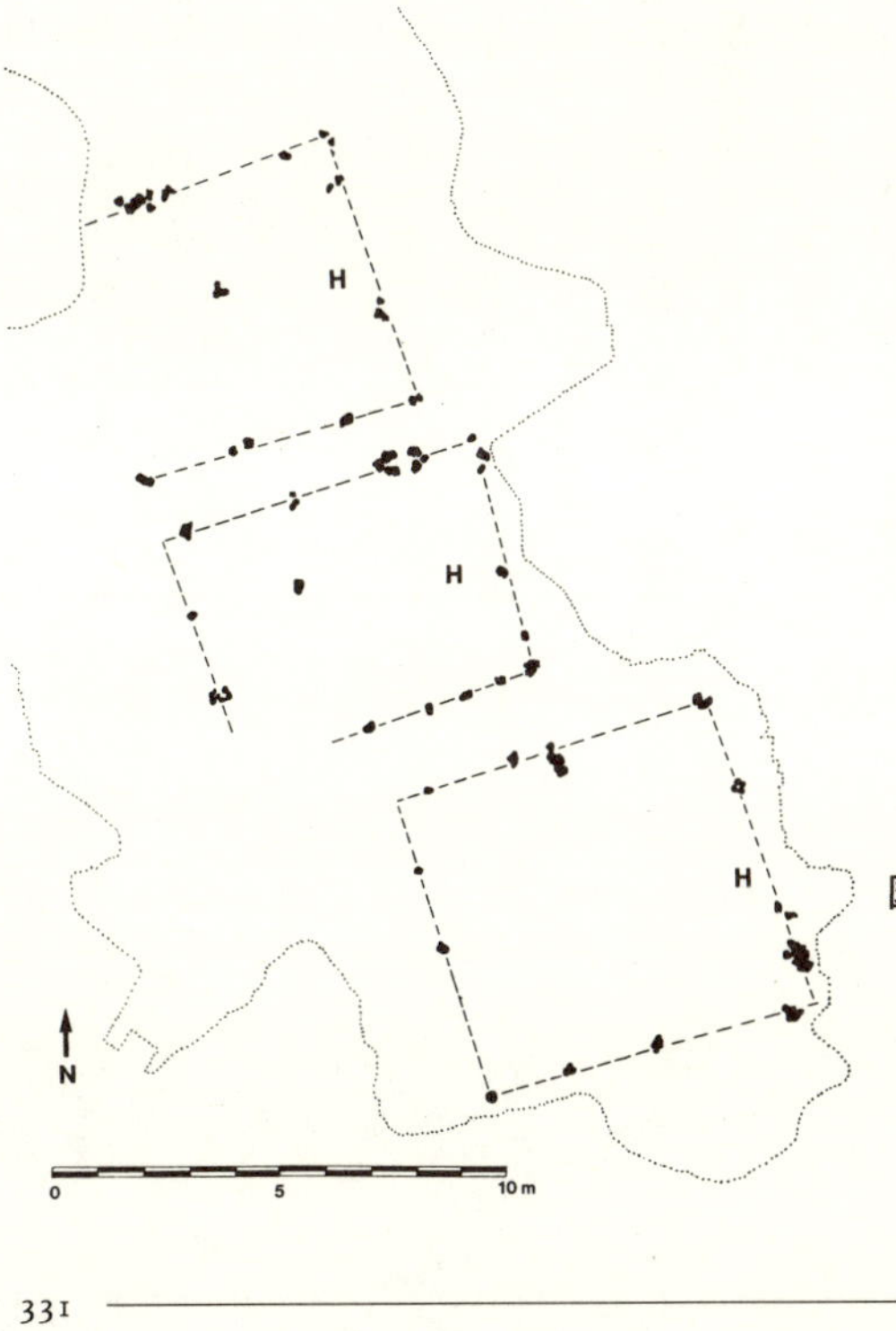

図 4　ディートフルト、アルトミュールタールの集落、カマーグループ。（南の遺構の一部、そのほかの時期の建物は省略。H：かまど。点線：発掘区の範囲）。地覆石の基礎（石板）をもつ建物。建物の内部に礎石があった可能性がある。（HOPPE 1991による）。

成果（図４ HOPPE 1990；1991）によって裏付けられる。ここでは旧地表面が削平されずに厚い沖積層の下に保存されていた。掘立柱の柱根は現存していなかったが、そのかわり直径二〇センチ以上の石灰石の板とおそらく柱を立てる基礎と思われる小石群があり、その下には何列かになった摩擦石（顔料や穀物を細かく砕くための平らな石）の断片がところどころにあった。これらをもとに調査団は東側にかまどがある長方形ないしは正方形の建物を復原した。説得力のある提案である。建物の平面規模は六×八メートルと五×七メートル、正方形の建物の側面の長さは六メートルから八メートルの間であった。石が等間隔で置かれていたわけではなかったので、M・ホッペ（M. HOPPE）はそれを土台枠のための地覆石に比定している。基礎よりも上の部分について、つまり土台の上に柱梁構造ないしは校倉造が復原されるかどうかについては指摘されていない。

　個々の建築遺構にはおそらく室内独立礎石建柱のためと考えられる基礎があった。もっとも平面規模から期待されるような数ではないのだが。もしこれが本当に室内独立礎石建柱のための礎石であるのならば、ここには点状基礎がすでに早くからあったということが証明される。通説ではそれよりも古い遺構は土台基礎に限定されており、点状基礎はキリスト生誕の頃ないしはそれ以降にやっと現れるとされている。しかしこの通説は遺構の残存経緯の差異に影響されている可能性もある。というのは、列をなす地覆石は保存されやすく、かつ孤立した礎石よりも検出されやすいからである。

（２）青銅器時代

　ブルターニュ半島の西方にあるウェサン島のメ・ノタリウ（Mez-Notariou）近郊では、さまざまな時代の集落が調査されている（LE BIHAN u. ROBIC 1992；LE BIHAN 1997）。ここには青銅器時代中期、前ローマ時代の鉄器時代およびローマ皇帝時代の大きな村落が重なり合っていた。われわれのテーマとの関連では、真ん中に穴の空いた直径約〇・六メートルの石板が特に興味深い。これらは青銅器時代中期の村のものであるが、前ローマ時代の鉄器時代の村でも再利用されていた。

　一九九二年に出された復原案はその後拒否され、相変わらず石板は礎石であるとみなされている（LE BIHAN の親切な示唆による）。この石板は巨大な掘立柱の礎盤のようにもみえるが、この発掘区のようにしっかりとした土地の場合には意味がなく、むしろ大きな倉庫の鼠返しと考えた方がよいだろう（ZIMMERMANN 1992, 246 f.）。というのも、同様の石や木でできた遺物の例があるからである。その他、メ・ノタリウの青銅器時代中期の村落にはたくさんの小石からなる帯状の砕石基礎がある。おそらく土台造の下の地覆石列であろう。

バボア・オン・ラヨン（Bavois-en-Raillon スイス）近郊の発掘では鐘型杯文化、青銅器時代初期および青銅器時代後期前半の集落跡が対象となった。建築工法や基礎の多様性は驚くべきものであった。二廊構成となっている長方形の建物が数棟、土台据付の溝や地覆石から認められ、掘立柱の穴はないようであった。発掘担当者の解釈によると、各集落のあった時代に常に礎石建物と校倉造が同時併存してみられるということである（VITAL u. VORUZ 1984；1985）。

ボーデン湖の北東ヘーガウ地方ではB・ディークマン（B. DIECKMANN 1997および同氏の親切な示唆による）がコンスタンツ郡ミュールハウゼン・エーインゲン近郊で青銅器時代中頃の集落を調査した。掘立柱建物と並んで、ディークマンはそこで土台建物の痕跡も検出した。桁行二一メートル以上、梁行七・五メートルの建築遺構には、壁位置に底が完全に平らな溝があった。入植した時代の地表から二〇センチの深さをもつそれらの溝は、掘立柱や編壁の固定にはあまりにも浅く、おそらく土台梁の据付穴だったのであろう。ディークマンによると、ミュールハウゼン・エーインゲンにはさらに土台建物や、中世によく用いられた壁立掘立柱の間に土台が入れられた構造と思しき遺構があったという。

オストフェルト州フン（Hunn ノルウェー）近郊では、スクレ（D. SKRE 1998と同氏の親切な示唆による）が青銅器時代の鋳造所を調査した。そこでは掘立柱の穴は見つからなかったが、文化層（人間の文化的営みによって、たとえば有機物質が捨てられたりすることで肥沃になった地層のこと。土器やその他の遺物が残存していることが多い）を区切る石列の残存物やはっきりと編壁の跡形が残っている大量の焼けた粘土から、建物が建っていたことは判明した。スクレ（SKRE）は土台建物ではないかと推定しているが、確認はとれていない。なぜなら、石列は時間が経過するうちに容易にゆがむからである。建物の時期は、モンテリウス（MONTELIUS）によれば槍の先の鋳型から青銅器時代第五期と推定されるという。

ヤヌソン（JAANUSSON 1971；1981, 15 f.）はゼーダーマンラント州ボチュルカ郡ハルンダ（Södermanland, Botkyrka s., Hallunda スウェーデン）において、同様に青銅を鋳造していた建物と思しき事例をあげている。第五期かあるいは第六期の最初の年代の建物と推定されている。桁行約一八メートル、梁行八メートルの建物の東側の妻には、三列の石からできた壁があり、編壁の跡形がついた粘土がたくさん見つかった。掘立柱の穴は二、三しか検出されなかったので、フンの建物のように礎石建物だった可能性がある。

掘立柱の穴が見つからなかったところでは、注意して解釈しせねばならない。というのも、ただでさえ青銅器時代の建物の基礎の検出が難しいのに、掘立柱の穴がないと、さらに困難になる可能性があるからである。たとえば、ブラウンエルデ（土壌学用語で、広葉樹林の繁殖によって生じる地面のこと）およびそれに類するものが茶色化するように、地面の自然な変化によって、色のちがいがある程度わからなくなることがある。

それゆえに、掘立柱の穴が確認できる調査条件下での発掘成果は興味深い。ショーネンの南西のトフタ・ヘーガー（Tofta Högar スウェーデン）の発掘現場がこれにあてはまる。そこでは、二つの石の基礎が発掘され、小さい方には掘立柱の柱根が残り、大きい方にはなかった。大きい方の建築遺構の基礎にあった縦の溝をカウル（KAUL）は壁構造の一部と解釈している。もしこの施設が上部構造のない単なる石列ではなく、実際には儀式用の建物であるという彼の解釈があたっているならば、この建物やザンダイェルゴール（Sandagergråd）の建物のような「掘立柱のない」構造物が礎石建物である可能性を考慮せねばならない。

掘立柱建物と礎石建物の工法が混在した形として、バルシェロオースターフェルト（Bargeroosterveld オランダ）の湿地にある青銅器時代中期の儀式用建物がある（WATERBOLK u. VAN ZEIST 1961）。基礎は二つの並行して置かれている土台である。隅掘立柱四本および内部独立掘立柱四本が、下端で細められ土台を貫通して泥炭土に達しており、隅掘立柱はおよそ七五センチ埋まっていた。これによって、建物は安定性を得ている。隅掘立柱は土台に差し込まれる部分の直上で柱基状にふくらんでいた。これはおそらく、礎石建物を模したものであろう。構造的には、この土台は新石器時代のボーデン湖岸の集落フレックリング（Fleckling）と対応している。

（3） ローマ以前の鉄器時代、ハルシュタット文化、ラテーヌ期

これまでの研究状況によれば、先史時代全体と同じようにハルシュタット文化でも掘立柱建物が優位である。ホイネブルク（KIMMIG u. GERSBACH 1971; GERSBACH 1994）やホイネブルク周辺の集落（KURZ 1995）、ルードヴィヒスブルク郡ホッホドルフ・エンツ（BIEL 1995と同氏の親切な示唆による）とスロヴァキアのスモレニツェ・モルピール（Smolenice-Molpir, DUŠEK u. DUŠEK 1995）といったような恵まれた環境では、土台造の礎石建物がはっきりと検出された。中にはおどろくほど大きい建物があり、たとえばホイネブル

ク周辺の集落では二一・〇×一七・二メートルに達している。ホッホドルフ・エンツの集落では、軽く変色したところで、一〇×一四メートルの大きさの建物が見つかった。これは室内掘立柱と壁立柱を組み合わせた工法の建物であった。ただでさえ例外的にしか見つからない礎石建工法は、黄土のような困難な観察条件下ではほとんど検出されない（シュッツトガルトのJ. BIELの親切な示唆による）。

先行研究でよく議論されているベフォール（Befort ルクセンブル）のロングハウスは、比較的古いフンスリュック・アイフェル文化初期のアレブルク(Aleburg）つまり弓形塁壁の上に築かれた領主の館の中心建物である（**図5**、RIEK 1942; SCHINDLER 1976; SCHINDLER u. KOCH 1977, 20–22）この建物は、年輪年代学によって紀元前四六〇年から四五〇年と推定されている。一九四一年にリーク（RIEK）によって調査された三廊構成の建物の遺構は、それまでに知られていた北海沿岸地域の三廊構成の住居兼家畜小屋建物の分布地域からは遠く離れたところに位置している。コンスタンツ郡ミュールハウゼン・エーインゲンの近くで一部が三廊構成になっている青銅器時代中期の遺構が最近発掘されたが（本稿三三一頁（2）青銅器時代参照）、そのような内部が軸組となっている構造が本来はもっと広く分布していたのかどうかということについては、検討の余地があろう。

ベフォールの建物はおそらく機能によって二つの領域に分けられていたのだろう。南側の長さ二〇メートルの領域は、家畜小屋として、そして遺物からすると手工業的な作業のためとしても使われていたと思われる。北側に続く領域は、長さ一一メートルの長い住居・家政部となっていた。桁行三一メートル、梁行八・八メートルの建物は、内部礎石建柱と壁立掘立柱が組み合わされた工法で建てられていた。内部礎石建柱は直径二〇センチまでの丸材で、砂岩の板の上に立っていた。壁立掘立柱は直径八〇～一七〇センチで、深さ六〇センチ以下の穴の中に建てられて、たくさんのくさび石で固定され建物を安定させていた。梁行八・八メートルと非常に幅が広く、おそらく内部でさらに柱頂部を結ぶ材によって補

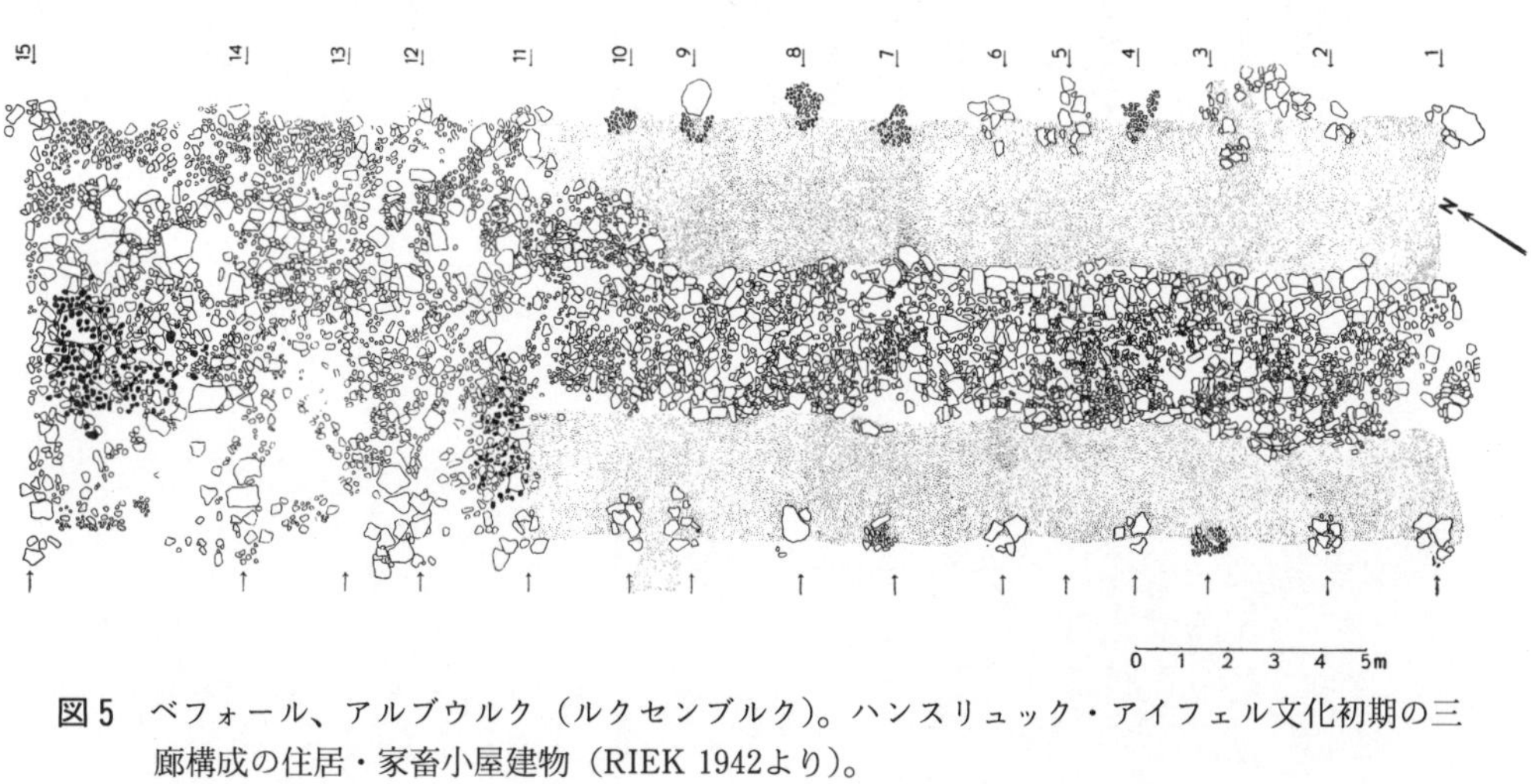

図5 ベフォール、アルブウルク（ルクセンブルク）。ハンスリュック・アイフェル文化初期の三廊構成の住居・家畜小屋建物（RIEK 1942より）。

強されていたのだろう。

ベフォールの付属建物もわれわれの興味の対象と関連している（SCHINDLER 1969）。付属建物がむき出しの岩の上に建てられていたところでは、掘立柱の穴を一部だけ岩の表面に掘り、その他の部分は柱を直接岩の上に置き、周囲にぐるりと石を積み上げていた。

（4） ローマ皇帝時代と民族大移動期

〈ローマ属州の礎石建物〉

最初期のローマ属州の構造物については、木造の場合、掘立柱建物と並んで、しばしば土台枠をともなった礎石建物も検出されている。土台枠は地表面上か、浅い穴に据えられた。地覆石の上にのせられることもあった。ケンプテンでは土台にもっとも荷重が加わる建物の隅にほかよりも大きな地覆石を置き、棟に向かって地覆石はだんだん小さくなっている。その他の遺跡では、土台は砂利の上に置かれた（これらすべてDITMAR-TRAUTH 1995, Bd. 1, 42によっている)。ディトマー＝トラウトは地表に直接置かれた土台は、穴の中に据えられる場合のように腐敗と浸食の危険にさらされるとしたが、必ずしもそうはいえない。

スロフストラ（SLOFSTRA 1987, 30；1991, 143）はホーシェローン（Hoogeloon オランダ）近郊の建物二八号（**図9**参照）を紀元三世紀の初めと推定した。小さな石が据え付けてあるのは、礎石のための根石と考えられるが、大き目の石がないときに礎石の代わりをしたものかもしれない。スロフストラはまた、ホーシェローンやレントなどの遺跡で柱を据えるための基礎が取りのけられていた礎石建物の痕跡をみつけている（SLOFSTRA 1991)。それゆえ、壁構造しか残っていなければ、まるで単廊構成の建物のような印象を受けたことだろう。

オランダ南部はローマ帝国の境界の内側だったので、スロフストラはその建物をローマから伝承したものと考えた。しかし遺構の平面形式はローマではなく郷土の伝統に属するものであり、ローマ属州の礎石建物のモデルを無条件にイタリアの建物に帰そうとする考えには賛成できない。ただしこの場合でも、ホーシェローンの石の舗装は、実際にローマの舗装のコピーとなってはいるが。

レントではヴァン・エスとフルスト（VAN ES u. HULST 1991, 61-64）がおよそ二六・〇×九・〇五～九・七メートルもの大きな建物の遺構を呈示している。おそらく、紀元一世紀の終わりから二世紀の半ばにかけてのローマ帝国の建物であろう。基礎は長方形の穴からなる。長手方向にはそれぞれ一〇の穴があり、短手方向には建物の角にある穴のほかに、それぞれ二つの穴がある。この穴は、小さな硬砂岩で満たされており、およそ五〇センチの深さまで残っていた。この硬砂岩ははるか遠方のアイフェル（Eifel ライン片岩山地の一部をなす高原で、ライン川左岸にあたる）やアルデンヌ（Ard-enen ベルギーからフランスにまたがる高地）から運ばれてきたものである。

〈「ゲルマンの平和」期の礎石建物〉

a、スカンジナビア

J・ルントとJ・N・ニールセン（J. LUND u. J. N. NIELSEN 1984）は、キリスト生誕の前後数世紀における北ユトランドの土台構造、礎石建構造、および掘立柱構造が複合している例をひきあいに出している。そのうちオヴェルビュゴール（Overbygaard）における建築遺構は純粋な礎石建物に比定されている。

ヒンマーレン州スレト郡メレ（Malle）のメレ・デンイェゴール（Malle Degnegård デンマーク）（**図6** LUND u. NIELSEN 1981 および同氏の親切な示唆による：NIE-LSEN 1998）付近の建物の遺構はローマ以前の鉄器時代のものと推定されている。このうち興味深いのはもっとも新しい建物のうちの一つである建物Pで、出土した分厚い研磨された縁のある土器から推察すると、キリスト生誕頃の時代のものである。この建物（およそ八・〇×五・五メートル）は四本の室内独立掘立柱と礎石建構造の壁との複合工法で建てられている。室内独立掘立柱はおよそ横二・五メートル、縦三・五メートルの間隔で立っており、五〇～六〇センチ埋められていた。建物内部の粘土質の床は大部分が残されており、掘立柱間の中心部にはかまどの跡があった。壁の基礎は、西側でよく保存されており、北側にも半分だけ残り、四〇センチ幅でわずかにくぼんだ溝にぎっちりと地覆石が並んでいた。その地覆石は白墨の層で覆われており、その層は地覆石の中央部分で一番厚くなり、床面よりも高くなっていた。充分な調査にもかかわらず壁柱はまったく検出されなかった。

ローマ皇帝時代の後期においても、北ユトランドでは建物の壁の地覆石列が見つかっている。しかし、北ユトランドのオールボール（Ålborg）の南西ヒンマーレン州セイフルー（Sejlflod デンマーク）では、メレ・デンイェゴールで比較的大きな漂石が使われている

図6（左および右）ヒンマーレン州スレト郡メレ・デンイェゴール（デンマーク）。室内独立掘立柱と地覆石の上にのった壁をもつ建物P（LUND u. NIELSEN 1981より）。

（NIELSEN 1987）のとは反対に、大量の小さな石が使われている。掘立柱構造の壁を備えたその他の建物では、建物の内部に礎石があった。つまりどの場合にも掘立礎石併用の建築形式だったのである。

b、北ドイツ

ウッカーマルク郡ヘルツシュプルンクにおいて、A・ロイベ（A. LEUBE 未発表、同氏の親切な示唆による）は礎石建物を発掘したとのことである。掘立柱のある範囲には、この掘立柱の間に直径およそ二〇センチの平らな砂岩の板もあった。これらの掘立柱と石とで、長方形の遺構平面を示していた。つまり、ここではおそらく複合工法で建てられていたのだろう。この遺構は紀元三～五世紀と推定するのが妥当である。

クックスハーフェン郡フレーゲルン・エークヘールトヒェンにある紀元一～六世紀の建物についての報告では、ロングハウス一一〇号や礎石建もしくは複合工法で建てられたその他さまざまな竪穴住居が挙げられている（ZIMMERMANN 1992, 146）。単廊構成の建物の場合でも、複合工法の可能性を完全に排除することはできない。というのは、ここに内部礎石建柱が存在した可能性があるからである。建物一一〇号は建物一一二号と一一一号より後に建てられた建物である（**図7、8**）。われわれはこれらの建物を、さまざまな付属建物とともに紀元四、五世紀のフレーゲルン・エークヘールトヒェンの領主の館に属するもので、その中心建物として解釈している。建物一一〇号からは入り口に立つ一対の掘立柱だけが見つかった。この建物が占めていたと考えられる残りの平面からは建物の痕跡が検出されなかった。

この残りの平面にはほかの建物が建てられなかったので、全領域を土壌リン酸分析の対象とし、調査することとした。概して、床面試料は一メートルごとに読みとられる（方法についてはZIMMERMANN 1992；1998bを参照）。この場所での調査条件はたいへん好都合であった。というのも、遺構面が当時の表土のわずか一〇センチ下にあったからである。通常は試料採掘面をオルトエアデ（ポドソルの一部をなす層で、あまり堅くない層）の深さにすることができたが、場所によってはポドソルのような漂白土の中になってしまうこともあった。掘立柱の穴は分析結果からたいへんよく「読みとることのできる」床にはっきりと認められるにちがいないだろう（建物一一〇号の入り口の（掘立）柱と隣接する建物の掘立柱の深さも参照。**図7、8**）。

地面に固定せずに建てられている建物一一〇号の土壌リン酸分析により、そこで見られたリン酸濃度の段階差が、建物一一一号および一一二号において、家畜小屋で数値が大きく、中心的な住居空間はその次に数値が大き

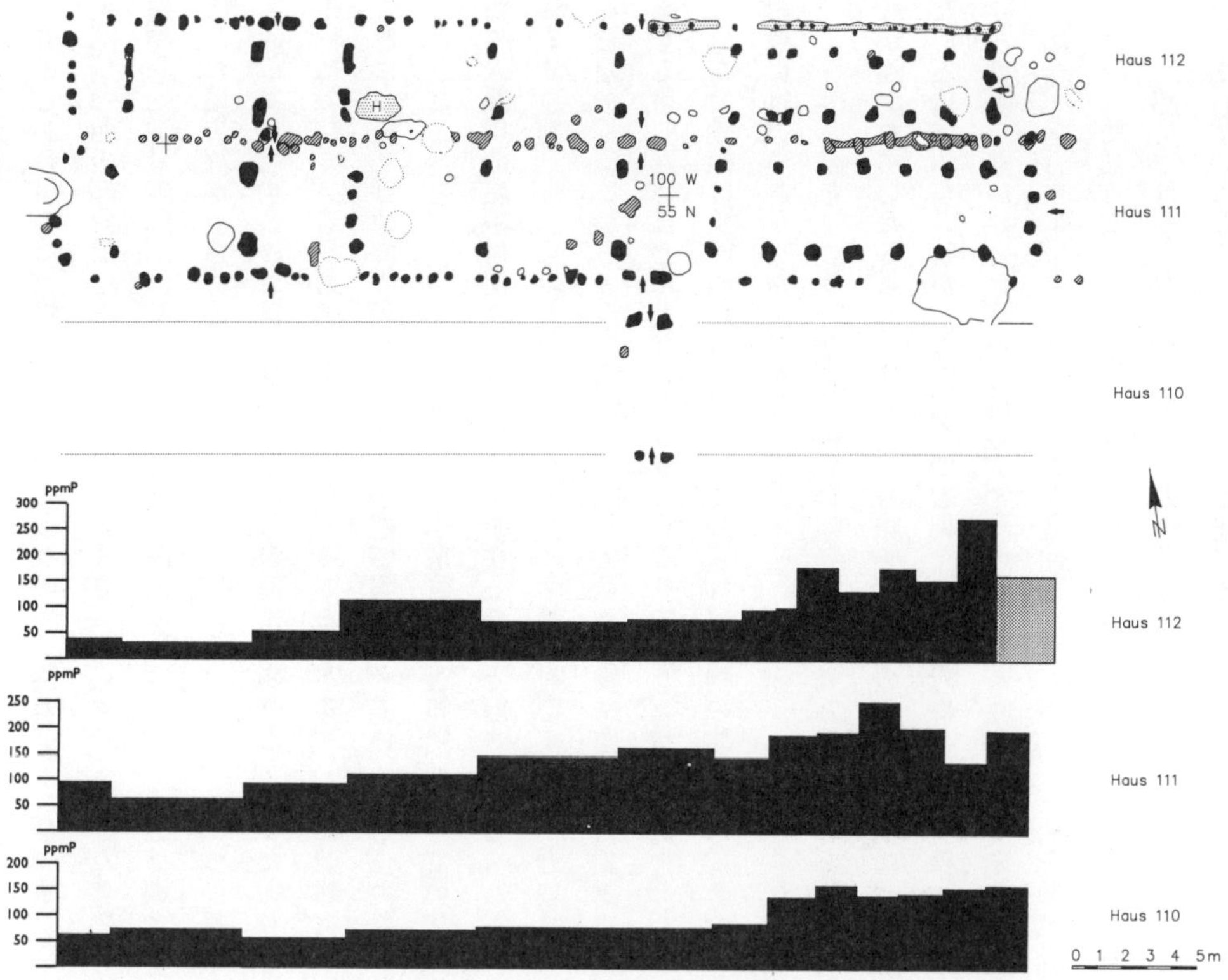

図７　フレーゲルン・エークヘールトヒェン、建物110号～112号。平面図とリン酸濃度グラフ。

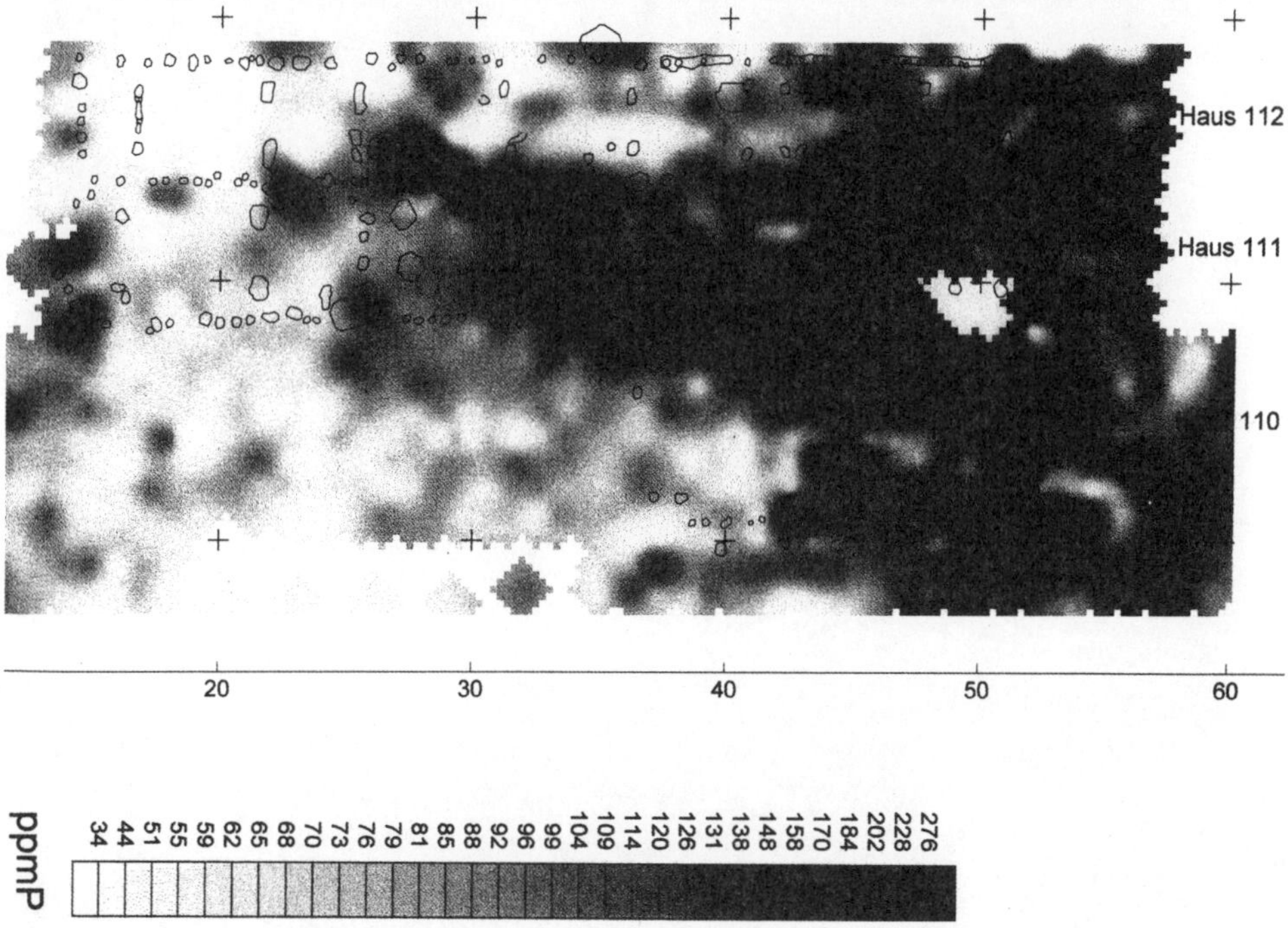

図８　フレーゲルン・エークヘールトヒェン、建物110号～112号。土壌リン酸分析。

く、西の建物部分で数値が一番低い、ということと対応することがわかった。建物一一一号および一一二号の中央部分と西の部分とを隔てている壁の高まりに対応する建物一一〇号の部位においても、濃度の高低のはっきりとした境界線が見られる。

さらに判明することは、家畜小屋部分の前に、南壁と平行にのびている高濃度の帯状部分があることである。これについてはすでに多くの事例を挙げて論じてきているように(ZIMMERMANN 1992)、小型家畜の避難場所や人間用の屋根付便所の可能性を示唆するものと解される。建物一一〇号のものと思われる壁の南側に対応する濃縮が、ここからさらに南側に隣接している建物に由来する可能性はほとんどない。なぜならここでのリン酸の分布の模様は圧倒的に南の壁沿いに限られ、建物の北の壁には見られないからである。

入り口の掘立柱については、もしドアのところで土台枠が途切れていたならば、構造上の意味をもつものだったことになろう。しかしこの場合でも掘立柱が絶対に必要とは限らない。というのも低地ドイツのホールハウスの場合、グロートドゥア(Grootdör 低地ドイツのホールハウスで農作業のためのスペースに入る大きな入口のドア)部分では土台が途切れていたが、傍らの入口部では途切れていなかった、という事例があるからである。

もしかすると掘立柱は、人びとが大地との結びつきを完全に断つことができないがゆえに、儀礼的な意味をもたされていたのかもしれない。入り口を二つ持つという構造は別として、建物一一〇号のその他の厳密な建築形式については、推測の域を出ない。ここに礎石が置かれていたとしたら、遅くとも発掘のおよそ三〇年前に始まった農耕によってそれらは取りのけられていることになる。われわれは、土壌リン酸分析によって地面に固定されていない建物である礎石建物を検出しえたと考えている。

近いうちに、クックスハーフェン郡ロクスシュテットの集落発掘の結果を公表する予定でいる(ZIMMERMANN、準備中b)。そこでわれわれが調査しているのは、クックスハーフェン郡の史跡指定地とともに、紀元一世紀から三世紀と四世紀から六世紀にかけての集落遺構を含む七ヘクタールである。もっとも新しい時代の遺構には、複数時期にまたがるものを含むロングハウス一三棟と、一~三時期にわたる竪穴住居が九九棟含まれている(本稿三三六頁(4)ローマ皇帝時代と民族大移動期を参照)。竪穴住居群の間の遺構のない部分には、また別に礎石建形式のロングハウスが建っていたと思われる。

ロクスシュテットではいくつかの発掘作業段階で緊急

の発掘となり時間が不足したので、広範囲の土壌リン酸分析によってこの地面を検査することは残念ながらできなかった。［この論文で］引き合いに出したロクスシュテットについての解釈や、ブレーメン―オスレブスハウゼンのグラムプケⅠ／Ⅱ（三〜六世紀）（WITTE 1991）についての解釈もまた、グラムプケについての先行研究で議論されている解釈よりは蓋然性のあるものと考えている。その先行研究によれば、そこには主に商業に対応した竪穴住居の集落があったという。だが、ロクスシュテットとグラムプケの埋蔵遺物は、フレーゲルン・エークヘールトヒェンのような純粋に農業用に形成された集落で発見されたものと大きく異なってはいない。グラムプケにおいては、ロクスシュテットのように竪穴住居の数がそうではない建物の数をはるかに凌駕している。部分的ではあるが調査された集落地域内には、たった二、三棟のロングハウスに対して四五棟もの竪穴住居があったのである。

一九九八年の秋にV・シュミット（V. SCHMITT）はメックレンブルク・フォアポンメルン州ユッカー・ランドウ郡ロルヴィッツ近郊のノイブランデンブルクという民族大移動期の集落を発掘した（SCHMITT 準備中　同氏の示唆による）。他の掘立柱建物からは孤立して、これらの建物と比べて大規模な、およそ九×一一メートルの大きさの礎石建物があった。これは民族大移動期の建物としては並はずれた大きさを持っている。

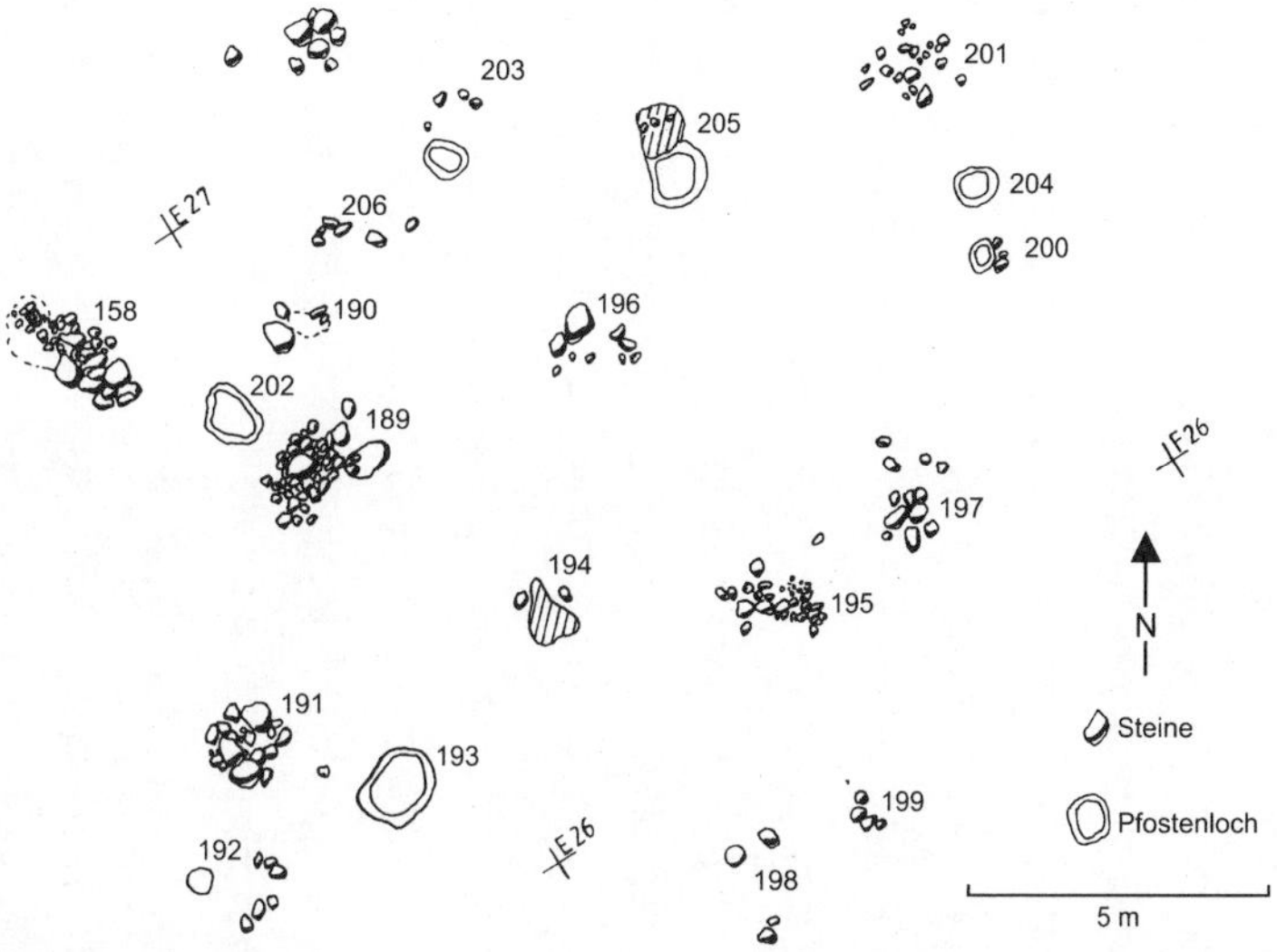

図9　上：メックレンブルク・フォアポンメルン州ウッカー・ランドウ郡ロルヴィッツ。礎石建物の遺構平面図、民族大移動期。
下：北ブラバント、ホーシェローン（オランダ）。左は礎石建物の遺構、紀元三世紀初め。右は柱位置の基礎。

点状の基礎は一五検出された。それらは大量の小石を詰め込んだ直径一メートル以下の石溜りになっており、一―三つのやや大きめの石で固められている（図9）。この柱を据えるための基礎は部分的に鋤でひどく破壊されていた。遺構平面の内部には掘立柱の柱穴も六つみつかった。V・シュミットの推測によれば、このうちの三つは礎石のすぐ横にあったので、後の改修にともなうものかもしれないとのことである。掘立柱は完全な建築平面にはまとまらず、細かい砂からなる地面からは他には何も検出されていないので、シュミットの解釈には賛成できる。しかし、建物が複合的な工法で建てられたという可能性も完全に排除すべきではない。シュミットからの情報によると、この遺跡の近隣からはほとんど石がとれないということである。おそらく、これが基礎に一つの大きな礎石ではなく小石溜りを選んだという理由であろう。その建物の並はずれた幅と、かまどがなかったという事情からすると、なんらかの特別な機能をもっていたことが考えられるだろう。

c、東ヨーロッパ

D・ボーンザック（D. BOHNSACK 1937）は、旧東プロイセンのナイデンブルク郡ピルグラムスドルフ近郊、今日のオルシュテインのピールシモヴォ（Pielgrzymowo, woj. olsztyńskie ポーランド）で墓を調査し、紀元三～四世紀のゲピーデ人（註、東ゲルマンの一部族）のものとしている。ヴィイェースキ（J. WIELOWIEJSKI 1981, 186f.）はこれを三世紀の後半と推定している。この墓では一・九六×二・八四メートルの底面によい状態で保存された玄室もしくは死者の家の土台枠が見つかった（図10）。その土台枠は直径二〇～三〇センチの四本の丸太からなり、隅部は校倉造のように相欠きで組まれている（PHLEPS 1939）。土台の上面には六センチの切り込み溝が入れられており、溝の中には垂直の厚板が立てられ、下端が残っていた。土台枠となっている長い木材には横から床の厚板がはめ込まれており、この板はよく保存されていた。隅の相欠き部分上面に切られたほぞ穴と、そこに残った先端のとがったほぞは、隅に柱が建っていたことを示している。ほぞはカシの木でできていて、残りのすべては針葉樹、おそらくマツであったであろう。

ここでは、石に覆われていたりオルトシュタイン層に保護されていたという良好な保存条件によって、墓の建物の下部の枠が保たれることになった。同時代の遺構でこれに比肩しうるものは知られていない。これはあくまでも墓であ

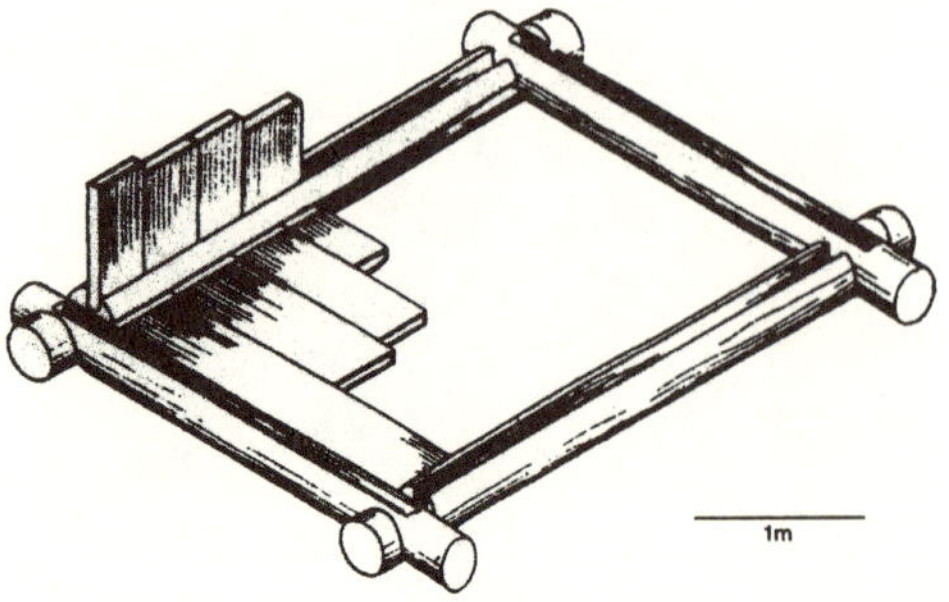

図10　ナイデンベルク郡ピルグラムスドルフ（今日のオルシュテインのピールシモヴォ〈ポーランド〉）における墓室の土台枠。（図は PHLEPS 1939より、写真は BOHNSACK 1937による）。

るが、同時代の建物の形式をここから推論することができる。少なくとも、この構造形式は知られていたのである。また、この遺構から、土台が校倉造工法によるものだったとしても、その上部構造が校倉造だとは限らない、ということが明らかとなる。

d　礎石建工法あるいは複合工法で建てられたローマ皇帝時代と民族大移動期の竪穴住居

既往の研究書ではたびたび「掘立柱のない竪穴住居」について言及されている。これが本当に竪穴住居であり（AHRENS 1966; SCHMAEDECKE 1992a, 107; GAFFREY, ESMYOL u. BLÖBAUM 1996; KOLNIK 1998, 145; TEJRAL 1998, 207; LEUBE 印刷中; ZIMMERMANN, 準備中 c のように）、他の用途に使われた単なる長方形か円形の穴でないならば、礎石建物である可能性がある。あるいは屋根の合掌が竪穴の端部に枠を組まずに直接置かれるなり、ゆるやかに埋められるなりして、発掘では検出されなかったのかもしれない。

環状の土台を持つ形式と点状の基礎（礎石）を持つ形式という礎石建物の二つの基本形が、竪穴住居にはともにみられる。竪穴住居の礎石は、平地住居のものよりも小さい。掘立柱がないか、これから先に述べるように掘立柱のうちの何本かを検出することのできなかった竪穴住居が多くの数にのぼるのと比べて、竪穴住居の底面での礎石や根石の発見は比較的少ない。その理由は、すでに述べたとおり、竪穴住居では一定の大きさを越える平らな石を用いることができず、かつ、そうした石はたいへん希少価値があったからである。にもかかわらず、検討に値する遺構ははるかに広い範囲に存在していると思われる。しかし、個々の事例ではしばしばその重要性が認識されていな

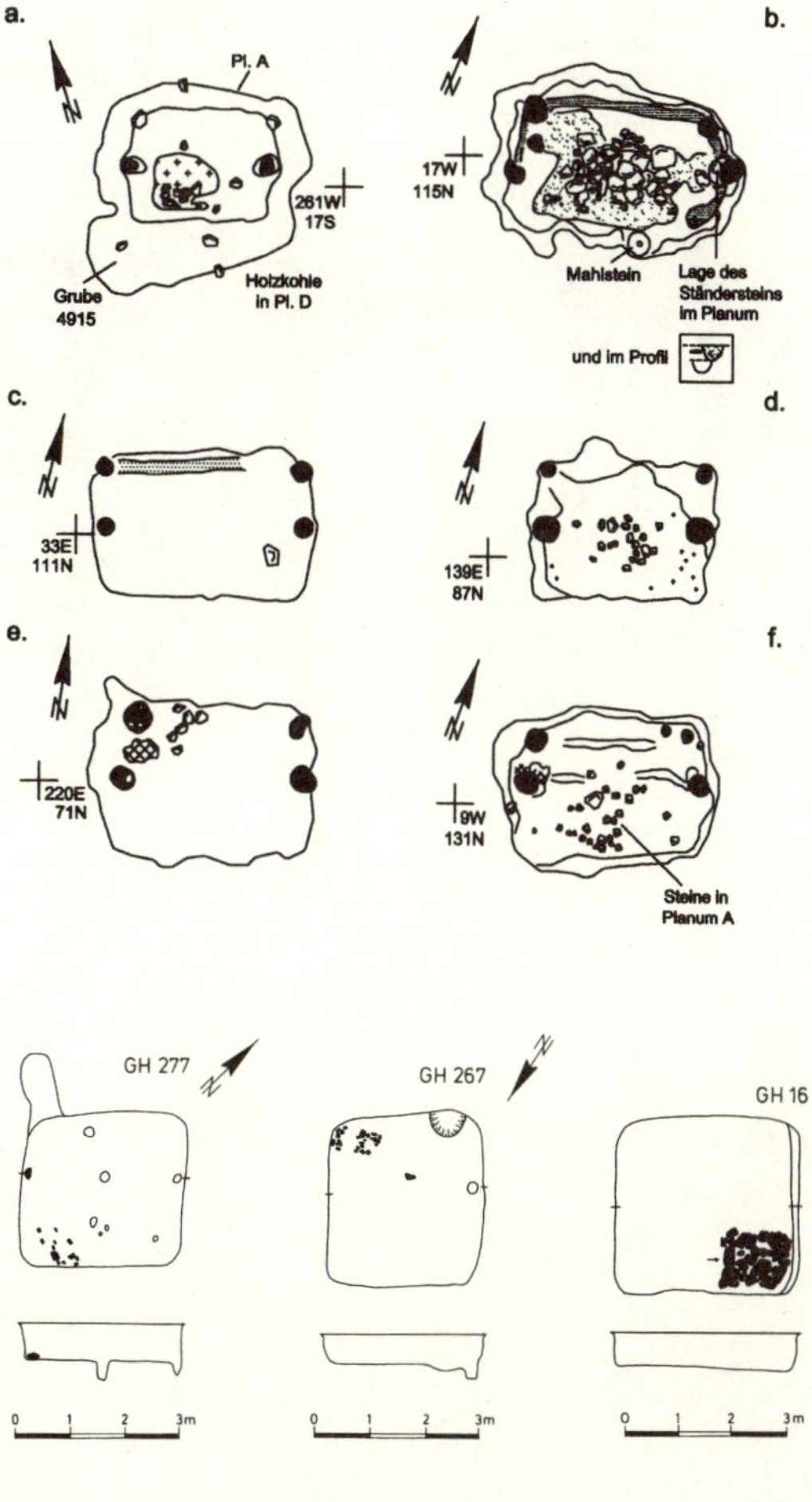

図11　掘立柱、礎石建組み合わせ工法による竪穴住居。
上　a：クックスハーフェン郡フレーゲルン・エークヘールトヒェン。
b-f：クックスハーフェン郡ロクスシュテット、GrH98、52、62、90、97。
下　スロヴァキア、ムシュラ・センコフ（HANULWAK, KUZMA u. SAKOVSKY 1993 による）。
（図の中、a：Pl.A 遺構面 Planum A, Grube 竪穴、Holzkohle in Pl. D 遺構面 D の木炭、b:Mahlstein ひき臼の石 Lage des Ständerstein in Planum 遺構面上の礎石の位置 und im Profil 断面図、f：Steine in Planum A 遺構面 A の石）

い。こうした掘立柱建物と礎石建物の組み合わせは、現代のルーマニアやハンガリーの地下貯蔵室でも指摘されている（BUTTLER 1934）。

フレーゲルン・エークヘールトヒェン（ZIMMERMANN 1992, 178, 186f.）やロクスシュテット（ZIMMERMANN, 準備中b）では、それぞれいくつかの竪穴住居が複合工法で建てられていた。なかには、片側の平で隅掘立柱が見られないものがあった。図11で提示されたフレーゲルン・エークヘールトヒェンとロクスシュテットの竪穴住居の遺構によって、その箇所に礎石があったのだという解釈が立証された。なぜなら、通常なら掘立柱が立っているところに平らな漂石が置かれていたからである。

ロクスシュテットでは民族大移動期の九九棟の竪穴住居のうち、掘立柱六本式の建物よりも掘立柱二本式の建物の数が勝っていた。そのうちの一一棟の竪穴住居では、一〇棟が民族大移動期、残りの一棟は紀元一世紀のものなのだが、棟持柱を除くと、隅の掘立柱が二本だけ、片側の長辺を形成するように建てられていた。もし定義にこだわらず掘立柱六本式竪穴住居を複合工法とみなすならば、独自のタイプということになるだろう。

（5） 中世初期

〈スイス〉

チューリヒの聖堂中庭の発掘では、二つのかまど付き住居、建物Ⅳと建物Ⅴが検出された（GUTSCHER u. SCHNEIDER 1982, 77-88）。建物Ⅳは土器から紀元九世紀と推定されている。建物Ⅳでは丸太造・厚板壁かあるいは礎石建・厚板壁を支えている土台が、畑から集められたすべすべした石の上に置かれていた。土台の地覆石の隙間とその上には繊維質の残存物があった。棟持柱は礎石建で、こうした地覆石はもっとあったかもしれない。しかし建物Ⅳは部分的にしか調査できなかったので、地覆石がすべて検出されたわけではない。復原すれば、幅六メートルになるであろう。

建物Ⅴの土台枠は、幅約五〇センチの乾式壁（平らな石を漆喰などのつなぎを使わずに積み上げただけの壁）からなる基礎の上にあった。その上は直径が三五センチ未満の比較的大きなたまねぎ石（南西ドイツおよびスイスの方言で、角の取れた丸い野原の石のこと）が互いに組み合わされて二枚貝状になり、薄くモルタルを塗られた乾式壁になっていた。軸からずれていたものの、土台枠の上に土台の梁材が残っていた。しかし、この家の屋根は建物Ⅳの場合とは逆に棟持掘立柱で支えられていた。建物Ⅳが純粋な礎石建物であったのに対し、建物Ⅴは土台枠と掘立柱が組み合わされた工法で建てられていた。類例としては、チューリヒのシュトルヘンガッセ8

／13番地に現存する中世中期の木造建築が挙げられる（SCHNEIDER 1986, 18f.）。

M・シュメーデッケとJ・タウバー（M. SCHMAEDECKE u. J. TAUBER 1992, 20f.）はスイス・ベルン州ラウゼン・ベッテナハの集落にある紀元九～一〇世紀または紀元一〇〇〇年頃とされる石の基礎について論じている。かつては大勢を占めていた掘立柱工法で建てられた建物と並んで、六・五×四・八メートルの底面でおよそ五〇センチのがっしりとした建物の石の基礎が見つかった。同時に隅部の壁が一〇・四メートルと八・七メートルの長さで、また桁行八・三メートル以上、梁行五・五メートルある第三の建物の壁も見つかった。だがこれが土台建物の基礎なのか純粋な石造建築の基礎なのかは判然としない。ラウゼン・ベッテナハでは竪穴住居が礎石建工法で建てられていた。シャッフェンハウゼン州ビュストゥング・オスターフィンゲンではグーヤン（W. U. GUYAN 1950, 200-203）が九～一一世紀の建物を発掘した。室内独立掘立柱と土台上に立つ壁が組み合わされた工法であった。

〈オランダとルクセンブルク〉

フリースラント州のヴルト（Wurt：洪水の被害を避けるために盛り土をした敷地）では、およそ紀元八〇〇～八五〇年の間に建てられたとみられるロングハウスで礎石がみつかった。D・A・ゲレッツとH・A・ハイディンガ、J・デ・コーニング（D. A. GERRTS, H. A. HEIDINGA u. J. DE KONING 印刷中）はその礎石を、幅〇・七五メートルの泥炭土の壁の内側にあった漂石だと記述している（BESTEMAN, BOS u. HEIDINGA 1993, 42 Foto も参照）。泥炭土の壁の内のり幅は四メートルに達していた。

中世中期における掘立柱建物から礎石建物への移行

次に、集中的な移行が起こった時期の特徴を明確にするために、中世中期の礎石建物の遺構をまとめて提示することにしたい。この時代については、これまでにたいへん多くの遺構が発掘されているので、ここでは一部しか提示することができない。また、地域別に分類するので、都市と農村の例を一緒に紹介する。

（1）中部ヨーロッパ

〈北および中央ドイツ〉

アルト・リューベックではH・H・アンデルセン（H. H. ANDERSEN 1980a）が一一世紀の大きな建物を部分的ではあるが発掘した。その建物は、深く埋め込んだ土台の上に丸太造で建てられていた。リューベックでは（LEGANT-KARAU 1994; BROSCHEIT 1994; GLÄSER 1997）一一七五年以前の掘立柱建物が検出された。

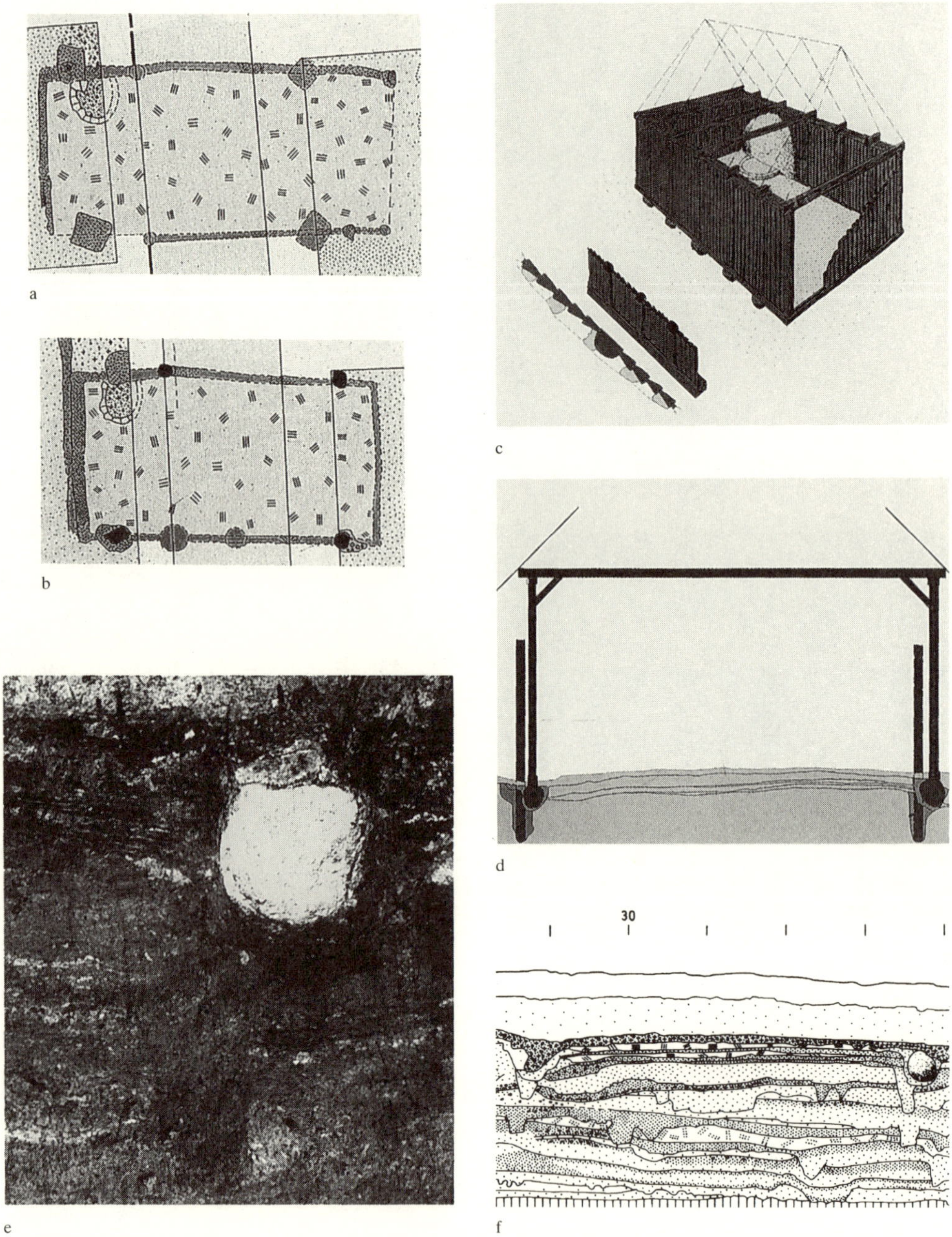

図12　ヴェザーマルシュ郡ラングヴァルデン。1200年頃の建築遺構。
a：掘立柱工法による古い時期の建物。b：礎石建工法による新しい時期の建物。c：礎石建物の復原図。d：掘立柱と礎石の断面図。e：礎石は掘立柱の上に置かれていた。f：建物付近の土層断面図（BRANDT 1986より）。左の礎石はすでに抜き取られていた。

これらの建物は一一七五年以降、純木造の礎石建物に建て替えられていった。最初の石造建築は、一三世紀の前半に現れる。年輪年代学的には、もっとも古い掘立柱建物は一一五九年頃、もっとも古い礎石建物は一一八〇年と判断された。礎石建物の壁は土台梁の上に建てられており、その梁は地中に埋められ、上面が地表面と揃えられていた（SCHALIES 1999）。木造の時期にはその他に樫でできた校倉造が存在していた。現存する一三世紀の土台建物としては、リューベックではケーニヒ通り五九番地の建物の一階部分が年輪年代学的に一二〇六年頃かそれ以降とされ、グローセン・グレーペルグルーベ通りにある建物は一二三六±五年と推定されている。グローセン・ペータースグルーベ通り二七番地の木造の町家は、土台構造の下にさらに基礎の木材が入れられている。

フリースラントのラングヴルテ（Langwurte：長い盛り土をした敷地のこと）の考古学調査では、エムデン（エムス川河口にある港湾都市）の中世初期から中期にかけての集落の地層で、移行期の形式が検出された。これは掘立柱の間に土台を伴った形式である。K・ブラント（K. BRANDT 1986, 152-156）はヴェーザーマルシュ郡ブートヤーディンゲン区ラングヴァルデンにある主に中世中期のラングヴルテで、およそ一〇×五メートルの建物が

図13　クックスハーフェン郡ランゲン・ノイエンヴァルデ区ダーレム。
a-b：12/13世紀の遺構。最初の段階は掘立柱工法、第二段階は礎石で、一部、掘立柱穴の中に据えられた根石の上に置かれる。c：掘立柱穴の上の礎石。a-bの遺構平面と同様に12/13世紀のもの。

紀元一二〇〇年前後の数十年に掘立から礎石へと移行したと推定した。掘立柱の穴から六ａ段階にある建物の存在が明らかになり、六ｂ段階で建てられた建物では、礎石かあるいはそれによって生じた空洞の穴が旧世代の建物の掘立柱の穴の上に見つかった（**図12**）。煉瓦状になった壁の漆喰の痕跡から、溝を切り込んでかみ合わせた縦羽目板からなる壁が復原された。

クックスハーフェン郡ランゲン・ノイエンヴァルデ区のダーレムの廃坑（紀元七世紀〜一三四〇年頃）での調査では中世中期における移行を考える上でヒントとなることが多々得られた（ZIMMERMANN 1991；準備中a）。基礎の穴は、地面に固定された壁のためか、あるいは土台を据えるためかどちらのためかわからなかったが、掘立柱の穴の上に平らな石がある例が多くみつかった。これは確実に礎石建物の存在を示す証拠となる。**図13**に示した遺構がもっともよい例である。

多くの石と掘立柱の柱穴が重なっていることから、ここには一定の場所に重なるようにして三、四棟かそれ以上の掘立柱建物が建っていたことがわかる。そしてもっとも新しい段階では、同位置に礎石建物が建てられた。礎石は前身建物の柱穴の上に置かれていた。この点でこの検出遺構は、掘立柱から礎石への移行と並行して起こった壁立掘立柱建物から壁立礎石建柱建物へという建物のタイプの移行がそれほど大きい変化ではなかったことを物語っている。おそらく建物の工法の変化によっては、村の景観が大きく変わることはなかったのだろう。

掘立柱の穴の上には平らな礎石が丁寧に置かれているものがあった。また若干小さめの石をいくつか置いているケースもあった。後者は礎石の根石かあるいは礎石の役割を果たす小石敷きだったかもしれない。ダーレムでは根石とその上の礎石をともなう遺構を検出することができなかった。掘立柱の穴からは陶磁器が出土したが、その陶磁器はＪ・ティーマイアー（J. TIEMEYER 1995）によれば、一二世紀か一三世

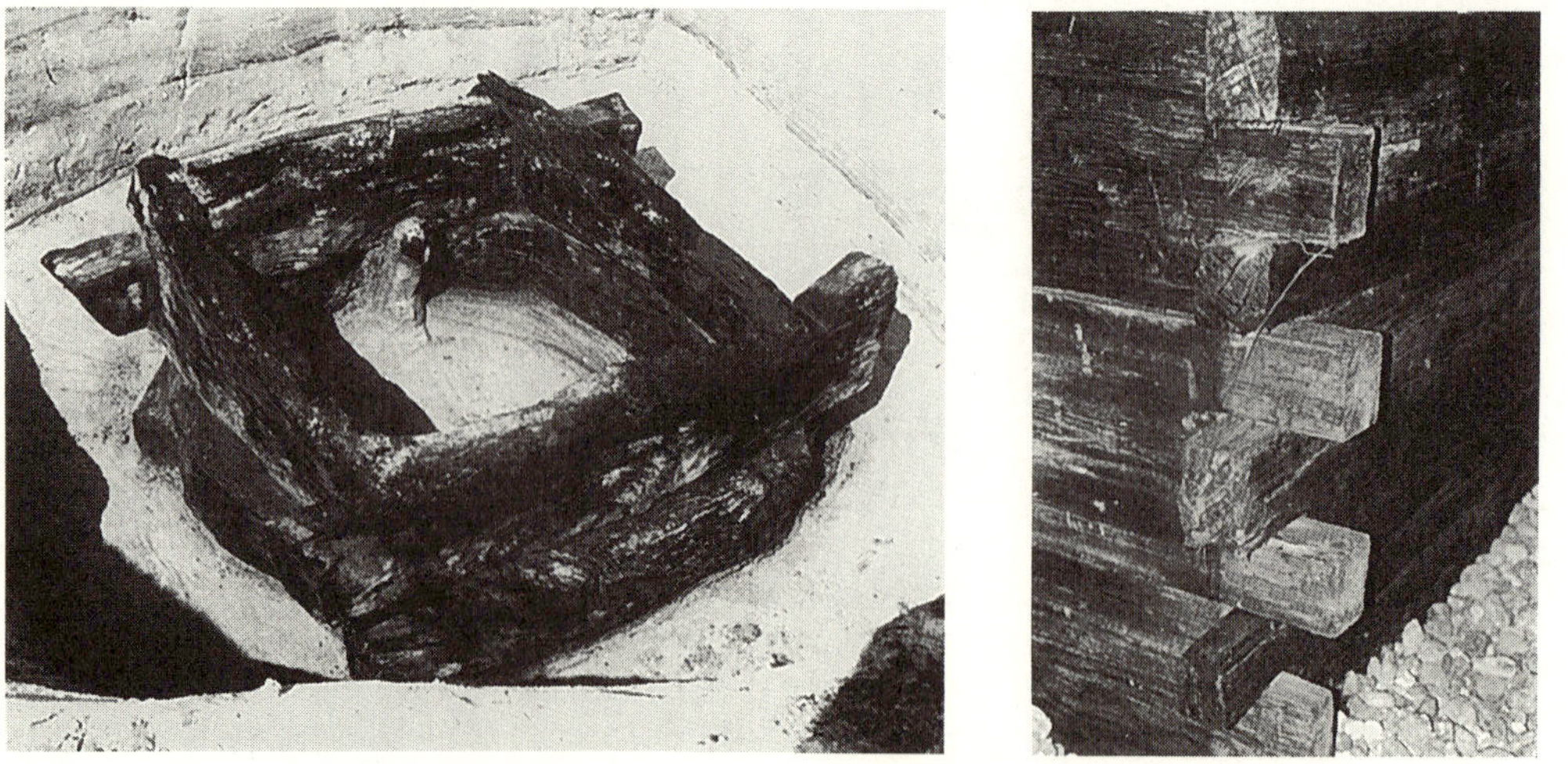

図14　校倉造の井戸。
左　クックスハーフェン郡フレーゲルン村の農家。樫、紀元1200年頃。
右　日本、奈良。針葉樹、8世紀。

紀、場合によっては一四世紀と推定される。この礎石建物の遺構に関しては他の論文でも言及されているが、最終的に年代を決定することはできないものの、一三世紀から一四世紀にわたるものか、あるいはそのどちらかの時代のものであろう。

ダーレムの地域は、村からの依頼で一五世紀か一六世紀まで畑として使われていた。それはダーレムの耕地に特有の土層から判明する（LIENEMANN 1989）。先に紹介した発掘区の近くでも遺構面に鋤のあとが見られるが、このように後から畑作をしたために基礎の石の一部しか残っていないのである。だからここやその他の場所に並べられていた石がいくつか運び去られていたとしても、それはさして重大なことではなかっただろう。ダーレムの遺構面が地表に近いところにあるにもかかわらずこんなによく保存されているのは、畑への転用が早い時期になされ、遺構面上に耕土が入れられたからにちがいない。

移行を考える上でよいヒントとなるものは、中世中期の村であるグリシュテーデ（以下参照）やダーレムのような、比較的長い間建物が一定の場所に建っていたところで特によく見つけることができる。クックスハーフェン郡のフレーゲルン村では、一九七四年と一九八一年に、地所内に建物の遺構を残す農家が調査された（ZIMMERMANN 1976, 52–56）。その際、古いほうの掘立柱と井戸（図14）の他に、二列の掘立柱からなる建築遺構が出てきた。その遺構は幅およそ九メートル、長さは少なくとも一三・五メートルであった。一二〇〇年頃か、一二〇〇年をわずかに過ぎた後に建てられたようである。

この柱穴からは一三、一四世紀の陶磁器（TIEMEYER 1995）が検出された。おそらく取り壊しの時に掘立柱の穴に入りこんだものと思われる。もっとも古い礎石建物は、これを根拠として一三～一四世紀と年代推定された。一八八九年に延焼した農家の建物は、中世の掘立柱建物の遺構と完全に一致する位置にあった。残存遺構である粘土質の床や比較的新しい陶磁器から、一定の場所に建てられ続けた礎石建物のさまざまな段階が明らかになった（THIER 1993）。この結果からすると、母屋は一三あるいは一四世紀には礎石建物として建てられるようになったが、豚小屋は一六九二年においても依然として掘立柱建物だったことになる。これは、この農家に関する一六九二年の土地台帳のなかの記録によっても証される。「豚小屋　四ファッハ——その柱は地面に埋められていた」。

〈南ドイツ〉

B・ショルクマン（B. SCHOLKMANN 1978, 42f. 48

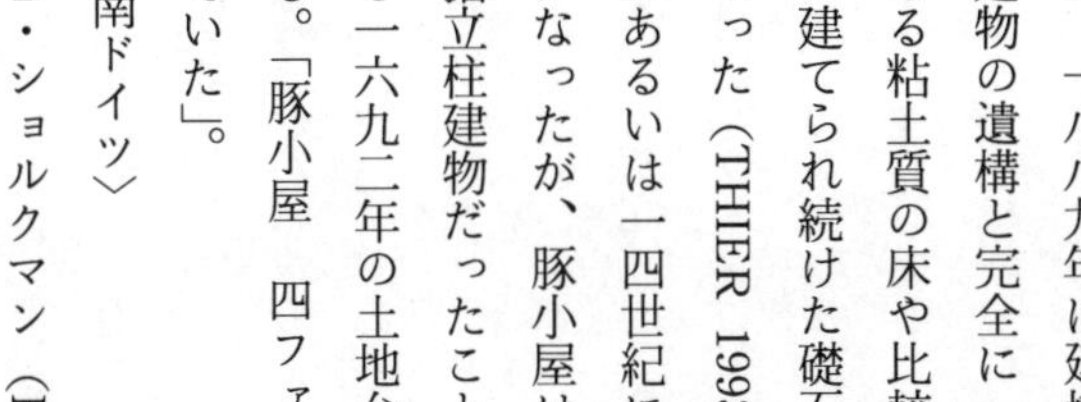

図15　10カ所の発掘区を根拠とした、古代デンマークにおける礎石建物の増加（SKOV 1994, 図8による）。

f.）は早い時期に、当時の見解に従って、ビュッテンブルクのジーデルフィンゲン郊外北部で比較的新しい掘立柱建物を検出した。第一期の一一世紀後半以降の遺構面からは掘立柱建物しか見つからなかったが、第二期の一二六三年以降に起こった拡大期に最初の礎石建物が登場した。その上おかしなことに、付属建物だけが礎石建で、母屋は引き続いて掘立柱のままだった。具体的には、小さな家畜小屋が最初まず掘立柱工法で建てられて、それから地覆石の上に立てられた柱が付加され、一四世紀前半からは土台梁の上に建てられるようになったのである。これらは一列に並んで、土台壁の上にあった。この土台壁はつなぎを用いずに築かれたものであまり堅固なものではなかった。

次の第三期（一四世紀後半〜一五世紀の後半中頃）からはもっぱら掘立柱建物が発掘された。第四期になってようやく、すべての建物が土台壁の上に建てられるようになった。

（2）デンマークとショーネン（スウェーデン）

後述するように、デンマークでは近代の掘立柱がヨーロッパの他の場所よりも多く検出されているが、すでに中世中期からたくさんの事例がある。こうした事例の豊富さはもちろん、デンマークで集落考古学調査が特に積極的に取り組まれていることの結果である。しかしまた掘立柱建物から礎石建物への移行が、他の国々と同様に、時間の流れに沿ってみられることもはっきりと示されている。このことは、都市部と農村部の建物や初期の木造教会からわかる（BERG, ANDERSON u. a. 1982, 563）。

シュレースヴィヒやスウェーデンに併合されたかつての領土を含めた古デンマークについて、H・スコフ（H. SKOV 1994）は、八〇〇年から一二〇〇年までの間の建物の遺構をタイプごとに分類した。この分類では、もっとも早い礎石建物は一〇〇〇年をわずかに過ぎた頃とされている。スコフのあげた事例のうち、一つは場所がはっきりせず、場所が確定した事例は一〇であった。スコフが作成した棒グラフを基にして、**図15**にみるように礎石建物の増加を線グラフにしてみた。同じ時期に掘立柱建物がどれぐらいの割合で存在したかということはわからない。紀元一〇〇〇年をわずかに過ぎた頃からグラフがはじまるのは、発見場所が一〇しかなく、それ以前の根拠がほとんどえられないためであろう。デンマークでも礎石建物がそれよりずっと前から知られていたということは、先述した通りである。

図16　土台建物の建設。大ブリューゲル「ベツレヘムの人口調査」の部分。

N・エンクベルク（N. ENGBERG 1992, 123）によると、礎石建物は一四～一五世紀になってようやく一般に普及したとのことである。後述するように、掘立柱建物の割合は依然として数世紀にわたって高いままであった。

多くの調査成果から、一一世紀から一四世紀の間の主な移行を推論することができる。さまざまな概論的研究で遺構が紹介されているので（*Hikuin* 21, 1995 のさまざまな論文；MIKKELSEN 1987；LARSEN 1999 参照）、ここでの紹介は、少しにとどめておく。

リベ州トルンストルップ（Tornstrup s.）シ（Sig）では一九八二年にある遺構が発掘されたが、その遺構を発掘担当者は類例にもとづいて、一二世紀のものと推定した（CHRISTIANSEN 1987）。特に、南側と東側の壁の跡が残っており、それは三センチから二五センチまでの深さの一二個のくぼみで、底面が平らにされていることが多かった。ここには地覆石があって、上面が平らになるよう石の大きさに従って浅深を調節して埋められていたのであろう。三面の壁のうち南と東でははっきりとした痕跡があり、北側ではわずかに後に壊されたような痕跡が見られ、これらの壁は土台の上に立っていたことになる。その一方で、建物の東の妻があったところには深さ五〇センチの掘立柱の柱穴が三基みつかった。以上より判断すると、この建物は掘立柱式と土台式との複合工法であったと考えられる。

（3） 礎石建物に関する初期の文献資料

「始原の小屋」や「ベツレヘムの家畜小屋」といったテーマや建物（事象）を扱っている中世後期および近代初期の絵画資料（この場合大半が壁立柱土台建物である）が多数存在する（図16；BINDING 1987）のに対して、文字資料はわずかである。その上、通常文字資料は宗教建築の描写に限られていて、世俗の建築については、ほとんどが都市か城塞の話である。しかも理想建築がテーマとなっていて、「平均的な建物」は滅多に言及されていない（LICHTENBERG 1931, 95f.）。そういうわけで、以下に挙げるテキストは非常に例外的である。

ここに挙げるのは、建物に関して記述された、イギリスのテキストである。

アングロサクソンの王・アルフレート大王（848/49–899）がアウグスティヌスの『告白』を翻訳しているのだが、彼はその前書の中で、編壁をもち、おそらく土台の上に建てられていたであろう建物について以下のように記述している（MERINGER 1905, 133f. による）。

（私は）私の建てることのできたすべての建物のために、丸太［kigclas］や縦の梁［stupansceaftas］、土台梁［lohscesaftas］、仕事道具の握り部分、横木や楔にする木材［bolttimbru］を、つまりこのあたりでもっとも美しい木材を、それが持ち運べる間は集めていた。

そして私はそのような荷をもって帰郷しなかった。なぜなら、もし私が森全体を運び去ることができたとしても、わたしはそれを持って帰郷する気にはならなかっただろうからである。

［というのも、］私はどの木にも私が家で必要としているものをみたからである。

だから、そうすることができてたくさんの荷車をもっている者にはこう勧めているのである。美しい壁が編めて、たくさんの豪華な建物や立派な農家を建て、私がそれまでしたことなかったような、冬も夏も朗らかで平和な暮らしをするために、私があの桁を切り取ったあの森に赴き、そこでさらに木材を集め、荷車に美しい若枝を載せなさいと

lohsceaftas という語を、R・メーリンガー（R. MERINGER 1905, 144）は土台梁ととっている。この解釈は妥当である。というのも、横たわる Liegen、横たえる Legen、寝床 Lager という語から派生した形は、今日でもなお土台を表すからである。たとえばオランダ語の Legge や Legde は土台にあたる（PEBLER 1925, 19）。bolttimbru という語は閂（Riegel）という語からの派生が考えられる。

図17　掘立股木柱上に藁葺屋根の載る、複合工法による避難場所。シェラン島南部。
左　ボルセ州ウドビュ郡デエルストルプのとある農家付近（デンマーク）。
右　ボルセ州オールスレフ郡ヨルゲンセン・ゴール（デンマーク）。

図18　掘立柱工法の畑の納屋。エムスラント郡ヒュンムリンク（REINERTH 1937, 図60より）

図19　ハーブルク郡レーゲスボステル。牧草地に掘立柱工法で建てられた搾乳用の雨よけ。風で斜めにゆがんでしまっている。

修道僧バートファース（BYRHTFERTH）によって一〇一一年に編纂された暦学的・自然科学的なハンドブックには、明らかに土台建物とわかる記述がある。「まず、人は建物を建てる場所を欲しいと思う。そして建築材を削り、土台を丁寧に組み合わせ、梁をおき、合掌を棟木のところで固定し支柱で補強する。その後は、建物をとびきり美しく飾り付けるのである……」（BYRHTFERTH'S MANUAL, 1011 n. Chr.; Ms. Ashmole 328 in der Bodleian Library, Oxford, S. 144；古英語版については以下の論文に付されたテキストを参照のこと；CRAWFORD 1929, 142; BAKER u. LAPIDGE 1995, 128f., 137)。

近代における掘立柱建物の残存

礎石建物が中世後期からいよいよ主流を占める工法に発展してきたのは事実であるが、近代においてもなお掘立柱建物の形式で建てられている建物が数多くある。われわれは、ここで中、北、西ヨーロッパだけでなくヨーロッパ人たちが移住した北アメリカも扱うことにする。なぜなら、植民地の建築様式からその出身の国々の建築様式を逆に推測することができるからである。「歴史考古学」（Historical Archaeology）は北アメリカにおけるこのテーマに特に注目している。

近代の掘立柱建物はその多数が付属建物である。母屋も掘立柱で建てられていた少数の国々、つまり、デンマークや、わずかではあるがイギリスは、ここでは例外としておく。

掘立柱工法は、柵には今日に至っても一般に残っている。また、所有者が自作することが多い単純な建物は、二〇世紀に入っても、あるいは今日にいたるまで時折、掘立柱工法で建てられることがあった。たとえば牧草地や畑地の物置小屋（図17、18）、搾乳用の雨よけ（図19）、パン焼き窯の小屋、農機具や積み重ねた薪ための小屋などがそうである。オヴェライセル州トゥエンテ（Twente）やシェルダーラント（Gelderland オランダ）におけるように、伝統的な羊小屋はおしなべて壁立掘立柱を備えていた。外側から柱を支える斜材も、ここでは地面に固定されているか、斜めに地面にはめ込まれた木の上に建っていたかのどちらかである（JANS 1996；BERENDS 1996, 68）。こうした掘立柱の羊小屋の最後のものはヴィルデン・オヴェライセル郡ホシェ・ケクセルのエルヴェ・アールフィンク（Erve Aalvink）にまだ残っている。

O・ルント（O. LUND 1878）は、西ユトランドにおけるさまざまな大きさの屋根式住居について述べている。このレングフス（lynghus）は粗悪な木材を用いて作られ、ヒースで覆われていた。合掌の下端は地面に差しこまれているか、あるいは地表に載せられている。レングフスには荷車や鋤、その他諸々が格納された。燃料も貯蔵され、羊を数多く飼っている場合には羊小屋としても用いられた。

　掘立柱建物は、短期間だけ用いられる建物に適している。手工業用の施設にも掘立柱工法は広く普及している。丸太あるいは棒状の建築用足場は、土台を基礎にしていない場合、二〇世紀に入るまで〇・八から一メートル地中に埋められた（STADE 1904, 289；SASS 1927, 71）。このような建物の基礎では、掘立柱の穴の中の底にある「梯子の足元」とよばれた礎盤あるいは地表に置かれた根巻き石（BINDING 1987, Nr. 106）によって柱がさらに深く沈まないようにされていた（G. U. GROß-MANN氏の親切な示唆による）。

　都市部の住宅の中庭に建てられた付属建物は、なおも長い間掘立柱建物であった。都市部での発掘の際には、しばしば中庭のような場所で掘立柱列が見つかっている。W・シュミーデラー（W. SCHMIEDERER 1997）は、比較的古い掘立柱建物のほかに、ブランデンブルク州オストプリーグニッツ・ルッピン郡ヴィットシュトックから出土した地面に固定された中庭の建物について言及しているが、これはおそらく一六世紀に建てられ、一八世紀に火事で延焼したものである。

　メックレンブルク州についてはK・バウムガルテン（K. BAUMGARTEN 1961, 53）が、一七および一八世紀の納屋と小さな農家に関する文献資料を挙げている。たとえば、一六九七年のボイツェンブルクの御料地役所の公文書には次のように書かれている。「地中の支えの上に立っていた納屋が崩れ落ちた」。

　だがここで扱っている領域のすべての国々において、付属建物が掘立柱工法で建てられたということが一般化されうる訳でもない。たしかにオランダとデンマークの間の地域における牧草地の物置小屋、その他単純な付属建物については当てはまるが、しかしノルウェーには当

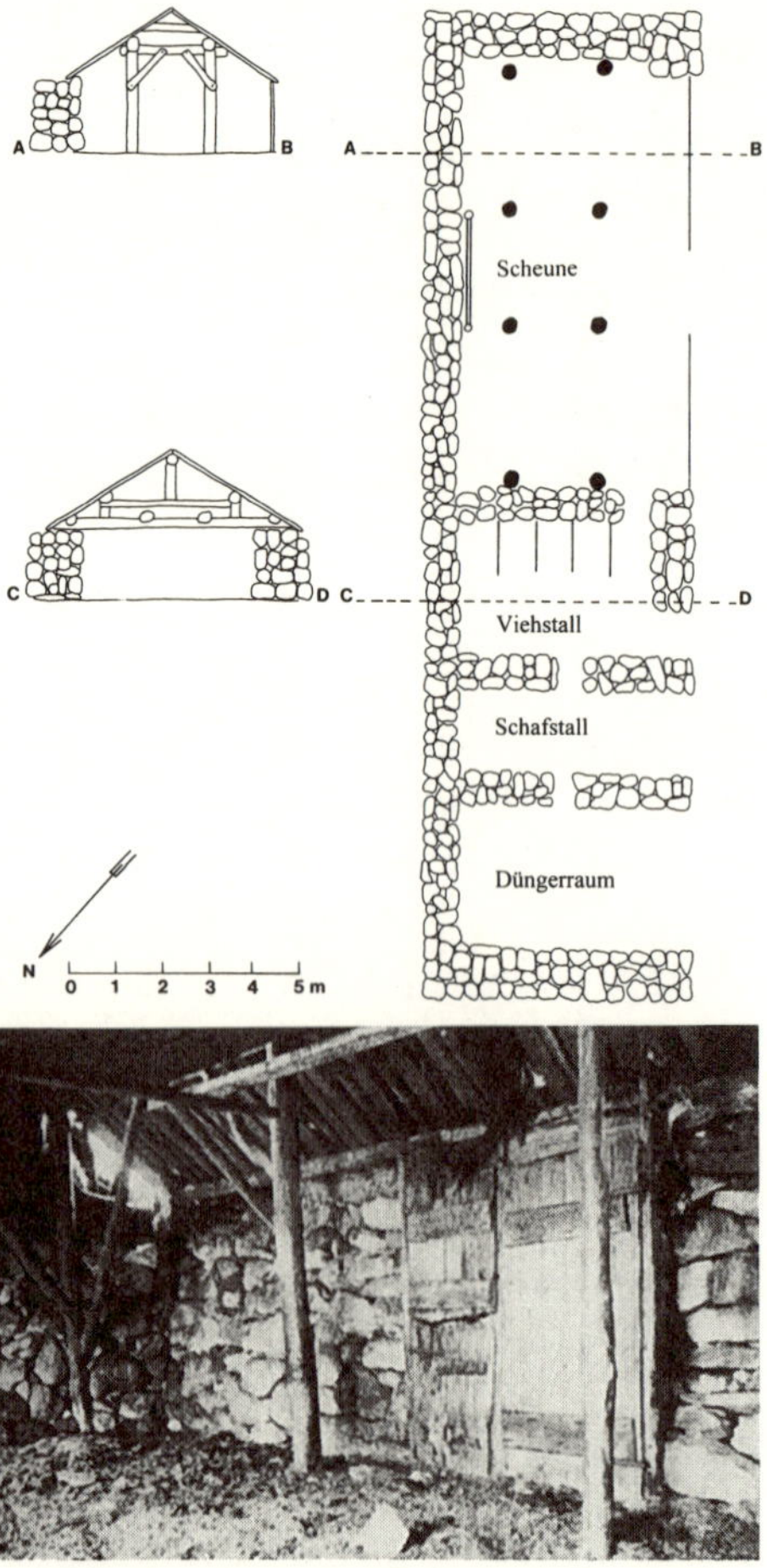

図20　イェーレン州ヴァルハウク郡コングヴァルデン。納屋部分に四組の掘立柱のある建物。（HOFF-MANN 1943, 図35〜36より）。
Scheune 納屋、Viehstall 家畜小屋、Schafstall 羊小屋、Dühngerraum 肥料置き場。

てはまらない。

P・ゲールダー（P. GJÆRDER）は、定住地外の地域にある付属建物に関する概説のなかで、土台付き、あるいは土台なしの礎石建物のさまざまな形式を挙げているが、それに対して掘立柱建物は一つも記載されていない。土台はいつも地覆石の上にあり（GJRÆDER 1977, 84）、ただ編壁をとめる支柱だけが地面に固定されていたようである（GJÆRDER 1977, 46）。

これに対して、三廊構成の独立柱構造のなかには掘立柱のある建物もあった。南西ノルウェーのイェーレン州ヴァルハウクのコンクスヴァルデン（Kongvarden）で確認されている。ここでは、納屋と家畜小屋が一つの屋根の下にあり、納屋の部分に対になる掘立柱が四組立っていた。（図20 HOFFMANN 1943, 57–59）。

暴風および洪水に対する防護としての掘立柱工法

近代の掘立柱建物のすべてが古い伝統の流れを汲んでいるわけではない。ある特定の必要をバックグランドとしても工法は新たに発展しうる。しかし、次に挙げる例が歴史の早い時期にさかのぼるものなのか、あるいは新たに作り出されたものなのかは断定できない。

地面に固定された構造が暴風や洪水に対してみせた防護力は特に際立っている。たとえば、掘立柱工法は逆Y

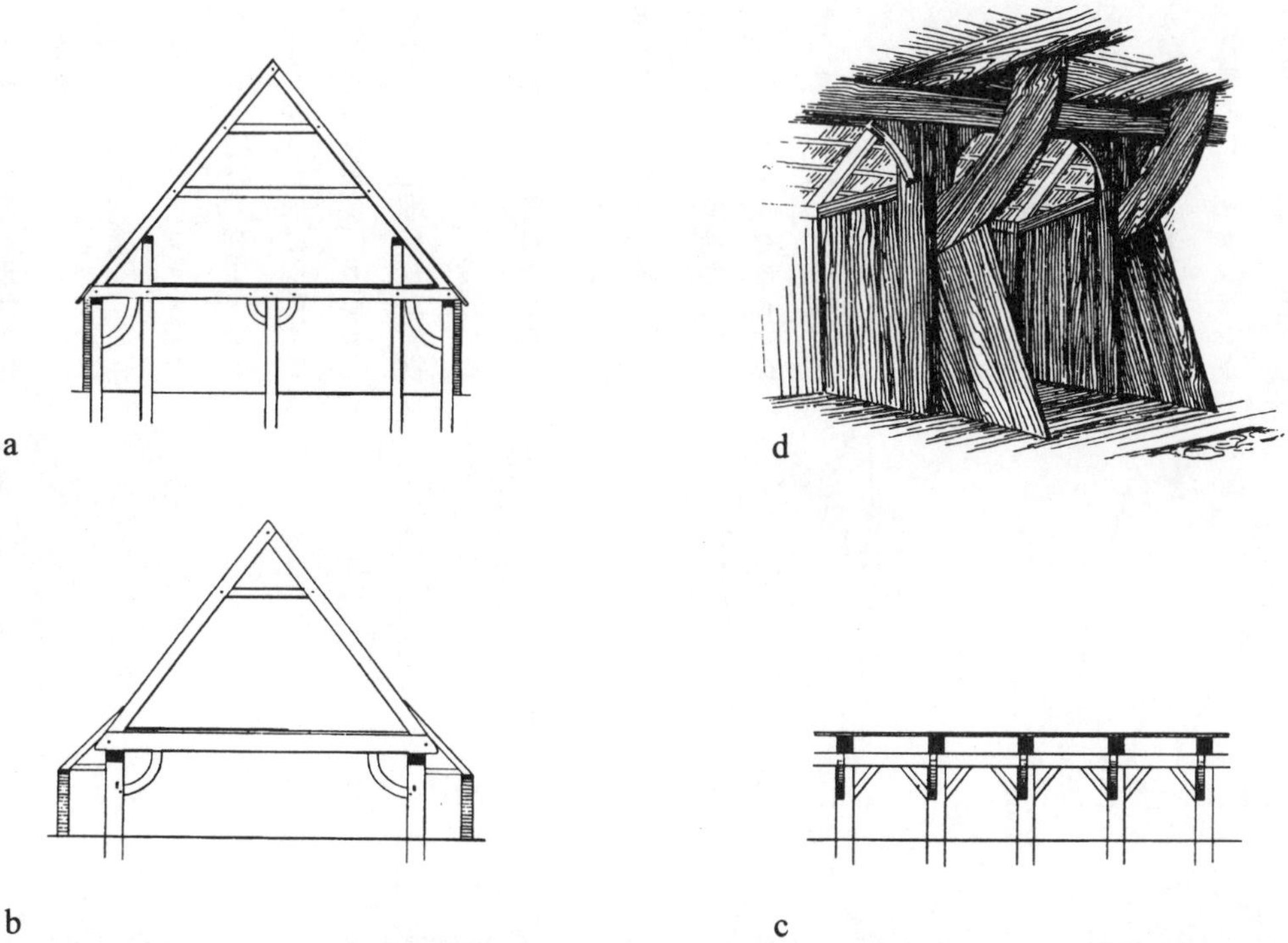

図21　シュレスヴィヒ・ホルシュタイン州の西海岸にある18世紀の掘立柱建物。a：横断面図。b-c：フェール島の建物の横断面と長手方向の断面図。d：フーズムからテンダーの間の地方の建物の家畜小屋部分。（MEJEBORG 1892, 図78〜81より）。

字形の軒が長所である。もし礎石建物として建てられていたならば、それは開いた傘のようにわきが開き、暴風によって容易に吹き上げられてしまったであろう。

R・マイボルク（R. MEJBORG 1888, 119；1892, 71）はハリゲン諸島と北フリージアの大陸部について報告している。建物の屋根裏部分と屋根を支える掘立柱はアムルムやフーズムの北では隔壁に結びつけられていた。掘立柱工法を選んだ理由としては、建物が暴風による高潮の際、地面に固定されているため流されることがないということが挙げられる。この理由は、杭上住宅にもあてはまるにちがいない。というのも、暴風による高潮によって壁が流されてしまうことがありうるからである。暴風への対抗策として、建物は柱と梁とに渡された方杖でしっかりと補強されていた。マイボルク（MEJBORG 1892）がハリゲン諸島やフェール島、フーズムとテンダーの間の地域の諸例をスケッチしている（**図21**）。

掘立柱建物の堅牢さにとって重要なことは、マイボルクの以下の発言のなかにみられよう。「大工仕事がまだいくらか新しい間は、そのような建物は非常に頑丈である。しかしハリゲン諸島の湿った地面のために、掘立柱の地面に埋まった部分は割合早く腐敗する。その結果として、人間の寿命ほどで建物は堅牢さを失うのである」。

ドイツにおける近代の掘立柱建物

（1）発掘遺構

クックスハーフェン郡のケーレンでは、ゾーステンやヒレブラントに現存するVollhofの農家にあるような家畜小屋に堆積した汚物を取り出す設備を設置するために地面を掘り下げたところ、直径三〇―五〇センチの掘立柱がみつかった。ヒレブラントの農家では、掘立柱は常に現存礎石が据わっているあたりで検出された。掘立柱の柱根からは、根をおおざっぱにはらったことがよくわかった。これにより掘立柱は足下の断面積を大きくすることができたのである。年輪年代学的に、ヒレブラントの農家の掘立柱は一五〇五

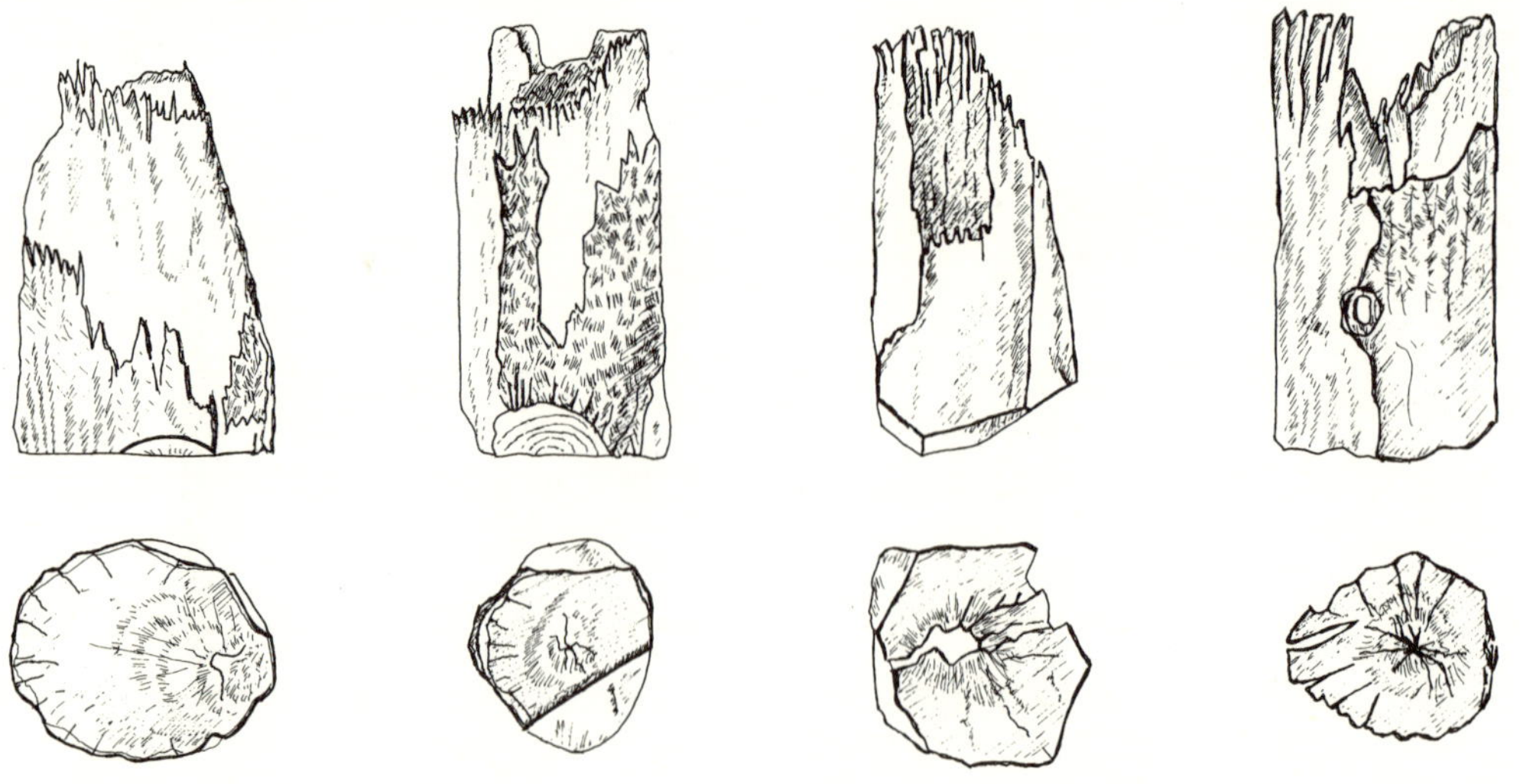

図22　クックスハーフェン郡ケーレン。ゾーステンの農家から出土した底面が平らな掘立柱の柱根。

年頃かそれより後であると推定できた（年代に関して、ハンブルク大学の木材生物学の正教授であるD・エックシュタイン（D. ECKSTEIN）氏、S・ヴロベル（S. WROBEL）氏に感謝する）。ゾーステンの農家の掘立柱（図22）は、年代がわからなかったが、おそらくはヒレブラントの例と同年代のものであろう。

　クックスハーフェン郡ベフェルシュテット区ダムヴェック五番地のヴォーリンクストでは、一九九二年に低地ドイツのホールハウスを取り壊したところ、およそ一メートルの深さに三本の直径四〇～五〇センチの樫の掘立柱の柱根がみつかった。これらは取り壊された建物の家畜小屋部分におよそ三メートル間隔で一列に並んでおり、かつて地表面上に礎石建柱があったあたりである。ここでも建物の場所が一定であったことが推定される。取り壊された建物の出入口の梁の年代は一八六三年、妻壁の年代はさらに下って一六九九年と一七九九年であった。室内独立柱の年代は残念ながら判明しなかった。

　ケーレンの場合のように、二本の掘立柱は木の根本の方に下がるに従って太くなっていた。三本目の掘立柱は木を自然のままに据えるという大工の慣習に逆らって、伐採したフォーク状の枝を下にして据え付けられていた（Bericht 06. 95, H. NAST, Bederkesa）。三つの掘立柱の柱根のうち二つはゲッティンゲンの年輪年代学研究室とB・ロイシュナーとH・H・ロイシュナー（B. u. H. H. LEUSCHNER）によって、一四七八年の前後二年、一四七一年の前六年から後八年の間と推定された（WODA5–N7A0–_9–95045）。この二本の掘立柱の柱根はほぼ同じ古さであることが確実なので、建物の年代は一四七六年～一四七九年前後、あるいはそれ以降ということになる。

　R・ベーレンフェンガー（R. BÄRENFÄNGER 1997, 186 f.）はレア郡ヘーゼル地区のバルテの修道院の後継の建物を発掘したが、それは一六九八年の台帳にある納屋と建物と思われる。壁は煉瓦でできており、内部は一列に並んだ七本の掘立柱によって、幅の異なる二つの廊に区切られていた。一・四～一・五メートル間隔で並んでいた掘立柱の据え付けの大きな穴からは近代の陶磁器が検出されたので、明らかに年代が新しい。

（2）アンジュー地方（フランス）における二〇世紀の掘立柱建物

　ほとんど石造建築しかないアンジェ、トゥール、ルマンの間の三角形の地域では、納屋、羊や山羊などの家畜小屋、物置小屋、地下室、その他これに類するものが、先史時代や中世の掘立柱建物の流れを汲んでいるように思われる。これらは三〇年前にはもっと多くあったが、

a

b

c

d

今日ではわずかしか残っていない。

モデルケースとして遺構解釈に重要なヒントを与えうる建物があるので、考古学者パウル・ハンス・シュテンマーマン（PAUL HANS STEMMERMANN）の報告を以下に詳細に再録することにしよう。ヴァーレ（WAHLE）学派のシュテンマーマン（STEMMERMANN 1942）は、一九四一年にアンジェとボージュの間のアンジュー地方で、まだたくさん残っていたロージェ（小屋）とよばれた建物を記録し、その際、干し草や麦藁のための納屋が単廊構成で長方形の平面を

図23　アンジュー地方（フランス）。掘立柱建物、1941年。
a：ボフォール・アン・ヴァレーの地上貯蔵庫。
b：高い妻庇のついたブリオン近郊の納屋。
c：ボフォール・アン・ヴァレー近郊の納屋。
d：シャトー・モネ近郊の藁葺家畜小屋。
e：妻の片側の壁が開いたままで完成した図24〜25の小屋（STEMMERMANN 1942より）。

備えていることも証明した（図23〜25）。当時はわずかな大工一族だけがこうした建物を建てる専門知識をもっていた。大工一名と下働きの職人二名が、農家の主の手もときどきかりつつ、一〇日（七時から二一時まで、建築材の搬入や加工は除く）で高さ八メートル、平面規模七×一二メートルの納屋を作り上げた。大工からのアドバイスに従って、屋根の補修は二五〜三〇年後に行われた。建物の寿命は五〇〜七〇年といわれていた。

建てる前には、少なくとも長さ三・五メートルのアカシア材の掘立柱一五本、合掌と桁用のトウヒの幹一一〇本、小舞用に合掌用よりは柔らかいトウヒの幹二七〇本、そしてブリュイエールの枝の束が揃えられた。下働きの職人がすべての幹の樹皮を剝ぐのに、四日を要した。

建築の最初の日は縄張りがされ、掘立柱を建てる箇所には二メートル間隔で枝がさし込まれた。手前の妻には柱は建てられず、反対側の妻の中央には掘立柱をもう一本建てるべく枝がさし込まれた。深さ一メートルの穴を掘り、掘立柱が埋められた後、地面から二・一〇メートルのところでのこぎりで切り揃えられ、上面に桁を載せられるよう平らにされた。すなわち、本来三・五メートルほどあった柱が、平均して四〇センチ切られたことになる。

図24　アンジェ、ボージュ間のアンジュー地方（フランス）。小屋の建設、1941年。合掌と小舞がしっかりとした格子になっている。（STEMMERMANN 1942より）。

a

b

c

d

e

図25 アンジェ、ボージュ間のアンジュー地方（フランス）。小屋の建設、1941年。a：掘立柱の樹皮を剝ぐ。b：二列の壁付掘立柱が埋め込まれる。掘立柱の上に入れられるフォーク状の切り込みには、桁が置かれる。c：合掌が根本の縄で固定され、棟木がのせられる。d：三日目の進行状況。e：五日目に屋根葺きが始まる。（STEMMERMANN 1942より）。

二日目には、桁が掘立柱の上に固定された。建物の妻はまだ空いたままである。六組の合掌が地面の上で動かせるようにそれぞれ釘で結ばれ、手前六組の掘立柱のうえに三人でまっすぐに立て、掘立柱と桁とに釘付けされた。厳密な高さは、上部に釘打ちされた長さ八メートルの紐によって測られた。さらに、桁と合掌の間の直角が確保され、合掌が固定された。屋根高の中間までは母屋桁とつなぎ梁によって、そこから上部は棟木によってさらに緊結された。残る一対の掘立柱上は寄棟屋根となり、隅棟が降りてくるので、合掌は置かれなかった。以上のように、二日で全体の骨組みが完成した。

三日目は、両平と片側の妻で、桁と棟木の間の屋根面に三〇センチ間隔で細いトウヒの枝が縦に配され、四日目にはその上に水平に三〇〜三五センチ間隔で小舞が敷かれ、ようやく屋根が格子状に組まれ固定された。五日目は垂直、水平に組まれた屋根材の突き出た端の部分がすべてのこぎりで切り落とされ、隅棟から屋根葺きがはじめられた。ブリュイエールの束が下から上に、半分ずつ重なるようにしながら針金で固定されていく。長さ五〇センチで指ほどの太さのアカシアの木が、針として用いられる。屋根の作業は八日目で終わる。九日目には、ブリュイエールの束が掘立柱の外側から水平なトウヒの棒にくくりつけられ、壁となる。

この建物で重要なのは、向かい合う掘立柱の間が、ただ合掌によってしか結ばれておらず、こうした向かい合って建つ掘立柱を持つ遺構から復原される際によく用いられる水平のつなぎ梁が使われていないということである。格子状に組まれた頑丈な屋根のおかげで、建物全体がどの方向に対しても充分安定するので、この水平のつなぎ梁を使わずにすんだ。こうした屋根の骨組みがなければ、つなぎ梁あるいは外側から柱を支える斜材が必要となったであろう。これ以外のケースでも、頑丈でどの方向にも安定している屋根は、理想の解決策である、しっかりと支柱で補強されたラーメン構造の代わりとなりうる（SOBON u. SCHROEDER 1990, 26）。先史時代の遺構平面を解釈するにあたって重要なことは、対になって立っている掘立柱といえども、必ずしもつなぎ梁の使用が前提となるわけではないということである。

納屋とは反対に、下部は家畜小屋として――粘土質の壁土で覆われたブリュイエールの壁がついていた――、上部は干し草の貯蔵のために使われていた建物の掘立柱は、つなぎ梁によって緊結されていた。つなぎ梁あり、なしの両形式はS・エリクソン（S. ERIXON 1937）やH・ゼーダー（H. SOEDER 1964, 122）が提示したケースのように、イタリアでも見られる。

近代の掘立柱建物は、木が建築材料として使われていたヨーロッパのほとんどすべての地域でみられるだろう。南ヨーロッパについても文献研究により多くの例を明らかにできる（たとえばGÜNTZEL 1988, 369f. 参照）。事実、ローマ帝国内では礎石建物や石造建築への移行が急速に起こったけれども、二〇世紀になってもイタリア中できわめて多くの掘立柱建物の例が見られるのである（SOEDER 1964）。

（3）デンマークの文献資料にみられる近代の掘立柱建物

近代のデンマークでは一八／一九世紀に至るまで、場合によっては二〇世紀にさえ掘立柱建物が根強く生き残ったことが、さまざまな文献資料から証明される。このことは、建築や土木の理解において文献資料の有効活用がいかに大切であるかを明確に示している。つまり、もし発掘調査の成果だけしか知られていないとしたら、他の国々とのこの明白な差異を認識できなかったであろうからである。

クリステンセン（CHRISTENSEN 1879, 223）によると、ユトラントの地面に固定されて建てられた住居は、多くの場合桁行が五ファッハより短いものだったとのことである。一ファッハはおよそ七エレに相当する。このクリステンセンは、自分が教師をしていたヴァイアスレウ（Vejerslev）の隣村であるシルケボルグ（Silkeborg）の北のブェリングブロ（Bjerringbro）近郊にあるヴィボル州ハウルプイェル郡グレウ（Gullev デンマーク）に一九世紀前半から建っていた掘立柱建物について詳しく記述している（**図26** CHRISTENSEN 1879, 223）。

「そのような地面に固定されて建っていた建物の工法がいかなるものであったのかということを、私は一層詳しく記述することができる。なぜなら、そうした建物のうちの一つが古い形式のままでグレウ村に私がいま生きている時代まで保存されており、補修中のこの建物を自分の目で見たからだ。掘立柱は、地面に一エレの深さに埋められ、柱の上部の二股になった部分には梁がかけられ、この梁の上を横切って渡された桁材が、掘立柱に釘打ちされていた。合掌は桁材の上に直角に置かれ、下端がフォーク状の分岐となり、桁材にはめこまれていた。その上、しっかりとした釘が合掌の下端を貫いていた。掘立柱の間には、貫かあるいは間柱（stive, stiber; ORDBOG 1943, オーフスの V. SØRENSEN には stiber と tagskjœgge の概念を助けてもらったことに感謝する）が入れられている箇所もあったが、しかし普通は数本の棒や竿が地面から桁の間に渡されているのみであった。そし

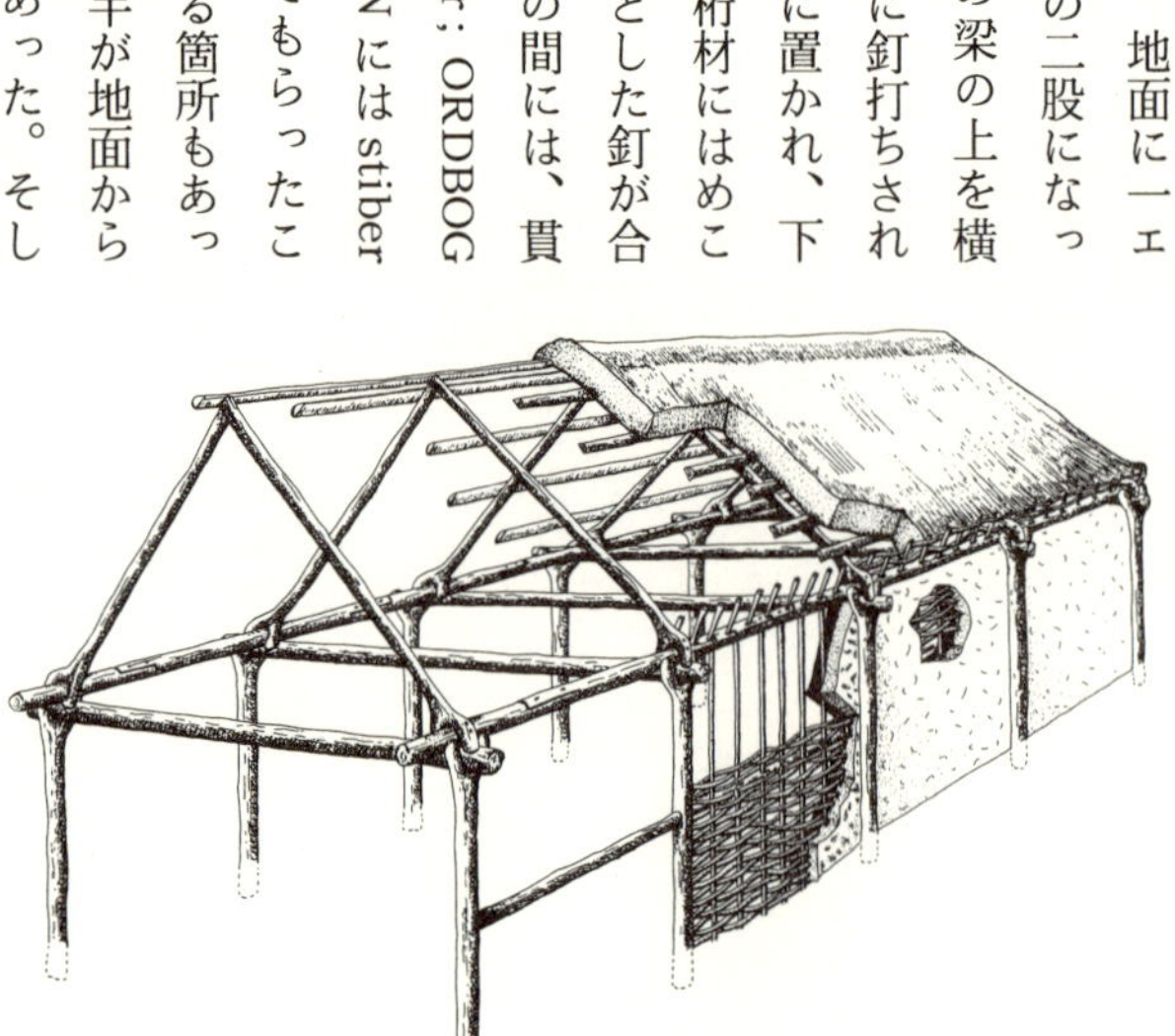

図26　ヴィゴル州ハウルプイェル郡グレウ（デンマーク）。19世紀前半の礎石建物、復原図。（クリステンセン CHRISTENSEN 1879の記述による）

て、これらの間に両側から粘土を塗った編壁があった。屋根の下地は、棒を裂いたものが合掌上に木釘で固定されているだけであった。屋根の張り出しを固定するために、木釘が桁材に斜めに差し込まれていた。この木釘は、小舞の縦棒と縦棒の真ん中に位置し、桁材に対しては垂直に差し込まれていた。このようにして、王様が一五五四年の勅令で禁止した地面に固定された家が建てられたのである。しかしこうした建物は、ユトランドにはもう唯一つしかないだろう。」

（4） デンマークで掘立柱建物が根強く存続した理由

デンマークの農民たちが支配層のもとに置かれた強力な主従関係が、どれくらい掘立柱がねばり強く存続した理由となりえたのかを検討すべきであろう。デンマークでは絶対王政時代に、ヨーロッパ諸国と比べて極端すぎる税金や重労働によって、多くの人びとが貧困化していた。この状況は、一八世紀終わり頃の徹底的な農地改革によってようやく打開された。一九世紀にデンマークで掘立柱建物がほとんど見当たらなくなるのが、この社会と景観の徹底した変革（NATIONALMUSEET 1988）に起因していることは確実である。

農家の建物の形式からもその理由づけが可能である。たとえば、低地ドイツのホールハウスの地域では貯蔵が主として屋根裏で行われたため、単廊構成の建物を特別に大きくしなければならなかったのだが、デンマークのコの字やロの字型に並んでいる農家の場合、その内側に建てられた単廊または二廊構成の納屋で貯蔵が行われた。こうした農家では個々の建物が大規模になることは稀だった。

掘立柱建物が根強く残ったために、掘立柱を埋め込むことを禁止した一五～一六世紀にできた掘立柱禁止の法律が生き残ることとなった。デンマークでは至極もっともなことである。

四、掘立柱建物から礎石建物への移行の原因

礎石建物への最初のステップは、泥炭地の集落のような柔らかい土地で沈下に対する予防措置として掘立柱の柱穴の底に石や木の礎板や掘立柱の根巻き石が置かれたこと、そして柱が土台の上に建てられたことであったと思われる。北ホラント州アッセンデルフト（オランダ）の住居の遺構のような例は、掘立柱の柱穴の底にある水平に置かれた木が土台と関係を持っていることを証明している。

われわれはこれまでに礎石建物への移行のいくつかの原因と、移行を遅らせる要因を叙述しようと試みてきた。まず移行の主たる誘因となったのは建築法令から明らかになるのだが、礎石建物が非常に傷みにくいもので

あり、それゆえに建築用木材を節約しようとしたことである。その次にようやく労力の節約が要因となった。住居の「寿命」を延ばすということにはおそらく人間の平均寿命が比較的短かったために、思いが至らなかったのであろう。移行が遅れたのは、家屋建築には伝統を守る性格が根強くあったためであり、また、すでに述べたように地方では大工だけが家屋建築に権限を持っており、左官が稀だったためでもあった。民間信仰に由来するイメージもまた重要な役割を果たしていたであろう。

室内独立掘立柱建物から壁立掘立柱建物への移行もまた、礎石建物への移行を促進したといえよう。これは民族大移動の時代から中世初期に至る期間の北海南部地域について考古学的に立証されている。これに関しては、北西太平洋ミクロネシアの西カロリン諸島の一部、パラウ諸島についての民族学的事例が興味深い類例となる。ドメニッヒ（DOMENIG 1980, 184）の報告によると、壁の構造を改良することで建物はとても安定し、掘立柱を埋め込む必要がなくなって、そのかわりに石の台の上に置かれた土台の上に壁がしつらえられるようになったとのことである。通常は、この改良壁体構造——ここでただつなぎ材を桁行方向だけ、そして梁行方向は妻側だけに用いて、必要な隅を固定する——に加えて、小屋梁や方杖といった形のつなぎ材が必要であった。それが必要ないのは、ほんの小さな付属棟の場合や、前述したアンジューのように、屋根面が補助的な支えとして機能している場合だけなのである。

先行研究では中世中期における礎石建物への移行の経済上の必然性がいろいろと指摘されている。というのもこの時期になってやっと屋根裏が収穫物の貯蔵に役に立つようになったからだという（OTTENJANN u. TECKLENBURG 1979, 12；JASPERS u. OTTENJANN 1983, 40；MEYER 1994, 89）。だが、われわれは民族大移動時代やおそらくは初期ローマ帝国時代の掘立柱建物がすでに収穫物貯蔵のための屋根裏空間を持っていたことを、フレーゲルンの住居によって明らかにすることができた（ZIMMERMANN 1992, 137f.）。貯蔵のための屋根裏空間成立の前提は、礎石建かどうかではなくて、木組みが丈夫であるかどうかの問題であったのである。

掘立柱工法でも、中世初期から中期にかけての建築にみられるように、大径の木材によって驚くほど巨大な建物が建てられている（ZIMMERMANN 1991）。こうした建物には、一階にはさまざまな農作業のための空間が、屋根裏部屋には収穫物の貯蔵のための空間があった。フリースラント郡ヴァンガーラント村ヴュッペルスの一一二〇年頃の掘立柱建物でも、穀物はおそらく屋根裏部屋に貯蔵されていたと思われる（STRAHL 1995 および同氏の親切な示唆による)。この建物の居住部分と家畜小屋部分の間にあった労働空間からは、炭化した穀物の層が検出された。おそらくこの建物が燃えたときに、建物が倒壊して穀物が落ち、ここに溜まったのであろう。

家畜小屋部分、居住部分、貯蔵部分をすべてもった壮大な住居を建てるための木材の消費や費用といった問題が、特に長持ちさせることや節約を求めさせ、掘立柱建物から礎石建物への移行を強める原因となったのだろう。こうした方面への示唆を与えてくれるのが、デンマークとの比較である。デンマークでは通常建物は北海南部ほど大きくはなく、屋根裏もまた一貫して用いられているわけではない。収穫物は、低地ドイツのホールハウスでは大部分が屋根裏に貯蔵されていたのに対して、デンマークには穀物倉があった。住居の幅がはるかに狭かったことが、デンマークで中世中期の礎石建物への主な移行の後、近代に至ってもなお多くの掘立柱建物が存続した理由なのかもしれない。

北海南部で農家の貯蔵空間が大型化した主要因は、都市の急速な伸張のために需要が増大したことであり、しばしば指摘されるように、こうした原因が実際に礎石建物の拡大を促進したこともありえただろう。

しかし、最終的に何が礎石建物への移行を強めることになったのかを確定することはできない。作用する要因は複数あり、各要因の作用の強弱は空間と時間によってさまざまである。ただはっきりいえるのは、この移行が法令の結果によるものではなかったということである。法令は実際の建築の変化に応じているだけだった。多くの事実が裏書きしているように、いずれ一般に普及することが予測され、大部分は実現している技術革新が法令になるのは、支配層がその有用性を認識した後である。

たとえば煉瓦の使用のような技術革新は、ほぼタイムラグなしに支配層によって価値が認められるようになり、支配層によってきわめて強力にコントロールされた。しかしながら煉瓦の使用は明らかに都市に、とりわけ富裕な住民に限定される。支配層が集中的に防火措置を講じているにもかかわらず、煉瓦の使用によって都市が完全に「石造化」するのは、デーフェンターに関して印象深く述べられているように (DE MEYER u. VAN DER ELZEN 1982)、それだけの経済力がある場合だけである。通常は、都市では木ないしはハーフティンバーが引き続き大勢を占め、たとえば北海の沖積地帯のような例外を除けば、地方で石の価値が認められるのは一九ないしは二〇世紀になってからであった。

泥炭地のようなゆるい土地の場合は、石でできた重量のある建築よりも土台の上に築かれたハーフティンバーや純粋木造の軽量の建築の方が、有利であった。だが世間一般の考えは、石で作られた建築の方を、威信があるという理由から高く評価するものだった。土台造の方がしばしば長持ちしていたにもかかわらずである（OVIE 1932, 78）。特定の条件の下では、土台造こそが唯一の耐久性のある建築形態であった。

どの時代に地方の隅々まで建築が「石造化」を遂げたのかについては、フォスクイル（VOSKUIL 1979）がオランダを例に印象的に示している。それによれば、掘立柱建物から礎石建物へゆっくりと移行した理由は、ただ耐久性と、その結果としての木材の節約だけであったということである。

ライヒマン（REICHMANN 1984, 92）は掘立柱建物を長く堅持した理由を、礎石建物で隅を固定するための大工技術が高度なものであったからだと見ている。確かに作業の容易さとは関係していたであろうが、技術的に不可能だったというわけではない。木を加工する技能や木のさまざまな性質についての知識は、すでにはるかに以前から進歩していたのである（これについてはSJÖMAR 1988も参照）。ただ、木の接合についてのもっとも基本的な方法は昔から知られていたとしても、中世や近代になって支配的となった礎石建工法がその方法を必要としたために、改良・修正され、発展したのである。

耐久性だけでなく、堅牢さもまた、確かに礎石建や校倉造といった建築方法の選択に決定的な影響を与えた。礎石建構造がどれだけ負荷に耐えうるのかは、建物の破損状況をみるとわかる。修理は必要であるものの、軸部が完全にだめになることはほとんどなかった。フリースラントのグルフハウス（Gulfhaus）では、礎石建構造の中で柱の据え位置が〇・五メートルまで変形していたが、安定性は損なわれていなかった（BÖTTCHER 1988, 13）。

並べた丸太の上を転がしたり、担いだり水平にジャッキアップするような方法では独立礎石建柱建物や壁立礎石建柱建物、ハーフティンバーや板壁の住居並びに校倉造がいかに堅牢にそのままの姿を保っているのかが印象的に示される。

移行についてのその他の重要な理由としてこれまではステーンベルク（STEENSBERG 1983b, 54）しか試みてこなかった説明を、ここで引き合いに出すことにしよう。掘立柱建物と礎石建物が併存していた時代には、建築方法の選択は住居が可動的であるべきかその場所に固定されるべきかによって決定されたのだと彼は推定している。この決定方法は、中世中期には、複雑化した所有関係と権利関係によって過去のものとなっていったのだろう。

礎石建物の耐用年数が比較的長いために、増改築もまた割に合うものとなった。すでに早くから建築の規格化が支配的な傾向となっていた（ZIMMERMANN 1988）。礎石建物の時代には増改築は割に合うものとなり、自分の建物を増築やすでに述べたような移築によって自分の経済状況にあったものとすることができるようになったのである。オールム－ニールセン（ØRUM-NIELSEN 1988）は「付加的建築原理」について述べたが、われわれはすでに、たとえば三～五世紀のさまざまな世代によって増築されたロングハウス（ZIMMERMANN 1992）のような、先史時代の掘立柱建物においてこの問題を観察した。しかしこの場合、建物は「渾然一体」となっており、増築によって長くのびたわけではない。礎石建物の耐用年数が長く、住居が「組立部品」からなるという性格を持ったために、初めて建築は可変的になったのである。

では、なぜ一一～一四世紀という、比較的短い期間で、かつ礎石建工法が知られるようになってからあれほどまで長い年月が経っている時期に、実に広い地域で移行が強まることになったのか。不思議である。その後もはるか近代にまで掘立柱工法に固執していたことから、建築がいかに強固に伝統に結びついているのかということがはっきりする。

五、掘立柱建物を長期間堅持していた理由

掘立柱建物よりも礎石建物の方が有利だということは、西暦一〇〇〇年以前にすでに知られていた。礎石建方式がごく稀にしか選ばれなかったのは、先史時代においてすら技術的な不可能性ゆえではなかった。ベーダル（BEDAL 1987b；13.1 参照）は一三世紀後半の大半の建物が「完璧な」家屋建築であると証明したのだが、そうした成熟した工法が存在することからしても、中世における礎石建物の発生が新しい展開によるものではなかったことがわかる。だが、こうした事実にもかかわらず古来のものは堅持されており、建築がいかに保守的なものであるのかということがわかるのである。

フィッチェン（FITCHEN 1988, 53）によれば、建設業は少し前まではもっとも保守的な専門職のひとつであったという。これは建築の堅牢さの向上と火災の危険性抑制のための法令が、何世紀にもわたって再三公布されたにもかかわらず、常に破られていることから明らかである。法的処罰という脅しくらいでは、建築主たちが伝統的な建築方式を捨て去ることはなかった。もちろん基礎壁を塗るための左官が少なかったといった別の理由もあった。現在ではこうした左官の不足という問題は解決

されている。こうした理由はしかしながら建築の持つ伝統への固執が果たしている意味を否定するものではない。

ザルツブルクの君主御料局は一七九五年に法令を出し、木材消費を減らすために礎石建物を奨励しようとしたが、その法令の序文は、建築の伝統への固執を特によく示している。「大司教管区には、すべての谷や尾根に木造建築が溢れており、ありとあらゆる地域の中でも全アルプス地方と同じ状態である。あらゆる種類の石や、粘土、石炭、砂などといった自然の恵みがあるのに、この地域は常にもろくなった小屋に甘んじており、住民の財産はすぐに延焼する危険にさらされている。費用が少なくてすむとか早く建てられるなどといった思い違いを抱き、慣習により木造家屋は岩壁にもたれかけてつくられたのであるが、この建築方法は農夫にとっては実に価値のある慣習となったので、この建築方法と異なると、農夫は最高度に息苦しくなったのである」(KOLLER 1975, 125f.)。

住居建築における技術革新と持続との対立

この論文では、今日の視点では非実用的な建築方法である掘立柱建物が長期間堅持されていたことを、例として「持続」とよんだ。先行研究では、この概念は常に進歩や革新と反対の意味に使われてきたが、その原因が議論されるのは稀であった。しかしA・ニーデラー(A. NIEDERER 1993, 118-122)は比較的詳細に持続の原因と取り組んでいる。彼は自らの研究領域であるアルプスについて、地域に道がないために孤立し、そのために自給自足を強いられたという説明をしている。そのため影響を持っているのは「かつて得られ、認められた文化モデルであり、……そうしてまた、それが生じることになった原因がとうの昔にもはや有効ではなくなってしまっても、更に影響を持っているのである」(NIEDERER 1993, 119)という。

本論で関心を抱いている時代の中央ヨーロッパや北ヨーロッパでは、アルプスにおけるように孤立を持続の原因とすることはできないであろう。逆に住居を比較することで、緊密で遠方に及んでいた接触を認めることができる(ZIMMERMANN 1988)。しかしここでも集落は相当程度自給しているのであって、農業は決定的な要素となる。そういうわけで掘立柱建物への固執は、集落が相当程度自給していたことによって助長されていたとわれわれは考えている。

家屋建築がどれほど技術革新的でありえたのかということは、たとえば一三世紀後半における家屋建築が意外なほど進歩しているというベーダル(BEDAL 1987b)

の詳論から明らかになる。彼はそれを「完璧な」家屋建築とよんでいる。しかし中世考古学の成果からは対照的に、たとえばズィンデルフィンゲン（SCHOLKMANN 1978）におけるような一五世紀というはるかに新しい時代にも掘立柱建物があることが「実証されたと言われている」（BEDAL 1987b, 145）ため、ベーダルは「完璧な」住居建築と中世考古学の成果とが相容れないと考えている。ここでは、中世以来建ち続けている建物がわずかしかないのは、概してもっとも堅固な構造をもつものだけが今日まで伝えられえた結果であることを考慮すべきである。中世においては、簡素な構造と進歩的な構造上の解決策とが並存していた。たとえば、本論で示したような、礎石建物の横に掘立柱建物も建っているような場合である。

成熟した構造の存在は、中世中期に礎石建物が発明されたわけではなく、掘立柱建物との長い併存の時代が背後にあったということのもう一つの証拠となる。この点で重要なのは、われわれは大工という職業に少なくとも青銅器時代にまでさかのぼる長い伝統を前提としなければならないということである（ZIMMERMANN 1988）。

H・ヤンセ（H. JANSE 1989, 78）はオランダおよび隣接する北西ドイツにおける屋根構造にかんして、進歩的な構造形式と並んでとても古めかしい構造形式をひきあいに出している。メリオン―ジョーンズ（MEIRION-JONES 1982, 58）もブルターニュにおける、発展が始まる時期と衰退の末期に相当する掘立柱建物があり、他

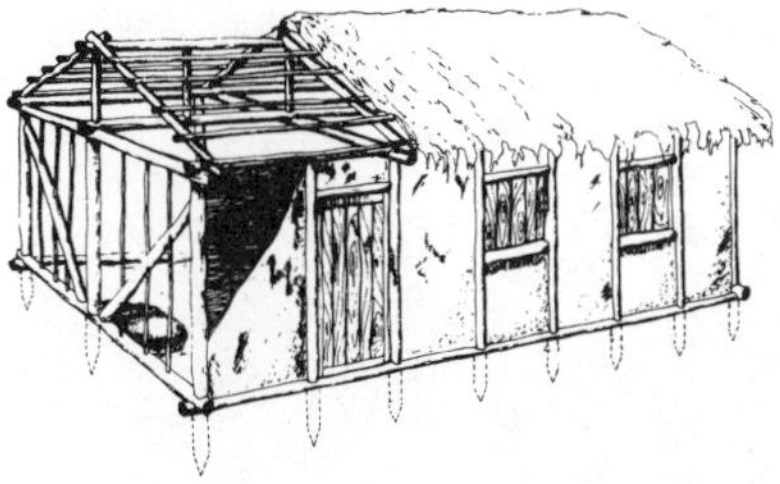
c

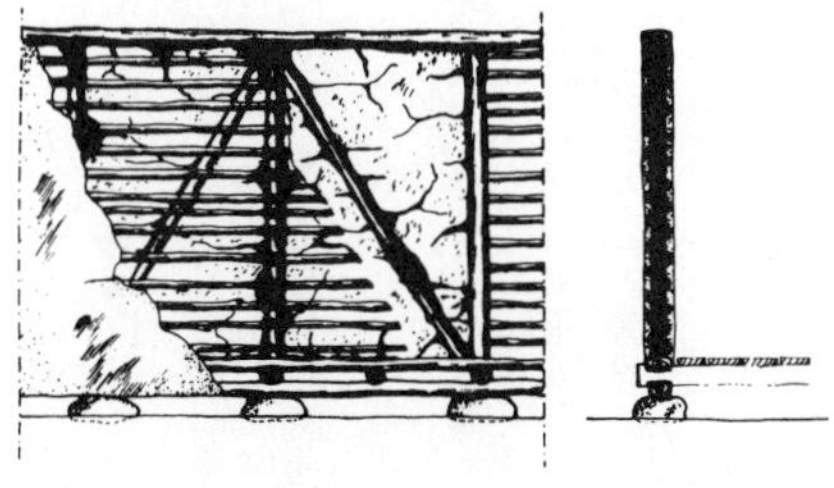
a

d

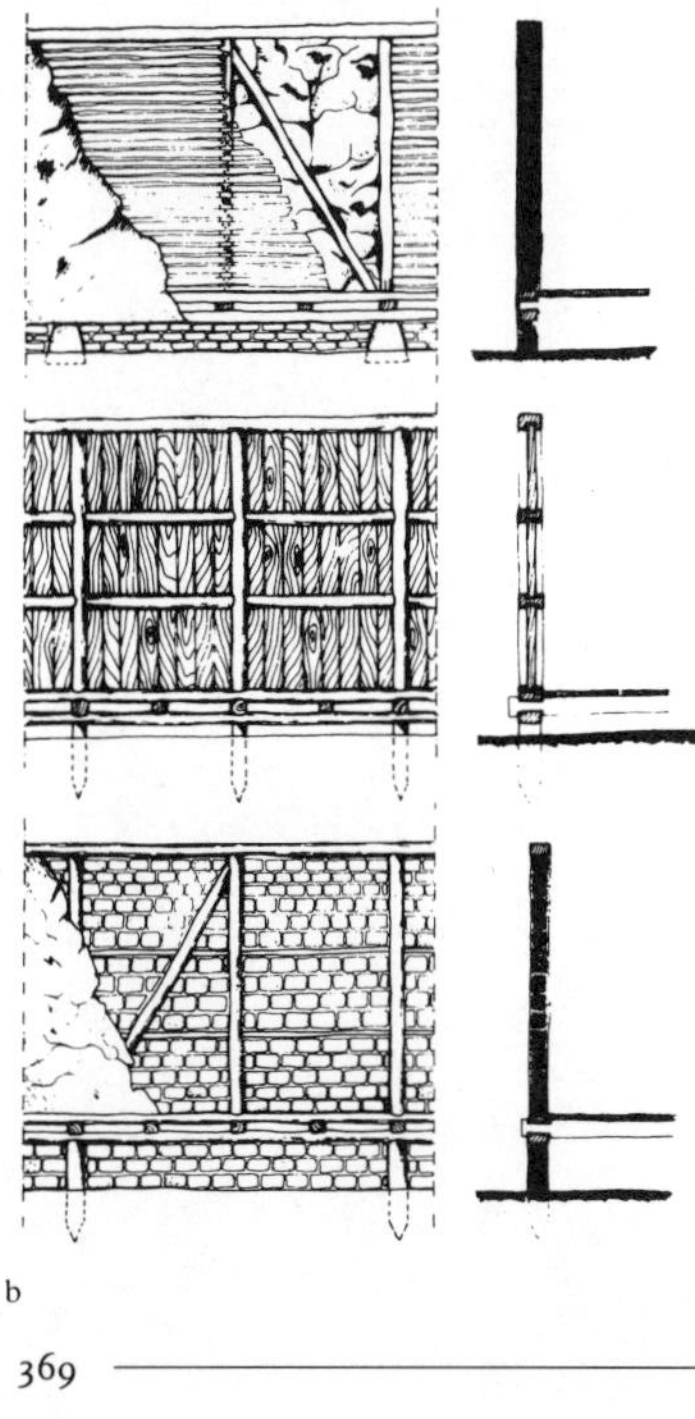
b

図27　a–d：トルコ、バフラ近郊。掘立柱建物と礎石建物、1974年（YAKAR u. GARZON 1976より）。

方で進歩的な建物があるという対照を強調している。

北部および中部トルコの前ヒッタイトの集落の家屋建築と、同地域における現在の住居との比較研究（図27）によって、両者が酷似していることが明らかとなった。つまり、この二つのケースではともに、粘土を塗りつけた編壁がある掘立柱建物や、地覆石の上に土台がある礎石建物と掘立柱建物との間に練り土が見出された。イェーカーとガルソン（YAKAR u. GARZON 1976）は現在の建物を先史時代の建物を復原考察する際のモデルとした。しかしこの比較からは、建築方式が連続しているということや掘立柱建物の伝統を守り続けているということはいえない。この論文でヨーロッパなどから取り上げられる例とは対照的に、北部および中部トルコについては掘立柱建物から礎石建物へのはっきりとした発展はまだ明らかになってはいない。

人間と住居の「平均寿命」

先史時代には、農耕に使用する土地を頻繁に移動することで、集落は農地とともに移動するという性格を備えるようになり、これが集落形態の主流を占めていた。だから農家の移動性が強く、住居を複数の世代のために建てようとすることはほとんどなかった。しかしながらこのことは、先史時代に礎石建物がそれほど価値を認められなかった要因のひとつにすぎないといってよかろう。というのも数世代にわたってひとつの場所に居を定めた場合でも、なおも掘立柱建物が主流を占めていたからである。掘立柱建物を長期間堅持していたさらに他の理由を挙げることにしよう。

今日の人びとの寿命が長いことを考えると、何故寿命の短い家しか建てられなかったのかが理解できない。それに対して近代初期までの人びとにとっては、家の寿命が三〇～四〇年であるということは比較的長く感じられた。人類学や人口統計学の研究から、近代初期までは人の平均寿命が三〇～四〇歳しかなかったということが明らかにされている。

A・F・ペッヒ（A. F. PECH 1981, 61）が算出したところによると、たとえばクックスハーフェン郡のフレーゲルンでは一七〇〇年と一八一九年には平均寿命が三六歳であった。同様に、イムホーフ（IMHOF 1988）が近代についてのさらに低い数値を挙げている。これには本質的に当時の子供の死亡率の高さがかかわっているが、比較的年齢の高い層が人口に占める割合はきわめて低い。先史時代や初期史時代の人間の寿命が比較的短いことを考えると、長持ちする建物を建てるよう促す理由は比較的少なかったといってもよかろう。

これについては、アメリカ合衆国の「歴史考古学」が行った比較が興味深い。ディーツ（DEETZ 1996, 132）がヴァージニアとニューイングランドの住居を比較したところ、ニューイングランドでは人の寿命が長く、掘立柱建物は稀であったが、それに対してヴァージニアでは寿命が短く、掘立柱建物が広範囲に広がっていた。ディーツは、将来を顧慮した肯定的な人生観が、耐久性のある建築方法を選ぶためには決定的だと考えているようである。カールソン（CARSON 1981, 169）らによれば、死亡率の高さからすると、掘立柱建物の寿命は人間の寿命よりも長かったという。ケルソー（KELSO 1984, 19）は、一七世紀のひどい経済状況が、掘立柱建物よりも上等な建物を許さなかったという指摘をしている。社会的関係が許すやいなや、自分の子孫のためにより耐久性のあるものが建てられるようになったという。

北アメリカの初期の植民地についての研究では、これまでに述べてきたこととは反対に、耐久性のある建物が建てられなかった理由が挙げられている。モルガン（MORGAN 1995, 112）によれば、開拓時代初期のヴァージニアには一種の「腰掛け気分」があり、比較的長期にわたる計画をすることはなかったとのことである。たとえば煙草などによってすぐに儲けることができ、儲かるとすぐにイギリスへ帰ろうと人びとが考えたので、住居には投資しなかったというのである。

イメージ世界での人間と住居の「生命」の同一視

家を建てるということが昔の人間にとってどのような意味をもっていたのか、たとえば一生のうちに家を建てるということが家長の責務であったというような、近代において広く普及したようなイメージがすでにあったのかどうか、われわれは知らない。

アラビアのいくつかの部族では、男は妻に家を持参しなければ結婚することができなかった。P・シュテーリ（P. STEHLI 1994）がデュレン郡アルデンホーファー・プラッテのメルツバッハタールにあるひも状土器文化の集落に関して、住居の寿命が二五年で、人間の一世代と合致しているということを論じた。なるほどここには一生のうちに家を建てることを責務と感じる近代的なイメージとの類比が想定されるが、もちろんその類比には根拠がまったく欠けている。

われわれはこれについて、ただモデル的に論じようとしているだけである。すなわち、われわれにとって今日では失われてしまった世界観の方が、われわれが研究成果を基にして復原しようといている要素よりも、人間によって制御可能な出来事に強く影響を及ぼしたであろうということを。

R・ウォーターソン（R. WATERSON 1990）によれ

ば、東南アジアでは人間の健康と、その人が住んでいる住居の状態との間に相関関係があり、それどころか家という「身体」は人間の身体を象徴していると考えられているのだという。家には頭や、首筋などがある。ヨーロッパのエレ［肘から指先までの長さ］、フィート［足の指先からかかとまでの長さ］、クラフター［両手を広げた長さ］などのような人間の身体で測った長さの単位は、東南アジアではいつも「役に立つ」ものさしであるというだけでなく、人間と住居とのこうした同一視から説明されるのである（WATERSON 1990, 129–132）。日本のアイヌにとっても、住居とその部材は生きた個体であり、もしそれがこの世に存在しなくなっても、次の世界が与えられると考えられていた（BATCHELOR 1901, 117, 120f.：バチラーのこの著作に関しては、日本にも紹介されている。ジョン・バチラー著『アイヌの伝承と民俗』安田一郎訳、青土社、一九九五年、一一七頁ページ参照）。

ヨーロッパではかなりのメールヒェンのモティーフも、「人間と木の本質を同一視する信仰」（MARZELL 1927）と、同じ傾向を示しているかもしれない。ヨーロッパの広範な部分では、家族は住居や屋敷の名称によってよばれたのであって、その逆がなかったという事実からは、住居の社会における位置づけを示している。しかしそれはまた住居と人間との同一視の一形態であるかもしれない。ブラウン（BROWN 1976）は住居と人間との同一視を、家型骨壺を例に明示している。

ヨーロッパにはまた、人間の生がその人の住居の生と運命的に互いに結びついていたというイメージもあった。バルカンのかなりの地方では、運命からのがれるために家の中のある場所を未完成にしておいて、一家の主人がその生涯における責務をまだ果たしておらず、それゆえ早死にしてはならないということの徴とした（OLIVER 1997, 554）。また、五〇ないしは六〇歳以上ではもう家を建ててはならず、建ててしまうとその年に死ぬことになるといったことがしばしば信じられていたのである（SARTORI 1911, 3）。

近代に広く流布したそのような世界観が先史時代にはどれだけ広まっていたのかはわからず、それゆえ先史時代の人間にとっては家を建てること、父親の家を受け継がないということが必要であったのか、状況によっては義務ですらあったのかは究明できない。だから、先史時代や初期史時代の人間が住居の寿命を長くしようという努力をそれほど払わなかったことに、こうした考え方がかかわっているのかどうかは、後考を俟つほかない。

われわれは別の論文で（ZIMMERMANN 1998, 5.6.1）、いくつかの掘立柱建物の事例を基に、掘立柱建物が、多くは一〇年から五〇年までであるが、下は一〇年未満から上は一〇〇年以上存続しうることを証明することができた。だから掘立柱建物の寿命が二五〜三〇年だという、この数十年間考古学でしばしば繰り返されてきた常套句は、考古学的な根拠をもたないものなのである。おそらくこの常套句は、人間と住居の「生」を同一視するイメージに引きずられてできたものであろう。

参考文献

Ahrens, C., 1966: Vorgeschichte des Kreises Pinneberg und der Insel Helgoland. Die vor- und frühgeschichtlichen Denkmäler und Funde in Schleswig-Holstein 7, 502 S., 113 Tafeln, Neumünster.

Andersen, H. H., 1980a: Neue Grabungsergebnisse 1977 zur Besiedlung und Bebauung im Inneren des slawischen Burgwalles Alt-Lübeck. Lübecker Schriften zur Archäologie und Kulturgeschichte 3, 37–50, Bonn.

Bärenfänger, R., 1997: Aus der Geschichte der Wüstung „Kloster Barthe“, Landkreis Leer, Ostfriesland. Ergebnisse der archäologischen Untersuchungen in den Jahren 1988 bis 1992. Probleme der Küstenforschung im südlichen Nordseegebiet 24, 9–252, Oldenburg.

Baker, P. S., u. Lapidge, M., 1995: Byrhtferth's Enchiridion. Early English Text Society supplementary series 15, 480 S., Oxford.

Bakker, J. A., 1979: Protection, acquisition, restoration, and maintenance of the Dutch hunebeds since 1734. An active and often exemplary policy in Drenthe (I). Berichten van de Rijsdienst voor het Oudheidkundig Bodemonderzoek 29, 143–183, Amersfoort.

Batchelor, J., 1901: The Ainu and their folklore, 604 S., London.

Bauer, C. H., 1992: Anspruch und Wirklichkeit landesherrlicher Baugesetzgebung. Analyse der Wechselwirkungen zwischen Verordnungen und Hausbau in Hessen-Kassel bzw. Kurhessen von 1532 bis 1866 (Dissertation, Philosophische Fakultät, Universität Marburg 1991), 379 S., Marburg.

Baumgarten, K., 1961: Zimmermannswerk in Mecklenburg. Die Scheune. Veröffentlichungen des Instituts für Deutsche Volkskunde 26, 198 S., 32 Tafeln, Berlin.

Baumhauer, M., 1992: Vorstädtische Hausformen Süd- und Mitteldeutschlands im frühen und hohen Mittelalter. Magisterarbeit, Philosophische Fakultät, Universität Tübingen.

Bedal, K., 1987b: Zeitmarken in der traditionellen Baukultur. Ein gewagter Versuch anhand nord- und süddeutscher Beispiele. In: G. Wiegelmann (Hrsg.), Wandel der Alltagskultur seit dem Mittelalter. Beiträge zur Volkskultur in Nordwestdeutschland 55, 139–159, Münster.

Berends, G., 1996: Historische houtconstructies in Nederland, 142 S., Arnhem.

Berg, A., Anderson, I., Nielsen, E. L., u. Valonen, N., 1982:

Svill. In: Kulturhistorisk leksikon for nordisk Middelalder 17, 2. Auflage, 558–565, Kopenhagen.

Besteman, J. C., Bos, J. M., u. Heidiga, H. A., 1993 : Graven naar friese koningen. De opgraving in Wijnaldum, 2. Auflage, 72 S., Franeker.

Biel, J., 1995: Die Siedlung der Späthallstatt-/Frühlatènezeit von Hochdorf/Enz, Kreis Ludwigsburg. In : Fürstensitze – Höhenburgen – Talsiedlungen. Bemerkungen zum frühkeltischen Siedlungswesen in Baden-Württemberg. Archäologische Informationen aus Baden-Württemberg 28, 30–37, Stuttgart.

Bielenin, K., 1978 : Der frühgeschichtliche Eisenerzbau in Rudki im Swietokrzyskie-(Heilig-Kreuz-)Gebirge. In : Deutsches Bergbaumuseum Bochum (Hrsg.), Eisen und Archäologie. Eisenerzbergbau und -verhüttung vor 2000 Jahren in der VR Polen. Veröffentlichungen aus dem Deutschen Bergbaumuseum Bochum 14, 9–23, Bochum.

Bierbrauer, V., 1995 : Vom Reihendorf zum Haufendorf. Archäologie in Deutschland 1995 : 2, 20–23, Stuttgart.

Bihan, J. -P. le, u. Robic, J. -Y., 1992 : Un village de la transition Bronze-Fer. Mez-Notariou à Ouessant. In : L'habitat et l' occupation du sol à l'Âge du Bronze en Europe. Colloque international de Lons-le-Saunier 1990. Documents práhistoriques 4, 103–116, Paris.

Bihan, J. P. le, 1997 : Le site protohistorique et antique de Mez-Notariou. Bilan de neuf campagnes de fouille dans l'île d'Ouessant. Bulletin Société archéologique du Finistère 126, 99–124.

Binding, G. (Hrsg.), 1987 : Der mittelalterliche Baubetrieb Westeuropas. Katalog der zeitgenössischen Darstellungen. Veröffentlichung der Abteilung Architektur des Kunsthistorischen Instituts der Universität zu Köln 32, 568 S., Köln.

Böttcher, D., 1988 : Konstruktion und Statik des Gulfhauses. Versuch einer konstruktionshistorischen Einschätzung. Berichte zur Denkmalpflege in Niedersachsen 8, 10–15, Hannover.

Bonhsack, D., 1937 : Ein ostgermanisches Fürstengrab bei Pilgramsdorf in Ostpreußen. Germanen-Erbe 2, 258–261, Leipzig.

Brandt, K., 1986 : Archäologische Untersuchungen in einem mittelalterlichen Marktort an der Nordseeküste. Probleme der Küstenforschung im südlichen Nordseegebiet 16, 127–170, Hildesheim.

Broscheit, F., 1994 : Steinerne Turmhäuser als bürgerliche Wohnbauten des 13. Jahrhunderts im Lübecker Kaufleuteviertel. Archäologisches Korrespondenzblatt 24, 457–468, Mainz.

Brown, F. E., 1976 : Of huts and houses. In : L. Bonfante (Hrsg.), In memoriam Otto J. Brendel. Essays in archaeology and the humanities, 5–12, Mainz.

Buttler, W., 1934 : Gruben und Grubenwohnungen in Südosteuropa. Bonner Jahrbuch 139, 134–144, Bonn.

Carson, C., Barka, N. F., Kelso, W. M., Stone, G. W., u. Uptno, D., 1981 : Impermanent architecture in the Southern American colonies. Winterthur portfolio 16 : 2/3, 135–196, Chicago.

CHRISTESEN, J., 1879 : Et bøndergod's tilstand for 150 aar siden. Uddrag af Friisholt Birkethings protokol. Samlinger til Jysk historie og topografi 7, 1878–79, 201–223, Aalborg.

CHRISTIASEN, H., 1987 : Sig – et middelalderhus med stensyldsfundament. Meta 87 : 1/2, 49–50, Lund.

CRAWFORD, S. J., 1929 : Byrhtferth's manual (A. D. 1011). Early English Text Society original series 177, 250 S., London.

DEETZ, J., 1996 : In small things forgotten. An archaeology of early American life, 285 S., New York, London.

DIECKMANN, B., 1997 : Mittelbronzezeitliche Siedlungen im Hegau. In : Archäologisches Landesmuseum Baden–Württemberg (Hrsg.), Goldene Jahrhunderte. Die Bronzezeit in Südwestdeutschland. Almanach 2, 67–71, Stuttgart.

DITMAR–TRAUTH, G., 1995 : Das gallorömische Haus. Zu Wesen und Verbreitung des Wohnhauses der gallorömischen Bevölkerung im Imperium Romanum (Dissertation, Philosophische Fakultät, Universität Münster). 2 Bände, Antiquitates 10, 347 S. u. 206 S., Hamburg.

DÖRFLER, W., KLAGES, U., u. TURNER, H. –J., 1994 : Die Schafställe der Nordheide. Eine Bestandsaufnahme unter besonderer Berücksichtigung der Grenzgebiete zwischen den ehemaligen Stiften Bremen und Verden sowie dem Fürstentum Braunschweig–Lüneburg. Arbeitshefte zur Denkmalpflege in Niedersachsen 10. Schriften zur Volkskunde und Geschichte des Landkreises Harburg 3, 261 S., Hannover.

DOMENIG, G., 1980 : Tektonik im primitiven Dachbau. Materialien und Rekonstruktion zum Phänomen der auskragenden Giebel an alten Dachformen Ostasiens, Südostasiens und Ozeaniens. Publikation zur Ausstellung "Göttersitz und Menschenhaus", Eidgenössische Technische Hochschule Zürich, 197 S., Zürich.

DONAT, P., 1980 : Haus, Hof und Dorf in Mitteleuropa vom 7. bis 12. Jahrhundert. Schriften zur Ur– und Frühgeschichte 33, 255 S., Berlin.

DUSEK, M., u. DUSEK, S., 1995 : Smolenice–Molpír. Befestigter Fürstensitz der Hallstattzeit 2. Materialia Archaeologica Slovaca 13, 205 S., Nitra.

ECKHARDT, K. A., 1933 : Sachsenspiegel –Landrecht. Fontes iuris germanici antiqui, 168 S., Hannover.

ENGBERG, N., 1992 : Middelalderlandsbyens Huse. En oversigt over Forskningen i Danmark. Udviklingsteorier og Udgravningsresultater. In : AUGUSTSSON, J. – E. (Hrsg.), 1992 : 115–127.

ERIXON, S., 1937 : Some primitive constructions and types of lay–out, with their relation to European rural building practice. Folkliv – Zeitschrift für nordische und europäische Volkskunde 1937, 124–155.

Es, W. A. VAN, u. HULST, R. S., 1991 : Das merowingische Gräberfeld von Lent. Nederlandse oudheden 14, 297 S., Amersfoort.

FENSTERBUSCH, C. (Übers.), 1991 : Vitruv. Zehn Bücher über Architektur. Bibliothek klassischer Texte, 5. Auflage, 585 S., 20 Abbildungen, Darmstadt.

FITCHEN, J., 1988 : Mit Leiter, Strick und Winde. Bauen vor dem Maschinenzeitalter, 348 S., Basel, Boston, Berlin.

GAFFREY, J., ESMYOL, C., u. BLÖBAUM, A., 1996 : Borken. Neubaugebiet West. In : Westfälisches Museum für Archäologie, Amt für Bodendenkmalpflege und Altertumskommission für Westfalen (Hrsg.), Neujahrsgruß 1996. Jahresbericht für 1995, 67, Münster.

GERRETS, D. A., HEIDINGA, H. A., u. KONING, J. DE, in Druckvorber. : Development of the settlement on the terp Wijnaldum-Tjitsma. In : J. C. Besteman, J. M. Bos, D. A. Gerrets u. H. A. Heidinga (Hrsg.), The excavation near Wijnaldum. Friesland in roman and medieval times.

GERSBACH, E., 1994 : Die Baubefunde der Perioden IVc–IVa. Text- u. Tafelband. Heuneburgstudien 11, Römisch-Germanische Forschungen 53, Mainz.

GJÆRDER, P., 1977 : Vestnorske utløer i stavverk, 91 S., Bergen, Oslo, Tromsø.

GLÄSER, M., 1997 : Stand, Aufgaben und Perspektiven der Archäologie in Lübeck. In : GLÄSER, M. (Hrsg.), 1997 : 205–220.

GODAL, J. B., u. MOLDAL, S., 1994 : Beresystem i eldre norske hus, 186 S., Oslo.

GRIMM, J., u. GRIMM, W., 1899 : Schwelle. In : Deutsches Wörterbuch 9, Spalte 2486–2493, Leipzig.

GÜNTZEL, J. G., 1988 : Zur Geschichte des Lehmbaus in Deutschland, 443 S., Dissertation, Universität Kassel.

GUTSCHER, D., u. SCHNEIDER, J. E., 1982 : Die Befunde der Grabung, In : J. E. Schneider, D. Gutscher, H. Etter u. J. Hanser, Der Münsterhof in Zürich. Bericht über die Stadtkernforschungen 1977/78. Teil 1. Schweizer Beiträge zur Kulturgeschichte und Archäologie des Mittelalters 9, 50–146, Olten, Freiburg/Br.

GUYAN, W. U., 1950 : Die frühmittelalterliche Siedlung von Osterfingen. Zeitschrift für schweizerische Archäologie und Kunstgeschichte 11, 193ff.

HÄHNEL, J., 1973 : Umgebinde. Studien zum Gefüge des Bauernhauses im mitteldeutschen Osten und seiner Stellung im Hausbau Mitteleuropas (Dissertation, Philosophische Fakultät, Universität Münster 1969), 445 S., Münster.

HENRIKSSON, G., 1996 : Skiftesverk i Sverige. Ett tusenårigt byggnadssätt, 346 S., Stockholm.

HINZ, H., 1976b : Bauopfer. In : J. Hoops (Begr.), Reallexikon der germanischen Altertumskunde 2, 2. Auflage, 111–112, Berlin, New York.

HINZ, H., 1976c : Bauteile des Hauses. In : J. Hoops (Begr.), Reallexikon der germanischen Altertumskunde 2, 2. Auflage, 113–122, Berlin, New York.

HINZ, H., 1989a : Ländlicher Hausbau in Skandinavien vom 6. bis 14. Jahrhundert. Stova –Eldhus –Bur. Zeitschrift für Archäologie des Mittelalters, Beiheft 5, 367 S., Köln, Bonn.

HOCHULI, S., 1994 : Arbon–Bleiche. Die neolithischen und

bronzezeitlichen Seeufersiedlungen. Ausgrabungen 1885–1991. Archäologie im Thurgau 2, 363 S., Frauenfeld.

Hoffmann, M., 1943 : Jærhuset. By og bygd –Norsk Folkemuseums årbok 2, 1944, 55–157, Oslo.

Hoppe, M., 1990 : Archäologische Spurensuche –Häuser der endneolithischen Chamer Gruppe bei Dietfurt a. d. Altmühl. Das archäologische Jahr in Bayern 1989, 48–50, Stuttgart.

Hoppe, M., 1991 : Die Siedlung der Chamer Gruppe bei Dietfurt im Altmühltal. In : K. Schmotz (Hrsg.), Vorträge des 9. Niederbayerischen Archäologentages, 51–63, Deggendorf.

Imhof, A. E., 1988 : Die Lebenszeit. Vom aufgeschobenen Tod und von der Kunst des Lebens, 363 S., München.

Jaanusson, H., 1971 : Bronsålderbopladsen vid Hallunda. Fornvännen 1971 : 3, 173–185, Stockholm.

Jaanusson, H., 1981 : Hallunda. A study of pottery from the Late Bronze Age settlement in central Sweden. The Museum of National Antiquities Stockholm studies 1, 140 S., Stockholm.

Jans, E., 1996 : Twentse schaapskooien. Monumenten en bouwhistorie, Jaarboek Monumentenzorg, 150–155, Zwolle.

Janse, H., 1989 : Houten kappen in Nederland 1000–1940. Herausgegeben vom Rijksdienst voor de Monumentenzorg, Bouwtechniek in Nederland 2, 413 S., Delft.

Jaspers, F. –W., u. Ottenjann, H., 1983 : Volkstümliche Möbel aus dem Ammerland. Stollentruhen –Kastentruhen –Koffertruhen. Materialien zur Volkskultur nordwestliches Niedersachsen 4, 201 S., Cloppenburg.

Kelso, W. M., 1984 : Kingsmill plantations 1619–1800. Archaeology of country life in colonial Virginia. Studies in historical archaeology, 236 S., San Diego, California.

Kimmig, W., u. Gersbach, E., 1971 : Die Grabungen auf der Heuneburg 1966–1969. Germania 49, 21–91, Berlin.

Körner, G., u. Laux, F., 1971 : Vorgeschichte im Landkreis Lüneburg, 166 S., Lüneburg.

Koller, E., 1975 : Forstgeschichte des Landes Salzburg, 347 S., 22 Tafeln, Salzburg.

Kolnik, T., 1998 : Haus und Hof im quadischen Limesvorland. In : A. Leube (Hrsg.), Haus und Hof im östlichen Germanien. Universitätsforschungen zur prähistorischen Archäologie 50, 144–159, Bonn.

Komber, J., 1986 : En teknisk–konstruktiv analyse av jernalderens gårdshus i Norge. Et bidrag til forhistorisk byggforskning. Avhandling til magistergraden i arkeologi, 240 S., Universität Bergen.

Krünitz, J. G. (Hrsg.), 1782a : Baugeräte. In : Oekonomische Encyklopädie oder allgemeines System der Staats–, Stadt–, Haus– und Landwirtschaft 3, 672–674, Berlin.

Kurz, S., 1995 : Die Außensiedlung der Heuneburg, Gemeinde Herbertingen–Hundersingen, Kreis Sigmaringen. In : Fürstensitze – Höhenburgen – Talsiedlungen. Bemerkungen zum frühkeltischen Siedlungswesen in Baden–

Württemberg. Archäologische Informationen aus Baden-Württemberg 28, 9-23, Stuttgart.

Larsen, L. Krants, 1999 : Tømmer fra Tønder. Anno Domini 5, 5-20, Højbjerg.

Legant-Karau, G., 1994 : Mittelalterlicher Holzbau in Lübeck an der Schwelle vom ländlichen zum städtischen Siedlungsgefüge. Archäologisches Korrespondenzblatt 24, 333-345, Mainz.

Leube, A., in Druckvorber. : Studien zu Wirtschaft und SiedlungbeidengermanischenStämmen im nördlichen Mitteleuropa während des 1. bis 5/6. Jahrhunderts. Erscheint in : Schriften zur Ur- und Frühgeschichte, Berlin.

Lichtenberg, H., 1931 : Die Architekturdarstellungen in der mittelhochdeutschen Dichtung. Forschungen zur deutschen Sprache und Dichtung 4, 118 S., Münster.

Lienemann, J., 1989 : Anthropogene Böden Nordwestdeutschlands in ihrer Beziehung zu historischen Bodennutzungssystemen. Probleme der Küstenforschung im südlichen Nordseegebiet 17, 77-117, Hildesheim.

Luley, H., 1992 : Urgeschichtlicher Hausbau in Mitteleuropa. Grundlagenforschungen, Umweltbedingungen und bautechnische Rekonstruktion. Universitätsforschungen zur prähistorischen Archäologie. Aus dem Institut für Ur- und Frühgeschichte der Universität zu Köln 7, 292 S., Bonn.

Lund, J., u. Nielsen, J. N., 1984 : Nordjyske jernalderbygninger med fodremskonstruktion. Aarbøger for nordisk oldkyndighed og historie 1982, 58-83, Kopenhagen.

Lund, O., 1878 : Forsøg på en beskrivelse af bygningsmaaden m. m. af de vestjyske bøndergaarde. Manuskript, Det Kongelige Bibliotek, ny kgl. samling 794cg 4to, Kopenhagen.

Marzell, H., 1927 : Baum In : H. Bächtold-Stäubli(Hrsg.), Handwörterbuch des deutschen Aberglaubens 1, Sp. 954-958, Berlin, Leipzig.

Meirion-Jones, G. I., 1982 : The vernacular architecture of Brittany. An essay in historical geography, 407 S., Edinburgh.

Mejborg, R., 1888 : Gamle danske hjem. Det 16de, 17de og 18de aarhundrede. Festskrift i anledning af hundredaarsdagen for Stavnbaandets Løsning, 128 S., Kopenhagen.

Mejborg, R., 1892 : Nordiske bøndergaarde i det 16de 17de og 18de aarhundrede 1. Slesvig, 220 S., Kopenhagen.

Meringer, R., 1905 : Wörter und Sachen 2. Indogermanische Forschungen 17, 100-166, Berlin.

Meyer, G. M. de, u. Elzen, E. W. F. van der, 1982 : De verstening van Deventer. Huizen en menschen in de 14de eeuw. Historische studies 43. Bijdragen van het Instituut voor middeleeuwse Geschiedenis 38, 196 S., Groningen.

Meyer, H. H., 1994 : Das Haus, das einer Hütte wich. Die Geschichte eines Bauernhauses aus dem Bremer Landgebiet. Veröffentlichungen des Bremer Landesmuseums für Kunst und Kulturgeschichte Focke Museum 95, 176 S., Bremen.

MIKKELSEN, H., 1987: Bulhuse - 50 år efter Clemmensen. Meta 87: 1/2, 8-30, Lund.

MILLE, P., 1998: Ethnoarchéologie du bois. Étude d'un coffre daté des environs de l'an mil, découvert sur le site lacustre de Charavines (Isère). Archéologie médiévale 27, 1997, 59-72, Caen.

MORGAN, E. S., 1995: American slavery -American freedom. The ordeal of colonial Virginia, 464 S., New York.

MUCH, R., 1967: Die Germania des Tacitus, 3. Auflage, unter Mitarbeit von H. Jankuhn. Germanische Bibliothek, 5. Reihe, 583 S., 20 Tafeln, 3 Karten, Heidelberg.

NATIONALMUSEET (Hrsg.), 1988: På herrens mark. Stavnsbundet eller fri, 128 S., Kopenhagen.

NIEDERER, A., 1993: Die alpine Alltagskultur. Zwischen Routine und Adoption von Neuerungen. In: K. Anderegg u. W. Bätzing (Hrsg.), Alpine Alltagskultur zwischen Beharrung und Wandel. Ausgewählte Arbeiten aus den Jahren 1956 bis 1991, 518 S., Bern, Stuttgart, Wien (1979 erschienen in: Schweizerische Zeitschrift für Geschichte 29: 1, 233-255).

NIELSEN, J. N., 1987: Sejlflod. Skalk - nyt om gammelt 4, 3-9, Højbjerg.

NIELSEN, J. N., 1998: Ældre jernalders bebyggelse i det østlige Limfjordsområde. Limfjordprojektet, rapport nr. 8 II, Variation og enhed omkring Limfjorden, 271-292, Løgstør, Århus.

OELMANN, F., 1926: Haus § 32. In: M. Ebert (Hrsg.), Reallexikon der Vorgeschichte 5, 197-198, Berlin.

ØRUM-NIELSEN, J., 1988: Længeboligen om langhusene, længehusene, husene på række og rækkehus, 355 S., Viborg.

ØFFENBERGER, J., 1981: Die „Pfahlbauten" der Salzkammergutseen. In: D. Straub (Hrsg.), Das Mondseeland. Geschichte und Kultur. Katalog der Ausstellung des Landes Oberösterreich, 8. Mai bis 26. Oktober 1991, Kirche und ehemaliges Stift Mondsee, 295-357, Linz.

OLIVER, P. (Hrsg.), 1997: Encyclopedia of vernacular architecture of the world. 3 Bände, 2384 S., Cambridge.

ORDBOG, 1943: Lemma 'Stive'. In: Ordbog over det Danske Sprog 21, Spalte 1459, Kopenhagen (Bände 1-28, 1919-1956).

OTTENJANN, H., u. TECKLENBURG, H., 1979: Alte Bauernhäuser zwischen Weser und Ems, 56 S., Leer.

OVIE, H. -D., 1932: Die Besiedlung der oldenburgischen Moore, 139 S., 1 Karte, Dissertation, Landwirtschaftliche Hochschule Berlin.

PECH, A. F., 1981: Bevölkerungsentwicklung und Sozialstruktur eines nordniedersächsischen Geestdorfes im 18. Jahrhundert, aufgezeigt an dem Dorf Flögeln im Landkreis Cuxhaven. Jahrbuch der Männer vom Morgenstern 60, 49-75, Bremerhaven.

PEßLER, W., 1906: Das altsächsische Bauernhaus in seiner geographischen Verbreitung, 258 S., Braunschweig.

PEßLER, W., 1925: Wortgeographie von Nordwestdeutschland im Rahmen der vergleichenden deutschen Ethnographie. Teutonista 1, 1924/25, 6-24.

PHLEPS, H., 1939: Die Bauart des Totenhauses eines gotischen Gaufürsten in Pilgramsdorf bei Neidenburg. Mannus -Zeitschrift für deutsche Vorgeschichte 31, 399-411, Leipzig.

REICHMANN, C., 1984: Eine mittelalterliche Schmiede am Bocholter Kirchhof. Ausgrabungen und Funde in Westfalen-Lippe 2, 69-100, Mainz.

RIEK, G., 1942: Ein Fletthaus aus der Wende ältere-jüngere Hunsrück-Eifel-Kultur bei Befort in Luxemburg. Germania 26, 26-34, Berlin.

RIGOLD, S. E., 1975: Structural aspects of medieval timber bridges. Medieval archaeology 19, 48-91, London.

RÖHRIG, L., 1973: Lexikon der sprichwörtlichen Redensarten. 2 Bände, Freiburg, Basel, Wien.

SÄLLSTRÖM, F., 1943: Lilla Jored-fyndets gravanläggning. Kungl. vitterhets historie och antikvitets akademiens handlingar 55, Antikvariska studier 1, 5-60, Stockholm.

SAGE, W., 1965: Frühmittelalterlicher Holzbau. In: W. Braun-fels u. H. Schnitzler(Hrsg.), Karl der Große. Lebenswerk und Nachleben 3. Karolingische Kunst, 573-590, Düsseldorf.

SARTORI, P., 1911: Sitte und Brauch 2. Leben und Arbeit daheim und draußen. Handbücher zur Volkskunde 6, 209 S., Leipzig.

SASS, J., 1927: Die Sprache des niederdeutschen Zimmermanns, dargestellt auf Grund der Mundart von Blankenese (Holstein). Sprache und Volkstum - Arbeiten zur niederdeutschen Sprachgeschichte und Volkskunde 1, 148 S., Hamburg.

SCHALIES, I., 1999: Neue Befunde hochmittelalterlicher Holzbauten im Lübecker Gründungsviertel. Archäologisches Korrespondenzblatt 29, 125-141, Mainz.

SCHEFTEL, M., 1990: Mittelalterlicher Holzbau in den Stüdten des niederdeutschen Raumes und der angrenzenden Küstengebiete. Lübecker Schriften zur Archäologie und Kulturgeschichte 20, 7-100, Bonn

SCHEPERS, J., 1978: Das Bauernhaus in Nordwestdeutschland. Dissertation Universität Münster. Neudruck von Schriften der Volkskundlichen Kommission im Provinzialinstitut für westfälische Landes- und Volkskunde 7, 250 S., 22 Tafeln, 7 Karten, 86 Abbildungen, Bielefeld.

SCHEPERS, J., 1994: Haus und Hof westfälischer Bauern, 7. Auflage, 592 S., Münster.

SCHINDLER, R., 1969: Die Aleburg von Befort in Luxemburg. Hémecht 1, 37-50.

SCHINDLER, R., 1976: Befort. In: J. Hoops (Begr.), Reallexikon der germanischen Altertumskunde 2, 2. Auflage, 147-150, Berlin, New York.

SCHINDLER, R., Koch, K, —H, 1977: Vor- und frühgeschichtliche Burgwälle des Großherzogtums Luxemburg, 61S., 32 Abbildungen, 34 Pläne, Trier.

SCHLICHTHERLE, H., 1989: Pfahlbauten. Die frühe Besiedlung des Alpenvorlandes. Spektrum der Wissenschaft 1989: Juni, 72-85.

SCHMAEDECKE, M., 1992a: Der Breisacher Münsterberg. Topographie und Entwicklung. Forschungen und Berichte der Archäologie des Mittelalters in Baden-Württemberg 11, 290 S., Stuttgart.

Schmaedecke, M., u. Tauber, J., 1992 : Ausgrabungen in Lausen-Bettenach. Vorbericht über die archäologischen Untersuchungen 1985-1992. Archäologie und Museum 25, 65 S., Liestal.

Schmidt, A. F., 1953 : Hegn og markfred, 250 S., Brabrand.

Schmidt. V., in Druckvorber. : Untersuchungen auf einem Spätgermanischen Siedlungsplatz in der Autobahn trasse A 20 bei Rollwitz, Ldkr, Uecker-Randow. Bodendenkmal-pflege in Mecklenburg-Vorpommern, Jahrbuch 48.

Schmiederer, W., 1997 : Wohnen und Wirtschaften vor 600 Jahren. Ausgrabungen im Stadtkern von Wittstock, Landkreis Ostprignitz-Ruppin. Archäologie in Berlin und Brandenburg 1995-1996, 140-141, Stuttgart.

Schneider, J. E., 1986 : Der städtische Hausbau im südwestdeutsch-schweizerischen Raum. Zeitschrift für Archäologie des Mittelalters, Beiheft 4, 17-38, Bonn.

Schönfeld, G., 1997 : Im Tal des Verlorenen Baches. Siedlungen der Jungsteinzeit in feuchten Talauen Bayerns. In : H. Schlichtherle (Hrsg.), Pfahlbauten rund um die Alpen. Archäologie in Deutschland, Sonderheft 1997, 81-87, Stuttgart.

Scholkmann, B., 1978 : Sindelfingen/Obere Vorstadt. Eine Siedlung des hohen und späten Mittelalters. Forschungen und Berichte der Archäologie des Mittelalters in Baden-Württemberg 3, 217 S., 82 Tafeln, 18 Beilagen, Stuttgart.

Schulz, K. J., 1990 : Bauten für den Tod. Die Nekropolen von Limyra. In : R. Jacobek u. A. Dinstl (Red.), Götter, Heroen, Herrscher in Lykien, 59-64, Wien, München.

Sjömar, P., 1988 : Byggnadsteknik och timmermanskonst. En studie med exempel från några medeltida knuttimrade kyrkor och allmogehus. Arkitekturens teori och historia. Chamers tekniska högskola 1988 : 1, 318 S., (Dissertation Chamers Tekniska Högskola, ny serie 685), Göteborg.

Skov, H., 1994 : Hustyper i vikingetid og tidlig middelalder. Udviklingen af hustyperne i det gammeldanske område fra ca. 800-1200 e. Kr. In : Landbebyggelse i middel-alderen. Huse og gårde. Hikuin 21, 139-162, Højbjerg.

Skre, D., 1996 : Herredømmet. Bosetning og besittelse på Romerike 200-1350 e. Kr., 598 S., Dissertation Universität Oslo.

Skre, D., 1998 : En Støpeplass fra bronsealderen. Universitets Oldsaksamlings Skrifter, ny rekke 21, 125-142, Oslo.

Slofstra, J., 1987 : Een nederzetting uit de Romeinse tijd bij Hoogeloon. In : W. C. M. van Nuenen u. a. (Hrsg.), Drie dorpen, een gemeente. Een bijdrage tot de geschiedenis van Hoogeloon, Hapert en Casteren, 51-86, Haspert.

Slofstra, J., 1991 : Changing settlement systems in the Meuse-Dener-Scheldt area during the Early-Roman period. In : N. Roymans u. F. Theuws (Hrsg.), Images of the past. Studies on ancient societies in northwestern Europe, 131–146, Amsterdam.

SOBON, J., u. SCHROEDER, R., 1990 : Holzrahmen-Konstruktionen. Geschichte und Entwicklung der Timber-Frame-Bauweise, 194 S., Düsseldorf.

SOEDER, H., 1964 : Urformen der abendländischen Baukunst. DuMont Dokumente 3, Kultur und Geschichte, 296 S., Köln.

STADE, F., 1904 : Die Holzkonstruktionen. Lehrbuch zum Selbstunterrichte. Die Schule des Bautechnikers 13, 372 S., 16 Tafeln, Leipzig (Reprint Holzminden 1989).

STEENSBERG, A., 1983b : Borups bønder. Et sjællandsk agrarsamfund i vikingetid og middelalder, 128 S., Højbjerg.

STEHLI, P., 1994 : Chronologie der Bandkeramik im Merzbachtal. In : J. Lüning u. P. Stehli (Hrsg.), Die Bandkeramik im Merzbachtal auf der Aldenhovener Platte. Rheinische Ausgrabungen 36, 79–191, Köln,

STEINHAUSER-ZIMMERMANN, R. A., 1989 : Der Montlingerberg im Kanton St. Gallen (Schweiz). Funde und Grabungen von 1898 bis 1960. Dissertation, Universität Zürich 1987. Herausgegeben vom Amt für Kulturpflege des Kantons St. Gallen, 136 S., 89 Tafeln, 6 Profile, St. Gallen.

STEMMERMANN, P. H., 1942 : „Vorgeschichtliche“ Speicherbauten im Anjou. Germanen- Erbe -Monatsschrift für deutsche Vorgeschichte 7, 55–63, Leipzig.

STRAHL, E., 1995 : Ausgrabung auf der Dorfwurt Wüppels. Nachrichten des Marschenrates zur Förderung der Forschung im Küstengebiet der Nordsee 32, 10, Wilhelmshaven.

TEJRAL, J., 1998 : Die Besonderheiten der germanischen Siedlungsentwicklung während der Kaiserzeit und der frühen Völkerwanderungszeit in Mähren und ihr Niederschlag im archäologischen Befund. In : A. Leube (Hrsg.), Haus und Hof im östlichen Germanien. Universitätsforschungen zur prähistorischen Archäologie 50, 181–207, Bonn.

THIER, B., 1993 : Die spätmittelalterliche und neuzeitliche Keramik des Elbe-Weser-Mündungsgebietes. Ein Beitrag zur Kulturgeschichte der Keramik. Probleme der Küstenforschung im südlichen Nordseegebiet 20, 514 S. u. 825 S. Mikrofiche, Oldenburg.

TIEMEYER, J., 1995 : Die Keramik des frühen und hohen Mittelalters aus Dalem (Landkreis Cuxhaven) und Niens (Landkreis Wesermarsch). Probleme der Küstenforschung im südlichen Nordseegebiet 22, 237–381, Oldenburg.

TIESING, H., 1974 : Over landbouw en volksleven in Drenthe. 2 Bände, 291 S. u. 285 S., Assen.

TRIER, J., 1940 : First. Über die Stellung des Zauns im Denken der Vorzeit. Nachrichten von der Gesellschaft der Wissenschaften zu Göttingen, Phil. -hist. Klasse, Fachgr. 4, Neue Folge 3 : 4, 55–137, Göttingen.

USLAR, R. VON, 1949 : Die germanische Siedlung in Haldern bei Wesel am Niederrhein. Bonner Jahrbuch 149, 105–145, Kevelaer.

Vital J., u. Voruz, J. -L., 1984 : L'habitat protohistorique de Bavois-en-Raillon (Vaud). Cahiers d'archéologie romande 28, 234 S., Lausanne.

Vital J., u. Voruz, J. -L., 1985 : Problèmes d'architecture et de chronologie protohistoriques. Le site de Bavois-en-Raillon (Suisse). Archäologisches Korrespondenzblatt 15, 445-457, Mainz.

Voskuil, J. J., 1979 : Van vlechtwerk tot baksteen. Geschie denis van de wanden van het boerenhuis in Nederland. SHBO-Monografieën 2, 160 S., Arnhem.

Wamser, L., 1984 : Eine thüringische Adelsgrablege des 6. Jahrhunderts bei Zeuzleben. Das archäologische Jahr in Bayern 1983, 133-138, Stuttgart.

Waterbolk, H. T., u. Zeist, W. van, 1961 : A Bronze Age sanctuary in the raised bog at Bargeroosterveld (Dr.). Helinium 1 : 1, 5-19, Wetteren.

Waterson, R., 1990 : The living house. An anthropology of architecture in South-East-Asia, 263 S., 16 Tafeln, Singapore, Oxford, New York.

Wielowiejski, J. (Red.), 1981 : Późny okres Lateński i okres Rzymski. Prahistoria ziem Polskich 5, 493 S., Breslau, Warschau, Krakau, Danzig.

Witte, H., 1991 : Ein Beitrag zur Datierung völkerwanderungszeitlicher Keramik auf dem Siedlungsplatz Bremen -Grambke. Die kunde N. F. 41/42, 1990/91, 461-492, Hildesheim.

Wörterbuch, 1995 : Kleines Wörterbuch der Architektur, Reclam-Universalbibliothek 9360, 144 S., Stuttgart.

Yakar, J., u. Garzon, J. L., 1976 : The survival of ancient traditions in the popular architecture of north-central Turkey. Expedition - The magazine of archaeology, anthropology 18 : 2, 43-47, Philadelphia, PA.

Zimmermann, W. H., 1976 : Archäologische Untersuchungen zur früh- bis hochmittelalterlichen Besiedlung im Elbe-Weser-Dreieck. Führer zu vor- und frühgeschichtlichen Denkmälern 30, 46-58, Mainz.

Zimmermann, W. H., 1986: Zur funktionalen Gliederung vö lkerwanderungszeitlicher Langhäuser in Flögeln, Kr. Cuxhaven. Probleme der küstenforschung im südlichen Nordseegebiet 16, 55-86, Hildesheim.

Zimmermann, W. H., 1988 : Regelhafte Innengliederung prähistorischer Langhäuser in den Nordseeanrainerstaaten. Ein Zeugnis enger, lang andauernder kultureller Kontakte. Germania 66, 465-488, Mainz.

Zimmermann, W. H., 1991a : Erntebergung in Rutenberg und Diemen aus archäologischer und volkskundlicher Sicht. Néprajzi Értesítö 71-73, 1989-91, (Festschrift T. Hoffmann), 71-104, Budapest.

Zimmermann, W. H., 1992 : Die Siedlungen des 1. bis 6. Jahrhunderts n. Chr. von Flögeln-Eekhöltjen, Niedersachsen. Die Bauformen und ihre Funktionen. Probleme der Küstenforschung im südlichen Nordseegebiet 19, 360 S., Hildesheim.

Zimmermann, W. H., 1998a : Giebel und Giebelzeichen. In : J. Hoops (Begr.), Reallexikon der germanischen Altertumskunde 12, 2. Auflage, 76-80, Berlin, New York.

Zimmermann, W. H., 1998b: La cartographie de phosphate au service de l'archéologie de l'habitat. In: M. Dabas, H. Deletang, A. Ferdière, C. Jung u. W. H. Zimmermann (Hrsg.), la prospection. Collection archéologiques, 207-216, Paris.

Zimmermann, W. H., 1998c:Pfosten, Ständer und Schwelle und der Übergang vorn Pfosten-zum Ständer bau-Eine Studie zu Innovation und Beharrung in Hausbau. Zu Konstruktion und Haltbarkeit prähistorischer bis neuzeitlicher Holzbaute von den Nord-und Ostseeländern bis zu den Alpen, Probleme der Küstenforschung im Südlichen Nordseegebiet, band 25, Oldnburg.

Zimmermann, W. H., in Vorber.a: Die früh- bis hochmittelalterliche Wüstung Dalem. Probleme der Küstenforschung im südlichen Nordseegebiet.

Zimmermann, W. H., in Vorber. b: Die Siedlungen der römischen Kaiserzeit und Völkerwanderungszeit von Loxstedt-Littstücke und Uthlede-Hünenberg, Ldkr. Cuxhaven. Probleme der Küstenforschung im südlichen Nordseegebiet.

Zimmermann, W. H., in Vorber. c.: Hütte. In: J. Hoops (Begr.), Reallexikon der germanischen Altertumskunde, 2. Auflage, Berlin, New York.

Zippelius, A., 1954: Vormittelalterliche Zimmerungstechnik in Mitteleuropa. Rheinisches Jahrbuch für Volkskunde 5, 7-52.

Zippelius, A., 1957: Die Rekonstruktion der Holzbauten. In: W. Krämer (Hrsg.), Cambodunumforschungen 1953: 1. Die Ausgrabung von Holzhäusern zwischen der 1. und 2. Querstrasse. Materialhefte zur bayerischen Vorgeschichte 9, 37-51, Kallmünz/Opf.

②伊勢の遷宮諸祭と建て方

――皇大神宮正殿を中心事例にして――

宇津野金彦

一、伊勢の遷宮

伊勢の神宮に伝わる二〇年一度の遷宮については、近世の神宮祀官達の考証を嚆矢として、近代・現代を通じて今日に至るまでのあいだに関連諸分野から多くの関心が集められており、いわゆるこの式年遷宮に関する調査・研究は、遷宮の歴史的な変遷はもとより、その宗教的、社会経済的、建築的な展開や意味などをめぐってすでにさまざまな論議がなされている(1)。

周知のとおり伊勢の遷宮とは、東西に相接して並ぶ二つの御敷地を舞台にして、二〇年に一度、正殿をはじめとする殿舎御門御垣の造替と、正殿殿内に奉安する御装束ならびに神宝の調進をもって本宮から新宮へと大神を遷し奉る儀式のことである。平成五年の秋には、第六一回の神宮式年遷宮が皇大神宮（内宮）と豊受大神宮（外宮）において執りおこなわれた（**図1、2**）。その制度的基盤は七世紀後半の天武・持統朝を通じて確立され、内宮が持統四年（六九〇）、外宮が同六年（六九二）に第一回の遷宮が斎行されて以来(2)、国家的儀式として、およそ千三百年余の歳月のなかで六一回の歴史を積み重ねてきた。古代には、住吉、香取、鹿島などの有力な神社にあっても式年の遷宮がおこなわれていたが、その制を今に伝えるのは伊勢の神宮のみであり、「伝承の美学」、「代謝する建築」などの今日的評価とともに、わが国固有の文化的事象として広く知られている。ここで六一回の遷宮史を述べる余裕はないが、とりわけ中世の戦乱期に両宮とも一二〇年以上に及ぶ正遷宮の中絶期がありながらも、近世初頭になおかつ再興され現在に至っている史実は、遷宮というシステムが保持する強靭な復原力はもちろん、そ

図1　皇大神宮

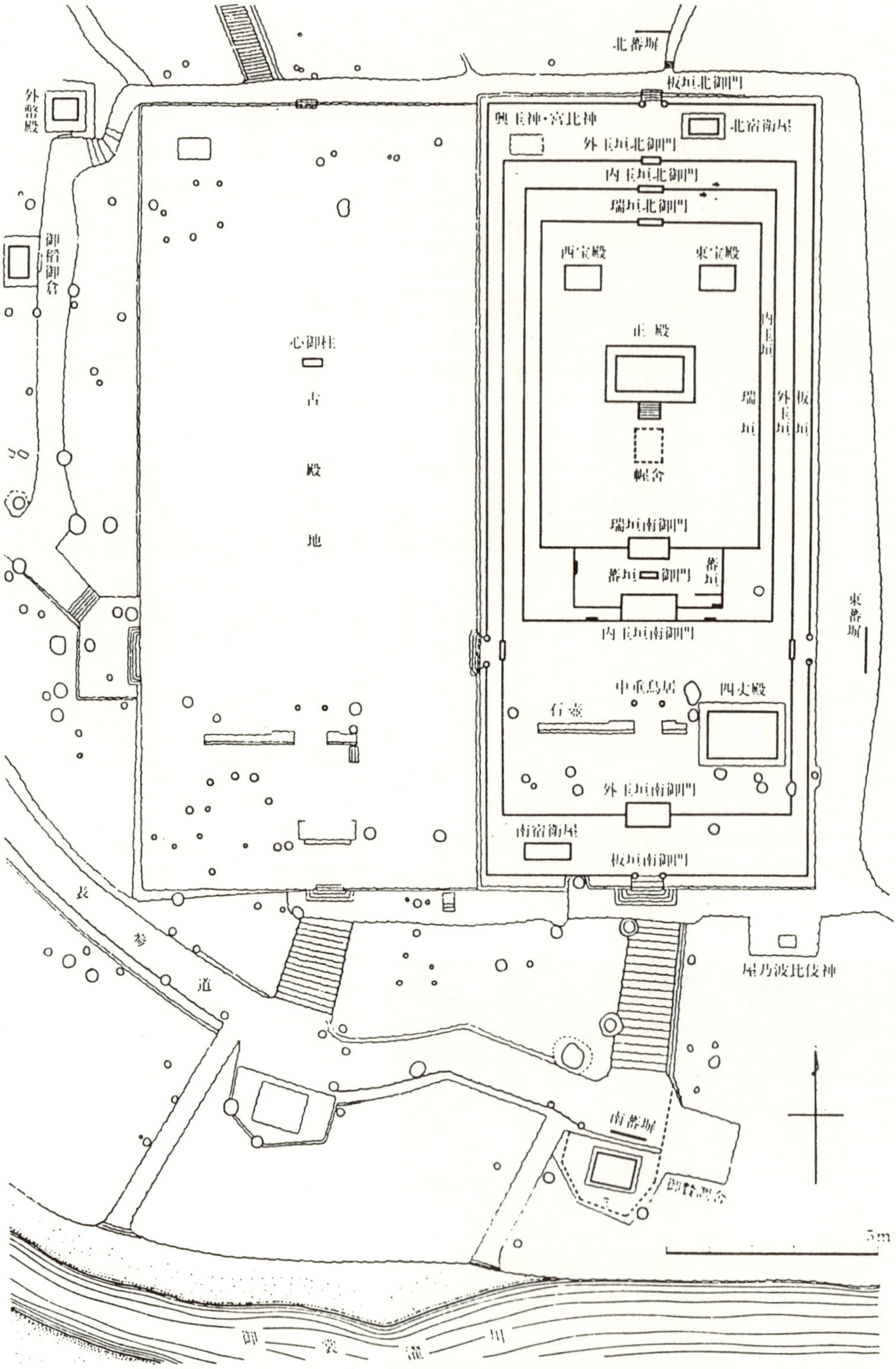

図 2　内宮殿舎現状配置図（稲垣榮三「伊勢神宮の建築とその象徴体系」『伊勢神宮』岩波書店、平成 7 年より）

こにある普遍的な構造が内在することを物語っていよう。
一方、遷宮のたびに代謝を繰り返す「唯一神明造」と称される正殿の建築（**図3**）についても、もはや多言を要さないであろう。福山敏男氏の文献史料にもとづく殿舎とその配置に関する精緻な復原的研究(3)は、総体的には今もって他の追随を許していない。しかしながら近年の発掘成果は、独立棟持柱をもつ大型掘立柱建物の存在を、弥生中期あるいはそれ以前にさかのぼりうる可能性を跡づけており(4)、神宮の建築と遷宮に対してあらためて見直す機会を与えているように思われる。

むろんここで伊勢の遷宮とは何か、伊勢の建築とは何かという不問に近い問いに答えることはできない。本稿では、その不問との隙間を埋める手がかりとして、多くの先学諸説の教えによりつつ、従来あまり顧みられなかった部分、すなわち伊勢の遷宮を通しておこなわれる儀式のうち、主として正殿の造営にかかわる祭を紹介し(5)、あわせて建築と祭祀の構造的連繫について若干の考察を試みてみたい。

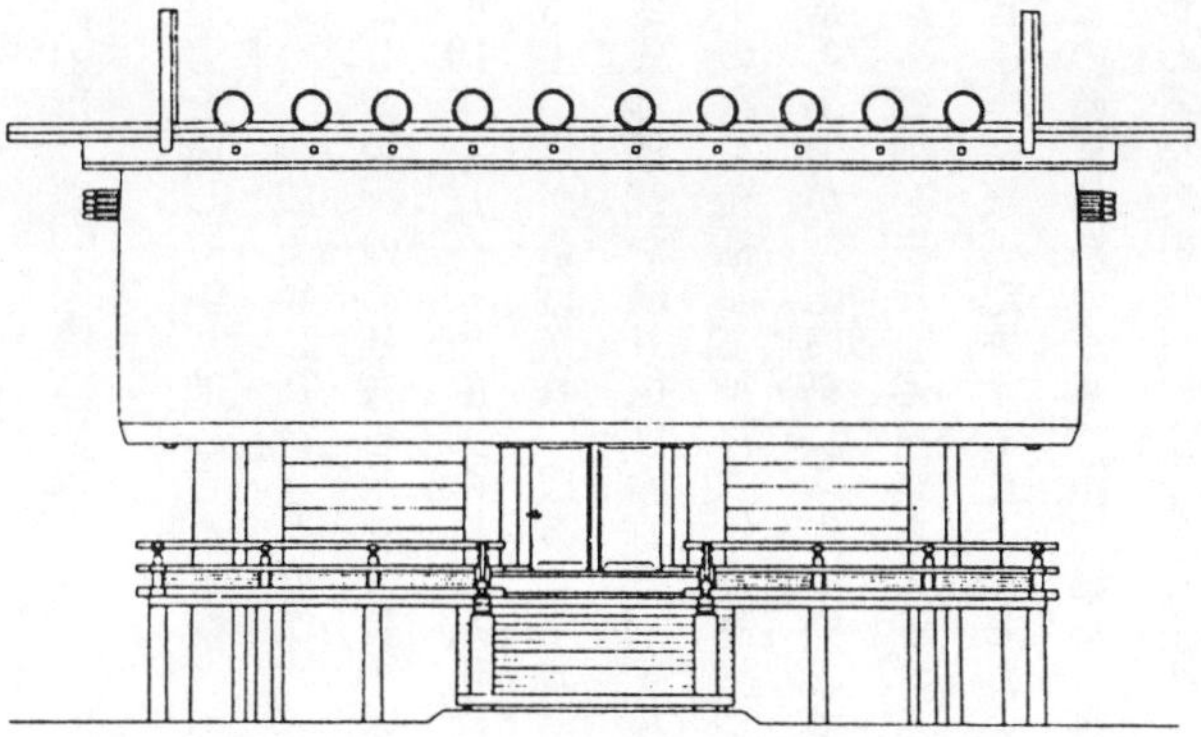

正面

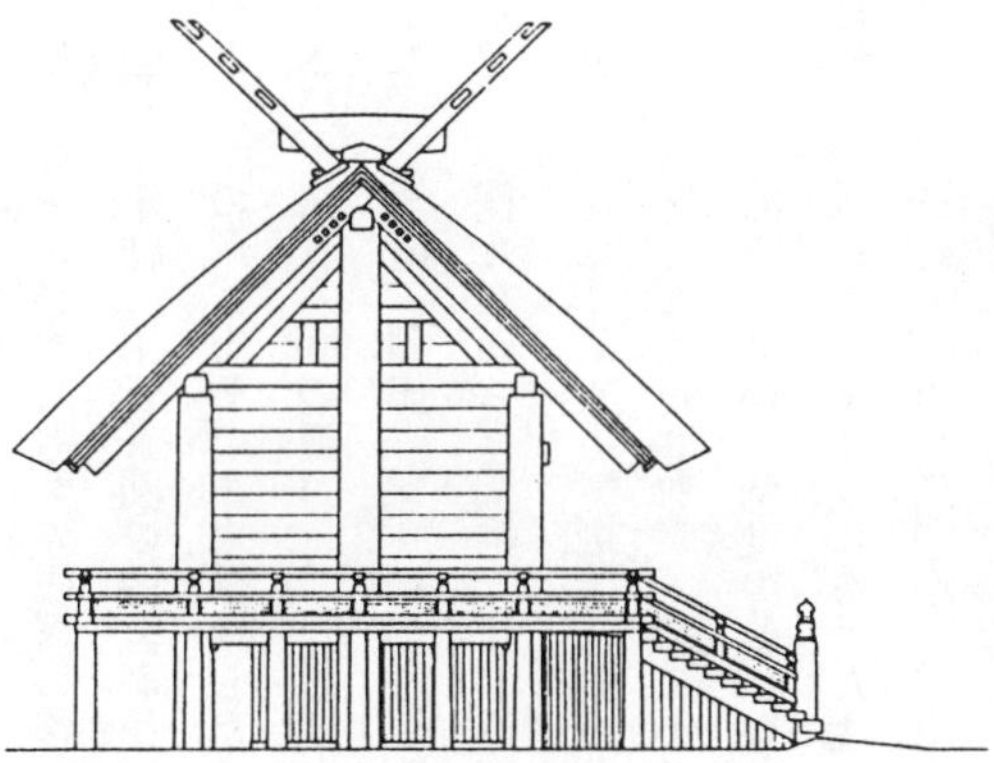

側面

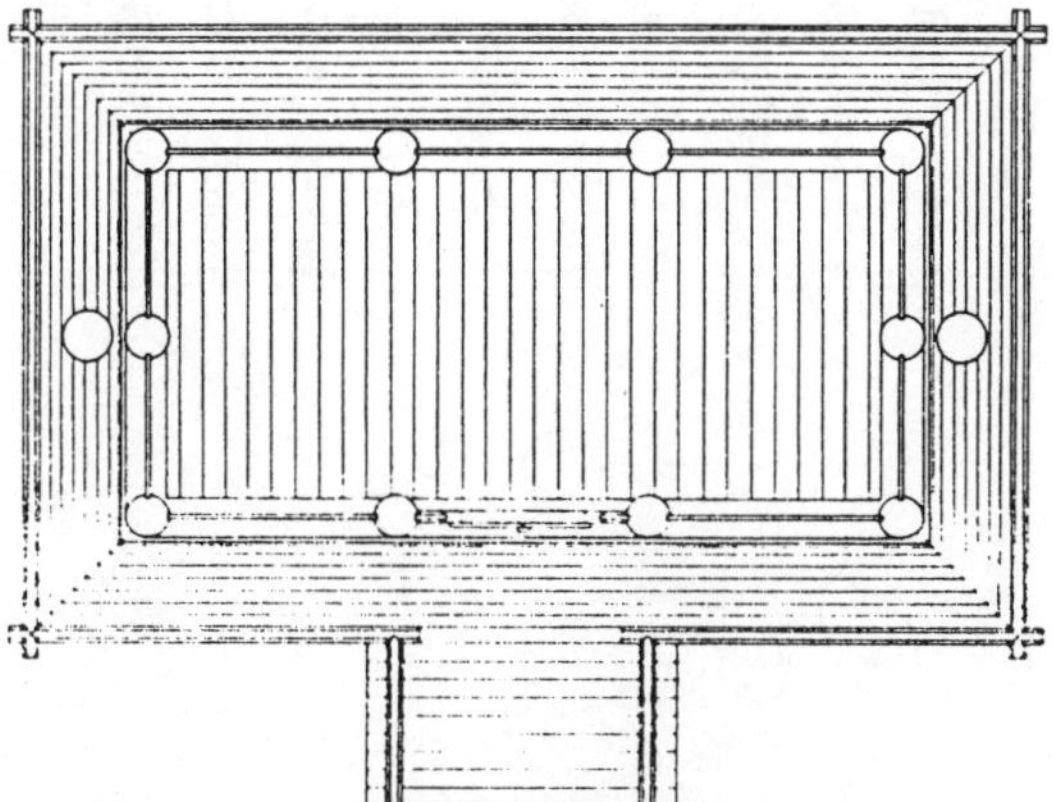

平面

図3　内宮正殿現状建物図（稲垣榮三「伊勢神宮の建築とその象徴体系」『伊勢神宮』岩波書店、平成7年より）

二、現行にみる遷宮諸祭

遷宮を通じて執り進められる儀式の順序構成を理解するため、平成五年に斎行された第六一回神宮式年遷宮を例にして現行のあり方を示せば**表1**のとおりである（**図4〜10**）。すなわち、遷御の儀の八年前に遷宮初発の祭となる山口祭が斎行され、以後、木本祭、木造始祭などさまざまな儀式が繰り広げられる。一般に、これら山口祭以下の祭を統括して神宮式年遷宮諸祭行事ないしは遷宮諸祭とよぶが、山口祭から杵築祭までを遷宮諸祭、後鎮祭から御神楽までを遷宮祭と大別する場合もある。ここでは遷宮諸祭と総称することにしたい。

その遷宮諸祭のうち、山口祭から御戸祭までが造営にかかわる祭であり（以下、造営諸祭とよぶ）、御戸祭後の御船代奉納式をもって造営側から神官側へと殿舎が引渡されることになる。さらに、造営諸祭のうち、立柱祭から御戸祭までが直接に造営の工事にかかわる祭であり（以下、建築諸祭とよぶ）、実際の建て方現場において造営工事の節目節目に儀式がおこなわれる。

次節以下で述べるように、遷宮諸祭の順序構成と儀式次第は、古代・中世から近世、近代へと時代を経るとともに変質をきたしている。とくに中世後半の正遷宮中絶期を挟んでは、正殿の建築構造や殿舎の配置にも大きな変化が認められ[6]、それに同調することを余儀なくされたかのごとく遷宮諸祭も近世的なあり方が再編され、近現代へと引き継がれてゆく。とはいえ、近世のそれが近代へと必ずしもスムーズに移行したわけではない。明治二年度・第五五回の遷宮が徳川幕政下に準備され、幕末期の形式をそのまま継承したのに対して、明治二二年度・第五六回の遷宮は、幕末期から明治前葉にかけての御巫清直、薗田守宣らを中心とする神宮の古儀考証を基底に据えながら、明治二年度遷宮諸祭の枠組みを踏襲しつつもそれに是正を加えて結実し[7]、古代中世以来の国家儀式として遂行されたものである。明治二年度遷宮直後の明治四年に神宮制度の改正がなされ、近代国家体制が整備されてゆく過程にあった明治二二年度・第五六回遷宮諸祭最中の明治二〇年に、明治二〇年に内務省直属機関として造営の主体となる造神宮使庁が成立、発足したこと[8]は、まさに近代的遷宮の始まりを象徴する出来事ともいえよう。つづく明治四二年度・第五七回以降の遷宮にあっても、細部の変更はみられるものの、おおむね明治二二年度の遷宮諸祭の順序構成と儀式次第に準拠している[9]。しかしさらに、諸祭の順序構成と儀式次第に加えて年次的な変遷をあわせみると、現行の遷宮諸祭は、より厳密には遷宮史上の最盛儀とされる昭和四年度・第五八回遷宮のあり方をほぼ受け継いだものにほかならない[10]。

表1　第六一回神宮式年遷宮諸祭一覧

昭和六〇年五月	山口祭	遷宮のご用材を伐る御杣山の山口に坐す神を祭り、伐採と安全を祈る。
昭和六〇年五月	木本祭	御正殿の御床下に奉建する心の御柱の用材を伐採するにあたりその木の本に坐す神を祭る。山口祭の夜に行われた。
昭和六〇年六月	御杣始祭	ご用材を木曽の御杣山で正式に伐り始める祭。
昭和六〇年六月	御樋代木奉曳式	御神体をお納めする「御樋代」のご用材を伊勢へ運ぶ儀式。
昭和六〇年九月	御船代祭	御樋代をお納めする「御船代」の用材を伐採する祭。
昭和六一年四月	御木曳初式	御造営の用材の搬入はじめ。
昭和六一年四月	木造始祭	御造営の木取り作業を始めるにあたって作業の安全を祈り御木に忌斧を打ち入れる祭。
昭和六一年七月	仮御樋代木伐採式	遷御のとき、御神体をお納めする御器、仮御樋代を伐採するにあたり、木の本に坐す神をおまつりし、忌斧を入れる式。
昭和六三年四月	鎮地祭	新宮の大宮地に坐す神を鎮めまつる祭。
平成四年三月	立柱祭	御正殿の御柱根を小工が打ち固める祭。
平成四年三月	御形祭	御正殿の東西の妻の束柱に御形（御鏡形）をうがつ祭。
平成四年三月	上棟祭	御正殿の棟木をまつる祭。
平成四年五月	檐付祭	御正祭の御屋根の萱をふきはじめる祭。
平成四年七月	甍祭	御正殿の御屋根をふき終わり金物をまつる祭。
平成五年九月	御戸祭	御正殿の御扉をまつる祭。
平成五年九月	御船代奉納式	御神体のお鎮めする御船代を刻みまつり御正殿に奉納する祭。
平成五年九月	洗清	竣功した新宮のすべてを洗い清める式。
平成五年九月	心御柱奉建	御正殿中央の床下に心御柱を奉建する神秘的な行事。
平成五年九月	杵築祭	新宮の御柱の根元を固める祭。
平成五年一〇月	後鎮祭	新宮の竣功をよろこび、平安に守護あらんことを大宮地に坐す神に祈る祭。
平成五年一〇月	御装束神宝読合	新調された御装束神宝を新宮におさめるにあたり照合する式。
平成五年一〇月	川原大祓	御装束神宝をはじめ遷御に奉仕する祭主以下を川原の祓所で祓い清める式。
平成五年一〇月	御飾	調進された御装束で新殿を装飾し、遷御の御準備をする式。
平成五年一〇月	遷御	御神体を新宮に遷しまつる祭。
平成五年一〇月	大御饌	遷御の翌日、新宮ではじめての大御饌をたてまつる祭。
平成五年一〇月	奉幣	遷御の翌日、新宮の大御前に勅使が幣帛を奉奠される。
平成五年一〇月	古物渡	遷御の翌日、古殿に奉納してあった神宝類を新宮に移しまつる式。
平成五年一〇月	御神楽御饌	遷御の翌日の夕、御神楽にさきだち、大御饌をたてまつる祭。
平成五年一〇月	御神楽	新宮の四丈殿にて勅使および祭主以下参列のもと、宮内庁楽師十二員により御神楽と秘曲が奏奏される。

『遷宮ハンドブック』（神道青年会　平成五年）掲載「第六十一回式年遷宮の主要な諸祭と行事の予定一覧表」にもとづき作成した。

したがって現行の遷宮諸祭を巨視的にみれば、それは古代・中世に用意された形式を母胎にして、近世、近代を通じての改変を受容・集積しながらその骨子を形成し、昭和四年度遷宮に至って確立されたといって大過ないであろう。

なお、諸祭の斎行年次について俯瞰すれば、遷宮の幕開けとなる山口祭は古代・中世から近世初期の寛文度までは遷御の三年前が規範で、[11]次の元禄度から明治四四年度遷宮までは七年前に、昭和四年度には御用材調達の事情を懸案して九年前におこなわれており、[12]昭和二八年度[13]および昭和四八年度以降は八年前になっている。建築諸祭のはじめとなる立柱上棟祭は、古来遷御の前年におこなわれてきたが、[14]元禄度から明治四二年度までは遷御同年になり、昭和四年度からふたたび遷御の前年に復されている。[15]また、遷宮にともなう殿舎の造替に向けては、神宮と別に造営の主体となる組織、すなわち現行では神宮式年造営庁が発足し、殿舎の造営と御装束神宝の謹製を主要な任

図6　上棟祭（皇大神宮）─竹量の儀

図4　鎮地祭（皇大神宮）

図7　上棟祭（皇大神宮）─白布綱を博士木に結ぶ

図5　立柱祭（皇大神宮）

務として遷宮を遂行する。古代には造宮氏長官一人以下、次官一人、判官一人、主典二人、木工長上一人、番上工四〇人が中央から派遣され造営にあたったが、[16] 古代末期頃から造神宮使の補任はあったものの中央からの小工などの派遣はなくなり、実質的には在地土豪化した神官に主導される作所がその役割を果たし、近世には造神宮使は名のみにすぎず、造宮奉行と作所が実際の造営を差配し、近代から第二次大戦までは造神宮使庁が国家儀式として遷宮全般の運営を掌ってきた。[17]

このような諸祭の年次的変化や造営組織の時代的変化、さらには神宮の経済的変化[18]を追究することも、それらがいかに諸祭とかかわり合い遷宮に連動したかという点において無視できないが、ここでその細部にまで立ち入ることは、かえって遷宮諸祭の順序構成と儀式次第を理解する上での混乱を招きかねない。それについては後考を待ちたい。

三、造営諸祭の変遷と古儀

伊勢の神宮の遷宮諸祭について最初に知ることのできる史料は、延暦二三年（八〇四）に撰述された「皇太神

図8　上棟祭（皇大神宮）―棟木奉揚

図9　檐付祭（皇大神宮）

図10　甍祭（皇大神宮）

宮儀式帳」[19]および「止由氣宮儀式帳」[20]である。表2は、「皇太神宮儀式帳」以下、内宮の遷宮諸祭の順序構成を整理したもので、各史料から必ずしも遷宮諸祭の全容を知ることはできないが、ある程度の順序構成を知りうるものに限った。また外宮の正遷宮の諸祭も整理を試みたが、古代・中世に関しては史料上の制約が大きいため通史的な流れを把握することは難しい。

表2を通観して遷宮諸祭の変遷に関して最初に気づく重要な点は、古代・中世と近世以降では心御柱と御形祭の順序構成が異なること、すなわち、古儀に則りいえば、古代・中世では心御柱を奉建したのちに実際の造営工事が始まり、御形祭をその終わりとしていたことである[21]。

「皇太神宮儀式帳」の「新宮造奉時行事并用物事壹條」に収められた造営の祭に関連する部分を摘記すれば次のとおりである（【　】は現行名称）。

［1］次取吉日、山口神祭用物并行事。　【山口祭】
右祭、造宮驛使忌部宿禰告刀申了、即山向物忌、以忌鎌弓草木苅初、然・後役夫等草苅木切所々山野散遣。然宮造了時、返祭料物如始。

［2］次取吉日、為正殿心柱造奉、率宇治大内人一人、諸内人等、戸人等、入杣木本祭、用物注左。（其柱名號稱忌柱）　【木本祭〈心之御柱〉】
右祭、告刀申・、造宮驛使忌部宿禰。其忌柱造奉了。自杣出前追運來、置正殿地・也。

［3］次取吉日、宮地鎮謝之用物并行事注左。　【鎮地祭】
右祭、告刀申、地祭物忌父仕奉所侍。造宮使（中臣忌部）然祭奉仕了時、地祭物忌、以忌鎌弓宮地草苅始、次以忌鋤弓宮地穿始奉。禰宜大物忌波、忌柱立始、然後諸役夫等柱堅奉。（傍点筆者、旧本による）　【心御柱奉建】

［4］次取吉日、正殿地築平料用物并行事注左。
爾時役夫卜合地土正殿地持運置、即禰宜内人等、築平詠儛、然後日舉幕、正殿隠奉。　【杵築祭？】　【立柱祭？】

［5］次取吉日、為造御船代木、・率宇治大内人一人、諸内人等戸人夫、杣山木本祭用物并行事注左。　【御船代祭】
右如之祭、告刀申御巫内人、了時、山向物忌、先以忌鈇弓、木本切始、然後神服織神麻績内人戸人、并諸役夫等切造奉。御船代料材、自杣出時、前追運進正殿地之。

［6］宮造奉了時、正殿東西妻御形穿初仕奉、地祭物忌父仕奉。若物忌父遭故時者、禰宜仕奉。　【御形祭】

「皇太神宮儀式帳」は、神宮から朝廷側へ提出された解文であり、その成立年代からすれば、それ以前の、つまり奈良時代の伝統を含みもつ内容といってよい。儀式帳の他の条に、正殿以下の建物の規模・員数に関する記載はあるが、ここでは［6］御形祭を除けば、建築の祭や実際の建て方工事についてはほとんど触れられていない。当時、立柱上棟祭などのような、直接的に御殿の建て方と結び付く祭が儀式や行事として成立していなかったのか、あるいは「皇太神宮儀式帳」が神宮側から提出された資料であるため、おこなわれていたとしてもそれについて記す必要がなかったのかもしれない。実際の建て方については、わずかに［3］鎮地祭の項の終わりに、禰宜と大物忌が忌柱（心御柱）を立て始めたのに続いて「然後諸役夫等柱堅奉」とされており、従来この「柱堅奉」は正殿の柱立てと推測されているにすぎない[22]。ただしこの従来の解釈に対しては、［4］に「役夫卜合地土正殿地持運置。即禰宜内人等、築平詠儛」、しかるのちの日に「擧幕、正殿隠奉」と記されており、なぜ幕を挙げ「正殿」を隠す必要があったのか疑問が残る。その点に関しては、「皇太神宮儀式帳」に依拠し、延長五年（九二七）に選撰された「延喜式[23]」鎮地祭

表2　遷宮諸祭の順序構成とその変遷

【皇大神宮】

①「皇太神宮儀式帳」延暦二三年（八〇四）
山口祭―木本祭〈心御柱〉―［鎮地祭・心御柱奉建］―「正殿地築平」―（立柱か？）―木本祭〈御船代〉―御形祭―（返祭）―「正殿餝奉」（餝金物打）―（［齋内親王参入坐」）＝［（御装束物等祓清）・川原大祓・遷御・「湯貴供奉」］

②「延喜式」延長五年（九二七）
山口祭―木本祭〈心御柱〉―鎮地祭（「後鎮准此」）―心御柱奉建―「築平正殿地」（「其築平正殿地日、以紺布帳、奉翳神殿、勿令工夫臨看」）―「造船代祭」―「粧餝太神宮」＝遷御

③「中右記」第二二回嘉保二年度（一〇九五）
「伊勢遷宮行事」―鎮地祭―心御柱奉建―［立柱祭・上棟祭・「立御門」］―「神宝使発遣」―「覆勘行事」―遷御

④「建久元年内宮遷宮記」第二七回建久元年度（一一九〇）
［山口祭・木本祭〈心御柱〉］―木造始祭―鎮地祭―心御柱奉建―［立柱祭・上棟祭］―甍祭―「入御杣奉採御材木」―杵築祭―御装束神宝読合―「正殿御中金物奉飾」―［川原大祓・御飾・遷御・「新米由貴御饌供奉」・「天平賀奉居」］

⑤「文永三年御遷宮沙汰文」第三一回文永度（一二六八）
（欠損）―（［正殿御階造畢」）―［御形祭・御戸祭］―後鎮祭―［「御装束読合行事」・「天平賀八百口任先例奉居置」］＝「御金物行事」＝［川原大祓・御飾・遷御・「由貴御饌」・「錦綾奉出」］

⑥「元亨三年内宮遷宮記（假字本）」第三四回元亨三年度（一三二三）
［山口祭・木本祭］―（杣入）―木造始祭―（鎮地祭・心御柱奉建？）―［（立柱祭）・上棟祭］―檜付祭―甍祭―杵築祭―（欠損）

⑦「遷宮例文」貞治二年（一三六三）　長暦度から嘉元度の皇大神宮遷宮を整理編纂
［山口祭・木本祭〈心御柱〉］―「杣入」―木造始祭―鎮地祭―心御柱奉建―「正殿、荒祭御門等行事」―［立柱祭・上棟祭］―檜付祭―甍祭―杵築祭―［御形祭・御戸祭］―御船代祭―「本様使供給事」―後鎮祭―「正殿奉洗事」―「御船代奉洗事」―「覆勘行事」―御装束神宝読合―「御金物奉餝行事」―「殿上御装奉餝行事」―「天平賀奉居行事」―［河原大祓・遷御］―古物渡―「錦綾分配行事」―「古殿分配分」
＊順序錯綜有り訂正を加える

⑧「寛正三年造内宮記」第四十回寛正三年度（一四六二）
［山口祭「奉採心御柱」］―木造始祭―鎮地祭―心御柱奉建―［立柱祭・上棟祭・「立御戸（門）」］―杵築祭―御装束神宝読合・「御金物且奉打餝」―［川原大祓・御飾・遷御＝古物渡―「大殿拂」

⑨「享保内宮正遷宮諸祭行事記」第四八回享保十四年度（一七二九）
［山口祭・木本祭〈心御柱〉］―木造始祭―「古殿大殿拂」―鎮地祭―立柱祭―上棟祭―甍祭―［「清鉋行事」・

の項に、「其築平正殿地日、以紺布帳、奉翳神殿、勿令工夫臨看」とあり、建て方に際して小工たちが新宮ないし正宮（本宮）の正殿を覗き見しないために幕を挙げたとも察せられる。とすれば、［3］の「柱堅奉」の柱は忌柱のことであり、［4］の「擧幕、正殿隠奉」ののちに正殿の柱立てがおこなわれたとも解されよう。

［6］御形祭に続いては「・新宮餝奉使、官小辨已上一人、史生一人、鍛冶長上一人参入賷塗銀釘玖拾陸雙（御床三具料）、并雜金物等、正殿餝奉。」とされる。「賷塗銀釘玖拾陸雙」とは殿内御床の金物であるが、「雜金物等」は、それが殿内の金物かあるいは正殿外まわりの金物を含むかどうか定かでない。もし後者とすれば、ここでは造宮使と別に「新宮餝奉使」が補任されており、当時における正殿の造営と金物の御餝は、職掌をたがえるとともに造営の上では性格を異にする行為として扱われていたとみなせよう。正殿外部の金物を打ち始める儀式としては、のちに甍祭が建築諸祭の中に定着してゆく。

ところで、上記［1］山口祭から［5］

「御船代祭行事」〕─洗清＝心御柱奉建─「裁縫行事」─杵築祭＝〔御装束神宝読合・川原祓〕＝〔御飾・遷御〕＝〔後鎮祭・一社奉幣・古物渡〕

⑩「寛政遷宮物語」第五一回寛政元年度（一七八九）
山口祭─木本祭─木造始─御形祭─地鎮祭─立柱祭─上棟祭─甍祭─「くでんぼくてをのはじめ」─〔清鉋祭・御船代祭〕─洗清─「心御柱祭」─杵築祭─〔御装束神宝読合・川原祓〕＝〔御飾・遷御〕＝〔一社奉幣・賀参・古物渡〕

⑪「両宮遷宮旧式祭典図〈皇大神宮〉」（明治前期）幕末期の遷宮諸祭を描く
〔山口祭玉串行事・山口祭岩井田山・山口祭桧尾山心御柱行事〕─〔御樋代木川曳・御樋代木内院曳入〕─御用材川曳─木造始一殿行事─御形祭─地鎮祭─立柱祭─上棟祭─甍祭─〔清鉋祭・御船代祭〕─洗清─御樋代洗清＝心御柱祭─〔杵築祭荒祭拝所・杵築祭内院・杵築祭大和舞〕─〔読合斎王候殿・川原祓祓所・川原祓所運送〕＝〔御飾・遷御内院・遷御新殿渡御〕＝〔一社奉幣・賀参・古物渡〕

⑬第五六回明治二二年度（一八九九）
〔山口祭・木本祭〕─木曾御杣山木本祭─御樋代奉曳式─御木曳初式─木造始祭─鎮地祭─〔立柱祭・御形祭〕─上棟祭─檐付祭─甍祭─御戸祭─御船代祭─洗清＝心御柱奉建─杵築祭─〔後鎮祭・御装束神宝読合・川原大祓〕＝〔御飾・遷御〕＝〔奉幣・古物渡・御神楽御饌・御神楽〕

⑭第六一回平成五年度（一九九三）
〔山口祭・木本祭〕─御杣始祭─御樋代奉曳式─御船代祭─御木曳初式─木造始祭─仮御樋代木伐採式─鎮地祭─〔立柱祭・御形祭〕─上棟祭─檐付祭─甍祭─御戸祭─御船代奉納式─洗清─心御柱奉建─杵築祭─〔後鎮祭・御装束神宝読合・川原大祓〕＝〔御飾・遷御〕＝〔大御饌・奉幣・古物渡・御神楽御饌・御神楽〕

【豊受大神宮】

①「止由氣宮儀式帳」（延暦二三年〈八〇四〉）
山口祭─木本祭〈心御柱〉─〔鎮地祭・心御柱奉建〕─「正殿地築平」─（立柱か？）─山口祭〈御船代〉─木本祭〈御船代〉─御形祭─「後返祭」─「天平瓮宮柱幷諸木本別置」─「正殿内餝奉」＝〔（御装束物等祓浄）・遷御・「湯貴供奉」〕

②「寛文九年外宮遷宮記」第四五回享保度（一六六九）
〔山口祭・木本祭〕─（杣入）─（御樋代木内院曳入）─木造始祭─木本祭─御形祭─（「破却古殿」）─「地鎮祭」─立柱祭─上棟祭─甍祭─〔清鉋・御船代祭〕─洗清─心御柱奉建─杵築祭─〔讀合・御餝・裁縫〕＝〔川原大祓・遷御・後鎮祭〕＝〔「於新御殿始供御饌」・古物渡・一社奉幣・「将軍右大臣御家使参宮」・大殿拂〕

＊──建築諸祭。＊〔A・B〕同日斎行。＊A＝B　連日斎行。＊A─B　別日斎行。
＊造宮使拝賀、饗膳は略す。
＊外宮の諸祭は、寛文度以後嘉永度までほぼ同じ構成であったと思われる。明治二二年以後は内宮に準じている。

御船代木木本祭に至る祭には、古代の神祭としての性格を色濃く残していることが指摘されており[24]興味深い。と同時に、遷宮が殿舎の造替をともなう以上、当然ながらそこに造営の祭としての性格を払拭できない。しかしここで、その神祭ならびに造営の祭としての性格と相俟って注目されるのは、たとえば造宮使が祭に関与するから造営の性格が強いといった文献史料上の問題ではなく、ひとつひとつの祭が造営を遂行する上でのいわば聖別化を意味し、しかもおのおのの祭が相互に連動しているように思われることである。[25]

すなわち、山口祭によって山口に坐す神を祀り単なる山が御用材を採る神聖な御杣山となり、木本祭において心御柱あるいは御船代木を伐採することにより御杣山の杣木全体が神聖な造営用材となり、そして宮地を鎮め心御柱を立てることにより宮地が聖別化され、清浄な土をもって正殿地を築き平げることによりその地が聖なる場所と化し、さいごに鏡形木（御形木）に御形を穿つことで正殿の建築が聖別化されるのである。この脈絡に立ってこそ、先の金物による新宮正殿の御飾りも次なる聖別化と把握されよう。

儀式帳に続く「延喜式」、「中右記」[26]、「建久元年〈一一九〇〉内宮遷宮記」[27]には、心御柱の奉建はみられるものの、御形祭に関する記述はない。心之柱奉建と御形祭の関係を追認しうるのは、長暦度から嘉元度に及ぶ一五回の遷宮を整理し、貞治二年〈一三六三〉に編纂された「遷宮例文」[28]である。中世の遷宮の規範書とされるこの「遷宮例文」によれば、山口祭・木本祭―木造始祭―鎮地祭に続いて心御柱が奉建され、その後に建て方工事の進捗とともに立柱上棟祭―檐付祭―甍祭―御形祭・御戸祭の順で建築諸祭が執りおこなわれている。ただし、そこでは造営工事の終わりに御形祭と御戸祭が同日に斎行されており、厳密にいえば、御形祭が造営諸祭の最後とはいえないが、この両祭が同じ日におこなわれていたことを勘案すれば、一応は儀式帳の伝統を残していると理解されよう。

心御柱奉建は、室町時代中期の正遷宮中絶前に斎行された寛正度内宮遷宮までは、従前どおり建て方以前におこなわれている。しかし近世の再興後は、建て方終了後、遷御の直前におこなわれることとなり、今日に至っている。それに対して御形祭は、「文永三年御遷宮沙汰文」を最後に史料の上から姿を消し、その具体的な様相がふたたび史料上あきらかになるのは、内宮の場合では幕末期まで待たなければならない。[29]とはいえ、その幕末期の御形祭の順序構成と儀式次第は、古代・中世のそれとはまったく異なった様相を呈しており、さらに明治二二年度・第五六回遷宮に向けて古儀復興が執り進められるなかでも、儀式次第は旧規に近づいたものの、順序構成は旧規に遠く立柱祭と同日の斎行となり、やはり今日に至っている。

建築諸祭については、「延喜太神宮式」をみても儀式帳同様それに関する記載はほとんどなく、「中右記」により立柱上棟祭、「建久元年内宮遷宮記」では、立柱上棟祭と甍祭の斎行があきらかになる程度である。一方、文治度遷宮に先だつ文治五年（一一八九）八月二九日の立柱上棟祭にあって、頭工などが初めて衣冠を着するなど、建築諸祭は鎌倉時代初期から儀式としても次第に整備されていった様子がうかがわれる。おそらく平安時代後期頃から、立柱上棟祭が整備されるにともない、檜付祭・甍祭も工匠の祭として漸次遷宮諸祭のなかに位置づけられていったのであろう。

いずれにせよ、正殿の建築にかかわる祭の大枠としては、心御柱奉建ののちに建て方工事が始まり、御形祭をその終わりとするのが古儀であったが、中世中期以降に御形祭、近世初頭以降には心御柱奉建の位置づけに大きな転換をきたし、古儀としての枠組は崩れ去っていったのである。その理由はあきらかでないが、中世〜近世にかけての、正殿の妻部分を構成する建築部材の混乱や建築構造の変化(30)、あるいは一二〇年余に及ぶ正遷宮中絶による古儀の忘却が想起される一方、かかる枠組の解体は、神宮をめぐる諸事象の時代的推移のなかで、おそらく諸祭の順序構成に機能していた聖別化行為の意味も次第に薄れていったこと、いわば古代的祭祀観の変質を物語っているようにも思われる。古儀解体の基層に潜む要因として看過できないであろう。

次に注意されるのは、心御柱奉建と御形祭が正殿を建築するに際しての初めと終わりを聖示する「対」―Pair―ともいうべき関係にあったのと同様に、遷宮諸祭とりわけ造営諸祭のうちのすべてではないけれども、古代ないし中世においては、山口祭と木本祭、鎮地祭と心御柱奉建、立柱祭と上棟祭などに相互補完的な「対」の関係が示唆される点である。しかも多くの場合、それらが同じ日に一連の儀式として扱われており興味深い(31)。

（一）山口祭と木本祭

両祭ともいわゆる「山作り」にかかわる重儀で、山口祭が山の神を祀り、木本祭は心之御柱ならびに御船代木の採伐に際しておこなわれる儀式である。「皇太神宮儀式帳」では、前記［1］山口祭に続いて［2］木本祭が、「次取吉日、為正殿心柱造奉」と日をたがえておこなわれていたように記されるが、「遷宮例文」には、まず「十七年孟冬　祭山口神」とした上で、「山口木本祭　今夜任日時宣旨山口木本祭奉採心御柱」とされており、「建久元年内宮遷宮記(32)」や「寛正三年〈一四六二〉造内宮記」などの史料によれば、古代末期から中世の正遷宮中絶前にあっては両祭同日斎行の慣例が知られる。

なお、「皇太神宮儀式帳」年中行事并月記事二月例に、「大神宮朝御饌夕御饌供奉御田種蒔下始、（中略）山口神祭、然到・櫟木本、即木本祭。祀物員如山口祭（中略）即田耕歌弖、田儛畢。」とあり、山口祭・木本祭とも、本来は恒例祭祀として農耕儀礼に強く結びついていたことがわかる。

（二）鎮地祭と心之御柱奉建

「皇太神宮儀式帳」、「延喜太神宮式」によると、一連の儀式としての斎行がうかがい知られる。しかし「中右記」によれば、嘉保二年（一〇九五）九月の内宮正遷宮に先だち、鎮地祭が前年の寛治八年七月二八日、心之御柱奉建が同年八月一〇日におこなわれており、古代末期頃から両祭別日になったようである。[33]

（三）立柱祭と上棟祭

前述のとおり、「皇太神宮儀式帳」、「延喜太神宮式」には両祭に関する記載はない。立柱上棟の儀が史料の上であきらかとなるのは、「中右記」寛治八年（一〇九四）八月一四日の条で、その日をもって「立正殿柱、上棟并立御門日也」とされるのが初見と思われる。また「兵範記」[34]仁安四年（一一六九）二月一七日の条によれば、正遷宮ではないが、同六月の内宮臨時遷宮に先だつ鎮地祭以下の日時に関する陰陽寮勘文の中で、「立正殿柱上棟」として日時宣旨が下されている。かかる立柱上棟同日慣行の伝統は、その後の「建久元年内宮遷宮記」をはじめとする中世の遷宮記録によって明確となり、室町中期における遷宮中絶期直前に斎行された寛正度の内宮正遷宮の場合まで追認しうる。しかしながら、このような古代以来の慣行も、寛正三年（一四六二）の内宮正遷宮の場合には、儀式が始まる前に宮柱を立て木口を切り揃えていたようであり、それについては「無故実之故歟」とされる。古義が崩れ、儀式そのものが儀礼化へと向かう契機の内在が読み取れよう。

正遷宮再興後まもない慶長度（一六〇九）から、立柱・上棟の両儀は分離し日をわけておこなわれることになり[35]今日に至っている。

（四）檜付祭と甍祭

ともに屋根葺の造営にかかわる祭である。立柱上棟の儀が建物の軀体工事の始めと終わりを意味するとすれば、この両祭は屋根葺工事の始めと終わりに比定されよう。史料上の早い例としては、檜付祭が「遷宮例文」または「元亨三年内宮遷宮記」、甍祭が「建久元年内宮遷宮記」にその慣行を確かめうるが、立柱上棟のような同日慣行の記録はみられない。工期的にも難しかったのであろう（四―二、檜付祭参照）。

（五）御形祭と御戸祭

御形祭は正殿の東西両妻の鏡形木（現在は押木押椴という）に輪状の刻文を穿ち奉る儀を旨とし、儀式帳以来の伝統を引く厳儀で正宮においてのみ斎行される。御戸祭は御殿の御扉を立てるに際し、御扉の開閉と御鑰御匙の渋ることがないように奉る儀式であり、この祭がいつから始まったかあきらかでないが、今のところ「遷宮例文」が初見と思われ、それによれば御形祭の項の終わりに「（前後略）其後御戸祭」と記されており、両祭が同じ日に一連の儀式として執りおこなわれていたことが知られる。「遷宮例文」に続く両祭を収めた史料としては、「寶治元年〈一二四七〉内宮遷宮記」(36)と「文永三年〈一二六六〉御遷宮沙汰文」(37)が挙げられる。前者では、御戸祭の祭物を記すものの、御形祭が寶治元年九月七日、御戸祭が同九月九日と日をわけておこなわれており、他方後者では、「遷宮例文」とほぼ同じ内容の儀式次第に加えて、御形祭・御戸祭同日斎行の例を追認しうる。寶治度にあって、それら両祭の日を異にした理由は判然としないが、古儀としては中世の正遷宮の規範書とされる「遷宮例文」に従うのが妥当であろう。

ところが、この「文永三年御遷宮沙汰文」を境にして、それ以後の中世における正遷宮の記録、たとえば「元亨三年内宮遷宮記」や「寛正三年造内宮記」などによる限り、御形祭と御戸祭に関連した記述を見出すのは難しい。先述のように、御形祭がふたたび史料の上で具体的になるのは、内宮では幕末期である（外宮は享保度）が、古代・中世のそれとはまったく異なった様相を呈している。福山敏男氏が指摘されるように(38)、文永期頃から妻部分における建物部材や飾金物装飾の意味がわからなくなっており、御形祭の変化もその混乱に起因するのであろう。

一方、御戸祭は近世の正遷宮再興後に、御扉の鍵穴を穿ち、殿内の敷板を清め削る清鉋の儀として再編されてゆく。ただし御戸祭は、古代末期頃から頻発する假殿遷宮においては、「建久九年〈一一九八〉内宮假殿遷宮記」(39)を初めとして、「弘安二年〈一二七九〉内宮假殿遷宮記」(40)や「應永廿九年〈一四二二〉外宮假殿遷宮記」(41)などによって確認される。

このような文永期以降の両祭の変化についてもあきらかではないが、「皇太神宮儀式帳」などからうかがわれるように、御形祭本来の意味は妻を塞ぐこと、言いかえれば、妻の部分が古代以前には建築的あるいは宗教的な意味・機能を備えた開口部であった伝統に淵源をもち、そしてその意識がゆえに、のちに同じ開口部としての御扉を奉る御戸祭が御形祭と同日斎行になりえたように思われるのである。平安後期の長暦度と鎌倉前期の嘉元度における飾金物を比べると、その間に鏡形木は変わりないものの、正殿御扉廻りの鋪などの飾金物が増えており(42)、この両祭の関係にとって示唆的であろう。とすれば、正遷宮ないし假殿遷宮における両祭の変化は、先の御形祭本来の意味がわからなくなったことに追従する形で御戸祭も正遷宮の諸祭から姿を消し、その反面、御戸祭のみが假殿遷宮の諸祭の中に名残を留めるといった状況を結果的に招いたのかもしれない。

もしこのような推測が許されるならば、文永期を転機とする御形祭と御戸祭の変化は、それら両祭の関係が建築と祭祀の上でいかに強く結びついていたかを逆説的に示す事象にほかならないであろう。

相互補完としての「対」という観念が、古代日本人の基層に内在し、それがさまざまな事物事象に具現していることは別稿において述べた(43)。上記諸祭の関係も「対」の観念に淵源するに相違ない。

四、建築諸祭にみる正殿の建て方

本節では、古代・中世と近世における立柱上棟祭以下の建築諸祭と、それにともなう正殿の建て方工事の変遷について概観してみたい。主として内宮の場合を取り上げるが、近世における外宮関連の史料は比較的豊富なので触れることにした(44)。

(一) 立柱上棟祭

立柱上棟祭の初見となる「中右記」寛治八年(一〇九四)八月一四日の条にその儀式次第は記されていない。つづく「兵範記」仁安四年(一一六九)二月一七日条に載せられた、同六月の内宮臨時遷宮に先だつ鎮地祭以下の日時勘文には、立柱に関してのみ「立柱次第先北次南次西次東」とあり、柱立ての順序がうかがわれる。しかし、具体的な柱立ての様子はわからないし、またそのような表記次第は、中世、近世の日時宣旨にも、方位の順序にちがいこそあれ同様に見出される。それらの勘文がもともとは陰陽寮の系譜に属することからすると、かかる表記自体は卜占的性格の強いものであり、したがって実際の柱立てと直接的には結びつかなかったのかもしれない。

立柱上棟の次第がやや具体的になるのは、文治度の遷宮(一一九〇)からである。「建久元年内宮遷宮記」によれば、前例では心御柱を奉建したのちの数日間に正殿の柱穴を掘り、立柱上棟祭に備えていたのに対して、文治度の場合、心御柱立てが穢気により立柱上棟祭の前日に遅延したため、正殿の柱穴掘りをいかに対処するか造宮使・禰宜により評議がもたれ、その結果、翌日にあたる立柱上棟祭当日の未明から柱穴を掘ることに裁定された。それに従って、祭当日の早旦から「風掃地、雨如沃」というなか、柱穴掘り作業が進められ、儀式には無事まにあったが、儀式の建て方次第の実際からすれば、あらかじめ柱穴掘り作業が済んでいるに越したことはない。

ただここで「兼日之役一時勤仕、尤神妙事哉」とされるのはまさに神妙であり、あるいは立柱上棟当日に柱穴を掘るのが古儀であったのかもしれない。

　文治度の柱立てについては、「立御柱次第任勘文立之柱立」とあるのみで、やはりその建て方次第には触れていないが、柱を立て奉ったのちに、桁を渡し、棟持柱を立て、棟木を上げ、上棟の儀をおこなったことが知られる。しかしそれに続く記述によると、前例では棟木を上げたのちに棟持柱を立て起こしていたのに対して、この文治度では、承安度外宮の立柱上棟において棟木を上げ棟持柱を立てたところ棟持柱が棟木に当り「非無事厄」状況を招いた次第を踏まえて、棟木と棟持柱の建て方順序を変更したようである。したがって、棟木を上げ棟持柱を立て上棟の儀をおこなうのが古儀であったと解されよう。

　「遷宮例文」に載せられた立柱上棟の次第も「建久元年内宮遷宮記」とほぼ同様で、禰宜列座、造宮使着座ののち「奉立御柱、次第任勘文立之次渡桁、次立御棟持、次上棟木、然後祭棟也、三人頭工同時申祝詞各衣冠」とあり、ここでも柱を立て奉り、桁を上げ、棟持柱を立て、棟木を載せた後に棟を祀っている。しかしそれに続く注記に「或記云、先御棟持柱奉立之云々、文治記云、是非無事危、非儀云々、先御壁柱奉立之、居水量、奉切調木口、其後奉上桁梁棟木棟持也云々」とあり、棟木・棟持柱の建て方順序が古儀であったことがうかがわれる一方、文治度では儀式の最中において、柱を立てたのちに水量《みずはかり》を据え、木口を切り調えていた次第が知られる。柱木口の切り調えは柱高さを揃えるためと思われるが、とすれば柱根のレベルが一定でないところで、柱脚部の緊結や床組みの高さはいかに調整したのであろうか。今日でもそうであるが、当時にあって柱穴のレベルに寸分のちがいがなかったとは到底考えられない。現状の構造を前提とすれば、柱根に楔を打ち込み足固めなどの構造材を通す貫穴の高さを揃えてから柱木口を切り調えるか、逆に貫穴を大きめに穿っておいて、構造材を通してから楔を打ち込み埋木をするなりしたのであろうか。儀式最中に貫穴を穿ったとは考え難い。あるいは、丸山茂氏が応永二六年（一四一九）以前の外宮正殿の床組構造について指摘された[45]ように、当時の内宮正殿も建物本体と床組が基本的には別構造であったのかもしれない。

　ところで、正殿の東西両妻に立つ独立棟持柱にはある種の神聖さが連想される。そこには記紀の国生み神話にみる天之御柱のイメージがつきまとうであろうし、逆に正殿の建築は天之御柱と八尋殿が重なり合う姿を暗示しているかのようにも憶される。神宮の三節祭を初めとする恒例祭に、棟持柱を祭祀の対象にした儀式は古代・中世の史料に捜しえない[46]。これに対して遷宮諸祭のうちでは、古代から中世前半にかけての記録には認められないが、元亨度の立柱上棟の建て方次第に棟持柱を祀る様子がうかがわれる。すなわち「元亨三年内宮遷宮記」同三年八月二四日の条によれば、

とうくら《(頭工等)》はしらくち《(柱口)》をそろへ《(揃)》まいらせてのち、御むね《(棟)》をあけ《(上)》まいらせ、御むね《(棟)》木すへ《(居)》まいらせて、御むねもち《(棟持)》をあけ《(上)》まいらす、東西とうし《(同時)》にあけ《(上)》まいらするところに、二とうはう《(頭方)》、西の御はしらつな《(柱綱)》をあしく《(悪)》つけ《(着)》まいらせて、さかさ《(下)》にて、ひきさし《(引差)》まいらせ、ひきつな《(引綱)》をつけなを《(着直)》しまいらせんとするほとに、あしく《(悪)》して、又地にたをれ《(倒)》させ給、かのはつらいのあいたに《(間)》、しこく《(時刻)》をしうつる《(推移)》ものなり、御むねもち《(棟持)》をあけ《(上)》まいらする時、西二とう《(頭)》、東三とう《(頭)》、さかき《(賢木)》をもて、三ケ度おんとう《(音頭)》を申てのち《(後)》、ひんき《(便宜)》の小たくみ《(工)》にさう木《(賢)》をわたし《(渡)》て、おんとう《(音頭)》を申さす、りやうはう《(両方)》たて《(建)》まいらせてのち《(後)》、御はしら《(柱)》を、ひきつな《(引綱)》にて、御むね《(棟)》乃木にからみつけ《(絡付)》まいらせて、おんとう《(音頭)》のさかき《(賢木)》を、りやうはう《(両方)》の御はしら《(柱)》にさし《(差)》まいらせてのち《(後)》、ゆみや《(弓矢)》を西東の御むねき《(棟木)》につけまいらせてのち《(後)》、とうくら《(頭工等)》地下におり《(下)》て、のと《一頭詔刀ヲ申(祝詞)》を申てのち《(後)》をのをのさ《(座)》をたつ《(立)》、いぬのこく《(戌刻)》にいたる、(後略)

とあり、まず建て方次第として柱の木口を切り揃え、棟木を据えてから、引綱をもって東西の棟持柱を同時に引き起こしており、儀式に及んで柱高をそろえるのは「遷宮例文」と同じであるが、元亨度では棟木・棟持柱の順に建て方が進められていて古儀に則している。注目されるのは、棟持柱を引き起こす最中に、頭工が榊を持って三度音頭を上げ、立て起こしたのちに引綱を棟木に絡め付け、音頭の榊を棟持柱に差し、棟木に弓矢を取り付け、頭工降りて詔刀を奏上することであり、立柱上棟という建築儀式のなかに棟持柱を奉る次第が垣間みられよう。

一方「遷宮例文」によると、木本祭ののちに吉日をもって造宮使が工役夫等を率いて御杣山に入り、棟持柱となる用材を前にして「造宮使着衣冠御祓向御棟持、其後取布綱天微音仁恵伊々々度三度奉引之」る儀式がおこなわれている。

いわば山作と庭作に棟持柱を祀る次第が確かめられるのであり、その意味においては造営の祭に相応しいし、見方をかえれば、この両者は棟持柱に対する相互補完的関係を示す「対」の儀式とも捉えられよう。

「寛正三年造内宮記」は、長禄三年（一四六一）一二月一七日条に鎮地祭以下の日時宣旨を載せ、さらに同一二月二三日条には立柱上棟の儀について次のように記している。

晴　廿三日、立柱上棟神事、巳尅計ニ、予四八九十束帯ヲ着神拝之後紺外居ヲ令一見之處、早御柱ヲ切云々、（中略）以前柱を切選之條、工等之僻也、無故實之故歟、（中略）則工等御棟持柱ヲ立、御棟木ヲ上、柱ニ居進、東西同時ニ可奉引之處、西ニ頭代布衣先榊ヲ振リ音頭ヲ上奉引、其後東方一頭代布衣榊ヲ振リ音頭ヲ上、速引立進、以引綱御棟木ニ搦付、音頭之榊ヲ御柱ニ指、其後弓矢ヲ御棟木・ニ奉結付、（後略）

中世の戦乱期にあって、もはや二〇年の式年は維持できなくなり、この寛正度の遷宮も前回の永享度から数えて三二年目のことであった。祭に先だち柱を切りそろえるなど、儀式次第も以前と異なる部分が少なくない。建て方もふたたび棟持柱・棟木の順になっている。この寛正度の遷宮を最後にして、長い正遷宮の中絶期を迎えることになる。古代・中世には、立柱上棟の儀が一連の儀式として同じ日におこなわれていたが、近世以降は日を分け、儀式次第も変容してゆく。

内宮の正遷宮が再興されたのは、寛正度から一二四年を隔てた天正一三年（一五八五）一〇月一三日である。それに先だち、立柱・上棟の儀がおこなわれたことは知[47]られるものの、斎行日時や儀式次第には触れていない。両祭別日の慣行は、先述のとおり次の慶長度から確認される。しかし立柱・上棟日時の記録に、柱立てに関しては「次第先東次西次北次南」とあるのみで、この順序に従ったか否かなど具体的な様子はわからない。立柱と上棟についての儀式次第が徐々にあきらかになるのは次の寛永度からであり、時代を追うごとに詳しくなる。

「寛永六年〈一六二九〉内宮遷宮記[48]」には、立柱、上棟の日時宣旨の中に「立柱次第先南次北次東次西」とされるほか、祭当日の儀式次第が記されている。

一御柱立、つちのとのみのとし卯月十一日辰ノ刻

一御棟上、つちのとのみのとし卯月廿七日卯ノ刻、御棟上之時、御棟木ニ布縄二筋つくる、壹筋ニ布三反つゝ也、頭工之用意、御棟木、其時あけ候へハ御日時刻ちかひ申候故、前日より上置ほずへ入かけ物をかひ置、御棟木時取ニかひ物をはっし、四人之頭四方ニ而弊ヲふりさんぐうをまき、其後引綱をさけ頭より作所へ頭代以綱へ御取付可被成候由、使在リ、其時神主中へ予方より綱へ御取付候へと申、其時二頭榊ヲふり音頭ヲあけ、次ニ一頭榊を振音頭を上ケ、御棟木の綱ヲ奉引音頭之榊ヲ御棟木之本ニさす、其後弓矢をあけ御棟木へゆいつけ置、其後一頭於御前大麻ヲ振、三度拝シ詔刀ヲ申

立柱の様子は知りえないが、上棟については儀式に際して棟木を上げるべきところ、「其時あけ候へハ御日時

時刻ちかひ中候故」のため、前の日から枘《ほぞ》に飼物《かいもの》を入れて棟木を仮置きし、祭に際して飼物を外し棟木を納め、その後、棟木に引綱を取付け、榊を振って音頭を上げ、棟木にその音頭の榊を差し、弓矢を取付け、最後に一頭工大麻《おおぬさ》を振り祝詞を奏上している。内宮の遷宮記は、祭の日を除けば工事の進捗状況をほとんど記していないが、儀式に際して棟木を納める次第は、千木、櫭、化粧梠、葺板などの施工が上棟祭以後におこなわれていたことを示唆している。

寛永度以降の上棟祭にあっても、棟木は祭の日までに屋根の上に仮置きするか、あらかじめ納められるようになる。前例が旧例となり、建て方次第の変質を招きながらも受け継がれていったのであろう。

また、元亨度の立柱上棟で見たような棟持柱を祀る次第は、近世以降の史料に確認できない。近世における立柱と上棟の別日慣行により、立柱祭当日または上棟祭までに棟持柱も立て起こされるようになり、それにともない本来棟持柱を立て起こす用に取り付けられた引綱は棟木に、また棟持柱に差された音頭の榊は棟木に取って代わっていった。

「寛文九年〈一六六九〉内宮遷宮記」[49]は、立柱祭の日時宣下に「立柱次第先東次西次北次南」と記すが、立柱祭・上棟祭の様子は以下のとおりである。

八月廿一日、立柱神事午刻、（中略）
先正殿北方者自朝奉立、南方者刻限相待奉立
九月十日、上棟神事卯剋、（中略）件御棟持者前方より立レ柱御棟持之鼻ニ居置ク、御棟木より布縄二筋南ニ引張處之縄江禰宜各二行分而御綱に取付頭工等御前餅酒肴供物有、于時一頭代布衣白鞲懸振レ榊音頭上、次又二頭代一頭代東一頭代西振レ榊音頭上、于レ時工等御棟木引落合、其後戸前ノ御柱ニ榊指、弓・矢立以レ釘打付、縄之次第ハ頭東、二頭西、頭々代・工迄東西ニ分（後略）

この寛文度では、日時宣旨とは無関係に立柱祭当日の朝から北方の柱立てをなし、儀式に及んで南方の柱立てをおこなっている。一方、上棟祭では、前もって棟持柱が立て起こされ、その「鼻」に棟木を据置き儀式に及んで棟木を納めた。

元禄度は、日時宣旨に「立柱次第先ッ南次北次東次西」とあり、具体的には以下のようになる。[50]

一　同十八日辰剋、御立柱、（中略）、其後刻限相待、先南方之御柱ゟ立初、次ニ北之方之御柱、次ニ東之御柱、次ニ南之御柱、次第ニ奉立之候、（後略）
一　三月二日巳刻、御上棟、（中略）但シ前方ゟ御棟木之左右ゟ白布之縄を瑞垣御門之前迄引下シ置候、（中略）、此時一頭代榊を振、次二頭代榊を振、

次に小工二人棟に登り棟之東西を各打合申候、其後弓矢相番ひ棟之東西ニ立之、頭工等則御前之東方と西方ニ相分着座（後略）

当度においては立柱祭を待って宣旨に従い、順次柱を立てている。白布の縄（引綱）は前もって棟木に縛り付けられ瑞垣御門の前まで引き下げられており、したがって上棟祭ではすでに棟木は納められていたようである。儀式に際しては、頭工が榊を振り、小工二人が上に登り棟の東西を打ち合せ、続いて弓矢を棟木の東西に取りつける次第になっている。ここで上棟祭までに建て方がどこまで進んでいたかはわからない。同じ元禄度の外宮の場合には、上棟祭の数日前から（おそらく裏流れの）榱が打ち付けられ始めている（四―二檜付祭参照）。

享保度については、「享保内宮正遷宮諸祭行事記」(51)に次のようにある。

同年（享保一四年）
二月十八日卯剋、立柱行事、（中略）、小工等青襖明衣可構御階所之南方東面ニ行ニ相別而各拝伏、于時南御柱一本奉立之、小工・工老等三人宛進于件御柱之四方奉備御膳・御酒、（中略）、其後御柱不残奉立之也、（後略）
同年（享保一四年）
同月二十四日辰剋、上棟行事、（中略）、一頭・一頭代・二頭・二頭代・三頭・三頭代・四頭・四頭代頭者衣冠、代者布衣、各掛明衣小工三十六人青襖明衣者可構御階所之南方東西分而着座各拝伏、次ニ小工等御棟木結付布綱二筋而曳下之、次ニ正権禰宜・物忌父・頭工等起座左右相別掛手、一座者北上西面、二座者西之綱北上東面、以下打替々立並之時、一頭代・二頭代持榊立綱本振件之榊發聲微音、次ニ工老唱千歳萬歳祝言而打合御棟木之後各帰着本座、次一頭・一頭代於供進物之前振御幣讀進祝詞、（後略）

このように、享保度以降は遷宮に関する記録もさらに詳しくなる。

立柱祭については元禄度と異なり、祭に際して南の柱一本を立て起こすのみで、儀式後に他の柱を立てている。上棟祭は元禄度とほぼ同様で、棟木は前もって納められており、儀式に臨んでは、小工が棟木に結び付けられた二筋の布綱を下まで引き延ばし、諸員布綱に手を掛けたのち、一頭代、二頭代が榊を振り声を発するに続き工老千歳萬歳の音頭を唱え、それに応えて屋上の頭工が棟木を打ち固め、最後に神饌奉奠、詔刀奏上がおこなわれている。弓矢もあらかじめ取り付けられていたようである。上棟に限っては、今日の次第に繋がる部分が少なくない。

時代は降るが、寛政度の遷宮諸祭をつぶさに記した

「寛政遷宮物語」(52)は詩情豊かにその情景を詠い上げている。長文になるが引用しておこう。

○（前略）さうでんの大御柱、宣旨のまにまに北よりたてはじめ、南・西をたてゝ、東にてたてをさめ奉るなり、まづ工老等大槌をとれば、其外の工等立ちさわぎてろくろにかゝりまき上げつ、忌柱立定むるとき、工老等御柱の根もとにまいりよりて、下津岩根もとどろくばかり、其大槌もてすぎすぎ三度うちかため奉りて、ほんざにかへる、（中略）、さて此御柱だてよ、近き世にハくみおこしといひて、けた・ぬきなど組合セてこそたてたりしが、さては宣下にたがふに似たりとて、こたみあらためられしとなん、（後略）

○さて御棟あげはあるが中にもおどろおどろしき御祭にて、みやこ人・難波人など二日三日こゝにとどま、りてこの御祭にあひ奉りて、まきちらすぜに・もちひなどひるいて、家づとゝもおのがさきはひともせまほしがりて、（中略）、正殿の御前に四かたのからうどかきすゑ、御饌等いつもの如し、御屋根の上に弓矢二はりをあぐ、（中略）、御棟木はかねてあげおきて、けふハ其かたをまねぶぎしきなり、しかしてのち、作所、禰宜の長官の前にいちいふして工司等にたちむかひて、御棟あげ始めさふらへと、たからかに呼ばハりて座にかえるときに、二三の工老右左よりすゝみ出て、御前にまうけ置たるさくづゑといふものを手ごとにとりもち、しんのみはしらのもとより瑞垣御門まで東西に立わかれて、相ともに丈尺をはかりみて、作所の前にひざまづきあとにたがい侍らずと、申て本座にかへるを見て、一四の工老、座をたち大槌を持ながら相ともに御前にぬかづき、てだすけの木工等をゐてあなゝひをつたいて御屋根にのぼり、四工老御棟木に白布二すぢをむすびつけて、つなしろとして西東の軒端にひきわけて下げおろすを見て、かたがたのたくミ四人五尺ばかりなる御はかせ木二本を二人してもちいで、今二人は大槌をもて瑞垣御門の東西にうちたて、かのさげおろしたる布綱をひきはりて、博士木にむすびつけて座に歸る、此とき作所、また長官の前にて時よしと、申せば、長官・傍官をはじめありとある職掌人等、みなみな座をたち御綱布に手をかく、一二の弟部等、左右よりすゝみ出、ゆふとりしでたる榊の枝をさしかざし、綱もとに立て南にむきておんどうをあぐ、二工老、綱のなからにすゝみたちて、御屋根を見あげてせんざいとうと、大聲によばハれば、御屋根にて一工老おふたふと、よばいて大槌をうてば、四工老、もちひ・ぜにばらりばらりとまく、萬歳棟と、よばへば應答と、こたえて、又銭・もちひしきりにまくとき、下にてえいえいおくとうと、諸聲をかけてかごとばかりひき奉り、かく三度御棟をうちかため奉れば、人々御綱はなちて本座にかへらる、一二の弟部、榊の枝を御棟もちの柱本にさしはやして座につくほど、御屋根よりもみなみなおりたち歸座してひとつらに拝す。（後略）

寛政度の立柱祭では、宣旨に従い順次柱立てをおこなっているが、それに大槌で柱根を三度打ち固める次第が加わっている。ただし「さて此御柱だてよ、近き世にハくみおこしといひて、けた・ぬきなど組合セてこそたてたりしが、さては宣下にたがふに似たりとて、こたみあらためられしとなん」の記述は、後述する外宮の立柱次第を連想させる。内宮でも「近き世」までは異なった建て方形式にあったのか、あるいは外宮の立柱祭をアイロニックに表現したのかもしれない。上棟祭については、棟木は前もって納められていたようであり、「けふハ其かたをまねぶぎしきなり」と祭の形式化を嘆いている。儀式に際して興味深いのは、まず工老尺杖をもって心御柱から瑞垣御門までの丈尺が古儀にたがわぬことを確かめ（竹量の儀）、それに続いて棟木東西から引き下げられた白布二筋の端を結ぶため、瑞垣御門の位置に「博士木」と称する杭を打つ次第が認められる点であり、現行にも引き継がれている。「竹量の儀」と「博士木」が当度から加わったのか、それ以前から存したのかあきらかではない。ただそれに関しては、先述の「中右記」寛治八年八月一四日条や「遷宮例文」によれば、正殿の立柱上棟と同じ日をもって御門（おそらく瑞垣南御門）立てがおこなわれており、このような正殿と御門の関係は、単に建て方の都合によるのではなく、御門を起点とした瑞垣という聖域の画定化あるいはその聖別化につながる行為とも推測される[53]一方、古代寺院の中門と同様に[54]、この瑞垣南御門も祭祀の場として本来重要な機能を担っていたことが想像される[55]。とすれば、「竹量の儀」と「博士木」は古い時代の建築と祭祀の連繋を伝える遺制ともいえよう。

文政度（一八二九）の立柱祭、上棟祭は次のごとくであった[56]。

文政十二年巳丑二月朔日、辰刻御立柱神事、（中略）、工老四人罷出一拝之後、各槌を持て、先ず中央の柱を打三度、次二人宛出て四方柱を同時に三度打如御鍬時右畢て中央柱御前にて供物、凡九獻、畢各三拝、次工老一人作所の前へ蹲踞、申神事畢之由、（中略）廿三日卯刻上棟行事、（中略）、小工二人起座、御殿前進出兩方に分れ、青竹を以て間尺打、杭を打候處まで志るしを致し置、すぐに間尺持ながら、兩人作所の前に進み、間尺畢之由を申退く、小作所座を起て、一座の前に進來、同状を申歸之時、杭を打處まで進出、御殿の方に向ひ、御上棟致し候へと申歸り著座、次小工二人杭を持、二人槌を持進出、志るしの處へ杭を打、槌三度打の後、禰宜の方に向、一拝して退く、(中略)、
次工老四人青袍御殿の上に昇る、假橋より進昇る、手傳日雇餅銭等持参(中略)
次工老等御屋根より白布二筋垂下す、小工兩人立出、布を杭へ結付置、于時一頭代菊屋兵部末男二頭代大國左内盛業榊枝を捧持、正殿の前向廂立並、榊を振りあげ發聲す(後略)
次工老一人、三頭工老白布二筋の中央に出て、御屋根を見あげ、北面なり千歳棟と大聲に呼ぶ、聲に應じ御棟にて槌を打、次萬歳棟と呼ぶ、次永々億棟とよぶ、次第同前也(後略)

柱立てに関連する建て方次第の記述はない。おそらく立柱祭以前にすべての柱立てが完了していたのであろう。儀式に際しては柱根を打ち固める次第(現行では足固・四間樌)になっており、現行の次第につながる。従前のように、祭の日をもって正殿の柱を立て始めるのが本来のあり方であり、また部分的にせよ祭のなかで柱を立てることはその名残とも解されるが、しかし文政度の場合には、かかる古儀の伝統が崩れ、いわば儀礼化した立柱祭の姿が認められよう。以後、内宮の立柱祭にあってはこの儀式次第が定着してゆく。上棟祭は寛政度とほぼ同様である。

なお、立柱祭ならびに上棟祭までに実際の建て方工事がどこまで進捗していたか、それについては幕末期の遷宮諸祭の様子を描いた「両宮遷宮旧式祭典図〈皇太神宮〉」[57](明治前期)が視覚的示唆に富む。に教えてくれる。すなわち立柱祭までに梁桁が載せられ、儀式に際して四間樌の木口を打ち固めており(**図11**)、また上棟祭までに葺板が張られ、儀式に際しては棟木上の樋束を打ち固めている(**図12**)。千木に結び付られた弓矢とあわせて現行の情景が彷彿される。

次に、外宮の立柱・上棟の儀について触れておこう。近世外宮の場合、残念ながら中世以前の史料に乏しい。近世再興後の永禄度[58]、天正度[59]、慶長度[60]の記録によって両祭別日慣行の例があきらかとなるが、儀式に関しては柱根を祀るなどの次第がうかがわれるにすぎない。立柱・上棟の建て方次第は寛文度から仔細になる。寛文度の記載を示せば次のとおりである[61]。

八月廿一日戌子微雨降、申上刻御立柱、小工等率役夫等經之營之、令役夫掘新殿四面埳、此日三方大小工候宮中矣、(中略)、直東行事新宮地各就舗設役人豫設之禰宜南北面東上、物忌父西東面南上座定後、昼番

役人・仕丁内人着白張、實粢盆蓋一口加箸、大物忌父弘房豫調之取以授副物忌未加、未加持粢起座、供粢於柱埳、始自東南隅左旋、至南西北廻東復座、又仕丁取實志乃世（中略）、次小工等登以轆轤立東方之柱、畢退出、（中略）、其後大小工等率役夫堅御柱、先東、次ニ南、次ニ北、役夫把忌鍬、引土充堅柱埳是後毎日張雲形於本宮正殿東方、依新殿營作也

九月十日丙午天晴、巳上刻御上棟、（中略）、

一頭工盛親起座執幣豫設之、向新殿振禳四方、次振禳禰宜以下物忌父等置幣復座、（中略）一頭盛親以下率頭代・小工。役夫等曳御棟梁之材上加殿屋、且小工等

図11　立柱祭図（皇大神宮）

図12　上棟祭図（皇大神宮）

任舊例造弓箭形餝棟木東西

立柱祭当日の刻限までに柱穴を掘り終え、立柱祭に際しては柱穴を鎮め祀ったのちに東方の柱を立て起こし、儀式終了後にその他の柱を立て柱根を埋め戻している。上棟では頭工が幣を振ることに主眼が置かれており、儀式終了後に棟梁をあげ弓矢を飾り付けている。

寛文度につづく立柱祭、上棟祭の建て方次第を概述しておこう。

元禄度の立柱次第は寛文度とほぼ同様であるが、柱穴を祭当日に掘ったのか否かわからない(62)。それに関して享保度の場合には、「前期掘所新殿柱穴、小工令役夫築固穴底居盤木」とあり(63)、前もって柱穴は掘られ穴底には盤木が据えられていた。盤木の存在が知られるのは、外宮の天正度の遷宮記に(64)「御柱穴堀、昔ノ盤木ヲホリ出ス也、同御金物モ掘出也（略）」とあるのが早い例と思われる。建築施工の上では、柱の不同沈下を防ぐとともに基準となる高さを出すのに必要であったのであろう。柱穴には「御金物」が鎮められていた。

寛文度、元禄度の立柱祭における柱立てに関しては、「以轆轤立東方之柱」とあるのみだが、宝永度(65)にはやや具体的に「小工三方各二人袴・木綿繦、昇巻轆轤之櫓、又小工袴・木綿強昇御柱之臺立所組置之御柱東側組柱三株於壁板梁」とみえ、享保度は「縫合壁板於柱横斜實之穴中、（中略）時に小工等登於始所構之轆轤之臺、操綱以立東柱」とされる。東側通りの柱筋をあらかじめ壁板、梁とともに組んでおき、儀式に際して轆轤をもって立て起こした様子がうかがわれる。時代は下がるが、寛延度(66)、寛政度(67)、嘉永度(68)の遷宮記でも、やはりあらかじめ西から東までの柱筋四筋を組んで横斜めに倒しておき、儀式に及んで東側の柱筋を立て起こしている。このような立柱祭における建て方次第に対して、嘉永度の外宮作所の記録(69)によると、

辰刻柱立之次第如左
一　御柱立之次第京都
ゟ御下知有之候得共當
宮ハ東側御柱ハリヨマ
貫壁板入三本とも一所
ニ立候例也

とあり、その具体的な様子

図13　立柱祭図（豊受大神宮）

はやはり明治半ばに描かれた「両宮遷宮旧式祭典図〈豊受大神宮〉」[70]（図13）に示される。すなわち、東と西の柱筋は柱三本とも梁・壁板・四間槓を入れ、中の二つの柱筋は中梁・足堅を入れて組み、四筋とも西に向けて横斜めに倒し置き、儀式に際して轆轤でその東柱筋を同時に立て起こす次第が看て取れる。ある種の緊張感がうかがわれよう。この建て方次第がいつまでさかのぼるかわからないが、おそらく史料の上では上述の寛文度までさかのぼる蓋然性が高い。部分的にせよ実際の柱立てをもって儀式次第とする点は、やはり古代・中世以来の祭の本質に則ったものといえよう。内宮と外宮の立柱次第は、近世を通じて大きく異なっていたのである。

　次に上棟祭については、元禄度では儀式の最後に小工が屋上に昇り東西に分かれ、槌をもって棟木を三度打つ次第が加わっている。儀式の終わった後に、弓矢を棟木の東西に飾り付ける点は寛文度と同じである。実際の工事の進捗状況は、享保度では祭までに「造木弓矢立屋上之両端」ており、頭工が榊を振るのに続いて、小工が東西の棟を打ち固める次第に変わっている。寛延度以降もほぼ同様で、儀式以前に弓矢の飾り付けがなされていたようであり、あらかじめ棟木も納められていたことになる。寛延度では「次三頭方揮大麻亦如右事、三方小工三人登新殿之屋上、一頭方・小工居中拝、二頭・三頭之小工別于東西各執槌撃棟三先東次西（略）」とされ、寛政度、嘉永度もそれと大きな差はない。「両宮遷宮旧式祭典図〈豊受大神宮〉」（図14）によると、祭までに葺板が張られ、屋根中央の樋束周囲に櫓が組まれ、千木には弓矢が結びつけられている。

　近世における内宮と外宮の上棟祭を比べると、建て方次第は時代が降るに従い両宮とも似た様相を呈しているが、外宮では引綱や音頭などの次第がなく、また内宮が棟木を奉ったのちに神事をおこなったのに対して、外宮では逆になっている点が大きく異なっている。明治二二年度から内宮同様の次第に改められ現行に至っている。

（二）櫓付祭

図14　上棟祭図（豊受大神宮）

屋根の萱を葺き始めるに際しての祭である。檜付祭の次第が具体的に知られるのは元亨度が初例と思われる。

一 檐付事元亨二年也

十一月廿八日参宮、正殿のきつけ(檐付)たるへし、今日ゟ候やのよし、さつね申ところゟ、のきつけの時、かならす(必)禰宜さんちやく(参着)の事、そのれい(其例)なしとゐとも、弘安、嘉元ニハ、ちやくさ(着座)あるか、きんれい(近例)にまかせて、(中略)たくみら(工等)のと(祝詞)を申さす、(中略)御さる木(棰)ちき(千木)をかけ(懸)さてまつりて、かや(萱)二束みなミ(南)おもて(面)の比き(檐)ゟゆいつけささせてまつる、きた(北)のかた(方)同前也

本来この儀式に禰宜の参列はなかったが、弘安、嘉元の先例に倣って当度も禰宜の参列をみるようになったとしており、元亨度以前から檜付祭のおこなわれていたことは明確である。儀式に際しては、工らが祝詞を奏上したのち、「御たるきちきをかけたてまつり」て、屋根の南流と北流に萱二束を結い付け奉る次第が知られる。儀式の最中にあって垂木・千木を「かけたてまつり」とはいかなる次第か理解に苦しむが、文脈からみると儀式に臨んで千木と垂木を取りつけたようである。

「遷宮例文」の「檐付神事正殿荒祭」の条には、祭物などを記すなかに「工結付萱昇殿工明衣布官下庸布、頭一反、小工二丈、」とされており、その割注から儀式にあって工が萱を結び付ける次第がうかがわれる。また実際の萱葺に対して、「以左道之青萱如形奉成事之閒、即朽損漏滋之條、神睠難測、公平實缺者也」と、萱材と施工の問題について言及している。

寛正度の遷宮記に檜付祭のことは述べられていない。

近世再興後の、「天正十三年造御遷宮記」が載せる「天照皇太神宮御造營之注文」には、

一 御かや三千荷、六十貫文、御かやふく時のしむるな、ゟをよてとゝのへ中候

おなしく御かやふきの時神事料此中、

と記されており、檜付祭が儀式として扱われていたようである。しかしそれ以後、近世の遷宮記に檜付祭のことは確認できず、享保度遷宮の規範書である「兩宮御遷宮御造營格式」をみても、他の建築諸祭は認められても檜付祭に関する記述はない。「皇太神宮遷宮旧式祭典図」にもその状況は描かれていない。

ところで中世以前の古い萱葺施工について、福山敏男氏は「建久九年内宮仮殿遷宮記」と「正殿御材木尺寸法庭作定」にもとづいて、萱葺の下、垂木の上に「エツり」(棧)があり、垂木の上端に目鉾の穴(めど穴)を彫り、そのめど穴に縄を通してエツリをしばり、エツリに萱葺の束を縫縄で固くしばりつけたのであろうと推測されている。(71) 近世以降は、垂木の上に化粧梠を置き、縦葺板を張り、その上に屋根下地として葺板継目に男瓦を打ち、男瓦の間に管竹を入れ、男瓦の上端には野梠(棧)を取

り付け、萱を葺き上げている。[72] 中世以前には、萱葺に際して、「針返」——葺萱を桟（江津利）に縄で結び付けるとき、殿内から縫鉾を上方（外側）に挿し返す役目——という所役があり、物忌職が担っていたようであるが、近世の再興後は、葺板を張る屋根構造に変化したことにより、この針返の職掌も必要がなくなった。[73] 外宮の「康暦二年〈一三八〇〉外宮遷宮記」[74]には、應安六年（一三七三）一二月一日から正殿を葺き始め、その三日目に針返物忌が祭をおこなっている。そこに檐付祭とは明記されていないが、本来檐付祭は、屋根葺き始めの建築の儀式であると同時に、殿内所役を物忌職が務める点で神事としての性格も兼ね備えていたように思われる。近世に檐付祭が姿を消した所以かもしれない。

外宮については、内宮の遷宮を記した「文永三年御遷宮沙汰文」の文永五年（一二六八）一一月二四日条に、「外宮正殿御檐付、被勤行之」とあり、具体的な次第はわからないけれども、鎌倉時代前期には檐付の儀式が執りおこなわれていたことがうかがわれる。また内宮同様、近世再興後の記録に檐付祭の名は見出せない。ただし外宮の近世の遷宮記では、正殿の萱葺に至る工程が比較的によく判明する。

まず寛文度は、寛文八年八月二一日立柱祭、同九月一〇日上棟祭が斎行されたのち、正殿建て方の進捗状況はあきらかでないが、正殿を建て方の起点として、以後東西宝殿、瑞垣御門、内玉垣御門等の建て方工事が次々と進められており、一二月朔日に至り「御表葺始、今日先試葺東寶殿、往年頻御萱葺有朽損抜落、可使精密之旨有嚴密之命〔凡御萱事作所専支配之〕」とされる。萱葺に及んでは手慣らしに東宝殿から葺き始めており、それとともに「往年」にあって萱葺の朽損抜落が頻繁に生じているため慎重な施工をなすよう誡められている。正殿の萱葺に着手したのは六日後の一二月七日のことであった。

元禄度、享保度さらにのちの寛延度でも、萱葺に際しては手慣らしに東宝殿から着手している。元禄度は元禄二年二月二一日に、寛延度は寛延二年二月一五日に立柱祭がおこなわれており、両度の立柱祭から上棟祭を経て萱葺に至る

表3　元禄度と寛延度における外宮正殿建て方の進捗状況

元禄度		寛延度	
二月廿二日	正殿御柱悉立之、打壁板	二月十六日	南北入御壁板
廿三日	立正殿西棟持柱	十七日	南北上軒桁立西棟持柱、又東
廿四日	立正殿東棟持柱		棟持柱
廿五日	大雨	十八日	立西御形束、次合入小壁板東
廿六日	正殿椽打始、掘東西寶殿之柱杭		御形束亦立之
三月三日	上棟	＊	立柱以後、頭工營垣于新正殿之外面禦犬避不浄
六日	正殿之椽及木舞打之		
七日	打正殿之甌	二十日	上棟
十四日	打正宮北方野木舞	二十二日	上東西千木
廿日	正殿左右板・覆板上之	二十五日	打葺板

正殿建て方の進捗状況を示せば次の通りである（**表3**）。

　立柱祭以後、正殿はもちろん他の殿舎御門の建て方が同時に進められ(75)、元禄度は五月二〇日に「御表葺始、今日先試葺東寶殿、而後欲及正殿、故東寶殿北方始葺」、寛延度には三月二九日に「東寶殿試始葺御萱」と屋根葺に取りかかっている。正殿の萱葺の進捗は**表4**のごとくである。

　萱葺の施工程度や要した工数はわからないが、元禄度では裏側から葺き始め北流が四日、南流が七日、寛延度では表側から着手し南流が八日、北流が四日という速さで葺き上げており、いずれも今日の感覚からすれば驚異に値する。ちなみに中世の康暦度でも両流れを一一日間で葺き終えている(76)。素屋根のなかった当時、雨が降った場合にいかに対処したのであろうか。元禄度には萱葺の終わった翌六月二三日に堅魚木九枝が載上され、二八日に甍祭がおこなわれており、寛延度は萱葺終了から同じく六日後の四月二二日に甍祭がおこなわれている。

　檐付祭が再興されたのは、両宮ともやはり明治二二年度からである。

（三）甍祭

　平安期の「和名類聚鈔(77)」に、「釈名云屋脊日甍萌反和名言伊良賀在上蓋家屋也」とされるごとく、甍とは屋根の頂部もしくはその部分の覆いを意味する。すなわちこの祭は、正殿の屋根葺を終え、その頂部を固めるに際して屋根の安全を祈る儀を旨とする。

　甍祭がいつから始まったかあきらかでないが、「遷宮例文」によれば、「甍祭神事　奉上左右障泥板張雲形、布縄○縄、宮家本作縄料九段下行麁布也、七反、堅魚木之時二反、已上九反同時奉上堅魚木也布縄〈文庫本作縄〉通用之」と記されており、当時におけるこの祭の次第が、屋根頂部を構成する障泥板と堅魚木に主眼が置かれていたことが知られる。ただし堅魚木が直接載る甍覆という部材の記述はないものの、建築的には祭のなかでともに奉上されたとみるべきであろう。なお、現在は障泥板、甍覆を納めてから萱葺に着手しているが（したがって檐付祭までに屋根木部はほぼできあがっている）、当時は萱葺が終わったのち、甍祭に臨んで屋根頂部を固めていたことになる。

　元亨度には「（元亨三年）六月廿七日、御堅魚木奉上之、即伊羅○此間、恐脱加字歟、祭有之、祭物如レ例」、また「氏経神事記(78)」寛正三年四月十六日条には、寛正度の正遷宮に先だ

表4　元禄度と寛延度における外宮正殿萱葺の進捗状況

元禄度		寛延度	
六月十二日	新宮御表葺、始葺北方	四月八日	正殿葺南屋上御葺、十五日畢
十五日	新宮北方萱葺畢		
十六日	新宮南方萱葺	十六日	正殿葺北屋上御葺、十九日畢
廿二日	新宮御萱葺畢		

ち「御鰹木ヲ上祭甍、先三頭方三東、彼頭代振榊上意（恩ヵ）頭、次二頭方西同前、次一頭方四中同前、覆板ニ組畢（後略）」と述べられている。元亨度、寛正度にあって、鰹木の奉上はおこなわれているが、「遷宮例文」のように、祭に際して障泥板、甍覆とも上げたか否かよくわからない。今日においても、鰹木を上げるのみでもたいへんであるのに、ましてや儀式にあってそれを奉上するのは労苦難渋をともなったに相違ない。近世以降、この祭も遷宮諸祭のなかに定着をみるのであるが、その一方で儀式の次第は大きく転換してゆく。

内宮の場合、天正度の再興から元禄度までの史料に、甍祭に関連した記述は認められない。近世の甍祭について知りうるのは享保度からである。

　同年（享保一四年）
　六月二十五日辰尅、甍祭行事、勤番禰宜永富衣布政所氏包衣布作所代氏永先本宮神拝、次着座新宮瑞垣御門之内東上北面、次小工青襖明衣等儲置供進物於御階之上、次奉打初金物、但東西嚴形柄・覆板・波金物・千木金物等也、（後略）

鰹木を奉上し棟を固め奉る次第がこの祭の旧儀であったのに対して、ここでは禰宜が参列するなか小工らが御階に神饌を供えたのち屋根まわりの金物を打ち奉る次第になっており、この祭をもって正殿以下諸殿舎御門の金物が飾り付けられることになる。幕末期の嘉永度(79)においても同様で、儀式に際しては御階六段目に「波金物二枚呉形の金物二枚千木逆輪二枚」を置き、その下段に酒肴を供え奉り、工老が順に一拝ののち工老屋根に登り打ち初めの金物として波金物一枚を取り付けた次第が知られる。波金物とは青海波の文様が描かれた金物で、戦前まで障泥板の側（傍）に奉飾されていた（**図15**）。

外宮の場合には、再興直後の永禄度の記録に甍祭の名称はみられないが、

　同（弘治四年六月）十七日、いらか板参、御上人為祝言、酒、まんちう、瓜御　かはし也

図15　甍祭図（皇大神宮）

同（弘治四年七月）四日、御金物参、小工狩衣也、（中略）、御金物、一頭方辰巳之方哉、二頭方ひつしさる之方参、鰹木の中三頭方、任先例御金物致所櫃よりとり出し、小工へ渡さるゝ也、禰宜各遅参也

とされ、甍を奉る儀と屋根まわりの金物を奉る儀が別々におこなわれていた様子がうかがわれる。中世と近世の甍祭次第の邂逅ともいえようか。

慶長度にも「甍祭」の名はみられない。また屋根頂部の部材を奉る次第は確認できないが、

一　同日（慶長十四年九月二日）御金物も参る、（中略）、一頭方古老二人たつミ《（巽）》ノ方ゟ参る、二頭方ノ古老二人ひつしさる《（坤）》のうたゟまいる、三頭方古老二人鰹木中ゟまいる也、（中略）、三方古老金物打、其ゟ御下向也、

と記載があり、金物の打ち初めに際して儀式の執りおこなわれた様子が知られる。つづく寛永度、慶安度の遷宮記は金物打ち等の儀式については触れていないが、実際の金物の調製に念を入れるべき旨を述べている（**図16**）。

甍祭のことが遷宮記のうえで確認されるのは寛文度からであり、内宮の場合よりさかのぼる。寛文度は「三月九日壬寅、巳時正殿甍祭、三方小工三人工老白張参新宮供楽及酒肴於階前、祀之而始餝棟覆障泥板之金物、先是不敢諸殿餝」とされ、翌一〇日から一六日にかけて金物が取りつけられている。禰宜参列の有無についてはわからない。元禄度、寶永度、享保度もほぼ同様である。享保度では「波金物」が奉られ、覆板に打ちつけられている。寛延度から遷宮記の記述はさらに仔細になる。しかし基本的には享保度と同様で、御階三段目に波金物三枚を立て置き、御階前に神饌を供えて奉ったのち、工老三人が波金物を持って屋根に登り、覆板に打ちつけていた。内宮では、「波金物二枚呉形の金物二枚千木逆輪二枚」が儀式に際して奉られた。外宮では波金物のみがその対象になっている。

近世の再興以降に、甍祭

図16　甍祭図（豊受大神宮）

が金物を対象にした儀式次第に変わった理由は判然としない。単に古儀を忘れたのか、あるいは中世におけるような祭の日に鰹木を上げ奉るといった労苦難渋を避けるためであろうか。この点に関して近世の遷宮記によると、屋根の雨漏れについてしばしば検注がおこなわれており、正殿その他の屋根の雨仕舞いに意が注がれている。とくに、元禄度はその雨仕舞いに関して熱心で、雨漏れの原因となる樋槓や千木と障泥板の接合部に漆を塗ること、あるいは萱葺下地の葺板上に「ちゃん」(80)を塗ることが屋根廻り雨仕舞いの対処策とされている。金色に輝く飾金物はそれ自体ある種の聖性を標している。近世の甍祭は御殿のいわば聖別化を示す行為ともいえようし、また屋根の安全と堅固を金物に託したのではなかろうか。

日時は檜付祭同様、作所が選定し、神宮側が下知するならわしであった。この金物を奉る次第の旨は、近代から今日へと受け継がれている。

(四) 御形祭

すでに延暦の「皇太神宮儀式帳」に御形および御形奉彫に関連する記載が見られ、それによれば御形とは御鏡の意を示唆し、その奉彫の儀は、正殿造営工事の最後に内宮では地祭物忌父が、外宮では菅裁物忌父が御形を穿ち奉り、もし物忌父に事あれば禰宜がかわって奉仕する次第とされる。この祭の古儀とともに物忌職が担う点で厳儀たる所以がうかがわれよう。なお、祭祀の対象となる押木押椪とは、妻梁上の真束(今にいう御形椪)の両側にあるT字形の部材を指すが、そのような呼称は近世の正遷宮再興後のものであり、寛正度以前には御形椪を「宇立」、押木押椪を「鏡形木」あるいは「御形椪」と称していた。いわばこの祭の本質が御殿の建築にも反映されていたわけであるが、逆に「鏡形木」と称された部材がなぜ重視されたかが問題となろう。それに関しては、前述のとおり御戸祭との関係からすると、本来その妻部分が何らかの意味機能をもった開口部であった伝統に由来するものと思われる。

中世の御形祭に関しては、「遷宮例文」に比較的詳しく記されている。それによれば、御戸祭の直前におこなわれ、儀式に際しては物忌父と頭工・頭代六人が正殿の殿内にて御形を奉彫し、その後に足場(「麻柱」)を架けて部材を打ち奉ったこと、また祭物の中に、小刀・鑿・鉤鈍とともに筆・墨が挙げられており、輪状の刻文に墨を入れたことがうかがわれる。このような儀式のあり方は、「文永三年御遷宮沙汰文」にもほぼ同様に認められ、中世における規範的な次第とみなせよう。しかしこの文永期を境にして、その後の中世の史料に御形祭のことは見出せない。

ところで、「鏡形木」の飾り方については、内宮正殿では奈良時代から御形刻文と飾金物が併存し、外宮正殿では康平度正遷宮の場合から従前の御形刻文に飾金物が加えられたとされる。(81) ただし御形の祭についていえば、「遷宮例文」など中世の記録にその祭物として飾金物は含まれていない。したがって、この祭の本質はあくまでも御形の奉彫にあったと解されよう。

近世の再興後において、御形祭がふたたび史料上に表れるのは享保度の「両宮御遷宮御造營格式」(82)である。それによれば、遷御前年の鎮地祭（「地曳祭」）直前まで古殿が遺されており、その古殿解体前にあたる遷御二年前の条に、「一　両宮御細工出来次第、御形祭執行申候、御日時ハ両宮共に作所より出し申候御事」と記されるのが再興後の初見と思われる。しかし、その儀式次第は知りえないし、また「享保内宮正遷宮諸祭行事記」のなかに御形祭の記述がないので実際におこなわれていたかどうか定かではない。「寛政遷宮記」には「〇十一月廿六日という辰のときに、番匠等酒殿のうしろにつどひてごぎやうまつりつかまつる、させることもなければもらしつ、こはよにいふこやぐみ也」とあり、御形祭の斎行が知られるとともに、立柱以前に御敷地での建て方とは関係なく作所が小屋組を奉ったことがうかがわれる。(83) その様子が具体的にわかるのは「両宮遷宮旧式祭典図〈皇大神宮〉」（図17）である。

なお、「建久元年内宮遷宮記」には、心御柱立てと上棟祭のあいだの日に「上土棟」、「遷宮例文」には「正殿土棟於忌火屋前所奉上也、吉日、祭物（後略）」と記される。「土棟」が何を指すか明白ではないが、福山敏男氏は小屋組と解釈された。(84) とすれば近世の御形祭はこの記述を鑑み再興されたのかもしれない。

外宮の場合は、内宮よりもさかのぼり寛文度の遷宮記に次のように記されている。

（寛文九年五月）廿七日、御形祭於木屋邊、祭之、頭工・頭代各名代・小工以上素襖
供物於御鏡形楠祭之、
次各預直會

やはり新宮地ではなく木

図17　御形祭図（皇大神宮）

屋邊において頭工たちによって御形祭がおこなわれており、御鏡形を祀ったことが確認される。御形祭に続いて同七月一八日に古殿解体、同九年七月二七日には鎮地祭と、立柱に向けて準備が進められてゆく。享保度、寛延度、寛政度も同様であり、降って嘉永度の遷宮記には儀式の様子がやや詳しく記載されている。遷宮前年の嘉永元年三月四日条によれば、

三月四日　御形祭時巳日時作所撰定
小屋組前設御棚南面、其上備沓形形之餅三重・干鰹一連・熨斗鮑置瓶子一隻土器二枚重載臺銚子加、一頭中二頭西三頭東、御棚之前有鋪設六枚、一工老三人各熨斗目素襖、明衣二工老三人、三工老三人、手扶小工各素襖明衣坐定、先手扶・小工移瓶子酒于銚子加歸坐、次一頭方起座、一工老取土器扇拂其中受酒、備御棚銚子加、二工老・三工老勤之各一拝歸座、次二頭方・三頭方同前、次各順載神酒土器一枚、載片木　終退出
行事場之圖如左　但古殿正面小屋之前

とされる。日時は作所が撰定し、「古殿正面小屋之前」で正殿の小屋組を祀りの対象にして、作所が中心となり執りおこなわれた様子がわかる。割注にある「土器一枚載片木」の「片木」とは、おそらく「鏡形木」(今の押木・押椺)を指すのであろう。寛文度以降、中世におこなわれたような、儀式に及んでの御形奉彫の次第は失われているものの、「鏡形木」を直接的に祀りの対象としており、その意味においては古代ないし中世の御形祭の伝統を形ながら残している。『両宮遷宮旧式祭典図〈豊受大神宮〉』には内宮同様の場面が描かれている(**図18**)。

(五)御戸祭

正殿の御扉を立て奉るに際し、御扉の開閉と御鑰御匙の滞りなきことを祈る祭である。先述したように、御戸祭は御形祭と同日に斎行されるなど、建築・祭祀のうえで密接な関係を有していたと思われるが、しかし御戸祭の儀式次第を記す初例となる「遷宮例文」は、その御戸祭の項で「御戸祭正殿、荒祭、(後略)」と祭物などを列記するに留め、さらにそ

図18　御形祭図(豊受大神宮)

れに続く御形祭の項でも、

忌物、任頭工之寸法、忌鍛冶内人於河原殿奉作之、御形板八枚、頭工、頭代地祭物忌父、各参昇殿内奉彫之、即緒儲麻柱天、奉打之、其後御戸祭、備祭物於折敷、頭代一前充、御戸閾上三所供之、申詔刀

と、頭工が閾の上に祭物を供えて詔刀を奏上した次第が知られるにすぎない。この「遷宮例文」のほか、中世の御戸祭を記した「寶治元年内宮遷宮記」や「文永三年御遷宮沙汰文」も儀式次第には言及していない。

中世における御戸祭が文永期を境にして正遷宮から姿を消し、假殿遷宮にのみその名を遺したことは前節で触れた。その変化に因由をもつのであろうか、近世の遷宮諸祭の中に「御戸祭」と称する儀式を見出すことは難しい。しかし御扉を対象にした祭が近世にまったく中絶してしまったわけではなく、「清鉋」という儀式のなかで近現代の御戸祭につながる儀式次第を認めうる。

清鉋の儀に関しては、寛永度の記録に、「一　御内陣清かんなかけ申候時（後略）」、慶安度もそれと同様で、寛文度には「九月十四日、卯刻清鉋、同夕初昏之時分、御舟代祭之神事（後略）」とされるのみで、清鉋が建築諸祭に組み込まれていった様子はうかがわれるが、儀式次第についてはあきらかでない。ただ寛文度にあって清鉋と御船代祭が同じ日に斎行されたこと、つまり中世の御形祭・御戸祭の関係が近世には清鉋・御船代祭に取って代ったことは、古代以来の「対」の観念を暗に物語っているようにも捉えられ興味深い。

天和三年三月一〇日、内宮の臨時遷宮が執りおこなわれた。天和元年（一六八一）一二月一三日夜に、内宮正殿以下の建物がことごとく炎上したために取られた措置ではあるが、その臨時遷宮に先だつ三月二日に清鉋の儀がおこなわれており、清鉋の儀式次第に具体的に知ることができる。[85]

一　同（三月）二日卯刻、清鉋之行事、兼日作所ゟ頭工等江致下知各三日致参篭候、（中略）、一頭代と一頭之工老鑿槌を持相共今参昇、工老ゟ鑿槌を請取、御鎰穴奉穿、其後御鏁・御鎰を作所より一頭代等請取之奉試之候、于時一頭ゟ小工等迄次第ニ令参昇於殿内奉清鉋候、（後略）

すなわち、御扉の鎰穴を穿ち、殿内に清鉋をかける次第が認められるのであり、このような次第が近世の清鉋の儀に定着してゆく。御鎰穴を穿ち奉る次第は今日の御戸祭につながるものである。

次の元禄度では「一　同十三日、卯刻御正殿清鉋之行事仕候、頭工等御階之前ニ供進物・御酒等奉備之候（中略）、其後於殿内奉清鉋次第、一頭ゟ小工迄不残清鉋仕候（後略）」とされるのみであり、それによっては殿内の清

鉋が知られるにすぎない。同日夕刻には御船代祭がおこなわれた。

享保度には、禰宜参列のもと清鉋の儀式が執り進められた。

同年（享保一四年）

八月八日辰刻、（中略）、次ニ作所代・同手扶捧持御鎰御櫃之鎰也昇殿大牀蹲踞御戸之左右、次作所代向一頭代可奉明御鎰穴之由命之、則一頭代参昇而御鎰穴奉明之推開御戸、一拝之後亦閉御戸而退下、次作所代開御戸向頭々代等可奉掛清鉋之由申之而入殿内、次一頭同代参昇而入殿内、清鉋勤行之而退下、次二頭・三頭・四頭各同前、次小工二人宛次第同前終、作所代出大牀一拝閉御戸、次手扶自御鎰櫃取出御錠同御鎰指固御戸、一拝而退下、（後略）

天和の臨時遷宮同様に、清鉋の儀は御戸に御鍵穴を穿ち奉り、そして殿内（おそらく敷板）に清鉋をかける、いわば二部構成の次第から成り立っていたことが知られる。この清鉋と同日の戌刻には、やはり天和の臨時遷宮と同様に、禰宜・作所の勤めによって御船代祭がおこなわれており、禰宜が作所から御鎰を請取り御扉を開いたのち、頭々代・小工があらかじめ（新）東宝殿に安置してあった御船代を東宝殿から正殿御階上まで舁き上げ、禰宜・作所代がその御船代を殿内に奉納する次第が中心となっている。翌九日には殿内の洗清の儀、十日には心之御柱奉建が引き続きおこなわれている。洗清に作所、作所代の勤めはあるものの頭工や小工の参列はなく、その次第は禰宜、大物忌父、清酒造内人など神主や物忌が主体となっている。正殿の造営にかかわる祭としては御戸祭が最後で、御船代祭をもって造営側から神宮側へと正殿の建物が引渡されたことになる。寛延度、寛政度、嘉永度も同様であり、「両宮旧式祭典図〈皇大神宮〉」には頭工が御扉に御鎰穴を穿ち奉る次第が描かれている（図19）。

一方外宮の場合には、永禄度の正遷宮再興後、しばらくしておこなわれた天正

図19　清鉋図（皇大神宮）

度の假殿遷宮[86]において、御体御還座に先だち「殿内志左利鉋」がおこなわれており、のちの清鉋が想起させられる。すなわち、「志左利」とは退くの意であり[87]、「志左利鉋」は殿内敷板の清めの鉋と解されよう。時代は降るが寛延度あるいは嘉永度の遷宮記には「清鉋又謂之志左利鉋、時作所撰定之」との注記がある。天正期の「殿内志左利鉋」の前例が先例となり、「清鉋」として後世に引き継がれていったのかもしれない。しかし、天正当時にあって儀式として成立していたか否かわからないし、また内宮でみた鎰穴を穿ち奉る次第はみられない。

清鉋に際して、御鎰穴を穿ち奉り、殿内に清めの鉋をかける次第があきらかになるのは、寛永度の造宮記録[88]が初例と思われる。しかし同じ寛永度の遷宮を記した「寛永外宮正遷宮子良館記[89]」には「頭各衣冠頭代　小工素襖各参新宮、供餅酒振幣、奉掛清鉋也、作所亦出予此」とされる、のみで、鎰穴を穿つ様子は載せられていない。つづく寛文度の遷宮記も殿内清めの鉋のみで鎰穴を穿つ次第はみられない。遷宮記という史料的性格もあり、実際に鎰穴を穿つ次第があったか否か判然としないが、おこなわれていたとしても、当時における清鉋は文字通り殿内の敷板に清めの鉋を施すことに儀式の趣旨が求められよう。

元禄度の次第は次のとおりである。

（元禄二年八月）十六日辰刻、清鉋作所四禰宜末彦衣冠・頭三人各各衣冠・頭代三人各各衣冠・小工廿七人（中略）、一頭代興工老参昇、一頭代執鑿槌穿御鑰穴、且取御鑰勘合くろろ木退下（中略）次三方頭工起座二人相並進出登階入殿内、削清殿内事畢（後略）

御鎰穴を穿ち奉り、殿内に清めの鉋をかける内宮同様の儀式次第は、以後の遷宮記に明記されてゆく。「両宮旧式祭典図〈豊受大神宮〉」にも御鎰穴を穿ち奉る次第が描かれている（**図20**）。なお清鉋と御船代祭に関しては、元禄度までは両祭が同じ日におこなわれていたが、それ以降は日を分けている。

図20　清鉋図（豊受大神宮）

両宮とも、明治二二年度からふたたび御戸祭の名称に復され、殿内敷板の清め削りの次第は廃止された。

古代・中世における立柱祭から御戸祭に至る建築の祭は、直接的に造営に結び付いており、しかもそのほとんどの場合が実際の建築施工をもって儀式次第とする点は、まさに工匠の祭としてふさわしいし、逆にそのようなあり方にこそ古代・中世における建築の祭の特質が指摘されよう。

五、おわりに

遷宮のクライマックスは遷御の儀にちがいない。しかしすでにみたように、遷宮は遷御の儀のみで成り立っているわけではなく、遷御の儀に先だっては建築と祭祀にかかわる諸々の儀式が結節点のごとく連綿と続けられ遷御の儀に至るのであり、そしてそれらの祭は、時代に応じて微妙に、かつときには大胆に変貌を遂げてきた。言いかえれば、遷宮とは遷御の儀に向かって求心的に諸祭が進行するというよりも、ひとつひとつの祭の繰り返しと積み重ねが遷御すなわち遷宮を可能ならしめたと思われるのである。

加藤周一氏は、日本文学の特徴のひとつに部分から全体へ向かう性格を論じられている[90]。一方、我が国古代建築の特質のひとつとして母屋と庇の関係、すなわち空間の付加が挙げられているが[91]、その表裏としてやはり部分から全体へ向かう造形志向が看取される。いわゆる間面記法は平面情報を通じて建物の全体像を伝えようとする手段でもあろう。「部分から全体へ」は古代の人びとが共有した基層観念を表徴するキーワードといってよいかもしれない[92]。伊勢の遷宮諸祭、とりわけ本稿で扱った建築諸祭は、建築と祭祀の連繋にもとづきながら、かかる観念を映しだす事象とも解されよう。

最後に、本書特別寄稿の機会を与えていただき、また筆者の遅筆に寛容な対処をしてくださった奈良国立文化財研究所遺構調査室浅川滋男室長、同箱崎和久氏、ならびに神宮の遷宮諸祭に関して有益なご教示を賜った皇學館大学櫻井治男教授、同神道研究所牟禮仁助教授をはじめ多くの方々に感謝の意を表する次第であります。

註

（1） 近世祀官の遷宮全般に関する代表的な考証として、薗田守良「神宮典略」、中川經雅「大神宮儀式解」が挙げられる。近現代は枚挙に暇がないが、明治以降一九七〇年六月末までに発表された神宮に関連する著書・論文の目録は、田中卓「神宮関係著書・論文目録（稿）」（『神宮・明治百年史補遺』神宮司廳、一九七一）に整理されており、一九七四年以降については神宮司廳発行「瑞垣」に逐次目録が掲載されている。

（2）「太大神宮諸雑事記」（『神道大系　神宮編一』神道大系編纂会、一九七九）。なお、「太神宮諸雑事記」は、平安時代末期の編纂とされる。

（3）a福山敏男『伊勢神宮の建築と歴史』日本資料刊行会、一九七七。

b福山敏男「神宮の建築とその歴史」（『神社建築の研究』福山敏男著作集四、中央公論美術出版、一九八四）。

（4）発掘成果などに関しては、以下の単行本・論文が示唆的である。

a浅川滋男編『先史日本の住居とその周辺』同成社、一九九八。

b宮本長二郎「神宮本殿形式の成立」『瑞垣』一八三号、神宮司廳、一九九九。

c辰巳和弘『高殿の古代学』白水社、一九九〇。

（5）遷宮を通じての諸祭・諸行事に関する本格的な調査は、一九八六年から一九九四年にかけて皇學館大学神道研究所によりおこなわれた。その成果は皇學館大学神道研究所編『紀要』第二輯（一九八七）、第五輯（一九八九）、第九輯（一九九三）、第一〇輯（一九九四）、第一一輯（一九九五）のなかに、「第六一回神宮式年遷宮諸祭・関係行事解説並記録写真」としてまとめられている。現行の儀式次第についてはそれを参照にしていただきたい。そのほか、神宮遷宮諸祭・諸行事の全般を記述したものとして、つぎの論考がある。

a胡麻鶴醇之「神宮式年の諸祭行事について」『神宮—第六十回神宮式年遷宮』小学館、一九七五。

b中西正幸『神宮式年遷宮の歴史と祭儀』大明堂、一九九五。

（6）前掲註（3）aの福山敏男氏によれば、近世の内宮正殿の主要な変化としては、萱葺屋根の下地に葺板を張るようになったこと、梁桁が折置組から京呂組になったこと、小屋組みの木柄が大きくなったことなどが挙げられる。また部材名として、妻の「鏡形木」（「御形木」）が押木押椳、宇立が御形椳と称されるようになった。その他、飾金物も寛文度からかなりの増飾が施されている。

（7）八幡崇経「近代の神宮式年遷宮と御巫清直」（明治聖徳記念学会編「明治聖徳記念学会紀要」復刊第一八号、一九九六）および前掲註（5）b中西単行本。諸殿舎の古儀復興については、祭主久迩宮朝彦親王の御下命により、延暦の儀式帳を基底にして、薗田守宣見込、御巫清直意見の「皇大神宮 豊受宮 諸殿舎古儀丈尺見込意見」（『大神宮叢書 神宮神叓考証後編』神宮司廳、一九三六）が作成されている。

（8）松木素彦「明治四年の神宮御改正」『神宮・明治百年史上巻』神宮司廳、一九六八。前掲註（5）b中西単行本。

（9）胡麻鶴醇之「戦前三代の式年遷宮」『神宮・明治百年史中巻』神宮司廳、一九六九。

（10）ただし、昭和四年度と現行の遷宮諸祭がまったく同じというわけではない。昭和四年度遷宮の山口祭は御用材調達の事情を鑑み遷御の九年前に斎行されている（前掲註（9）胡麻鶴論文参照）。

（11）「延喜式」（『増補新訂国史大系 交替式・弘仁式 延喜式前編』吉川弘文館、一九八五）には、「凡太神宮、年限滿應修造者、遣使使判官。主典各一人但使判官。任中臣忌部兩氏。孟冬孟冬始作之」とあるのみで、よくわからないが、文治六年（一一九〇）内宮遷宮の山口祭は、三年前におこなわれており（「建久元年内宮遷宮記」）、また「遷宮例文」（『神宮遷宮記』第二巻、神宮式年造営庁、一九九二）によれば、「十七年孟冬、祭山口」と記される。

(12)「両宮御遷宮御造営格式」（『神宮遷宮記』第六巻、神宮式年造営庁、一九九五）に「御山口祭之御格式ハ御遷宮年より八年前」（遷御年を除いて七年前）とされたのが以後の規範となったのであろう。戦前三度の遷宮については、前掲註（9）胡麻鶴論文参照。

(13)『第五十九回　神宮式年遷宮祭式及祝詞』神宮司廳、一九五六。昭和二四年遷御予定の八年前である昭和一六年に山口祭が斎行されたが、敗戦により、遷御は二八年に繰り下げられた。

(14)「遷宮例文」『神宮遷宮記』第二巻、神宮式年造営庁、一九九二。

(15)「元禄二年内宮遷宮記」『神宮遷宮記』第五巻、神宮式年造営庁、一九九五。前掲註（9）胡麻鶴論文参照。

(16)「皇太神宮儀式帳」『神道大系　神宮編一』神道大系編纂会、一九七九。

(17) 造営組織の歴史的変遷に関しては、以下の論文・単行本を参照。

a稲垣栄三「古代・中世における神宮の式年遷宮」『神宮―第六十回神宮式年遷宮』小学館、一九七五。

b前掲註（5）b中西単行本。

c山野善郎「伊勢神宮外宮（豊受大神宮）正殿・瑞垣南御門・瑞垣・御饌殿」『日本建築史基礎資料集成一　社殿Ⅰ』中央公論美術出版、一九九八。

(18) 小島鉦作『伊勢神宮史の研究』小島鉦作著作集第二巻、吉川弘文館、一九八五。

(19)『神道大系　神宮編一』神道大系編纂会、一九七九。

(20) 前掲註（19）。

(21) 心御柱、御形とも神秘にかかわる性格を有しており、今日でも神聖視されている。ここで心御柱について触れることはできないが、その歴史的変遷と宗教学的意味については、牟禮仁氏による以下の論考がくわしい。

a牟禮仁「第六十一回神宮式年遷宮諸祭・関係行事解説並記録写真（五）―心之御柱奉建―」『紀要』第一〇輯、皇學館大学神道研究所編、一九九四。

b牟禮仁「伊勢神宮正殿心柱の性格」『日本学研究』第二号、金沢工業大学日本学研究所編、一九九九。

なお、a・b論文とも、のちに牟禮仁『大嘗・遷宮と聖なるもの』（皇學館大学出版部、一九九九）に所収。

(22) a薗田守良『大神宮叢書　神宮典略』臨川書店、一九七一。

b中川經雅『大神宮叢書　大神宮儀式解』臨川書店、一九七〇。

(23)『増補新訂国史大系　交替式・弘仁式・延喜式前編』吉川弘文館、一九八五。以下同。

(24) 前掲註（17）a稲垣論文。

(25) 櫻井治男「第六十一回神宮式年遷宮諸祭・関係行事解説並記録写真（五）―御飾―」『紀要』第一〇輯、皇學館大学神道研究所編、一九九四。

(26)『増補史料大成　中右記一』臨川書店、一九七五。以下同。

(27)『神宮遷宮記』第一巻、神宮式年造営庁、一九九二。以下同。

(28)『神宮遷宮記』第二巻、神宮式年造営庁、一九九二。以下同。

(29) 第三節（4）御形祭の項を参照。

(30) 前掲註（3）。

(31) 拙稿「古代日本人の造形観―伊勢と遷宮」（『紀要』第一五輯、皇學館大学神道研究所編、一九九九）においても触れた。

(32) 『神宮遷宮記』第四巻、神宮式年造営庁、一九九二。

(33) 前掲註（21）牟禮論文。

(34) 『増補史料大成　兵範記四』臨川書店、一九七五。

(35) 「慶長年中寛永年中遷宮日時」『大神宮故事類纂』遷宮部一〇、神宮文庫第所蔵　第一門第五〇五一號。

(36) 前掲註（27）。

(37) 前掲註（27）。

(38) 前掲註（3）福山単行本および論文。

(39) 前掲註（27）。

(40) 前掲註（27）。

(41) 『神宮遷宮記』第三巻、神宮式年造営庁、一九九二。

(42) 平安後期の「内宮長暦送官符」（『新校羣書類従』第一巻、内外書籍、一九三一）と鎌倉前期の「嘉元二年内宮送官符」（渡辺寛「嘉元二年内宮送官符―解題と翻訳―」『皇學館論叢』第七―二号、一九七四）により、正殿の飾金物を復原し比較すると、御扉周辺部に鋪の増飾が著しい。飾金物の変遷については稿を改めてみたい。

(43) 前掲註（31）拙稿。

(44) 本節で取り上げる建築諸祭のうち、立柱祭、甍祭、御形祭、御戸祭に関しては、皇學館大学神道研究所編『紀要』第九輯（一九九三）、第一〇輯（一九九四）で触れた内容に修正加筆した。なお上棟祭の変遷については、神道学の立場から、安江和宣が「式年遷宮における頭工の祭―上棟祭について―」（『紀要』第一五輯、皇學館大学神道研究所編、一九九九）で詳しく述べており、扱う史料や内容は重複する部分が少なくない。また濱島正士は、「古代における建築工事の工程と儀式」（『研究報告』第七七集、国立歴史民俗博物館、一九九九）のなかで、主として古代の寺院、宮殿の造営と建築にかかわる儀式に言及している。

(45) 丸山茂「伊勢神宮再考―主に外宮正殿と延暦儀式帳をについて」『普請研究』二三号、一九八八。

(46) 元禄享保頃に記された「外宮子良館祭奠式」（『大神宮叢書　神宮年中行事大成　後編』神宮司廳、一九三九）によれば、月次祭六月十六日夜の由貴神事の項に「大物忌父一臈二臈到心御柱前三臈到東棟持柱下有行事、此神態件々秘奥之矩式」とあるが、棟持柱を直接祀りの対象にしたかどうかはわからない。棟持柱に関係する論文には、榎村寛之「伊勢神宮の建築と儀礼―棟持柱は神社建築か―」（『古代の日本と渡来の文化』学生社、一九九七）がある。

(47) 「天正十三年造宮記」『神宮遷宮記』第四巻、神宮式年造営庁、一九九二。

(48) 『神宮遷宮記』第五巻、神宮式年造営庁、一九九五。

(49) 前掲註（48）。

(50) 前掲註（48）。

(51) 『神宮遷宮記』第六巻、神宮式年造営庁、一九九五。

(52) 前掲註（48）。

(53) 前掲註（44）安江論文。

(54) 山岸常人「中門の機能とその変容―中世寺院成立過程の一考察」『建築史学』第二号、建築史学会、一九八四。

(55) 「皇太神宮儀式帳」年中行事并月記事九月例に載せられた同十七日神嘗祭の項によれば、齋内親王が太玉串を捧げて内玉垣御門に参入し、その太玉串を命婦が受け大物忌子に授け、さらに大物忌子その太玉串を瑞垣御門の西頭に捧げ置き、その後、禰宜が大物忌父、宮守物忌父、地祭物忌父、宇治大内人を順に召して太玉串を授け、物忌父、大内人は御門（内玉垣御門）に進み、その東頭と西頭に太玉串を捧げ置いている（六月、一二月の月次祭も同様）。前掲註(17)c山野論文にも恒例祭祀における瑞垣南門の重要さが指摘されている。

(56)『故事類苑　神祇部三』吉川弘文館、一九七七。

(57)『神宮遷宮記』第七巻　図録編、神宮式年造営庁、一九九三。解題によれば、「嘉永二年（一八四九）第五十四回の両宮式年遷宮を描いたもので、明治四年の制度改正以前、旧職掌による諸祭・行事のありさまを窺うべき詳細な彩色画」また「本祭典図は『大神宮故事類纂』の附録として松木美彦・福井清生の考証に基づき、画工小西左文をして描かしめたものである」とされる。

(58)「永録記」『神宮遷宮記』第四巻、神宮式年造営庁、一九九二。

(59)「外宮天正遷宮記（異本）」『神宮遷宮記』第四巻、前同、一九九二。

(60)「慶長御遷宮日次」『神宮遷宮記』第四巻、前同、一九九二。

(61)「寛文九年外宮正遷宮記」『神宮遷宮記』第五巻、前同、一九九五。

(62)「元禄二年外宮遷宮記」『神宮遷宮記』第五巻、前同、一九九五。

(63)「享保十四年外宮遷宮記」『神宮遷宮記』第六巻、前同、一九九五。

(64)前掲註(59)。

(65)「寳永六年外宮遷宮記」『神宮遷宮記』第六巻、神宮式年造営庁、一九九五。

(66)「寛延二年外宮遷宮記」『神宮遷宮記』第六巻、前同、一九九五。

(67)「寛政元年外宮遷宮記」『神宮遷宮記』第六巻、前同、一九九五。

(68)「嘉永二年外宮遷宮記」『神宮遷宮記』第六巻、前同、一九九五。

(69)「外宮作所嘉永御遷宮引留下書」嘉永二年二月条（『太神宮故事類纂』神宮文庫第一門第五〇五一號）。

(70)『神宮遷宮記』第七巻、図録編、神宮式年造営庁、一九九三。

(71)前掲註(3)福山単行本および論文。なお、福山氏は「寛正三年造内宮記」の「忌鍛冶行事」寛正二年、三年の条から、寛正当時はエツリを垂木に釘止めしていたらしいとされる。

(72)前掲註(3)福山単行本および論文。近世の萱葺仕様に関しては、荒井留五郎「神宮の萱葺技術」（『私註　庭造古記録』私家版、一九九三）に詳述されている。

(73)前掲註(3)福山単行本および論文。

(74)前掲註(28)。

(75)正殿の立柱上棟祭（近世は立柱祭もしくは上棟祭）以後に、その他の殿舎御門の建て方に着手するのが古来の原則と思われるが、外宮の寛政度の場合は、御杣山（紀州大杉谷）からの用材調達に難渋をきわめたため、例外的に鎮地祭直後、立柱祭以前に瑞垣南門、御饌殿、内玉垣南門、東宝殿の建て方にとりかかっている。

(76)「康暦二年外宮遷宮記」(『神宮遷宮記』第三巻、神宮式年造営庁、一九九二)。
(77) 正宗敦夫編集校訂『和名類聚鈔』風間書房、一九七七。
(78)『大神宮叢書 神宮年中行事大成 前編』臨川書店、一九三八。
(79)「嘉永二年外宮遷宮記」(『神宮遷宮記』第六巻、神宮式年造営庁、一九九五。
(80)「元禄二年外宮遷宮記」(『神宮遷宮記』第五巻、神宮式年造営庁、一九九五)に「玉串御門屋ね板ちゃんぬり仕候」とされる。前掲註(72)荒井論文によると、江戸末期の「内宮御屋根葺様之次第控」(神宮文庫第一門第一四五八號)に「御萱葺き前にチャンを流す、但し節割れ又は雨もり候処吟味致し入念候事」と記されており、チャンとは「『瀝青』のことで和船の船体等に用いる濃褐色防腐用塗料」とされる。
(81) 前掲註(3)福山単行本および論文。
(82) 前掲註(51)。
(83) 近世において古殿は鎮地祭の直前まで遺されていた。古殿の取扱いに関しては、牟禮仁「遷宮小考二題—朝家の大営、古殿の措置—」(『紀要』第一五輯、皇學館大学神道研究所編、一九九九、のちに前掲註(21)牟禮単行本に所収)参照。
(84) 前掲註(3)福山単行本および論文。
(85)「天和三年内宮臨時遷宮之覚」『神宮遷宮記』第六巻、神宮式年造営庁、一九九五。
(86)「假殿遷宮天正記」『神宮遷宮記』第四巻、神宮式年造営庁、一九九二。
(87)『時代別 国語大辞典 室町時代編三』三省堂、一九九四。
(88)「寛永御造宮記録」『太神宮故事類纂』神宮文庫第一門第五〇五一號。
(89)『神宮遷宮記』第四巻、神宮式年造営庁、一九九二。
(90) 加藤周一『日本文学史序説 上』筑摩書房、一九七五。
(91) 井上充夫『日本建築の空間』鹿島出版会、一九七八(第九版)。
(92) 掲註(31)拙稿。

〈付記〉図1および図8~10は神宮司廳弘報課、図4~7は皇學館大学神道研究所、図11~20は神宮文庫から提供を受けた。記して感謝する。

コラム③

掘立柱からみた出雲大社本殿の遷宮

浅川滋男

平安時代の巨大本殿跡

出雲大社の境内で、平安時代末頃と推定される巨大本殿の遺構が姿をあらわした。建築史学の巨星・故福山敏男博士が、源為憲の『口遊《くちずさみ》』や大社所蔵の「金輪造営図《かなわのぞうえいず》」（**図1**）から復原した総高一六丈（約四八メートル）にも達する本殿が実在したことを裏付けうる驚愕すべき発見である。いわゆる宇豆柱《うずばしら》（棟持柱）の位置で出土した長径一三〇センチに及ぶ三本の柱根は金輪造営図そのままであり（**図2**）、人頭大の石がぎゅうぎゅう詰めになった二つの大きな柱穴も、中心間距離が六〜七メートルと推定され、金輪造営図の柱間寸法とほぼ一致する（**図3**）。本殿の総高が間違いなく一六丈であったという保証はないにせよ、これまで平城宮跡で出土した掘立柱の最大径が七五センチであることなどから想像するに、三本の巨大柱で支えられた社殿の高さが尋常のものであったとは到底思われない。まさしく「天下無双之大厦」と称賛された平安時代の本殿にふさわしい遺構といえるだろう（**図4**）。

今回の発掘によって、金輪造営図そのものの史料的価値も再確認された。室町時代に描

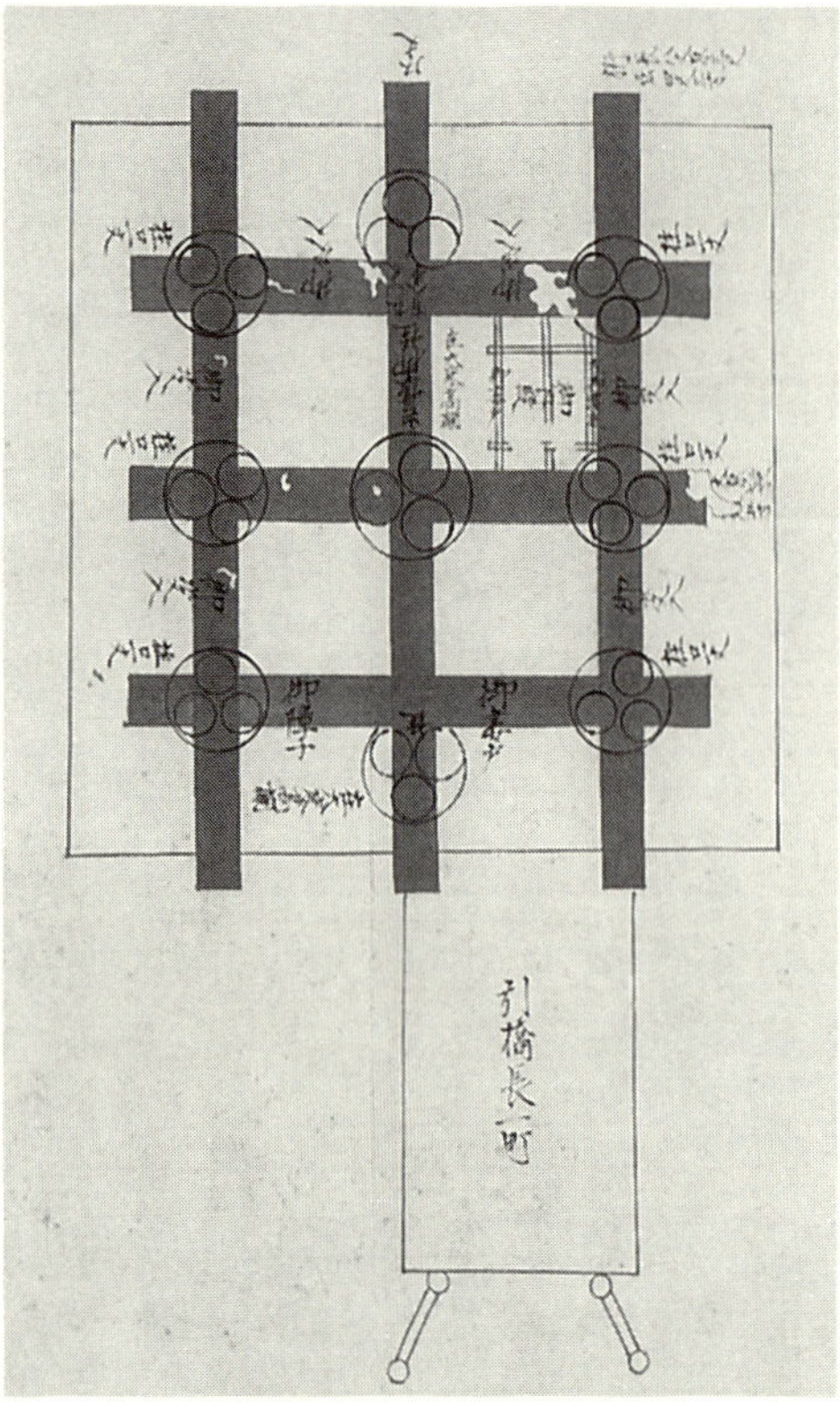

図1　金輪造営図（千家尊祀氏所蔵、現地説明会資料より転載）

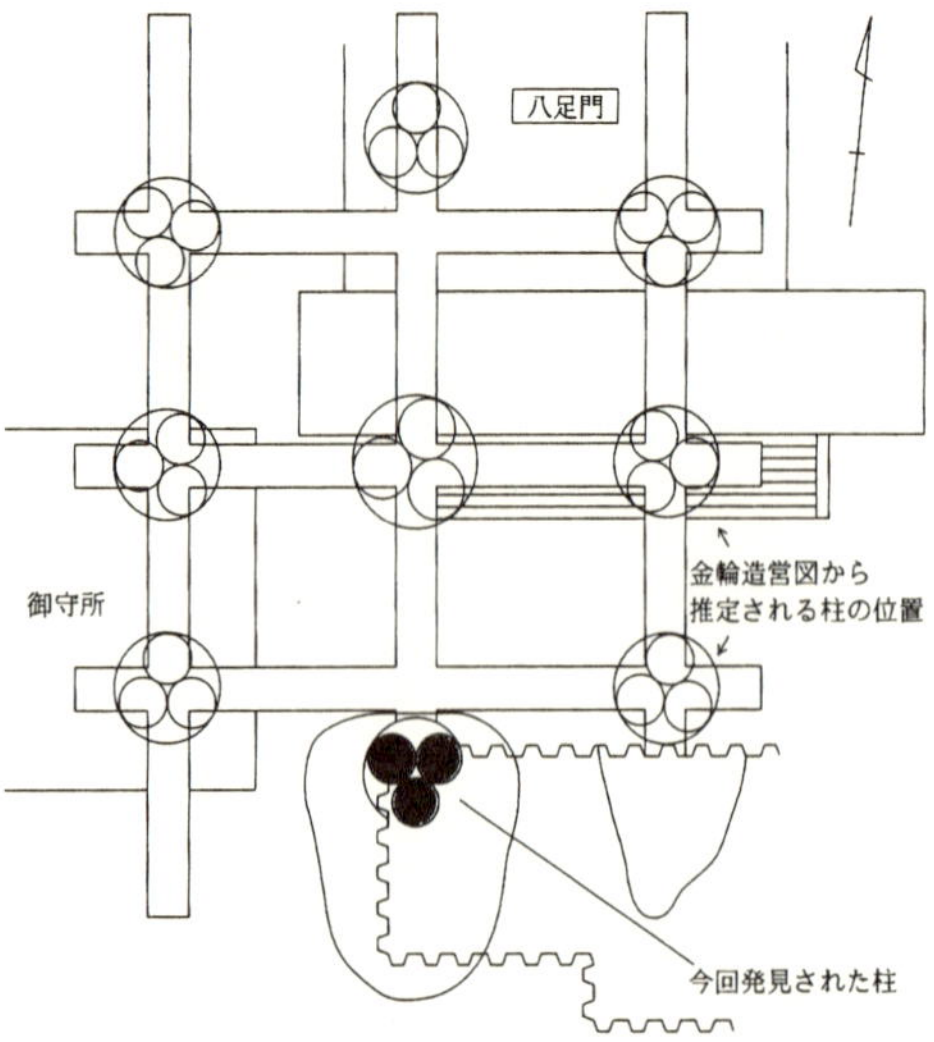

図2　平安本殿遺構と金輪造営図の位置関係（松尾充晶氏原図）

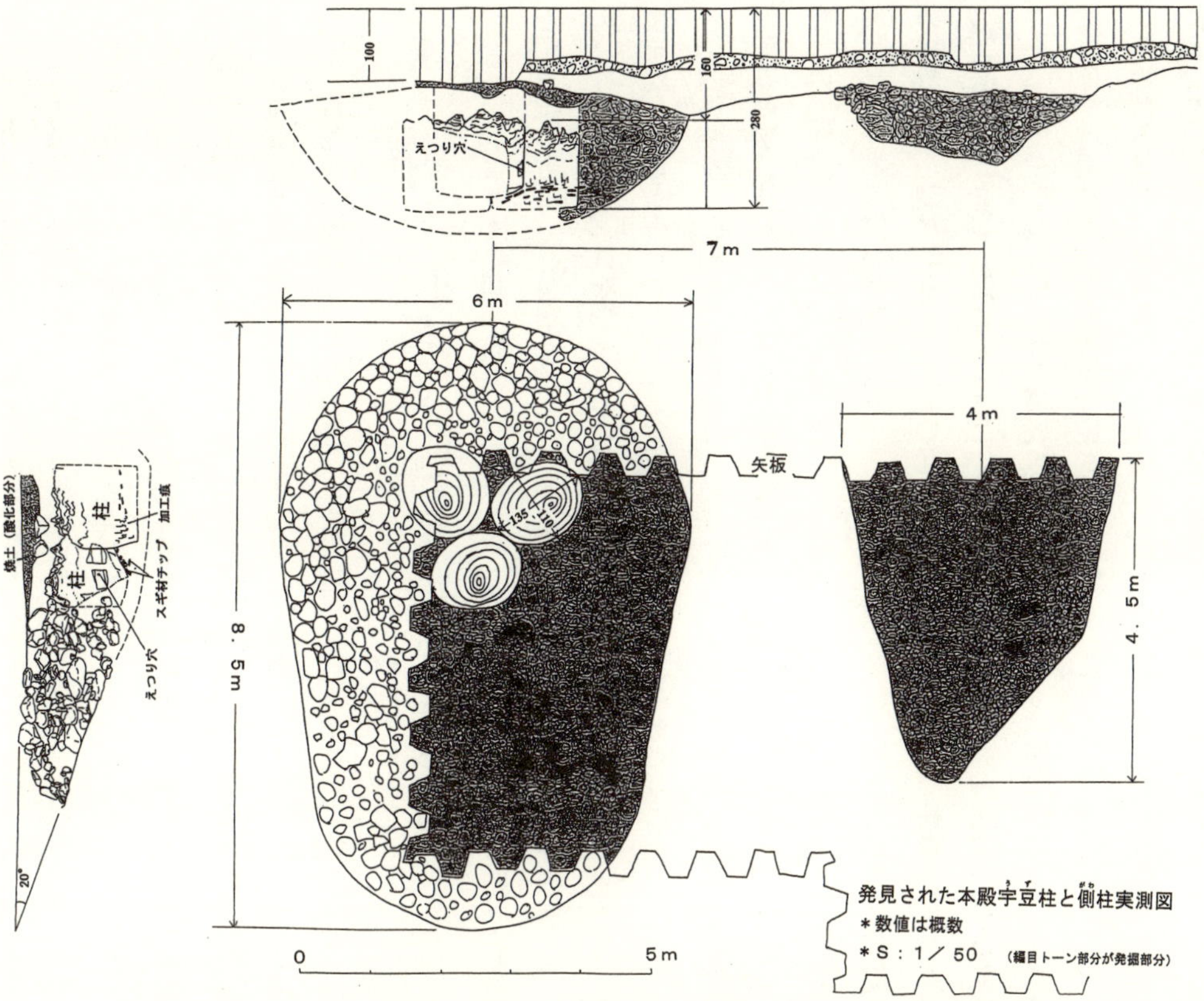

図3　出雲大社平安本殿跡の宇豆柱・側柱部分の実測図（大社町教育委員会提供）

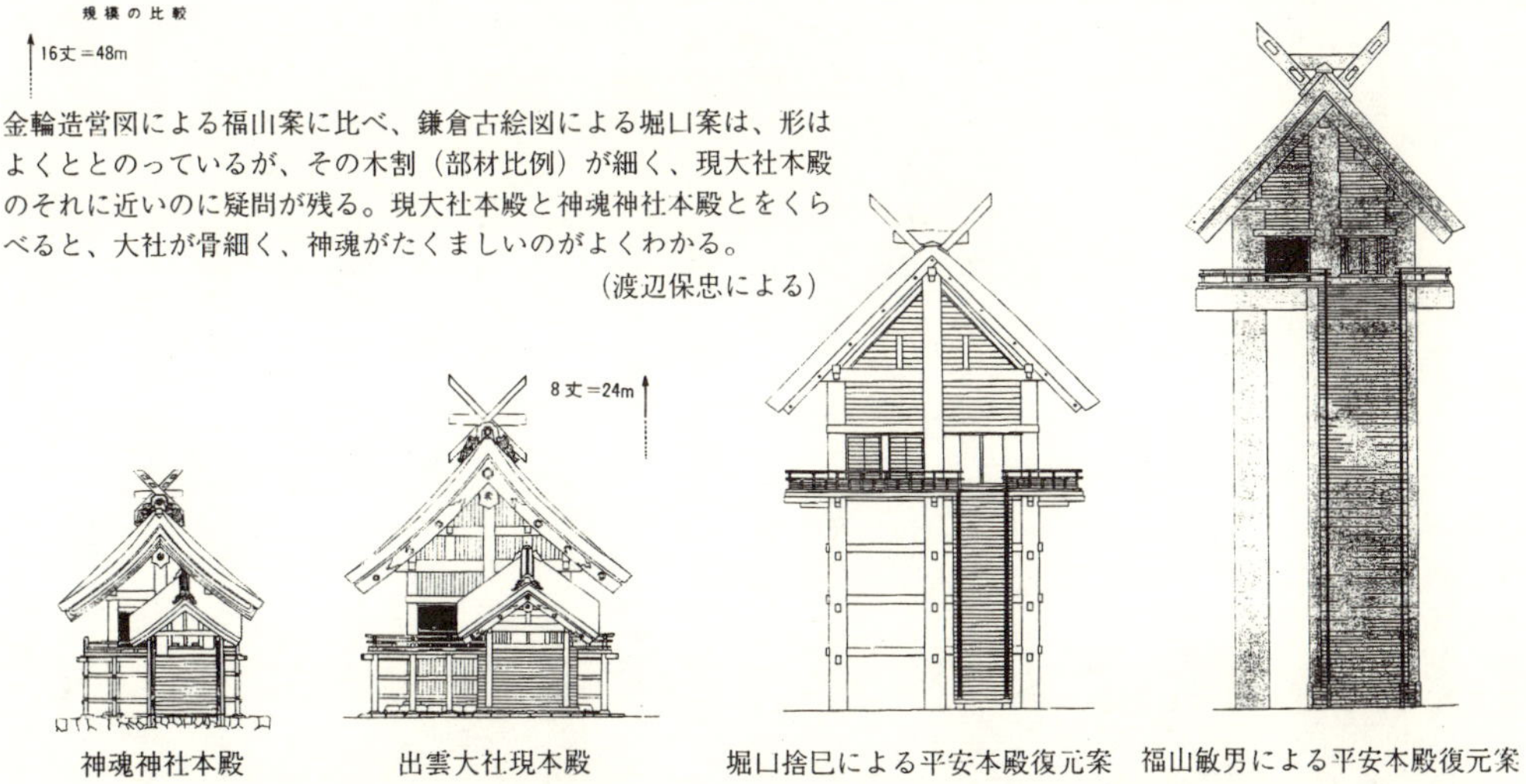

金輪造営図による福山案に比べ、鎌倉古絵図による堀口案は、形はよくととのっているが、その木割（部材比例）が細く、現大社本殿のそれに近いのに疑問が残る。現大社本殿と神魂神社本殿とをくらべると、大社が骨細く、神魂がたくましいのがよくわかる。
（渡辺保忠による）

図4　大社造本殿の比較（渡辺保忠『伊勢と出雲』平凡社、1964より）

かれた古代本殿の想像図ではないか、との疑いはほぼ晴れたといってよく、これまで意味不詳とされてきた造営史料を解読する手がかりを与えることにもなった。「杵築大社造営遷宮旧記注進」（北島家文書）には、

　天養元年十月、柱を竪て、棟を上ぐ。
　柱を竪つ日時、十月八日乙酉、時に午。
料物
　布九段、柱□纏料、内柱三本、小員九本の利一段。

と記す条がある。これは天養元年（一一四四）の立柱に際して、柱を纏《くく》るための経費に布九段《たん》を要したことを記すものである。ここにいう「内柱」を、二間×二間平面の棟通りに並ぶ両妻の宇豆柱および心御柱とみれば、それぞれの「柱」は丸柱三本より構成されるので、あわせて九本の柱が必要となる。その一本分の経費が布一段だから、九本では九段の布が「纏料」としてあてがわれたことになる。

　ところで、一つの「柱」を構成する三本の丸柱は、いずれも一六丈前後の長さを有していたのだろうか。黒沢弘忠の『懐橘談』(1)によれば、天仁三年（一一一〇）、稲佐浦に流れついた大木百支を建材とした「寄木造営《よりきのぞうえい》」では、「長十五丈口一丈五尺」の大木が因幡上宮近くの浜辺に流れついたという。これは出雲大社造営の余材であり、棟高一六丈の「内柱」としてふさわしいスケールを備えている。また、束《たば》となる三本の柱のうち二本は床束の可能性があり、その場合、床束の長さは一〇丈程度で十分であろう。

造営と解体と

　ところで、今回出土した平安時代本殿跡の柱穴は、遺構検出面から二メートルに満たないほどの深さしかない。平安時代の地表面がどのあたりにあったのかは復原しようもないが、基壇状の盛土を含めてもせいぜい三メートル程度の深さではなかったかと思われる。いずれにしても、柱根および柱穴の平面規模には不釣り合いなほど基礎は浅く、いくら膨大な埋石で柱根の暴れを防いだとしても、それで総高一六丈の巨大本殿を支えきれたのかどうか疑問が残る。じつをいうと、わたしはこの石詰めの柱穴が発見されたころ、それを四、五メートル跳ね出していたという高欄付き広縁の束柱掘形ではないか、と考えていた。しかし、三本の宇豆柱が出土した現状では、「縁柱説」はありえない。

　基礎の浅さは、むしろ、この巨大本殿の倒壊と結びつけて解釈すべきと思われる。一部に史料上の疑問をともなうが、平安時代の大社本殿は、少なくとも長元四年（一〇三一）、康平四年（一〇六一）、天仁二年（一一〇九）、永治元年（一一四一）、承安二年（一一七二）の五回「転倒」している。三〇〜四〇年ごとに転倒を繰り返しているわけだが、大きさの割に脆弱な基礎をみる限り、そのような頻度で本殿が転倒してもなんら不思議ではない。人が死を前提として生を得るように、平安時代の本殿もまた、倒壊を前提として屹立した巨大モニュメントであったといえるのかもしれない。

　興味深いのは、そうして頻繁に転倒したにもかかわらず、柱根の出土状況には非常に安定感があり、巨大建造物の倒壊にともなう柱の暴れやその抜取り痕跡がほとんど認められないことである。この事実を重視するならば、この巨大な本殿は自然に倒壊したのではなく、転倒せんばかりに傾いた

本殿を恣意的に解体し、柱を切り取った可能性がある。実際、長元四年の転倒は作為もしくは虚偽であるとして、出雲守橘俊孝は罪を問われ佐渡へ流刑されており、天仁二年の造営でも、「柱梁弥《いよいよ》傾き、已に転倒せんと欲す」[2]状態にすぎなかったという。また、仮殿との関係に着目すると、康平四年、永治元年、承安二年の倒壊では、転倒直後だけでなく、その直前にも仮殿遷宮がおこなわれており、この点もまた恣意的な解体を暗示する。思うに、本殿が傾きはじめた段階で、まずは仮々殿ともいうべき殿舎を設けて遷宮し、本殿が転倒し解体された後に、本格的な仮殿造営と遷宮をおこなって、それから正殿の造営と遷宮へ移行するというプロセスを経たのではないだろうか。

図5　室町時代仮殿の「礎板石」(平成11年度出土、大社町教育委員会提供)。周辺のピットは足場穴か。

図7　慶長本殿跡の南面妻柱列。向かって右側の石敷が上成基壇端の基礎。

図6　昭和32〜33年度の調査で出土した室町時代仮殿跡の八角柱(直径約60cm＝上)と礎板石上の柱根(右)(どちらも出雲大社提供)

掘立柱から礎石建へ

こうして転倒や解体を前提としながらも、あくまで出雲大社の本殿は高大であり続けた。それは記紀・風土記に表現された前代の社殿形式を繰り返し再現しようとする意欲のあらわれであったのかもしれない。それにしても、出雲古代の建築技術は素朴であり、その構造的な不安定さを完全ではないにせよ払拭しようとするならば、掘立柱の基礎形式を堅持するほかなかった。

第一次調査で残念だったのは、三本の宇豆柱の下に敷かれた底石がみつからなかったことである。それは記紀にいう「底津石根《そこついはね》」のイメージに直結すると同時に、柱の不同沈下を防ぐ構造上の役割を担うからである。一方、同時に発掘された室町時代の仮殿は、中国建築でいうところの「暗礎」の技法を用いている（**図5、6**）。柱の礎板として、板ではなく扁平な石を敷き、地中の礎石としているのである。

こうした「礎板石」を用いているとはいえ、神仏習合の進む中世本殿にあっても、掘立柱の基礎構造は継承され続けた。ところが、

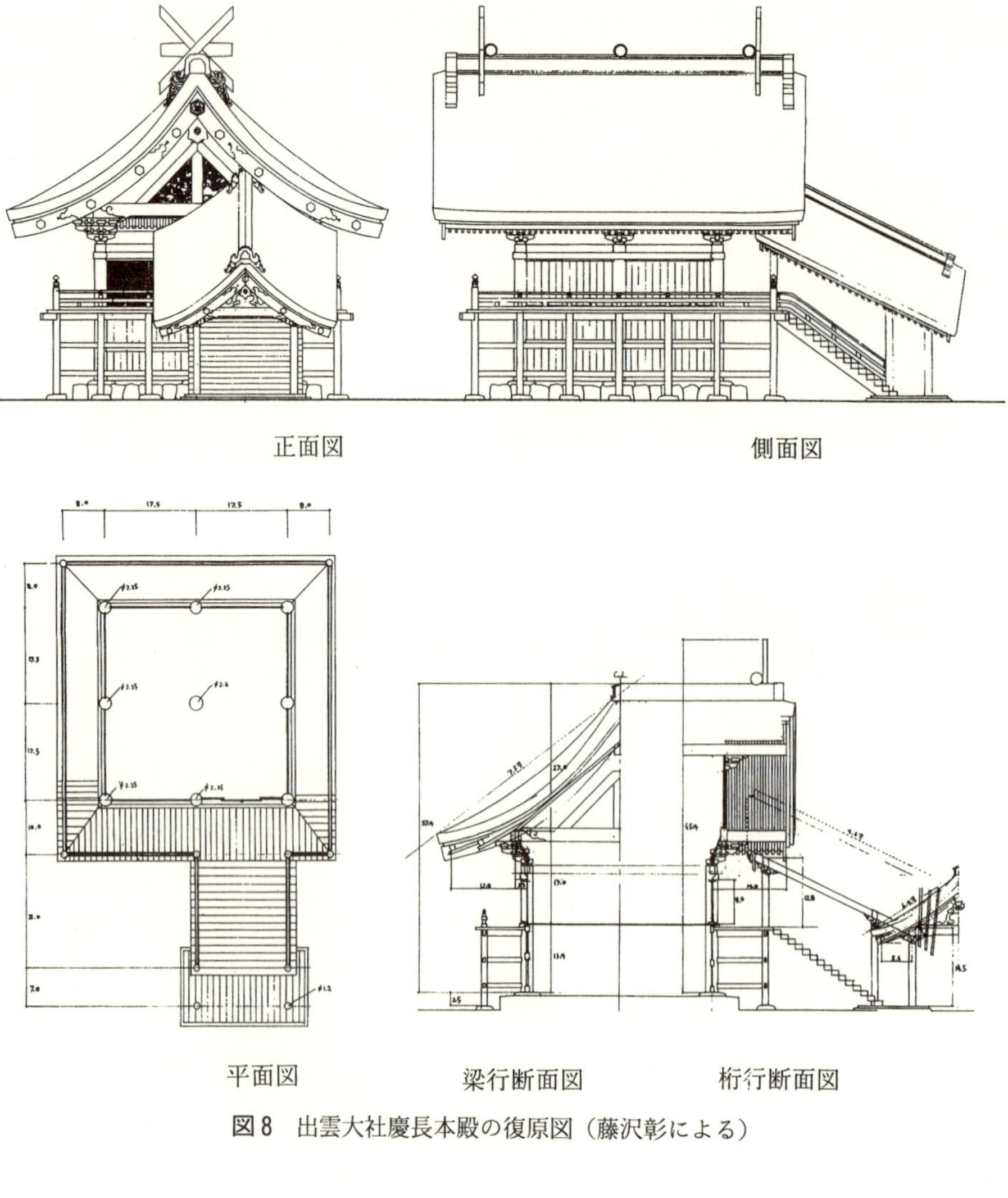

図8　出雲大社慶長本殿の復原図（藤沢彰による）

もっとも仏教色の濃い慶長度の造営では「土中柱ヲ立ルモ大石ヲ底ニ居レバ礎モ同事」[3]との評議をうけ、本殿の基礎は礎石建に変えられてしまう。二〇〇〇年七月からの第二次発掘調査では、平安本殿跡の上層から、慶長度本殿の礎石据付穴が四カ所みつかった。柱間寸法は約五・一メートル、据付穴の径は二・五メートル前後である。穴の中段に拳大の石を敷きつめ地盤を固くした上で、人頭大の根石をめぐらし、その上に礎石を据え付けたものと思われる。平面上の特徴は南面の宇豆柱が前方に突出せず、両側の隅柱と一直線に並ぶことである（**図7**）。佐草自清の『御造営日記』[4]によれば、慶長の本殿は組物を出組としていたというから、小屋梁の位置は柱筋よりも前にせりだしていたことになる。このせりだした梁を前方に突出させた宇豆柱で支えるのではなく、隅柱と筋をそろえる宇豆柱の上に出組をのせ、それで梁を承けたのであろう（**図8**）。

出組という斗栱形式の採用は、あきらかに仏教建築を意識した本殿の改革である。しかし、それはあくまで表層的な変容であり、その深層における掘立柱から礎石建への転換こそが、以後の本殿に本質的な変化をもたらした。基礎が礎石建になれば、上部構造の安定化が不可欠となる。それまで不要とされてきた縁柱がそこで出現し、柱で支えられる床面積を広げながら、建物全体の構造を強化させるわけだが、構造を安定させるためには、建物の総高を一定の限度に抑えなければならない（**図9**）。換言するならば、掘立柱構法の放棄によって、建物の恒常性が確保される反面、もとの一六丈規模に戻る可能性は完全に失われたともいえるだろう。それは「死を前提とした生」から「半永久的な生」への脱皮であり、同時に「式年遷宮」にも似た造営反復パターンの終焉をも意味していた。

天と海と御柱と

ところで、掘立柱には宗教的な意味もある。なにより神を数える助数詞は「柱」であって、それは柱こそが神の依代もしくは御神体だからであろう。そのもっとも象徴的な例が「心御柱《しんのみはしら》」である。金輪造営図ではこれを「岩根御柱《いわねのみはしら》」と記す。その呼称は、大国主の住まいの修辞として古事記にみえる「底津《そこつ》石根《いはね》に宮柱《みやばしら》布斗《ふと》斯理《しり》、高天《たかま》の原に氷木《ひぎ》多迦《たか》斯理《しり》」に由来する。岩根御柱が根の国（地下世界）と高天原（天上世界）をつなぐ媒体であるとすれば、それは中つ国（地上世界）の国造りを担う大国主自身の暗喩としても解釈

図9　出雲大社現本殿の足もと。基壇を二重とし、下成基壇に縁束、上成基壇に9本の柱をたてる。二重基壇の構造は慶長本殿の遺構でも確認できる。

しうるだろう。その岩根御柱を覆うようにして建立された神殿が「天の御《み》舎《あらか》」であったのかもしれない。

日本書紀では、この御殿を「天日隅宮《あまのひすみのみや》」とよぶ。天照大神は、国譲りと引き替えに、この巨大な宮殿だけでなく「高橋、浮橋及び天鳥船」を造って大国主（大已貴神《おほあむなちのかみ》）に与えたという。ここで想像をたくましくすれば、この天鳥船までもが高層神殿のイメージと結びつく。天鳥船とは地上と天上を往来する神々の船であるが、高床の上に築かれた殿舎の宇豆柱が前方にせりだす船形の屋根を支持していたとするならば、それは宙に浮かぶ船のようにみえたのではないだろうか。

それはさておき、鳥船の「鳥」は天上世界、「船」は海上彼方の世界と行き来する交通手段であり、両者が合体した「鳥船」には垂直方向と水平方向の他界観念が重層している。それは「天《あま》」と「海《あま》」の観念的融合を示唆するものである。出雲大社の立地する杵築の浜辺は、社殿の高層化によって、まさに天と海が一つに溶け合う宇宙を現出させるところとなった。

註

（1）『懐橘談』は、黒沢弘忠が承応二年（一六五三）に著した旅行紀。「寄木造営」部分の記述は藤原家保の日記によるというが、その信憑性は定かではない。

（2）宝治二年（一二四八）頃の成立という「杵築大社造営遷宮旧記注進」による（『出雲国造家文書』一五号所収、一九七八）。

（3）貞享三年（一八六八）の佐伯自清『出雲国造系譜考』による（『神道体系』神社編三十七所収、一九九一）。

（4）藤沢彰氏によると、山田宗之・谷本進・山崎祐二『名草神社三重塔と出雲大社』（私家版、一九五五年）に翻刻が所収されるという。

参考文献

福山敏男「出雲大社の金輪造営図」『出雲』六号、一九四〇（『福山敏男著作集　四』中央公論美術出版、一九八四に再録）

福山敏男「出雲大社」『出雲』美術出版社、一九六二。

福山敏男「神社建築―大社造復原試論―」『悠久』七号、一九八一（『福山敏男著作集　四』中央公論美術出版、一九八四に再録）。

大林組『古代出雲大社の復元』学生社、一九八九。

藤澤彰「出雲大社の宝治・慶長・寛文度造営頃の境内建築の復元について」『古代文化研究』六号島根県古代文化センター、一九九八。

三浦正幸「出雲大社本殿」『日本建築史基礎資料集成　一』中央公論美術出版　一九九八。

〈附記〉本稿は平成一二年五月九日読売新聞夕刊掲載の原稿に補筆し、大幅に改稿したものである。調査を担当された松尾充晶氏をはじめ、島根県教育委員会・大社町教育委員会の諸氏には多くの資料と情報をご提供いただいた。ここに感謝の気持ちをあらわしたい。なお、その後の研究により、宇豆柱の炭素14年代が公表された。とりわけ最外層年輪を残す南柱材の年代が西暦一二一五～一二四〇年を示すことから、本殿跡の建立年代を鎌倉時代初期とみなす意見が有力となりつつあるが、炭素14年代そのものの信頼度が保証されているわけではなく、本殿跡の年代が平安時代末にさかのぼる可能性を捨て去るべきではないだろう。

あとがき

主旨説明でも述べたように、シンポジウム「掘立柱建物はいつまで残ったか」を企画するきっかけとなったのは、一九九七年三月二五日におこなわれたハイオ・ツィンマーマン氏の講演会であった。「日本では掘立柱建物がいつまで残ったのか」という氏の問いに対して、聴講者がうつむいてしまうなか、共編者である浅川滋男氏が旧山田家住宅に残る二本の掘立柱について、すこし頼りなさそうに紹介したのを今でもよく覚えている。

講演会の終了後、私（箱崎）は「こんな資料もあるんですよ」と、長野県佐久地方の家別人別帳（第一章第三節参照）をお見せした。浅川氏はこれに感心される一方で、どうして講演会のときにその資料を紹介しなかったのか、と私を叱責された。そして、しばらく時間をおいてから、「今年の所内研究費シンポジウムはこれをテーマにしよう」と提案されたのである。

このころ浅川氏は、一九九五〜九六年度の二カ年にわたる「日本の住まいと起源に関するシンポジウム」を成功させ、その報告書の編集に没頭するかたわら、次なるテーマを模索していた時期でもあった。ツィンマーマン氏に刺激されてくすぶっていた火に、私が油を注いで開催が決まってしまったようなものである。

こうして企画したシンポジウムは、当初、一年だけの予定だったが、田中琢所長（当時）の「二年やって本を作れ！」という鶴の一声により、二年目も続編を企画することになってしまった。ところが、二年目は主催者（奈文研）側に適当な報告者がみあたらず、浅川氏が小野正敏氏の報告に対するコメンテーターを務めるにとどまった。しかも、その内容は、氏が一九八一年に京都大学大学院工学研究科に提出した修士論文「住居と建築の民族学的研究—ミクロネシアにおける記述と比較—」にもとづくものであった。じつは、かくいう私の初年度報告も、一九九三年に信州大学工学部に提出した卒業論文「近世初期における長野県内民家に関する研究—家別人別帳を中心に—」を補訂したものである。二人とも、埃にまみれた引出しの奥から学生時代の資料をとりだし、少しだけ味付けして披露したにすぎなかったわけで、地道な研究にもとづき最新の成果を報告してくださった他の発表者と肩を並べること自体、主催者として恥ずかしいことであったと今は反省している。

さて、シンポジウムの報告書というと、いつものことながら、発表と出版のあいだに少なからぬ時間差ができてしまう。本書にあっても、初年度のシンポジウムが開催されてから、すでに三年の月日が流れてしまった。今回は、執筆にあたって自由に新しいデータを補足していただくことにした。これに対して、討論部分は初年度・二年度の記録であるから、報告・コメント・討論に必ずしも完全な整合性がとれているわけではない。その不整合な状態を補完する意味合いをこめて企画したのが、第三章の総合討論である。最新の成果を掌握しておられる経験豊かな四人の研究者をお招きして、忌憚のない討論をおこない、それを項目別に整理・編集する体裁をとった。

歴史考古学と建築史学は、現存する建物がほとんどない古代の宮殿建築や寺院建築などを対象として、互いに手を取り合いながら成長してきた。近年では考古学的成果を公開するために、遺跡整備にともなう「復原」（実物大復原、復原模型）の場で共同作業することも多くなっている。しかしながら、中近世の民家史、とりわけ本書の対象としている庶民レベルの住居に関しては、現場を背負った発掘担当者が建築史の成果を独力で学びながら、検出した遺構にふたたび命を吹き込もうと孤軍奮闘している感が否めない。一九八七年、渋江芳浩氏は論文「近世農家のイメージ」（『貝塚』四〇、物質文化研究会）のなかで、建築史研究者の参画を求めているが、一〇年の時を待ってもほとんど変化はおきなかった。それは、建築史研究者が従前からの民家調査だけでなく、その保存や再生といった問題に時間を費やすことが多くなったことも原因の一つである。しかし、そもそも建築史研究者の多くが、現存しない掘立柱の民家に対する興味と知識をもっていなかったことは間違いない。このような状況のなかで、一九九九年に発表された宮本長二郎氏の「日本中世住居の形成と発展」（『建築史の空間』中央公論美術出版、所収）は、考古学の期待に建築史学がようやく応えただけでなく、建築史研究者全体へむけての叩き台となる労作であった。

そして、本書である。考古学と建築史学の研究者たちが一堂に会して議論した成果には、中近世の住居・集落を考えるヒントがつまっている。シンポジウムであきらかになった事実が多い反面、新たな問題点もよくみえてきた。本書が次のステップへの足がかりになれば幸いである。そして、なによりも建築史研究者が考古学に参入し、相互の研究を刺激しあうことを望みたい。

本書の作成にあたって、シンポジウム当日の発表をひきうけていただき、さらにお忙しい仕事の合間をぬって論文を仕上げてくださった執筆者の皆様に、まずはお礼を申し上げたい。また、特別寄稿を引き受けていただいた宇津野金彦さんとツィンマーマン先生、シンポジウム当日の討論や後日の総合討論に参加し、貴重なご意見を賜った先生方にもお礼申し上げげる。事務局を務めていただいた遺構調査室の同僚とアルバイトの皆さんにも深い感謝の気持ちをあらわしたい。

ところで、本書の共編者である浅川滋男遺構調査室長は、この三月末日をもって一四年間在職された奈良国立文化財研究所を退職されることになった。本書は、浅川室長が奈文研在籍時に数多く編集・刊行された報告書のフィナーレを飾る一冊となったのである。浅川室長には、本書の編集を任せていただいただけでなく、研究会の開催から本の作成まで、ご指導を仰ぎ続けた。この三月末に迫った浅川室長の奈文研退職にあたり、六年間お世話になった感謝の意を込めて、本書をはなむけにしたいと考えていたが、私の未熟さゆえに間に合わなかったことが悔やまれる。

末筆ながら、同成社の山脇洋亮社長には、本書の出版を快くおひきうけいただいたにもかかわらず、たびたびご迷惑をおかけした。ここにお詫びの言葉を申し添えるとともに、心より感謝の意をあらわしたい。

箱崎和久

二〇〇一年三月

執筆者一覧（編者を除く、五十音順）

岩永省三（いわなが　しょうぞう）
一九五六年、東京都に生まれる。
九州大学文学部史学科卒業。同大学院修士課程修了。
奈良国立文化財研究所を経て、現在、九州大学総合研究博物館教授。
〈主要著書〉
『金属器登場』、『弥生時代の装身具』ほか。

岩本正二（いわもと　しょうじ）

一九五〇年、香川県に生まれる。

岡山大学法文学部専攻科（考古学）終了。

奈良国立文化財研究所を経て、現在、財団法人広島県埋蔵文化財調査センター調査研究課長。

〈主要著書・論文〉

「弥生時代の土器製塩」『考古学研究』第二三巻第一号、「塩の生産と流通」『日本考古学』三、『草戸千軒』ほか。

ヴォルフ・ハイオ・ツィンマーマン
（Wolf Haio Zimmermann）

一九四一年、チェコのチェスケーブシェヨヴィツェに生まれる。

ゲッティンゲン大学にて博士号取得。

現在、ドイツ・ニーダーラント州立ヴィルヘルムスハーフェン歴史研究所所長。

〈主要著書・論文〉

『フレーゲルン・エークヘールトヒェンにおける一―六世紀の集落』、『掘建柱、礎石立柱、土台　掘建柱から礎石立柱への移行』、「集落考古学における土壌リン酸分析」（以上三点、ドイツ語）ほか。

宇津野金彦（うつの　かねひこ）

一九五五年、愛知県に生まれる。

名古屋大学大学院工学研究科建築学専攻博士課程満了。

現在、神宮司廳造宮局造営部技師。

〈主要著書・論文〉

『妻籠宿　保存・再生のあゆみ』（共著）、『白川村の合掌造集落』（共著）、「古代日本人の造形観―伊勢と遷宮―」『紀要』皇學館大学神道研究所編第一五集ほか。

小野正敏（おの　まさとし）
一九四七年、神奈川県に生まれる。
明治大学文学部史学地理学科卒業。
現在、国立歴史民俗博物館考古研究部助教授。
〈主要著書・論文〉
「戦国城下町の考古学」講談社メチエ、「中世の考古資料」『日本通史別巻三』ほか。

梶原　勝（かじはら　まさる）
一九五五年、東京都に生まれる。
明治大学文学部史学地理学科日本史専攻卒業。
現在、㈲文化財コム。
〈主要著書・論文〉

「多摩川中流域における古代の水田開発」『開発と地域民衆』、「考古学と地方史研究」『地方史・地域史研究の展望』ほか。

北原寛子（きたはら　ひろこ）
一九七五年、兵庫県に生まれる。
大阪市立大学大学院文学研究科前期博士課程ドイツ文学専攻修了。
現在、大阪市立大学大学院文学研究科後期博士課程ドイツ文学専攻在学。

北原　博（きたはら　ひろし）
一九七〇年、埼玉県に生まれる。
大阪市立大学大学院文学研究科後期博士課程ドイツ文学専攻単位取得退学。
現在、奈良教育大学非常勤講師。

清水重敦（しみず　しげあつ）
一九七一年、東京都に生まれる。
東京大学大学院工学系研究科博士課程建築学専攻単位取得退学。
現在、独立行政法人文化財研究所奈良文化財研究所研究員。
〈主要著書・論文〉
「建築写真と明治の教育」『学問のアルケオロジー』ほか。

高橋與右衛門（たかはし　ようえもん）

一九四二年、岩手県に生まれる。

岩手県立盛岡農業高等学校農業科卒業。

現在、財団法人岩手県文化振興事業団埋蔵文化財センター調査第二課長。

〈主要著書・論文〉

「発掘された中世の建物跡」『北の中世』、「岩手県における中・近世の掘立柱建物跡」『紀要—Ⅰ—』、「掘立柱建物跡の間尺とその時代性」『紀要—Ⅸ—』、「掘立柱建物跡からみた南部「曲がり家」出現期の一試論」『紀要—ⅩⅢ—』ほか。

玉井哲雄（たまい　てつお）

一九四七年、兵庫県に生まれる。

東京大学工学部卒業。同大学院修了。

千葉大学工学部講師、助教授を経て、現在、千葉大学工学部デザイン工学科建築系教授。

〈主要著書・論文〉

『江戸町人地に関する研究』、『江戸—失われた都市空間を読む』ほか。

西山和宏（にしやま　かずひろ）

一九七一年、広島県に生まれる。

芝浦工業大学工学部建築工学科卒業。横浜国立大学大学院工学研究科博士課程前期修了。

現在、独立行政法人文化財研究所奈良文化財研究所研究員。

〈主要著書・論文〉

「縄文時代の土屋根住居の復原㈠㈡」『月刊文化財』四一七・四一八号ほか。

蓮沼麻衣子（はすぬま　まいこ）
一九七一年、千葉県に生まれる。
東京大学工学部建築学科卒業。同大学院修士課程修了。
現在、独立行政法人文化財研究所奈良文化財研究所研究員。
〈主要著書・論文〉
「朱雀門とその復原」『門　数寄の意匠』ほか。

服部実喜（はっとり　みつよし）

一九五五年、神奈川県に生まれる。國學院大学文学部卒業。同大学院博士前期課程修了。

現在、神奈川県教育庁副主幹。

〈主要著作・論文〉

『小田原市史通史編　原始古代中世』（共著）、『かながわの遺跡』（共著）ほか。

堀内明博（ほりうち　あきひろ）

一九五一年、兵庫県に生まれる。芝浦工業大学工学部建築学科卒業。

現在、財団法人古代学協会・古代学研究所助教授。

〈主要著書・論文〉

『ミヤコを掘る』、『図解・日本の中世遺跡』（共編）、『中世の風景を読む第五巻信仰と自由に生きる』（共著）ほか。

宮本長二郎（みやもと　ながじろう）

一九三九年、大阪府に生まれる。横浜国立大学工学部建築学科卒業。同大学院修了。奈良国立文化財研究所、文化庁建造物課を経て、現在、東北芸術工科大学教授。工学博士。

〈主要著書・論文〉

『日本原始古代の住居建築』ほか。

武藤康弘（むとう　やすひろ）

一九五九年、秋田県に生まれる。國學院大学大学院考古学専攻修士課程終了。

東京大学文学部助手を経て、現在、奈良女子大学文学部助教授。文学博士。

〈主要著書・論文〉

「東京大学本郷構内遺跡御殿下記念館地点の江戸時代の建築遺構について」『江戸の住空間とその周辺』、「新井城跡」『東京大学構内遺跡調査研究年報』一、ほか。。

吉岡　泰英（よしおか　やすひで）

一九五〇年、京都府に生まれる。福井大学工学部建築学科卒業。

現在、福井県立若狭歴史民俗資料館副館長。

〈主要著書・論文〉

「朝倉氏館の建築的研究」『朝倉氏遺跡資料館紀要一九八三』、「福井県の建築」『福井県史資料編一四』、「福井藩大工の研究」『日本建築学会論文報告集四〇六号』ほか。

渡邉　晶（わたなべ　あきら）

一九五三年、鳥取県に生まれる。福井大学工学部建築学科卒業。

財団法人文化財建造物保存技術協会を経て、現在、財団法人竹中大工道具館学芸課長。工学博士。

〈主要著書・論文〉

『近世における大工道具発達史の研究』、『技術と暮らしの日本史』（共著）、『国宝の建築』（共著）ほか。

編者略歴

浅川滋男（あさかわ　しげお）

一九五六年、鳥取県に生まれる。

一九七九年、京都大学工学部建築学科卒業。同大学院工学研究科修士課程修了後、中国に留学。同研究科博士課程、日本学術振興会特別研究員、奈良国立文化財研究所平城宮跡発掘調査部遺構調査室長を経て、現在、鳥取環境大学環境デザイン学科教授。工学博士。

〈主要著書・論文〉

『離島の建築』、『住まいの民族建築学—江南漢族と華南少数民族の住居論—』、『先史日本の住居とその周辺』（編著）、『古代史の論点2　女と男、家と村』（共著）、『東洋建築史図集』（共著）、『縄文遺跡の復原』（共著）、『古都発掘』（共著）、『橋津の藩倉』（編著）、『鳥取県の近代化遺産』（共編）など。

箱崎和久（はこざき　かずひさ）

一九七〇年、福島県に生まれる。

一九九三年、信州大学工学部社会開発工学科（建築コース）卒業。横浜国立大学大学院工学研究科博士課程前期修了。

一九九五年、奈良国立文化財研究所に入所。

現在、独立行政法人文化財研究所奈良文化財研究所研究員。

〈主要著書・論文〉

「北京律僧の活動からみた鎌倉の寺院と建築—鎌倉時代後期の戒律復興期における一様相—」『建築史の空間』、『鳥取県の近代化遺産』（共編）、『興福寺—第一期境内整備事業にともなう発掘調査概報Ⅱ—』（編著）ほか。

埋もれた中近世の住まい

2001年5月25日発行

編　者　浅　川　滋　男
　　　　箱　崎　和　久
発行者　山　脇　洋　亮
印　刷　熊谷印刷株式会社

発行所　東京都千代田区飯田橋 4-4-8 東京中央ビル内　同　成　社
TEL 03-3239-1467　振替 00140-0-20618

printed in Japan The Dohsei publishing co.,

ISBN4-88621-222-0 C3021